투자자산 2025
운용사

3

금융투자협회
Korea Financial Investment Association

자격시험 안내

1. 투자자산운용사의 정의
집합투자재산, 신탁재산 또는 투자일임재산을 운용하는 업무를 수행하는 인력

2. 응시자격
금융회사 종사자, 학생, 일반인 등

3. 시험과목 및 문항수

시험과목		세부 교과목	문항수
제1과목	**금융상품 및 세제**	세제관련 법규 · 세무전략	7
		금융상품	8
		부동산관련 상품	5
소 계			20
제2과목	**투자운용 및 전략 Ⅱ**	대안투자운용 · 투자전략	5
		해외증권투자운용 · 투자전략	5
	투자분석	투자분석기법	12
		리스크관리	8
소 계			30
제3과목	**직무윤리 및 법규**	직무윤리	5
		자본시장 관련 법규	11
		한국금융투자협회규정	3
	투자운용 및 전략 Ⅰ	주식투자운용 · 투자전략	6
		채권투자운용 · 투자전략	6
		파생상품투자운용 · 투자전략	6
		투자운용결과분석	4
	거시경제 및 분산투자	거시경제	4
		분산투자기법	5
소 계			50
시험시간		120분	100 문항

* 종전의 일임투자자산운용사(금융자산관리사)의 자격요건을 갖춘 자는 제1, 3과목 면제
* 종전의 집합투자자산운용사의 자격요건을 갖춘 자는 제2, 3과목 면제

4. 시험 합격기준

70% 이상(과목별 40점 미만 과락)

■ 한국금융투자협회는 금융투자전문인력의 자격시험을 관리·운영하고 있습니다.
금융투자전문인력 자격은 「자본시장과 금융투자업에 관한 법률」 등에 근거하고 있으며,
「자격기본법」에 따른 민간자격입니다.

■ 자격시험 안내, 자격시험접수, 응시료 및 환불 규정 등에 관한 자세한 사항은
한국금융투자협회 자격시험접수센터 홈페이지(https://license.kofia.or.kr)를 참조해
주시기 바랍니다.
(자격시험 관련 고객만족센터: 02-1644-9427, 한국금융투자협회: 02-2003-9000)

contents

part 02

자본시장과
금융투자업에
관한 법률/
금융위원회
규정

part 04

금융소비자
보호법

part 01

직무윤리

certified securities investment advisor

chapter 01

직무윤리 일반

section 01 직무윤리에 대한 이해

1 도덕적 딜레마(Ethical Dilemma)와 윤리기준[1]

우리는 자라면서 어떤 행위에 대한 '옳고 그름의 판단기준'을 가지게 되고 이를 근거로 어떤 행위가 옳다거나 그르다고 판단하게 된다. 그러나 우리에게는 이렇게 하자니 이런 점에서 문제가 생기고, 저렇게 하자니 또 다른 점에서 문제가 생기는 혼란스러운 상황을 마주하게 된다. 각각으로 보면 모두가 그 나름대로 정당한 이유를 가지지만, 동시에 두 가지를 모두 할 수는 없기 때문에 이러지도 저러지도 못하게 되는 이러한 상황

---

1 논술포커스, 정남구 외.

을 우리는 '도덕적 딜레마(Ethical Dilemma)' 상황이라고 부른다.

도덕적 딜레마 상황에서 우리는 언제까지나 선택을 미룰 수는 없다. 어느 쪽이든 판단을 내려야 하며, 이 경우 판단의 근거가 바로 우리가 습득하게 된 '옳고 그름의 판단기준' 즉 도덕적인 규칙 또는 윤리기준인 것이다.

2   법과 윤리[2]

(1) 법의 개념

우리가 법이라는 말을 들을 때 가장 먼저 떠올리는 말은 '정의'다. 즉 법이란 '바른 것, 정당한 것을 지향하는 규범'이라 할 수 있다. 그리고 법은 우리가 반드시 지켜야 할 것이라고 생각한다. 즉 법은 '반드시 지켜야 하고, 어긴 사람에게는 책임을 묻는 규범'이라 할 수 있다.

또 법에는 헌법을 비롯하여 민법, 형법, 행정법, 상법, 소송법 등의 분야가 있고, 불문법으로는 관습법, 판례법 등이 있다. 이것은 결국 법이 사람들 간의 다양한 사회적 관계를 규정한다는 말이다. 즉 법이란 '다양한 사회 관계를 규정하는 규범'이라 하겠다.

이상을 근거로 정의를 내리자면, '법이란 정당한 사회관계를 규정하기 위하여 강제력을 갖는 여러 규범들의 종합'이라고 할 수 있겠다. 이것이 가장 일반적인 법에 대한 개념이다.

(2) '있는 그대로의 법'과 '있어야 할 법'

앞에서도 살펴보았듯이 도덕규칙, 즉 윤리는 그 사회 내에서 정해진 '인간이 인간으로서 마땅히 해야 할 도리 내지 규범'을 말한다. 윤리가 좀 더 개인적이고 내면적인 규범으로 되면 '도덕'이라 하고, 그것이 사회적인 범위로 확장되면 '정의'라 부른다. 윤리와 비윤리를 나누는 경계선은 없지만, 경계선이 없다고 해서 사람들이 윤리와 비윤리를 혼동하지는 않는다. 왜냐하면 윤리는 무수한 세월을 거치면서 내려왔고, 사람들이 사회생활을 하면서 저절로 체득하는 것이기 때문이다. 즉 윤리는 절대 다수의 합의를 전제로 하는 일종의 '문화 현상'이다.

우리는 법과 윤리가 충돌하는 경우를 종종 발견한다. 그 이유는 법의 목적과 윤리의

---

2 법적 강제와 도덕적 자율성, 황경식, 1996.

목적이 다르기 때문이다. '법은 정당한 사회관계를 규정하는 규범'이라 정의했듯이, 법이 지키고자 하는 정의는 '사회적'인 것이다. 즉 사회 질서의 수호를 전제로 한 윤리의 실현인 것이다. 반면에 윤리의 목적은 '개인적'이다. 즉 개인의 도덕심을 지키는 데 가장 큰 목적이 있는 것이다.

윤리에 합당한 법, 즉 정당한 법은 오랜 인류의 꿈이다. 법 철학자들은 이를 일컬어 '있어야 할 법'이라 한다. 한편 윤리적이든 비윤리적이든 모든 사회에는 법이 있다. 이를 '있는 그대로의 법'이라 한다. 인류의 오랜 법 생활은 '있는 그대로의 법'이 '있어야 할 법'으로 되기를 꿈꾸고 실현해 오는 과정이라 할 수 있다.

법과 윤리의 관계는 어떤 법 질서에서도 '본질적으로 불가분의 관계' 또는 '서로 업고 업히는 관계'다. 즉 법은 궁극적으로 윤리의 실현을 목적으로 한다.

(3) 법적 강제와 윤리적 자율성

법이건 윤리이건 두 가지 모두 인간이 공동생활을 함에 있어 필요한 규범이라는 점에 있어서는 동일하다. 법의 성격이나 방향이 윤리와 다름에도 불구하고 또 실제로는 윤리와는 상관없는 법률이 있기는 하나 법은 그 기초에 있어서 윤리원리에 입각하고 윤리에 합당한 내용을 갖지 않으면 안 된다.

법은 윤리와 그 영역을 달리하면서도 윤리의 기본 원칙을 따르고 그 주요한 요구를 법규범의 내용으로 채택하는 것이다. 예를 들어 헌법상의 범죄 유형으로서 살인, 상해, 사기, 횡령, 독직, 위증 등 대부분은 윤리적으로 시인될 수 없는 반윤리적인 행위이다. 이러한 관점에서 '법은 최소한의 윤리'라는 말이 의미를 갖게 된다. 윤리의 요구는 또한 사법상의 원칙으로서 인정되는 신의 성실이라든지 사회 질서와 같은 기본적인 일반 조항 속에서도 단적으로 나타나 있다.

이와 같이 법은 필요한 한도 내에서 윤리를 스스로의 영역 속에 채택하여 이를 강권으로 보장하는 동시에 일반적으로 윤리를 전제로 하면서 이 윤리와 더불어 사회 질서 유지에 임하는 것이다. 따라서 윤리나 인간애를 강조한 나머지 인위적이고 강권적인 법을 무조건 배척하거나 반대로 합법적이기만 하면 무조건 책임을 문제 삼지 않으려는 법 만능주의 모두가 그릇된 생각이라 하지 않을 수 없는 것이다.

법이란 우리가 공동생활을 영위하기 위해 서로 간에 행한 하나의 약속이고 계약이다. 그런데 이러한 계약은 대부분의 사람들이 충실히 이행하는 가운데 소수의 사람들이 이를 파기함으로써 이득을 볼 가능성을 언제나 남긴다. 따라서 이러한 무임편승자를 견제하기 위해 계약을 감독하고 그 불이행에 대해서는 처벌을 행하는 강권적 존재가 요청된다. 이것이 바로 사회 계약론자들이 내세우는 정부의 존재 근거인 것이다. 그런데 여기에 감독기관이나 감독자들 자신을 감독해야 하는 문제가 남게 되며 나아가서 그 감독자를 감시하는 사람을 또 감독해야 하는 등 무한소급의 문제가 생겨난다. 결국 약속을 이행하고 법을 준수하게 하는 행위가 외적 권위에 의해 강제될 경우에는 해결하기 어려운 문제를 야기하게 되는 것이다.

그런데 만일 사람들이 자신의 행위를 감독 할 수 있는 장치를 자기 안에 소유하고 있다면 이와 같은 문제는 해소될 수 있을 것이다. 다시 말하면 법을 준수하고 약속을 이행하는 행위가 자신의 양심이나 이성과 같이 내적인 권위에 의해 강제될 수 있다면, 즉 인간이 자율적인 도덕적 행위 주체가 될 수 있다면 타인에 의해 감독을 받음으로써 타율적으로 행동할 경우의 문제가 해결될 수 있을 것이다. 이러한 내적 강제를 가능하게 하는 장치가 효율적으로 작용만 할 수 있다면 이것은 손쉽게 범법 행위를 제거할 수 있는 방법이 될 것이다. 우리 인간에게 필요한 이와 같은 장치가 바로 자율적 도덕감으로서 우리 안에 내면화된 준법 정신, 즉 '윤리'인 것이다.

인간은 교육과 훈련을 통해서 자기 스스로의 행위를 제재할 수 있는 능력을 기를 수 있다. 준법정신은 어릴 때부터 교육을 통하여 길러져야 하고 그럼으로써 그것은 생활화, 습관화, 체질화되어야 할 도덕적인 인격의 한 요소이다. 그러나 인간은 기계와 달라서 그러한 장치를 고정시킬 수가 없는 까닭에 교육을 통하여 길러진 준법정신은 사회 환경적인 영향에 의해 지속적으로 강화되고 다져져야 한다. 다시 말하면 법을 존중하는 사회풍토를 조성하고 준법이 이익이 된다는 것을 느낄 수 있는 사회여건의 조성이 중요하다.

(4) 현대 사회에서의 법과 윤리

사회가 변함에 따라 윤리관도 급격하게 변한다. 그에 따라 그전까지는 당연하게 받아들이던 가치도 얼마 가지 않아 낡은 것으로 치부되기 일쑤다. 또 하나의 가치관이 다른 가치관으로 넘어가는 시기에는 신·구 세력 간에 엄청난 논란이 벌어지기도 한다.

법은 그 성격상 특히 '보수적'이다. 왜냐하면 법은 사회 구성원 대다수가 합의한 이후에 제정되는 것이 보통이고, 한번 제정된 법은 좀처럼 바뀌지 않기 때문이다. 법이 시류에 따라 금방 바뀐다면 그 사회 전체의 질서가 위험에 빠지기 쉽다. 이런 이유 때문에 현대 사회에서는 '낡은' 법과 '새로운' 윤리가 충돌하는 경우가 많다.

법과 윤리가 시대의 변화에 따라 함께 변해야 하는 것은 당연하지만, 그 절대적 기준에는 변함이 없다는 점에 우리는 주목할 필요가 있다. 즉 법의 수단은 현실에 따라 얼마든지 변할 수 있지만, 법의 목적은 결코 변함이 없다는 것이다.

급속도로 변화하고 있는 현대 사회에서 법과 윤리도 전문화, 기술화되어야 하지만, 그것은 어디까지나 본질적 목적－인간－을 더욱 효율적으로 달성하기 위해서만 그렇다는 것을 잊지 말아야 할 것이다.

3   직무윤리와 윤리경영

우리가 앞서 살펴보았던 도덕적 딜레마 상황은 개인의 일상적인 생활에서뿐만 아니라 경영환경에서도 나타난다. 앞에서 설명한 바와 마찬가지로 이 경우에도 매 사례마다 옳고 그름을 판단하는 기준이 필요한바, 이를 통칭하여 '기업윤리' 혹은 '직무윤리'라 한다. 그렇다면 기업윤리(Corporate Ethics) 혹은 직무윤리(Business Ethics)는 어떻게 정의내릴 수 있는가?

기업윤리는 경영환경에서 발생할 수 있는 모든 도덕적, 윤리적 문제들에 대한 판단기준, 즉 경영전반에 걸쳐 조직의 모든 구성원들에게 요구되는 윤리적 행동을 강조하는 포괄적인 개념이다. 반면, 직무윤리는 조직 구성원 개개인들이 자신이 맡은 업무를 수행하면서 지켜야 하는 윤리적 행동과 태도를 구체화한 것으로 추상적인 선언에 그칠 수 있는 윤리의 개념을 업무와 직접적인 관련성을 높임으로써 실질적인 의미를 갖도록 만든 것으로 볼 수 있다. 즉 기업윤리가 거시적인 개념이라면 직무윤리는 미시적인 개념인 것이다.[3]

이에 따라 통상 국내에서 포괄적 개념인 기업윤리는 '윤리강령' 등의 형태를 지닌 추상적인 선언문 형태를 지니고 있는 반면, 직무와 연결된 구체적인 기준을 담고 있는 직무윤리는 '임직원 행동강령' 등으로 그 형태를 조금 달리하고 있다.[4]

윤리경영은 직무윤리를 기업의 경영방식에 도입하는 것으로 간단히 정의될 수 있다. 그러나 윤리경영의 문제는 기업의 경영활동에 있어 잠재적인 이해상충이 발생하는 상

---

3 기업윤리 브리프스 2015－07호, 유규창.
4 본 교재에서는 발간목적에 맞춰 기업의 전반적이고 추상적인 기업윤리보다는 조직 구성원에게 적용되는 구체적인 직무윤리를 주로 다루고 있기 때문에 독자의 혼란을 막기 위하여 향후에는 '직무윤리'라는 단어로 통일하여 사용한다.

황, 즉 기업의 지배구조, 내부자 거래, 뇌물수수 및 횡령, 직원 또는 고객에 대한 차별을 포함하여 기업의 사회적 책임(CSR : Corporate Social Responsibility)과 고객과의 신임관계(Fiduciary Duty)로부터 파생되는 문제들까지 모두 포괄하는 통합적 개념이라는 사실을 염두에 두어야 한다.

4 윤리경영과 직무윤리가 강조되는 이유

1) '윤리경쟁력'의 시대

직무윤리와 이를 반영한 경영방식의 도입 — 윤리경영 — 은 현대를 살고 있는 우리에게 매우 중요한 의미를 갖는다. 기업의 윤리경영 도입 여부와 해당 기업 조직구성원의 직무윤리 준수 여부 — 이를 '윤리경쟁력'이라고 하자 — 가 해당 기업을 평가하는 하나의 잣대가 되고 있으며 이는 곧 기업의 지속적인 생존 여부와 직결되고 있기 때문이다. 왜 새삼 윤리경영과 직무윤리를 강조하는가?

(1) 환경의 변화

현재와 다가올 미래의 세계는 고도의 정보와 기술에 의한 사회이며, 매우 복잡한 시스템에 의하여 운영되는 사회이다. 이러한 고도의 정보와 기술이나 시스템이 잘못 사용될 경우 사회적, 국가적으로 엄청난 파국과 재난을 불러올 가능성이 있기 때문에 이를 다루는 자들에게 고도의 직무윤리가 요구되고 있다.

(2) 위험과 거래비용

위험(Risk)은 예측하기 어렵고, 불안감을 낳지만 '직접적으로 감지되지 않는 위험'이다. 이러한 사회에서 개별 경제주체는 눈에 보이는 비용(예 : 거래수수료) 이외에 상대방이 자신의 이익에 반하는 행동을 할 경우에 발생하는 위험비용(예 : 부실한 자산관리에 따른 손해 위험)까지를 거래비용(transaction cost)에 포함시켜 그 거래비용이 가장 적은 쪽을 선택하게 되며, 이러한 사실은 미국의 법경제학(law & economics)의 분석방법에 의해서도 검증되고 있다. 즉 개인은 위험을 통제함으로써 가장 적은 거래비용이 발생할 수 있도록 거래와 관련된 자들에게 직무윤리를 요구하고 있는 것이다.

(3) 생산성 제고

기존에는 경제적 가치에 절대적 우위를 부여함으로써 정당하고 올바른 직무윤리를 상대적으로 소홀히 할 가능성이 많았던 상황이었으나, 직무윤리가 전통적인 윤리규범을 공공재로 만들게 되고, 이는 더 많은 경제적 효용의 산출을 위하여 필요한 투입이라는 인식이 기업을 중심으로 보편화되고 있다(Hirsch, F., Social Limits To Growth). 즉 생산성의 제고를 통한 장기적 생존의 목적으로 윤리경영의 중요성이 강조되고 있는 것이다.

비윤리적인 기업은 결국 시장으로부터 외면당하고 시장에서 퇴출될 가능성이 크다. 윤리경영은 단순히 '착하게 살자'는 것이 아니고 '가치 있는 장기생존'이 그 목적이다. 경영자가 윤리와 본분에 어긋나는 행동을 하거나, 고객과 직원을 무시하는 경영을 하거나, 기업 오너의 오만 또는 기업 자체에서 생산되는 비윤리적인 행위들을 묵인하거나, 내부에서 끊임없이 지적되는 위험에 대한 목소리 또는 경고를 무시하는 등 윤리경영을 하지 않는 것은 자기 파멸의 최대 원인이 될 수 있다.

윤리경영은 단순히 구호에 그치거나 다른 기업과 차별화하려는 홍보수단에 그치는 것이 아니라 기업의 생존조건이 되고 생산성을 제고시킴으로써 지속 가능한 성장의 원동력이 된다.

(4) 신종 자본

직무윤리는 오늘날 새로운 무형의 자본이 되고 있다. 산업혁명 직후에는 땅, 돈 등과 같은 유형의 자본이 중요시되었으나, 현재는 신용(credit) 또는 믿음이 새로운 무형의 자본으로 인정되기에 이르렀다(Francis Fukuyama). 고객들도 믿음, 신뢰, 신용이라는 무형의 가치에 대하여 돈을 지불할 자세가 충분히 갖추어져 있다. 특히, 금융산업은 서비스산업으로서 신용에 바탕을 두고 있으며 신용도가 그 기업의 가장 중요한 자산이다.

(5) 인프라 구축

윤리는 공정하고 자유로운 경쟁의 전제조건이 된다. 즉, 공정하고 자유로운 경쟁이 가능하려면 그 전제로 게임의 룰(rule of game)인 법제가 공정하여야 할 뿐만 아니라 윤리가 전제되어야 한다. 따라서 경쟁은 성장을 위한 원동력이 되고 윤리는 지속적인 성장을 위한 인프라의 하나로서 '윤리 인프라'가 된다.

(6) 사회적 비용의 감소

비윤리적인 행동은 더 큰 사회적 비용(social cost)을 가져오며, 이를 규제하기 위한 법적 규제와 같은 타율적인 규제가 증가하게 된다. 그렇게 되면 규제법령의 준수를 위한 기관과 조직의 운영비용이 증가하게 되어 결과적으로 사회 전체의 비용이 증가하게 된다. 또한 해당 기업이나 개인으로서도 비윤리적인 행동으로 신뢰(reliability)와 평판(reputation)이 실추되면 이를 만회하기 위해서는 더 큰 비용과 시간이 소요된다.

2) 금융투자업에서의 직무윤리

금융투자업에서는 윤리경영과 직무윤리의 중요성이 다른 분야에 비하여 더욱 강조된다. 그 이유는 다음과 같다.

(1) 산업의 고유 속성

금융투자업은 고객의 자산을 위탁받아 운영·관리하는 것을 주요 업무로 하므로 그속성상 고객자산을 유용하거나 고객의 이익을 침해할 가능성(즉, 이해상충의 발생 가능성)이 다른 어느 산업보다 높다. 특히 자본시장에서의 정보 비대칭 문제를 감안할 때, 금융투자업에 종사하는 자들의 행위를 법규에 의하여 사후적으로 감독하는 것만으로는 수탁받은 금융재산의 안정성 유지와 금융거래자(금융소비자)의 보호라는 기본적인 역할을 수행하는 데에는 한계가 있다. 자본시장에서 금융소비자[5] 보호가 효과적으로 이루어지지 않으면 결국 투자가 위축되어 자본시장이 제대로 기능을 수행할 수 없게 된다. 그러므로 금융투자업에 종사하는 자들의 엄격한 직무윤리는 「자본시장과 금융투자업에 관한 법률」(이하 '자본시장법'이라 한다)', 금융소비자보호에 관한 법률(이하 '금융소비자보호법'이라 한다)과 「금융회사의 지배구조에 관한 법률」(이하 '지배구조법'이라 한다)'의 목적인 금융소비자 보호와 금융투자업 유지·발전을 위하여 필요한 자본시장의 공정성·신뢰성 및 효율성을 확보하기 위한 필수적인 전제요건이 된다.

---

5 최근 투자자에 대한 보호가 강화되면서 관련 규정 등에서는 공식적으로 '금융소비자'라고 통칭하고 있고, 금융투자업계에서는 이를 위한 부서 신설 시 '금융소비자보호부' 등을 사용하고 있는바, 이하 법령 등의 조문을 인용하는 경우 이외에는 투자자, 고객 등을 모두 금융소비자라 표기함.

(2) 상품의 특성

자본시장에서는 취급하는 상품의 특성상 직무윤리가 더욱 중요시된다. 자본시장에서 취급하는 금융투자상품은 대부분 '투자성', 즉 '원본손실의 위험'을 내포하고 있다.[6] 또한 급속도로 발달하는 첨단기법으로 인해 일반적인 투자자가 쉽게 이해하기 어려운 복잡성을 지니고 있으며 매우 다양하기도 하다. 이 때문에 고객과의 분쟁 가능성이 상존하고, 더욱이 자본시장이 침체국면에 빠져있는 경우에는 집단적인 분쟁으로 확대될 소지가 있다. 그러므로 평소 관련 법령 및 이에 근거한 규정 등을 준수함은 물론이고 철저한 직무윤리의 준수를 통해 고객과 돈독한 신뢰관계를 구축해두어야 한다.

(3) 금융소비자의 질적 변화

자본시장에서 금융소비자의 성격이 질적으로 변화하고 있다. 전통적으로 금융투자업에 있어서 금융소비자는 정확하고 충분한 정보만 제공되면 투자 여부를 스스로 알아서 판단할 수 있는 합리적인 인간상을 전제로 한 것이었다. 그러나 오늘날은 전문가조차도 금융투자상품의 정확한 내용을 파악하기가 어려울 정도로 전문화·복잡화·다양화되고 있다. 그에 따라 금융소비자에게 제공하는 정보의 정확성이 담보되는 것만으로는 불충분하고, 보다 적극적으로 금융소비자보호를 위한 노력과 법이 요구하는 최소한의 수준 이상의 윤리적인 업무자세가 요구되고 있다.

(4) 안전장치

직무윤리를 준수하는 것은 금융투자업 종사자들을 보호하는 안전장치(safeguard)로서의 역할을 한다. 금융투자업 종사자들은 자신이 소속된 기업의 영업방침과 실적달성을 위하여 자기의 의사와는 어긋나게 불법·부당한 행위를 강요당하는 경우가 있을 수 있다. 직무윤리기준을 준수하도록 하는 것은 외부의 부당한 요구로부터 금융투자업 종사자 스스로를 지켜주는 안전판 내지 자위수단이 된다.

이러한 이유로 '금융투자회사의 표준윤리준칙' 제1조에서는 금융투자회사 및 임직원

---

6   자본시장법상 '금융투자상품'이란 이익을 얻거나 손실을 회피할 목적으로 현재 또는 장래의 특정 시점에 금전, 그 밖의 재산적 가치가 있는 것을 지급하기로 약정함으로써 취득하는 권리로서, 그 권리를 취득하기 위하여 지급하였거나 지급하여야 할 금전 등의 총액이 그 권리로부터 회수하였거나 회수할 수 있는 금전 등의 총액을 초과하게 될 위험이 있는 것을 뜻하는 것이 원칙이다(동법 3조 1항).

이 준수하여야 할 직무윤리의 수립 목적에 관해 '금융투자회사의 윤리경영 실천 및 금융투자회사 임직원의 올바른 윤리의식 함양을 통해 금융인으로서의 책임과 의무를 성실하게 수행하고, 투자자를 보호하여 자본시장의 건전한 발전 및 국가경제 발전에 기여함을 목적으로 한다'고 명시하고 있다.

자본시장법 및 지배구조법에서 직무윤리의 역할

① 자본시장법에서는 금융소비자보호에 관한 법제적 장치가 강화되었다. 이에 따라 자본시장법이 제정되기 전에는 단순히 금융소비자에 대한 배려차원에서 자발적으로 이루어지던 서비스 중 상당 부분이 금융소비자(특히 자본시장법에서 규정하고 있는 전문투자자가 아닌 일반투자자의 경우)에 대한 법적 의무로 제도화된 것들이 있다.

② 자본시장법은 유가증권의 개념과 범위에 관하여 한정적 열거주의를 취하였던 종전의 증권거래법과는 달리 금융투자상품의 기능적 속성을 기초로 포괄적으로 정의하는 포괄주의를 도입하였다. 이에 따라 그 적용대상과 범위가 확대되어 법의 사각지대를 메워주는 직무윤리의 중요성이 증대하였다.

③ 금융소비자보호를 위한 법적 규제의 수준이 높아짐에 따라 그에 상응하여 요구되는 윤리적 의무의 수준도 한층 높아졌다. 전문투자자의 경우는 규제관리의 효율성 제고와 규제완화의 관점에서 자본시장법에 의한 주된 보호의 대상에서 빠져 있지만, 이에 대한 금융투자회사의 윤리적 책임까지 완전히 면제되는 것은 아니다.

④ 자본시장법에서는 금융투자회사에 대한 종전의 업무영역과 취급 가능한 상품 등에 대한 규제를 대폭 완화함에 따라 경쟁상황이 더욱 치열해지게 되었다. 이에 따라 새로운 업무와 상품에 대한 전문적 지식의 습득은 물론이고 금융소비자에 대한 고도의 윤리의식을 가지고 이를 준수함으로써 금융소비자의 신뢰를 확보하는 것은 '평판위험(reputation risk)'을 관리하는 차원에서도 자본시장과 금융투자업에 종사하는 사람들에게 더욱 중요한 자질로 인식되고 있다.[7]

⑤ 지배구조법은 금융회사의 건전한 경영과 금융시장의 안정성을 기하고, 투자자 등 그 밖의 금융소비자를 보호하는 것을 목적으로 한다. 특히 기업의 윤리경영은 해당 기업의 지배구조와도 밀접한 관련이 있는바, 윤리경영의 영역에 있던 지배구조와 관련된 부분을 법제화시킴으로써 준수의 강제성을 추가했다는 점에서 의의를 찾을 수 있다.

⑥ 지배구조법은 주요 업무집행자와 임원에 대한 자격요건 및 겸직요건을 정하고 윤리경영의 실행을 포함한 내부통제제도를 강화하여 독립성을 보장함으로써 금융투자회사가 윤리경영을 실천

---

7 자본시장법에서는 위험 감수능력을 기준으로 투자자를 일반투자자와 전문투자자로 구분하여 차별화하고 있다(동법 9조 5항 참조). 또한 자본시장법에서는 투자권유대행인(introducing broker) 제도를 도입하고 있는데(동법 51조), 회사의 점포를 벗어나 감독이 이완된 환경에서 업무가 처리되는 만큼 관련 금융투자업무 종사자의 직무윤리의 준수가 더욱 요청된다.

할 수 있도록 법적인 강제성을 부여한다.

⑦ 아울러 금융소비자보호법은 금융투자회사의 임직원이 사전정보제공-금융상품판매-사후피해
구제에 이르는 금융소비의 전과정에서 금융소비자보호를 포괄하는 체계를 구축하고 있다.

section 02 | 직무윤리의 기초 사상 및 국내외 동향

1 | 직무윤리의 사상적 배경 및 역사

근대 자본주의 출현의 철학적·정신적 배경에 대한 대표적인 설명 중 하나는 칼뱅주
의를 토대로 한 종교적 윤리의 부산물로 이해하는 베버(Max Weber)의 사상이다.

칼뱅(Jean Calvin, 1509~1564)의 금욕적 생활윤리는 초기 자본주의 발전의 정신적 토대가
된 직업윤리의 중요성을 강조하고 있다. 칼뱅은 모든 신앙인은 노동과 직업이 신성하다
는 소명을 가져야 할 것을 역설하였으며, 근검·정직·절제를 통하여 부(富)를 얻는 행위
는 신앙인의 정당하고 신성한 의무라는 점을 강조하였다. 이러한 칼뱅의 금욕적 생활윤
리는 자본주의 발전의 정신적 원동력이자 지주로서의 역할을 하였을 뿐만 아니라 서구
사회의 건전한 시민윤리의 토대를 이루었다.

칼뱅으로부터 영향을 받은 베버(Max Weber, 1864~1920)는 '프로테스탄티즘의 윤리와 자
본주의정신'에서 서구의 문화적 속성으로 합리성·체계성·조직성·합법성을 들고, 이들
은 세속적 금욕생활과 직업윤리에 의하여 형성되었다고 설명한다.

근현대사에서 직무윤리는 노예제도, 제국주의, 냉전시대 등 역사적인 시대상을 반영
하면서 진화, 발전해왔으며, '직무윤리'(Business Ethics)라는 단어는 1970년대 초반 미국에
서 널리 사용되기 시작했다. 1980년대 후반부터 1990년대 초반에 미국의 기업들은 직
무윤리 준수 여부에 특히 관심을 기울였는데 이는 1980년대 말 발생한 미국 내 저축대
부조합 부도사태(the savings and loan crisis, the S&L drift)를 겪고 나서 그 중요성을 인식했기
때문이다.

국내에서는 1997년 외환위기를 겪으면서 특히 중요성이 부각된 것으로 보는 것이 일반적인데 기존의 법률과 제도로 통제하지 못하는 위험의 발생을 사전에 예방하기 위한 하나의 방편으로 접근하다가 2000년대 이후 기업의 생존과 직결된다는 점이 더욱 강조되며, 직무윤리에 대한 관심은 학계, 언론 및 기업들의 주의를 이끌었다.

2 윤리경영의 국제적 환경

개방화와 국제화 시대를 살고 있는 기업에 있어서 기업윤리의 수준과 내용은 국제적으로 통용될 수 있는 것(소위 'global standard'에 부합될 수 있는 것)이어야 한다. 미국의 엔론(Enron) 사태에서 보는 바와 같이 비윤리적인 기업은 결국 시장으로부터 퇴출당할 수밖에 없는 것이 현실이다. 이에 따라 국제적으로 '강한 기업(strong business)'은 윤리적으로 '선한 기업(good company)'이라는 인식이 일반적으로 수용되고 있다.

OECD는 2000년에 '국제 공통의 기업윤리강령'을 발표하고, 각국의 기업으로 하여금 이에 준하는 윤리강령을 제정하도록 요구하였다. 국제 공통의 기업윤리강령은 강제규정은 아니지만 이에 따르지 않는 기업에 대해서는 불이익을 주도록 하고 있다. 여기서 말하는 비윤리적인 부패행위에는 탈세, 외화도피, 정경유착, 비자금 조성, 뇌물수수, 허위·과장 광고, 가격조작, 주가조작, 부당한 금융관행, 오염물질 배출, 환경파괴 등을 포함한다.

이를 측정·평가하는 지수 중 하나는 '부패인식지수'(CPI)이다.

국제투명성기구(TI : Transparency International)는 1995년 이래 매년 각 국가별 부패인식지수(CPI : Corruption Perceptions Index)를 발표하고 있다. 이는 전문가, 기업인, 애널리스트들의 견해를 반영하여 공무원들과 정치인들의 부패 수준이 어느 정도인지에 대한 인식의 정도를 지수로 나타낸 것이다. 우리나라는 아직도 경제규모에 비하여 윤리 수준이 낮게 평가됨으로써 국제신인도와 국제경쟁력에 부정적인 영향을 미치고 있는 실정이다.[8]

또한, 영국의 BITC(Business in the community)와 사회적 책임을 평가하는 CR Index(Corporate Responsibility Index) 역시 윤리경영을 평가하는 지수로 사용된다.

---

8 부패인식지수는 해당 국가 공공부문의 부패인식과 전문가 및 기업인 등의 견해를 반영해 사회 전반의 부패인식을 조사한 것으로, 점수가 낮을수록 부패정도가 심한 것이다. 2012년부터 조사방법론이 바뀌었기 때문에 점수보다는 순위의 변동추이를 살펴보아야 한다(출처 : 국제투명성기구(www.transparency.org)).

국내적으로도 기업의 비윤리적인 행위가 가져오는 경제적 손실과 기업 이미지 실추에 따른 타격이 매우 크다는 점에 대해서는 공감대가 형성되어 있다. 거액의 정치자금 제공 스캔들, 거액의 회계부정, 기업의 중요 영업비밀과 기술의 유출사건, 회사기회의 편취, 기업 내에서의 횡령사건 등은 자주 발생하는 대표적인 비윤리적 행위들이다. 이러한 행위가 발생한 기업은 결국 소비자들의 불매운동으로 인한 매출 저하, 주가의 폭락 등은 물론이고, 기업 이미지가 극도로 훼손됨으로써 퇴출의 위기를 맞는 경우가 비일비재하다.

이러한 시대적 변화에 따라 정부차원에서도 2003년 1월 부패방지법과 부패방지위원회를 출범시켰고, 같은 해 5월에 시행된 공직자윤리강령을 제정하여 공직자는 물론이고 정부와 거래하는 기업의 비리와 부정행위에 대해 처벌을 할 수 있도록 규제를 하였다.

또한, 2008년 2월 29일 부패방지와 국민의 권리보호 및 규제를 위하여 국민권익위원회를 출범시켰고, 국민권익위원회는 2016년 9월 28일 「부정청탁 및 금품 수수등의 금지에 관한 법률」(이하 '청탁금지법'이라 한다)을 시행하기에 이른다.

법안을 발의한 당시 국민권익위원회의 위원장이었던 김영란 전 대법관의 이름을 따 소위 '김영란법'이라고도 불리는 청탁금지법은 그동안 우리나라에서 관행, 관습이라는 이름하에 묵인되어 왔던 공직자 등에 대한 부정청탁 행위 및 부당한 금품 등을 제공하는 행위 등을 강력하게 금지하고 있다.

이 법은 우리 사회에 만연한 연고주의·온정주의로 인한 청탁이 부정부패의 시작임을 인지하고 부정청탁 행위의 금지를 통해 부정부패로 이어지는 연결고리를 차단하는데 그 목적이 있으며, 공직자 등이 거액의 금품 등을 수수하더라도 대가성 등이 없다는 이유로 처벌받지 않아 국민들의 불신이 증가하고 있다는 데에 착안하여 공직자 등이 직무관련성, 대가성 등이 없더라도 금품 등의 수수를 하는 경우에는 제재가 가능하도록 함으로써 국민의 신뢰를 회복하고자 제정된 법이다.

청탁금지법은 단순히 공직자 등에게만 국한된 것이 아니라, 일반 국민 전체를 적용대상으로 하고 있다는 점에서 그 영향력은 매우 크며, 위반 시 제재조치 또한 강력하여 우리나라의 투명성 제고는 물론 국민들의 인식 변화에 큰 도움이 될 것으로 보이며 이에 따른 국가경쟁력이 강화될 것으로 예상된다.

이 같은 국내외의 환경변화에 적극적으로 대응하기 위하여 개별기업 또는 업종단체별로 기업윤리를 바탕으로 한 윤리경영 실천을 위한 노력을 기울이고 있다.

또한 국내적으로도 기업들의 윤리경영 실천노력을 평가하기 위한 척도들을 만들려는 노력이 지속되고 있다.

2003년 개발된 산업정책연구원의 KoBEX(Korea Business Ethics Index)가 대표적인 것으로 이 지표는 공통지표(CI)와 추가지표(SI)로 구성된다.

공통지표(CI : Common Index)는 공기업과 민간기업에 상관없이 모든 조직에 적용되는 지표로 크게 CEO, 작업장, 지배구조, 협력업체, 고객, 지역사회로 구성하여 평가하며, 총 52개 항목이 개발되어 있다. 추가지표(SI : Supplementary Index)는 공기업과 민간기업의 특성에 따라 추가로 개발된 지표를 말하며, 작업장, 지배구조, 협력업체, 고객, 자본시장, 지역사회로 구분하여 총 32개 항목이 개발되어 있다.[9]

전국경제인연합(전경련)에서는 2007년 '윤리경영자율진단지표(FKI-BEX : FKI-Business Ethics Index)'를 개발하였는데 자율진단영역은 윤리경영제도 및 시스템, 고객, 종업원, 주주 및 투자자, 경쟁업체, 협력업체 및 사업파트너, 지역 및 국제사회 등 7대 부문으로 구성된다. 이 지표는 각 기업의 윤리경영 수준 및 개선점을 파악하고, 기업별 수준에 맞는 윤리경영을 추진할 수 있는 방향을 제시하는 컨설팅 기능을 수행하는 등 종합적인 지침서 역할을 수행하기 위해 개발되었다. 기존 지표와는 다르게 기업이 공통적으로 적용할 수 있는 공통항목 외에 업종별로 각기 다른 사업환경과 특성을 감안해 생산재 제조업, 소비재 제조업, 금융업, 건설업, 유통서비스업 등 5대 업종별로 나누어 구체적인 차별화를 시도하였다.[10]

학계에서도 이에 대한 관심을 가지고 2010년 서강대 경영전문대학원 경영연구소가 서강대 윤리경영지표(Sobex)를 개발하였다.

4 기업의 사회적 책임이 강조되는 시대상

사회나 경제가 발달하면서 각 기업(혹은 조직의 구성원)은 새로운 사업을 하거나 기존의 경영활동을 지속적으로 유지하려고 하는 경우 기존에 접하지 못했던 판단의 문제들이

---

9 산업정책연구원(www.ips.or.kr)
10 전국경제인연합회(www.FKI.co.kr)

발생할 수 있으며 이는 전형적인 윤리기준 ― 정직, 일관성, 전문가적인 행동, 환경문제, 성희롱 문제 및 그 외 부패행위로 보는 것들 ― 과 정면으로 부딪힐 수도 있다.

최근 자본주의 경제가 갖는 이러한 문제점과 폐단이 부각되면서 자본주의 체제가 갖추어야 할 윤리와 이로부터 필연적으로 파생되는 기업의 사회적 책임(CSR : corporate social responsibility)이 강조되고 있다. 기업은 한 사회의 구성원으로서 그 책임을 다하기 위해 영리활동을 통하여 얻은 이익의 일부를 수익의 원천이 되는 사회에 환원하여야 한다는 것이다.[11] 윤리성이 결여된 자본주의 경제는 결국 체제 몰락과 붕괴로 갈 수밖에 없음을 인식한 결과이다.

이러한 상황에서는 단순히 기업의 지배구조를 개선하는 차원에서 한 걸음 더 나아가 기업의 인적 구성원인 직무종사자들의 윤리무장이 더욱 강조될 수밖에 없다.

section 03 본 교재에서의 직무윤리

1 직무윤리의 적용대상

직무윤리 및 직무윤리기준은 금융투자업의 경우 '금융투자업 종사자 내지 금융투자전문인력의 직무행위' 전반에 대하여 적용된다. 이에 관하여는 '금융투자회사 표준내부통제기준' 제1조를 준용할 수 있는데, 해당 조항에서는 '지배구조법 제24조 내지 제30조에 따라 회사의 임직원(계약직원 및 임시직원 등을 포함한다. 이하 이 기준에서 같다)'이라고 적용대상을 규정하고 있다.

직무윤리는 투자 관련 직무에 종사하는 일체의 자를 그 적용대상으로 한다. 이에는 투자권유자문인력(펀드/증권/파생상품), 투자권유대행인(펀드/증권), 투자자산운용사, 금융

---

11 최근 기업의 사회적 책임을 법제화하는 경향 역시 늘어나고 있다. 사회적 기업 육성법 등이 그 일례이다. 그러나 기업의 사회적 책임이 강조된다고 해서 영리와 이익추구를 목적으로 하는 기업 본연의 모습이 달라지는 것은 아니다. 기업의 사회적 책임의 이행은 생산과 분배 전 과정에서 요구되지만 오늘날은 그 이익을 분배하는 과정에서 특히 강조되는 경향이 있다.

투자분석사, 재무위험관리사 등의 관련 전문자격증을 보유하고 있는 자(즉, '금융투자전문인력')뿐만 아니라, 이상의 자격을 갖기 이전에 관련 업무에 실질적으로 종사하는 자, 그리고 직접 또는 간접적으로 이와 관련되어 있는 자를 포함하고, 회사와의 위임계약관계 또는 고용계약관계 및 보수의 유무, 고객과의 법률적인 계약관계 및 보수의 존부를 불문한다. 따라서 회사와 정식 고용관계에 있지 않은 자나 무보수로 일하는 자도 직무윤리를 준수하여야 하며, 아직 아무런 계약관계를 맺지 않은 잠재적 고객에 대해서도 직무윤리를 준수하여야 한다. 이 교재에서는 이를 총칭하여 "금융투자업 종사자 내지 금융투자전문인력"이라 부르기로 한다.

여기에서 "직무행위"라 함은 자본시장과 금융투자업과 관련된 일체의 직무활동으로서 투자정보의 제공, 투자의 권유, 금융투자상품의 매매 또는 그 밖의 거래, 투자관리 등과 이에 직접 또는 간접으로 관련된 일체의 직무행위를 포함한다. 이에는 회사에 대한 직무행위뿐만 아니라 對고객관계, 나아가 對자본시장관계까지를 포함한다.

2 직무윤리의 성격

앞에서도 살펴본 바와 같이 법규는 때로 우리가 준수해야 할 직무윤리의 가이드라인이 되기도 하지만, 대부분의 경우는 윤리가 법규의 취지 또는 근본이 되거나 법조문에서 규정하고 있지 않는 부분을 보완하는 역할을 한다. 즉 법규와 윤리는 서로 보완해나가는 주체로서 떼려야 뗄 수 없는 불가분의 관계에 있다. 그러나 법규 또는 윤리기준을 위반하는 경우 그 제재의 정도에 따른 강제성의 측면에서는 그 성격이 달라진다.

법규는 사회구성원들이 보편적으로 옳다고 인식하는 도덕규칙(이나 윤리기준) 또는 경영활동의 평등성(이나 정당성)을 확보하기 위해 정당한 입법절차를 거쳐 문서화한 것이다. 따라서 법규를 위반하는 경우 벌금의 부과, 면허나 자격 등의 취소, 재산이나 권리의 제한 등을 포함하여 중대한 위반행위가 있는 경우 신체의 자유를 구속하는 투옥 등 그 위반행위에 대한 책임을 묻는 제재규정이 직접적으로 명확히 존재하는 반면, 직무윤리 및 직무윤리기준은 일종의 자율규제로서의 성격을 지니고 있어 위반 시 위반행위에 대한 명시적인 제재가 존재하지 않을 수도 있다.

지배구조법 제24조에서는 내부위험관리체계(Internal Risk Management)인 동시에 위법행위에 대한 사전예방(Compliance)체계로서 금융투자업자로 하여금 직무윤리가 반영된 내부통제기준을 자율적으로 제정하여 시행하도록 규정하고 있다. 즉 법규로써 규정하지 못 하는 부분에 대해 보완적인 형태로 그 완전성을 도모하는 것이다.

반면 직무윤리는 자율적 준수라는 장점이 있지만 법규에 비하여 강제수단이 미흡하다는 취약점이 있다. 이 때문에 직무윤리의 준수가 단순한 구호에 그치기 쉬우므로, 자율적으로 직무윤리 위반행위에 대한 실효성 있는 제재 및 구제 수단을 확보하는 것이 요구된다.

직무윤리는 법규와 불가분의 관계를 가지고 있는 만큼 직무윤리를 위반한 경우 단순히 윤리적으로 잘못된 것이라는 비난에 그치지 않고, 동시에 실정법 위반행위로서 국가기관에 의한 행정제재·민사배상책임·형사책임 등의 타율적 규제와 제재의 대상이 되는 경우가 많음을 유의하여야 한다.

3 직무윤리의 핵심

금융투자업에서의 직무윤리는 취급하는 업종의 내용이나 고객 내지 거래처와의 접촉 내용에 따라 다소의 차이는 있지만, 그 기본적 내용에 있어서는 대동소이하다. 그 핵심적 내용은 "자신과 상대방의 이해가 상충하는 상황(conflicts of interests)에서는 상대방 이익(You First)의 입장에서 자신에 대한 상대방의 신뢰를 저버리지 않는 행동(Fiduciary Duty)을 선택하라"는 것이다. 여기에서 우리는 '고객우선의 원칙'과 '신의성실의 원칙'이라는 핵심적이고 가장 근본이 되는 2가지 원칙, 즉 직무윤리의 핵심을 도출하게 된다.

chapter 02

금융투자업 직무윤리

기본원칙

　금융투자업 종사자와 금융소비자 사이에는 기본적으로 신임관계에 있으며, 이에 따라 금융투자업 종사자는 금융소비자에 대하여 신임의무(信任義務, Fiduciary Duty)가 발생한다. "신임의무"라 함은 위임자로부터 '신임'을 받은 수임자는 자신에게 신뢰를 부여한 위임자에 대하여 진실로 충실하고, 또한 직업적 전문가로서 충분한 주의를 가지고 업무를 처리하여야 할 의무를 진다는 뜻이다. 신임의무가 특히 문제되는 상황은 수임자와 신임자의 이익이 서로 충돌하는 경우이다. 이러한 경우 수임자는 자기(혹은 회사 또는 주주를 포함한 제3자)의 이익을 우선하는 것이 금지되고 신임자의 이익을 우선시하여야 할 의무를 진다. 이때 수임자가 지켜야 할 신임의무를 선량한 관리자로서의 주의의무, 즉 '선관주의 의무'라고 표현할 수 있고 이는 금융소비자로부터 수임을 받게 되는 모든 금융투자업자에게 적용되는 공통적인 직무윤리이자 가장 높은 수준의 기준이며 금융투자업에서 준수해야 할 가장 중요한 두 가지 직무윤리인 '고객우선의 원칙'과 '신의성실의 원칙'의 기본적인 근거가 된다.

금융투자업에서 직무윤리의 준수가 갖는 중요성은 너무 크기에, 금융투자협회에서는 금융투자회사가 준수해야 할 '금융투자회사의 표준윤리준칙'을 2015. 12. 4. 제정하였고, 앞서 말한 두 가지 중요한 직무윤리 — 1) 책임과 의무를 성실히 수행하고, 2) 투자자를 보호하여야 한다 — 를 동 준칙 제1조에서 다음과 같이 명시하고 있다.

이 준칙은 금융투자회사의 윤리경영 실천 및 임직원의 올바른 윤리의식 함양을 통해 금융인으로서의 책임과 의무를 성실히 수행하고, 투자자를 보호하며 자본시장의 건전한 발전 및 국가경제 발전에 기여함을 목적으로 한다.

1 고객 우선의 원칙

금융투자회사의 표준윤리준칙 제2조
회사와 임직원은 항상 고객의 입장에서 생각하고 고객에게 보다 나은 금융서비스를 제공하기 위해 노력하여야 한다.

금융소비자보호법 제2조 제1호에서는 금융소비자 보호의 대상이 되는 '금융상품'에 대해 다음과 같이 정의하고 있다.
가. 「은행법」에 따른 예금 및 대출
나. 「자본시장과 금융투자업에 관한 법률」에 따른 금융투자상품
다. 「보험업법」에 따른 보험상품
라. 「상호저축은행법」에 따른 예금 및 대출
마. 「여신전문금융업법」에 따른 신용카드, 시설대여, 연불판매, 할부금융
바. 그 밖에 가부터 마까지의 상품과 유사한 것으로서 대통령령으로 정하는 것

또한, 같은 법 제3조에서는 각 금융상품의 속성에 따라 예금성 상품/대출성 상품/투자성 상품/보장성 상품으로 구분하고 있어 금융소비자 보호의 대상이 되는 상품의 범위를 더욱 확대하였다.

고객우선의 원칙은 모든 금융상품에 적용되어야 하는 것이나 본 교재의 특성을 고려

하여 본 장에서는 금융투자업과 관련한 직무윤리를 다루기로 한다.

금융투자업은 주로 금융투자상품[1]을 다루는 산업으로 자본시장법 제3조 제1항에서는 '금융투자상품'에 대해 "이익을 얻거나 손실을 회피할 목적으로 현재 또는 장래의 특정 시점에 금전, 그 밖의 재산적 가치가 있는 것(이하 '금전 등'이라 한다)을 지급하기로 약정함으로써 취득하는 권리로서 그 권리를 취득하기 위하여 지급하였거나 지급하여야 할 금전 등의 총액(판매수수료 등 대통령령으로 정하는 금액을 제외한다)이 그 권리로부터 회수하였거나 회수할 수 있는 금전 등의 총액(해지수수료 등 대통령령으로 정하는 금액을 포함한다)을 초과하게 될 위험(이하 '투자성'이라 한다)이 있는 것을 말한다"라고 정의하고 있다.

금융투자업에 종사하는 자는 금융투자상품 가격의 평가에 공정을 기하고, 수익가능성과 위험을 예측하여 금융소비자에게 합리적인 투자판단의 기초자료를 제공하는 역할을 수행하며, 금융투자상품의 공급자와 금융소비자 사이에 발생하기 쉬운 정보의 격차를 줄임으로써 자본시장을 통한 자원의 효율적 배분에 기여하는 역할을 담당한다.

금융소비자의 금융투자상품 소비활동에는 금융투자업 종사자의 이러한 역할 수행으로 인해 발생하는 비용이 포함되어 있기 때문에 금융소비자는 이 비용을 최소화시킴으로써 투자수익률을 제고하고자 하는 욕구가 발생하는 반면, 금융투자업 종사자는 이 비용을 최대화시킴으로써 영업수익률을 제고하고자 하는 욕구가 발생하므로 양자 간에는 각자의 이익을 최대화시키려는 갈등 상황, 즉 서로의 이해가 상충되는 상황이 발생할 수 있다.

이러한 상황에서 금융투자업 종사자는 신임의무에 근거하여 자신(소속 회사, 소속 회사의 주주를 포함)의 이익보다 상대방인 금융소비자의 이익을 우선적으로 보호해야 한다는 것, 즉 고객의 입장에서 생각하라는 것이 표준윤리준칙 제1조에서 규정하고 있는 사항이다.

2　신의성실의 원칙

금융투자회사의 표준윤리준칙 제4조
회사와 임직원은 정직과 신뢰를 가장 중요한 가치관으로 삼고, 신의성실의 원칙에 입각하여 맡은 업무를 충실히 수행하여야 한다.

1　금융소비자보호법에서는 자본시장법상의 금융투자상품을 '투자성 상품'으로 정의하고 있으나, 본 교재에서는 구분의 실익이 낮으므로 두 단어를 혼용하기로 한다.

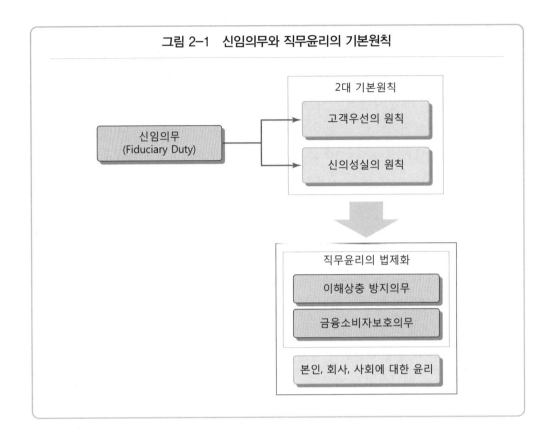

그림 2-1   신임의무와 직무윤리의 기본원칙

신의성실(信義誠實)은 모든 사람이 사회공동생활의 일원으로서 상대방의 신뢰에 반하지 않도록 성의있게 행동할 것을 요구하는 법칙이다. 즉, 금융투자업 종사자는 직무수행에 있어서 상대방의 정당한 이익을 배려하여 형평에 어긋나거나 신뢰를 저버리는 일이 없도록 성실하게 행동해야 한다.

금융투자업에서 신의성실은 단순히 윤리적 원칙에 그치지 않고 법적 의무로 승화되어 있다. 자본시장법 제37조 제1항에서는 "금융투자업자는 신의성실의 원칙에 따라 공정하게 금융투자업을 영위하여야 한다"고 명기하고 있다. 또한 금융소비자보호법 제14조 제1항에서는 "금융상품판매업자 등은 금융상품 또는 금융상품자문 등에 관한 계약의 체결, 권리의 행사 및 의무의 이행을 신의성실의 원칙에 따라 해야 한다"고 규정하고 있다. 이는 민법 제2조 제1항의 "권리의 행사와 의무의 이행은 신의에 좋아 성실히 하여야 한다"는 신의성실의 원칙을 금융투자업에 맞추어 적절하게 변형한 것이다.

따라서 신의성실의 원칙은 금융투자회사의 임직원이 준수해야 할 직무윤리이면서 동시에 강제력이 있는 법적 의무이므로 금융투자업 종사자가 선관주의의무 혹은 충실의무를 위반하는 경우 불법행위에 대한 손해배상책임을 부담하게 된다(대법원 1996. 8. 23. 선고 94다38199 판결; 대법원 1997. 10. 24. 선고 97다24603 판결).

지금까지 금융투자업 종사자로서 반드시 지켜야 할 두 가지의 기본적이고 핵심적인 '고객우선의 원칙'과 '신의성실의 원칙'을 이해하였고 이 직무윤리는 지배구조법, 자본시장법 및 금융소비자보호법 등에서 '이해상충 방지의무'와 '금융소비자보호의무'로 대표되는 법적 의무로 승화되어 있음을 확인하였다.

사례 1

ELS(Equity Linked Securities : 주가연계증권) 발행회사의 헤지 거래

(사건 개요)

투자자는 중간 평가일에 기초자산의 가격이 일정 수준 이상인 경우 조기 상환받을 수 있는 ELS상품에 가입을 하였다. 하지만 동 ELS상품의 중간 평가일 14시 50분까지 조기상환이 가능한 주가 이상이었던 기초자산의 주가는 해당 ELS의 발행회사가 동시호가 시간에 대량매도에 나서는 방식으로 델타 헤지(Delta Hedge : ELS 등 파생금융상품을 발행하는 금융투자회사가 주가 하락 시 매수, 주가 상승 시 매도로 기초자산의 수량을 적절히 보유하면서 손익을 상쇄하고 그 과정에서 생기는 운용수익을 ELS 상환자금으로 사용하는 기법)를 시도하여, 시장이 종료될 때 해당 기초자산의 주가는 조기상환을 할 수 없는 기준주가 밑으로 형성되었고 결국 해당 ELS는 조기상환을 하지 못하였다.

(판단 내용)

발행회사는 기초자산인 주식을 14시 40분까지는 기준 가격 이상으로 지속적인 매도 주문을 하였으나 대부분의 매도 주문이 체결되지 않았고, 동시호가 시간대인 14시 50분부터는 기준 가격보다 낮은 가격에 매도 주문을 실행하였다. 발행회사는 손실을 회피하기 위한 불가피한 델타 헤지 거래였음을 주장하나, 이는 금융소비자보호의무를 소홀히 한 것으로 신의성실의 원칙에 위배되는 행위이다(대법원 2015.5.14.선고 2013다 2757).

○○증권회사의 착오 배당 사고

(사건 개요)

○○증권회사의 업무담당자는 2018.4.5. 우리사주 조합원에 대한 현금배당업무를 하면서 착오로 전산시스템상의 주식배당 메뉴를 잘못 선택하여 주식을 입력하였고, 관리자인 팀장은 이를 인지하지 못한 채 승인하였다. 이에 2018.4.6 오전 9시 30분경 우리사주 조합원(2,018명) 계좌로 현금배당(주당 1천 원) 대신 동사 주식 총 28.1억 주(주당 1천 주)를 착오로 입고하였고, 입고 직후부터 강제 매도중단조치를 하기까지 31분간 동사 직원 22명은 총 1,208만 주를 주식시장에 매도 주문하여 이 중 16명이 총 501만 주를 체결시켰다. 이로 인해 당일 오전 동사 주가가 전일 종가 대비 최대 11.7% 하락하는 등 주식시장에 큰 충격을 미치게 되었다.

또한 착오입고 직후 동사는 사고를 인지하고도 조속히 매매주문 차단, 착오입고주식 일괄출고를 하지 못하여 직원의 대규모 주식매도 주문을 방지하는 데 실패하였다.

(문제점)

1. 우리사주 배당 내부통제 부실

   ㄱ. 배당시스템이 현금배당과 주식배당을 동일한 화면에서 처리하도록 구성

   ㄴ. 정상적인 업무처리 순서(조합장 계좌 출고→조합원 계좌 입고)가 아닌 반대순서로 업무처리가 실행되도록 구성되어 있어 착오로 인한 입·출고를 사전에 통제 불가

   ㄷ. 발행주식 총수가 넘는 주식이 입고되어도 오류 검증 또는 입력거부 기능 부재

   ㄹ. 동사의 직무분류상 A부서가 수행해야 함에도 B부서가 실질적으로 수행하는 등 업무분장이 미흡하고, 관련 업무매뉴얼 부재

2. 사고대응 미흡

   ㄱ. 지배구조법에서 정하고 있는 '금융사고 등 우발상황에 대한 위험관리 비상계획' 부재

   ㄴ. 사내 방송시설, 비상연락망 등을 갖추고 있지 않아 신속한 사고내용 전파 및 매도금지 요청 불가

3. 일부 직원의 윤리의식 부재에 따른 주식 매도주문

   ㄱ. 총 22명의 1,208만 주 매도주문 중 총 16명의 501만 주가 체결

   ㄴ. 특히 최초 '주식매도금지'를 공지한 시각 이후에도 매도 주문된 수량은 총 14명의 946만 주로 전체의 78.3% 차지

4. 실물주식 입고시스템의 문제

   예탁결제원의 확인 없이 매도되도록 시스템이 설계되어 위조 주식이 거래될 가능성 존재

5. 전산시스템 계약의 문제

   전체 전산시스템 위탁계약의 72%가 계열사와 체결한 것으로 그중 수의계약 비중이 91%를

차지하는 등 계열사 부당지원 문제도 존재

(제재 등 조치)

1. 금융위원회는 동 사고가 지배구조법 제24조에서 정하고 있는 '내부통제기준 마련' 및 제27조의 '위험관리 비상계획 마련' 의무를 위반한 사항으로 판단하여 다음과 같이 제재하였다.

   ㄱ. ○○증권회사의 업무(신규 투자자에 대한 지분증권 투자중개업) 일부 정지 6월 및 과태료 1억 4천 4백만 원 부과

   ㄴ. 전(前) 대표이사 3명에 대해 해임요구 상당(2명) 및 직무정지 1월 상당(1명)

   ㄷ. 현(現) 대표이사 직무정지 3월

2. 증권선물위원회는 착오로 입고된 주식을 매도한 직원 중 동 주식의 시장 가격을 왜곡한 것으로 판단되는 13인에 대해 자본시장법 제178조의2(시장질서 교란행위 금지) 위반을 이유로 각각 7명에 대해 2,250만 원 및 6명에 대해 3,000만 원의 과징금 부과를 결정하였다. 다만 이 중 8명은 자본시장법 위반으로 기소 중인 상황을 고려하여 법원의 확정판결 시까지 과징금 조치를 유예하였다.

3. 금융감독원은 주식을 매도한 직원 21명에 대해 정직(3월) 2명, 정직(2월) 1명, 감봉 3명, 견책 1명, 퇴직자 위법사실 통지 1명의 조치를 내렸다.

(시사점)

동 사고는 해당 업무를 담당한 직원 및 부서의 관리자가 본인의 업무를 수행함에 있어 '선량한 관리자로서의 주의의무'를 준수하지 않음에서 비롯된 것이라 볼 수 있다.

또한 착오입고된 주식을 매도(주문)한 직원은 '선관주의의무'를 준수하지 않아 시장에 충격을 줌으로써 다수의 금융소비자들이 피해를 입도록 하였고 다시 이를 회사가 보상하는 과정에서 회사에 손실을 입혔으며, 본인 역시 금전적 손실을 포함한 각종 제재를 받는 불이익을 받게 되었다.

회사 전체적으로도 '윤리경영'을 바탕으로 임직원에 대한 지속적 교육 및 각종 내부통제기준을 수립·실행하여 금융소비자를 보호하고, 금융시장의 안정성을 추구하여야 함에도 이를 준수하지 않아 금전적으로 막대한 손실은 물론, 금융회사에서 가장 중요한 자산으로 꼽히는 '고객의 신뢰'를 잃게 되었다.

윤리경영의 근간인 '선량한 관리자로서의 의무'가 더욱 중요시되는 이유다.

1 개요

> **자본시장법 제37조 제2항**
> 금융투자업자는 금융투자업을 영위함에 있어서 정당한 사유 없이 투자자의 이익을 해하면서 자기가 이익을 얻거나 제3자가 이익을 얻도록 하여서는 아니 된다.
>
> **금융소비자보호법 제14조 제2항**
> 금융상품판매업자 등은 금융상품판매업등을 영위할 때 업무의 내용과 절차를 공정히 하여야 하며, 정당한 사유없이 금융소비자의 이익을 해치면서 자기가 이익을 얻거나 제3자가 이익을 얻도록 해서는 아니 된다.

금융투자업 종사자는 신의성실의 원칙에 입각하여 투자자 즉 금융소비자의 이익을 최우선으로 하여 업무를 수행하여야 하며, 자본시장법에서는 이를 제37조(신의성실의 의무 등)를 포함하여 제44조(이해상충의 관리), 제45조(정보교류의 차단)에서 구체화시킴으로써 금융투자업 종사자가 이를 준수하도록 강제성을 부여하고 있다.

여기에서 금융소비자의 이익을 최우선으로 한다는 것은 '금융소비자의 입장에서 최선의 이익'을 구한다는 것으로, 이는 소극적으로 금융소비자 등의 희생 위에 자기 또는 회사나 주주 등을 포함한 제3자의 이익을 도모해서는 안 된다는 것에 그치는 것이 아니고, 적극적으로 금융소비자 등의 이익을 위하여 실현 가능한 최대한의 이익을 추구하여야 하는 것을 말한다(최선집행의무). 그러나 이것은 단순히 결과에 있어서 최대의 수익률을 얻어야 한다는 뜻은 아니다. '결과'와 '과정' 양자 모두에 있어서 최선의 결과를 얻도록 노력하여야 한다는 뜻이다.

2 이해상충의 발생원인

이해상충이 발생하는 원인은 크게 세 가지로 볼 수 있다.

첫째, 금융투자업자 내부의 문제로서 금융투자업을 영위하는 회사 내에서 공적 업무

영역(자산관리, 증권중개 등 공개된 정보에 의존하거나 이러한 정보를 이용하여 투자권유 혹은 거래를 하는 부서 및 소속 직원)에서 사적 업무영역(기업의 인수·합병·주선업무 등 미공개중요정보를 취득할 수 있는 부서 및 소속 직원)의 정보를 이용하는 경우에 이해상충이 발생하게 된다.

둘째, 금융투자업자와 금융소비자 간의 문제로서 이들 사이에는 정보의 비대칭이 존재 함에 따라 금융투자업자가 금융소비자의 이익을 희생하여 자신이나 제3자의 이익을 추구할 가능성이 높다.

셋째, 법률적 문제로서 자본시장법에서 발달하고 있는 금융투자업에 대해 복수의 금융투자업 간 겸영 업무의 허용범위를 넓혀주고 있어 이해상충이 발생할 위험성이 더욱 높아졌다.

금융소비자와 이해상충이 발생하는 사례

금융투자업자와 금융소비자 사이에 대표적으로 발생하는 이해상충의 사례 중 하나는 과당매매이다. 금융투자중개업자인 경우 금융소비자로부터 보다 많은 수수료 수입을 창출하여야 하는 반면, 금융소비자는 보다 저렴한 수수료를 부담하기 원하는 경우가 일반적이다. 이때, 금융투자중개업자에 속하는 임직원이 회사 또는 자신의 영업실적을 증대시키기 위해 금융소비자의 투자경험 등을 고려하지 않고 지나치게 자주 투자권유를 하여 매매가 발생하는 경우 이해상충이 발생하게 된다. 특정 거래가 빈번한 거래인지 또는 과도한 거래인지 여부는 a. 일반투자자가 부담하는 수수료의 총액, b. 일반투자자의 재산상태 및 투자목적에 적합한지 여부, c. 일반투자자의 투자지식이나 경험에 비추어 당해 거래에 수반되는 위험을 잘 이해하고 있는지 여부, d. 개별 매매거래 시 권유내용의 타당성 여부 등을 종합적으로 고려하여 판단한다(금융투자업규정 제4-20조 제1항 제5호, 금융투자회사의 표준내부통제기준 제39조 제1항).

! 사례

투자자가 일임한 투자원금 전액을 특정 주식 한 종목만을 과도하게 매매하여 손해를 입힌 경우 과당매매행위로 인한 불법행위책임을 인정한 사례

(사건 개요)
증권회사 직원은 코스닥 시장에 상장된 학습지 회사에 투자자가 일임한 자금 전액을 투자했다가 동 종목이 상장폐지되면서 투자자는 거의 전액을 손해 보게 되었다. 그동안의 매매 결과를 확인한 결과 32개월의 투자기간 동안 동 종목 하나만을 대상으로 매매하였으며, 회전율은 2,046%로 과다한 거래를 하였으며, 이로 인해 발생한 수수료 등이 총 투자원금의 약 13%로 적

지 않은 수준이었다.

(판단 내용)

투자자는 투자원금 전부를 특정한 종목에만 투자하는 등 투기적인 단기매매를 감수할 정도의 투기적 성향을 갖고 있다고 할 수 없음에도 불구하고 증권회사 직원은 한 종목에만 투기적인 단기매매를 반복하는 등 전문가로서 합리적인 선택이라 할 수 없다. 이는 충실의무를 위반해 고객의 이익을 등한시하고 무리하게 빈번한 회전매매를 함으로써 투자자에게 손해를 입힌 과당매매행위로 불법행위가 성립한다(대법원 2012.6.14.선고 2011다 65303).

3 이해상충의 방지체계

앞에서 설명한 바와 같은 이유로 인해 자본시장법 및 관련법령 등에서는 금융투자업자에게 인가·등록 시부터 아래와 같이 이해상충방지체계를 갖추도록 의무화하고 있다.

(1) 이해상충의 관리(자본시장법 제44조)

금융투자업자는 금융투자업의 영위와 관련하여 금융투자업자와 투자자 간, 특정 투자자와 다른 투자자 간의 이해상충을 방지하기 위하여 이해상충이 발생할 가능성을 파악·평가하고, 지배구조법 제24조에 따른 내부통제기준이 정하는 방법 및 절차에 따라 이를 적절히 관리하여야 한다.

금융투자업자는 이해상충이 발생할 가능성을 파악·평가한 결과 이해상충이 발생할 가능성이 있다고 인정되는 경우에는 그 사실을 미리 해당 투자자에게 알려야 하며, 그 이해상충이 발생할 가능성을 내부통제기준이 정하는 방법 및 절차에 따라 금융소비자 보호에 문제가 없는 수준으로 낮춘 후 매매, 그 밖의 거래를 하여야 한다.

이러한 조치에도 불구하고 그 이해상충이 발생할 가능성을 낮추는 것이 곤란하다고 판단되는 경우 금융투자업자는 해당 매매, 그 밖의 거래를 하여서는 아니 된다.

(2) 정보교류의 차단(Chinese Wall 구축)의무(자본시장법 제45조)

금융투자업자는 금융투자업과 관련 법령 등에서 허용하는 부수업무 등을 영위하는 경우 미공개중요정보 등에 대한 회사 내부의 정보교류차단 뿐만이 아니라 계열회사를 포함한 제3자에게 정보를 제공하는 경우 등에 대해 내부통제기준을 마련하여 이해상충이 발생할 수 있는 정보를 적절히 차단해야 한다.

내부통제기준에는 정보교류 차단을 위해 필요한 기준 및 절차, 정보교류 차단의 대상이 되는 정보의 예외적 교류를 위한 요건 및 절차, 그 밖에 정보교류 차단의 대상이 되는 정보를 활용한 이해상충 발생을 방지하기 위하여 대통령령으로 정하는 사항이 포함된다.

이를 위해 금융투자업자는 정보교류 차단을 위한 내부통제기준의 적정성에 대한 정기 점검을 실시하고, 정보교류 차단과 관련되는 법령 및 내부통제기준에 대한 임직원 대상 교육을 해야 하며, 그 밖에 정보교류 차단을 위해 대통령령으로 정하는 사항을 준수하여야 한다.

이 부분은 뒤에서 다루게 될 '회사에 대한 윤리'에서도 연결하여 살펴보도록 한다.

(3) 조사분석자료의 작성 대상 및 제공의 제한

투자분석업무와 관련한 이해상충의 문제는 금융투자회사 및 금융투자분석업무 종사자와 이들에 의하여 생산된 정보를 이용하는 자(투자정보이용자) 사이에서 생길 가능성이 크기 때문에 금융투자협회의 '금융투자회사의 영업 및 업무에 관한 규정(이하 '협회 영업규정'이라 한다)' 제2−29조에서는 조사분석 대상법인의 제한을 통해 금융투자업자 자신이 발행하였거나 관련되어 있는 대상에 대한 조사분석자료의 공표와 제공을 원천적으로 금지하고 있다.

(4) 자기계약(자기거래)의 금지(자본시장법 제67조)

투자매매업자 또는 투자중개업자는 금융투자상품에 관한 같은 매매에 있어 자신이 본인이 됨과 동시에 상대방의 투자중개업자가 되어서는 아니 된다.

금융투자업 종사자는 금융소비자가 동의한 경우를 제외하고는 금융소비자와의 거래 당사자가 되거나 자기 이해관계인의 대리인이 되어서는 아니 된다.

자기가 스스로 금융소비자에 대하여 거래의 당사자, 즉 거래상대방이 되는 경우 앞에서 설명한 바와 같이 금융투자업 종사자가 기본적으로 준수하여야 할 충실의무, 다시말해 금융소비자를 위한 최선의 이익추구가 방해받을 가능성이 있다. 그래서 금융소비자의 동의가 있는 경우를 제외하고는 자기거래를 금지한 것이다.

같은 이유로 금융투자업 종사자가 직접 금융소비자의 거래당사자가 되는 것은 아니지만 '이해관계인'의 대리인이 되는 경우도 역시 금지된다. 여기서 '자기 이해관계인'에는 친족이나 소속 회사 등과 같이 경제적으로 일체성 내지 관련성을 갖는 자 등이 모두 포함되는데 법률적 이해관계에 국한하지 않고 사실상의 이해관계까지도 모두 포함하기 위한 것이다. 이를 위반한 경우 형사 처벌의 대상이 된다(자본시장법 제446조 제12호).

그러나 상대방이 우연히 결정되어 투자자의 이익을 해칠 가능성이 없는 다음의 경우에는 예외적으로 허용이 되고 있다.

❶ 투자중개업자가 투자자로부터 증권시장, 파생상품시장 또는 다자간매매체결회사에서의 매매의 위탁을 받아 증권시장, 파생상품시장 또는 다자간매매체결회사를 통하여 매매가 이루어지도록 한 경우

❷ 투자매매업자 또는 투자중개업자가 자기가 판매하는 집합투자증권을 매수하는 경우

❸ 종합금융투자사업자가 자본시장법 제360조에 따른 단기금융업무 등 동법 시행령 제77조의6 제1항 제1호에 따라 금융투자상품의 장외매매가 이루어지도록 한 경우

❹ 그 밖에 공정한 가격 형성과 거래의 안정성·효율성 도모 및 투자자 보호에 우려가 없는 경우로서 금융위원회가 정하여 고시하는 경우

사례

투자자문업을 영위하는 A회사의 펀드매니저인 B는 투자일임계약을 맺고 있는 고객 중의 한 사람인 C로부터 주식투자에 의한 고수익(high return) 운용을 지시받았기 때문에 가까운 장래에 공개가 예상되어 있는 장외주식도 편입하여 운용하고 있다. 하지만 사정이 있어서 C는 계좌를 해약하였다. C는 계좌에 편입되어 있는 주식은 환금하지 말고 해약을 신청한 날의 상태 그대로 반환받고 싶다는 의사를 표시하였다. C의 계좌에는 곧 공개가 예정되어 있는 D사의 주식이 포함되어 있다. D사의 주식은 공개가 되면 매우 높은 가격으로 거래될 것으로 예상되기 때문에 B는 해약신청 직후에 C의 허락을 얻지 아니하고 D사 주식을 장부가로 자기의 계좌에 넘겼다.

(평가)

B는 C로부터 투자일임계좌의 자산을 환금시키지 말고 해약 당일의 상태 그대로 반환하였으면 좋겠다는 요청을 받았음에도 불구하고 C의 허락 없이 D사 주식을 자기의 계좌로 넘겼다. 이러한 행위는 고객과 거래당사자가 되어서는 아니 된다는 윤리기준에 반한다. 더욱이 D사의 공개 후에 기대되는 주식매각의 이익을 얻을 수 있는 기회를 무단으로 C로부터 가로챈 것은 투자일임계좌의 수임자로서의 신임의무에도 반하는 것이므로 고객에 최선의 이익이 돌아갈 수 있도록 전념하고 고객의 이익보다 자신의 이익을 우선시해서는 아니 된다는 윤리기준에도 위반하였다. B의 행위는 자기계약을 금지하는 자본시장법 제67조에 위반될 가능성도 있다.

금융소비자 보호 의무

1 개요

1) 기본개념

금융소비자보호법 제2조 제8호에서는 '금융소비자'의 정의를 '금융상품에 관한 계약의 체결 또는 계약 체결의 권유를 하거나 청약을 받는 것(이하 '금융상품계약체결등'이라 한다)에 관한 금융상품판매업자의 거래상대방 또는 금융상품자문업자의 자문업무의 상대방인 전문금융소비자 또는 일반금융소비자를 말한다'라고 규정하고 있다.

이는 예금자, 투자자, 보험계약자, 신용카드 이용자 등 금융회사와 거래하고 있는 당사자뿐만 아니라 장래 금융회사의 상품이나 서비스를 이용하고자 하는 자를 포괄하는 개념이다.

금융소비자보호는 금융시장의 공급자인 금융상품의 개발자와 판매자에 비해 교섭력과 정보력이 부족한 수요자인 금융소비자의 입지를 보완하기 위하여 불공정하고 불평등한 제도와 관행을 바로잡는 일련의 업무이다.

금융소비자보호는 금융상품을 소비하는 금융소비자의 관점에서 금융시장에서의 불균형을 시정하여 소비자들이 금융기관과 공정하게 협상할 수 있는 기반을 확보하고, 금융소비자의 신뢰 제고를 통하여 장기적으로 금융서비스의 수요를 증가시키는 효과가 발생하게 되므로, 궁극적으로 우리나라의 자본시장을 발전시키는 역할을 수행한다.

금융소비자 등이 금융투자업 종사자에게 업무를 맡기는 이유는 금융투자업 종사자를 전문가로서 인정하고 이를 신뢰하기 때문이다. 따라서 금융투자업 종사자는 일반인(아마추어)에게 요구되는 것 이상의 '전문가로서의 주의'를 기울여 그 업무를 수행하여야 한다. 어떻게 행동하면 이 같은 주의의무를 다하는 것인가는 수행하는 업무의 구체적인 내용에 따라서 다르지만, 일반적으로는 '신중한 투자자의 원칙(Prudent Investor Rule)'이 그 기준이 될 수 있다.

신중한 투자자의 원칙이란 미국의 신탁법에서 수탁자의 행위기준으로서 널리 인정받은 바 있는 "Prudent Man Rule"(신중한 사람의 원칙)을 자산운용에 관한 이론 및 실무의 발전을 받아들여 수정한 것이다. 이에 의하면, 수탁자가 자산운용업계에서 받아들여지고 있는 포트폴리오(portfolio) 이론에 따라서 자산을 운용한다면 그것은 일반적으로 적법한 것으로서 인정된다. 이 원칙은 1992년에 간행된 미국의 「제3차 신탁법 Restatement」에 의하여 채택되었다. 신중한 투자자원칙의 구성원리인 신중성은 수탁자의 투자판단에 관한 의무이행뿐만 아니라 충실의무(duty of loyalty)와 공평의무(duty of impartiality)와 같이 투자관리자가 수익자의 이익을 위하여 행동하여야 하는 의무와 수익전념의무를 포함한다(의무의 포괄성). 우리나라 판례에서도 투자관리자와 투자자인 고객 사이의 관계는 본질적으로 신임관계에 기초하여 고객의 재산관리사무를 대행하는 지위에서 비롯된다고 하여 이를 확인하고 있다(대법원 1995. 11. 21. 선고 94도1538 판결).

이렇듯 '신중한 투자자의 원칙'을 고려하여 보면 '전문가(profession)로서의'라는 것은, 주의를 기울이는 정도와 수준에 있어서 일반인 내지 평균인(문외한) 이상의 당해 전문가집단(예를 들어 증권투자권유자문인력이라면 그 집단)에 평균적으로 요구되는 수준의 주의가 요구된다는 뜻이다.

'주의(care)'라는 것은 업무를 수행하는 데에 있어서 관련된 모든 요소에 기울여야 하는 마음가짐과 태도를 말한다. 이 같은 주의의무는 적어도 업무수행이 신임관계에 의한 것인 한, 사무처리의 대가가 유상이건 무상이건을 묻지 않고 요구된다.

특히 금융투자업자는 금융기관의 공공성으로 인하여 일반적인 회사에 비하여 더욱 높은 수준의 주의의무를 요한다. 즉, 금융기관은 금융소비자의 재산을 보호하고 신용질서유지와 자금중개 기능의 효율성 유지를 위하여 금융시장의 안정성 및 국민경제의 발전에 이바지해야 하는 공공적 역할을 담당하는 위치에 있기 때문에 일반적인 선관의무 이외에 그 공공적 성격에 걸맞은 내용의 선관의무를 다할 것이 요구된다(대법원 2002. 3. 15. 선고 2000다9086 판결).

따라서 금융투자업 종사자가 고의 또는 과실로 인해 전문가로서의 주의의무를 다하여 업무를 집행하지 않은 경우, 위임인에 대한 의무 위반을 이유로 한 채무불이행책임(민법 390조)과 불법행위책임(민법 750조) 등과 같은 법적 책임을 지게 된다.

이러한 '전문가로서의 주의'의무는 금융회사가 금융소비자에게 판매할 상품을 개발하는 단계부터 판매 단계 및 판매 이후의 단계까지 적용된다.

2) 금융소비자보호 관련 국내외 동향

(1) 국제 동향

연금자산 확대 등 개인의 금융자산이 증대되고 있는 가운데 개인들의 금융거래가 경제생활에서 차지하는 중요성이 날로 확대되고 있는 반면, 금융산업은 겸업화 및 글로벌화가 진행됨에 따라 금융상품이 복잡·다양해지고 있어 금융소비자들이 금융상품에 내재된 위험과 수익구조를 이해하기 어려워지고 있다.

또한 금융소비자는 금융기관에 비해 상대적으로 정보 면에서 열위에 있어 금융소비자의 불만이 증대되고, 이로 인하여 불필요한 사회적 비용이 발생되고 있다.

이러한 문제를 인식하고 대처하기 위한 노력은 비단 한 국가만의 문제가 아닌바, 국제적으로는 우리나라를 포함하여 현재 38개국이 참여하는 OECD(Organization for Economic Coorperation and Development : 경제협력개발기구)가 주축이 되어 지금 현재도 'Covid-19 시대의 금융소비자 보호 방안', '노령인구에 대한 금융소비자 보호', 'Digital 세대를 위한 금융소비자 보호정책' 등에 관한 자료를 발간하며 금융소비자 보호를 위해 지속적인 노력을 기울이고 있다.

특히 OECD 국가 중 선진 20개국이 참여하는 G20는 2010년 서울에서 열린 'G20 정상회의'에서 '금융소비자보호 강화'를 향후 추진 이슈로 선정하였으며, 이에 따라 2011년 칸에서 열린 'G20 정상회의'에서 OECD가 제안한 '금융소비자보호에 관한 10대 원칙'을 채택하였고, 이는 각국의 금융소비자보호 관련 법규 제정 등의 기초가 되고 있다.

이후 2014년 케언즈에서 열린 G20 정상회의에서도 '금융소비자보호 정책의 실행을 위한 효율적 접근 방안' 등을 발표하는 등 국제사회의 금융소비자보호를 강화하기 위한 노력은 현재도 지속되고 있다.

금융소비자보호 10대 원칙

원칙 1. 법 규제 체계

• 금융소비자보호는 법률, 규제 및 감독체계의 한 부분으로 자리 잡아야 하고, 각국의 다양한 상황과 세계시장, 금융규제 발전 상황 등을 반영해야 한다.
• 규제는 금융상품 및 소비자의 특성과 다양성, 소비자들의 권리 및 책임에 맞도록 설정

하고, 새로운 상품 구조 등에 대응해야 한다.
- 금융서비스 제공자와 중개대리인은 적절한 규제를 받도록 해야 한다.
- 정부 이외의 이해관계자는 금융소비자보호에 관한 정책, 교육 책정 시 의견을 구해야 한다.

원칙 2. 감독기관의 역할

- 금융소비자보호에 관한 명확한 책임을 갖고, 업무수행에 필요한 권한을 지닌 감독기관을 설치해야 하고, 당해 기관에 명확하고 객관적으로 정의된 책임과 적절한 권한을 주어야 한다.
- 감독기관은 소비자 정보 및 기밀정보에 관힌 적절한 정보보호기준과 이해상충 해소 등 높은 직업윤리기준을 준수해야 한다.

원칙 3. 공평·공정한 소비자 대우

- 모든 금융소비자는 금융서비스 공급자와의 모든 관계에서 공평, 공정한 대우를 받아야 한다.
- 모든 금융서비스 공급자는 공정한 고객대응을 기업문화로 정착시켜야 한다.
- 약자인 금융소비자에게 특히 배려해야 한다.

원칙 4. 공시 및 투명성

- 금융서비스 공급자와 중개대리인은 소비자에게 상품의 편익, 리스크 및 모든 영업과정에서 적절한 정보를 제공해야 한다.
- 계약 전 단계에서 동일한 성격의 상품, 서비스 비교 등 표준화된 정보공시 관행을 정비해야 한다.
- 자문 제공은 가능한 한 객관적으로 하고, 일반적으로는 상품의 복잡성, 상품에 수반된 리스크, 소비자의 재무상태, 지식, 능력 및 경험 등 소비자 성향에 기반을 둬야 한다.

원칙 5. 금융교육과 인식

- 금융교육 및 계발은 전체 이해관계자에게 추진하고, 소비자가 소비자보호, 권리 및 책임에 관한 명확한 정보를 쉽게 입수할 수 있게 해야 한다.
- 현재 및 장래 소비자가 리스크를 적절하게 이해할 수 있게끔 지식, 기술 및 자신감을 향상할 수 있게 해 충분한 정보에 기초한 의사결정을 가능케 하고, 정보의 습득과 소비자 스스로 경제적 건전성을 높이기 위한 효과적 행동을 할 수 있는 체계를 적절히 구축해야 한다.

- 모든 이해관계자는 OECD의 금융교육에 관한 국제네트워크(INFE)가 책정한 금융교육에 관한 국제적 원칙과 가이드라인의 실시를 권고한다.

원칙 6. 금융회사의 책임영업행위 강화
- 금융회사는 소비자의 최선의 이익을 고려해 업무를 수행하고, 금융소비자보호를 실현할 책임을 지도록 해야 한다.
- 금융서비스 공급자는 중개대리인의 행위에 대해 책임을 지는 동시에 설명책임도 지게끔 한다.

원칙 7. 금융소비자 자산의 보호 강화
- 정보, 관리 및 보호에 관한 메커니즘에 따라 적절하고 확실하게 소비자의 예금, 저축 및 여타 유사 금융자산을 보호해야 한다. 여기에는 부정행위, 횡령, 기타 악용행위 등으로부터의 보호도 포함된다.

원칙 8. 금융소비자의 개인정보 보호 강화
- 소비자에 관한 재무 및 개인정보는 적절한 관리, 보호체계에 따라 보호되어야 한다.

원칙 9. 민원처리 및 시정절차 접근성 제고
- 관할 국가 또는 지역은 소비자가 적정한 민원 해결 및 구제제도를 이용할 수 있도록 해야 하고, 그 제도는 이용 가능성, 지급 가능성, 독립성, 공정성, 설명책임, 적시성 및 효율성을 갖추고 있어야 한다.

원칙 10. 경쟁환경 조성
- 소비자에 대한 금융서비스 선택의 폭 확대, 경쟁력 있는 상품 제공, 혁신 확대 및 서비스의 질 유지, 향상 등을 위해 국내외 시장 경쟁을 촉진하고 금융서비스 제공자들의 경쟁을 유도한다.

(2) 국내 동향

우리나라는 2000년대 들어서면서 금융소비자 보호에 대한 인식이 전면적으로 제고되었다.

금융감독원은 2006년 9월 '금융소비자보호 모범규준'을 제정하여 소비자 불만을 예방하고 금융피해를 신속히 구제하기 위한 노력을 시작했고, 2008년 글로벌 금융위기 이후 전 세계적으로 금융소비자보호를 강화하는 방향으로 금융의 패러다임이 변화함에 따라 여러 차례의 개정을 거쳐 금융소비자보호 총괄책임자 지정, 금융상품의 개발부터 사후관리까지 전 과정에서의 내부통제 강화 등을 추가하여 2021년 9월까지 시행하였다.

그러나, 모범규준은 법령 등에 비해 상대적으로 그 강제성이 제한되는바, 금융소비자보호를 더욱 강화하기 위하여 2020년 3월 24일, 금융소비자보호법을 제정하여 2021년 3월 25일(일부 9.25일)부터 시행 중이다.

금융소비자보호법은 G20 정상회의에서 채택한 '금융소비자보호 10대 원칙'의 내용을 포함하고 있으며, 제1조에서 명확히 하고 있듯이 '금융소비자의 권익 증진'과 '금융상품판매업 및 금융상품자문업에 대한 건전한 시장질서를 구축'하는 것을 목적으로 한다. 동 법 및 시행령과 이에 근거한 금융감독규정(금융소비자보호 감독규정)이 제정·시행됨에 따라, 기존의 금융소비자보호 모범규준에서 정한 사항들이 법적인 의무사항으로 강화되었고, 자본시장법에서 제한적으로 적용되던 금융소비자 보호에 관한 사항이 금융상품 전체로 확대되었으며, 금융소비자 보호를 위한 신설제도 등이 도입되는 등 금융소비자를 위한 보호정책은 점차 강화되고 있는 추세이다.

3) 금융소비자보호 내부통제체계

금융소비자보호법은 금융소비자 보호 업무를 준법감시 업무와 마찬가지로 '내부통제' 업무로 본다. 이에 따라 금융소비자보호법의 적용을 받는 모든 금융회사는 회사 내부에 금융소비자보호에 관한 내부통제체계를 구축해야 하고, 이에 관한 규정은 각 업권별로 표준내부통제기준을 통해 반영(예를 들어 은행연합회 등에서 정하고 있는 표준내부통제기준)하고 있는바, 이 교재에서는 금융투자협회의 '금융투자회사의 금융소비자보호 표준내부통제기준(이하 '금융소비자보호 표준내부통제기준'이라 한다)'을 중심으로 살펴본다.

금융소비자보호 표준내부통제기준 제5조 제1항에서는 "회사는 금융소비자보호 업무에 관한 임직원의 역할과 책임을 명확히 하고, 업무의 종류 및 성격, 이해상충의 정도 등을 감안하여 업무의 효율성 및 직무 간 상호 견제와 균형이 이루어질 수 있도록 업무분장 및 조직구조를 수립하여야 한다"고 규정함으로써 각 금융회사의 금융소비자보호 내부통제체계를 구축하여야 할 것으로 의무화하였다.

또한 같은 조 제3항에서는 "회사의 금융소비자보호에 관한 내부통제조직은 이사회,

대표이사, 금융소비자보호 내부통제위원회, 금융소비자보호 총괄기관 등으로 구성된
다"고 명시하여 기존의 금융소비자보호 모범규준과는 달리 금융소비자보호에 관한 내
부통제업무의 승인 권한을 회사의 최고의사결정기구인 이사회까지 확대시킴으로써 금
융소비자보호의 중요성을 여실히 보여주고 있다.

이제 금융소비자보호에 관한 각 조직별 권한과 의무를 살펴보도록 하자.

(1) 이사회

금융소비자보호 표준내부통제기준 제6조에 따라 이사회는 최고 의사결정기구로서
회사의 금융소비자보호에 관한 내부통제체계의 구축 및 운영에 관한 기본방침을 정한
다. 또한 내부통제에 영향을 미치는 경영전략 및 정책을 승인하고 금융소비자보호의 내
부통제와 관련된 주요사항을 심의·의결한다.

(2) 대표이사

금융소비자보호 표준내부통제기준 제7조에 따라 대표이사는 이사회가 정한 내부통
제체계의 구축 및 운영에 관한 기본방침에 따라 금융소비자보호와 관련한 내부통제체
계를 구축·운영하여야 한다.

대표이사는 회사의 금융소비자보호 내부통제체계가 적절히 구축·운영되도록 내부통
제환경을 조성하고, 관련법규의 변경, 영업환경 변화 등에도 금융소비자보호 내부통제
체계의 유효성이 유지될 수 있도록 관리하여야 한다.

한편, 대표이사는 다음의 사항에 대한 권한 및 의무가 있다.

❶ 금융소비자보호 내부통제기준 위반 방지를 위한 예방대책 마련
❷ 금융소비자보호 내부통제기준 준수 여부에 대한 점검
❸ 금융소비자보호 내부통제기준 위반내용에 상응하는 조치방안 및 기준 마련
❹ 위의 ❶ 및 ❷를 위해 필요한 인적, 물적 자원의 지원
❺ 준법감시인과 금융소비자보호 총괄책임자의 업무 분장 및 조정

다만, 대표이사는 ❶, ❷ 및 ❸에 해당하는 업무를 금융소비자보호 총괄책임자에게
위임할 수 있으며, 업무를 위임하는 경우 위임하는 업무의 범위를 구체적으로 명시해야
하고, 위임의 절차를 명확히 해야 한다. 대표이사가 해당 업무를 금융소비자보호 총괄
책임자에게 위임하는 경우 금융소비자보호 총괄책임자는 매년 1회 이상 위임업무의 이

행사항을 금융소비자보호 내부통제위원회(내부통제위원회가 없는 경우 대표이사)에 보고하여
야 한다.

(3) 금융소비자보호 내부통제위원회

금융소비자보호 표준내부통제기준 제9조 제1항에서는 금융소비자보호 관련법령 등
에 따라 내부통제위원회 설치를 예외로 적용하는 경우를 제외하고는 각 금융회사별로
금융소비자보호에 관한 내부통제를 수행하기 위하여 필요한 의사결정기구로서 대표이
사를 의장으로 하는 '금융소비자보호 내부통제위원회'를 설치하도록 의무화하고 있다.

금융소비자보호 내부통제위원회는 매 반기마다 1회 이상 의무적으로 개최해야 하며,
개최결과를 이사회에 보고하는 것은 물론 최소 5년 이상 관련 기록을 유지해야 한다.

금융소비자보호 내부통제위원회의 의결 및 심의사항은 다음과 같다.

❶ 금융소비자보호에 관한 경영방향
❷ 금융소비자보호 관련 주요 제도 변경사항
❸ 임직원의 성과보상체계에 대한 금융소비자보호 측면에서의 평가
❹ 금융상품의 개발, 영업방식 및 관련 정보공시에 관한 사항
❺ 금융소비자보호 내부통제기준 및 법 제32조 제3항에 따른 금융소비자보호기준의
   적정성·준수실태에 대한 점검·조치 결과
❻ 법 제32조 제2항에 따른 평가(이하 '금융소비자보호 실태평가'라 함), 감독(법 제48조 제1
   항 에 따른 '감독'을 말함) 및 검사(법 제50조에 따른 '검사'를 말함) 결과의 후속조치에 관한
   사항
❼ 중요 민원·분쟁에 대한 대응 결과
❽ 광고물 제작 및 광고물 내부 심의에 대한 내부규정(단, 준법감시인이 별도로 내부규정 마
   련 시 제외 가능)
❾ 금융소비자보호 총괄기관과 금융상품 개발·판매·사후관리 등 관련부서 간 협의
   필요사항
❿ 기타 금융소비자보호 총괄기관 또는 기타 관련부서가 내부통제위원회에 보고한
   사항의 처리에 관한 사항

(4) 금융소비자보호 총괄기관

금융소비자보호 표준내부통제기준 제10조에 따라 각 회사는 책임과 권한을 가지고 금융소비자보호에 관한 내부통제 업무를 수행하기 위하여 필요한 조직으로서 금융소비자보호 총괄기관을 설치하여야 한다. 금융소비자보호 총괄기관은 소비자보호와 영업부서 업무 간의 이해상충 방지 및 회사의 소비자보호 업무역량 제고를 위하여 금융상품 개발·판매 업무로부터 독립하여 업무를 수행해야 하고, 대표이사 직속 기관으로 두어야 한다.

금융회사는 금융소비자보호업무를 원활하게 수행할 수 있도록 고객 수, 민원건수, 상품개발 및 판매 등 관련 타부서와의 사전협의 수요 등을 고려하여 업무수행에 필요한 인력을 갖춰야 하며, 금융소비자보호 업무를 원활하게 수행할 수 있는 직원을 업무담당자로 선발하여 운영하여야 한다.

금융소비자보호 총괄기관의 권한은 다음과 같다.

❶ 금융소비자보호에 관한 경영방향 수립
❷ 금융소비자보호 관련 교육의 기획 및 운영
❸ 금융소비자보호 관련 제도 개선
❹ 금융상품의 개발, 판매 및 사후관리에 관한 금융소비자보호 측면에서의 점검 및 조치
❺ 민원, 분쟁의 현황 및 조치 결과에 대한 관리
❻ 임직원의 성과보상체계에 대한 금융소비자보호 측면에서의 평가
❼ 금융상품의 개발, 변경, 판매 중단 및 관련 약관의 제·개정 등을 포함하여 판매촉진, 영업점 성과평가 기준 마련 등에 대한 사전 협의
❽ 금융소비자보호 내부통제위원회의 운영(❶부터 ❺까지의 사항을 내부통제위원회에 보고하는 업무를 포함한다)
❾ 금융소비자보호 내부통제 관련 규정 등 수립에 관한 협의

금융소비자보호 총괄기관은 금융소비자보호 및 민원예방 등을 위해 아래의 사항을 포함하는 제도개선을 관련부서에 요구할 수 있으며, 제도개선 요구를 받은 부서는 제도개선 업무를 조속히 수행하여야 한다. 다만, 해당 부서가 부득이한 사유로 제도개선 업무의 수행이 불가능할 경우 그 사유를 내부통제위원회(내부통제위원회가 없는 경우 대표이사)에 소명해야 한다.

❶ 업무개선 제도운영 및 방법의 명확화

❷ 개선(안) 및 결과 내역관리

❸ 제도개선 운영성과의 평가

❹ 민원분석 및 소비자만족도 분석 결과 등을 토대로 현장 영업절차 실태 분석 및 개선안 도출

금융소비자보호 총괄기관은 금융소비자의 권리를 존중하고 민원을 예방하기 위하여 아래의 사항을 포함한 절차를 개발 및 운영하여야 한다.

❶ 금융소비자보호를 위한 민원예방

❷ 금융소비자보호와 관련된 임직원 교육 및 평가, 내내외 홍보

❸ 유사민원의 재발방지를 위한 교육 프로그램 및 제도개선 방안

또한, 금융소비자보호 총괄기관은 금융소비자보호 제도와 관련하여 임직원 등에 대한 교육 및 특정한 조치가 필요하다고 판단되는 경우 관련부서에 협조를 요청할 수 있으며, 협조 요청을 받은 관련부서는 특별한 사정이 없는 한 이에 협조하여야 한다.

(5) 금융소비자보호 총괄책임자(CCO)

금융회사는 금융소비자보호 표준내부통제기준 제12조에 따라 금융소비자보호 총괄기관의 장으로서 금융소비자보호 업무를 총괄하는 임원을 '금융소비자보호 총괄책임자(CCO : Chief Consumer Officer)로 지정하여야 하며, CCO는 대표이사 직속으로 준법감시인에 준하는 독립적 지위를 보장받으며, 적법한 직무수행과 관련하여 부당한 인사상 불이익을 받지 않는다.

금융소비자보호 총괄책임자가 수행하는 직무는 다음과 같다.

❶ 금융소비자보호 총괄기관의 업무 통할

❷ 상품설명서, 금융상품 계약서류 등 사전 심의(단, 준법감시인 수행 시 제외)

❸ 금융소비자보호 관련 제도 기획 및 개선, 기타 필요한 절차 및 기준의 수립

❹ 금융상품 각 단계별(개발, 판매, 사후관리) 소비자보호 체계에 관한 관리·감독 및 검토

❺ 민원접수 및 처리에 관한 관리·감독 업무

❻ 금융소비자보호 관련부서 간 업무협조 및 업무조정 등 업무 총괄

⑦ 대내외 금융소비자보호 관련 교육 프로그램 개발 및 운영 업무 총괄

⑧ 민원발생과 연계한 관련부서·직원 평가 기준의 수립 및 평가 총괄

⑨ 금융소비자보호 표준내부통제기준 준수 여부에 대한 점검·조치·평가 업무 총괄

⑩ 대표이사로부터 위임받은 업무

⑪ 금융소비자보호 관련 이사회, 대표이사, 내부통제위원회로부터 이행을 지시·요청받은 업무

⑫ 기타 금융소비자의 권익증진을 위해 필요하다고 판단되는 업무

이와는 별도로 금융소비자보호 총괄책임자는 금융소비자의 권익이 침해되거나 침해될 현저한 우려가 발생한 경우 지체 없이 대표이사에게 보고하여야 하며, 대표이사는 보고받은 사항을 확인하여 신속히 필요한 제반사항을 수행·지원하여야 한다.

4) 금융소비자보호 관련 평가

금융소비자보호 관련 평가는 내부 평가와 외부 평가로 구분할 수 있다.

내부적으로 금융회사는 금융소비자보호법 및 관련 규정 등에 따라 회사 및 임직원이 업무를 수행함에 있어 금융소비자보호에 충실하였는지를 조직과 개인의 성과평가에 반영할 수 있는 평가도구를 마련하여 정기적으로 실행하여야 한다. 금융소비자보호 표준내부통제기준에서는 이를 금융소비자보호 내부통제위원회 및 금융소비자보호 총괄기관의 직무로 명시하고 있다.

외부적으로 금융회사는 외부 감독기구 등으로부터 금융소비자보호법 제32조 제2항에 따라 정기적인 금융소비자보호 실태평가를 받으며, 같은 법 제48조 제1항에 따른 감독 및 같은 법 제50조에 따른 검사를 받아야 한다.

특히 외부 감독기구의 금융소비자보호 실태평가 결과는 언론보도 등을 통해 공개되고 있어 그 평가 결과가 좋지 않을 경우, 금융소비자들의 해당 금융회사에 대한 신뢰도 등이 저하되므로 금융소비자의 신뢰가 가장 중요한 금융회사로서는 적극 대응할 필요가 있어, 향후 각 회사는 경영전략 수립 시 우선적으로 금융소비자보호를 고려하여야 한다.

금융회사는 신상품 개발 및 마케팅 정책을 수립하는 경우 금융소비자를 보호할 수 있도록 다음의 절차를 수립하여 운영하여야 한다.

(1) 사전협의절차

사전협의는 통상 금융상품을 개발하는 부서와 해당 금융상품에 대한 마케팅을 수립하는 부서 및 금융소비자보호 총괄기관 간에 이루어지며, 금융소비자보호 총괄기관은 금융소비자보호 측면에서 금융소비자보호법령 및 회사의 내부통제기준에 부합하는지 여부를 점검하여야 한다. 만일 점검 결과 문제점이 발견되는 경우 해당 문제를 해결할 수 있도록 부서 간 사전협의 절차와 정보공유체계를 구축하고 운영하여야 한다.

이때 사전협의를 하는 대상은 금융업종마다 다르기는 하지만 통상 아래와 같다.

❶ 신상품(또는 금융서비스) 등의 개발 혹은 변경에 대한 검토
❷ 신상품 등의 개발 중단 또는 판매 중단에 대한 검토
❸ 신상품 등의 안내장(설명서), 약관, 가입신청서(설계서) 등 관련서류에 대한 검토
❹ 상품 등 판매절차의 개발 또는 변경에 대한 검토
❺ 고객 관련 판매촉진(이벤트, 프로모션 등) 전략의 적정성 검토
❻ 상품판매와 관련한 평가기준의 수립 및 변경 시 금융소비자 보호 측면에서의 적정성 여부 검토

사전협의절차를 진행하는 경우 금융소비자보호 총괄기관은 금융소비자보호 표준내부통제기준 제18조 제3항에 따라 금융상품의 위험도·복잡성, 금융소비자의 특성 및 금융상품 발행인의 재무적 건전성, 금융상품 운용 및 리스크 관리능력을 고려하여야 하며, 사전협의 대상에 금융소비자보호 측면에서 문제가 있다고 판단되는 경우 관련 부서에 금융상품 출시 및 마케팅 중단, 개선방안 제출 등을 요구할 수 있다.

이와 관련하여 금융소비자보호 총괄기관은 상품개발 또는 마케팅 정책수립 부서 등이 정해진 사전협의절차를 충실히 이행하고 있는지 여부를 정기적으로 점검하여야 한다.

사전협의절차는 판매 단계 및 판매 이후의 단계까지 영향을 미치게 되므로 만일 점검 중 사전협의가 누락된 경우 금융소비자보호 총괄기관은 금융소비자보호 표준내부통제

기준 제18조 제5항에 따라 동 사실을 해당 부서의 성과 평가 또는 민원 평가에 반영하여야 한다.

(2) 금융상품 개발 관련 점검 절차

금융소비자보호 총괄기관은 금융소비자보호 표준내부통제기준 제19조에 따라 금융상품을 개발하는 경우 금융소비자에게 불리한 점은 없는지 등을 진단하기 위한 점검항목을 마련해야 하며, 상품개발부서에게 이를 제공해야 한다.

상품개발부서는 새로운 상품을 출시하거나 상품의 중요내용을 변경하는 경우, 금융소비자보호 총괄기관에서 제공한 점검항목에 따라 해당 상품이 금융소비자보호 측면에서 적정한지 여부를 자체적으로 점검하여야 하며, 금융소비자보호 총괄기관과 사전협의 시 이를 제공함으로써 적정성 여부를 판단받을 수 있다.

또한 회사는 금융관련 법규 등에서 정한 바에 따라 금융상품 개발과정에서 다음의 사항을 포함한 내부규정을 수립하여 운영하여야 한다.

❶ 금융상품 개발부서명 및 연락처를 상품설명 자료에 명기하는 등 책임성 강화
❷ 금융상품 개발부서의 금융상품 판매자에 대한 충분한 정보 공유 책임 강화(판매회사, 부서, 담당직원뿐 아니라 판매회사가 금융상품 판매를 재위탁한 경우 위탁회사의 직원까지 포함)

(3) 외부 의견 청취

회사는 금융소비자보호 표준내부통제기준 제20조 제1항 및 제2항에 따라 금융상품 개발 초기 단계부터 금융소비자의 불만 예방 및 피해의 신속한 구제를 위해 이전에 발생된 민원, 소비자만족도 등 금융소비자 의견이 적극 반영될 수 있도록 업무절차를 마련해 운영하여야 한다.

여기에는 금융상품의 기획·개발 단계에서 외부전문가의 의견이나 금융소비자들의 요구를 회사경영에 반영할 수 있는 고객참여제도 등의 채널을 마련하고 이를 적극 활용하는 것이 포함되며, 회사는 이렇게 수집된 금융소비자의 제안이 상품개발 담당 부서 등에서 적절하게 반영되고 있는지 주기적으로 활용실적 분석 등을 실시해야 한다.

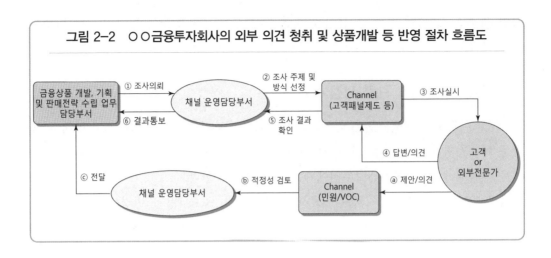

그림 2-2   ○○금융투자회사의 외부 의견 청취 및 상품개발 등 반영 절차 흐름도

3   금융상품 판매절차 구축

금융소비자보호 표준내부통제기준 제21조에서는 금융회사가 금융상품 판매과정에서 불완전판매가 발생하지 않도록 판매 전 절차와 판매 후 절차로 구분하여 판매절차를 구축하도록 다음과 같이 규정하고 있다.

1) 금융상품 판매 전 절차

(1) 교육체계의 마련

영위하는 업종에 따라 다르지만 통상 금융회사는 수시 또는 정기적으로 전 임직원을 대상으로 하여 집합교육 또는 온라인을 통한 개별교육을 실시하여 왔다.

그러나 금융소비자보호법이 시행된 이후 이 교육에 대한 해석은 보다 구체화되어, 금융소비자보호 표준내부통제기준 제32조 제3항에서는 각 회사가 판매임직원 등을 대상으로 금융소비자에게 제공되는 '개별상품'별 교육을 실시하도록 규정하고 있다.

예를 들어 펀드의 경우 과거에는 주식형 펀드 전체 혹은 펀드라는 특정 금융상품 유형 전체에 대해 교육을 진행했다면 현재는 실제 금융소비자에게 제공되는 개별 펀드별로 교육을 실시하여 각 상품별 특성과 위험 등에 대해 판매하는 임직원 등이 명확히 이해하고 판매에 임할 수 있도록 하여야 하는 것이다.

이와 더불어 같은 조 제1항에서는 회사가 판매임직원 등을 대상으로 해당 회사의 금융소비자보호 내부통제기준 및 금융소비자보호관련법령 등의 준수에 관한 교육을 의무적으로 실시하도록 명시하고, 이 교육을 받지 않은 임직원의 경우 금융상품을 판매할 수 없도록 하는 등 금융상품의 판매 전 교육을 통해 불완전판매가 발생하지 않도록 하고 있다.

(2) 판매자격의 관리

금융소비자보호 표준내부통제기준 제33조에서는 회사의 임직원 등이 금융상품을 판매하기 위한 자격요건을 규정하고 있는데, 여기에는 기존에 관련 법규 등에서 정하고 있는 자격증 취득 여부 및 교육 이수 여부 등을 기본으로 하여 추가적으로 회사가 취급하는 금융상품에 대하여 회사가 정한 기준에 따른 평가 결과, 전문성과 숙련도가 낮은 판매임직원 등일 경우 및 기타 불완전판매 관련 민원이 회사가 정한 기준 이상으로 발생하여 회사가 개별적으로 판매를 제한하는 판매임직원 등일 경우에는 금융상품의 판매를 제한하는 내용이 포함되어 있다.

현재 거의 모든 금융회사는 각 임직원이 회사가 취급하고 있는 금융상품을 판매할 수 있는 특정 자격증을 보유하고 있는지, 자격 유지를 위한 보수교육은 이수하고 있는지 상시 또는 주기적으로 관리하고 있다.

예를 들어 ○○금융투자회사의 상품별 판매자격기준은 다음과 같다.

취급상품명	판매자격기준
집합투자증권(펀드)	펀드투자권유자문인력
주식, ELB/DLB	증권투자권유자문인력
채권, CP, RP, CMA	증권투자권유자문인력
선물, 옵션, ELW, ELS/DLS	파생상품투자권유자문인력
Wrap Account	운용대상자산별 자격증
방카슈랑스	생명보험, 손해보험, 변액보험, 제3보험 대리점
신탁	(파생상품이 포함된 금전신탁의 경우) 파생상품투자권유자문인력

사례

무자격 투자상담사(現, 투자권유대행인)의 대체출고 후 편취행위는 회사업무와 연관성이 있으므로 회사의 사용자 책임을 인정한 사례

(사건 개요)
증권회사 지점장은 A가 투자상담사 자격이 없음을 인지하였음에도 불구하고 본인이 근무하는 지점에 채용하였고, A의 고객은 A에 의해 큰 수익이 발생하자, 추가로 투자금액을 증액하였다. 이후 A는 해당 고객에게 특정 종목을 너무 많이 거래하면 감독당국으로부터 지적을 당하는 등 문제가 발생할 소지가 있으니 다른 사람 명의의 계좌로 해당 주식을 분산하고 향후 돌려주겠다고 제의하여 고객의 동의를 받았으며, 분산시켜 놓은 해당 주식을 고객에게 반환하지 않고 잠적하였다.

(판단 내용)
무자격 투자상담사의 불법행위는 외관상 업무연관성이 있으므로 증권회사는 사용자로서 불법행위의 책임이 인정된다. 또한 지점장 역시 A의 불법행위를 방조한 것으로 공동 불법행위를 구성하므로 증권회사는 지점의 사용자로서도 불법행위의 책임이 인정된다. 다만, 고객에게도 대체출고를 동의한 점 등 잘못이 있어 이를 손해액 산정에 감안한다(대법원 2006.9.14.선고 2004다 53203).

(3) 판매과정별 관리절차 및 확인 절차 마련

금융회사는 판매임직원 등이 금융소비자보호법 등 관련법령을 준수하고 불완전판매가 발생하지 않도록 문자메시지, 전자우편 등을 활용하여 금융상품을 판매하는 경우 각 판매과정별 관리절차를 마련하여 운영하여야 한다.

여기에는 반드시 판매임직원 등이 지켜야 할 사항에 대한 점검항목을 제공하고 실제 이를 준수하고 있는지 점검하는 내용이 포함된다.

또한 금융소비자가 금융상품을 선택하는 과정에서 반드시 알아야 할 사항 및 금융상품의 주요 위험요인 등에 대해 이해하고 있는지 확인하는 등의 절차를 마련하여야 한다.

2) 금융상품 판매 후 절차

금융회사의 상품 판매 및 마케팅 담당부서는 상품 판매 개시 이전에 상품 판매 이후 준수해야 할 절차를 마련하여야 한다.

첫째, 금융소비자가 본인의 금융상품 구매내용 및 금융거래에 대한 이해의 정확성 등 불완전판매 여부를 확인할 수 있는 절차가 마련되어 있어야 한다.

둘째, 금융회사는 불완전판매 및 불완전판매 개연성이 높은 상품에 대해서는 해당 금융상품의 유형을 고려하여 재설명 및 청약철회, 위법계약해지 등의 금융소비자보호절차를 마련해야 한다. 이는 상품의 판매 단계에서 판매임직원 등이 금융소비자에게 설명의무를 이행할 시 반드시 설명해야 할 사항들로 금융회사는 자체 교육 및 대내외 미스터리 쇼핑 실시 등을 통해 점검하게 된다.

셋째, 문자메시지, 전자우편 등을 활용한 투자성 상품 매매내역 통지, 신탁 또는 일임의 운용내역 통지 등 금융소비자에 대한 통지 체계를 마련하고 운영하여야 한다. 금융회사는 문자메시지나 전자우편 등을 이용한 통지 체계의 적정성 여부를 수시 또는 정기로 점검하여 개선사항 등이 필요한지를 확인하여야 한다.

4 상품 판매 단계의 금융소비자보호

금융소비자보호법은 제13조부터 제16조를 통해 금융회사의 영업행위 일반원칙을 다음과 같이 법적인 의무로 규정하고 있다.

제13조(영업행위 준수사항 해석의 기준)
누구든지 이 장의 영업행위 준수사항에 관한 규정을 해석·적용하려는 경우 금융소비자의 권익을 우선적으로 고려하여야 하며, 금융상품 또는 계약관계의 특성 등에 따라 금융상품 유형별 또는 금융상품판매업자 등의 업종별로 형평에 맞게 해석·적용되도록 하여야 한다.

제14조(신의성실의무 등)
① 금융상품판매업자 등은 금융상품 또는 금융상품자문에 관한 계약의 체결, 권리의 행사 및 의무의 이행을 신의성실의 원칙에 따라 하여야 한다.
② 금융상품판매업자 등은 금융상품판매업 등을 영위할 때 업무의 내용과 절차를 공정히 하여야 하며, 정당한 사유 없이 금융소비자의 이익을 해치면서 자기가 이익을 얻거나 제3자가 이익을 얻도록 해서는 아니 된다.

제15조(차별금지)

금융상품판매업자 등은 금융상품 또는 금융상품자문에 관한 계약을 체결하는 경우 정당한 사유 없이 성별·학력·장애·사회적 신분 등을 이유로 계약조건에 관하여 금융소비자를 부당하게 차별해서는 아니 된다.

제16조(금융상품판매업자 등의 관리책임)

① 금융상품판매업자 등은 임직원 및 금융상품판매대리·중개업자(「보험업법」 제2조 제11호에 따른 보험중개사는 제외. 이하 이 조에서 같음)가 업무를 수행할 때 법령을 준수하고 건전한 거래질서를 해치는 일이 없도록 성실히 관리하여야 한다.

② 법인인 금융상품판매업자 등으로서 대통령령으로 정하는 자는 제1항에 따른 관리업무를 이행하기 위하여 그 임직원 및 금융상품판매대리·중개업자가 직무를 수행할 때 준수하여야 할 기준 및 절차(이하 "내부통제기준"이라 함)를 대통령령으로 정하는 바에 따라 마련하여야 한다.

앞에서도 설명한 바와 같이 금융투자업 종사자가 준수하여야 할 2가지 핵심직무윤리는 '신의성실의 원칙'과 '고객우선의 원칙'으로 이 핵심직무윤리는 단순히 준수해야 할 윤리기준을 넘어서 법적으로 의무화되어 있다.

금융투자업 종사자는 그 업무를 수행함에 있어서 개인적인 관계 등에 의하여 금융소비자를 차별해서는 아니 되고 모든 금융소비자를 공평하게 취급함으로써 금융투자업 종사자에 대한 사회적 신뢰를 유지하여야 한다.

"공평하게"라고 하는 것은 반드시 "동일하게"라는 의미라기보다는 "공정하게"라는 의미가 더 강하다. 예를 들면 어떤 투자정보를 금융소비자에게 제공하거나, 또는 이것을 수정하거나, 추가 정보를 제공함에 있어서, 모든 금융소비자에 대하여 완전히 동일한 조건이어야 하는 것은 아니고 금융소비자의 투자목적, 지식·경험, 정보제공에 대한 대가 등에 따라서 필요한 정보를 적절하게 차별하여 제공하는 것은 허용된다. 즉, 동일한 성격을 가진 금융소비자 내지 금융소비자군(群)에 대하여 제공되는 서비스의 질과 양 및 시기 등이 동일하다면 공정성을 유지하고 있는 것으로 볼 수 있다.

금융소비자보호법 제15조의 차별금지에 관한 예를 들어보면 다음과 같다.

금융투자회사의 표준내부통제기준 제40조의5 제1항에서는 "회사는 거래소로부터 받은 시세정보를 투자자에게 제공하는 경우 시세정보의 제공형태나 제공방식 등에 대해서 투자자가 선택할 수 있도록 고지하지 않고 특정 위탁자에게만 매매주문 관련 자료나 정보를 차별적으로 제공하는 행위를 하여서는 아니 된다"라고 규정하고 있다. 만일 A 와 B가 동일한 서비스 제공군에 속하는 일반투자자인 경우 A에게 제공되는 시세 정보 가 B보다 빠르다면 A는 항상 B보다 앞서서 투자결정을 내릴 수 있을 것이며 이는 결 국 A와 B의 투자손익에 막대한 차이가 발생하는 원인이 될 수 있다. 이는 모두에게 공 정성을 유지하는 것이 아니므로 윤리기준뿐만 아니라 금융소비자보호법을 위반하는 것이 된다.

> **! 사례**
>
> A는 주식형 펀드를 담당하는 펀드매니저이다. A는 최근 매출된 주식형 펀드를 포함하여 5개 의 펀드를 운용하고 있지만 시간과 노력의 대부분은 최근 매출한 2개의 신규 펀드에 기울이고 있다. 나머지 3개의 펀드는 비교적 오래전의 펀드에 대해서는 잔고가 적다는 것과, 이미 일정 한 이율이 확보되었기에 그 내용을 변경하지 않고 있다. 신규 펀드에 대해서는 새롭게 입수한 투자정보에 기하여 적극적으로 포트폴리오의 내용을 교체하고 있지만 오래전의 펀드에 대해 서는 그렇게 하고 있지 않다.
>
> (평가)
> A는 모든 금융소비자를 공정하게 취급하여야 한다는 윤리기준을 위반하고 있다. 운용전략이 동일한 성격의 펀드에 대해서는 동등하게 운용하여야 한다.

또한 금융소비자보호법 제16조에서는 금융회사가 임직원 및 위탁계약을 체결한 대리 인 등을 관리하여야 할 책임을 명확히 규정하고 이를 위해 직무 수행 시 준수해야 할 기 준 및 절차가 담긴 내부통제기준을 반드시 마련하도록 의무화함으로써 사용자 책임을 강화하고 있다.

이제 금융상품의 판매 단계에서 적용되는 가장 중요한 '6대 판매원칙'에 대해 세부적 으로 알아보도록 한다.

1) 적합성 원칙(Principle of Suitability)

> **금융소비자보호법 제17조(적합성원칙) (발췌)**
> ① 금융상품판매업자등은 금융상품계약체결등을 하거나 자문업무를 하는 경우에는 상대 방인 금융소비자가 일반금융소비자인지 전문금융소비자인지를 확인하여야 한다.

② 금융상품판매업자등은 일반금융소비자에게 다음 각 호의 금융상품 계약 체결을 권유(금융상품자문업자가 자문에 응하는 경우를 포함. 이하 이 조에서 같다)하는 경우에는 면담·질문 등을 통하여 다음 각 호의 구분에 따른 정보를 파악하고, 일반금융소비자로부터 서명(전자서명법 제2조 제2호에 따른 전자서명을 포함. 이하 같다), 기명날인, 녹취 또는 그 밖에 대통령령으로 정하는 방법으로 확인을 받아 이를 유지·관리하여야 하며, 확인받은 내용을 일반금융소비자에게 지체 없이 제공하여야 한다.

　2. 투자성 상품(자본시장법 제9조 제27항에 따른 온라인소액투자중개의 대상이 되는 증권 등 대통령령으로 정하는 투자성 상품은 제외. 이하 이 조에서 같다) 및 운용 실적에 따라 수익률 등의 변동 가능성이 있는 금융상품으로서 대통령령으로 정하는 예금성 상품

　　가. 일반금융소비자의 해당 금융상품 취득 또는 처분 목적

　　나. 재산상황

　　다. 취득 또는 처분 경험

　3. 대출성 상품

　　가. 일반금융소비자의 재산상황

　　나. 신용 및 변제계획

　4. 그 밖에 일반금융소비자에게 적합한 금융상품 계약의 체결을 권유하기 위하여 필요한 정보로서 대통령령으로 정하는 사항

③ 금융상품판매업자등은 제2항 각 호의 구분에 따른 정보를 고려하여 그 일반금융소비자에게 적합하지 아니하다고 인정되는 계약 체결을 권유해서는 아니 된다. 이 경우 적합성 판단 기준은 제2항 각 호의 구분에 따라 대통령령으로 정한다.

④ 제2항에 따라 금융상품판매업자등이 금융상품의 유형별로 파악하여야 하는 정보의 세부적인 내용은 대통령령으로 정한다.

⑤ 금융상품판매업자등이 자본시장법 제249조의2에 따른 전문투자형 사모집합투자기구의 집합투자증권을 판매하는 경우에는 제1항부터 제3항까지의 규정을 적용하지 아니한다. 다만, 같은 법 제249조의2에 따른 적격투자자 중 일반금융소비자 등 대통령령으로 정하는 자가 대통령령으로 정하는 바에 따라 요청하는 경우에는 그러하지 아니하다.

⑥ 제5항에 따른 금융상품판매업자등은 같은 항 단서에 따라 대통령령으로 정하는 자에게 제1항부터 제3항까지의 규정의 적용을 별도로 요청할 수 있음을 대통령령으로 정하는 바에 따라 미리 알려야 한다.

금융투자업 종사자는 금융소비자에게 금융투자상품의 투자권유 등을 함에 있어 신의

성실의 원칙에 따라 선량한 관리자로서의 주의의무를 지기 때문에 금융소비자에게 투자를 권유하는 경우, 투자목적, 투자경험, 자금력, 위험에 대한 태도 등에 비추어 가장 적합한 투자를 권유하여야 한다.

이때 응대하는 금융소비자가 가지고 있는 투자에 관한 개별적인 요소 또는 상황이 모두 다를 수 있기 때문에 그에 맞는 적합한 투자권유나 투자상담을 하기 위해서는 우선 금융소비자에 관한 정보파악이 필요하고 이를 상황 변화에 따라 적절히 수정하여야 한다.

통상 개별 금융소비자에 대한 투자 권유 전 실행해야 하는 절차는 다음과 같은 순서로 실행된다.

❶ 투자권유를 하기에 앞서 먼저 해당 금융소비자가 투자권유를 원하는지 아니면 원하지 않는지를 확인
  • 투자권유를 희망하지 않는 경우 판매자의 투자권유 불가 사실 안내
❷ 해당 금융소비자가 일반금융소비자인지 전문금융소비자인지 확인
  • 전문 금융소비자인 경우 별도의 등록절차 진행
❸ 일반금융소비자인 경우 금융소비자보호법 제17조 제2항에서 정하고 있는 바에 따라 계약체결을 권유하는 금융상품별 항목에 대하여 면담·질문 등을 통하여 해당 금융소비자의 정보를 파악
  • 금융소비자가 본인의 정보를 미제공하는 경우 관계 법령 등에 따라 일부 금융상품(파생형 펀드 등 적정성 원칙 적용대상 상품)의 가입제한 사실 안내
❹ 파악된 금융소비자의 정보를 바탕으로 금융소비자의 투자성향 분석결과 설명 및 확인서 제공
  • 서명(전자서명을 포함), 기명날인, 녹취, 또는 이와 비슷한 전자통신, 우편, 전화자동응답시스템의 방법으로 금융소비자로부터 확인
  • 투자성향 분석결과 및 확인서의 제공은 일회성에 그치는 것이 아니라 금융소비자가 금융상품을 가입할 때마다 실행
❺ 투자자금의 성향 파악
  • 원금보존을 추구하는지 확인하고, 원금보존을 추구하는 경우에는 상품 가입에 제한이 있음을 안내

이러한 절차를 거쳐 얻게 된 금융소비자의 정보를 토대로 하여, 금융투자업 종사자는

개별 금융소비자에게 가장 적합한 금융상품을 권유하여야 하며, 해당 금융상품이 적합하지 않다고 판단되는 경우에는 계약체결을 권유할 수 없다. 다만, 금융소비자보호법에서 정하고 있는 바에 따라 예금성 상품은 제외된다.

만일 금융소비자가 투자권유를 희망하지 않고, 본인의 정보를 제공하지 않는 경우 판매임직원은 해당 금융소비자에게 적합성 원칙 및 설명의무가 적용되지 않는다는 사실을 안내하여야 한다.

사례

A는 금융투자회사의 창구에서 투자상담을 하고 있다. A는 동 지점의 주된 고객을 예탁된 자산규모에 따라서 1억 원, 5천만 원~1억 원, 5천만 원 이하로 구분하여 오직 자산규모가 큰 고객에 대해서만 환율 위험이 있는 외화표시상품과 파생투자상품을 혼합한 복잡한 금융상품을 권장하고 있다. 자산규모가 큰 고객은 일반적으로 고위험 고수익(high risk high return)형의 상품에 관심이 높고, 또한 약간 손실이 발생하여도 다른 운용자산의 이익과 상쇄할 수 있는 경우가 많기 때문이라는 생각에서이다.

(평가)

예탁된 자산규모가 크다고 해서 반드시 위험 허용도가 큰 것은 아니므로 A는 금융소비자보호법상의 적합성 원칙을 위반하고 있다. A는 고객의 재무상황, 투자경험과 투자목적도 고려하여 개별적으로 고객의 투자성향에 적합한 투자를 권유하여야 한다.

2) 적정성 원칙(Principle of Adequacy)

> **금융소비자보호법 제18조(적정성원칙) (발췌)**
> ① 금융상품판매업자는 대통령령으로 각각 정하는 보장성 상품, 투자성 상품 및 대출성 상품에 대하여 일반금융소비자에게 계약 체결을 권유하지 아니하고 금융상품 판매 계약을 체결하려는 경우에는 미리 면담·질문 등을 통하여 다음 각 호의 구분에 따른 정보를 파악하여야 한다.
>   2. 투자성 상품: 제17조 제2항 제2호 각 목의 정보
>   3. 대출성 상품: 제17조 제2항 t제3호 각 목의 정보
>   4. 금융상품판매업자가 금융상품 판매 계약이 일반금융소비자에게 적정한지를 판단하는 데 필요하다고 인정되는 정보로서 대통령령으로 정하는 사항
> ② 금융상품판매업자는 제1항 각 호의 구분에 따라 확인한 사항을 고려하여 해당 금융

상품이 그 일반금융소비자에게 적정하지 아니하다고 판단되는 경우에는 대통령령으로 정하는 바에 따라 그 사실을 알리고, 그 일반금융소비자로부터 서명, 기명날인, 녹취, 그 밖에 대통령령으로 정하는 방법으로 확인을 받아야 한다. 이 경우 적정성 판단기준은 제1항 각 호의 구분에 따라 대통령령으로 정한다.

③ 제1항에 따라 금융상품판매업자가 금융상품의 유형별로 파악하여야 하는 정보의 세부적인 내용은 대통령령으로 정한다.

④ 금융상품판매업자가 자본시장법 제249조의2에 따른 일반 사모집합투자기구의 집합투자증권을 판매하는 경우에는 제1항과 제2항을 적용하지 아니한다. 다만, 같은 법 제249조의2에 따른 적격투자자 중 일반금융소비자 등 대통령령으로 정하는 자가 대통령령으로 정하는 바에 따라 요청하는 경우에는 그러하지 아니하다.

⑤ 제4항에 따른 금융상품판매업자는 같은 항 단서에 따라 대통령령으로 정하는 자에게 제1항과 제2항의 적용을 별도로 요청할 수 있음을 대통령령으로 정하는 바에 따라 미리 알려야 한다.

적정성 원칙은 앞서 설명한 적합성 원칙과 유사하나 금융소비자에 대한 계약체결의 권유 여부에 따라 달리 적용되는 원칙이다.

즉 적합성 원칙은 금융투자업 종사자가 일반금융소비자에게 금융상품의 계약체결을 권유할 때 적용되는 반면, 적정성 원칙은 금융투자업 종사자가 일반금융소비자에게 금융상품의 계약체결을 권유하지 않고, 해당 일반금융소비자가 스스로 투자성 상품 등에 대해 계약체결을 원하는 경우 적용된다.

금융상품을 판매하는 금융회사는 투자권유를 하지 않더라도 각 금융상품별로 해당 일반금융소비자에 대한 정보를 면담 또는 질문을 통해 파악하여야 하며, 수집된 정보를 바탕으로 해당 금융상품이 금융소비자에게 적정하지 않다고 판단되는 경우에는 즉시 해당 금융소비자에게 그 사실을 알리고, 금융소비자보호법에서 정한 서명 등의 방법을 통해 해당 금융소비자로부터 동 사실을 알렸다는 내용을 확인받아야 한다.

3) 설명의무

금융소비자보호법 제19조(설명의무) (발췌)

① 금융상품판매업자등은 일반금융소비자에게 계약 체결을 권유(금융상품자문업자가 자문에 응하는 것을 포함)하는 경우 및 일반금융소비자가 설명을 요청하는 경우에는 다음 각 호

의 금융상품에 관한 중요한 사항(일반금융소비자가 특정 사항에 대한 설명만을 원하는 경우 해당 사항으로 한정)을 일반금융소비자가 이해할 수 있도록 설명하여야 한다.

1. 다음 각 목의 구분에 따른 사항

    나. 투자성 상품

        1) 투자성 상품의 내용

        2) 투자에 따른 위험

        3) 대통령령으로 정하는 투자성 상품의 경우 대통령령으로 정하는 기준에 따라 금융상품직접판매업자가 정하는 위험등급

        4) 그 밖에 금융소비자가 부담해야 하는 수수료 등 투자성 상품에 관한 중요한 사항으로서 대통령령으로 정하는 사항

    라. 대출성 상품

        1) 금리 및 변동 여부, 중도상환수수료(금융소비자가 대출만기일이 도래하기 전 대출금의 전부 또는 일부를 상환하는 경우에 부과하는 수수료를 의미. 이하 같다) 부과 여부·기간 및 수수료율 등 대출성 상품의 내용

        2) 상환방법에 따른 상환금액·이자율·시기

        3) 저당권 등 담보권 설정에 관한 사항, 담보권 실행사유 및 담보권 실행에 따른 담보목적물의 소유권 상실 등 권리변동에 관한 사항

        4) 대출원리금, 수수료 등 금융소비자가 대출계약을 체결하는 경우 부담하여야 하는 금액의 총액

        5) 그 밖에 대출계약의 해지에 관한 사항 등 대출성 상품에 관한 중요한 사항으로서 대통령령으로 정하는 사항

2. 제1호 각 목의 금융상품과 연계되거나 제휴된 금융상품 또는 서비스 등(이하 "연계·제휴서비스등"이라 한다)이 있는 경우 다음 각 목의 사항

    가. 연계·제휴서비스등의 내용

    나. 연계·제휴서비스등의 이행책임에 관한 사항

    다. 그 밖에 연계·제휴서비스등의 제공기간 등 연계·제휴서비스등에 관한 중요한 사항으로서 대통령령으로 정하는 사항

3. 제46조에 따른 청약 철회의 기한·행사방법·효과에 관한 사항

4. 그 밖에 금융소비자 보호를 위하여 대통령령으로 정하는 사항

② 금융상품판매업자등은 제1항에 따른 설명에 필요한 설명서를 일반금융소비자에게 제공하여야 하며, 설명한 내용을 일반금융소비자가 이해하였음을 서명, 기명날인, 녹취 또는 그 밖에 대통령령으로 정하는 방법으로 확인을 받아야 한다. 다만, 금융소비자 보호 및 건전한 거래질서를 해칠 우려가 없는 경우로서 대통령령으로 정하는 경

우에는 설명서를 제공하지 아니할 수 있다.

③ 금융상품판매업자등은 제1항에 따른 설명을 할 때 일반금융소비자의 합리적인 판단 또는 금융상품의 가치에 중대한 영향을 미칠 수 있는 사항으로서 대통령령으로 정하는 사항을 거짓으로 또는 왜곡(불확실한 사항에 대하여 단정적 판단을 제공하거나 확실하다고 오인하게 할 소지가 있는 내용을 알리는 행위를 말한다)하여 설명하거나 대통령령으로 정하는 중요한 사항을 빠뜨려서는 아니 된다.

④ 제2항에 따른 설명서의 내용 및 제공 방법·절차에 관한 세부내용은 대통령령으로 정한다.

(1) 개요

설명의무는 6대 판매원칙 중 적합성 원칙, 적정성 원칙과 더불어 중요한 위치를 차지하고 있는바, 몇 가지 유의할 사항에 대해 세부적으로 살펴보도록 한다. 특히 설명의무의 위반과 관련하여 금융소비자보호법 제57조 및 제69조에서는 중요한 사항을 설명하지 않거나, 설명서를 사전에 제공하지 않거나, 설명하였음을 금융소비자로부터 확인받지 아니한 경우 금융회사에 대해 해당 금융상품의 계약으로부터 얻는 수입(수수료, 보수 등의 금액이 아니라 매출액 등 금융소비자로부터 받는 총금액으로 해석함이 일반적)의 최대 50% 이내에서 과징금을 부과할 수 있으며, 별도로 종전의 자본시장법에서 정하였던 최대 과태료

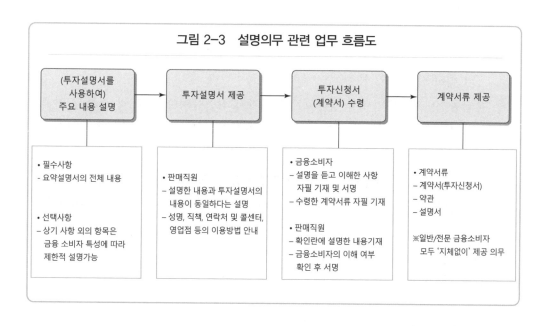

그림 2-3   설명의무 관련 업무 흐름도

금액 5천만원의 2배인 최대 1억원 이내에서 과태료를 부과할 수 있도록 함으로써 설명의무 준수의 중요성을 강조하고 있다.

① 적용대상의 확대

　　기존 자본시장법에서는 설명의무를 투자성 상품에 대해서만 규정하고 있었으나, 금융소비자보호법에서는 그 대상이 예금성 상품, 대출성 상품, 보장성 상품, 투자성 상품으로 구분되어 확대되었기 때문에, 금융회사는 각 금융상품별로 금융소비자에게 계약의 체결을 권유하는 경우 및 계약체결의 권유가 없더라도 일반 금융소비자가 요청하는 경우 각 금융상품별 중요사항에 대해 금융소비자에게 고시하고 이해할 수 있도록 설명하여야 한다.

　　이때 '중요한 사항'이란 사회통념상 금융상품 계약 여부의 결정에 영향을 미칠 수 있는 사항으로, 금융소비자의 합리적인 판단 또는 해당 금융상품의 가치에 중대한 영향을 미칠 수 있는 사항을 말하는 것으로 금융소비자보호법 제19조의 내용을 상품유형별로 요약하면 다음과 같다.

- 투자성 상품 : 상품의 주요 내용, 투자에 따른 위험(최대손실액 및 근거 등), 위험등급, 수수료, 계약의 해지 및 해제에 관한 사항 등
- 대출성 상품 : 금리 및 변동여부, 기간 및 수수료율, 중도상환수수료 부과여부, 상환방법, 담보권 설정 등
- 보장성 상품 : 위험보장의 주요 내용, 보험료, 해약 및 만기 시 환급금, 보험금 지급제한 사유 등
- 예금성 상품 : 상품의 주요 내용, 이자율 및 해지 시 적용이자율과 산출근거, 계약 해지 시 불이익 등

　　금융소비자보호법에서 정하고 있는 4가지 상품유형에 대해 각 상품과 연계하거나 제휴하는 서비스가 있는 경우에도 금융상품과 마찬가지로 설명의무의 적용대상으로 확대되었다는 점에 유의하여야 한다.

　　아울러, 설명의 대상에는 민원 및 분쟁조정 절차, 청약철회권, 위법계약해지권, 자료열람요구권 등이 포함되므로 금융상품 판매를 담당하는 종사자는 이러한 권리를 금융소비자가 충분히 이해할 수 있도록 안내하여야 한다. 각 금융소비자의 권리에 대한 세부내용은 투자권유의 업무절차를 고려하여 관련 항목에서 별도로 살펴보도록 한다.

❷ 설명서의 제공 및 확인 의무

금융회사는 금융상품에 관한 계약의 체결을 권유하는 경우 금융소비자보호법 시행령 제14조 제3항에 따라 서면, 우편 또는 전자우편, 휴대전화 문자메시지 또는 이와 유사한 방법 등을 통해 반드시 사전에 금융소비자에게 해당 금융상품의 설명서를 제공해야 한다. 다만, 동법 시행령 제14조 제4항에서 열거하고 있는 예외적인 경우(예를 들어, 기존 계약과 동일한 내용으로 계약을 갱신하는 경우 또는 법인인 전문 금융소비자가 설명서 제공을 원하지 않는 경우 등)에는 설명서의 제공의무가 면제된다.

또한 금융회사는 일반금융소비자에게 설명의무를 이행한 경우, 설명한 내용을 일반금융소비자가 이해하였음을 서명, 기명날인, 녹취 또는 그 밖에 대통령령으로 정하는 방법으로 확인을 받고 해당 기록을 유지, 보관할 의무가 있다. 이와 관련하여 감독기구에서는 금융소비자가 충분한 이해 없이 금융회사가 설명의무를 이행했다고 확인하는 경우 향후 관련된 소송이나 분쟁 등이 발생하였을 때 금융소비자 본인에게 불리하게 작용할 수도 있다는 점을 금융회사가 안내하도록 권고하고 있다.

(2) 설명 시 유의사항

금융회사는 금융상품 및 해당 상품과 연계된 제휴 서비스의 주요 사항을 설명할 때 거짓으로 설명하거나, 불확실한 사항에 대한 단정적 판단을 제공하거나, 확실하다고 오인하게 할 소지가 있는 내용을 알리는 행위를 하여서는 안 된다.

이에 따라 금융회사는 금융소비자에게 설명을 할 때 사용하는 정보 및 이를 보여주는 상품안내장, 약관, 광고, 홈페이지 등도 그 적정성을 갖추고 있는지 아래와 같이 확인하여야 한다.

❶ 금융소비자에게 제공하는 정보는 다음의 요건을 갖추어야 한다.
- 금융소비자가 알기 쉽도록 간단·명료하게 작성
- 객관적인 사실에 근거해서 작성하고, 금융소비자가 오해할 우려가 있는 정보는 작성 금지
- 금융회사 상호 간 공정경쟁을 해치거나 사실을 왜곡하는 내용 포함 금지
- 공시내용에 대한 담당부서, 담당자 지정 및 명확한 표시
❷ 금융소비자에 대한 정보제공은 그 제공시기 및 내용을 금융소비자의 관점에서

고려하여 적절한 시기에 이루어져야 하며, 공시자료의 내용이 변경된 경우 특별한 사유가 없는 한 지체 없이 해당 정보를 수정하여 금융소비지에게 정확한 정보가 제공되도록 하여야 한다.

❸ 금융소비자에게 제공하는 정보는 알아보기 쉽도록 글자 크기가 크고, 읽기 쉽게 제작하여야 하며, 가급적 전문적인 용어의 사용은 피해 일상적인 어휘를 사용하고, 이해도를 높이기 위해 그림, 기호 등 시각적인 요소를 적극 활용하여야 한다.

❹ 금융소비자에게 제공하는 정보는 금융소비자의 권익을 침해하는 다음과 같은 표시를 하여서는 안 된다.

- 이자, 기타 수익성에 대하여 표시 시점에 확정되어 있는 것보다 현저히 우량 또는 유리한 것으로 오인시킬 우려가 있는 표시, 기타 예저금(預貯金)의 수익성에 관하여 오인될 우려가 있는 표시
- 실제로는 원본 보전이 되지 않음에도 불구하고 마치 원본 보전이 되는 것처럼 오인될 우려가 있는 표시, 기타 예저금 등의 안정성에 관해 오인될 우려가 있는 표시
- 실제로는 예입 또는 지불에 관한 제한이 있음에도 불구하고 마치 이것이 없는 것처럼 오인될 우려가 있는 표시, 기타 예저금의 유동성에 관하여 오인될 우려가 있는 표시
- 실제로는 스스로 행하지 않는 업무를 마치 행하고 있는 것처럼 오인될 우려가 있는 표시, 또는 실제로 업무제휴를 행하고 있지 않음에도 불구하고 마치 행하고 있는 것처럼 오인될 우려가 있는 표시
- 자기가 제공하는 서비스(다른 사람과 제휴에 의해 제공하는 것도 포함)에 대해 실제로는 수수료를 징수함에도 불구하고 무료로 이용할 수 있는 것처럼 오인될 우려가 있는 표시
- 실제로는 적용되지 않는 금리 또는 수수료(표시 직전 상당기간 실제로 적용되고 있었던 금리 또는 수수료를 제외)를 비교 가격으로 함으로써 실제의 것보다도 현저히 유리한 것으로 오인될 우려가 있는 표시
- 실제로 거래할 의사가 없는 것으로 인정되는 금융상품 또는 서비스에 대해 거래할 수 있는 것으로 오인될 우려가 있는 표시
- 금융상품 등에 관한 구체적인 정보를 제공하기 위한 것도 아니며 단지 다른 사람 또는 기타 금융상품 등의 단점을 지적하려는 비방 또는 중상하려는 목적의

표시 등

(3) 청약철회권

금융소비자보호법의 시행으로 인해 금융회사가 금융소비자에게 새롭게 설명해야 하는 사항 중 하나는 바로 '청약철회권'이다. 새로 도입된 청약철회권 제도에 대해 금융소비자보호법 제46조는 이렇게 설명하고 있다.

금융소비자보호법 제46조(청약의 철회) (발췌)
① 금융상품판매업자등과 대통령령으로 각각 정하는 보장성 상품, 투자성 상품, 대출성 상품 또는 금융상품자문에 관한 계약의 청약을 한 일반금융소비자는 다음 각 호의 구분에 따른 기간(거래 당사자 사이에 다음 각 호의 기간보다 긴 기간으로 약정한 경우에는 그 기간) 내에 청약을 철회할 수 있다.
2. 투자성 상품, 금융상품자문 : 다음 각 목의 어느 하나에 해당하는 날부터 7일
   가. 제23조 제1항 본문에 따라 계약서류를 제공받은 날
   나. 제23조 제1항 단서에 따른 경우 계약체결일
3. 대출성 상품 : 다음 각 목의 어느 하나에 해당하는 날[다음 각 목의 어느 하나에 해당하는 날보다 계약에 따른 금전·재화·용역(이하 이 조에서 '금전·재화등'이라 한다)의 지급이 늦게 이루어진 경우에는 그 지급일]부터 14일
   가. 제23조 제1항 본문에 따라 계약서류를 제공받은 날
   나. 제23조 제1항 단서에 따른 경우 계약체결일
② 제1항에 따른 청약의 철회는 다음 각 호에서 정한 시기에 효력이 발생한다.
1. 보장성 상품, 투자성 상품, 금융상품자문 : 일반금융소비자가 청약의 철회의사를 표시하기 위하여 서면(대통령령으로 정하는 방법에 따른 경우를 포함. 이하 이 절에서 '서면등'이라 한다)을 발송한 때
2. 대출성 상품 : 일반금융소비자가 청약의 철회의사를 표시하기 위하여 서면등을 발송하고, 다음 각 목의 금전·재화등(이미 제공된 용역은 제외하며, 일정한 시설을 이용하거나 용역을 제공받을 수 있는 권리를 포함. 이하 이 항에서 같다)을 반환한 때
   가. 이미 공급받은 금전·재화등
   나. 이미 공급받은 금전과 관련하여 대통령령으로 정하는 이자
   다. 해당 계약과 관련하여 금융상품판매업자등이 제3자에게 이미 지급한 수수료 등 대통령령으로 정하는 비용
③ 제1항에 따라 청약이 철회된 경우 금융상품판매업자등이 일반금융소비자로부터 받

은 금전·재화등의 반환은 다음 각 호의 어느 하나에 해당하는 방법으로 한다.

2. 투자성 상품, 금융상품자문 : 금융상품판매업자등은 청약의 철회를 접수한 날부터 3영업일 이내에 이미 받은 금전·재화등을 반환하고, 금전·재화등의 반환이 늦어진 기간에 대해서는 대통령령으로 정하는 바에 따라 계산한 금액을 더하여 지급할 것. 다만, 대통령령으로 정하는 금액 이내인 경우에는 반환하지 아니할 수 있다.

3. 대출성 상품 : 금융상품판매업자등은 일반금융소비자로부터 제2항 제2호에 따른 금전·재화등, 이자 및 수수료를 반환받은 날부터 3영업일 이내에 일반금융소비자에게 대통령령으로 정하는 바에 따라 해당 대출과 관련하여 일반금융소비자로부터 받은 수수료를 포함하여 이미 받은 금전·재화등을 반환하고, 금전·재화등의 반환이 늦어진 기간에 대해서는 대통령령으로 정하는 바에 따라 계산한 금액을 더하여 지급할 것

④ 제1항에 따라 청약이 철회된 경우 금융상품판매업자등은 일반금융소비자에 대하여 청약의 철회에 따른 손해배상 또는 위약금 등 금전의 지급을 청구할 수 없다.

⑥ 제1항부터 제5항까지의 규정에 반하는 특약으로서 일반금융소비자에게 불리한 것은 무효로 한다.

⑦ 제1항부터 제3항까지의 규정에 따른 청약 철회권의 행사 및 그에 따른 효과 등에 관하여 필요한 사항은 대통령령으로 정한다.

일반금융소비자는 예금성 상품을 제외한 3가지 유형의 금융상품 계약의 청약 이후 각 상품유형별로 금융소비자보호법 제46조 제1항에서 정하고 있는 기간 내에 '청약철회요청서' 등 서면을 이용하여 계약 청약의 철회를 금융회사에 요구할 수 있다. 청약철회권은 금융회사의 고의 또는 과실 사유 여부 등 귀책사유가 없더라도 일반금융소비자가 행사할 수 있는 법적 권리로 금융소비자의 권익이 크게 강화된 제도라고 할 수 있다. 다만, 3가지 유형의 모든 상품이 해당되는 것은 아니며 금융소비자보호법 시행령 제37조에서 각 유형별 상품을 정하고 있는바, 금융투자업을 중심으로 볼 때 청약철회권의 대상이 되는 상품은 다음과 같다.

❶ 투자성 상품 : 다음의 금융상품. 다만, 일반금융소비자가 법 제46조 제1항 제2호에 따른 청약 철회의 기간 이내에 예탁한 금전 등을 운용하는 데 동의한 경우는 제외
　－자본시장법 시행령에 따른 고난도금융투자상품(일정 기간에만 금융소비자를 모집하고 그 기간이 종료된 후에 금융소비자가 지급한 금전등으로 자본시장법에 따른 집합투자를 실시하는

것만 해당)

- ─ 자본시장법 시행령에 따른 고난도투자일임계약
- ─ 신탁계약(자본시장법에 따른 금전신탁은 제외)
- ─ 자본시장법 시행령에 따른 고난도금전신탁계약
❷ 대출성 상품 : 다음의 것을 제외한 금융상품
- ─ 자본시장법 제72조 제1항에 따른 신용의 공여(법 제46조 제1항 제3호에 따른 청약 철회의 기간 이내에 담보로 제공된 증권을 처분한 경우만 해당)
- ─ 그 밖에 청약의 철회가 건전한 시장질서를 해칠 우려가 높은 것으로서 금융위원회가 정하여 고시하는 대출성 상품(예시 : 주식 담보대출)

금융소비자의 청약 철회를 받은 금융회사는 청약이 철회가 접수된 날(대출성 상품은 금전, 재화, 이자 등의 반환을 받은 날)로부터 3영업일 이내에 이미 받은 금전, 재화 등을 반환해야 하며, 반환이 지체되는 경우에는 반환대상에 지연이자를 가산하여 지급하여야 한다. 이때 투자성 상품은 원금을 반환하며, 대출성 상품은 대출금, 약정이자율에 의한 이자, 제3자에게 지급한 수수료 등이 포함된다.

4) 불공정영업행위의 금지

금융소비자보호법 제20조(불공정영업행위의 금지)
① 금융상품판매업자등은 우월적 지위를 이용하여 금융소비자의 권익을 침해하는 다음 각 호의 어느 하나에 해당하는 행위(이하 "불공정영업행위"라 한다)를 해서는 아니 된다.
   1. 대출성 상품, 그 밖에 대통령령으로 정하는 금융상품에 관한 계약체결과 관련하여 금융소비자의 의사에 반하여 다른 금융상품의 계약체결을 강요하는 행위
   2. 대출성 상품, 그 밖에 대통령령으로 정하는 금융상품에 관한 계약체결과 관련하여 부당하게 담보를 요구하거나 보증을 요구하는 행위
   3. 금융상품판매업자등 또는 그 임직원이 업무와 관련하여 편익을 요구하거나 제공받는 행위
   4. 대출성 상품의 경우 다음 각 목의 어느 하나에 해당하는 행위
      가. 자기 또는 제3자의 이익을 위하여 금융소비자에게 특정 대출 상환방식을 강요하는 행위
      나. 1)부터 3)까지의 경우를 제외하고 수수료, 위약금 또는 그 밖에 어떤 명목이든 중도상환수수료를 부과하는 행위

1) 대출계약이 성립한 날부터 3년 이내에 상환하는 경우

2) 다른 법령에 따라 중도상환수수료 부과가 허용되는 경우

3) 금융소비자 보호 및 건전한 거래질서를 해칠 우려가 없는 행위로서 대통령
령으로 정하는 경우

다. 개인에 대한 대출 등 대통령령으로 정하는 대출상품의 계약과 관련하여 제3자
의 연대보증을 요구하는 경우

5. 연계·제휴서비스등이 있는 경우 연계·제휴서비스등을 부당하게 축소하거나 변경
하는 행위로서 대통령령으로 정하는 행위. 다만, 연계·제휴서비스등을 불가피하게
축소하거나 변경하더라도 금융소비자에게 그에 상응하는 다른 연계·제휴서비스등
을 제공하는 경우와 금융상품판매업자등의 휴업·파산·경영상의 위기 등에 따른 불
가피한 경우는 제외한다.

6. 그 밖에 금융상품판매업자등이 우월적 지위를 이용하여 금융소비자의 권익을 침해
하는 행위

② 불공정영업행위에 관하여 구체적인 유형 또는 기준은 대통령령으로 정한다.

불공정영업행위는 금융회사가 자신의 우월적 지위를 이용하여 금융상품의 계약 체결
에 있어 금융소비자에게 불리한 행위를 요구하는 것을 말한다. 소위 '갑질'이라고 표현
될 수도 있는 이 불공정영업행위는 다른 금융상품에 비해 상대적으로 대출성 상품의 계
약 체결에서 발생할 가능성이 높고 그 발생가능성도 빈번하기 때문에 금융소비자보호
법도 대출성 금융상품에 대한 규제가 강한 편이다.

불공정영업행위는 현재 우리가 살펴보고 있는 핵심적인 직무윤리이자 법적 의무인
'신의성실의 원칙'과 '고객우선의 원칙'을 정면으로 위반하는 행위이므로 금융소비자보
호법에서는 설명의무의 위반과 동일하게 이를 위반하는 금융회사에 대해 해당 금융상
품의 계약으로부터 얻는 수입의 최대 50% 이내에서 과징금을 부과할 수 있으며, 별도로
최대 1억원 이내에서 과태료를 부과할 수 있도록 하고 있다.

5) 부당권유 행위 금지

금융소비자보호법 제21조(부당권유행위 금지) (발췌)

금융상품판매업자등은 계약 체결을 권유(금융상품자문업자가 자문에 응하는 것을 포함. 이하 이
조에서 같다)하는 경우에 다음 각 호의 어느 하나에 해당하는 행위를 해서는 아니 된

다. 다만, 금융소비자 보호 및 건전한 거래질서를 해칠 우려가 없는 행위로서 대통령령으로 정하는 행위는 제외한다.

1. 불확실한 사항에 대하여 단정적 판단을 제공하거나 확실하다고 오인하게 할 소지가 있는 내용을 알리는 행위
2. 금융상품의 내용을 사실과 다르게 알리는 행위
3. 금융상품의 가치에 중대한 영향을 미치는 사항을 미리 알고 있으면서 금융소비자에게 알리지 아니하는 행위
4. 금융상품 내용의 일부에 대하여 비교대상 및 기준을 밝히지 아니하거나 객관적인 근거 없이 다른 금융상품과 비교하여 해당 금융상품이 우수하거나 유리하다고 알리는 행위
6. 투자성 상품의 경우 다음 각 목의 어느 하나에 해당하는 행위
    가. 금융소비자로부터 계약의 체결권유를 해줄 것을 요청받지 아니하고 방문·전화 등 실시간 대화의 방법을 이용하는 행위
    나. 계약의 체결권유를 받은 금융소비자가 이를 거부하는 취지의 의사를 표시하였는데도 계약의 체결권유를 계속하는 행위
7. 그 밖에 금융소비자 보호 또는 건전한 거래질서를 해칠 우려가 있는 행위로서 대통령령으로 정하는 행위

금융소비자보호법에서는 부당권유행위를 크게 7가지로 구분하고 있는데, 이는 기존의 자본시장법 제49조에서 정하고 있던 부당권유행위보다 구체적이고 적용대상을 확대한 것이다.

부당권유행위가 발생한 경우 금융소비자보호법에서는 앞서 말한 설명의무 위반, 불공정영업행위의 발생과 마찬가지로 위반하는 금융회사에 대해 해당 금융상품의 계약으로부터 얻는 수입의 최대 50% 이내에서 과징금을 부과할 수 있으며, 별도로 최대 1억원 이내에서 과태료를 부과할 수 있다.

(1) 합리적 근거 제공 등

금융투자업 종사자의 금융소비자에 대한 금융상품의 계약 체결 또는 권유는 합리적이고 충분한 근거에 기초하여야 하고, 여러 관련 요소 중에서 선택하여야 할 사항이 있는 경우 그 취사 여부는 합리적인 판단에 기초하여야 한다. 여기에서 '합리적 판단'이란 유사한 상황에서 유사한 지식을 보유한 자가 대부분 선택할 수 있어야 함을 의미하

며 이는 선량한 관리자로서의 주의의무와 연결된다. 이와 관련하여 금융투자업규정 제4-20조 제1항에서는 "신뢰할 만한 정보·이론 또는 논리적인 분석·추론 및 예측 등 적절하고 합리적인 근거를 가지고 있지 아니하고 특정 금융투자상품의 매매거래나 특정한 매매전략·기법 또는 특정한 재산운용배분의 전략·기법을 채택하도록 투자자에게 권유하는 행위"를 불건전 영업행위 중 하나로 규정함으로써 부당권유행위의 발생을 방지하고 있다.

합리적 근거의 제공은 다른 금융상품과 비교하여 우위를 가릴 때에도 적용된다.

금융소비자보호법에서는 계약의 체결을 권유하는 금융상품과 다른 금융상품을 비교할 때 반드시 명확한 비교대상 및 기준을 밝히도록 의무화하였으며, 우수성 및 금융소비자에 대한 유리 여부에 대한 판단을 할 때 그 사유를 명확히 하도록 요구하고 있다. 따라서 금융소비자의 의사결정에 중대한 영향을 미칠 수 있는 정보를 제공할 때에는 당해 사실 또는 정보의 출처(또는 정보제공자)를 밝힐 수 있어야 한다.

또한 금융상품의 가치에 중대한 영향을 미치는 사항에 대해 금융회사가 알고 있는 경우 해당 사항은 반드시 금융소비자에게 설명하여야 하는바, 종전의 자본시장법에서는 이를 설명의무의 위반으로 보았으나, 금융소비자보호법에서는 설명의무 위반과 동시에 부당권유행위 금지 위반에 해당한다고 볼 수 있으므로 각별한 주의가 필요하다.

사례

투자권유자문인력 A는 보다 중립적이고 객관적인 자료에 근거하여 금융소비자의 투자성향에 따라 소극적인 투자를 권유하고 있다. 반면에 투자권유자문인력 B는 비관적인 자료보다는 가능한 '장밋빛' 전망을 내는 자료에 기초하여 투자를 권유하고 있다.

(평가)

B의 행위는 객관적인 판단에 입각하기보다는 시류에 영합함으로써 신임의무에 기초한 '신의 성실의 원칙'을 위배하고 있다. B는 '전문가로서 독립적으로 그 직무를 수행하여야 한다'는 직무윤리를 위반하고 있고, 동시에 투자정보 등을 제공함에 있어서 정밀한 조사분석에 입각하여 합리적인 근거에 의하여야 한다는 자본시장법에 따른 규정을 위반하고 있다.

(2) 적정한 표시 의무

가. 중요 사실에 대한 정확한 표시

'중요한 사실'이라 함은 금융소비자의 금융상품 계약 체결 판단에 중요한 영향을 미친다고 생각되는 사실로서 금융상품 자체에 관한 중요한 정보뿐만 아니라, 수익에 영향을 줄 수 있는 거시경제·자본시장과 금융시장에 관한 정보, 국내에 영향을 미칠 수 있는 외국의 정보 등이 모두 포함한다.

'정확한 표시'라 함은 금융상품 계약 체결 판단에 필요한 중요한 사항은 빠짐없이 모두 포함시켜야 하고, 그 내용이 충분하고 명료할 것을 의미하는데, 이때 고려해야 할 사항은 정보를 제공받는 대상의 지식 및 이해 수준, 전체적 맥락에서 당해 정보가 불필요한 오해를 유발할 소지가 있는지 여부, 내용의 복잡성이나 전문성에 비추어 정보의 전달방법이 상대방에게 정확하게 정보가 전달될 수 있는지 여부 등이다. 표시의 방법은 조사분석자료 등과 같은 문서에 의하건 구두 또는 그 밖의 다른 방법(예 : e-mail 전송 등)에 의하건 방법을 불문한다.

> **!** **사례**

증권회사 직원이 무상증자 신주배정기준일을 잘못 이해하고 알려준 경우 배상책임을 인정한 사례

(사건 개요)
증권회사 직원이 고객에게 무상증자가 예정된 종목에 대한 매수를 권유하면서 신주배정기준일을 잘못 이해하고 알려주어서 고객은 권리락 이후 주식매수를 하게 되었고 이로 인해 무상증자를 받지 못하였다.

(판단 내용)
증권회사 직원은 주식거래에 관한 정확한 정보를 제공해야 할 '신의성실의 원칙'상 의무가 있음에도 불구하고 신주배정기준일의 개념을 잘못 알고서 안내를 해 고객에게 손해를 입혔으므로 직원 및 사용자 책임이 있는 증권회사에서는 연대하여 배상할 책임이 있다. 다만 고객도 잘못된 설명을 확인하지 않은 점, 권리락 후 해당 종목을 저렴하게 매수한 점, 권리락 이전이라면 매수할 수 있는 주식의 수량도 줄었고 이에 따라 무상증자분도 적었을 것이라는 점 등을 참작해 직원 및 증권회사의 책임을 30%만 인정하였다(서울북부지법 2009.5.15.선고 2008가단 66235).

나. 투자성과보장 등에 관한 표현의 금지

금융상품 중 투자성 상품이라고 하는 가격 변동이 큰 위험상품에 대한 투자는 반드시 예상한 대로 투자성과가 이루어진다는 것을 그 누구도 보장할 수 없다. 이러한 '위험성'이 존재함에도 불구하고 금융소비자에게 투자권유를 하면서 일정한 투자성과를 확실하게 보장하는 듯한 표현을 하면, 거시적인 관점에서는 자본시장의 가격 형성 기능을 왜곡시키고 금융투자업계 전반의 신뢰도를 하락시킬 수 있으며, 개별 금융투자업자의 관점에서는 그러한 단정적 표현과는 다른 상황이 전개되었을 경우 필연적으로 금융소비자와 분쟁이 발생하게 되어 해당 금융투자업 종사자는 물론 소속된 금융투자업자의 신뢰를 손상시키게 됨으로써 금융투자업자의 재무건전성에도 영향을 미치게 된다.

'투자성과를 보장'하는 경우에 해당하는 것인지에 대한 판단은 개별적인 사안에서 구체적으로 판단하여야 하는데 예를 들어 증권투자상담을 하면서 특정 종목을 매수하여 특정 기간 내에 일정한 기대성과를 확약하는 것은 투자성과를 보장하는 표현에 해당된다고 볼 수 있다.

🛈 사례

금융투자회사의 영업사원인 A는 X회사가 자금조달을 위하여 발행하는 신주의 모집을 추진하기 위하여 고객 B에게 청약하여 줄 것을 권유하면서 "이번 청약을 통해 원금의 손실이 발생하더라도 향후 준비되어 있는 신규 공모주로 보충하기 때문에 B에게는 절대 손실이 없다"라고 했다.

(평가)

A는 "절대 손실이 없다"라고 함으로써 투자성과를 보장하는 듯한 표현을 하였고, 이에 대한 합리적인 근거도 제시하지 않았다. 또한 신주 청약으로 인해 발생할 수 있는 손실 등 위험에 대해 고지하지도 않음으로써 '신의성실의 원칙'이라는 직무윤리를 위반하였을 뿐만 아니라 자본시장법에서 금지하고 있는 부당권유행위를 하였다.

다. 허위·과장·부실표시의 금지

금융투자업 종사자는 소속 회사 또는 자신의 실적을 좋게 보이기 위하여 자의적으로 부풀려진 실적을 제시하는 것은 금지되어 있다. 이는 비단 집합투자기구의 운용역(펀드매니저)뿐만 아니라 투자중개업이나 투자자문업에 종사하는 자에게도 적용되는데 예를 들어 펀드매니저가 자신이 운용하고 있는 펀드의 운용실적을 산출하는 과정에서 명확하게 허위의 것을 제시하는 것이 허용되지 않은 것은 물론이지만, 운용실적 산출과정에서 여러 가지 선택 가능한 방법 중 운용실적 등을 좋게 보이도록 자의적으로 취사선택을 한다면 이는 정확하지 않은 방법으로 측정되어 해당 펀드의 운용실적이 부풀려지게 되고 운용실적이라는 정보에 기초하여 투자권유를 하는 투자중개업자 등 해당 펀드 판매회사의 종사자 및 의사결정을 하는 금융소비자로 하여금 오인시킬 소지가 있으므로 허용되지 않는다.

그 밖에도 수탁된 자산규모를 부풀린다든지, 운용실적이 좋은 펀드매니저를 대표 펀드매니저로 제시한다든지, 운용실적을 제시한 기간을 조작함으로써 운용실적을 실제 이상으로 과장하는 행위도 허용되지 않는다.

사례

유사투자자문업자가 허위정보를 제공해 투자자가 손해를 본 경우 민법상 불법행위책임을 인정한 사례

(사건 개요)
인터넷 증권방송업체가 특정 회사에 대해 대형계약을 체결하고 M&A에 관한 양해각서도 곧 발표할 것이라는 취지의 확인되지 않은 내용을 방송하였다. 이 내용을 믿고 해당 주식에 투자를 하여 피해를 입은 고객은 해당 증권방송업체를 사기혐의로 고소했으나 무혐의 처분이 내려지자 민사소송을 제기하였다.

(판단 내용)
유사투자자문업자가 자본시장법상의 금융소비자보호의무를 지는 대상은 아니더라도 허위정보를 제공하여 손해를 입혔다면 민법 제750조(불법행위의 내용)에 따라 불법행위책임을 물을 수 있다고 판단하였다. 유사투자자문업자가 허위정보를 제공해 손해를 끼쳤어도 기존에는 자본시장법상 책임을 물을 수 없어 고객의 피해를 보전할 방법이 없었으나, 이 판결로 인해 민법상 불법행위책임을 물을 수 있게 되었다(대법원 2015.7.9.선고 2013다 13849).

(3) 요청하지 않은 투자권유 금지

투자성 금융상품의 경우 금융소비자로부터 아무런 요청이 없음에도 불구하고 해당 금융소비자의 자택 또는 직장을 방문하거나, 길거리에서의 호객행위, 또는 무작위적인 전화통화를 통하여 투자를 권유하면 개인의 평온한 사생활을 침해할 우려가 있고 충동구매와 불필요한 투자를 유발할 가능성이 있으므로 투자권유는 금융소비자가 원하는

경우에만 하여야 한다. 특히 고위험 금융투자상품인 장외파생상품의 경우는 원본손실의 가능성이 매우 크고 그에 따른 분쟁의 가능성이 상대적으로 크기 때문에 요청하지 않은 투자권유를 하여서는 아니 된다.

그러나, 금융소비자 보호 및 건전한 거래질서를 해칠 우려가 없는 행위로 투자권유 전에 금융소비자의 개인정보 취득경로, 권유하려는 금융상품의 종류·내용 등을 금융소비자에게 미리 안내하고, 해당 금융소비자가 투자권유를 받을 의사를 표시한 경우에는 투자권유를 할 수 있다. 다만, 금융투자상품의 위험정도와 금융소비자의 유형을 감안하여 제외되는 상품은 아래와 같다(금융소비자보호법 시행령 제16조 제1항 제1호).

❶ 일반금융소비자의 경우 : 고난도금융투자상품, 고난도투자일임계약, 고난도금전신탁계약, 사모펀드, 장내파생상품, 장외파생상품
❷ 전문금융소비자의 경우 : 장외파생상품

또한 투자권유를 받은 금융소비자가 이를 거부하는 취지의 의사를 표시한 경우에는 투자권유를 계속하여서는 안 되며, 다음의 경우에만 예외적으로 허용된다(금융소비자보호법 시행령 제16조 제1항 제2호 및 제3호).

❶ 권유를 받은 투자자가 이를 거부하는 취지의 의사를 표시한 후 금융위원회가 정하여 고시하는 기간(1개월)이 지난 후에 다시 권유를 하는 행위
❷ 다른 종류의 금융(투자)상품에 대하여 권유를 하는 행위

이와 관련하여 2022년 12월 8일부터 시행된 개정 '방문판매에 관한 법률'에 따라 금융소비자를 방문(유선 연락 등 실시간 대화의 방법을 포함)하여 금융상품을 판매하는 경우에는 금융소비자에 대한 사전안내, 자격증명, 판매과정 녹취 등 관련 법령 등에서 정하고 있는 절차를 준수하여야 함에 유의하여야 한다.

(4) 기타 부당권유행위

금융소비자보호법에서 규정하고 있는 부당권유행위 중 하나는 제21조 제7호의 '금융소비자 보호 또는 건전한 거래질서를 해칠 우려가 있는 행위로서 대통령령으로 정하는 행위'이다. 이에 대해 금융소비자보호법 시행령 제16조 제3항에서는 이러한 부당권유행위를 다음과 같이 정하고 있다.

❶ 내부통제기준에 따른 직무수행 교육을 받지 않은 자로 하여금 계약체결 권유와

관련된 업무를 하게 하는 행위

- 대표적인 사례는 개별 금융상품에 대한 교육을 받지 않는 등의 사유로 인해 금융상품 계약체결의 자격이 없는 투자권유대행인 또는 모집인 등이 금융상품 계약을 체결하는 행위 등

❷ 법 제17조 제2항(적합성 원칙)에 따른 일반금융소비자의 정보를 조작하여 권유하는 행위

- 대표적인 사례는 금융상품 판매 시 적합성 원칙의 적용을 회피할 목적으로 금융소비자로 하여금 투자권유를 희망하지 않도록 요구하는 행위 또는 금융소비자의 투자성향에 맞지 않는 부적합한 상품을 권유하면서 '투자성향에 적합하지 않은 투자성 상품거래 확인서' 등의 서면을 작성하게 하는 행위 등

❸ 투자성 상품에 관한 계약의 체결을 권유하면서 일반금융소비자가 요청하지 않은 다른 대출성 상품을 안내하거나 관련 정보를 제공하는 행위

- 대표적인 사례는 일명 '꺾기'라고 알려진 행위로 금융소비자에게 대출을 해주면서 대출금의 일부는 특정 상품에 가입하게 하는 행위 또는 특정 상품에 가입하는 경우 대출금을 증액하는 행위 등

최근 일부 사모 펀드 등 투자성 상품에서 발생하는 막대한 손실발생 등과 관련하여 해당 금융상품을 판매한 금융회사에서 관련 법령 등을 위반하는 사례가 나타나고 있음을 보게 된다.

예를 들어 높은 연령대의 금융소비자에게 내부적으로 캠페인을 하고 있는 파생상품을 이자율이 높은 예금이라고 사실과 다른 내용을 알리고, 이와 관련한 상품에 대한 설명의무도 충실히 이행하지 않은 채 적합성 원칙에 맞지 않는 금융소비자의 정보를 조작하여 판매하는 사례 등이 대표적인 것으로 금융소비자보호법에서는 이러한 사례가 재발하지 않도록 구체화시켜 명시하고 있으며 위반 시 제재를 강화하고 있음을 알 수 있다.

6) 광고 관련 준수사항

6대 판매원칙 중 하나는 '금융상품 등에 대한 광고 관련 사항의 준수'이다.

금융소비자보호법 제22조에서 동 사항을 다루고 있는바, 주요 내용은 다음과 같다.

(1) 광고의 주체

금융소비자보호법상 관련 법령 등에 따라 등록된 금융상품판매업자 등만이 금융상품 또는 업무에 관한 광고가 가능하다. 다만 예외적으로 각 업권별로 법에서 정하고 있는 협회(금융투자협회 등)와 금융회사를 자회사나 손자회사로 두고 있는 지주회사 중 대통령령으로 정하는 경우 등은 광고가 가능하다.

(2) 광고의 내용 등

광고는 금융소비자가 금융상품의 내용을 오해하지 않도록 명확하고 공정하게 전달해야 하며, 다음의 내용이 포함되어야 한다.

❶ 금융상품 계약 체결 전 설명서 및 약관을 읽어볼 것을 권유하는 내용
❷ 금융회사의 명칭 및 금융상품의 내용
❸ 보장성, 투자성, 예금성 상품의 위험, 조건 등 법에서 정하고 있는 주요 사항 등

(3) 준수 및 금지사항

금융회사가 광고를 실행하는 경우 각 금융상품별로 금융소비자를 오인하게 할 소지가 있는 내용 등 법에서 금지하고 있는 내용을 포함해서는 안 되며, 「표시·광고의 공정화에 관한 법률」 제4조 제1항에 따른 표시·광고사항이 있는 경우에는 같은 법에서 정하는 바에 따라 관련 내용을 준수하여야 한다. 기타 광고에 관한 세부적인 사항은 금융소비자보호법 시행령 제17조부터 제21조에서 다루고 있다.

7) 계약서류의 제공 의무

금융소비자보호법 제23조(계약서류의 제공의무)
① 금융상품직접판매업자 및 금융상품자문업자는 금융소비자와 금융상품 또는 금융상품자문에 관한 계약을 체결하는 경우 금융상품의 유형별로 대통령령으로 정하는 계약서류를 금융소비자에게 지체 없이 제공하여야 한다. 다만, 계약내용 등이 금융소비자 보호를 해칠 우려가 없는 경우로서 대통령령으로 정하는 경우에는 계약서류를 제공하지 아니할 수 있다.
② 제1항에 따른 계약서류의 제공 사실에 관하여 금융소비자와 다툼이 있는 경우에는

> 금융상품직접판매업자 및 금융상품자문업자가 이를 증명하여야 한다.
>
> ③ 제1항에 따른 계약서류 제공의 방법 및 절차는 대통령령으로 정한다.

금융소비자보호법에서는 금융회사가 금융소비자와 금융상품의 계약을 체결하는 경우 해당 금융소비자에게 금융소비자보호법 시행령 제22조 제1항에 따라 금융상품 계약서 및 금융상품의 약관을 포함하여, 투자성 상품인 경우에는 금융상품 설명서를 계약서류로 제공하도록 의무화하고 있다. 이때 금융소비자는 일반/전문 여부를 불문하고 '지체 없이' 제공하도록 규정하고 있는데, 여기에서 '지체 없이'는 '즉시 제공하지 못하는 합리적인 사유가 있는 경우 그 사유를 해소한 후 신속하게'로 해석할 수 있다. 이와 관련하여 법제처 법령해석례 11-0134에서는 '몇 시간 또는 몇 일과 같이 물리적인 시간 또는 기간을 의미한다기보다는 사정이 허락하는 한 가장 신속하게 처리해야 하는 기간을 의미한다'고 기술하고 있다. 다만, 법인 전문투자자 등 예외적으로 법령 등에서 정하고 있는 경우에는 해당 금융소비자가 원하지 않으면 설명서를 제공하지 않을 수 있다.

유의해야 할 점은 종전의 자본시장법에서도 계약서류의 제공의무가 규정되어 있었으나, 그 입증책임에 대해서는 규정하고 있지 않았다. 그러나 금융소비자보호법의 시행으로 인해 계약서류의 제공의무에 대한 입증책임은 명백히 금융회사로 전환되었기 때문에 금융투자업에 종사하는 임직원은 법령 등에 따라 계약서류를 제공하고 그 증빙을 갖추어야 하며, 이 부분은 다음의 판매 후 단계에서 기록 및 유지·관리 의무와 연결되므로 반드시 준수하여야 함에 유의하여야 한다.

5 상품 판매 이후 단계의 금융소비자보호

1) 보고 및 기록의무

(1) 처리결과의 보고의무

금융투자업 종사자는 금융소비자로부터 위임받은 업무를 처리한 경우 그 결과를 금융소비자에게 지체 없이 보고하고 그에 따라 필요한 조치를 취하여야 한다.

이는 금융소비자로 하여금 본인의 거래상황을 신속하게 파악하여 적기에 필요한 조치를 취할 수 있도록 하고, 금융소비자의 업무처리에 편의를 제공하기 위함이다. 또한 이렇게 함으로써 거래상황을 투명하게 하고 위법·부당한 거래를 억지(抑止)하는 기능을 기대할 수 있다. 금융소비자는 이러한 통지와 자신의 거래기록을 대조함으로써 임의매매 등 위법한 주식거래가 발생할 소지를 미연에 방지할 수 있다.

'보고'란 단순히 위임받은 업무를 처리하였다는 사실을 통지하는 것만이 아니라 금융소비자가 업무처리내용을 구체적으로 알 수 있고, 그에 따라 금융소비자가 적절한 지시를 할 수 있도록 필요한 사항을 알리는 것을 말한다. 예를 들어 증권위탁매매를 실행한 경우라면, 매매의 시기, 목적물의 종류·수량·가격 등 업무의 처리 결과를 보고하여야 한다.

보고의 방법은 합리적인 것이라면 제한이 없으므로, 구두·문서·전화·모사전송(팩스) 기타 e-mail 등의 전자통신의 방법으로도 가능하지만, 보고의 내용에 대하여 객관적 증빙을 남겨둘 수 있는 것이 바람직하다.

매매명세의 통지

자본시장법 제73조에서는 "매매명세의 통지"에 관하여 "투자매매업자 또는 투자중개업자는 금융투자상품의 매매가 체결된 경우에는 그 명세를 대통령령으로 정하는 방법에 따라 투자자에게 통지하여야 한다"고 규정하고 있으며, 그 구체적 방법은 동법 시행령 제70조 제1항 및 제2항에서 아래와 같이 설명하고 있다.

① 매매가 체결된 후 지체 없이 매매의 유형, 종목·품목, 수량, 가격, 수수료 등 모든 비용, 그 밖의 거래내용을 통지하고, 집합투자증권 외의 금융투자상품의 매매가 체결된 경우 체결된 날의 다음 달 20일까지 월간 매매내역·손익내역, 월말 현재 잔액현황·미결제약정현황 등을 통지할 것

② 집합투자증권의 매매가 체결된 경우 집합투자기구에서 발생한 모든 비용을 반영한 실질 투자수익률, 투자원금 및 환매예상 금액, 그 밖에 금융위원회가 고시하는 사항은 매월 마지막 날까지 통지할 것

③ 다음 어느 하나에 해당하는 방법 중 투자매매업자 또는 투자중개업자와 투자자 간에 미리 합의된 방법(계좌부 등에 의하여 관리·기록되지 아니하는 매매거래에 대하여는 ㉠만 해당한다)으로 통지할 것. 다만, 투자자가 보유한 집합투자증권이 상장지수집합투자기구, 단기금융집합투자기구, 사모집합투자기구의 집합투자증권이거나, 평가기준일의 평가금액이 10만원 이하인 경우(집합투자증권의 매매가 체결된 경우에 한한다) 또는 투자자가 통지를 받기를 원하지 아니하는 경우에는 지점, 그 밖의 영업소에 비치하거나 인터넷 홈페이지에 접속하여 수시로 조회가 가능하게 함으로써 통지를 갈음할 수 있다.
   ㉠ 서면 교부
   ㉡ 전화, 전신 또는 모사전송

    ⓒ 전자우편, 그 밖에 이와 비슷한 전자통신
    ⓔ 예탁결제원 또는 전자등록기관의 기관결제참가자인 투자자 또는 투자일임업자에 대하여 예
        탁결제원 또는 전자등록기관의 전산망을 통해 매매확인서 등을 교부하는 방법
    ⓜ 인터넷 또는 모바일시스템을 통해 수시로 조회할 수 있도록 하는 방법
    ⓗ 투자매매업자 또는 투자중개업자 모바일시스템을 통해 문자메시지 또는 이와 비슷한 방법
        으로 통지하는 방법

(2) 기록 및 유지·관리 의무

금융소비자보호법 제28조(자료의 기록 및 유지·관리 등)
① 금융상품판매업자등은 금융상품판매업등의 업무와 관련한 자료로서 대통령령으로 정하는 자료를 기록하여야 하며, 자료의 종류별로 대통령령으로 정하는 기간 동안 유지·관리하여야 한다.
② 금융상품판매업자등은 제1항에 따라 기록 및 유지·관리하여야 하는 자료가 멸실 또는 위조되거나 변조되지 아니하도록 적절한 대책을 수립·시행하여야 한다.

금융투자업 종사자는 업무를 처리함에 있어서 필요한 기록 및 증거물을 금융소비자보호법에서 정하고 있는 절차에 따라 보관하여야 한다.

이는 업무집행의 적정성을 담보하고 후일 분쟁이 발생할 경우를 대비하기 위한 것으로 금융소비자와 금융투자업 종사자 모두를 동시에 보호하는 역할을 한다.

'기록'은 업무수행과 관련된 문서·자료 등의 근거가 되는 입증자료 일체를 말하며, 문서(전자문서 포함)로 작성하는 경우에는 문서로서의 법적 효력을 유지하도록 하되, 문서작성자의 동일성을 확인할 수 있도록 기명날인 또는 서명이 있어야 한다.

'문서'의 보관은 법령과 회사의 규정 등에서 정하는 보존기간 이상의 기간 동안 적법한 방법으로 보관하여야 하며, 그러한 정함이 없는 경우에는 시효기간 등을 고려하여 자율적으로 정하여야 한다.

금융회사가 의무적으로 보관해야 하는 자료의 종류 및 의무적인 보관기간에 관하여는 금융소비자보호법 시행령 제26조 제1항 및 제2항에서 아래와 같이 규정하고 있다.

금융소비자보호법 시행령 제26조(자료의 기록 및 유지·관리 등)
① 법 제28조 제1항에서 "대통령령으로 정하는 자료"란 다음 각 호의 자료를 말한다.
  1. 계약체결에 관한 자료
  2. 계약의 이행에 관한 자료
  3. 금융상품등에 관한 광고 자료
  4. 금융소비자의 권리행사에 관한 다음 각 목의 자료
    가. 법 제28조 제4항 후단 및 제5항에 따른 금융소비자의 자료 열람 연기·제한 및 거절에 관한 자료
    나. 법 제46조에 따른 청약의 철회에 관한 자료
    다. 법 제47조에 따른 위법계약의 해지에 관한 자료
  5. 내부통제기준의 제정 및 운영 등에 관한 자료
  6. 업무 위탁에 관한 자료
  7. 제1호부터 제6호까지의 자료에 준하는 것으로서 금융위원회가 정하여 고시하는 자료
② 법 제28조 제1항에서 "대통령령으로 정하는 기간"이란 10년을 말한다. 다만, 다음 각 호의 자료는 해당 각 호의 구분에 따른 기간으로 한다.
  1. 제1항 제1호 및 제2호의 자료(보장기간이 10년을 초과하는 보장성 상품만 해당) : 해당 보장성 상품의 보장기간
  2. 제1항 제5호의 자료 : 5년 이내의 범위에서 금융위원회가 정하여 고시하는 기간
  3. 제1항 제7호의 자료 : 10년 이내의 범위에서 금융위원회가 정하여 고시하는 기간

(3) 자료열람요구권

금융소비자보호법 제28조(자료의 기록 및 유지·관리 등)
③ 금융소비자는 제36조에 따른 분쟁조정 또는 소송의 수행 등 권리구제를 위한 목적으로 제1항에 따라 금융상품판매업자등이 기록 및 유지·관리하는 자료의 열람(사본의 제공 또는 청취를 포함. 이하 이 조에서 같다)을 요구할 수 있다.
④ 금융상품판매업자등은 제3항에 따른 열람을 요구받았을 때에는 해당 자료의 유형에 따라 요구받은 날부터 10일 이내의 범위에서 대통령령으로 정하는 기간 내에 금융소비자가 해당 자료를 열람할 수 있도록 하여야 한다. 이 경우 해당 기간 내에 열람할 수 없는 정당한 사유가 있을 때에는 금융소비자에게 그 사유를 알리고 열람을 연기할 수 있으며, 그 사유가 소멸하면 지체 없이 열람하게 하여야 한다.
⑤ 금융상품판매업자등은 다음 각 호의 어느 하나에 해당하는 경우에는 금융소비자에게

그 사유를 알리고 열람을 제한하거나 거절할 수 있다.

1. 법령에 따라 열람을 제한하거나 거절할 수 있는 경우
2. 다른 사람의 생명·신체를 해칠 우려가 있거나 다른 사람의 재산과 그 밖의 이익을 부당하게 침해할 우려가 있는 경우
3. 그 밖에 열람으로 인하여 해당 금융회사의 영업비밀(「부정경쟁방지 및 영업비밀보호에 관한 법률」 제2조 제2호에 따른 영업비밀을 말한다)이 현저히 침해되는 등 열람하기 부적절한 경우로서 대통령령으로 정하는 경우

⑥ 금융상품판매업자등은 금융소비자가 열람을 요구하는 경우 대통령령으로 정하는 바에 따라 수수료와 우송료(사본의 우송을 청구하는 경우만 해당)를 청구할 수 있다.

⑦ 제3항부터 제5항까지의 규정에 따른 열람의 요구·제한, 통지 등의 방법 및 절차에 관하여 필요한 사항은 대통령령으로 정한다.

❶ 개요

금융소비자보호법에서 금융소비자의 권익을 증진하기 위해 신설된 제도 중 하나는 '자료열람요구권'제도이다.

자료열람요구권은 금융소비자에게 부여된 권리이며, 분쟁조정 또는 소송의 수행 등 권리구제를 위한 목적으로 앞서 살펴본 바와 같이 금융회사가 기록 및 유지·관리하는 자료에 대해 열람, 제공, (녹취인 경우) 청취를 요구할 수 있다. 이 제도는 분쟁조정, 소송 등에서 금융소비자의 권리를 구제하는 것이 목적이므로 기존 자본시장법에 근거하여 금융소비자의 요청에 따라 제공하는 '금융정보열람신청(업권별, 회사별로 명칭이 다를 수 있다)'과는 성격이 약간 다르다고 볼 수 있다.

❷ 열람의 승인 및 연기

금융소비자는 금융소비자보호법 시행령 제26조 제3항에 따라 열람 목적, 범위, 방법 등이 포함된 열람요구서를 금융회사에 제출하여 자료 열람 등을 요구할 수 있으며, 해당 금융회사는 금융소비자보호법 시행령 제26조 제4항에 따라 금융소비자로부터 자료 열람 등을 요구받은 날로부터 6영업일 이내에 해당 자료를 열람할 수 있게 하여야 한다. 이때 열람의 승인, 열람 가능일시, 열람 장소 등에 대해 금융소비자에게 통지할 때에는 금융소비자보호법 시행령 제26조 제5항에 따라 문서로 하는 것이 원칙이나, 열람을 승인하는 경우에는 예외적으로 전화, 팩스, 전자우편, 휴대전화 메시지 등을 통해 통지할 수 있다.

만일 금융소비자가 열람을 요구하는 자료가 6영업일 이내에 열람이 불가능한

것으로 판단되는 정당한 사유가 있는 경우(예, 장기간의 공휴일 등)에는 해당 기간 내에 금융소비자에게 문서로 열람의 연기와 사유를 알리고, 연기의 사유가 된 요인이 해소된 경우에는 지체없이 자료를 열람할 수 있게 하여야 한다. 이때 열람의 연기 통지는 열람의 승인과 다르게 연기사유 등이 명기된 문서로 금융소비자에게 통지하여야 한다.

❸ 열람의 제한 및 거절

　　금융소비자의 자료열람요구에 대해 금융회사가 무조건 승인을 해야 하는 것은 아니고, 금융소비자보호법 제28조 제5항 및 동법 시행령 제26조 제6항에 따라 다음의 경우에는 자료 열람이 제한되거나 거절될 수 있다.

－「부정경쟁방지 및 영업비밀보호에 관한 법률」 제2조 제2호에 따른 영업비밀을 현저히 침해할 우려가 있는 경우
－다른 사람의 생명, 신체를 해칠 우려가 있거나 다른 사람의 재산과 그 밖의 이익을 부당하게 침해할 우려가 있는 경우
－개인정보의 공개로 인해 사생활의 비밀 또는 자유를 부당하게 침해할 우려가 있는 경우
－열람하려는 자료가 열람목적과 관련이 없다는 사실이 명백한 경우

　　금융소비자로부터 자료열람 등을 요구받은 금융회사는 위의 사유 등에 해당되어 자료 열람 등의 제한 또는 거절로 판단되는 경우에는 열람의 연기 통지와 마찬가지로 열람의 제한 또는 거절에 대한 사유를 포함한 문서를 통해 금융소비자에게 통지하여야 한다.

❹ 비용의 청구

　　금융소비자가 금융회사에 대해 자료 열람 등을 요청할 때 사용하는 자료열람요구서는 앞서 설명한 바와 같이 자료열람의 방법 등이 포함되어 있는바, 금융소비자가 우편 등을 통해 해당 자료열람을 요청한 경우 금융회사는 우송료 등을 금융소비자에게 청구할 수 있으며 열람 승인을 한 자료의 생성 등에 추가 비용 등이 발생하는 경우에는 해당 수수료도 금융소비자에게 청구할 수 있다.

2) 정보의 누설 및 부당이용 금지

자본시장법 제54조(직무 관련 정보의 이용 금지)
금융투자업자는 직무상 알게 된 정보로서 외부에 공개되지 아니한 정보를 정당한 사유 없이 자기 또는 제3자의 이익을 위하여 이용하여서는 아니 된다.

금융소비자보호 표준내부통제기준 제27조(금융소비자 신용정보, 개인정보 관리)
① 회사는 금융소비자의 개인(신용)정보의 관리·보호 정책을 수립하고 실행할 수 있는 내부규정을 마련하는 등 신용정보 및 개인정보의 관리 및 보호에 필요한 체계를 구축·운영하여야 한다.
② 회사는 금융상품 판매와 관련하여 금융소비자의 개인(신용)정보의 수집 및 활용이 필요할 경우 명확한 동의절차를 밟아서 그 목적에 부합하는 최소한의 정보만 수집·활용하여야 하고, 당해 정보를 선량한 관리자의 주의로써 관리하며, 당해 목적 이외에는 사용하지 아니하여야 한다.
③ 회사는 수집된 개인정보를 관리하는 개인정보 관리책임자를 선임하여야 한다.

금융투자업 종사자는 앞에서 설명한 바와 같이 이해상충 방지 및 금융소비자보호를 위해 준수하여야 할 절차를 수행하면서 부득이하게 금융소비자의 재산, 수입상태, 지출상태, 개인의 성향이나 프라이버시, 그 밖의 여러 가지 금융소비자의 개인정보를 포함하여 관련 업무의 수행을 위해 해당 금융소비자의 매매내역 등 신용정보를 취득·이용할 수 있다. 금융소비자에 관한 개인정보 및 신용정보는 당연히 해당 금융소비자에게 귀속하고, 금융투자업 종사자는 업무수행상 불가피하게 이를 보관·관리하는 관리자의 지위에 있을 뿐, 이를 임의로 누설하거나 이용할 수 있는 처분권한은 없다.

금융소비자가 금융투자업 종사자에 대하여 자기의 재산과 수입의 상세한 것을 밝히고 조언을 요청하거나 투자운용을 위임하는 것은 자신 및 자신의 개인정보와 신용정보에 관한 비밀을 유지할 것이라는 당연한 신뢰가 전제되어 있다. 이러한 금융소비자의 신뢰를 저버리는 비밀누설이나 이를 부당하게 이용하는 행위는 금융소비자의 권익을 해칠 뿐만 아니라 당해 업무종사자의 신용을 실추시키게 된다. 즉, 윤리적인 관점에서 보았을 때 이는 이제까지 설명했던 금융투자업 종사자가 준수하여야 할 가장 기본적인 원칙인 신의성실의 원칙에서 벗어나는 것으로 이를 위반하는 경우 금융소비자에 대한 충실의무 및 주의의무를 모두 위반하는 것이 된다. 따라서, 직무윤리의 준수는 이러한 위험을 방지하는 역할을 한다.

또한, 이 원칙은 법률로써 강제화되어 엄격히 통제되는데, 자본시장법 제54조에서 명기하고 있는 "직무상 알게 된 정보"에는 금융투자업 종사자가 취득하게 된 금융소비자에 관한 포괄적인 정보가 포함되며 이의 누설 금지 및 정당한 사유없는 자기 또는 제3자의 이익을 위한 사용을 금지하고 있다.

이와 관련하여 정부차원에서도 2009년 4월 '신용정보의 이용 및 보호에 관한 법률(신용정보법)'을 제정하여 금융소비자의 신용 정보를 철저히 보호하고 있으며, 2011년 3월에는 '개인정보보호법'을 제정하여 정보보호의 범위를 개인 정보로까지 확대하였고, 이를 위반한 자에 대해서는 엄중한 조치를 취하고 있다.

따라서 금융소비자에 대한 정보를 누설하거나 부당하게 이용하는 경우 이는 단순히 윤리기준뿐만 아니라 강행법규를 위반하게 되는 결과를 낳게 된다.

이 절에서는 금융소비자의 정보 보호에 관한 얘기만을 다루었지만, 금융투자업 종사자가 자기의 직무를 수행하면서 취득하게 되는 정보는 비단 금융소비자에 관한 정보보다 훨씬 더 넓은 범위의 정보이므로 이에 대한 사항 역시 다음 절에서 다루기로 한다.

3) 기타 관련 제도

금융소비자보호 표준내부통제기준
제20조(금융소비자의 의견청취 등)
③ 회사는 금융소비자보호를 실천하고 금융소비자 불만 및 불편사항 해결을 위하여 금융상품 판매 및 마케팅 이후 소비자 만족도 및 민원사항을 분석하고 금융소비자의 의견이나 요청을 듣는 등 점검 과정을 실시하며, 점검 결과는 금융상품 개발, 업무개선 및 민원감축 등에 활용하여야 한다.
④ 회사는 제3항에 따른 점검 결과, 제도 개선이 필요한 사안은 즉시 관련부서에 통보하여 적시에 반영될 수 있도록 하여야 한다.

제22조(금융상품의 개발, 판매 및 사후관리에 관한 정책 수립)
② 회사는 신의성실의 원칙에 따라 금융상품 판매 이후에도 상품내용 변경(거래조건, 권리행사, 상품만기, 원금손실조건 충족, 위험성 등) 또는 금융소비자의 대규모 분쟁발생 우려 시 관련사항을 신속하게 안내하여야 한다.
④ 금융소비자보호 총괄기관은 상품 및 서비스와 관련한 금융소비자의 불만이 빈발하는

경우 금융소비자의 불만내용과 피해에 대한 면밀한 분석을 통하여 금융소비자불만의 주요원인을 파악하고 이를 관련부서와 협의하여 개선되도록 하여야 한다.

(1) 판매 후 모니터링 제도(해피콜 서비스)

앞서 살펴본 바와 같이 금융회사는 금융소비자보호 표준내부통제기준 제21조에 따라 상품을 판매하기 전에 소속 금융투자업 종사자가 금융소비자에게 금융상품을 판매하는 과정에서 금융소비자보호의무를 준수하였는지 여부를 확인하는 절차를 마련하여 운영하여야 한다. 이에 따라 금융소비자와 판매계약을 맺은 날로부터 7영업일 이내에 판매직원이 아닌 제3자가 해당 금융소비자와 통화하여 해당 판매직원이 설명의무 등을 적절히 이행하였는지 여부를 확인하는 절차로서 해당 금융소비자와 연결이 되지 않은 경우 추가 문의에 대한 문자메시지를 발송하여 금융소비자를 보호하려는 노력을 하게 된다.

(2) 고객의 소리(VOC : Voice of Consumer) 등

업권마다 회사마다 조금씩 다를 수 있으나, 통상적으로 각 금융회사는 금융소비자의 의견을 청취하기 위한 제도를 마련하고 있다.

금융투자회사는 금융소비자보호 표준내부통제기준에 따라 관련 제도를 운영하고 있는데, 일반적으로 '고객의 소리' 제도로 불린다. 이 제도는 금융소비자의 불만, 제안, 칭찬 등 금융회사 및 소속 임직원에 대한 의견과 금융회사에서 제공하는 서비스 등에 대한 의견을 금융회사가 확인하고 주된 불만 사항 등을 파악하여 개선함으로써 금융소비자의 만족도를 제고하기 위한 목적으로 운영된다.

또한 이 제도의 운영과 별도로 금융소비자를 대상으로 한 정기적인 만족도 조사를 실시하여 금융상품 판매 후 금융소비자의 만족도를 점검하는 절차를 운영함으로써 그 결과를 파악하고 소속 임직원의 성과평가에 반영하는 금융회사도 있고, 별도로 '고객패널 제도' 등의 명칭으로 금융소비자 중 일부를 선정하여 금융소비자가 필요로 하는 상품이나 서비스를 사전 조사하거나, 출시가 예정된 신상품에 대한 반응을 확인하여 개선의견을 반영하는 절차를 가지고 있는 금융회사도 있어 금융소비자에 대한 보호 및 만족도 제고 노력은 더욱 강화되고 있는 추세이다.

(3) 미스터리 쇼핑(Mystery Shopping)

금융투자회사 자체적으로 혹은 외주전문업체를 통해서 불완전판매행위 발생여부를 확인하기 위한 제도로 '미스터리 쇼퍼(Mystery Shopper)'라고 불리는 사람들이 금융소비자임을 가장하여 해당 회사 소속 영업점을 방문해서 판매과정에서 금융투자업 종사자의 관련 규정 준수 여부 등을 확인하는 것이다. 개별 회사 자체적으로 실시하거나, 금융감독원 등의 외부기관에서 실시하는데, 외부기관에서 실시하는 경우 통상 미스터리 쇼핑 실시 결과를 공표하여 개별 회사와 금융소비자에게 유용한 정보를 제공하고 있다.

(4) 위법계약해지권

금융소비자보호법 제47조(위법계약의 해지)
① 금융소비자는 금융상품판매업자등이 제17조 제3항, 제18조 제2항, 제19조 제1항·제3항, 제20조 제1항 또는 제21조를 위반하여 대통령령으로 정하는 금융상품에 관한 계약을 체결한 경우 5년 이내의 대통령령으로 정하는 기간 내에 서면등으로 해당 계약의 해지를 요구할 수 있다. 이 경우 금융상품판매업자등은 해지를 요구받은 날부터 10일 이내에 금융소비자에게 수락여부를 통지하여야 하며, 거절할 때에는 거절사유를 함께 통지하여야 한다.
② 금융소비자는 금융상품판매업자등이 정당한 사유 없이 제1항의 요구를 따르지 않는 경우 해당 계약을 해지할 수 있다.
③ 제1항 및 제2항에 따라 계약이 해지된 경우 금융상품판매업자등은 수수료, 위약금 등 계약의 해지와 관련된 비용을 요구할 수 없다.
④ 제1항부터 제3항까지의 규정에 따른 계약의 해지요구권의 행사요건, 행사범위 및 정당한 사유 등과 관련하여 필요한 사항은 대통령령으로 정한다.

❶ 개요

금융소비자보호법에 신설된 금융소비자의 권리 중 하나는 '위법계약해지권'이다. 앞서 설명의무와 관련하여 살펴보았던 '청약철회권'과 유사한 듯 보이지만, 권리행사의 조건과 성격 등이 다르다는 점에 유의해야 한다.

청약철회권은 금융회사에 별도의 귀책사유가 없음에도 금융소비자보호법 제46조에서 정하고 있는 바에 따라 금융소비자가 각 상품별로 정하여진 해당 기간 내에 계약의 청약을 철회할 수 있는 권리. 즉 금융소비자가 금융상품의 계약을 최종적으로 체결하기 전 계약의 청약을 진행하고 있는 단계에서 행사할 수 있는 것이다.

반면, 위법계약해지권은 금융소비자보호법 제47조 제1항에서 명기하고 있는 바와 같이 금융회사의 귀책사유가 있고, 계약이 최종적으로 체결된 이후라는 전제조건이 있다.

다시 말해, 위법계약해지권은 금융상품의 계약 체결에 있어 금융투자업 종사자가 반드시 준수해야 할 적합성 원칙(제17조 제3항), 적정성 원칙(제18조 제2항), 설명의무(제19조 제1항 및 제3항), 불공정 영업행위 금지(제20조 제1항) 및 부당권유행위 금지(제21조) 조항을 위반하여 금융소비자와 최종적으로 금융상품의 계약을 체결한 이후 행사할 수 있는 것이다.

금융소비자는 금융상품의 계약 체결 과정에서 상기 주요 사항 중 하나라도 금융회사가 준수하지 않았을 경우 동 계약의 체결이 위법계약임을 주장하며 계약의 해지를 요구할 수 있다.

❷ 대상 및 절차

위법계약해지권 행사의 대상이 되는 금융상품은 '금융소비자보호 감독규정' 제31조 제1항에 따라 금융소비자와 금융회사 간 계속적 거래가 이루어지고 금융소비자가 해지 시 재산상 불이익이 발생하는 금융상품(다만, 온라인투자연계금융업자와 체결한 계약, 원화 표시 양도성 예금증서, 표지어음 및 이와 유사한 금융상품은 위법계약해지권의 대상이 될 수 없다)이다.

금융소비자는 금융소비자보호법 시행령 제38조 제2항에 따라 금융상품의 계약 체결일로부터 5년 이내이고, 위법계약 사실을 안 날로부터 1년 이내인 경우에만 위법계약의 해지 요구가 가능하며 만일 금융소비자가 위법계약 사실을 안 날이 계약 체결일로부터 5년이 경과한 이후에는 동 금융상품의 계약 체결에 대한 위법계약해지를 요구할 수 없다. 위의 시기 조건은 각각 충족되는 것이 아니라 두 가지 조건을 모두 만족해야 한다는 점에 특히 유의하여야 한다.

위의 전제조건을 충족하여 금융소비자가 금융회사에 대해 위법계약의 해지를 요구하려는 경우에는 금융소비자보호법 시행령 제38조 제3항에 따라 계약 해지를 요구하는 금융상품의 명칭 및 법 위반사실이 명기된 '계약해지요구서'를 작성하여 해당 금융회사에 제출해야 하며, 이때 법 위반 사실을 증명할 수 있는 서류를 같이 제출해야 한다.

❸ 해지 요구의 수락 및 거절

　　금융회사는 금융소비자의 위법계약 해지 요구가 있는 경우 해당일로부터 10일 이내에 계약 해지 요구의 수락 여부를 결정하여 금융소비자에게 통지하여야 하는데, 금융소비자의 해지 요구를 거절하는 경우에는 그 거절사유를 같이 알려야 한다.

　　만일 금융회사가 금융소비자의 위법계약해지 요구를 '정당한 사유' 없이 거절하는 경우 금융소비자는 해당 계약을 해지할 수 있는데, 금융소비자보호법 시행령 제38조 및 금융소비자보호에 관한 감독규정 제31조 제4항에서는 '정당한 사유'를 다음과 같이 정하고 있다.

－위반사실에 대한 근거를 제시하지 않거나 거짓으로 제시한 경우
－계약 체결 당시에는 위반사항이 없었으나 금융소비자가 계약 체결 이후의 사정변경에 따라 위반사항을 주장하는 경우
－금융소비자의 동의를 받아 위반사항을 시정한 경우
－금융상품판매업자등이 계약의 해지 요구를 받은 날부터 10일 이내에 법 위반사실이 없음을 확인하는 데 필요한 객관적·합리적인 근거자료를 금융소비자에 제시한 경우(단, 금융소비자의 연락처나 소재지를 확인할 수 없거나 이와 유사한 사유로 통지기간 내 연락이 곤란한 경우에는 해당 사유가 해소된 후 지체 없이 알려야 한다.)
－법 위반사실 관련 자료 확인을 이유로 금융소비자의 동의를 받아 통지기한을 연장한 경우
－금융소비자가 금융상품판매업자등의 행위에 법 위반사실이 있다는 사실을 계약을 체결하기 전에 알았다고 볼 수 있는 명백한 사유가 있는 경우

　　금융회사가 금융소비자의 위법계약 해지 요구를 수락하여 계약이 해지되는 경우에는 별도의 수수료, 위약금 등 계약의 해지에 따라 발생하는 비용을 부과할 수 없다.

4) 기타 금융소비자의 사후구제를 위한 기타 법적 제도

(1) 법원의 소송 중지

> **금융소비자보호법 제41조(소송과의 관계)**
> ① 조정이 신청된 사건에 대하여 신청 전 또는 신청 후 소가 제기되어 소송이 진행 중일 때에는 수소법원(受訴法院)은 조정이 있을 때까지 소송절차를 중지할 수 있다.
> ② 조정위원회는 제1항에 따라 소송절차가 중지되지 아니하는 경우에는 해당 사건의 조정절차를 중지하여야 한다.
> ③ 조정위원회는 조정이 신청된 사건과 동일한 원인으로 다수인이 관련되는 동종·유사사건에 대한 소송이 진행 중인 경우에는 조정위원회의 결정으로 조정절차를 중지할 수 있다.

금융소비자와 금융회사 간 분쟁이 발생하여 금융감독원 등의 분쟁조정이 진행 중인 경우 분쟁조정에서 유리한 지위를 차지하기 위하여 금융회사에서 소송을 동시에 진행하는 경우가 있다. 이때 상대적으로 소송의 제기 등에서 불리한 지위를 차지할 가능성이 높은 금융소비자를 강도 높게 보호하기 위하여 해당 법원은 분쟁조정이 진행 중인 소송 사건의 경우 소송 신청 전이든 신청 후든 시기를 불문하고 분쟁조정이 먼저 진행될 수 있도록 소송 절차를 중지할 수 있는 권리를 가진다. 여기에서 주의할 점은 이는 소송을 진행하고 있는 법원(수소법원 : 受訴法院)의 권리이므로 반드시 소송을 중지해야 하는 의무를 갖는 것은 아니라는 점 그리고 2천만원 이하의 소액분쟁사건은 해당되지 않는다는 점에서 아래에 설명할 '소액분쟁사건의 분쟁조정 이탈금지'와는 다르다.

(2) 소액분쟁사건의 분쟁조정 이탈금지

> **금융소비자보호법 제42조(소액분쟁사건에 관한 특례)**
> 조정대상기관은 다음 각 호의 요건 모두를 충족하는 분쟁사건(이하 "소액분쟁사건"이라 한다)에 대하여 조정절차가 개시된 경우에는 제36조 제6항에 따라 조정안을 제시받기 전에는 소를 제기할 수 없다. 다만, 제36조 제3항에 따라 서면통지를 받거나 제36조 제5항에서 정한 기간 내에 조정안을 제시받지 못한 경우에는 그러하지 아니하다.
> 1. 일반금융소비자가 신청한 사건일 것
> 2. 조정을 통하여 주장하는 권리나 이익의 가액이 2천만원 이내에서 대통령령으로 정하는 금액 이하일 것

금융감독원 등의 분쟁조정 기구에서 분쟁조정을 진행하고 있는 경우 해당 사건이 일반금융소비자가 신청하고, 그 가액이 2천만원 이내의 소액분쟁사건인 때에는 금융소비자보호법에서 해당 분쟁조정사건과 관련하여 금융회사가 관련 소송을 제기할 수 없게 함으로써 금융소비자를 보호하는 것으로 이는 위에서 살펴본 수소법원의 소송 중지 권리와는 다르게 반드시 지켜야 할 의무사항으로 금융소비자의 권익을 보다 강화한 것으로 해석된다.

(3) 손해배상책임

금융소비자보호법 제44조(금융상품판매업자등의 손해배상책임)
① 금융상품판매업자등이 고의 또는 과실로 이 법을 위반하여 금융소비자에게 손해를 발생시킨 경우에는 그 손해를 배상할 책임이 있다.
② 금융상품판매업자등이 제19조를 위반하여 금융소비자에게 손해를 발생시킨 경우에는 그 손해를 배상할 책임을 진다. 다만, 그 금융상품판매업자등이 고의 및 과실이 없음을 입증한 경우에는 그러하지 아니하다.

금융회사가 금융소비자보호법을 위반하여 금융소비자와 금융상품 계약체결을 하고, 그로 인해 금융소비자에게 손해가 발생했다면 그 위반의 정도 등을 감안하여 금융회사가 손해배상책임을 진다. 이때 우리가 유의해야 할 점은 앞서 여러 번 강조한 바와 같이 금융소비자보호법 제19조에서 규정하고 있는 설명의무를 금융회사가 위반한 경우에는 해당 손해배상의 입증책임이 금융소비자가 아닌 금융회사에게 있다는 점이다.

즉, 금융소비자와 금융회사 양자 간 분쟁조정, 소송 등이 진행될 때, 손해의 발생 원인을 규명하여야 하는바, 손해배상의 원인이 되는 사실을 각자 주장할 것이나, 금융회사가 설명의무를 위반한 경우에는 금융소비자보호법에서는 금융회사가 고의 또는 과실이 없음을 입증하도록 규정함으로써 금융소비자의 손해배상에 관한 입증책임을 금융회사로 전환하여 금융소비자를 보다 두텁게 보호하고자 하는 것이다.

본인, 회사 및 사회에 대한 윤리

1 본인에 대한 윤리

1) 법규준수

> **금융투자회사의 표준윤리준칙 제3조(법규준수)**
> 회사와 임직원은 업무를 수행함에 있어 관련 법령 및 제 규정을 이해하고 준수하여야 한다.

금융투자업무 종사자는 직무와 관련된 윤리기준, 그리고 이와 관련된 모든 법률과 그 하부규정, 정부·공공기관 또는 당해 직무활동을 규제하는 자율단체의 각종 규정(이하 '관계법규 등'이라 한다)을 숙지하고 그 준수를 위하여 노력하여야 한다.

"법에 대한 무지(無知)는 변명되지 아니한다"는 법격언이 있다. 이는 법규는 알고 모르고를 묻지 않고 관련 당사자에 대하여 구속력을 갖고, 그 존재 여부와 내용을 알지 못하여 위반한 경우에도 그에 대한 법적 제재가 가해진다는 뜻이다. 또한 직무와 관련된 법규에 대한 지식을 습득하고 있는 것은 전문가에게 요구되는 전문능력의 당연한 요소가 된다. 운동선수가 해당 운동의 규칙(rule of game)을 알지 못하여 반칙하면 퇴장당하는 것과 같은 이치이다.

여기에서의 법규는 자본시장법 및 금융소비자보호법과 같이 직무와 직접적으로 관련 있는 법령뿐만 아니라, 은행법, 보험업법 등 직무와 관련하여 적용되는 인접 분야의 법령을 포함한다. 또한 국가가 입법권에 기하여 만든 제정법뿐만 아니라, 금융위원회와 같은 금융감독기관이 만든 각종 규정과 한국거래소나 한국금융투자협회 등과 같은 자율규제기관이 만든 각종 규정, 그리고 회사가 자율적으로 만든 사규(社規) 등을 모두 포함한다(금융투자회사의 표준내부통제기준 제3조 제2항 참조). 해외에서 직무를 수행하는 경우에는 당해 관할구역(jurisdiction)에 적용되는 법규(예 : 미국법, 중국법 등)를 숙지하고 이를 준수하여야 한다. 이때의 법규는 법조문으로 되어 있는 것은 물론이고, 그 법정신과 취지에 해당하는 것도 포함한다.

2) 자기혁신

> **금융투자회사의 표준윤리준칙 제7조(자기혁신)**
> 회사와 임직원은 경영환경 변화에 유연하게 적응하기 위하여 창의적 사고를 바탕으로 끊임없이 자기혁신에 힘써야 한다.

금융투자산업은 고도의 전문성을 요하는 금융상품을 취급하고 관련 지식이 양산되며 전 세계의 금융시장이 서로 영향을 주고받는 분야로서 다른 어느 산업보다 그 변화속도가 매우 빠르고 사회 전체에 미치는 영향이 매우 높은 편에 속한다. 따라서 금융투자업 종사자와 회사는 끊임없이 변화하고 있는 경영환경에 유연하게 적응할 수 있는 능력을 배양하여야 한다. 지속적인 변화가 발생하고 있는 경영환경 아래에서는 기존에는 겪어보지 못했던 새로운 문제가 발생하므로 이러한 문제를 해결하기 위해 창의적인 사고를 바탕으로 자기 혁신이 지속적으로 이루어져야 한다.

자기혁신의 방법 중 하나는 금융투자업 종사자 본인이 담당하고 있는 직무 및 관련 업무에 관한 이론과 실무를 숙지하고 그 직무에 요구되는 전문능력을 유지하고 향상시키는 등 전문지식을 배양하는 것이다.

전문지식은 이론과 실무 양 부분 모두에 걸쳐 요구되고, 이는 부단한 학습과 공부에 의해서만 향상될 수 있다. 각종 세미나, 연구모임 등과 같은 자율적인 학습, 각종 자격증제도와 연수 및 교육 프로그램은 일정 수준의 학습과 경험을 통하여 해당 분야에 기본적으로 요구되는 전문능력을 확보하기 위한 부단한 노력이 필요하다.

이러한 자기혁신은 앞에서 살펴본 금융투자업 종사자가 기본적으로 준수하여야 할 신의성실의 원칙에도 해당되는데, 창의적 사고를 바탕으로 한 자기혁신이 이루어지지 않아 급변하는 환경에 제대로 대처하지 못하는 경우 금융소비자의 이익이 의도하지 않게 침해당하는 등 금융소비자에 대한 보호가 충분히 이루어지지 않는 상황이 발생할 수 있다.

또 다른 자기혁신의 방법 중 하나는 금융투자업 종사자(및 회사)가 윤리경영 실천에 대한 의지를 스스로 제고하기 위해 노력하는 것이다. 앞에서도 살펴본 바와 같이 금융투자업 종사자들은 기본적으로 준수하여야 할 직무윤리가 있는데 이는 법률로써 강제화되는 각종 준수의무와 중첩되는 부분이 많다. 이는 금융투자업 종사자가 직무윤리를 위반하는 경우 단순히 사람들의 지탄을 받는 것으로 끝나는 것이 아니라 관련 법률을 위반하게 되는 경우가 많다는 의미이고 이는 본인뿐만 아니라 본인이 소속된 회사 및 금융투자업계 전체의 신뢰도 하락에 큰 영향을 미치게 된다. 이에 따라 개별 금융투자업자 (회사)는 협회의 '표준윤리준칙' 등을 포함하여 각 회사별로 규정하고 있는 윤리기준을 제정하고 이를 위반하는 경우 징계 등의 조치를 취함으로써 보다 큰 법규 위반행위가 발생하지 않도록 통제하고 있다.

! 사례

A는 B금융투자회사의 지점에서 영업을 맡고 있는 직원이다. 어느 날 객장에 C가 방문하여 파생상품을 거래하고 싶은데 어떤 것인지 쉽게 설명해줄 것을 요청하였다. A는 파생상품에 관한 설명회에 참가한 적은 있지만 실은 그 개념을 잘 파악하지 못하고 있다. 하지만 모른다고 하면 체면이 서지 않을 것 같아 설명한다고 해주었지만 그 고객이 어느 정도 이해하고 돌아갔을지 자신이 없다.

(평가)

A는 영업담당 직원으로서 직무를 수행함에 있어서 필요한 최소한의 전문지식을 갖추어야 한다. A는 회사에 요청하여 관련 강의에 참석하든지, 그 이전이라도 관련 서적을 구입하든가 하여 스스로 부족한 실력을 보충하도록 하여야 한다. 특히, 자본시장법에서는 취득한 투자권유자문인력의 종류에 따라 취급할 수 있는 상품이 제한되어 있기 때문에 이러한 윤리기준을 엄격하게 지켜야 한다.

3) 품위유지

금융투자회사의 표준윤리준칙 제13조(품위유지)
임직원은 회사의 품위나 사회적 신뢰를 훼손할 수 있는 일체의 행위를 하여서는 아니 된다.

품위유지의 일반적 정의는, "일정한 직업 또는 직책을 담당하는 자가 그 직업이나 직책에 합당한 체면과 위신을 손상하는 데 직접적인 영향이 있는 행위를 하지 아니하여야 할 것"을 말한다.

이는 앞에서 살펴본 금융투자업 종사자의 핵심원칙인 '신의성실의 원칙'과도 연결되는 직무윤리로 금융투자업 종사자가 윤리기준을 포함하여 법률 등을 위반한 경우, 본인의 품위뿐만 아니라 본인이 소속된 회사의 품위와 사회적 신뢰를 훼손하는 것이 될 수 있다.

4) 공정성 및 독립성 유지

금융소비자보호법 제14조(신의성실의무 등)
① 금융상품판매업자등은 금융상품 또는 금융상품자문에 관한 계약의 체결, 권리의 행사 및 의무의 이행을 신의성실의 원칙에 따라 하여야 한다.
② 금융상품판매업자등은 금융상품판매업등을 영위할 때 업무의 내용과 절차를 공정히 하여야 하며, 정당한 사유 없이 금융소비자의 이익을 해치면서 자기가 이익을 얻거나 제3자가 이익을 얻도록 해서는 아니 된다.

금융투자업 종사자는 해당 직무를 수행함에 있어서 공정한 입장에 서야 하고 독립적이고 객관적인 판단을 하도록 하여야 한다. 공정성과 독립성 유지는 신의성실의 원칙을 바탕으로 법적의무로 승화되어 있다.

앞에서도 살펴본 바와 같이 금융투자업 종사자는 소속 회사, 금융소비자, 증권의 발행자, 인수업자, 중개인, 그리고 자신의 이해관계가 복잡하게 얽혀 있는 가운데에서 업무를 수행하여야 할 경우가 많다. 이때 금융투자업 종사자는 다양한 이해관계의 상충 속에서 어느 한쪽으로 치우치지 아니하고 특히 금융소비자보호를 위하여 항상 공정한 판단을 내릴 수 있도록 하여야 한다.

또한, 금융투자업 종사자는 독립성을 유지해야 한다. 상급자는 본인의 직위를 이용하여 하급자에게 부당한 명령이나 지시를 하지 않아야 하며, 부당한 명령이나 지시를 받은 직원은 이를 거절하여야 한다.

당연히 직무수행상 협조관계를 유지하거나 상사의 지시에 복종하여야 할 경우도 있지만, 직무수행의 공정성을 기하기 위해서는 금융투자업 종사자 스스로가 독립적으로 판단하고 업무를 수행하여야 한다. 여기서 '독립성'이란 자기 또는 제3자의 이해관계에 의하여 영향을 받는 업무를 수행하여서는 아니 되며, 객관성을 유지하기 위해 합리적 주의를 기울여야 한다는 것을 뜻한다.

! 사례

A는 금융투자회사에서 투자상담업무를 맡고 있다. A의 절친한 친구 B는 C통신회사의 홍보담당 이사이다. A는 동창회 등의 모임 외에도 수시로 B를 만나고 있으며, B의 알선으로 무료 골프를 수차례 치기도 하였다. B가 특별히 명시적으로 요구한 것은 아니지만 A는 친구 B가 처해 있는 회사에서의 입장을 생각하여 투자상담을 받으려고 객장을 찾아온 고객에게 "좋은 것이

좋은 것이다"라는 생각으로 B회사의 종목에 투자할 것을 권유하였다. 그렇다고 해서 B회사에 특별히 문제가 있는 것은 아니다.

(평가)

인간관계와 의리를 중시하는 한국문화 속에서 A의 위와 같은 행동은 크게 문제 되지 않는다고 생각하기 쉽다. 그러나 A는 수임자로서 해당 직무를 수행함에 있어서 항시 공정한 입장에서 독립적이고 객관적인 판단을 하여야 한다는 윤리기준을 위반하였다.

5) 사적 이익 추구 금지

금융투자회사의 표준윤리준칙 제14조(사적이익 추구금지)
임직원은 회사의 재산을 부당하게 사용하거나 자신의 지위를 이용하여 사적 이익을 추구하여서는 아니 된다.

(1) 부당한 금품 등의 제공 및 수령 금지

금융투자업 종사자는 업무수행의 대가로 이해관계자로부터 부당한 재산적 이득을 제공받아서는 아니 되며, 금융소비자로부터 직무수행의 대가로 또는 직무수행과 관련하여 사회상규에 벗어나는 향응, 선물 그 밖의 금품 등을 수수하여서는 아니 된다.

업무수행과 관련한 부당한 금품수수는 업무의 공정성을 저해할 우려가 있거나 적어도 업무의 공정성에 대한 의구심을 갖도록 할 가능성이 있다. 이 때문에 금융투자업 종사자는 적법하게 받을 수 있는 보수나 수수료 이외는 그 주고받는 행위가 엄격하게 금지된다.

'향응'이란 음식물·골프 등의 접대 또는 교통·숙박 등의 편의를 제공받는 것을 말 하며, '선물'이란 대가 없이(대가가 시장 가격 또는 거래의 관행과 비교하여 현저히 낮은 경우를 포함한 다) 제공하는 물품 또는 증권·숙박권·회원권·입장권 기타 이에 준하는 것으로 사회상규에 벗어나는 일체의 것을 모두 포함한다.

부당한 금품의 제공 및 수령에 관한 직무윤리는 그 파급력으로 인해 자본시장법을 비롯하여 규정으로 의무화되어 있다.

자본시장법 시행령 제68조 제5항 제3호에서는 '투자자 또는 거래상대방에게 업무와 관련하여 금융위원회가 정하여 고시하는 기준을 위반하여 직접 또는 간접으로 재산상의 이익을 제공하거나 이들로부터 재산상의 이익을 제공받는 행위'를 불건전한 영업행위의 하나로 금지하고 있다. 또한 금융소비자보호법 제25조에서도 금융소비자, 금융상품 판매대리·중개업자, 금융상품직업판매업자 등에 대해 재산상 이익을 주고받는 것을 엄격히 금지하고 있다. 이를 근거로 금융위원회의 '금융투자업규정' 및 금융투자협회의 '금융투자회사의 영업 및 업무에 관한 규정'에서는 재산상 이익의 제공 및 수령에 관한 사항들을 규정하고 있다.

해당 규정들에서는 원칙적으로 금융투자업 종사자와 거래상대방(금융소비자를 포함하여 직무와 관련이 있는 자) 사이에서 금품 등의 수수 및 제공 등을 금지하고 있으나, 사회적으로 허용되는 범위 내에서는 예외적으로 인정하되, 해당 제공(수령) 내역의 준법감시인 승인 및 기록의 유지 관리 등을 의무화하여 통제를 엄격히 하고 있다.

금융투자협회의 '금융투자회사의 영업 및 업무에 관한 규정'에서는 부당한 재산상 이익의 제공 및 수령을 아래와 같이 정의하고 강력히 금지하고 있다.

제2-68조(부당한 재산상 이익의 제공 및 수령금지)
① 금융투자회사는 다음 각 호의 어느 하나에 해당하는 경우 재산상 이익을 제공하거나 제공받아서는 아니 된다.
   1. 경제적 가치의 크기가 일반인이 통상적으로 이해하는 수준을 초과하는 경우
   2. 재산상 이익의 내용이 사회적 상규에 반하거나 거래상대방의 공정한 업무수행을 저해하는 경우
   3. 재산상 이익의 제공 또는 수령이 비정상적인 조건의 금융투자상품 매매거래, 투자자문계약, 투자일임계약 또는 신탁계약의 체결 등의 방법으로 이루어지는 경우
   4. 다음 각 목의 어느 하나에 해당하는 경우로서 거래상대방에게 금전, 상품권, 금융투자상품을 제공하는 경우. 다만, 사용범위가 공연·운동경기 관람, 도서·음반 구입 등 문화활동으로 한정된 상품권을 제공하는 경우는 제외한다.
      가. 집합투자회사, 투자일임회사 또는 신탁회사 등 타인의 재산을 일임받아 이를 금융투자회사가 취급하는 금융투자상품 등에 운용하는 것을 업무로 영위하는 자(그 임원 및 재산의 운용에 관하여 의사결정을 하는 자를 포함한다)에게 제공하는 경우
      나. 법인 기타 단체의 고유재산관리업무를 수행하는 자에게 제공하는 경우
      다. 집합투자회사가 자신이 운용하는 집합투자기구의 집합투자증권을 판매하는 투자매매회사(투자매매업을 영위하는 금융투자회사를 말한다. 이하 같다), 투자중개회사(투자중개업을 영위하는 금융투자회사를 말한다. 이하 같다) 및 그 임직원과 투자권유대행인에게 제공하는 경우

5. 재산상 이익의 제공 또는 수령이 위법·부당행위의 은닉 또는 그 대가를 목적으로 하는 경우

6. 거래상대방만 참석한 여가 및 오락활동 등에 수반되는 비용을 제공하는 경우

7. 금융투자상품 및 경제정보 등과 관련된 전산기기의 구입이나 통신서비스 이용에 소요되는 비용을 제공하거나 제공받는 경우. 다만, 제2-63조 제2항 제1호에 해당하는 경우는 제외한다.

8. 집합투자회사가 자신이 운용하는 집합투자기구의 집합투자증권의 판매실적에 연동하여 이를 판매하는 투자매매회사·투자중개회사(그 임직원 및 투자권유대행인을 포함한다)에게 재산상 이익을 제공하는 경우

9. 투자매매회사 또는 투자중개회사가 판매회사의 변경 또는 변경에 따른 이동액을 조건으로 하여 재산상 이익을 제공하는 경우

② 금융투자회사는 재산상 이익의 제공과 관련하여 거래상대방에게 비정상적인 조건의 금융투자상품의 매매거래나 투자자문계약, 투자일임계약 또는 신탁계약의 체결 등을 요구하여서는 아니 된다.

③ 금융투자회사는 임직원 및 투자권유대행인이 이 장의 규정을 위반하여 제공한 재산상 이익을 보전하여 주어서는 아니 된다.

다만, 그동안 관련 규제가 금융권역 간 차이가 있어온바, 금융투자협회에서는 동 규정을 일부 개정(시행일 : 2017.5.22.)하여 그동안 금융투자업에서만 존재하던 재산상 이익의 제공 및 수령 등에 관한 한도규제를 폐지하는 대신 아래와 같이 내부통제절차를 강화하였다.

❶ 공시의무 신설

금융감독기구는 '금융투자업규정'의 개정을 통해 금융투자회사(및 그 종사자)가 거래상대방에게 제공하거나 거래상대방으로부터 수령한 재산상 이익의 가액이 10억 원을 초과하는 즉시 인터넷 홈페이지를 통해 공시하도록 의무화하였다.

최초 기산시점은 2012.5.23.부터 2017.5.22.로 해당 기간 중 동일한 특정 거래상대방에게 10억 원을 초과하여 재산상 이익을 제공하였거나, 수령한 경우 즉시 공시하여야 하며, 이후에는 10억 원을 초과할 때마다 해당 시점에 즉시 공시하여야 한다.

이때 공시하여야 할 항목은 제공(수령)기간, 제공받은 자(수령의 경우 제공한 자)가 속하는 업종(한국표준산업분류표상 업종별 세세분류에 따른 업종을 말한다), 제공(수령)목적 및

금액이다.

❷ 재산상 이익의 제공에 대한 적정성 평가 및 점검

재산상 이익을 거래상대방에게 제공하는 경우 금융투자회사가 자율적으로 정한 일정 금액을 초과하거나 금액과 무관하게 전체 건수에 대해 금융투자회사는 그 제공에 대한 적정성을 평가하고 점검하여야 한다. 통상 적정성을 평가하는 항목으로는 제공하려는 금액의 합리성, 기존 거래상대방과의 형평성, 관련 절차의 준수 여부, 법령 등의 위반 여부 등이 포함된다. 관련 업무를 주관하는 내부통제부서는 금융투자회사(및 임직원)의 재산상 이익의 제공 현황 및 적정성 점검 결과 등을 매년 이사회에 보고하여야 하며, 이러한 사항들은 금융투자회사의 내부통제기준에 포함·운영되어야 한다.

❸ 이사회의 사전승인

금융투자회사는 이사회가 정한 금액 이상을 초과하여 동일한 거래상대방과 재산상 이익을 제공하거나 수령하려는 경우 이사회의 사전승인을 받아야 한다. 따라서 각 회사별로 자신의 기준에 맞는 금액을 이사회에서 사전에 결의하도록 하여야 하고, 내부통제부서는 정해진 기준 금액을 초과하여 제공하거나 수령하는 경우가 있는지 여부에 대한 점검을 실시함으로써 관련 규정이 준수될 수 있도록 하여야 한다.

❹ 제공(수령) 내역 요청 시 임직원의 동의 의무

금융투자회사(및 임직원)는 재산상 이익을 제공 및 수령하는 경우 해당 사항을 기록하고 5년 이상의 기간 동안 관리·유지하여야 할 의무가 있다. 이때 거래상대방 역시 금융투자회사(및 임직원)인 경우에는 제공과 수령에 대한 상호 교차점검을 할 필요가 있는 바, 거래상대방에게 해당 내역의 제공을 요청하려는 경우에는 소속 임직원의 동의를 반드시 받은 후 대표이사 명의의 서면으로 요청하여야 한다.

또한, 2016년 9월 28일부터 시행된 '부정청탁 및 금품 등 수수의 금지에 관한 법률' 역시 윤리기준을 법제화한 것으로 적용대상이 공직자 등뿐만 아니라 금품 등을 제공할 수 있는 전 국민이라는 점에서 부당한 금품 수수 및 제공에 관한 윤리기준은 보다 더 넓은 범위로 확대되며, 강화되고 있는 추세이다.

(2) 직무 관련 정보를 이용한 사적 거래 제한

금융투자업 종사자는 직무수행 중 알게 된 (중요 미공개)정보를 이용하여 금융투자상품, 부동산 등과 관련된 재산상 거래 또는 투자를 하거나, 다른 사람에게 그러한 정보를 제공하여 재산상 거래 또는 투자를 도와주는 행위를 하여서는 아니 된다.

금융투자업 종사자는 금융투자업의 특성상 금융소비자를 포함한 보통의 일반인들보다 경제적 정보에 보다 쉽고 빠르게 접근할 수 있다. 또한 금융소비자와의 거래를 통해 (혹은 거래하는 그 당사자로부터) 일반인들에게는 노출되지 않은 정보를 취득할 수 있는 기회가 많은 편이다. 이는 모두 직무를 수행하면서 취득하게 되는 정보들로 경제시장에서 모두가 알 수 있도록 공표되기 전이라면 미공개 정보로 취급되어야 하며, 이를 자신 또는 제3자의 이익을 위해 사용해서는 안 된다.

자본시장법 및 관련 규정 역시 이러한 행위들을 '미공개중요정보의 이용 금지' 및 '시장질서 교란행위'로 규정하고 직무수행상 알게 되는 정보를 이용하거나 이를 다른 사람에게 알리는 유통행위를 엄격히 금지하고 있으며 위반하는 경우 엄중한 처벌을 하고 있는 만큼 특히 유의하여야 한다.

직무 관련 정보를 이용한 위법 사례

OO공제회 주식운용역 J씨는 지인들에게 내부정보를 알려 해당 종목을 먼저 사게 한 뒤, 자신이 운용하는 OO공제회의 자금 운용계좌에서 같은 종목을 매수하여 주가를 인위적으로 상승시킨 후, 지인들이 낮은 가격에 산 주식을 팔게 하여 단기매매로 차익을 얻게 하였다. 그는 위법 사실을 숨기기 위하여 자신의 명의로는 매매를 하지 않았고, 그와 공모한 지인들로부터 발생한 수익의 일정 부분을 되돌려 받는 방식으로 사적인 이익을 취하였다. 결국 그는 선행매매, 통정매매 등 불공정거래 및 배임 혐의로 20OO년 O월 OO일 검찰에 구속 기소되었다.

(3) 직위의 사적 이용 금지

금융투자업 종사자는 직무의 범위를 벗어나 사적 이익을 위하여 회사의 명칭이나 직위를 공표, 게시하는 등의 방법으로 자신의 직위를 이용하거나 이용하게 해서는 아니 된다.

회사가 임직원에게 부여한 지위도 그 지위를 부여받은 개인의 것이 아니고 '넓은 의미에서의 회사재산'이 된다. 이 직무윤리는 금융투자업 종사자 본인의 개인적인 이익 또는 제3자의 이익을 위하여 회사의 명칭, 본인의 직위 등을 이용하여 다른 사람들로 하여금 마치 회사의 공신력을 부여받은 것처럼 오해하게 할 수 있는 행위를 사전에 차단하고자 함이 목적이다.

　반면, 일상적이고, 특정인의 이익을 위한 목적이 아닌 경우에는 직무윤리 위반행위로 볼 수 없는바, 대표적으로 경조사 봉투 및 화환 등에 회사명 및 직위를 기재하는 행위는 위반 행위에 해당하지 않는다.

　또한, 직무와 관련하여 회사의 대표 자격으로 회사 명칭이나 직위를 사용하는 행위 – 예를 들면 지점 개업식 혹은 계열사의 창립기념일에 축하 화환 등을 보내면서 회사의 명칭 등을 기재하는 것 – 는 위반행위로 볼 수 없다.

사례

　○○증권회사의 A부장은 평소 알고 지내던 친구가 금융투자업 관련 자격증 취득반이 있는 학원을 개업하면서 ○○증권회사가 소속 임직원들에게 해당 학원에 대해 이용 등 협찬을 하고 있는 것처럼 해달라는 부탁을 받고 마치 ○○증권회사에서 해당 학원을 협찬하는 것처럼 현수막 등 광고물에 회사의 명칭 등을 사용토록 하여 많은 사람들이 해당 학원의 공신력을 믿고 수강하도록 유도하였다.

(평가)
A부장은 특정인의 이익을 얻도록 하기 위하여 본인이 부여받은 직무의 범위를 벗어나 ○○증권회사의 명칭 또는 자신의 직위를 이용하게 하였으므로 이와 같은 행위는 윤리기준 위반에 해당한다.

2　회사에 대한 윤리

1) 상호존중

금융투자회사의 표준윤리준칙 제8조(상호존중)
회사는 임직원 개개인의 자율과 창의를 존중하고 삶의 질 향상을 위하여 노력하여야 하며, 임직원은 서로를 존중하고 원활한 의사소통과 적극적인 협조 자세를 견지하여야 한다.

　상호존중은 크게 개인 간의 관계와 조직 – 개인 간의 관계로 나눠볼 수 있다.
　먼저, 개인 간의 관계는 회사라는 조직을 구성하고 있는 임직원 상호 간의 관계를 의미한다. 같은 동료 직원 간 및 상사와 부하 간의 상호존중 문화는 사내의 업무 효율성과

밀접한 관련이 있다. 자주 언급되는 잘못된 우리나라 직장문화의 대표적인 예 중의 하나가 '상명하복(上命下服)' 문화로 상사의 부당한 지시에 대해 이를 거부하거나 해당 지시 내용의 잘못된 점을 보고해야 하는 경우 부하직원들은 이를 실행하지 못하고 이런 일이 반복되는 경우 해당 상사에 대한 안 좋은 소문을 퍼뜨리거나 음해하게 될 수 있다. 반면, 고의 혹은 실수로 잘못된 지시를 한 상사는 부하직원으로부터 지시의 거부나 잘못된 점을 지적받았을 경우 매우 강한 반감을 가질 가능성이 높다. 이러한 문제를 해결하기 위해서는 상사와 부하 모두 서로를 존중하여야 한다는 사실을 유념하고 원활한 의사소통이 이루어질 수 있도록 적극적인 협조 자세를 보여야 한다.

조직 – 개인 간의 관계에 있어서도 유사하다. 금융투자업에서 중요한 것은 회사에 대한 금융소비자의 신뢰도를 유지하는 것이며, 이는 결국 금융소비자와 직접 부딪히는 임직원들에 의해 좌우될 수밖에 없다. 이를 위해 회사는 임직원 개개인의 자율과 창의를 존중함으로써 소속된 임직원이 자신의 삶의 질(Quality of Life)을 향상시킬 수 있도록 도와주어야 한다. 개인 간 및 조직 – 개인 간의 상호존중이 실현될 때 회사에 대한 금융소비자의 신뢰도는 확보될 것이며 이는 앞에서 살펴보았듯이 회사 및 임직원의 생존과도 직결된다.

상호존중에 포함되는 것 중 하나가 성희롱 방지(sexual harrassment)로 넓은 의미의 품위유지의무에도 해당하나 그 이상의 것이 포함된다. 특히 직장 내에서는 물론이고 업무수행과 관련하여 성적 굴욕감을 줄 수 있는 언어나 신체적 접촉 등 건전한 동료관계와 사회적 유대관계를 해치는 일체의 언어나 행동은 금지된다. 이와 관련하여 금융투자회사는 정부의 권고에 따라 매년 1회 이상 성희롱 예방 등에 관한 교육을 정기적으로 실시하고 있다.

2) 공용재산의 사적 사용 및 수익 금지

금융투자업 종사자는 회사의 업무용 차량, 부동산 등 회사 소유의 재산을 부당하게 사용하거나 정당한 사유 없이 사적인 용도로 사용하여서는 아니 된다. 즉, 공사(公私)의 구분을 명확히 하여야 한다는 뜻이다.

'회사의 재산'은 매우 넓은 개념으로, 동산, 부동산, 무체재산권, 영업비밀과 정보, 고객관계, 영업기회 등과 같은 유·무형의 것이 모두 포함된다. '회사의 영업기회(business opportunity)'를 가로채는 행위는 위의 직무윤리에 저촉될 뿐만 아니라 동시에 회사와의 이해상충을 금지하는 직무윤리에도 저촉된다. 2011년 개정 상법에서는 이사와 업무집행임원 등에 대하여 회사기회의 유용을 금지하는 규정을 두고 있다(상법 397조의2). 그러나 이는 비단 이사나 집행임원에 한정하는 취지는 아니고 회사의 업무에 종사하는 자에게 널리 적용된다.

이에 따라 회사의 비품이나 자재를 사적인 용도로 사용하는 행위, 회사의 정보를 무단으로 유출하는 행위, 회사의 업무와 무관한 인터넷사이트 접속, e-mail 사용, 게임을 하는 행위, 사적인 용도로 회사 전화를 장시간 사용하는 행위 등은 위 기준에 의하여 금지된다.

회사의 재산을 부당하게 유용하거나 유출하는 행위는 형사법상 처벌의 대상이 될 수 있다(예 : 횡령죄(형법 355조·356조), 배임죄(형법 355조·356조), 절도죄(형법 329조), 업무방해죄(형법 314조)).

공용재산의 사적 사용과 관련하여 최근에 부각되는 이슈는 금융투자업 종사자가 업무시간에 업무 이외의 활동을 하는 행위 및 회사 자산인 컴퓨터를 이용하여 업무 이외의 개인적인 일을 하는 행위에 대한 직무윤리 준수의 문제이다. 금융투자업 종사자는 업무시간 및 회사에서 제공한 PC 등의 공용재산의 사적 사용에 관하여 주의를 기울이지 않는 경우 자신도 모르는 사이에 직무윤리를 위반하는 행위가 될 수 있다는 점에 특히 유의하여야 할 것이다.

! 사례

금융투자회사의 창구에서 투자상담업무를 맡고 있는 A는 어느 날 객장에서 우연히 초등학교 동기동창을 만나게 되었다. 너무나 반가운 나머지 사무실 지하에 있는 매점으로 자리를 옮겨 지나간 여러 가지 이야기를 주고받다가 점심식사까지 같이 하게 되었다. 잠깐이겠거니 했는데 상사의 허가를 받지 않고 자리를 비운 시간이 2시간 정도가 되었다.

(평가)

A는 객장에서 투자상담업무를 맡고 있는 자이기 때문에 근무시간 중에 자리를 비워서는 안 된다. 부득이 자리를 비워야 할 경우에는 사전에 상사의 허락을 받아야 했다. 또 A는 사사로운 개인적인 일로 직무에 전념하여야 한다는 윤리기준을 위반하였다.

3) 경영진의 책임

금융투자회사의 표준윤리준칙 제11조(경영진의 책임)
회사의 경영진은 직원을 대상으로 윤리교육을 실시하는 등 올바른 윤리문화 정착을 위하여 노력하여야 한다.

금융투자업 종사자가 소속된 회사 및 그 경영진은 당해 회사 소속 업무종사자가 관계법규 등에 위반되지 않고 직무윤리를 준수하도록 필요한 지도와 지원을 하여야 한다.

직무윤리의 준수에 있어서 소속 회사 및 직장 상사의 직무윤리에 대한 인식 수준은 매우 중요하다. 따라서 금융투자업 종사자가 속한 회사 및 그 경영진은 스스로 관련 법규와 각종 규정 및 직무윤리기준을 준수하여야 함은 물론, 소속 업무종사자가 이에 위반되지 않도록 감독자 내지 지원자의 입장에서 필요한 지도와 지원을 하여야 한다.

지도와 지원을 하여야 할 최종적인 책임은 당해 법인 또는 단체의 업무집행권한을 보유하는 대표자에게 있지만, 경영진을 포함한 중간책임자도 자신의 지위와 직제를 통하여 지도와 지원을 하게 된다. 지도 및 지원을 하여야 할 지위에 있는 자는 관계법령과 직무윤리기준을 통달하고 있어야 하고 그 감독하에 있는 임직원의 상황을 정확하게 파악하고 있어야 한다.

필요한 지도의 부족으로 소속 업무담당자가 업무수행과 관련하여 직무윤리를 위반하고 타인에게 손해를 끼친 경우, 회사와 경영진은 사용자로서 피해자에게 배상책임(사용자책임)을 질 수도 있다.

금융업계에서 발생하는 사고는 여러 요인이 있을 수 있으나, 가장 근본적인 원인은 '임직원의 기본적인 윤리의식 부재'라고 할 수 있다. 이에 따라 사회적으로 금융투자업 종사자에 대한 윤리의식 강화를 주문하고 있는바, 2018.9.20. 금융투자협회는 '금융투자회사의 표준내부통제기준'을 다음과 같이 개정하여 회사가 임직원의 윤리의식 제고를 위한 교육을 반드시 실시하고 교육을 이수하지 않은 자들에 대한 관리방안을 의무적으로 마련하도록 강제화하였다.

표준내부통제기준 제20조(준법서약 및 임직원 교육)
제2항의 교육과정에는 직무윤리, 투자자 보호, 사고사례 등이 포함되어야 하며, 회사는 교육 미이수자에 대한 관리방안을 마련·운영하여야 한다.

법률상의 사용자 책임 및 관리감독 책임

① 사용자 책임 : 타인을 사용하여 어느 사무에 종사하게 한 자(사용자)와 그 중간감독자는 피용자가 업무집행상 타인에게 불법행위(민법 제750조)를 한 경우, 피용자의 선임과 감독에 상당한 주의를 하였거나 상당한 주의를 하여도 손해가 발생하였을 것임을 입증하지 못하는 한, 피용자의 불법행위에 대하여 피해자에게 손해배상책임을 진다(민법 제756조). 이를 사용자 책임이라 한다. 피용자 자신은 민법 제750조의 일반불법행위책임을 진다. 사용자에 갈음하여 그 사무를 감독하는 자(예 : 지점장, 본부장, 출장소장, 팀장 등)는 사용자와 동일한 책임을 진다(부진정 연대채무, 민법 제756조 제2항). 사용자(또는 중간감독자)가 배상을 한 때에는 불법행위를 한 피용자에 대하여 구상권을 행사할 수 있다(민법 제756조 제3항).

참고로, 자본시장법에서는 투자권유대행인이 투자권유를 대행함에 있어 투자자에게 손해를 끼친 경우 민법의 사용자 책임 규정(민법 제756조)을 준용하는 것으로 규정하고 있다(자본시장법 제52조 제5항). 투자권유대행인은 개인사업자로서 회사의 피용자는 아니지만, 투자자를 두텁게 보호하기 위하여 이러한 준용규정을 둔 것으로 이해된다.

② 자본시장법상 관리·감독책임 : 금융위원회는 자본시장법 제422조 제1항 또는 제2항에 따라 금융투자업자의 임직원에 대하여 조치를 하거나 이를 요구하는 경우 그 임직원에 대하여 관리·감독의 책임이 있는 임직원에 대한 조치를 함께 하거나 이를 요구할 수 있다. 다만, 관리·감독의 책임이 있는 자가 그 임직원의 관리·감독에 상당한 주의를 다한 경우에는 조치를 감면할 수 있다(동법 제422조 제3항). 이는 민법 756조에 의한 사용자책임과 동질적인 것이다.

③ 금융소비자보호법상 관리책임 : 금융소비자보호법 제16조 제1항에서는 "금융상품판매업자등은 임직원 및 금융상품판매대리 중개업자(보험업법 제2조 제11호에 따른 보험중개사는 제외)가 업무를 수행할 때 법령을 준수하고 건전한 거래질서를 해치는 일이 없도록 성실히 관리하여야 한다."고 규정함으로써 사용자의 관리책임을 강조하고 있다.

사례

A금융투자회사의 법인사업부 총괄이사인 B는 종합전기 제조업체인 C사로부터 자기주식을 처분함에 따라 C사의 주식이 대량 매각될 예정이고 이와 관련하여 주가대책에 대한 상담을 요청받았다. 이러한 요청에 따라 B는 자신의 지휘하에 있는 조사부에서 증권분석업무를 맡고 있는 D와 상의를 한 후에 주가를 떠받치기 위하여 "C사가 획기적인 제품 개발에 성공했다"는 풍문을 유포시켰다. 이에 C사의 주가는 급등하였고 이를 이용하여 C사는 자기주식을 매각하는 데 성공했다.

(평가)

B 및 D는 C사의 주가 상승을 위하여 사실무근의 풍문을 유포함으로써 자본시장법 제176조

(시세조종행위금지)에 위반하였을 가능성이 크다. 동시에 B는 관련 법규 등의 준수의무와 소속 업무종사자에 대한 지도의무를 위반하였다. B는 C사에 대하여 주가 형성은 공정한 시장기능에 맡겨져야 하고 인위적으로 주가를 조작하는 것은 금지되어 있다는 것을 설명하였어야 했다.

증권회사 지점장이 부담하는 직원들과 객장에 대한 관리감독의무
(대법원 2007. 5. 10. 선고 2005다55299 판결)

유가증권의 매매나 위탁매매, 그 중개 또는 대리와 관련한 업무를 주된 사업으로 수행하고 있는 증권회사의 경우 그 주된 업무가 객장을 방문한 고객들과 직원들 간의 상담에 의하여 이루어지는 만큼 그 지점장으로서는 직원들과 객장을 관리·감독할 의무가 있고, 거기에는 객장 내에서 그 지점의 영업으로 오인될 수 있는 부정한 증권거래에 의한 불법행위가 발생하지 않도록 방지하여야 할 주의의무도 포함된다. 증권회사의 지점장이 고객에 불과한 사람에게 사무실을 제공하면서 '실장' 직함으로 호칭되도록 방치한 행위와 그가 고객들에게 위 지점의 직원이라고 기망하여 투자금을 편취한 불법행위 사이에 상당 인과관계가 있으므로 증권회사 측에 과실에 의한 방조로 인한 사용자 책임을 인정할 수 있다.

4) 정보보호

금융투자회사의 표준윤리준칙 제6조(정보보호)
회사와 임직원은 업무수행 과정에서 알게 된 회사의 업무정보와 고객정보를 안전하게 보호하고 관리하여야 한다.

금융소비자보호의무에서도 살펴본 바와 같이 금융투자업 종사자는 맡은 업무를 수행함에 있어 금융소비자의 개인(신용)정보를 취득할 수 있으며, 이 외에도 소속된 금융투자회사의 정보 등 관련 정보를 취득하게 된다. 금융투자회사에서 취득하는 정보 중에서도 일부는 관련 규정 등에 따라 비밀정보로 분류되는데, 이에 대해서는 보다 특별한 관리가 필요하다. 표준윤리준칙에서는 이를 포괄하여 정의하고 있으며, 이는 '신의성실의 원칙'이라는 직무윤리를 준수하는 차원을 넘어 그 효력을 확보하기 위하여 세부 사항에 대해서는 자본시장법에 근거한 '금융투자회사의 표준내부통제기준'에서 규정하고 있다.

(1) 비밀정보의 범위

금융투자회사의 표준내부통제기준 제53조에서는 다음에 해당하는 미공개 정보는 기록 형태나 기록 유무와 관계없이 비밀정보로 본다.

❶ 회사의 재무건전성이나 경영 등에 중대한 영향을 미칠 수 있는 정보
❷ 고객 또는 거래상대방(거래상대방이 법인, 그 밖의 단체인 경우 그 임직원을 포함)에 관한 신상정보, 매매거래내역, 계좌번호, 비밀번호 등에 관한 정보
❸ 회사의 경영전략이나 새로운 상품 및 비즈니스 등에 관한 정보
❹ 기타 ❶~❸에 준하는 미공개 정보

(2) 비밀정보의 관리

비밀정보로 분류되면 해당 정보에 대한 철저한 관리가 필수적이므로 표준내부통제기준 제54조에서는 해당 비밀정보에 대해 관계법령 등을 준수할 것을 특별히 요구하고 있으며, 이에 더해 다음과 같이 관리하도록 규정하고 있다.

❶ 정보차단벽이 설치된 사업부서 또는 사업기능 내에서 발생한 정보는 우선적으로 비밀이 요구되는 비밀정보로 간주되어야 함
❷ 비밀정보는 회사에서 정한 기준에 따라 정당한 권한을 보유하고 있거나 권한을 위임받은 자만이 열람할 수 있음
❸ 임직원은 비밀정보 열람권이 없는 자에게 비밀정보를 제공하거나 보안유지가 곤란한 장소에서 이를 공개하여서는 아니 됨
❹ 비밀정보가 포함된 서류는 필요 이상의 복사본을 만들거나 안전이 보장되지 않는 장소에 보관하여서는 아니 됨
❺ 비밀정보가 보관되는 장소는 책임 있는 자에 의해 효과적으로 통제가능하고, 권한 없는 자의 접근을 차단할 수 있는 곳이어야 함
❻ 회사가 외부의 이해관계자와 비밀유지 협약 등을 맺는 경우 관련 임직원은 비밀유지 의무를 성실히 이행하여야 함
❼ 임직원은 회사가 요구하는 업무를 수행하기 위한 목적 이외에 어떠한 경우라도 자신 또는 제3자를 위하여 비밀정보를 이용하여서는 아니 됨
❽ 임직원은 근무지를 이탈하는 경우 비밀정보 열람권이 있는 상급 책임자의 승인 없이 비밀정보를 문서, 복사본 및 파일 등의 형태로 지참하거나 이를 외부에 유출

하여서는 아니 됨

⑨ 임직원은 회사에서 부여한 업무의 수행과 관련 없는 비밀정보를 다른 임직원에게 요구하여서는 아니 됨

⑩ 임직원이 회사를 퇴직하는 경우 퇴직 이전에 회사의 경영 관련 서류, 기록, 데이터 및 고객 관련 정보 등 일체의 비밀정보를 회사에 반납하여야 함

⑪ 비밀정보가 다루어지는 회의는 다른 임직원의 업무장소와 분리되어 정보노출이 차단된 장소에서 이루어져야 함

⑫ 비밀정보는 회사로부터 정당한 권한을 부여받은 자만이 접근할 수 있으며, 회사는 권한이 없는 자가 접근하지 못하도록 엄격한 통제 및 보안시스템을 구축·운영하여야 함

또한 특정한 정보가 비밀정보인지 불명확한 경우 그 정보를 이용하기 전에 준법감시인의 사전 확인을 받아야 하며, 준법감시인의 사전 확인을 받기 전까지 당해 정보는 표준내부통제기준이 정하는 바에 따라 비밀정보로 분류·관리되어야 한다.

(3) 비밀정보의 제공절차

비밀정보에 해당되더라도 업무의 수행을 위해 해당 정보를 공유하거나 제공해야 할 경우가 생긴다. 이때 금융투자업 종사자는 표준내부통제기준 제55조에서 정한 바와 같이 아래의 절차를 준수하여야 한다.

❶ 비밀정보의 제공은 그 필요성이 인정되는 경우에 한하여 회사가 정하는 사전승인 절차에 따라 이루어져야 함

❷ ❶의 사전승인 절차에는 다음 사항이 포함되어야 함

ㄱ. 비밀정보 제공의 승인을 요청한 자 및 비밀정보를 제공받을 자의 소속 부서 (외부인인 경우 소속 기관명) 및 성명

ㄴ. 비밀정보의 제공 필요성 또는 사유

ㄷ. 비밀정보의 제공 방법 및 절차, 제공 일시 등

❸ 비밀정보를 제공하는 자는 제공 과정 중 비밀정보가 권한 없는 자에게 전달되지 아니하도록 성실한 주의의무를 다하여야 함

❹ 비밀정보를 제공받은 자는 이 기준에서 정하는 비밀유지의무를 성실히 준수하여야 하며, 제공받은 목적 이외의 목적으로 사용하거나 타인으로 하여금 사용하도

록 하여서는 아니 됨

(4) 정보교류의 차단

금융투자회사는 금융투자업 종사자가 업무의 수행을 위해 필요한 최소한의 정보에만 접근할 수 있도록 영위하는 업무의 특성 및 규모, 이해상충의 정도 등을 감안하여 정보교류를 차단할 수 있는 장치(이를 정보교류차단벽(Chinese Wall)이라 한다)를 마련하여야 한다. 여기에는 물리적 분리뿐만 아니라 비밀정보에 대한 접근권한을 통제하는 등의 절차가 필요한바, 표준내부통제기준에서는 제56조부터 제73조에 걸쳐 다음과 같이 정보교류의 차단에 대해 규정하고 있다.

- 정보교류 차단 대상 정보의 식별 및 설정
- 정보교류 차단 대상 부문의 설정
- 정보교류 차단 대상 정보의 활용에 대한 책임소재(지정)
- 정보교류 통제 담당 조직의 설치 및 운영
- 상시 정보교류 허용 임원(지정)
- 상시적 정보교류 차단벽(설치)
- 예외적 교류의 방법(지정)
- 후선 업무 목적의 예외적 교류 방법
- 거래주의, 거래제한 상품 목록(설정)
- 이해상충 우려가 있는 거래(방법)
- 계열회사 등 제3자와의 정보교류(방법)
- 복합점포의 설치·운영(방법)
- 개인신용정보의 제공·전송요구(처리)
- 임직원의 겸직(금지)
- 정보교류차단의 기록·유지 및 정기적 점검(실행)
- 임직원 교육(실행)
- 정보교류차단 내역의 공개(방법)

5) 위반행위의 보고

> **금융투자회사의 표준윤리준칙 제12조(위반행위의 보고)**
> 임직원은 업무와 관련하여 법규 또는 윤리강령의 위반 사실을 발견하거나 그 가능성을 인지한 경우 회사가 정하는 절차에 따라 즉시 보고하여야 한다.

금융투자업은 환경의 변화 속도가 매우 빠르고 그 영향력 역시 매우 크다. 이에 따라 금융투자업 종사자가 법규를 포함하여 직무윤리를 위반하는 경우 회사를 포함하여 수많은 사람들이 피해를 입을 수 있는 가능성 역시 매우 높다. 따라서 금융투자업 종사자는 업무와 관련하여 법규 또는 윤리기준의 위반 사실을 발견하거나 위반할 가능성이 있는 것을 알게 되면 즉시 정해진 절차에 따라 회사에 보고하여야 한다. 그러나 현실적으로 단계를 밟아서 위반행위를 보고하는 것은 쉬운 일이 아니다. 이를 위해 권장되고 있는 것이 내부제보(Whistle Blower)제도이다.

내부제보제도는 임직원이 직무와 관련한 법규 위반, 부조리 및 부당행위 등의 윤리기준 위반 행위가 있거나 있을 가능성이 있는 경우 신분 노출의 위험 없이 해당 행위를 제보할 수 있게 만든 제도이다.

제보자가 제보를 할 때에는 육하원칙에 따른 정확한 사실만을 제보하여야 하며, 회사는 제보자의 신분 및 제보사실을 철저히 비밀로 보장하고, 어떠한 신분상의 불이익 또는 근무조건상의 차별을 받지 않도록 해야 한다. 만일 제보자가 신분상의 불이익을 당한 경우 준법감시인에 대하여 당해 불이익처분에 대한 원상회복, 전직 등 신분보장조치를 요구할 수 있고, 준법감시인은 제보의 내용이 회사의 재산상의 손실 발생 혹은 확대의 방지에 기여한 경우 포상을 추천할 수 있다.

다만, 제보자가 다른 임직원 등에 대한 무고, 음해, 비방 등 악의적인 목적으로 제보한 경우 또는 사실과 다른 내용을 의도적으로 제보하여 임직원 간 위화감 및 불안감을 조성하는 경우에는 비밀보장 및 근무조건 차별금지 등을 보호받을 수 없다.

제보자의 신분보장 등을 위해 많은 회사에서는 우편, 팩스, 이메일 및 회사 내부의 전산망과 홈페이지 등을 통해 제보할 수 있는 창구를 만들거나, 철저한 익명이 보장되는 외부의 제보접수 전문업체를 이용하도록 하는 등 윤리경영 실천을 위한 노력을 지속하고 있다.

6) 대외활동

금융투자회사의 표준윤리준칙 제16조(대외활동)

임직원이 외부강연이나 기고, 언론매체 접촉, Social Network Service(SNS) 등 전자통신수
단을 이용한 대외활동을 하는 경우 다음 각 호의 사항을 준수하여야 한다.
1. 회사의 공식의견이 아닌 경우 사견임을 명백히 표현하여야 한다.
2. 대외활동으로 인하여 회사의 주된 업무 수행에 지장을 주어서는 아니 된다.
3. 대외활동으로 인하여 금전적인 보상을 받게 되는 경우 회사에 신고하여야 한다.
4. 공정한 시장질서를 유지하고 건전한 투자문화 조성을 위해 최대한 노력하여야 한다.
5. 불확실한 사항을 단정적으로 표현하거나 다른 금융투자회사를 비방하여서는 아니 된다.

금융투자업 종사자는 회사의 수임자로서 맡은 직무를 성실하게 수행하여야 할 신임
관계에 있으므로 회사에서 맡긴 자신의 직무를 신의로서 성실하게 수행하여야 한다.

따라서, 금융투자업 종사자는 소속 회사의 직무수행에 영향을 줄 수 있는 지위를 겸
하거나 업무를 수행할 때에는 사전에 회사의 승인을 얻어야 하고 부득이한 경우에는 사
후에 즉시 보고하여야 한다.

'소속 회사의 직무에 영향을 줄 수 있는 것'이면 회사와 경쟁관계에 있거나 이해상충
관계에 있는지의 여부를 불문하며, 계속성 여부도 불문하고 금지된다. 이러한 사유가
발생하였거나 발생할 것으로 예상되는 경우에는 회사로부터 사전 승인을 얻어야 함이
원칙이고, 부득이한 경우에는 사후에 회사에 지체 없이 보고하여 그 승인(추인)을 얻어
야 한다. 만일, 승인을 받지 못한 경우에는 그러한 행위를 즉각적으로 중지하여야 한다.

이 같은 신임관계 및 신임의무의 존부를 판단함에 있어서는 정식의 고용계약관계의
유무, 보수 지급의 유무, 계약기간의 장단은 문제 되지 않는 것이 원칙이다.

금융투자업 종사자가 이런 활동을 함에 있어서는 회사, 주주 또는 금융소비자와 이해
상충이 발생하지 않도록 하기 위해 금융투자협회는 금융투자회사의 표준윤리준칙을 통
해 필요한 사항들을 정하고 있다.

(1) 대외활동의 범위

대외활동이란 회사의 임직원이 금융투자 업무와 관련된 내용으로 회사 외부의 기관
또는 정보전달 수단(매체) 등과 접촉함으로써 다수인에게 영향을 미칠 수 있는 다음의
활동을 말한다.

❶ 외부 강연, 연설, 교육, 기고 등의 활동

❷ 신문, 방송 등 언론매체 접촉활동(자본시장법 제57조에 따른 투자광고를 위한 활동은 적용 제외)

❸ 회사가 운영하지 않는 온라인 커뮤니티(블로그, 인터넷 카페 등), 소셜 네트워크 서비스(social network service, SNS), 웹사이트 등(이하 "전자통신수단")을 이용한 대외 접촉활동(회사 내규에 따라 동 활동이 금지되는 경우는 적용 제외)

❹ 기타 이에 준하는 사항으로 회사에서 대외활동으로 정한 사항

(2) 허가 등의 절차 및 준수사항

금융투자업 종사자가 대외활동을 하기 위해서는 해당 활동의 성격, 목적, 기대효과, 회사 또는 금융소비자와의 이해상충의 정도 등에 따라 소속 부점장, 준법감시인 또는 대표이사의 사전승인을 받아야 한다. 예외적으로 부득이한 경우에는 사전승인 대신 사후보고를 할 수 있으나 직무윤리의 2대 핵심원칙 — 신의성실의 원칙 및 고객우선의 원칙 — 을 고려해보면 실제로 대외활동을 하기 전에 승인을 받음이 타당할 것이다.

소속 부점장, 준법감시인 또는 대표이사는 임직원의 대외활동을 승인함에 있어 다음 사항을 고려하여야 한다.

❶ 표준 내부통제기준 및 관계법령 등의 위반 여부

❷ 회사에 미치는 영향

❸ 회사, 주주 및 고객 등과의 이해상충의 여부 및 정도

❹ 대외활동의 대가로 지급받는 보수 또는 보상의 적절성

❺ 임직원이 대외활동을 하고자 하는 회사 등 접촉기관의 공신력, 사업내용, 사회적 평판 등

(3) 금지사항 및 중단

금융투자업 종사자가 대외활동을 하는 경우 다음의 행위는 금지된다.

❶ 회사가 승인하지 않은 중요자료나 홍보물 등을 배포하거나 사용하는 행위

❷ 불확실한 사항을 단정적으로 표현하는 행위 또는 오해를 유발할 수 있는 주장이나 예측이 담긴 내용을 제공하는 행위

❸ 합리적인 논거 없이 시장이나 특정 금융투자상품의 가격 또는 증권발행기업 등

에 영향을 미칠 수 있는 내용을 언급하는 행위

❹ 자신이 책임질 수 없는 사안에 대해 언급하는 행위

❺ 주가조작 등 불공정거래나 부당권유 소지가 있는 내용을 제공하는 행위

❻ 경쟁업체의 금융투자상품, 인력 및 정책 등에 대하여 사실과 다르거나 명확한 근거 없이 부정적으로 언급하는 행위

❼ 업무상 취득한 미공개중요정보 등을 외부에 전송하거나 제공하는 행위

❽ 관계법규등에 따라 제공되는 경우를 제외하고 고객의 인적사항, 매매거래 정보, 신용정보를 제공하는 행위

만일 대외활동을 하는 임직원이 그 활동으로 인하여 회사로부터 부여받은 주된 업무를 충실히 이행하지 못하거나 고객, 주주 및 회사 등과의 이해상충이 확대되는 경우 금융투자회사는 그 대외활동의 중단을 요구할 수 있으며 이 경우 해당 임직원은 회사의 요구에 즉시 따라야 한다.

금융투자회사는 이와 같은 필수적인 사항 외에 영위하는 업무의 특성을 반영하여 소속 임직원의 대외활동의 종류, 허용범위, 준수사항 등에 관한 세부기준을 별도로 정할 수 있다. 특히 임직원 등이 언론 인터뷰 등의 대외활동을 수행하는 경우 금융투자상품 및 서비스에 대하여 위험도 또는 수익률 등을 사실과 다르게 안내하거나, 오해를 유발하는 일이 발생하지 않도록 해당 내용을 윤리준칙 등 회사의 내부통제기준에 반영하고 임직원에 대한 교육 등의 조치를 취하여야 한다.

(4) 언론기관과의 접촉

금융투자업 종사자가 수행하는 대외활동 중 상당부분은 언론기관과의 접촉이며 이를 통해 시장 상황 또는 금융투자상품 투자에 관한 정보를 대외적으로 제공하는 경우가 많다. 여기서의 '언론기관'은 '언론중재 및 피해구제 등에 관한 법률 제2조'를 적용하여 방송사업자, 신문사업자, 잡지 등 정기간행물업자, 뉴스통신사업자, 인터넷신문사업자, 언론사를 포함한다.

언론기관 등을 통한 이러한 정보의 제공은 그 영향력이 매우 크므로 금융투자업 종사자는 당연히 기본 직무윤리인 '신의성실의 원칙'과 '고객우선의 원칙'을 준수하여야 할 것이나, 그 효력을 강제하기 위하여 금융투자협회는 표준내부통제기준을 통해 관련사항들을 규정화하고 있다.

표준내부통제기준 제90조에서는 금융투자업 종사자가 언론기관 등에 대하여 업무와 관련된 정보를 제공하고자 하는 경우 사전에 언론기관과의 접촉업무를 담당하는 관계부서(홍보부 등)와 사전에 충분히 협의하여야 한다고 규정하고 있다.

언론기관과의 접촉은 당연히 대외활동에도 해당되므로 앞에서 살펴본 관련 절차를 준수하는 것은 물론이고, 언론기관과의 접촉에서 혹시 발생할지 모르는 부정적 영향이 존재하는지 확인하기 위하여 별도로 해당 업무를 담당하고 있는 부서에서도 관련 사항을 사전협의하도록 의무화한 것이다.

이때 언론기관 접촉예정을 보고받은 관계부서의 장 또는 임원은 다음 사항을 충분히 검토하여야 한다.

❶ 제공하는 정보가 거짓의 사실 또는 근거가 희박하거나, 일반인의 오해를 유발할 수 있는 주장이나 예측을 담고 있는지의 여부
❷ 전체적 맥락에서 당해 정보가 불필요한 오해를 유발할 소지가 있는지의 여부
❸ 정보제공자가 언급하고자 하는 주제에 대하여 충분한 지식과 자격을 갖추고 있는지의 여부
❹ 내용의 복잡성이나 전문성에 비추어 언론기관 등을 통한 정보 전달이 적합한지의 여부 등

만일 여러 사정으로 인해 관계부서와 사전 협의가 불가능한 경우 임직원 등은 언론매체 접촉 후 지체없이 관계 부서에 해당 사항을 보고하여야 하며, 관계부서는 언론 매체 보도내용을 모니터링하여 보고내용의 적정성을 점검하여야 한다.

(5) 전자통신수단의 사용

정보화 시대의 도래에 따라 정보통신수단은 다양하게 지속적으로 발달하고 있으며 그 영향력은 언론기관의 그것에 못지않게 되었다. 한편, 금융투자업 종사자의 언론기관에 대한 접촉은 명시적으로 드러나지만 개인이 쉽게 접할 수 있는 SNS 등 다양한 정보통신수단은 익명성의 보장으로 인해 본인이 스스로 드러내지 않는 한 쉽게 알 수 없다. 따라서 표준내부통제기준 제91조에서는 금융투자업 종사자가 이메일, 대화방, 게시판 및 웹사이트 등의 전자통신수단을 사용하는 경우 다음 사항을 숙지하고 준수하도록 규정함으로써 금융투자업 종사자가 정보통신수단을 사용함에 있어 직무윤리를 준수할 수 있도록 강제하고 있다.

❶ 임직원과 고객 간의 이메일은 사용장소에 관계없이 표준내부통제기준 및 관계법 령 등의 적용을 받는다.

❷ 임직원의 사외 대화방 참여는 공중포럼으로 간주되어 언론기관과 접촉할 때와 동일한 윤리기준을 준수하여야 한다.

❸ 임직원이 인터넷 게시판이나 웹사이트 등에 특정 금융투자상품에 대한 분석이나 권유와 관련된 내용을 게시하고자 하는 경우 사전에 준법감시인이 정하는 절차 와 방법에 따라야 함. 다만, 자료의 출처를 명시하고 그 내용을 인용하거나 기술 적 분석에 따른 투자권유의 경우에는 그러하지 아니하다.

사례

A는 B금융투자회사의 직원으로 회사에서 고객을 상대로 투자조언 및 투자일임에 관한 업무 를 맡고 있다. 최근에 B는 일반 무료회원에 대해서는 일반적인 투자정보와 투자조언을 제공하 고 회원제 유료회원에 대해서는 보다 상세한 투자정보와 투자조언을 제공하는 컴퓨터 사이트 를 개설하여 익명으로 운영하고 있다.

(평가)

A의 위와 같은 행위는 회사와 이해상충관계에 있다. 더욱이 A는 B회사의 직원으로 상업사용 인이기 때문에 경업금지의무(상법 17조 1항)를 위반하고 있다. 이는 해임 및 손해배상의 사유 가 된다(상법 17조 3항).

7) 고용계약 종료 후의 의무

금융투자회사의 표준윤리준칙 제15조(고용계약 종료 후의 의무)
임직원은 회사를 퇴직하는 경우 업무 관련 자료의 반납 등 적절한 후속조치를 취하여야 하며, 퇴직 이후에도 회사와 고객의 이익을 해하는 행위를 하여서는 아니 된다.

금융투자업 종사자의 회사에 대한 선관주의의무는 재직 중에는 물론이고 퇴직 등의 사유로 회사와의 고용 내지 위임계약관계가 종료된 이후에도 합리적인 기간 동안 지속 된다.

따라서, 금융투자업 종사자는 퇴직하는 경우 업무인수인계 등 적절한 후속조치를 취 하여야 하는데 이에 해당하는 행위의 예로는 다음과 같은 것들이 있다.

❶ 고용기간이 종료된 이후에도 회사로부터 명시적으로 서면에 의해 권한을 부여받지 않으면 비밀정보를 출간, 공개 또는 제3자가 이용하도록 하여서는 아니 된다.

❷ 고용기간의 종료와 동시에 또는 회사의 요구가 있을 경우에는 보유하고 있거나 자신의 통제하에 있는 기밀정보를 포함한 모든 자료를 회사에 반납하여야 한다.

❸ 고용기간이 종료되면 어떠한 경우나 이유로도 회사명, 상표, 로고 등을 사용하여서는 아니 되고, 고용기간 동안 본인이 생산한 지적재산물은 회사의 재산으로 반환하여야 하며, 고용기간이 종료한 후라도 지적재산물의 이용이나 처분권한은 회사가 가지는 것이 원칙이다.

3 사회 등에 대한 윤리

(1) 시장질서 존중

금융투자회사의 표준윤리준칙 제5조(시장질서 존중)
회사와 임직원은 공정하고 자유로운 시장경제 질서를 존중하고, 이를 유지하기 위하여 노력하여야 한다.

금융투자업 종사자는 금융시장의 건전성을 훼손하거나 시장질서를 교란하는 행위가 발생하지 않도록 각별히 노력하여야 한다.

이러한 행위들은 기존에 자본시장법 및 한국거래소 규정에서 정하고 있는 불공정거래행위로 통상 정의되어 왔으나, 금융시장 및 금융(투자)상품의 발달로 인해 신종 사례들이 발견되면서 기존의 불공정거래행위 구성요건에 해당되지 않는 경우가 많아, 자본시장법의 개정을 통해 2015년 7월 1일부터 '시장질서 교란행위'에 대한 규제를 시작하게 되었다.

시장질서 교란행위는 기존의 불공정거래행위와 비교하여 볼 때 두 가지 큰 차이점을 갖는데 하나는 그 대상자의 범위가 확대되었다는 것이고 또 다른 하나는 목적성의 여부이다.

먼저 대상자의 범위를 살펴보면 기존의 불공정거래행위는 회사의 주요 주주, 임원 등 내부자와 준내부자, 해당 정보의 1차 수령자만을 대상으로 하여 회사의 내부정보 등 미공개중요정보를 이용하는 행위를 금지하였다. 그러나 개정 자본시장법에서는 내부자,

준내부자 등으로부터 나온 미공개중요정보 또는 미공개정보인 것을 알면서도 이를 받거나 다른 사람들에게 전달하는 자로 그 범위를 확대하였다. 즉 과거에는 미공개 중요정보의 내부자, 준내부자, 1차 수령자만이 제재의 대상이었던 것과는 달리 1차 수령자뿐만 아니라 이를 전달한 자 모두를 제재의 대상으로 확대 적용한 것이다. 또한 자신의 직무와 관련하여 정보를 생산하거나 알게 된 자, 해킹·절취·기망·협박 및 그 밖의 부정한 방법으로 정보를 알게 된 자, 앞에서 말한 자들로부터 나온 정보인 점을 알면서 이를 받거나 전달받은 자 등으로 그 적용대상을 확대함으로써 시장질서를 교란하는 행위를 사전에 방지하고자 하였다.

두 번째로 기존의 불공정거래행위는 '목적성'을 가지고 금융투자상품의 시세에 영향을 주는 행위들로 정의되었다. 즉 목적성 여부가 가장 중요한 변수로서 타인이 거래상황을 오인하게 할 목적이거나, 타인을 거래에 끌어들일 목적, 시세를 고정할 목적, 부당한 이익을 얻을 목적 등으로 불공정거래행위를 규정하였다. 그러나 개정 자본시장법에서는 시장질서 교란행위를 '목적성이 없어도 시세에 부당한 영향을 주는 행위'로 포괄적으로 정의함으로써 프로그램 오류 등으로 대량의 매매거래가 체결되어 시세의 급변을 초래한 경우라 할지라도 시장질서 교란행위로 판단하여 제재할 수 있게 되었다.

시장질서 교란행위의 대상이 되는 정보는 다음의 두 가지 조건을 모두 충족해야 한다.

❶ 상장증권, 장내파생상품 및 이를 기초자산으로 하는 파생상품의 매매 등 여부 또는 매매 등의 조건에 중대한 영향을 줄 가능성이 있을 것
❷ 금융소비자들이 알지 못하는 사실에 관한 정보로서 불특정 다수인이 알 수 있도록 공개되기 전일 것

금융투자업 종사자는 시장질서를 교란하고 자본시장의 건전성을 훼손하는 행위에 직접 관여하거나, 금융소비자 등으로부터 요청을 받더라도 이에 관여하지 않아야 한다.

따라서 본인의 직무 수행 중 발생할 수 있는 다음의 사항에 특히 유의하여야 한다.

❶ 지수 또는 주가에 영향을 미칠 수 있는 정보의 '유통'행위에 신중을 기하여야 함
❷ 시장질서 교란행위에 해당하는 주문의 수탁을 거부
❸ ETF의 유동성 지원업무, 파생상품의 Hedge업무 등 본인의 업무수행으로 인한 매매의 경우 목적성이 없더라도 시세에 부당한 영향을 주는지 사전에 반드시 확인

만일 금융투자업 종사자가 시장질서 교란행위를 한 것으로 판단되는 경우에는 자본
시장법 제429조의2에 따라 금융위원회는 5억 원 이하의 과징금을 부과할 수 있다. 이때
그 위반행위와 관련된 거래로 얻은 이익(미실현이익 포함)이나 회피한 손실액의 1.5배에
해당하는 금액이 5억 원을 초과하는 경우에는 그에 상당하는 금액 이하로 과징금을 부
과할 수 있다. 이를 다시 정리해보자면 다음과 같다.

> 시장질서 교란행위에 대한 과징금 계산
> ① 시장질서 교란행위에 따른 이익 또는 손실회피액×1.5 ≤ 5억 원 : 5억 원 이하
> ② 시장질서 교란행위에 따른 이익 또는 손실회피액×1.5 > 5억 원 : 이익 또는 손실회피액

(2) 주주가치 극대화

> 금융투자회사의 표준윤리준칙 제9조(주주가치 극대화)
> 회사와 임직원은 합리적인 의사결정과 투명한 경영활동을 통하여 주주와 기타 이해관계
> 자의 가치를 극대화하기 위하여 최선을 다하여야 한다.

주주가치의 극대화를 위해서 금융투자업 종사자가 준수하여야 할 사항은 다음과 같
은 것들이 있다.

❶ 주주의 이익보호를 위하여 탁월한 성과창출로 회사의 가치를 제고
❷ 투명하고 합리적인 의사결정과정과 절차를 마련하고 준수
❸ 회계자료의 정확성과 신뢰성을 유지
❹ 주주와 금융소비자에게 필요한 정보를 관련 법규 등에 따라 적시에 공정하게 제공
❺ 효과적인 리스크 관리체계 및 내부통제시스템을 운영하여 금융사고 등 제반 위
  험을 미연에 방지하고 경영환경에 능동적으로 대처
❻ 주주와 금융소비자의 정당한 요구와 제안을 존중하여 상호 신뢰관계를 구축

(3) 사회적 책임

> 금융투자회사의 표준윤리준칙 제10조(사회적 책임)
> 회사와 임직원 모두 시민사회의 일원임을 인식하고, 사회적 책임과 역할을 다하여야 한다.

금융투자업을 영위하는 회사 및 그 소속 임직원으로서 금융투자업 종사자는 합리적이고 책임 있는 경영을 통해 국가와 사회의 발전 및 시민들의 삶의 질을 향상시키도록 노력하여야 한다. 이에 따라 사회 각 계층과 지역주민의 정당한 요구를 겸허히 수용하며, 이를 해결하는 데 최선을 다해야 하고, 더불어 회사는 임직원의 사회활동 참여를 적극 지원하고 사회의 문화적·경제적 발전을 위해 최선을 다하여야 한다.

chapter 03

직무윤리의 준수절차 및 위반 시의 제재

직무윤리의 준수절차

1 내부통제

1) 배경 및 현황

이제까지 살펴본 바와 같이 우리나라는 금융투자업의 직무윤리에 대해 자본시장법 제37조에서 "금융투자업자는 신의성실의 원칙에 따라 공정하게 금융투자업을 영위하여야 한다"고 명기함으로써 금융투자업 종사자에 대한 '신의성실의 원칙'을 준수하도록 규정하여 이를 기반으로 하는 윤리의무를 준수하도록 정하고 있다. 그러나 우리나라는 미국이나 일본과 비교하여 보면 직무윤리의 준수를 위한 유인구조 또는 직무윤리의 미

준수로 인한 제재가 상대적으로 미흡한 것으로 보인다.

미국의 금융투자업에 대한 직무윤리 규제는 우리나라 금융기관의 내부통제제도의 성립에도 막대한 영향을 끼친 SOX법[1]의 제정에 의해 도입되었다. 이 법은 엔론, 타이코 인터내셔널, 아델피아, 페레그린 시스템즈, 월드컴과 같은 거대 기업들의 잇따른 회계부정 사건들로 인해 관련 회사들의 주가가 폭락하여 투자자들에게 수백만 달러의 손실을 안겨 주었고, 미국 주식시장의 신용도를 뒤흔들어놓는 등 막대한 피해가 발생하자 회계제도 개혁의 필요성에 대한 반응으로 발효되었다. 이 법에 따라 상장회사 회계심사위원회의 회계법인 검사 시 체크항목에 "Ethics Standards(윤리기준)"을 명시하고 있으며 미국의 증권거래법에 따라 대상이 되는 상장회사는 반드시 회사의 윤리강령을 공시하여야 한다. 또한 증권회계에 관한 사기 등에 적용되는 '연방양형가이드라인(Federal Sentencing Guideline)'을 개선하도록 규정하고 있어 상장회사는 직무윤리 강화와 범죄행위의 방지 및 조기발견을 목적으로 내부제보제도 합리화에 투자를 할 의무가 있다.

또한 금융투자산업규제기구(FINRA : Financial Industry Regulatory Authority)에서는 금융투자회사(및 임직원)의 행위에 관한 직무윤리에 대해 복수의 규칙을 제공하고 있는데, FINRA Rule 2010조는 금융투자회사의 업무수행에 따른 '상업상의 윤리기준과 거래원칙(Standards of Commercial Honor and Principles of Trade)'을 규정하고 있다. 이 규정은 단순한 주의규정이 아니라 이를 위반하는 경우 실질적인 제재를 부과하게 된다.

한편, 일본의 금융상품거래법은 모든 규제대상자에게 적용되는 근본적인 의무로서 '성실공정의 의무'를 명기하고 이를 바탕으로 하여 재무건전성이나 영업행위기준 등을 제정하는 등 보다 구체적인 규정을 두고 있다. 금융상품거래법은 기존의 증권거래법 총칙에 규정되어 있던 성실공정의 의무를 업무부분으로 이전하는 등 금융투자업자의 자율적인 대책방안을 마련하도록 요구하고 있다. 이에 따라 일본 증권업협회는 동 법의 취지와 정신을 구현하고 금융투자업계의 신뢰성을 제고하기 위해 다양한 시책을 강구하고 있다.

미국의 실증분석 결과는 직무윤리의 효과적인 보급을 위해서는 자기규율과 외부규율의 두 가지 체계가 상호보완적인 관계로 존재하며, 효율적인 타율적 메커니즘이 외부규율의 매개로서 작용하는 형태가 가장 효과적인 것임을 보여주고 있다. 또한 직무윤리를

---

1 사베인스−옥슬리 법(Sarbanes−Oxley Act, SOx, 2002년 7월 30일 발효)은 "상장회사 회계 개선과 투자자 보호법"(상원) 또는 "법인과 회계 감사 책임 법"(하원) 또는 Sarbox or SOX로도 불리는 미국의 회계 개혁에 관한 연방법률로서, 2002년 7월 30일 법안의 발의자인 상원의원 폴 사베인스(민주당, 메릴랜드)와 하원의원 마이클 옥슬리(공화당, 오하이오)의 이름을 따서 제정되었다.

바탕으로 한 윤리경영을 기업문화로 정착하고 있는 기업은 장기적으로도 기업의 가치를 높이고 있다. 따라서 금융투자업에서의 직무윤리는 금융투자회사(및 임직원)의 자율적인 노력에 의한 직무윤리 준수를 중심으로 하여 법령 등에 의한 타율적인 준수를 보완적으로 하는 제도가 가장 이상적인 것으로 보인다.[2]

이에 따라 우리나라에서는 직무윤리를 금융투자회사의 내부통제활동의 하나로 인식하여 준수하도록 '표준내부통제기준'에 규정하여 자율적으로 준수하게 하되, 내부통제기준의 설정에 대해서는 의무화하는 등 특정 사항에 대해서는 관련 법령 등에 규정하여 직무윤리 준수의 효율성을 높이기 위해 노력하고 있다.

2) 개요

'내부통제'는 회사의 임직원이 업무수행 시 법규를 준수하고 조직운영의 효율성 제고 및 재무보고의 신뢰성을 확보하기 위하여 회사 내부에서 수행하는 모든 절차와 과정을 말한다. 금융투자업자는 효과적인 내부통제 활동을 수행하기 위한 조직구조, 위험평가, 업무분장 및 승인절차, 의사소통·모니터링·정보시스템 등의 종합적 체제로서 '내부통제체제'를 구축하여야 한다(표준내부통제기준 제3조 제1항 제1호 및 제2호).

앞에서도 여러 차례 설명한 바와 같이 금융투자업 종사자가 기본적으로 준수하여야할 윤리기준은 상당 부분 법률 등과 중첩되어 강제되고 있는바, 개별 회사들은 이를 반영하기 위해 윤리기준을 사규로 제정하는 등의 노력을 하고 있다. 따라서 금융투자업 종사자가 윤리기준을 위반하는 것은 사규 및 관련 법규 등을 위반하는 것으로 다른 사규들의 위반행위와 동일하게 제재의 대상이 된다.

금융투자업에 있어서 내부통제(internal control)의 하나로 두고 있는 준법감시(compliance) 제도는 회사의 임직원 모두가 '신의성실의 원칙'과 '고객우선의 원칙'을 바탕으로 금융소비자에 대해 선량한 관리자로서 의무에 입각하여 금융소비자의 이익을 위해 최선을 다했는지, 업무를 수행함에 있어 직무윤리를 포함한 제반 법규를 엄격히 준수하고 있는지에 대하여 사전적으로 또는 상시적으로 통제·감독하는 장치를 말한다.

준법감시제도는 '감사'로 대표되는 관련 법규에 의한 사후적 감독만으로는 자산운용의 안정성 유지와 금융소비자보호라는 기본적인 역할을 수행하는 데에 한계가 있다는 점에 착안하여 감사와는 달리 사전적, 상시적 사고예방 등의 목적을 위해 도입된 내부

---

2 금융투자업의 직무윤리에 관한 연구, 서강대학교 지속가능기업 윤리연구소, 2015.2.4

통제시스템으로서 국내에서는 2000년에 도입되었다. 이에 따라 회사는 효율적인 내부통제를 위하여 회사의 업무절차 및 전산시스템을 적절한 단계로 구분하여 집행될 수 있도록 설계하여야 하고, 준법감시업무가 효율적으로 수행될 수 있도록 충분한 경험과 능력을 갖춘 적절한 수의 인력으로 구성된 지원조직('준법감시부서')을 갖추어 준법감시인의 직무수행을 지원하여야 한다.

지배구조법에서는 금융투자업자에 대하여 내부통제기준을 마련하여 운영할 것을 법적 의무로 요구하고 있다(지배구조법 제24조 제1항, 협회 영업규정 제8-1조). 여기서 '내부통제기준'은 금융투자업자가 법령을 준수하고, 자산을 건전하게 운용하며, 이해상충방지 등 금융소비자를 보호하기 위하여 그 금융투자업자의 임직원이 직무를 수행함에 있어서 준수하여야 할 적절한 기준 및 절차를 정한 것을 말하며, 내부통제기준을 제정하거나 변경하려는 경우 이사회의 결의 등 공식적인 절차를 거쳐야 한다.

또한 준법감시인은 내부통제기준을 기초로 내부통제의 구체적인 지침, 컴플라이언스 매뉴얼(법규 준수 프로그램 포함 가능), 임직원 윤리강령 등을 제정·시행할 수 있다.[3]

이에 더하여 2021년 시행된 금융소비자보호법에서는 기존의 준법감시제도 안에 통합되어 있던 금융소비자보호의 영역을 별도의 '금융소비자보호 내부통제활동'으로 명확하게 분리하고 있다. 금융소비자보호 내부통제활동은 앞서 '금융소비자 보호 의무'에서 기본적인 체계와 각 주체별 역할 등에 대해 다루었으므로 이 장에서 별도로 다루지는 않는다.

3) 내부통제의 주체별 역할

(1) 이사회

회사의 내부통제의 근간이 되는 내부통제체제 구축 및 운영에 관한 기준을 정한다.

(2) 대표이사

내부통제체제의 구축 및 운영에 필요한 제반사항을 수행·지원하고 적절한 내부통제정책을 수립하여야 하며, 다음 각 사항에 대한 책임 및 의무가 있다.

❶ 위법·부당행위의 사전예방에 필요한 내부통제체제의 구축·유지·운영 및 감독

---

3 표준내부통제기준 제12조

❷ 내부통제체제의 구축·유지·운영에 필요한 인적·물적 자원을 지원

❸ 조직 내 각 업무분야에서 내부통제와 관련된 제반 정책 및 절차가 지켜질 수 있도록 각 부서 등 조직 단위별로 적절한 임무와 책임 부여

❹ 매년 1회 이상 내부통제 체제·운영실태의 정기점검 및 점검 결과의 이사회 보고. 이 경우 대표이사는 내부통제 체계·운영에 대한 실태점검 및 이사회 보고 업무를 준법감시인에게 위임할 수 있다.

(3) 준법감시인

❶ 임면 등

준법감시인은 이사회 및 대표이사의 지휘를 받아 금융투자회사 전반의 내부통제 업무를 수행한다. 표준내부통제기준 제14조 제1항에서는 금융투자회사(외국금융투자회사의 국내지점은 제외한다)가 준법감시인을 임면하려는 경우에는 이사회의 의결을 거쳐야 하며, 해임할 경우에는 이사 총수의 3분의 2 이상의 찬성으로 의결하도록 규정하고 있는데 이는 내부통제활동을 수행하는 준법감시인의 독립성을 강화하기 위한 강제규정이다. 또한 같은 조 제2항에서는 "회사는 사내이사 또는 업무집행책임자 중에서 준법감시인을 선임"할 것, 즉 통상의 회사에서 임원급 이상으로 준법감시인 선임을 요구하고 있는데 이는 내부통제활동의 특성상 상대적으로 낮은 직책의 준법감시인은 효율적으로 그 업무를 수행할 가능성이 높지 않을 수 있기 때문이다. 아울러 임기는 '2년 이상'으로 할 것으로 요구하고 있어 전반적으로 준법감시인의 지위와 독립성을 보장하고 있다. 한편 금융투자회사가 준법감시인을 임면한 때에는 지배구조법 시행령 제25조 제1항에 따라 임면일로부터 7영업일 이내에 금융위원회에 보고해야 한다.

또한 지배구조법 제25조 제6항에 따라 금융투자회사는 준법감시인에 대하여 회사의 재무적 경영성과와 연동하지 아니하는 별도의 보수지급 및 평가 기준을 마련·운영하여야 하며, 이 또한 준법감시인의 역할 수행에 대한 독립성을 강화하기 위한 조치 중 하나이다.

❷ 권한 및 의무

준법감시인은 내부통제활동을 수행함에 있어 아래의 권한 및 의무를 가진다.

ㄱ. 내부통제기준 준수 여부 등에 대한 정기 또는 수시 점검

ㄴ. 업무전반에 대한 접근 및 임직원에 대한 각종 자료나 정보의 제출 요구권

ㄷ. 임직원의 위법·부당행위 등과 관련하여 이사회, 대표이사, 감사(위원회)에 대한 보고 및 시정 요구

ㄹ. 이사회, 감사위원회, 기타 주요 회의에 대한 참석 및 의견진술

ㅁ. 준법감시 업무의 전문성 제고를 위한 연수프로그램의 이수

ㅂ. 기타 이사회가 필요하다고 인정하는 사항

❸ 위임

준법감시인은 위임의 범위와 책임의 한계 등이 명확히 구분된 경우 준법감시업무 중 일부를 준법감시업무를 담당하는 임직원에게 위임할 수 있다. 이때, 준법감시업무의 효율적 수행을 위하여 부점별 또는 수 개의 부점을 하나의 단위로 하여 준법감시인의 업무의 일부를 위임받아 직원의 관계법령 등 및 표준내부통제기준의 준수 여부를 감독할 관리자를 지명할 수 있다.

(4) 지점장

지점장(회사가 정하는 영업부문의 장을 포함한다)은 소관 영업에 대한 내부통제업무의 적정성을 정기적으로 점검하여 그 결과를 대표이사에 보고하고, 관계법령 등의 위반 행위가 발생한 경우 재발방지 대책을 마련·시행하여야 한다. 이 경우 대표이사는 지점장의 점검결과를 보고받는 업무를 준법감시인에게 위임할 수 있다.

(5) 임직원

임직원은 직무를 수행할 때 자신의 역할을 이해하고 관련 법령 등, 내부통제기준 및 윤리강령 등을 숙지하고 이를 충실히 준수하여야 한다. 또한, 관계법령 등 및 내부통제기준, 윤리강령 등의 위반(가능성을 포함)을 인지하는 경우 등 다음의 사항에 대해서는 상위 결재권자와 준법감시인에게 그 사실을 지체 없이 보고하여야 한다.

❶ 자신 또는 다른 임직원이 관계법령 등과 내부통제기준 및 회사의 정책 등을 위반하였거나 위반한 것으로 의심되는 경우

❷ 정부·금융위원회 및 금융감독원(이하 '감독당국'이라 한다), 협회 등이 회사의 주요 내부정보를 요구하는 경우

❸ 위법·부당행위 또는 그러한 것으로 의심이 가는 행위와 연루되었거나 다른 임직원이 연루된 것을 인지한 경우

④ 임직원이 체포, 기소, 유죄 판결이 난 경우

만일 업무를 수행할 때 관계법령 등, 내부통제기준 및 회사의 정책에 위배되는지의 여부가 의심스럽거나 통상적으로 수행하던 절차 및 기준과 상이한 경우 준법감시인의 확인을 받아야 한다.

(6) 내부통제위원회

❶ 개요

지배구조법 시행령 제19조(내부통제기준 등) 제2항에서 정하고 있는 금융회사(제6조 제3항 각 호의 어느 하나에 해당하는 금융회사는 제외한다)는 내부통제기준의 운영과 관련하여 대표이사를 위원장으로 하는 내부통제위원회를 두어야 한다.

지배구조법 제24조 제3항 및 같은 법 시행령 제19조 제3항에 근거하여 금융투자협회의 표준내부통제기준 제11조에서는 금융투자회사의 경우 대표이사를 위원장으로 하여 준법감시인, 위험관리책임자 및 그 밖에 내부통제 관련 업무 담당 임원을 위원으로 하는 내부통제위원회를 두도록 규정하고 있다. 내부통제위원회는 매 반기별 1회 이상 회의를 개최하여야 하며, 다음의 역할을 수행한다.

ㄱ. 내부통제 점검결과의 공유 및 임직원 평가 반영 등 개선방안 검토

ㄴ. 금융사고 등 내부통제 취약부분에 대한 점검 및 대응방안 마련

ㄷ. 내부통제 관련 주요 사항 협의

ㄹ. 임직원의 윤리의식·준법의식 제고 노력

또한 내부통제위원회는 출석위원, 논의안건 및 회의결과 등 회의 내용을 기재한 의사록을 작성·보관하여야 한다.

❷ 예외

지배구조법 시행령 제6조 제3항에서 정하는 아래의 금융투자회사는 예외적으로 내부통제위원회를 두지 않을 수 있다.

ㄱ. 최근 사업연도말 현재 자산총액이 7천억 원 미만인 상호저축은행

ㄴ. 최근 사업연도말 현재 자산총액이 5조 원 미만인 금융투자업자 또는 자본시장법에 따른 종합금융회사(이하 '종합금융회사'라 한다). 다만, 최근 사업연도말 현재 그 금융투자업자가 운용하는 자본시장법 제9조 제20항에 따른 집합투자재산(이하 '집합투자재산'이라 한다), 같은 법 제85조 제5호에 따른 투자일임재산(이하 '투자일임재산'이라 한다) 및 신탁재산(자본시장법 제3조 제1항 제2호에 따른 관리형신탁의 재산

은 제외한다. 이하 같다)의 전체 합계액이 20조 원 이상인 경우는 제외한다.

ㄷ. 최근 사업연도말 현재 자산총액이 5조 원 미만인 「보험업법」에 따른 보험회사(이하 '보험회사'라 한다)

ㄹ. 최근 사업연도말 현재 자산총액이 5조 원 미만인 「여신전문금융업법」에 따른 여신전문금융회사(이하 '여신전문금융회사'라 한다)

ㅁ. 그 밖에 자산규모, 영위하는 금융업무 등을 고려하여 금융위원회가 정하여 고시하는 자

(7) 준법감시부서

❶ 구성

지배구조법 시행령 제19조 제4항에 따라 금융회사는 준법감시업무가 효율적으로 수행될 수 있도록 충분한 경험과 능력을 갖춘 적절한 수의 인력으로 구성된 내부통제전담조직(이하 '준법감시부서'라 한다)을 갖추어 준법감시인의 직무수행을 지원하여야 함. 또한 IT부문의 효율적인 통제를 위하여 필요하다고 인정되는 경우 준법감시부서 내에 IT분야의 전문지식이 있는 전산요원을 1인 이상 배치하여야 한다. 이와는 별도로 준법감시업무에 대한 자문기능의 수행을 위하여 준법감시인, 준법감시부서장, 인사담당부서장 및 변호사 등으로 구성된 준법감시위원회를 설치·운영할 수 있으며, 기타 준법감시조직과 관련한 회사의 조직 및 업무분장은 사규에서 정하는 바에 따른다.

❷ 준법감시업무의 독립성 확보

지배구조법 제30조에 따라 금융회사는 준법감시인 및 준법감시부서의 직원이 자신의 직무를 공정하게 수행할 수 있도록 업무의 독립성을 보장하여야 하며, 그 직무수행과 관련된 사유로 부당한 인사상의 불이익을 주어서는 아니 된다. 한편, 준법감시인 및 준법감시부서 직원은 선량한 관리자로서의 주의의무를 다하여 직무를 수행하여야 하며, 다음의 업무를 수행하여서는 아니 된다.

ㄱ. 자산 운용에 관한 업무

ㄴ. 회사의 본질적 업무(법 시행령 제47조 제1항에 따른 업무를 말한다) 및 그 부수업무

ㄷ. 회사의 겸영업무(법 제40조에 따른 업무를 말한다)

ㄹ. 위험관리 업무

다만, 지배구조법 시행령 제20조 제2항에 해당하는 아래 회사의 준법감시부서는

예외적으로 위험관리업무를 같이 수행할 수 있음

ㄱ. 최근 사업연도말 현재 자산총액이 7천억 원 미만인 상호저축은행

ㄴ. 최근 사업연도말 현재 자산총액이 5조 원 미만인 금융투자업자. 다만, 최근 사업연도말 현재 운용하는 집합투자재산, 투자일임재산 및 신탁재산의 전체 합계액이 20조 원 이상인 금융투자업자는 제외

ㄷ. 최근 사업연도말 현재 자산총액이 5조 원 미만인 보험회사

ㄹ. 최근 사업연도말 현재 자산총액이 5조 원 미만인 여신전문금융회사

ㅁ. 그 밖에 자산규모, 영위하는 금융업무 등을 고려하여 금융위원회가 정하여 고시하는 자

하지만 예외대상에 해당하는 금융회사라 할지라도 해당 회사가 주권상장법인으로서 최근 사업연도말 현재 자산총액이 2조 원 이상인 경우는 준법감시인이 위험관리 업무를 같이 수행할 수 없다는 점에 유의하여야 한다.

4) 준법감시체제의 운영

(1) 체제의 구축

회사는 임직원의 업무수행의 공정성 제고 및 위법·부당행위의 사전 예방 등에 필요한 효율적인 준법감시체제를 구축·운영하여야 하며, 그 체제는 다음의 사항을 수행할 수 있어야 한다.

❶ 관계법령 등의 준수 프로그램의 입안 및 관리

❷ 임직원의 관계법령 등의 준수 실태 모니터링 및 시정조치

❸ 이사회, 이사회 산하 각종 위원회 부의사항에 대한 관계법령 등의 준수 여부의 사전 검토 및 정정 요구

❹ 정관·사규 등의 제정 및 개폐, 신상품개발 등 새로운 업무 개발시 관계법령 등의 준수 여부 사전 검토 및 정정 요구

❺ 임직원에 대한 준법 관련 교육 및 자문

❻ 금융위원회, 금융감독원, 금융투자협회, 한국거래소, 감사위원회와의 협조 및 지원

❼ 이사회, 경영진 및 유관부서에 대한 지원

❽ 기타 상기 사항에 부수되는 업무

(2) 준법감시 프로그램의 운영

준법감시인은 임직원의 관계법령 등 및 내부통제기준의 준수 여부를 점검하기 위하여 회사의 경영 및 영업활동 등 업무 전반에 대한 준법감시 프로그램을 구축·운영하여야 한다. 준법감시 프로그램은 관계법령 등 및 내부통제기준에서 정하는 내용을 포함하여 구축·운영되어야 하며, 적시적으로 보완이 이루어져야 하고, 준법감시인은 이 프로그램에 따라 임직원의 관계법령 등 및 내부통제기준의 준수 여부를 점검하고, 그 결과를 기록·유지하여야 한다.

또한, 준법감시인은 준법감시 프로그램에 따른 점검결과 및 개선계획 등을 주요 내용으로 하는 내부통제보고서를 대표이사에게 정기적으로 보고하여야 하며, 특별한 사유가 발생한 경우에는 지체 없이 보고하여야 한다. 한편, 이러한 점검의 결과 준법감시 업무 관련 우수자가 있는 경우 준법감시인은 인사상 또는 금전적 혜택을 부여하도록 회사에 요청할 수 있다.

5) 관련 제도

(1) 준법서약 등

금융투자업 종사자는 회사가 정하는 준법서약서를 작성하여 준법감시인에게 제출하여야 한다. 회사마다 다르기는 하겠지만 보통은 신규(경력)직원을 채용할 때와 기존 근무직원을 대상으로 연 1회 정기적으로 받는 경우가 많다. 실제로 외부감독기구의 감사 등에 있어 임직원의 준법서약서 제출 여부가 중요한 이슈로 부각되기도 한다.

회사는 임직원이 관계법령 등과 내부통제기준에서 정하는 금지사항 및 의무사항의 이해에 필요한 교육과정을 수립하고, 정기·비정기적으로 필요한 교육을 실시하여야 한다. 각종 사고의 발생 등을 사전에 예방하기 위한 교육과정 운영의 중요성은 금융투자협회의 '표준내부통제기준' 제20조에서 찾아볼 수 있는데, 여기에서는 필수적으로 운영하여야 하는 내부통제 관련 교육과정에 반드시 직무윤리 등을 포함해야 할 것을 명시하고 있으며, 교육 미이수자에 대한 관리방안 마련을 의무화하는 등 임직원의 교육에 대한 강제성을 더욱 강화하는 내용을 담고 있다.

또한 준법감시인은 업무수행 과정 중 발생하는 각종 법규 관련 의문사항에 대하여 임직원이 상시 필요한 지원 및 자문을 받을 수 있도록 적절한 절차를 마련·운영하여야 한다.

(2) 윤리강령의 제정 및 운영

회사는 임직원이 금융투자업무를 수행하는 데 필요한 직무윤리와 관련된 윤리강령을 제정·운영하여야 하며, 윤리위반 신고처 운영, 위반 시 제재조치 등과 같은 윤리강령의 실효성 확보를 위한 사내 체계를 구축·운영하여야 한다.

(3) 임직원 겸직에 대한 평가 · 관리

준법감시 담당부서는 해당 회사의 임직원이 지배구조법 제10조 제2항부터 제4항까지의 규정에 따라 다른 회사의 임직원을 겸직하려는 경우 겸직 개시 전에 겸직의 내용이 다음의 사항에 해당하는지를 검토하고, 주기적으로 겸직 현황을 관리하여야 한다.

❶ 회사의 경영건전성을 저해하는지 여부
❷ 고객과의 이해상충을 초래하는지 여부
❸ 금융시장의 안정성을 저해하는지 여부
❹ 금융거래질서를 문란하게 하는지 여부

만일 준법감시 담당부서에서 임직원의 겸직에 대한 검토·관리 결과 및 겸직 수행과정에서 상기의 사항에 해당하는 위험이 발생하거나 발생 가능성이 있다고 판단하는 경우에는 위험 방지를 위한 적절한 조치를 취하고 준법감시인에게 그 사실을 보고하여야하며, 준법감시인은 보고를 받아 검토한 결과 필요하다고 인정하는 경우 겸직내용의 시정 및 겸직 중단 등의 조치를 취할 것을 요구할 수 있다.

(4) 내부제보(고발)제도

회사는 내부통제의 효율적 운영을 위하여 임직원이 회사 또는 다른 임직원의 위법·부당한 행위 등을 회사에 신고할 수 있는 내부제보제도를 운영하여야 하며, 이에 필요한 세부운영지침을 정할 수 있다. 내부제보제도에는 내부제보자에 대한 비밀보장, 불이익 금지 등 내부제보자 보호와 회사에 중대한 영향을 미칠 수 있는 위법·부당한 행위를 인지하고도 회사에 제보하지 않는 미제보자에 대한 불이익 부과 등에 관한 사항이 반드시 포함되어야 한다.

만일 내부제보자가 제보행위를 이유로 인사상 불이익을 받은 것으로 인정되는 경우 준법감시인은 회사에 대해 시정을 요구할 수 있으며, 회사는 정당한 사유가 없는 한 이에 응하여야 한다. 또한 준법감시인(또는 감사)은 내부제보 우수자를 선정하여 인사상 또는 금전적 혜택을 부여하도록 회사에 요청할 수 있으나, 내부제보자가 원하지 아니하는 경우에는 요청하지 않을 수 있다.

회사마다 약간씩 다를 수 있으나 통상 내부제보의 대상은 아래와 같다.

❶ 업무수행과 관련한 관계법령 등 또는 회사의 윤리강령, 규정, 준칙 등의 사규 위반행위

❷ 부패행위 및 기타 위법·부당한 행위 또는 이런 행위의 지시

❸ 횡령, 배임, 공갈, 절도, 직권남용, 관계법령 및 사규 등에서 정하고 있는 범위를 초과하는 금품 또는 향응의 수수 등 기타 범죄 혐의

❹ 성희롱 등 부정한 행위

❺ 현행 제도 시행에 따른 위험, 통제시스템의 허점

❻ 사회적 물의를 야기하거나 회사의 명예를 훼손시킬 수 있는 대내외 문제

❼ 기타 사고의 방지 및 내부통제를 위해 필요한 사항 등

일부 금융투자회사는 이러한 내부제보제도에 더하여 계약관계에 있는 상대방, 금융소비자를 포함한 거래상대방 등으로부터 제보를 받을 수 있는 '외부제보제도'도 같이 운영하고 있다.

(5) 명령휴가제도

회사는 임직원의 위법·부당한 행위를 사전에 방지하기 위하여 명령휴가제도를 운영하여야 한다. 명령휴가제도란, 금융사고 발생 우려가 높은 업무를 수행하고 있는 임직원을 대상으로 일정 기간 휴가를 명령하고, 동 기간 중 해당 임직원의 업무수행 적정성을 점검하는 제도를 말한다. 그 적용대상, 실시주기, 명령휴가 기간, 적용 예외 등 명령휴가제도 시행에 필요한 사항은 회사의 규모 및 인력 현황 등을 고려하여 별도로 정할 수 있다.

최근 금융회사는 물론 다양한 분야에서 임직원 등 내부자의 거액 횡령 등 사고가 급증하고 있어 각 금융회사에서는 명령휴가제도의 도입 및 실행 여부가 더욱 중요한 이슈가 되고 있으며 향후에도 명령휴가제도를 실행하는 금융회사는 더욱 많아질 것으로 전망된다.

(6) 직무분리기준 및 신상품 도입 관련 업무절차

회사는 입·출금 등 금융사고 발생 우려가 높은 단일거래(단일거래의 범위는 회사가 정한다)에 대해 복수의 인력(또는 부서)이 참여하도록 하거나, 해당 업무를 일선, 후선 통제절차 등으로 분리하여 운영토록 하는 직무분리기준을 마련·운영하여야 한다. 또한, 앞에서 다룬 바와 같이 금융소비자보호법의 시행으로 인해 새로운 금융상품 개발 및 금융상품 판매 과정에서 금융소비자보호 및 시장질서 유지 등을 위하여 준수하여야 할 업무절차를 마련·운영하여야 한다.

6) 영업점에 대한 내부통제

(1) 영업점별 영업관리자

금융투자회사의 표준내부통제기준에서는 영업점에 관한 내부통제를 별도로 다루고 있는데 이는 영업점이 금융소비자와 가장 가까운 접점이기 때문이다. 이에 따라 준법감시인이 영업점에 대한 내부통제를 위하여 권한을 위임하는 영업점별 영업관리자에 대해서는 그 자격을 엄격히 규정하고 있는바, 그 요건은 다음과 같다.

❶ 영업점에서 1년 이상 근무한 경력이 있거나 준법감시·감사업무를 1년 이상 수행한 경력이 있는 자로서 당해 영업점에 상근하고 있을 것

❷ 본인이 수행하는 업무가 과다하거나 수행하는 업무의 성격으로 인하여 준법감시 업무에 곤란을 받지 아니할 것

❸ 영업점장이 아닌 책임자급일 것. 다만, 당해 영업점의 직원 수가 적어 영업점장을 제외한 책임자급이 없는 경우에는 그러하지 아니하다.

❹ 준법감시업무를 효과적으로 수행할 수 있는 충분한 경험과 능력, 윤리성을 갖추고 있을 것

다만, 다음 각 요건을 모두 충족하는 경우 예외적으로 1명의 영업관리자가 2 이상의 영업점을 묶어 영업관리자의 업무를 수행할 수 있다.

❶ 감독대상 영업직원 수, 영업규모와 내용 및 점포의 지역적 분포가 단일 영업관리 자만으로 감시·감독하는 데 특별한 어려움이 없을 것

❷ 해당 영업관리자가 대상 영업점 중 1개의 영업점에 상근하고 있을 것

❸ 해당 영업관리자가 수행할 업무의 양과 질이 감독업무 수행에 지장을 주지 아니할 것

영업관리자는 해당 영업점에서 금융투자상품의 거래에 관한 지식과 경험이 부족하여 투자중개업자의 투자권유에 사실상 의존하는 금융소비자의 계좌를 별도로 구분하여 이들 계좌의 매매거래상황 등을 주기적으로 점검하고, 직원의 투자권유 등 업무수행을 할 때 관련 법규 및 내부통제기준을 준수하고 있는지 여부를 감독하여야 한다. 한편, 준법감시인은 영업점별 영업관리자에 대하여 연간 1회 이상 법규 및 윤리 관련 교육을 실시하여야 한다. 회사는 영업점별 영업관리자의 임기를 1년 이상으로 하여야 하고, 영업점별 영업관리사가 준법감시업무로 인하여 인사·급여 등에서 불이익을 받지 아니하도록 하여야 하며, 영업점별 영업관리자에게 업무수행 결과에 따라 적절한 보상을 지급할 수 있다.

(2) 내부통제활동

회사는 영업점에 대한 실질적인 통제가 가능하도록 다음 각 사항을 포함한 세부기준을 제정·운영하여야 한다.

❶ 영업점의 영업 및 업무에 대한 본사의 통제 방식과 내용
❷ 영업점 근무 직원의 인사채용 및 관리의 독립성
❸ 영업점 소속 임직원의 성과 및 보수체계의 내용과 그 독립성
❹ 본사와 해당 영업직원 간의 계약 내용

만일 회사가 특정 금융소비자를 위하여 전용공간을 제공하는 경우에는 다음 각 사항을 준수하여야 한다.

❶ 당해 공간은 직원과 분리되어야 하며, 영업점장 및 영업점 영업관리자의 통제가 용이한 장소에 위치
❷ 사이버룸의 경우 반드시 "사이버룸"임을 명기(문패 부착)하고 외부에서 내부를 관찰할 수 있도록 개방형 형태로 설치
❸ 회사는 다른 고객이 사이버룸 사용 고객을 직원으로 오인하지 아니 하도록 사이버룸 사용 고객에게 명패, 명칭, 개별 직통전화 등을 사용하도록 하거나 제공하여서는 아니 됨

❹ 영업점장 및 영업관리자는 사이버룸 등 고객전용공간에서 이루어지는 매매거래의 적정성을 모니터링하고 이상매매가 발견되는 경우 지체 없이 준법감시인에게 보고

영업점은 영업점의 업무가 관계법령 등에서 정하는 기준에 부합하는 방식으로 처리되었는지 자체점검을 실시하여야 하며, 회사는 이에 필요한 영업점의 자체점검 방법, 확인사항, 실시주기 등에 관한 기준을 마련·운영하여야 한다. 이를 위해 대부분의 회사는 명칭은 다를 수 있으나 '내부통제 자체 체크리스트' 등의 이름으로 영업점의 내부통제활동 수행에 대한 점검을 정기적으로 실행하고 있다.

2 내부통제기준 위반 시 회사의 조치 및 제재

1) 개인에 대한 조치

회사는 내부통제기준 위반자에 대한 처리기준을 사전에 규정하고, 위반자에 대해서는 엄정하고 공정하게 조치하여야 한다. 내부통제 위반자의 범위에는 내부통제기준을 직접 위반한 자뿐만 아니라, 지시·묵인·은폐 등에 관여한 자, 다른 사람의 위반사실을 고의로 보고하지 않은 자, 기타 내부통제기준의 운영을 저해한 자를 포함한다.

회사 및 준법감시인은 관계법령 등의 준수 여부에 대한 점검결과 임직원의 위법·부당행위를 발견한 경우 유사 행위가 재발하지 아니하도록 해당 임직원에 대한 제재, 내부통제제도의 개선 등 필요한 조치를 신속히 취하여야 한다. 위반자에 대한 제재는 관계법령 등에 규정된 사항을 먼저 적용하며, 사규 등에서 정한 사항을 위반한 경우는 통상 회사별로 마련된 징계규정이 정하는 절차와 제재수위가 적용된다.

이에 따른 회사의 조치에 대하여 관련 임직원은 회사가 정한 절차에 따라 회사에 이의를 신청할 수 있으며, 당해 임직원은 그 사유를 명확히 하고 필요한 증빙자료를 첨부하여야 한다.

2) 회사에 대한 조치

(1) 1억 원 이하의 과태료 부과(지배구조법 제43조 제1항)

아래의 경우 금융투자회사에 대해 1억 원 이하의 과태료를 부과한다.

❶ 내부통제기준을 마련하지 아니한 경우
❷ 준법감시인을 두지 아니한 경우
❸ (적용대상 회사인 경우) 사내이사 또는 업무집행책임자 중에서 준법감시인을 선임하지 않은 경우
❹ 이사회 결의를 거치지 아니하고 준법감시인을 임면한 경우
❺ 금융위원회가 위법·부당한 행위를 한 회사 또는 임직원에게 내리는 제재조치를 이행하지 않은 경우

(2) 3천만 원 이하의 과태료 부과(지배구조법 제43조 제2항)

아래의 경우에는 3천만 원 이하의 과태료를 부과한다.

❶ 준법감시인에 대한 별도의 보수지급 및 평가기준을 마련·운영하지 않은 경우
❷ 준법감시인이 아래의 업무를 겸직하거나 이를 겸직하게 한 경우
　ㄱ. 자산 운용에 관한 업무
　ㄴ. 해당 금융회사의 본질적 업무(해당 금융회사가 인가를 받거나 등록을 한 업무와 직접적으로 관련된 필수업무로서 대통령령으로 정하는 업무를 말한다) 및 그 부수업무
　ㄷ. 해당 금융회사의 겸영(兼營)업무
　ㄹ. (금융지주회사의 경우) 자회사 등의 업무(금융지주회사의 위험관리책임자가 그 소속 자회사 등의 위험관리업무를 담당하는 경우는 제외한다)
　ㅁ. 그 밖에 이해가 상충할 우려가 있거나 내부통제 및 위험관리업무에 전념하기 어려운 경우로서 대통령령으로 정하는 업무

(3) 2천만 원 이하의 과태료 부과(지배구조법 제43조 제3항)

금융회사가 지배구조법 제30조 제2항 및 동법 시행령에 따른 준법감시인의 임면사실을 금융위원회에 보고하지 않은 경우 등에는 2천만 원 이하의 과태료 부과대상이 된다.

직무윤리 위반행위에 대한 제재

앞에서 설명한 바와 같이 우리나라는 직무윤리의 위반행위에 대한 제재 수준이 미국이나 일본에 비해 상대적으로 크지 않은 것으로 보이나, 이를 개선하기 위한 노력이 계속되고 있다. 현재는 자본시장법이나 지배구조법 등의 관계법령에서 조항으로 명문화시킨 직무윤리는 위반 시 그에 따른 제재가 명확히 규정되어 있다. 금융투자협회가 제정한 '표준내부통제기준'을 바탕으로 회사가 자율적으로 제정한 회사별 내부통제기준, 윤리강령 등의 윤리기준을 위반하는 경우는 해당 회사가 정한 사규 등에 따라 그 제재 수위가 정해진다.

사규에 따른 제재는 회사별로 다를 수 있으므로 이 절에서는 금융투자회사에 공통적으로 적용되는 제재를 중심으로 살펴보기로 한다.

1 자율규제

금융투자협회는 회원 간의 건전한 영업질서 유지 및 투자자 보호를 위한 자율규제업무를 담당한다(자본시장법 제286조 제1항 제1호). 그 일환으로 협회는 회원인 금융투자업자와 그 소속 임직원이 관련 법령과 직무윤리를 준수하도록 하며, 그 위반행위에 대해서는 주요 직무 종사자의 등록 및 관리권과 회원의 제명 또는 그 밖의 제재권(회원의 임직원에 대한 제재의 권고를 포함)을 발동할 수 있다.[4]

2 행정제재

행정제재는 금융감독기구인 금융위원회, 증권선물위원회 등에 의한 제재가 중심이 된다.

---

4 그 구체적인 내용은 금융투자협회의 「자율규제위원회 운영 및 제재에 관한 규정」에 규정되어 있다.

1) 금융투자업자에 대한 제재권

(1) 금융위원회의 조치명령권

자본시장법 제415조에 따르면 금융위원회는 투자자를 보호하고 건전한 거래질서를 유지하기 위하여 금융투자업자가 관계법령 등을 적절히 준수하는지 여부를 감독하여야 할 의무가 있다. 이에 따라 다음의 사항에 대해서는 금융투자회사에 대해 필요한 조치를 명할 수 있다.

❶ 금융투자업자의 고유재산 운용에 관한 사항
❷ 투자자 재산의 보관·관리에 관한 사항
❸ 금융투자업자의 경영 및 업무개선에 관한 사항
❹ 각종 공시에 관한 사항
❺ 영업의 질서유지에 관한 사항
❻ 영업방법에 관한 사항
❼ 장내파생상품 및 장외파생상품의 거래규모의 제한에 관한 사항
❽ 그 밖에 투자자 보호 또는 건전한 거래질서를 위하여 필요한 사항으로서 대통령령으로 정하는 사항

특히 ❼의 장내파생상품의 거래규모의 제한에 관한 사항은 금융투자업자가 아닌 위탁자(금융소비자)에게도 필요한 조치를 명할 수 있다.

(2) 금융투자업 인가 또는 금융투자업 등록의 취소권

금융위원회는 다음의 어느 하나에 해당하는 경우 금융투자업 인가 취소 또는 금융투자업 등록 취소의 권한을 가진다.

❶ 거짓, 그 밖의 부정한 방법으로 금융투자업의 인가를 받거나 등록한 경우
❷ 인가조건을 위반한 경우
❸ 인가요건 또는 등록요건의 유지의무를 위반한 경우
❹ 업무의 정지기간 중에 업무를 한 경우
❺ 금융위원회의 시정명령 또는 중지명령을 이행하지 아니한 경우
❻ 자본시장법 별표 1 각 호의 어느 하나에 해당하는 경우로서 대통령령으로 정하

는 경우

❼ 대통령령으로 정하는 금융 관련 법령 등을 위반한 경우로서 대통령령으로 정하는 경우

❽ 그 밖에 투자자의 이익을 현저히 해할 우려가 있거나 해당 금융투자업을 영위하기 곤란하다고 인정되는 경우로서 대통령령으로 정하는 경우

만일 이를 위반하는 경우 금융위원회는 다음의 조치가 가능하다.

❶ 6개월 이내의 업무의 전부 또는 일부의 정지

❷ 신탁계약, 그 밖의 계약의 인계명령

❸ 위법행위의 시정명령 또는 중지명령

❹ 위법행위로 인한 조치를 받았다는 사실의 공표명령 또는 게시명령

❺ 기관경고

❻ 기관주의

❼ 그 밖에 위법행위를 시정하거나 방지하기 위하여 필요한 조치로서 대통령령으로 정하는 조치

2) 금융투자업자의 임직원에 대한 조치권

자본시장법 제422조 제1항 및 지배구조법 제35조 제1항에 따라 금융위원회는 금융투자업자의 임원에 대해서는 해임요구, 6개월 이내의 직무정지(또는 임원의 직무를 대행하는 관리인의 선임), 문책경고, 주의적 경고, 주의, 그 밖에 위법행위를 시정하거나 방지하기 위하여 필요한 조치로서 자본시장법 및 지배구조법의 각 시행령으로 정하는 조치 등을 할 수 있다.

금융투자업자의 직원에 대해서는 자본시장법 제422조 제2항 및 지배구조법 제35조 제2항에 따라 면직, 6개월 이내의 정직, 감봉, 견책, 경고(참고로 지배구조법에서는 자본시장법과는 달리 직원에 대한 조치로서 '경고'조치를 명시하고 있지 않다), 주의, 그 밖에 위법행위를 시정하거나 방지하기 위하여 필요한 조치로서 자본시장법 시행령으로 정하는 조치 등을 취할 수 있다.

3) 청문 및 이의신청

금융위원회가 다음 사항의 처분 또는 조치를 하고자 하는 경우에는 자본시장법 제
423조에 따라 반드시 청문을 실시하여야 한다.

❶ 종합금융투자사업자에 대한 지정의 취소
❷ 금융투자상품거래청산회사에 대한 인가의 취소
❸ 금융투자상품거래청산회사 임직원에 대한 해임요구 또는 면직 요구
❹ 신용평가회사에 대한 인가의 취소
❺ 신용평가회사 임직원에 대한 해임요구 또는 면직 요구
❻ 거래소 허가의 취소
❼ 거래소 임직원에 대한 해임요구 또는 면직 요구
❽ 금융투자업에 대한 인가·등록의 취소
❾ 금융투자업자 임직원에 대한 해임요구 또는 면직 요구

만일 금융위원회의 처분 또는 조치에 대해 불복하는 자는 해당 처분 또는 조치의 고
지를 받는 날로부터 30일 이내에 그 사유를 갖추어 금융위원회에 이의신청을 할 수 있
다. 이때, 금융위원회는 해당 이의신청에 대해 60일 이내에 결정을 하여야 하며, 부득이
한 사정으로 그 기간 내에 결정을 할 수 없을 경우에는 30일의 범위에서 그 기간을 연장
할 수 있다.

3 민사책임

직무윤리의 위반이 동시에 법 위반으로 되는 경우에는 이에 대한 법적 제재가 따르게
된다. 법 위반에 대한 사법적 제재로는 당해 행위의 실효(失效)와 손해배상책임을 묻는
방법 등이 있다.

(1) 법률행위의 실효(失效)

법률행위에 하자가 있는 경우, 그 하자의 경중에 따라 중대한 하자가 있는 경우에는
'무효'로 하고, 이보다 가벼운 하자가 있는 경우에는 '취소'할 수 있는 행위가 된다.
또한, 계약당사자 일방의 채무불이행으로 계약의 목적을 달성할 수 없는 경우, 그것

이 일시적 거래인 경우에는 계약을 '해제'할 수 있고, 그것이 계속적인 거래인 경우에는 계약을 '해지'할 수 있다. 계약을 해제하면 계약이 소급적으로 실효되어 원상회복의무가 발생하고, 계약을 해지하면 해지시점부터 계약이 실효된다.

(2) 손해배상

채무불이행(계약책임) 또는 불법행위에 의하여 손해를 입은 자는 배상을 청구할 수 있다.

계약책임은 계약관계(privity of contract)에 있는 당사자(주로 채권자와 채무자) 사이에 계약 위반을 이유로 한다. 이때, 불법행위책임은 계약관계의 존부를 불문하고, '고의 또는 과실'의 '위법행위'로 타인에게 '손해'를 가한 경우를 말하고, 가해자는 피해자에게 발생한 손해를 배상하여야 한다(민법 750조).

| **4** | **형사책임** |

자본시장의 질서유지를 위하여 법 위반행위에 대하여는 형법과 자본시장법 등의 각종 관련법에서 형벌조항을 두고 있다(자본시장법 제443~제448조 등). 형사처벌은 법에서 명시적으로 규정하고 있는 것에 한정하며(죄형법정주의), 그 절차는 형사소송법에 의한다. 또 행위자와 법인 양자 모두를 처벌하는 양벌규정을 두는 경우가 많다.

| **5** | **시장의 통제** |

직무윤리강령 및 직무윤리기준을 위반한 행위에 대하여 아무런 법적 제재를 받지 않을 수도 있다. 그러나 이에 대한 금융소비자를 비롯하여 시장으로부터의 신뢰상실과 명예실추, 관계의 단절은 직업인으로서 당해 업무에 종사하는 자에게 가해지는 가장 무섭고 만회하기 어려운 제재와 타격이 된다.

> **! 사례**
>
> 금융기관 종사자의 고객자금 횡령 및 제재
>
> ○○증권회사 영업점에서 근무하는 업무팀장 A는 2012.2.10.~5.25 기간 중 고객 5명의 6개 계좌에서 무단으로 발급처리한 증권카드와 고객으로부터 매매주문 수탁 시 취득한 비밀번호

를 이용하여 업무용 단말기로 고객의 자금을 남자친구인 B 명의의 계좌로 이체하는 방법으로 총 16회에 걸쳐 15억 6천만 원을 횡령하였다.

직원의 남자친구 명의 계좌는 직원의 계산으로 2010.6.14. 개설된 것으로서 내부통제기준상 증권회사 직원의 매매가 금지된 코스피200 선물·옵션을 매매하였으며, 준법감시인에게 계좌 개설사실을 신고하지 않고 분기별로 매매명세를 통지하지도 않았다.

또한 위의 횡령계좌들 중 3명의 명의로 된 3개 계좌에서 위탁자로부터의 매매주문 수탁 없이 21개 종목, 13억 4천 1백만 원 상당을 임의로 매매하였다.

위와 같은 사실은 타인의 재물을 보관하는 자는 업무상의 업무에 위배하여 그 재물을 횡령하여서는 아니 되며, 투자매매업자 또는 투자중개업자는 투자자나 그 대리인으로부터 금융투자상품의 매매주문을 받지 아니하고 투자자로부터 예탁받은 재산으로 금융투자상품 매매를 하여서는 아니 된다는 형법 제355조 제1항 및 제356조, 특정 경제범죄 가중처벌 등에 관한 법률 제3조 제1항 제2호, 자본시장법 제70조를 위반하는 행위이다.

이로 인해 해당 증권회사는 관리책임을 물어 '기관주의' 조치를 받았고, 해당 직원은 형사처벌과는 별도로 면직처리되었다. (제재조치일 : 2013.5.10. / 출처 : 금융감독원 홈페이지)

01 다음 중 직무윤리에 대한 설명으로 적절하지 않은 것은?

① 기업윤리는 조직 구성원 개개인들이 지켜야 하는 윤리적 행동과 태도를 구체화한 것이다.

② 기업윤리와 직무윤리는 흔히 혼용되어 사용되기도 한다.

③ 직무윤리는 미시적인 개념이며, 기업윤리는 거시적인 개념으로 보기도 한다.

④ 윤리경영은 직무윤리를 기업의 경영방식에 도입하는 것으로 간단히 정의될 수 있다.

02 다음 중 신의성실의 원칙에 관한 설명으로 옳지 않은 것은?

① 상대방의 정당한 이익을 배려하여 형평에 어긋나거나 신뢰를 저버리는 일이 없도록 성실하게 행동해야 한다는 것을 말한다.

② 윤리적 원칙이면서 동시에 법적 의무이다.

③ 이해상충의 방지 및 금융소비자보호와 관련된 기본원칙이다.

④ 상품 판매 이전 단계에만 적용되는 원칙이다.

03 다음 중 이해상충 방지에 대한 설명으로 적절하지 않은 것은?

① 금융투자업자는 이해상충 발생 가능성을 파악 평가하고 적절히 관리하여야 한다.

② 금융투자업자는 이해상충 발생 가능성이 있는 경우 그 사실을 해당 투자자에게 미리 알렸다면 별도의 조치 없이 매매 등 그 밖의 거래를 할 수 있다.

③ 금융투자업자는 영위하는 금융투자업 간 또는 계열회사 및 다른 회사와의 이해상충의 발생을 방지하기 위해 정보교류 차단벽(Chinese Wall)을 구축할 의무가 있다.

④ 이해상충 발생을 방지하기 위해 금융소비자가 동의한 경우를 제외하고는 금융투자업자가 거래당사자가 되거나 자기 이해관계인의 대리인이 되어서는 안 된다.

해설

01 ① 직무윤리에 대한 설명이다.

02 ④ 상품 판매 전의 개발단계부터 모든 단계에서 적용된다.

03 ② 이해상충 발생 가능성을 금융소비자에게 미리 알리고 이해상충 발생 가능성을 충분히 낮춘 후에만 거래할 수 있다.

04 다음 중 금융소비자보호의무와 관련한 설명으로 적절하지 않은 것은?

① 상품의 개발단계에서부터 판매 이후의 단계까지 전 단계에 걸쳐 적용된다.

② 금융투자업 종사자의 '전문가로서의 주의의무'와 관련된다.

③ 우리나라는 현재 금융소비자보호법에 따라 관련 절차 등이 규정되어 있다.

④ CCO는 상근감사 직속의 독립적 지위를 갖는다.

05 다음 설명 중 틀린 것은?

① 금융투자업 직무윤리의 기본적인 핵심은 '고객우선의 원칙'과 '신의성실의 원칙'이다.

② 직무윤리가 법제화된 대표적인 사례는 '금융소비자보호의무'와 '이해상충방지의무'이다.

③ 금융소비자를 두텁게 보호하기 위해 대표이사는 법령에 규정된 의무를 모두 본인이 수행하여야 하며, 다른 임원 등에게 위임할 수 없다.

④ 금융소비자 보호에 관한 인식은 국내외를 막론하고 점차 강해지고 있다.

06 다음 중 상품 판매 이전단계에서의 금융소비자보호의무와 가장 거리가 먼 것은?

① 상품 판매 개시 이후 적정한 판매절차를 거쳤는지 점검하는 절차를 마련한다.

② 판매임직원 등의 판매자격 관리절차를 마련한다.

③ 판매임직원 등 대상 교육체계를 마련한다.

④ 해당 상품에 대한 미스터리쇼핑을 자체적으로 실시한다.

해설

04 ④ CCO는 대표이사 직속이다.

05 ③ 금융소비자보호법에서는 대표이사의 고유 권한 중 일부를 금융소비자보호 총괄책임자에게 위임할 수 있도록 허용하고 있다.

06 ④ 미스터리쇼핑은 상품 판매 이후 단계에서 실행하는 절차이다.

07 금융투자회사의 표준윤리준칙 제4조에서는 '회사와 임직원은 (　)과(와) (　)를(을) 가장 중요한 가치관으로 삼고, (　)에 입각하여 맡은 업무를 충실히 수행하여야 한다' 라고 규정하고 있다. (　) 안에 들어갈 말을 올바르게 나열한 것은?

① 정직 − 신뢰 − 신의성실의 원칙

② 수익 − 비용 − 효율성의 원칙

③ 공정 − 공평 − 기회균등의 원칙

④ 합리 − 이성 − 독립성의 원칙

08 다음 중 금융투자업 종사자가 고객에게 투자를 권유하거나 이와 관련된 직무를 수행함에 있어 따라야 할 기준으로 적절하지 않은 것은?

① 투자권유 전 고객의 재무상황, 투자경험, 투자 목적에 관하여 적절한 조사를 해야 한다.

② 투자권유 시 환경 및 사정변화가 발생하더라도 일관성 있는 투자권유를 위해 당해 정보를 변경하여서는 안 된다.

③ 고객을 위하여 각 포트폴리오 또는 각 고객별로 투자권유의 타당성과 적합성을 검토하여야 한다.

④ 파생상품등과 같이 투자위험성이 큰 경우 일반 금융투자상품에 요구되는 수준 이상의 각별한 주의를 기울여야 한다.

09 다음 금융투자업 종사자의 대외활동에 관한 설명으로 옳은 것은?

① 회사의 주된 업무수행에 지장을 주어서는 아니 된다.

② 금전적인 보상은 수고에 대한 대가이므로 반드시 신고할 필요는 없다.

③ 회사의 공식의견이 아닌 사견은 대외활동 시 발표할 수 없다.

④ 경쟁회사에 대한 부정적인 언급은 정도가 심하지 않은 경우 허용된다.

해설

07 ①

08 ② 투자권유가 환경 및 사정의 변화를 반영할 수 있도록 당해 정보를 변경하여야 한다.

09 ① 대외활동 시 금전적 보상은 반드시 신고해야 하며, 사견임을 명백히 한 경우는 발표할 수 있다. 또한 경쟁회사에 대한 비방은 금지된다.

10 다음 임의매매와 일임매매에 관한 설명으로 적절하지 않은 것은?

① 자본시장법에서는 임의매매와 일임매매를 엄격히 금지하고 있다.

② 임의매매는 금융소비자의 매매거래에 대한 위임이 없었음에도 금융투자업 종사자가 자의적으로 매매를 한 경우이다.

③ 일임매매는 금융소비자가 매매거래와 관련한 전부 또는 일부의 권한을 금융투자업 종사자에게 위임한 상태에서 매매가 발생한 경우이다.

④ 임의매매와 일임매매는 손해배상책임에 있어 차이가 있다.

11 다음은 상품 판매 이후의 단계에서 실행되는 제도이다. ( )에 들어갈 말을 올바르게 짝지어진 것은?

> ㉠ 해피콜제도는 금융소비자가 상품 가입 후 (   ) 이내에 판매직원이 아닌 제3자가 전화를 통해 불완전판매 여부를 확인하는 제도이다.
>
> ㉡ 불완전판매보상제도는 금융소비자가 상품 가입 후 (   ) 이내에 불완전판매 행위를 인지한 경우 금융투자회사에서 배상을 신청할 수 있는 제도이다.

① 7일, 15일　　　　　　　　　② 7영업일, 15영업일

③ 7일, 15영업일　　　　　　　④ 7영업일, 15일

12 다음 중 '금융투자회사의 영업 및 업무에 관한 규정'에서 정하고 있는 부당한 재산상 이익의 제공에 해당되지 않는 것은?

① 거래상대방만 참석한 여가 및 오락활동 등에 수반되는 비용을 제공하는 경우

② 제조업체의 고유재산관리를 담당하는 직원에게 문화상품권을 제공하는 경우

③ 자산운용사 직원이 펀드판매 증권사 직원에게 백화점상품권을 제공하는 경우

④ 증권사 직원이 금융소비자에게 펀드 판매사 변경을 이유로 현금을 제공하는 경우

해설

10 ① 일임매매는 일정 조건하에서는 제한적으로 허용되고 있다.

11 ④

12 ② 문화활동을 할 수 있는 용도로만 정해진 문화상품권의 제공은 부당한 재산상 이익의 제공에서 제외된다.

13 다음 설명 중 맞는 것은?

① 상품설명서는 금융상품에 대한 설명을 한 이후 금융소비자에게 제공하여야 한다.

② 계약서류는 계약을 체결하고 지체 없이 금융소비자에게 제공하여야 한다.

③ 계약서류의 제공 사실과 관련하여 금융소비자는 본인이 금융상품판매업자가 제공하지 않았음을 증명하여야 한다.

④ 법상 '지체 없이'는 회사에서 별도로 정하는 특정한 기간 이내를 말한다.

14 다음 위반행위 중 지배구조법에 따른 제재조치가 가장 큰 것은?

① 이사회 결의 없이 준법감시인을 임면한 경우

② 준법감시인이 자산운용업무를 겸직하게 하는 경우

③ 준법감시인의 임면 사실을 금융위원회에 보고하지 않은 경우

④ 준법감시인에 대한 별도의 보수지급기준 등을 마련하지 않은 경우

15 다음 재산상 이익의 제공에 관한 설명 중 틀린 것은?

① 영업직원이 거래상대방으로부터 10만원 상당의 백화점상품권을 수령한 경우 이를 즉시 준법감시인에게 신고하여야 한다.

② 금융투자회사는 거래상대방에게 제공하거나 수령한 재산상 이익의 가액이 10억원을 초과하는 즉시 홈페이지 등을 통해 공시하여야 한다.

③ 금융투자회사는 재산상 이익 제공 현황 및 적정성 점검 결과 등을 매년 대표이사에게 보고하여야 한다.

④ 거래상대방이 금융투자회사인 경우 상호 교차점검을 위해 임직원의 동의를 받은 후 대표이사 명의의 서면으로 관련 자료를 요청하여야 한다.

> **해설**
>
> 13　① 설명서는 설명을 하기 전 금융소비자에게 제공하여야 한다.
>
> 　　③ 계약서류의 제공에 대한 입증책임은 금융상품판매업자에게 있다.
>
> 　　④ '지체 없이'는 몇 시간, 며칠과 같이 특정되는 것이 아니라 사정이 허락하는 한 가장 신속하게 처리해야 하는 기한을 의미한다.
>
> 14　① 1억원 이하 과태료 대상
>
> 　　②, ④ 3천만원 이하 과태료 대상
>
> 　　③ 2천만원 이하 과태료 대상
>
> 15　③ 대표이사가 아니라 이사회에 보고하여야 한다.

16 다음 비밀정보의 관리에 관한 사항 중 맞는 것은?

① 회사의 경영전략이나 새로운 상품 등에 관한 정보는 인쇄된 경우에 한하여 비밀 정보로 본다.

② 정보차단벽이 설치된 부서에서 발생한 정보는 비밀정보로 간주되어야 한다.

③ 임직원이 회사를 퇴직하는 경우 본인이 관리하던 고객정보는 향후 관계 유지를 위해 반출할 수 있다.

④ 특정한 정보가 비밀정보인지 불명확할 경우 부서장이 판단하여야 한다.

17 다음 대외활동에 관한 설명 중 틀린 것은?

① 인론기관 접촉이 예정된 경우 예외 없이 관계부서와 반드시 사전협의하여어야 한다.

② 회사가 최종 승인하지 않은 홍보물을 사전에 사용하는 행위는 금지된다.

③ 개인이 운영하는 블로그 등에 회사의 상품을 홍보하는 행위는 금지된다.

④ 사전승인절차에서는 대가로 지급받는 보수의 적절성도 같이 검토되어야 한다.

18 다음 사회 등에 대한 윤리에 관한 설명 중 가장 옳은 것은?

① 시장질서 교란행위는 불공정거래행위의 다른 표현으로 그 의미는 같다.

② 미공개정보의 이용에 대한 불공정거래행위의 적용은 내부자, 준내부자 및 미공개정보의 1차 수령자뿐만 아니라 이를 전달한 자까지를 포함한다.

③ 특정한 목적성 없이 금융투자상품의 시세에 영향을 미쳤다면 불공정거래행위로 구분되어 관련 법령의 적용을 받는다.

④ 프로그램 오류로 인한 시세의 급격한 변동은 단순 실수이므로 과징금 등의 벌칙 조항의 적용을 받지 않는다.

해설

16 ① 기록여부, 매체여부에 관계없이 비밀정보로 본다.

③ 퇴직예정 임직원 등은 회사 업무와 관련한 정보는 고객정보를 포함하여 모두 회사에 반납하여야 한다.

④ 비밀정보의 판단여부는 준법감시인의 역할이다.

17 ① 예고 없는 언론 인터뷰 등 불가피한 경우 언론기관 접촉 후 즉시 보고하는 등 예외적으로 추인받으면 된다.

18 ① 불공정거래행위와 시장질서교란행위는 대상과 목적성 여부에 따라 적용되는 범위가 다르다.

③ 목적성이 없다면 시장질서 교란행위에 해당한다.

④ 자본시장법 제429조의2에 따라 5억원 이하의 과징금이 부과될 수 있다.

정답 01 ① | 02 ④ | 03 ② | 04 ③ | 05 ③ | 06 ④ | 07 ① | 08 ② | 09 ① | 10 ① | 11 ④ | 12 ② | 13 ② | 14 ① | 15 ③ | 16 ② | 17 ① | 18 ②

part 02

자본시장과 금융투자업에 관한 법률/금융위원회규정

certified investment manager

chapter 01

총설

section 01 자본시장법 개관

1 법제정 기본철학

(1) 열거주의에서 포괄주의로 전환

❶ 「자본시장과 금융투자업에 관한 법률」(이하 '자본시장법'이라 한다)은 금융투자상품의
종류를 구체적으로 나열하는 열거주의에서 금융투자상품의 개념을 추상적으로
정의하는 포괄주의로 규제체계를 전환함

❷ 자본시장법은 원금손실 가능성(투자성)이 있는 금융상품을 금융투자상품으로 정
의하고, 이에 해당되면 자본시장법의 규제대상에 포함시키는 포괄주의를 채택함

(2) 기관별 규제에서 기능별 규제로 전환

❶ 구 증권거래법, 구 간접투자자산운용업법, 구 선물거래법은 각각 기관별 규제체계를 채택했기 때문에, 각 기관들이 동일한 금융서비스를 제공하더라도 다른 규제를 적용받는 경우가 발생함

❷ 이러한 규제차익을 방지하기 위해 자본시장법은 경제적 실질이 동일한 금융서비스를 동일하게 규제하는 기능별 규제체계를 채택함

❸ 금융서비스는 투자자, 금융투자상품 및 금융투자업의 유형에 따라 구분됨

    ㄱ. 투자자 : 일반투자자, 전문투자자

    ㄴ. 금융투자상품 : 증권(지분증권, 채무증권, 수익증권, 파생결합증권, 투자계약증권, 증권예탁증권)과 파생상품(장내 및 장외 파생상품)

    ㄷ. 금융투자업 : 투자매매업, 투자중개업, 집합투자업, 투자자문업, 투자일임업, 신탁업

❹ 각 유형의 조합이 달라지면 금융서비스의 경제적 실질도 달라질 수 있기 때문에 이를 구분하여 차등 규제함

(3) 업무범위의 확장

❶ 엄격히 제한되어 있던 금융투자업 간 겸업을 허용하고, 열거주의로 제한하던 부수업무의 범위를 포괄주의로 전환함

    → 증권회사의 경우 선물업 및 집합투자업을 추가적으로 겸영 가능하게 됨

    → 투자권유대행인 제도를 도입하여 판매망을 확충함

❷ 금융투자업자는 고객의 이익을 저해시키는 이해상충이 발생하지 않도록 필요한 준법감시 및 내부통제 체계를 갖추도록 함

❸ 감독당국은 투자자의 피해를 최소화하기 위해 투자권유대행인의 자격 제한, 금융투자업자의 배상책임 부여 등 안전장치를 마련함

(4) 원칙중심 투자자 보호 제도 도입

자본시장법은 투자자 보호를 위해 모든 금융투자업자에게 적용되는 공통 영업행위 규칙과 금융투자업자별 특성을 고려하여 세분화된 업자별 영업행위 규칙으로 구분하여 규정하고 있다.

❶ 공통 영업행위 규칙

표 1-1   공통 영업행위 규칙

기본사항	투자권유	기타
• 신의성실의무(§37) • 상호제한(§38) • 명의대여 금지(§39) • 다른 금융업무 영위(§40) • 부수업무 영위(§41) • 업무위탁 범위(§42-43) • 이해상충 관리(§44-45)	• 투자권유 준칙(§50) • 투자권유대행인 등록(§51-52)	• 직무 관련 정보이용 금지(§54) • 손실보전 금지(§55) • 약관 보고 및 신고(§56) • 수수료 부과기준 공시(§58) • 자료의 기록·유지(§60) • 소유증권 예탁(§61) • 금융투자업 폐지 공고(§62) • 임직원 투자제한(§63)

❷ 업자별 영업행위 규칙

표 1-2   업자별 영업행위 규칙

투자매매업자 · 투자중개업자	집합투자업자	신탁업자

• 매매형태 명시(§66)
• 자기계약 금지(§67)
• 최선집행의무(§68)
• 자기주식 취득제한(§69)
• 임의매매 금지(§70)
• 불건전 영업행위 금지(§71)
• 신용공여 제한(§72)
• 매매명세 통지(§73)
• 예탁금·예탁증권 보관(§74-75)
 	
투자자문업자 · 투자일임업자
 	
• 선관 충실의무(§96)
• 서류교부의무(§97)
• 불건전 영업행위 금지(§98)
• 투자일임보고서 교부(§99)
• 유사투자자문업 신고(§101)
	• 선관충실의무(§79)
	• 자산운용 지시·실행(§80)
	• 자산운용 제한(§81)
	• 자기집합투자증권 취득제한
	  (§82)
	• 금전차입 제한(§83)
	• 이해관계인 거래제한(§84)
	• 불건전 영업행위 금지(§85)
	• 성과보수 제한(§86)
	• 의결권 행사 원칙(§87)
	• 자산운용보고 공시(§88-91)
	• 환매연기·감사 부적정의견 통지
	  (§92)
	• 파생상품 부동산 운용 특례
	  (§93-94)
	• 청산(§95)
		• 선관충실의무(§102)
		• 신탁재산의 제한(§103)
		• 신탁고유재산 구분(§104)
		• 신탁재산 운용 제한(§105)
		• 여유자금 운용(§106)
		• 불건전 영업행위 금지(§108)
		• 신탁계약 체결(§109)
		• 수익증권 발행·매수(§110-111)
		• 의결권 행사 원칙(§112)
		• 장부·서류 열람·공시(§113)
		• 신탁재산 회계처리(§114)
		• 회계감사인 손해배상책임(§115)
		• 합병·청산(§116-117)

2 제도적 의의 및 기대효과

(1) 자본시장의 유연성 및 효율성 제고

❶ 자본시장법이 포괄주의 규제체계를 채택함에 따라 이전보다 다양한 유형의 증권이 발행될 수 있게 됨

❷ 이에 따라 자본시장을 통한 기업의 자금조달 수단이 다양해지고 투자자의 투자 선택의 폭도 넓어짐

❸ 또한 이전보다 다양한 파생상품의 출현이 가능해져 기업의 다양한 경영과정에서 발생할 수 있는 위험을 효율적으로 헤지할 수 있게 됨

❹ 종합적으로 살펴보면, 자본시장의 자율성 제고와 이로 인한 자본시장의 자금중개 효율화를 가져올 것으로 기대됨

(2) 자본시장의 지속가능성 제고

❶ 원칙중심의 영업행위 규칙은 금융투자업자가 투자자를 공정하게 대우할 의무를 부과함

❷ 금융투자업자가 투자자를 공정하게 대우할수록 자본시장의 신뢰도는 높아지고 투자자의 적극적인 투자를 유도할 수 있음

❸ 이러한 투자자의 적극적인 참여는 자본시장을 통한 기업의 자금조달 참여를 확대시킴

❹ 이렇게 증권의 발행과 유통이 확장될수록 자본시장에 유통되는 자금도 커져 자본시장의 지속가능성이 커짐

(3) 종합적인 금융투자서비스 제공 가능

❶ 금융투자업 겸업이 자유롭게 허용됨에 따라 국내 금융투자회사도 금융선진국처럼 종합적인 금융투자서비스 제공이 가능해짐

❷ 예를 들면, 고객은 한 회사 내에서 투자매매업, 투자중개업, 집합투자업, 투자자문업, 투자일임업, 신탁업에 속하는 금융서비스를 모두 이용할 수 있음

❸ 이에 따라 금융투자회사는 여러 회사를 설립하지 않고도 다양한 금융투자서비스를 한번에 고객에게 제공할 수 있고, 투자자는 다양한 금융투자서비스를 여러 회

사를 거치지 않고도 한 금융투자회사를 통해서 한번에 이용할 수 있게 됨

❹ 결과적으로 금융투자회사는 영업비용을 절감할 수 있고, 투자자는 거래비용을 절약할 수 있음

❺ 이를 경제학적으로 범위의 경제(economies of scale)가 존재한다고 말함

❻ 또한 금융투자회사가 다양한 금융투자업을 영위할 수 있게 됨에 따라 이전보다 대형화가 용이해짐

(4) 금융투자업자의 규제차익 유인 최소화

❶ 기능별 규제체계는 업자별 규제격차를 이용해 규제를 회피하고자 하는 규제차익 행위를 최소화하는 데 효과적임

❷ 포괄주의 규제체계는 규제회피를 목적으로 새로운 금융투자상품이 출현하지 못하도록 사전적으로 방지하는 데 효과적임

section 02 감독기관 및 관계기관

1 감독기관

(1) 금융위원회(Financial Services Commission : FSC)

❶ 개요 : 금융위원회(이하 '금융위'라고 한다)는 「금융위원회의 설치 등에 관한 법률」(이하 '금융위설치법'이라 한다)에 따라 금융산업의 선진화와 금융시장의 안정을 도모하고, 건전한 신용질서와 공정한 금융거래 관행(慣行)을 확립하며, 금융소비자를 보호하기 위해 설치됨

　ㄱ. 국무총리 소속 중앙행정기관으로 금융정책, 외국환업무 취급기관의 건전성 감독 및 금융감독에 관한 업무를 독립적으로 수행

　ㄴ. 위원장은 국무총리의 제청으로 국회의 인사청문을 거쳐 대통령이 임명하며,

부위원장은 위원장의 제청으로 대통령이 임명

ㄷ. 위원장은 국무위원은 아니나 국무회의에 출석하여 발언 가능

❷ 조직

ㄱ. 금융위는 합의제 행정기관인 위원회와 워원회의 사무를 처리하기 위한 사무처로 조직

ㄴ. 위원회에는 금융위와 증권선물위원회가 있으며, 금융위는 9명, 증권선물위원회는 5명으로 구성

ㄷ. 금융위는 위원장, 부위원장, 상임위원 2인, 비상임위원 5인으로 구성

ㄹ. 금융위의 상임위원 2인은 위원장이 추천하는 금융전문가, 비상임위원 중 4인은 당연직으로 기획재정부 차관, 금융감독원 원장, 예금보험공사 사장 및 한국은행 부총재, 나머지 1인은 대한상공회의소 회장이 추천하는 경제계 대표

ㅁ. 증권선물위원회는 금융위 부위원장이 위원장을 겸임, 위원 4인 중 1인은 상임, 나머지 3인은 비상임

ㅂ. 증권선물위원회 위원은 금융, 증권, 파생상품 또는 회계 분야에 관한 경험이 있는 고위공무원, 15년 이상의 경력이 있는 법률학·경제학·경영학 또는 회계학 교수, 그 밖에 금융, 증권, 파생상품 또는 회계 분야에 관한 학식과 경험이 풍부한 자여야 함

❸ 운영

ㄱ. 금융위 회의는 3명 이상의 위원의 요구가 있거나 위원장이 소집하면 개최되며, 의안은 3명 이상의 찬성이 있거나 위원장 단독으로 제의될 수 있음

ㄴ. 의결은 재적위원 과반수의 출석과 출석위원 과반수의 찬성이 있어야 하며, 특수관계(자기, 배우자, 4촌 이내의 혈족, 2촌 이내의 인척 또는 자기가 속한 법인과 이해관계 등)가 있는 위원은 심의·의결에서 제척

ㄷ. 위원에게 공정한 심의·의결을 기대하기 어려운 사정이 있다는 기피신청이 제기될 경우 위원장의 직권으로 금융위 의결을 거치지 아니하고 기피여부를 결정할 수 있고, 위원 스스로도 특수관계에 있거나 기피사유에 해당하는 경우 그 사항의 심의·의결 회피 가능

ㄹ. 금융위는 의사록을 작성하고 이를 공개하여야 하며, 의결하는 경우에는 의결서를 작성하고 의결에 참여한 위원은 그 의결서에 이름을 쓰고 도장을 찍거나 서명하여야 함

ㅁ. 금융위는 심의에 필요하다고 인정할 때에는 금융감독원 부원장, 부원장보 및 그 밖의 관계 전문가 등으로부터 의견을 들을 수 있음

ㅂ. 위원장은 내우외환, 천재지변 또는 중대한 금융 경제상의 위기로 긴급조치가 필요한 경우로서 금융위를 소집할 시간적 여유가 없을 때에는 금융위의 권한 내에서 필요한 조치를 할 수 있으며 지체 없이 금융위의 회의를 소집하고 그 내용을 보고하여야 함

④ 소관사무

ㄱ. 금융에 관한 정책 및 제도에 관한 사항

ㄴ. 금융기관 감독 및 검사·제재에 관한 사항

ㄷ. 금융기관의 설립, 합병, 전환, 영업 양수·도 및 경영등의 인·허가에 관한 사항

ㄹ. 자본시장의 관리·감독 및 감시 등에 관한 사항

ㅁ. 금융 중심지의 조성·발전에 관한 사항

ㅂ. 금융 관련 법령 및 규정의 제·개정 및 폐지에 관한 사항

ㅅ. 금융 및 외국환업무 취급기관의 건전성 감독에 관한 양자·다자 간 협상 및 국제협력에 관한 사항

ㅇ. 외국환업무 취급기관의 건전성 감독에 관한 사항 등

⑤ 금융감독원에 대한 지도 · 감독

ㄱ. 금융위는 금융감독원의 업무·운영·관리에 대한 지도와 감독

ㄴ. 금융위는 금융감독원의 정관 변경, 예산 및 결산, 그 밖에 금융감독원을 지도·감독하기 위하여 필요한 사항을 심의·의결

(2) 증권선물위원회(Securities & Futures Commission : SFC)

❶ 개요 : 증권선물위원회(이하 '증선위'라고 한다)는 금융위설치법에 의해 자본시장 및 기업회계와 관련한 주요 업무를 수행하기 위하여 설치된 의결기구

❷ 소관업무

ㄱ. 자본시장의 불공정거래 조사

ㄴ. 기업회계의 기준 및 회계감리에 관한 업무

ㄷ. 금융위 소관사무 중 자본시장의 관리·감독 및 감시 등과 관련된 주요 사항에 대한 사전심의

ㄹ. 자본시장의 관리·감독 및 감시 등을 위하여 금융위로부터 위임받은 업무 등

❸ 금융감독원에 대한 지도·감독 : 소관의 업무에 관하여 금융감독원을 지도·감독

(3) 금융감독원(Financial Supervisory Service : FSS)

❶ 개요 : 금융감독원(이하 '금감원'이라 한다)은 금융위 및 증선위의 지도·감독을 받아 금융기관에 대한 검사·감독업무를 수행하기 위하여 설치

❷ 조직과 예산
  ㄱ. 금감원은 원장 1명, 부원장 4명 이내, 부원장보 9명 이내와 감사 1명을 두며, 임직원은 원장이 임면
  ㄴ. 원장은 금융위의 의결을 거쳐 금융위 위원장의 제청으로 대통령이, 부원장은 원장의 제청으로 금융위가, 부원장보는 원장이 각각 임명
  ㄷ. 원장·부원장·부원장보 및 감사의 임기는 3년으로 하며, 한 차례만 연임할 수 있으며 그 임기는 임명된 날부터 기산
  ㄹ. 금감원은 무자본 특수법인으로, 정부, 한국은행, 예금보험공사 등의 출연금, 금융회사가 지급하는 감독분담금, 기타수입으로 경비를 충당

❸ 소관업무
  ㄱ. 금융기관의 업무 및 재산상황에 대한 검사
  ㄴ. 검사결과에 관련한 제재
  ㄷ. 금융위, 증선위, 사무처에 대한 업무지원
  ㄹ. 금융민원 해소 및 금융분쟁 조정

❹ 검사대상
  ㄱ.「은행법」에 따른 인가를 받아 설립된 은행
  ㄴ. 자본시장법에 따른 금융투자업자, 증권금융회사, 종합금융회사 및 명의개서 대행회사
  ㄷ.「보험업법」에 따른 보험회사
  ㄹ.「상호저축은행법」에 따른 상호저축은행과 그 중앙회
  ㅁ.「신용협동조합법」에 따른 신용협동조합 및 그 중앙회
  ㅂ.「여신전문금융업법」에 따른 여신전문금융회사 및 겸영여신업자
  ㅅ.「농업협동조합법」에 따른 농협은행
  ㅇ.「수산업협동조합법」에 따른 수산업협동조합중앙회의 신용사업부문
  ㅈ. 다른 법령에서 금감원이 검사를 하도록 규정한 기관

ㅊ. 그 밖에 금융업 및 금융 관련 업무를 하는 자로서 대통령령으로 정하는 자

2 금융투자업 관계기관

(1) 한국거래소 시장감시위원회

❶ 개요 : 시장감시위원회는 유가증권·코스닥·파생상품·코넥스 시장에서의 시세조종 등 불공정거래를 감시하기 위해 자본시장법에 의해 설립된 자율규제기관
❷ 업무
  ㄱ. 불공정거래행위를 사전적으로 예방하기 위해 실시간으로 시장을 연계히여 감시하고 있으며, 이상거래종목 적출, 풍문 수집, 지분변동 신고 등 시장에 대한 상시감시체계를 구축
  ㄴ. 사후적으로 이상거래가 발생한 경우에는 이를 정밀 심리하는 등 필요한 조치를 통해 피해확산 방지 및 투자자 보호
  ㄷ. 금융투자회사의 회원 의무이행 및 업무 관련 규정의 준수상황을 감리하고, 투자과정에서 발생할 수 있는 회원사와 투자 자간 분쟁을 조정

(2) 한국금융투자협회

❶ 개요 : 한국금융투자협회(이하 '협회'라 한다)는 회원 상호 간의 업무질서 유지 및 공정한 거래질서 확립, 투자자 보호 및 금융투자업의 건전한 발전을 목적으로 설립
❷ 업무
  ㄱ. 회원 간의 건전한 영업질서 유지 및 투자자 보호를 위한 자율규제업무
  ㄴ. 회원의 영업행위와 관련된 분쟁의 자율조정업무
  ㄷ. 투자권유자문인력, 조사분석인력, 투자운용인력 등 주요 직무 종사자의 등록 및 관리에 관한 업무
  ㄹ. 증권시장에 상장되지 아니한 주권의 장외매매거래에 관한 업무
  ㅁ. 금융투자업 관련 제도의 조사·연구에 관한 업무
  ㅂ. 투자자 교육 및 이를 위한 재단의 설립·운영에 관한 업무
  ㅅ. 금융투자업 관련 연수업무

③ 회원

    ㄱ. 금융위의 인가를 받거나 금융위에 등록한 투자매매업자, 투자중개업자, 집합투자업자, 투자자문업자, 투자일임업자, 신탁업자, 종합금융투자사업자, 겸영금융투자업자

    ㄴ. 금융투자업과 관련된 업무를 영위하는 자(일반사무관리회사, 집합투자기구평가회사, 채권평가회사 등)

(3) 한국예탁결제원

① 개요 : 한국예탁결제원(이하 '예탁결제원'이라 한다)은 증권의 집중예탁과 계좌 간 대체, 매매거래에 따른 결제업무 및 유통의 원활을 위하여 설립

② 업무

    ㄱ. 증권등의 집중예탁업무

    ㄴ. 증권등의 계좌 간 대체업무

    ㄷ. 증권시장에서의 증권의 매매거래에 따른 증권인도와 대금지급 및 결제이행·불이행 결과의 거래소에 대한 통지에 관한 업무

    ㄹ. 증권시장 밖에서의 증권등의 매매거래에 따른 증권등의 인도와 대금의 지급에 관한 업무

    ㅁ. 외국 예탁결제기관과의 계좌 설정을 통한 증권등의 예탁, 계좌 간 대체 및 매매거래에 따른 증권등의 인도와 대금의 지급에 관한 업무

    ㅂ. 증권등의 보호예수업무등

③ 예탁결제원이 증권시장의 매매거래에 따른 증권인도 및 대급지급을 수행

④ 규정

    ㄱ. 증권등 예탁 및 예탁증권등 관리를 위한 예탁업무규정

    ㄴ. 증권등의 매매거래에 따른 결제업무 수행을 위한 결제업무규정

(4) 증권금융회사

① 개요 : 증권금융회사는 자기자본 500억 원 이상의 주식회사로 금융위 인가를 받아 설립할 수 있으며, 현재 한국증권금융(주)가 유일하게 인가받은 증권금융회사임

② 업무

    ㄱ. 금융투자상품의 매도·매수, 증권의 발행·인수 또는 그 청약의 권유·청약·청

약의 승낙과 관련하여 투자매매업자 또는 투자중개업자에 대하여 필요한 자금 또는 증권을 대여하는 업무

ㄴ. 증권시장 및 파생상품시장에서의 매매거래에 필요한 자금 또는 증권을 거래소를 통하여 대여하는 업무

ㄷ. 증권을 담보로 하는 대출업무 등

(5) 금융투자상품거래청산회사

금융투자상품거래청산회사는 자본시장법에 따라 금융위로부터 청산업 인가업무 단위의 전부나 일부를 택하여 금융투자상품거래청산업 인가를 받은 회사이다.

금융투자상품거래청산업은 금융투자업자 및 청산대상업자를 상대방으로 하여 청산대상업자가 청산대상거래를 함에 따라 발생하는 채무를 채무인수, 경개(更改), 그 밖의 방법으로 부담하는 것을 영업으로 하는 것을 말한다.

청산대상업자는 금융투자업자, 국가, 한국은행, 겸영금융투자업자, 주요 금융기관 등의 전문투자자, 외국 정부, 조약에 따라 설립된 국제기구, 외국 중앙은행, 외국 금융투자업자, 그 밖에 금융투자상품 거래에 따른 결제위험 및 시장 상황 등을 고려하여 정하는 자이다.

청산대상거래는 장외파생상품의 거래, 증권의 장외거래 중 환매조건부매매·증권의 대차거래·채무증권의 거래(환매조건부매매 및 증권의 대차거래에 따른 거래는 제외), 수탁자인 투자중개업자와 위탁자인 금융투자업자 등 청산대상업자 간의 상장증권(채무증권은 제외)의 위탁매매거래를 말한다.

(6) 신용평가회사

자본시장법에서의 '신용평가업'이란 금융투자상품, 기업·집합투자기구, 그 밖에 대통령령으로 정하는 자에 대한 신용상태를 평가(신용평가)하여 그 결과에 대하여 기호, 숫자 등을 사용하여 표시한 등급(신용등급)을 부여하고 그 신용등급을 발행인, 인수인, 투자자, 그 밖의 이해관계자에게 제공하거나 열람하게 하는 행위를 영업으로 하는 것을 말한다.

1　금융법규 체계

(1) 우리나라 금융법규 체계는 국회에서 제개정되는 법, 대통령인 시행령, 국무총리령인 시행규칙, 금융위가 제개정하는 감독규정, 금감원이 제개정하고 금융위에 보고하는 시행세칙으로 이루어져 있다.

(2) 그 외에도 법원의 판례, 비조치의견서, 법규유권해석, 행정지도, 실무해석·의견, 모범규준, 업무해설서, 검사매뉴얼 등이 금융법규를 보완하고 있다.

(3) 우리나라 금융법규는 은행, 금융투자, 보험, 서민금융 등 금융권역별로 나누어져 있기 때문에, 동일한 금융서비스에 대해서도 금융권역별로 다르게 적용할 때가 있다.

(4) 금융위와 금감원이 소관하는 공통 금융법규 일부와 자본시장법 및 감독규정은 다음과 같다.

❶ 공통 금융법규 일부
　ㄱ. 금융위의 설치 등에 관한 법률
　ㄴ. 금융산업의 구조개선에 관한 법률
　ㄷ. 금융실명거래 및 비밀보장에 관한 법률
　ㄹ. 금융지주회사법
　ㅁ. 기업구조조정촉진법
　ㅂ. 기업구조조정투자회사법
　ㅅ. 신용정보의 이용 및 보호에 관한 법률
　ㅇ. 예금자보호법
　ㅈ. 외국환거래법
　ㅊ. 특정금융거래정보의 보고 및 이용 등에 관한 법률
　ㅋ. 공공기관의 정보공개에 관한 법률 및 관련규정
　ㅌ. 근로자퇴직급여보장법
　ㅍ. 전자금융거래법

ㅎ. 금융회사의 지배구조에 관한 법률

ㄲ. 공공기관의 개인정보보호에 관한 법률

ㄴㄴ. 공중 등 협박목적을 위한 자금조달행위의 금지에 관한 법률

ㄷㄷ. 채권의 공정한 추심에 관한 법률

❷ 자본시장 관련 법률

ㄱ. 자본시장법

ㄴ. 증권 관련 집단소송법

ㄷ. 공사채등록법

ㄹ. 전자단기사채 등의 발행 및 유통에 관한 법률

ㅁ. 공인회계사법

ㅂ. 자산유동화에 관한 법률

ㅅ. 주식회사의 외부감사에 관한 법률

❸ 자본시장 및 금융투자업 관련 감독규정

ㄱ. 금융투자업규정

ㄴ. 증권의 발행 및 공시 등에 관한 규정

ㄷ. 자본시장조사 업무규정

ㄹ. 단기매매차익 반환 및 불공정거래 조사·신고 등에 관한 규정

ㅁ. 불공정거래 신고 및 포상 등에 관한 규정

ㅂ. 자산유동화업무감독규정

ㅅ. 외부감사 및 회계 등에 관한 규정

ㅇ. 회계 관련 부정행위 신고 및 포상 등에 관한 규정

2   법규 유권해석과 비조치의견서

(1) 개요

❶ 법규 유권해석 : 금융회사가 금융위가 소관하는 금융법규 등과 관련된 사안에 대해 법규적용 여부를 명확하게 확인하기 위하여 요청하는 경우 관련 금융법규를 유권으로 해석하는 것을 말함

❷ 비조치의견서 : 금융회사 등이 수행하려는 행위에 대해 금융감독원장이 법령 등에 근거하여 향후 제재 등의 조치를 취할지 여부를 회신하는 문서

<비조치의견서 적용 경우>

ㄱ. 당해 행위에 적용할 법령 등의 공백이 있는 경우

ㄴ. 법령 제·개정 당시에는 예상하지 못했던 상황이 발생하여 당해 행위에 적용할 수 있는지 불명확한 경우

ㄷ. 법령 등의 당초 취지에 비추어 당해 행위에 법령 등을 문리적인 해석에 따라 적용하는 것이 불합리한 경우

ㄹ. 금융당국이 공문 등을 통해 한 의사표명에 따른 행위가 법령 등에 따라 제재 조치를 받을 우려가 있는 경우

❸ 금융이용자도 법령해석·법제처 의견서를 신청할 수 있도록 자격을 부여받음

(2) 절차

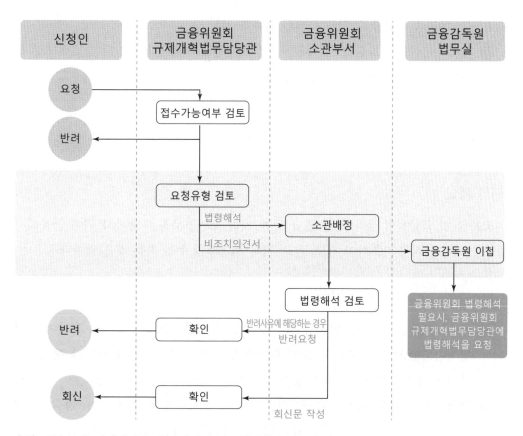

출처: 금융규제·법령해석 포털(법령해석·비조치의견서 제도개요)

(3) 비조치의견서의 효력

❶ 금융감독원장은 해당 행위가 법령등에 위반되지 않는다는 비조치의견서를 회신하는 경우 해당 행위에 대해서는 사후에 회신내용의 취지에 부합하지 않는 법적 조치를 취하지 아니함

❷ 그러나 다음의 경우에는 이미 회신한 비조치의견서의 내용과 다른 법적 조치를 취할 수 있음

    ㄱ. 신청인이 요청서에 기재한 내용 또는 제출한 자료의 내용이 사실과 다른 경우

    ㄴ. 신청인이 중요한 자료를 제출하지 아니한 사실이 발견된 경우

    ㄷ. 신청인이 요청서에 기재한 내용과 상이한 행위를 한 경우

    ㄹ. 관련 법령등이 변경된 경우

    ㅁ. 판단의 기초가 되는 사실관계의 변동, 그 밖의 사정변경으로 인하여 기존의 의견을 유지할 수 없는 특별한 사유가 있는 경우

❸ 비조치의견서를 회신할 때 사후에 비조치의견서의 회신내용과 다른 법적 조치를 취할 수 있음을 명시하여야 함

3   행정지도

(1) 개요

금융위 및 금감원이 금융 관련 법규 등에 의한 소관업무를 수행하기 위해 금융회사 등의 임의적 협력에 기초하여 지도·권고·지시·협조요청 등을 하는 것을 말한다.

(2) 행정지도의 원칙 및 방식

❶ 행정지도는 금융 관련 법규상 목적에 부합되는 필요한 최소한도에 그쳐야 하며 행정지도를 받은 금융회사 등의 의사에 반하여 부당하게 강요하거나 행정지도 불이행 사유로 해당 금융회사 등에게 불이익한 조치를 하지 아니함

❷ 행정지도시 취지, 내용, 행하는 자의 신분을 명시토록 하고 있으며, 행정지도는 문서가 원칙이나 구두로 하는 경우에도 동 사항을 서면으로 교부하여 줄 것을 요구할 수 있음

❸ 행정지도를 한 경우 그 내용을 원칙적으로 공개함

(3) 의견수렴 및 의견제출

❶ 행정지도 시 금융회사 등의 의견을 수렴하고 이를 최대한 반영하도록 노력하되, 긴급을 요하거나 중대한 영향을 미치지 않는 경우에는 생략할 수 있음

❷ 행정지도를 받은 금융회사등은 행정지도의 방식, 내용 등에 관하여 의견을 제출할 수 있음

4 그 외 기타

(1) 실무해석 · 의견

금융법규의 내용 및 업무 현안에 관한 질의에 대하여 금융위 및 금감원의 실무부서가 제시한 비공식적인 해석 또는 의견

(2) 모범규준

금융위, 금감원, 금융회사가 공동으로 상호 준수할 것으로 약속하는 모범이 되는 규준으로, 이를 준수하지 않을 경우 그 사유에 대하여 설명할 의무를 부담

(3) 해설서 · 매뉴얼

법규·제도·절차와 관련된 업무해설서와 금융회사의 재무상황에 대한 검사와 관련된 매뉴얼

chapter 02

금융투자상품 및 금융투자업

금융투자상품

1 정의

자본시장법에서 '금융투자상품'이란 이익을 얻거나 손실을 회피할 목적으로 현재 또는 장래의 특정 시점에 금전, 그 밖의 재산적 가치가 있는 것(이하 '금전 등'이라 한다)을 지급하기로 약정함으로써 취득하는 권리로서, 그 권리를 취득하기 위하여 지급하였거나 지급하여야 할 금전 등의 총액(판매수수료 등 제외)이 그 권리로부터 회수하였거나 회수할 수 있는 금전 등의 총액(해지수수료 등 포함)을 초과하게 될 위험(이하 '투자성'이라 한다)이 있는 것을 말한다.

(1) 투자성 판단

투자성이란 원금손실 가능성을 의미하는 것으로, 엄밀하게 따지면 금융상품의 권리를 취득하기 위하여 지급하였거나 지급하여야 할 금전 등의 총액(투자금액)이 그 권리로부터 회수하였거나 회수할 수 있는 금전 등의 총액(회수금액)을 초과하게 될 위험을 의미

❶ 투자금액 산정 시 제외항목 : 투자자가 지급하는 판매수수료 및 보수, 보험계약에 따른 사업비, 위험보험료 등은 투자금액에 불포함

❷ 회수금액 산정 시 포함항목 : 투자자가 중도해지 등에 따라 지급하는 환매, 해지수수료, 각종 세금, 발행인, 거래상대방이 채무불이행으로 지급하지 않은 미지급액 등은 회수금액에 포함

(2) 금융투자상품 불인정 대상

원화로 표시된 양도성예금증서(CD), 수탁자에게 신탁재산의 처분권한이 부여되지 아니한 관리형신탁의 수익권은 금융투자상품에서 제외

❶ 원화표시 CD : 유통과정에서 손실이 발생할 위험(투자성)이 존재하지만, 만기가 짧아 금리변동에 따른 가치 변동이 크지 않으며, 사실상 예금에 준하여 취급되기 때문임

❷ 관리형신탁의 수익권 : 자산의 신탁 시점과 해지 시점의 가격 변동에 따른 투자성을 갖게 되나, 실질적으로는 신탁업자가 처분권한을 갖지 않는 점을 고려함

　ㄱ. 위탁자(신탁계약에 따라 처분권한을 가지고 있는 수익자 포함)의 지시에 따라서만 신탁재산의 처분이 이루어지는 신탁

　ㄴ. 신탁계약에 따라 신탁재산에 대하여 보존행위 또는 그 신탁재산의 성질을 변경하지 아니하는 범위에서 이용·개량 행위만을 하는 신탁

❸ 주식매수선택권(스톡옵션) : 주식매수선택권은 임직원의 성과에 대한 보상으로 자기회사 주식을 매수할 수 있는 선택권을 부여하는 것으로 그 취득 시 금전 등의 지급이 없고 유통 가능성도 없다는 점을 고려

(1) 증권과 파생상품의 구분

금융투자상품은 추가 지급의무 부과여부에 따라 증권과 파생상품으로 구분됨

❶ 증권 : 취득과 동시에 어떤 명목으로든 추가적인 지급의무를 부담하지 아니하는 금융투자상품
❷ 파생상품 : 취득 이후에 추가적인 지급의무를 부담할 수 있는 금융투자상품
　－파생상품은 정형화된 시장에서 거래되는지 여부에 따라 장내파생상품과 장외 파생상품으로 또다시 구분
❸ 예외 적용 : 워런트와 같이 기초자산에 대한 매매를 성립시킬 수 있는 권리를 포함한 금융투자상품의 경우 추가 지급의무가 있더라도 증권으로 구분

(2) 금융투자상품 구분 방법

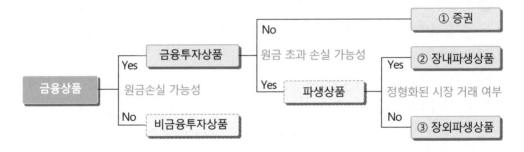

(1) 종류

　투자자가 취득과 동시에 지급한 금전 등 외에 어떠한 명목으로든지 추가로 지급의무 (투자자가 기존자산에 대한 매매를 성립시킬 수 있는 권리를 행사함으로써 부담하게 되는 지급의무 제외)를 부담하지 아니하는 내국인 또는 외국인이 발행한 금융투자상품으로 그 특성에 따라 채무증권, 지분증권, 수익증권, 투자계약증권, 파생결합증권, 증권예탁증권으로 분류

(2) 채무증권

❶ 정의 : 발행인에 의하여 원금이 보장되나 유통과정에서 원금손실이 발생할 수 있는 증권임

   ㄱ. 국채증권, 지방채증권, 특수채증권, 사채권, 기업어음증권, 그 밖에 이와 유사한 것으로 지급청구권이 표시된 것이 채무증권에 포함

   ㄴ. 사적인 금전채권도 지급청구권이 표시되어 있으나 유통성이 없으므로 채무증권으로 인정하지 않음

❷ 종류

   ㄱ. 국채 : 「공공자금관리기금법」 제2조에 따른 공공자금관리기금의 부담으로 기획재정부장관이 발행하는 채무증권

   ㄴ. 지방채 : 「지방재정법」에 따라 지방자치단체의 장이 공유재산의 조성 등 소관재정투자사업과 그에 직접적으로 수반되는 경비의 충당, 재해예방 및 복구사업, 천재지변으로 발생한 예측할 수 없었던 세입결함의 보전, 지방채의 차환 등을 위한 자금을 조달하기 위해 발행하는 채무증권

   ㄷ. 특수채 : 법률에 의해 설립된 법인(산업은행, 기업은행 등)이 직접 발행하는 채권

   ㄹ. 사채권 : 「상법」 제469조 제2항 제3호에 따른 사채의 경우에는 자본시장법 제4조 제7항 제1호에 해당하는 '이자연계 파생결합채권'(발행과 동시에 투자자가 지급한 금전 등에 대한 이자, 그 밖의 과실에 대하여만 해당 기초자산의 가격, 이자율, 지표, 단위 또는 이를 기초로 하는 지수 등의 변동과 연계된 증권)만 인정

   ㅁ. 기업어음 : 기업이 자금조달을 위해 발행한 약속어음

(3) 지분증권

❶ 정의 : 법률에 의하여 직접 설립된 법인이 발행한 출자증권, 상법상 합자회사·유한책임회사·유한회사·합자조합·익명조합의 출자지분, 그 밖에 이와 유사한 것으로서 출자지분 또는 출자지분을 취득할 권리가 표시된 증권

❷ 특성

   ㄱ. 주권 등 지분증권은 발행인이 원본을 보장하지 않고, 출자 회수 시에 투자원본의 손실이 발생할 수 있으므로 증권에 해당

   ㄴ. 신주인수권이 표시된 증권 또는 증서의 경우 실질적으로는 출자지분이 표시된 것으로 볼 수 없으나, 주권에 대한 인수권을 표시하는 것이므로 지분증권

으로 분류

ㄷ. 합명회사의 지분, 합자회사의 무한책임사원 지분 등도 손실발생 가능성이 있으므로 금융투자상품에 해당된다고 볼 수 있으나, 무한책임사원 지분의 특성에 비추어 볼 때 이를 금융투자상품에 포함시키는 것은 타당하지 않으므로 지분증권의 범위에서 제외

(4) 수익증권

금전신탁의 수익증권, 투자신탁의 수익증권, 그 밖에 이와 유사한 것으로서 신탁의 수익권이 표시된 것으로, 「주택저당증권유동화회사법」이나 「한국주택금융공사법」에 의한 주택저당증권, 「자산유동화법」상 유동화전분회사가 발행하는 수익증권 등이 해당

(5) 투자계약증권

특정 투자자가 그 투자자와 타인(다른 투자자 포함) 간의 공동사업에 금전 등을 투자하고 주로 타인이 수행한 공동사업의 결과에 따른 손익을 귀속받는 계약상의 권리가 표시된 증권. 증선위는 2022. 4. 20. ㈜뮤직카우가 발행한 음악 저작권료 참여청구권이 자본시장법 상 투자계약증권에 해당한다고 판단하였으며, 이는 투자계약증권을 최초로 인정한 사례.

(6) 파생결합증권

기초자산의 가격·이자율·지표·단위 또는 이를 기초로 하는 지수등의 변동과 연계하여 미리 정하여진 방법에 따라 지급금액 또는 회수금액이 결정되는 권리가 표시된 증권

주가연계증권(ELS), 주가연계워런트(ELW), 파생연계증권(DLS), 신용연계증권(CLN), 재해연계증권(CAT Bond) 등이 파생결합증권에 해당

❶ 파생결합증권의 기초자산 종류

ㄱ. 금융투자상품

ㄴ. 통화(외국의 통화 포함)

ㄷ. 일반상품(농산물·축산물·수산물·임산물·광산물·에너지에 속하는 물품 및 이를 원료로 하여 제조·가공한 물품, 그 밖에 이와 유사한 것)

ㄹ. 신용위험(당사자 또는 제3자의 신용등급의 변동, 파산 또는 채무재조정 등으로 인한 신용의 변동)

ㅁ. 그 밖에 자연적·환경적·경제적 현상 등에 속하는 위험으로서 합리적이고 적정한 방법에 의하여 가격·이자율·지표·단위의 산출이나 평가가 가능한 것

❷ 파생결합증권 제외대상

ㄱ. 발행과 동시에 투자자가 지급한 금전 등에 대한 이자, 그 밖의 과실에 대하여만 해당 기초자산의 가격·이자율·지표 또는 이를 기초로 하는 지수 등의 변동과 연계된 증권(이자연계 파생결합채권)

ㄴ. 옵션 파생상품의 권리(제5조 제1항 각 호 외의 부분 단서에서 정하는 금융투자상품은 제외)

ㄷ. 사채 발행 당시 객관적이고 합리적인 기준에 따라 미리 정하는 사유가 발생하는 경우 주식으로 전환되거나 그 사채의 상환과 이자지급 의무가 감면된다는 조건이 붙은 것으로서 제165조의11 제1항(신종사채의 발행)에 따라 주권상장법인이 발행하는 사채

ㄹ. 「은행법」 제33조 제1항 제2호(상각형 조건부자본증권), 제3호(은행주식 전환형 조건부지불증권), 제4호(은행지주회사주식 전환형 조건부자본증권)

ㅁ. 「금융지주회사법」 제15조의2 제1항 제2호(상각형 조건부자본증권), 제3호(전환형 조건부자본증권)

ㅂ. 「보험업법」 제114조의2 제1항 제1호(상각형 조건부자본증권), 제2호(보험회사주식 전환형 조건부자본증권), 제3호(금융지주회사주식 전환형 조건부자본증권)

ㅅ. 「상법」 제469조 제2항 제2호(교환사채 또는 상환사채), 제513조(전환사채) 및 제516조의2(신주인수권부사채)에 따른 사채

ㅇ. 그 밖에 ㄱ부터 ㅅ까지와 유사한 것으로서 대통령령으로 정하는 금융투자상품

(7) 증권예탁증권

채무증권·지분증권·수익증권·투자계약증권·파생결합증권을 예탁받은 자가 그 증권이 발행된 국가 외의 국가에서 발행한 것으로서 그 예탁받은 증권에 관련된 권리가 표시된 증권으로 국내 증권예탁증권(KDR), 외국 증권예탁증권(GDR, ADR 등)이 해당

4 파생상품

(1) 정의

파생상품은 증권과는 달리 금전 등의 지급 시기가 장래의 일정 시점이고, 투자원금 이상의 손실이 발생할 수 있는 계약상의 권리를 말한다.

(2) 분류

❶ 파생상품시장 거래 여부 : 정형화된 파생상품시장에서의 거래 여부에 따라 장내 파생상품과 장외파생상품으로 구분

　ㄱ. 장내파생상품 : 한국거래소(KRX)의 파생상품시장 또는 해외 정형화된 파생상 품거래소에서 거래되는 파생상품

　ㄴ. 장외파생상품 : 장내파생상품이 아닌 파생상품

❷ 거래구조에 따른 분류

　ㄱ. 선도 : 기초자산이나 기초자산의 가격·이자율·지표·단위 또는 이를 기초로 하는 지수 등에 의하여 산출된 금전 등을 장래의 특정 시점에 인도할 것을 약 정하는 계약

　ㄴ. 옵션 : 당사자의 어느 한쪽의 의사표시에 의하여 기초자산이나 기초자산의 가격·이자율·지표·단위 또는 이를 기초로 하는 지수 등에 의하여 산출된 금 전 등을 수수하는 거래를 성립시킬 수 있는 권리를 부여하는 계약

　ㄷ. 스왑 : 장래의 일정기간 동안 미리 정한 가격으로 기초자산이나 기초자산의 가격·이자율·지표·단위 또는 이를 기초로 하는 지수 등에 의하여 산출된 금 전 등을 교환할 것을 약정하는 계약

❸ 파생상품의 범위에서 제외 : 해당 금융투자상품의 유통 가능성, 계약당사자, 발행 사유 등을 고려하여 증권으로 규제하는 것이 타당한 것으로서 아래의 어느 하나 에 해당하는 금융투자상품은 파생상품의 범위에서 제외

　ㄱ. 증권 및 장외파생상품에 대한 투자매매업의 인가를 받은 금융투자업자가 발 행하는 증권 또는 증서로서 기초자산(증권시장이나 해외 증권시장에서 매매되는 증권, 금융투자상품, 통화(외국통화 포함), 일반상품, 신용위험 등)의 가격·이자율·지표·단위 또는 이를 기초로 하는 지수 등의 변동과 연계하여 미리 정하여진 방법에 따

라 그 기초자산의 매매나 금전을 수수하는 거래를 성립시킬 수 있는 권리가
표시된 증권 또는 증서

ㄴ. 상법 제420조의2에 따른 신주인수권증서 및 같은 법 제516조의5에 따른 신주
인수권증권

금융투자업

금융투자업은 그 경제적 실질에 따라 투자매매업, 투자중개업, 집합투자업, 투자자문
업, 투자일임업 및 신탁업으로 분류

1 투자매매업

❶ 정의 : 누구의 명의로 하든지 자기의 계산으로 금융투자상품의 매매, 증권의 발
행·인수 또는 그 청약의 권유, 청약, 청약의 승낙을 영업으로 하는 것

❷ 적용 배제

ㄱ. 투자신탁 수익증권, 투자성 있는 예금·보험 및 특정 파생결합증권을 발행하
는 경우를 제외하고 자기가 증권을 발행하는 경우

ㄴ. 투자매매업자를 상대방으로 하거나 투자중개업자를 통하여 금융투자상품을
매매하는 경우

ㄷ. 국가·지방자치단체가 공익을 위하여 관련 법령에 따라 금융투자상품을 매매
하는 경우

ㄹ. 한국은행이 공개시장조작을 하는 경우

ㅁ. 특정 전문투자자 간에 환매조건부 매매를 하는 경우

ㅂ. 외국 투자매매업자가 일정 요건을 갖추고 국외에서 파생결합증권을 발행하는
경우

ㅅ. 외국 투자매매업자가 국외에서 투자매매업자 또는 투자중개업자를 상대로

투자매매업을 하거나 국내 거주자(투자매매업자는 제외)를 상대로 투자권유 또는
투자광고를 하지 아니하고 국내 거주자의 매매주문을 받아 그 자를 상대방으
로 투자매매업 또는 투자중개업을 하는 행위

2 투자중개업

❶ 정의 : 누구의 명의로 하든지 타인의 계산으로 금융투자상품의 매매, 그 중개나
청약의 권유, 청약, 청약의 승낙 또는 증권의 발행·인수에 대한 청약의 권유, 청
약, 청약의 승낙을 영업으로 하는 것
❷ 적용 배제
ㄱ. 투자권유대행인이 투자권유를 대행하는 경우
ㄴ. 거래소가 증권시장 및 파생상품시장을 개설·운영하는 경우
ㄷ. 협회가 장외 주식중개시장(K-OTC)을 개설·운영하는 경우
ㄹ. 외국 투자중개업자가 국외에서 투자매매업자 또는 투자중개업자를 상대로
투자중개업을 하거나 국내 거주자(투자매매업자 또는 투자중개업자는 제외)를 상대
로 투자권유 또는 투자광고를 하지 아니하고 국내 거주자의 매매주문을 받아
그 자를 상대방으로 투자중개업을 하는 행위

3 집합투자업

❶ 정의 : ① 2인 이상의 투자자(과거에는 '2인 이상에게 투자권유를 하여'라고 정하고 있었으나
'2인 이상의 투자자로부터 모은'으로 개정되어 수익자가 1인인 사모단독펀드 설정을 제한)로부터
모은 금전 등 또는 국가재정법에 따른 기금관리주체 등으로부터 위탁받은 금전
등을, ② 투자자 또는 기금관리주체 등으로부터 일상적인 운용지시를 받지 아니
하고, ③ 재산적 가치가 있는 투자대상 자산을 취득·처분, 그 밖의 방법으로 운용
하고, ④ 그 결과를 투자자 또는 기금관리주체 등에게 배분하여 귀속시키는 것
❷ 적용 배제 : ① 다른 법률에 의한 펀드 중 사모펀드, ② 투자자예탁금을 예치·신
탁, ③ 종합금융투자사업자의 종합투자계좌업무, ④ 종합재산신탁 등의 효율적
운용을 위하여 예외적으로 신탁재산 중 금전을 공동으로 운용, ⑤ 투자목적회사,

⑥ 종합금융회사 어음관리계좌(CMA), ⑦ 법인세법에 따른 프로젝트 파이낸싱 법인, ⑧ 지주회사, ⑨ 가맹사업(franchise), ⑩ 다단계판매사업, ⑪ 사업 영위자가 통상의 인적·물적 시설을 갖추고 투자자로부터 모은 금전 등으로 사업을 하여 그 결과를 배분(특정 사업결과를 배분하는 경우 제외), ⑫ 비영리목적의 계, ⑬ 종중 등의 비영리 사업, ⑭ 비영리법인 등의 정관 범위 내에서의 사업, ⑮ 투자자 전원의 합의에 따라 운용·배분, 기업인수목적회사가 일정한 요건을 갖추어 그 사업목적에 속하는 행위를 하는 경우, ⑯ 그 밖에 전문적 운용자의 존재 여부, 투자자의 투자동기, 운용결과의 예정 배분 시기, 투자자 재산의 분리 필요성 등을 고려하여 금융위가 인정하는 경우

4 투자자문업

❶ 정의 : 금융투자상품, 그 밖에 대통령령으로 정하는 투자대상 자산(이하 '금융투자상품등'이라 한다)의 가치 또는 금융투자상품에 대한 투자판단(종류, 종목, 취득·처분, 취득·처분의 방법·수량·가격 및 시기 등에 대한 판단)에 관하여 자문에 응하는 것을 영업으로 하는 것

❷ 적용 배제

ㄱ. 간행물·출판물·통신물 또는 방송 등을 통하여 불특정 다수인을 대상으로 일방적으로 이뤄지는 투자조언을 하는 경우. 다만, 상기 조언과 관련하여 온라인상에서 일정한 대가를 지급한 고객과 의견을 교환할 수 있는 경우는 제외

ㄴ. 역외영업 특례 적용에 해당하는 역외 투자자문업

ㄷ. 따로 대가 없이 다른 영업에 부수하여 금융투자상품의 가치나 금융투자상품에 대한 투자판단에 관한 자문에 응하는 경우

ㄹ. 집합투자기구평가회사, 채권평가회사, 공인회계사, 감정인, 신용평가업자, 변호사, 변리사, 세무사, 그 밖에 해당 법령에 따라 자문용역을 제공하고 있는 자가 해당 업무와 관련된 분석정보 등을 제공하는 경우

ㅁ. 외국 투자자문업자가 국외에서 국가, 한국은행, 한국투자공사, 법률에 따라 설립된 기금 및 그 기금을 관리·운용하는 법인을 상대로 투자권유 또는 투자광고를 하지 아니하고 그 자를 상대방으로 투자자문업을 하는 경우

❶ 정의 : 투자자로부터 금융투자상품등에 대한 투자판단의 전부 또는 일부를 일임받아 투자자별로 구분하여 그 투자자의 재산상태나 투자목적 등을 고려하여 금융투자상품등을 취득·처분, 그 밖의 방법으로 운용하는 것을 영업으로 하는 것

❷ 적용 배제

ㄱ. 투자중개업자가 투자자의 매매주문을 받아 이를 처리하는 과정에서 별도 대가 없이 투자판단의 전부 또는 일부를 일임받을 필요가 있는 다음의 경우

    a. 투자자가 금융투자상품의 매매거래일(하루에 한정)과 그 매매거래일의 총매매 수량이나 총매매 금액을 지정한 경우로서 투자자로부터 그 지정범위에서 금융투자상품의 수량·가격 및 시기에 대한 투자판단의 일임을 받는 경우

    b. 투자자가 여행·질병등으로 일시적으로 부재하는 중에 금융투자상품의 가격폭락 등 불가피한 사유가 있는 경우로서 투자자로부터 약관 등에 따라 미리 금융투자상품의 매도권한을 일임받은 경우 등(자본시장법 시행령 제7조 제3항 제2호)

    c. 투자자가 금융투자상품의 매매, 그 밖의 거래에 따른 결제나 증거금의 추가 예탁 또는 법 제72조에 따른 신용공여와 관련한 담보비율 유지의무나 상환의무를 이행하지 아니한 경우로서 투자자로부터 약관 등에 따라 금융투자상품의 매도권한(파생상품인 경우에는 이미 매도한 파생상품의 매수권한을 포함)을 일임받은 경우

    d. 투자자가 투자중개업자가 개설한 계좌에 금전을 입금하거나 해당 계좌에서 금전을 출금하는 경우에는 따로 의사표시가 없어도 자동으로 법 제229조 제5호에 따른 단기금융집합투자기구의 집합투자증권등을 매수 또는 매도하거나 환매를 조건으로 증권을 매수 또는 매도하기로 하는 약정을 미리 해당 투자중개업자와 체결한 경우로서 투자자로부터 그 약정에 따라 해당 집합투자증권 등을 매수 또는 매도하는 권한을 일임받거나 환매를 조건으로 증권을 매수 또는 매도하는 권한을 일임받은 경우

ㄴ. 외국 투자일임업자가 국외에서 국가, 한국은행, 한국투자공사, 법률에 따라

설립된 기금 및 그 기금을 관리·운용하는 법인을 상대로 투자권유 또는 투자광고를 하지 아니하고 그 자를 상대방으로 투자일임업을 하는 경우

6 신탁업

❶ 정의 : 신탁 설정자(위탁자)와 신탁을 인수하는 자(수탁자)의 특별한 신임관계에 기하여 위탁자가 특정의 재산권을 수탁자에게 이전하거나 기타의 처분을 하고 수탁자로 하여금 일정한 자(수익자)의 이익을 위하여 또는 특정의 목적을 위하여 그 재산권을 관리, 처분하게 하는 신탁을 영업으로 하는 것
❷ 적용 배제 :「담보부사채신탁법」에 따른 담보부사채에 관한 신탁업,「저작권법」에 따른 저작권신탁관리업

7 전담중개업무(프라임 브로커)

❶ 정의 : 전담중개업무란 일반 사모집합투자기구 등에 대하여 다음 각 호의 어느 하나에 해당하는 업무를 효율적인 신용공여와 담보관리 등을 위하여 일정 방법에 따라 연계하여 제공하는 업무를 말하며, 종합금융투자사업자가 아니면 전담중개업무를 영위할 수 없음(법 제77조의3 제1항).
ㄱ. 증권의 대여 또는 그 중개·주선이나 대리업무
ㄴ. 금전의 융자, 그 밖의 신용공여
ㄷ. 일반 사모집합투자기구 등의 재산의 보관 및 관리
ㄹ. 그 밖에 일반 사모집합투자기구 등의 효율적인 업무 수행을 지원하기 위하여 필요한 업무로서 대통령령으로 정하는 업무
❷ 종합금융투자사업자는 일반 사모집합투자기구 등에 대하여 전담중개업무를 제공하는 경우에는 미리 해당 일반 사모집합투자기구 등과 다음 각 호의 사항을 포함하는 내용에 관한 계약을 체결하여야 함
ㄱ. 전담중개업무와 관련된 종합금융투자사업자와 일반 사모집합투자기구 등의 역할 및 책임에 관한 사항
ㄴ. 종합금융투자사업자가 일반 사모집합투자기구 등의 재산을 제3자에 대한 담

보, 대여, 그 밖에 대통령령으로 정하는 방법으로 이용하는 경우 그 이용에 관한 사항

ㄷ. 종합금융투자사업자가 ㄴ.에 따라 이용한 일반 사모집합투자기구 등의 재산 현황 등에 관한 정보를 일반 사모집합투자기구 등에게 제공하는 절차 및 방법

ㄹ. 그 밖에 대통령령으로 정하는 사항

❸ 종합금융투자사업자는 이 법 또는 다른 금융 관련 법령에도 불구하고 다음 각 호의 업무를 영위할 수 있음

ㄱ. 기업에 대한 신용공여 업무

ㄴ. 그 밖에 해당 종합금융투자사업자의 건전성, 해당 업무의 효율적 수행에 이바지할 가능성 등을 고려하여 종합금융투자사업자에만 허용하는 것이 적합한 업무로서 대통령령으로 정하는 것

---

8   온라인소액투자중개업

❶ 정의 : 온라인소액투자중개업자란 온라인상에서 누구의 명의로 하든지 타인의 계산으로 채무증권, 지분증권, 투자계약증권의 모집 또는 사모에 관한 중개(이하 '온라인소액투자중개'라 한다)를 영업으로 하는 투자중개업자를 말하며, 증권형 크라우드펀딩업자로 불리기도 함

❷ 인가 : 온라인소액투자중개업자가 금융위에 등록한 경우 자본시장법 제12조(금융투자업의 인가)에 따른 인가를 받은 것으로 보며, 주요 등록요건은 다음과 같음

ㄱ. 「상법」에 따른 주식회사 또는 지점 또는 영업소를 설치한 외국 온라인소액투자중개업자

ㄴ. 5억 원 이상의 자기자본을 갖출 것

ㄷ. 사업계획이 타당하고 건전할 것

ㄹ. 투자자의 보호가 가능하고 그 영위하고자 하는 업을 수행하기에 충분한 인력과 전산설비, 그 밖의 물적 설비를 갖출 것

❸ 영업행위 규제

ㄱ. 온라인소액투자중개업자는 자신이 온라인소액투자중개를 하는 증권을 자기의 계산으로 취득하거나, 증권의 발행 또는 그 청약을 주선 또는 대리하는 행위 금지

ㄴ. 온라인소액투자중개업자는 온라인소액투자중개를 통하여 증권을 발행하는
자의 신용 또는 투자 여부에 대한 투자자의 판단에 영향을 미칠 수 있는 자문
이나 온라인소액증권발행인의 경영에 관한 자문에 응할 수 없음

ㄷ. 온라인소액투자중개업자는 투자자가 청약의 내용, 투자에 따르는 위험, 증권
의 매도 제한, 증권의 발행조건과 온라인소액증권발행인의 재무상태가 기재
된 서류 및 사업계획서의 내용을 충분히 확인하였는지의 여부를 투자자의 서
명 등 대통령령으로 정하는 방법으로 확인하기 전에는 그 청약의 의사 표시
를 받아서는 안 됨

ㄹ. 온라인소액투자중개업자는 온라인소액증권발행인의 요청에 따라 투자자의
자격 등을 합리적이고 명확한 기준에 따라 제한할 수 있음

ㅁ. 온라인소액투자중개업자는 투자자가 청약의 의사를 표시하지 아니한 상태에
서 투자자의 재산으로 증권의 청약을 하여서는 안 됨

ㅂ. 온라인소액투자중개업자는 온라인소액증권발행인에 관한 정보의 제공, 청약
주문의 처리 등의 업무를 수행할 때 특정한 온라인소액증권발행인 또는 투자
자를 부당하게 우대하거나 차별하여서는 안 됨

ㅅ. 온라인소액투자중개업자는 증권의 청약기간이 만료된 경우에는 증권의 청약
및 발행에 관한 내역을 지체 없이 투자자에게 통지해야 함

ㅇ. 온라인소액투자중개업자는 다음 각 호의 행위를 제외하고는 증권의 청약을
권유하는 일체의 행위 금지

    a. 투자광고를 자신의 인터넷 홈페이지에 게시하거나 투자광고가 게시된 인
터넷 홈페이지 주소 등을 제공하는 행위

    b. 온라인소액증권발행인이 게재하는 내용을 자신의 인터넷 홈페이지에 게시
하는 행위

    c. 자신의 인터넷 홈페이지를 통하여 자신이 중개하는 증권 또는 그 온라인소
액증권발행인에 대한 투자자들의 의견이 교환될 수 있도록 관리하는 행위

    d. 사모의 방식으로 증권의 청약을 권유하는 경우 온라인소액증권발행인이
게재하는 내용을 특정 투자자에게 전송하는 행위

❹ 투자광고의 특례 : 온라인소액투자중개업자 또는 온라인소액증권발행인은 온라
인소액투자중개업자가 개설한 인터넷 홈페이지 이외의 수단을 통해서 투자광고
를 하는 행위를 금지

❺ 투자한도

  ㄱ. 소득 등 대통령령으로 정하는 요건을 갖춘 자

    a. 최근 1년간 동일 온라인소액증권발행인에 대한 누적투자금액 : 1천만 원 이하

    b. 최근 1년간 누적투자금액 : 2천만 원 이하

  ㄴ. 위 ㄱ호 요건을 갖추지 못한 자

    a. 최근 1년간 동일 온라인소액증권발행인에 대한 누적투자금액 : 500만 원 이하

    b. 최근 1년간 누적투자금액 : 1천만 원 이하

---

section 03   투자자

금융상품에 관한 전문성 및 소유자산 규모 등에 비추어 투자에 따른 위험 감수능력이 있는지 여부를 기준으로 전문투자자와 일반투자자로 구분

1   전문투자자

전문투자자는 금융투자상품에 관한 전문성 및 소유자산 규모 등에 비추어 투자에 따른 위험감수 능력이 있는 투자자를 말하며 개념상 절대적 전문투자자와 상대적 전문투자자, 자발적 전문투자자로 구분

(1) 절대적 전문투자자 : 국가, 한국은행, 금융기관(은행, 보험, 금융투자업자, 증권금융, 종합금융, 자금중개, 금융지주, 여신전문금융, 상호저축은행 및 동 중앙회, 산림조합중앙회, 새마을금고연합회, 신협중앙회 및 이에 준하는 외국 금융기관), 기타 기관(예금보험공사, 한국자산관리공사, 한국주택금융공사, 한국투자공사, 협회, 예탁결제원, 한국거래소, 금감원, 집합투자기구, 신용보증기금, 기술신용보증기금 및 이에 준하는 외국인), 외국정부·외국중앙은행·국제기구 등

(2) 상대적 전문투자자 : 일반투자자 대우를 받겠다는 의사를 금융투자업자에게 서면으로 통지한 경우 일반투자자로 간주

❶ 주권상장법인, 지방자치단체, 기타 기관(기금 관리·운용법인, 공제사업 영위법인, 해외주권 상장 국내법인 및 이에 준하는 외국인) 및 자발적 전문투자자(이에 준하는 외국인) 등이 상대적 전문투자자에 해당

❷ 주권상장법인 등이 장외파생상품 거래를 하는 경우에는 별도 의사를 표시하지 아니하면 일반투자자 대우로, 전문투자자 대우를 받기 위해서는 그 내용을 서면으로 금융투자업자에게 통지하여야 함

❸ 상대적 전문투자자는 일반투자자로 대우받기를 원할 경우 그 내용을 서면으로 금융투자업자에게 통지하여야 함

❹ 금융투자업자는 정당한 사유 없이 상대적 전문투자자의 서면 요청을 거부할 수 없음

(3) 자발적 전문투자자 : 아래의 일정 요건을 갖춘 법인 및 개인이 전문투자자로 대우받고자 할 경우 금융위에 신고(법인은 금융투자협회, 개인은 금융투자업자에 자료제출·심사요청)하여야 하며, 금융위 확인 후 2년간 전문투자자 대우를 받을 수 있다.

❶ 지정신청일 전일 기준 금융투자상품 잔고가 100억 원 이상(외부감사 대상법인의 경우 50억 원 이상)인 법인 또는 단체

❷ 다음의 투자경험 요건과 그 외 요건을 충족(ㄱ+ㄴ 또는 ㄱ+ㄷ 또는 ㄱ+ㄹ)하는 개인 (영 제10조 제3항 제17호)

ㄱ. (투자경험) 최근 5년 중 1년 이상의 기간 동안 금융위가 정하여 고시하는 금융투자상품[1]을 월말 평균잔고 기준으로 5천만 원 이상 보유한 경험이 있을 것

ㄴ. (소득기준) 본인의 직전년도 소득액이 1억 원 이상이거나 본인과 그 배우자의 직전년도 소득액의 합계금액이 1억5천만 원 이상일 것

ㄷ. (자산기준) 총자산에서 거주 부동산·임차보증금 및 총부채(거주주택을 담보로 받은 부채는 제외) 금액을 차감한 금액이 5억 원 이상

---

1 ① 법 제4조 제3항에 따른 사채권(A등급 이하) 및 기업어음증권(A2등급 이하)
   ② 법 제4조 제4항에 따른 지분증권
   ③ 법 제4조 제7항에 따른 파생결합증권
   ④ 법 제9조 제21항에 따른 집합투자증권(단, 법 제9조 제19항에 따른 사모집합투자기구의 집합투자증권 및 제229조 제1호의 증권집합투자기구의 집합투자증권에 한함)

ㄹ. (전문성) 해당 분야에서 1년 이상 종사한 ① 회계사·감평사·변호사·변리사·세무사, ② 투자운용인력, 재무위험관리사 등 시험 합격자, ③ 금융투자업 주요 직무 종사자(1년 이상 등록이력이 있는 투자자산운용사, 금융투자분석사)

❸ 이에 준하는 외국인

| 2 | 일반투자자 |

금융투자상품에 관한 전문성 및 소유자산 규모 등에 비추어 투자에 따른 위험 감수 능력이 없는 투자자를 말하며, 절대적 일반투자자와 상대적 일반투자자로 구분

❶ 절대적 일반투자자 : 전문투자자(절대적 또는 상대적)가 아닌 투자자
❷ 상대적 일반투자자 : 상대적 전문투자자로서 일반투자자 대우를 받겠다는 의사를 금융투자업자에게 서면으로 통지한 자

chapter 03

금융투자업자에 대한 규제 · 감독

금융투자업 인가·등록 개요

1 진입규제 원칙

자본시장법이 경제적 실질이 동일한 금융기능을 동일하게 규율하는 기능별 규제체계를 갖춤에 따라 금융투자업, 금융투자상품, 투자자를 경제적 실질에 따라 재분류하고 이를 토대로 금융기능을 분류하여 금융투자업 인가 부여 또는 등록 승인

(1) 인가대상 금융투자업

❶ 투자매매업 : 누구의 명의로 하든지 자기의 계산으로 금융 투자상품을 매도·매수, 증권의 발행·인수 또는 그 청약의 권유·청약·청약의 승낙을 업으로 하는 것

ㄱ. 지분증권의 가격·지수를 기초로 하는 파생결합증권, 지분증권 가격·지수 외의 것을 기초로 하면서 이자뿐 아니라 원본까지도 이에 연동된 파생결합증권을 발행하는 것은 투자매매업에 해당

ㄴ. 다만, 파생결합증권을 금융투자업자의 인수, 중개 등을 통해 발행하는 경우(투자매매업자를 상대방으로 하거나 투자중개업자를 통하여 금융투자상품을 매매하는 경우)에는 발행 가능(금융투자업에 해당하지 않음)

❷ 투자중개업 : 누구의 명의로 하든지 타인의 계산으로 금융투자상품을 매도·매수, 그 청약의 권유·청약·청약의 승낙 또는 증권의 발행 ·인수에 대한 청약의 권유·청약·청약의 승낙을 업으로 하는 것

❸ 집합투자업 : 2인 이상의 투자자로부터 모은 금전 등을 투자자 등으로부터 일상적인 운용지시를 받지 아니하면서 자산을 취득·처분 그 밖의 방법으로 운용하고 그 결과를 투자자에게 배분하여 귀속시키는 업(단, 일반사모집합투자업은 예외)

❹ 신탁업 : 신탁법에 의한 신탁을 영업으로 하는 업

(2) 등록대상 금융투자업

❶ 투자자문업 : 금융투자상품의 가치 또는 투자판단에 관하여 자문을 하는 업

❷ 투자일임업 : 투자자로부터 금융투자상품에 대한 투자판단의 전부 또는 일부를 일임받아 투자자별로 구분하여 자산을 취득·처분 그 밖의 방법으로 운용하는 업
  - 투자중개업자가 그 대가를 받지 않고 불가피하게 투자판단을 일임받는 경우는 투자일임업으로 보지 않음

❸ 온라인소액투자중개업 : 투자중개업 중 온라인상에서 누구의 명의로 하든지 타인의 계산으로 일정한 자가 발행하는 채무증권, 지분증권, 투자계약증권의 모집 또는 사무에 관한 중개를 영업으로 하는 업

❹ 일반사모집합투자업 : 집합투자업 중 일반사모집합투자기구를 통한 집합투자를 영업으로 하는 업

2 금융투자업 영위 주체

자본시장법에 따라 금융투자업 인가를 받거나 등록을 승인받아야 금융투자업을 영위할 수 있다.

1 금융투자업 인가 절차

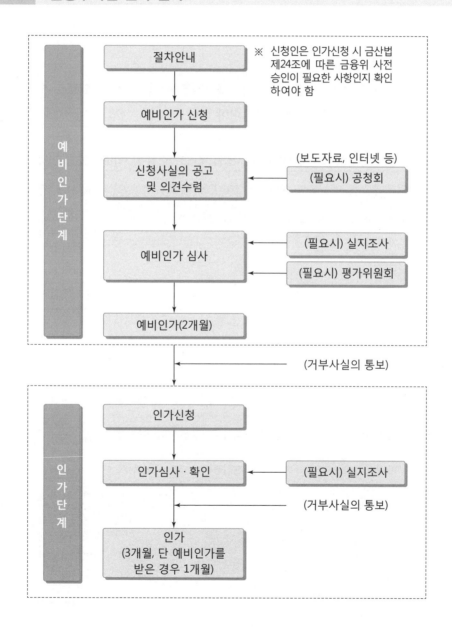

2 　금융투자업 인가요건

(1) 법인격 요건

상법에 따른 주식회사, 대통령령이 정하는 금융기관 및 외국금융투자업자로서 지점 또는 영업소를 설치한 자

(2) 자기자본 요건

금융투자업자의 손실흡수력을 나타내는 자기자본이 인가업무 단위별로 5억 원 이상으로서 대통령령으로 정하는 금액 이상이어야 한다.

표 3-1　인가업무 단위 및 최저자기자본(자본시장법 제15조 제1항 및 제16조 제3항 관련) (단위 : 억 원)

인가업무 단위	금융투자업의 종류	금융투자상품의 범위	투자자의 유형	최저 자기자본
1-1-1	투자매매업	증권	일반투자자 및 전문투자자	500
1-1-2	투자매매업	증권	전문투자자	250
1-11-1	투자매매업	채무증권	일반투자자 및 전문투자자	200
1-11-2	투자매매업	채무증권	전문투자자	100
1-111-1	투자매매업	국채증권, 지방채증권 및 특수채증권	일반투자자 및 전문투자자	75
1-111-2	투자매매업	국채증권, 지방채증권 및 특수채증권	전문투자자	37.5
1-12-1	투자매매업	지분증권(집합투자증권은 제외한다)	일반투자자 및 전문투자자	250
1-12-2	투자매매업	지분증권(집합투자증권은 제외한다)	전문투자자	125
1-13-1	투자매매업	집합투자증권	일반투자자 및 전문투자자	50
1-13-2	투자매매업	집합투자증권	전문투자자	25
11-1-1	투자매매업(인수업은 제외한다)	증권	일반투자자 및 전문투자자	200
11-1-2	투자매매업(인수업은 제외한다)	증권	전문투자자	100

인가업무 단위	금융투자업의 종류	금융투자상품의 범위	투자자의 유형	최저 자기자본
11-11-1	투자매매업(인수업은 제외한다)	채무증권	일반투자자 및 전문투자자	80
11-11-2	투자매매업(인수업은 제외한다)	채무증권	전문투자자	40
11-111-1	투자매매업(인수업은 제외한다)	국채증권, 지방채증권 및 특수채증권	일반투자자 및 전문투자자	30
11-111-2	투자매매업(인수업은 제외한다)	국채증권, 지방채증권 및 특수채증권	전문투자자	15
11-112-1	투자매매업(인수업은 제외한다)	사채권	일반투자자 및 전문투자자	40
11-112-2	투자매매업(인수업은 제외한다)	사채권	전문투자자	20
11-12-1	투자매매업(인수업은 제외한다)	지분증권(집합투자증권은 제외한다)	일반투자자 및 전문투자자	100
11-12-2	투자매매업(인수업은 제외한다)	지분증권(집합투자증권은 제외한다)	전문투자자	50
11-13-1	투자매매업(인수업은 제외한다)	집합투자증권	일반투자자 및 전문투자자	20
11-13-2	투자매매업(인수업은 제외한다)	집합투자증권	전문투자자	10
11r-1r-1	투자매매업(인수업은 제외한다)	제181조 제1항 제1호에 따른 증권	일반투자자 및 전문투자자	60
12-112-1	투자매매업(인수업만 해당한다)	사채권	일반투자자 및 전문투자자	60
12-112-2	투자매매업(인수업만 해당한다)	사채권	전문투자자	30
1-2-1	투자매매업	장내파생상품	일반투자자 및 전문투자자	100
1-2-2	투자매매업	장내파생상품	전문투자자	50
1-21-1	투자매매업	장내파생상품(주권을 기초자산으로 하는 것만 해당한다)	일반투자자 및 전문투자자	50
1-21-2	투자매매업	장내파생상품(주권을 기초자산으로 하는 것만 해당한다)	전문투자자	25
1-3-1	투자매매업	장외파생상품	일반투자자 및 전문투자자	900
1-3-2	투자매매업	장외파생상품	전문투자자	450

인가업무 단위	금융투자업의 종류	금융투자상품의 범위	투자자의 유형	최저 자기자본
1-31-1	투자매매업	장외파생상품(주권을 기초자산으로 하는 것만 해당한다)	일반투자자 및 전문투자자	450
1-31-2	투자매매업	장외파생상품(주권을 기초자산으로 하는 것만 해당한다)	전문투자자	225
1-32-1	투자매매업	장외파생상품(주권 외의 것을 기초자산으로 하는 것만 해당한다)	일반투자자 및 전문투자자	450
1-32-2	투자매매업	장외파생상품(주권 외의 것을 기초자산으로 하는 것만 해당한다)	전문투자자	225
1-321-1	투자매매업	장외파생상품(통화·이자율을 기초자산으로 하는 것만 해당한다)	일반투자자 및 전문투자자	180
1-321-2	투자매매업	장외파생상품(통화·이자율을 기초자산으로 하는 것만 해당한다)	전문투자자	90
1a-1-2	투자매매업	법 제8조의2제5항 및 이 영 제7조의3 제1항에 따른 매매체결대상상품	전문투자자	300
2-1-1	투자중개업	증권	일반투자자 및 전문투자자	30
2-1-2	투자중개업	증권	전문투자자	15
2r-1-2	투자중개업	증권	전문투자자	5
2-11-1	투자중개업	채무증권	일반투자자 및 전문투자자	10
2-11-2	투자중개업	채무증권	전문투자자	5
2-12-1	투자중개업	지분증권(집합투자증권은 제외한다)	일반투자자 및 전문투자자	10
2-12-2	투자중개업	지분증권(집합투자증권은 제외한다)	전문투자자	5
2-13-1	투자중개업	집합투자증권	일반투자자 및 전문투자자	10
2-13-2	투자중개업	집합투자증권	전문투자자	5
2-2-1	투자중개업	장내파생상품	일반투자자 및 전문투자자	20
2-2-2	투자중개업	장내파생상품	전문투자자	10
2-21-1	투자중개업	장내파생상품(주권을 기초자산으로 하는 것만 해당한다)	일반투자자 및 전문투자자	10
2-21-2	투자중개업	장내파생상품(주권을 기초자산으로 하는 것만 해당한다)	전문투자자	5

인가업무 단위	금융투자업의 종류	금융투자상품의 범위	투자자의 유형	최저 자기자본
2-3-1	투자중개업	장외파생상품	일반투자자 및 전문투자자	100
2-3-2	투자중개업	장외파생상품	전문투자자	50
2-31-1	투자중개업	장외파생상품(주권을 기초자산으로 하는 것만 해당한다)	일반투자자 및 전문투자자	50
2-31-2	투자중개업	장외파생상품(주권을 기초자산으로 하는 것만 해당한다)	전문투자자	25
2-32-1	투자중개업	장외파생상품(주권 외의 것을 기초자산으로 하는 것만 해당한다)	일반투자자 및 전문투자자	50
2-32-2	투자중개업	장외파생상품(주권 외의 것을 기초자산으로 하는 것만 해당한다)	전문투자자	25
2-321-1	투자중개업	장외파생상품(통화·이자율을 기초자산으로 하는 것만 해당한다)	일반투자자 및 전문투자자	20
2-321-2	투자중개업	장외파생상품(통화·이자율을 기초자산으로 하는 것만 해당한다)	전문투자자	10
2a-1-2	투자중개업	법 제8조의2제5항 및 이 영 제7조의3 제1항에 따른 매매체결대상상품	전문투자자	200
2i-11-2i	투자중개업	채무증권	전문투자자	30
3-1-1	집합투자업	법 제229조 제1호부터 제5호까지의 규정에 따른 집합투자기구	일반투자자 및 전문투자자	80
3-11-1	집합투자업	법 제229조 제1호·제5호에 따른 집합투자기구	일반투자자 및 전문투자자	40
3-12-1	집합투자업	법 제229조 제2호에 따른 집합투자기구	일반투자자 및 전문투자자	20
3-13-1	집합투자업	법 제229조 제3호에 따른 집합투자기구	일반투자자 및 전문투자자	20
4-1-1	신탁업	법 제103조 제1항 제1호부터 제7호까지의 규정에 따른 신탁재산	일반투자자 및 전문투자자	250
4-1-2	신탁업	법 제103조 제1항 제1호부터 제7호까지의 규정에 따른 신탁재산	전문투자자	125
4-11-1	신탁업	법 제103조 제1항 제1호에 따른 신탁재산	일반투자자 및 전문투자자	130
4-11-2	신탁업	법 제103조 제1항 제1호에 따른 신탁재산	전문투자자	65
4-12-1	신탁업	법 제103조 제1항 제2호부터 제7호까지의 규정에 따른 신탁재산	일반투자자 및 전문투자자	120

인가업무 단위	금융투자업의 종류	금융투자상품의 범위	투자자의 유형	최저 자기자본
4-12-2	신탁업	법 제103조 제1항 제2호부터 제7호 까지의 규정에 따른 신탁재산	전문투자자	60
4-121-1	신탁업	법 제103조 제1항 제4호부터 제6호 까지의 규정에 따른 신탁재산	일반투자자 및 전문투자자	100
4-121-2	신탁업	법 제103조 제1항 제4호부터 제6호 까지의 규정에 따른 신탁재산	전문투자자	50

비고

1. 제7조 제1항의 파생결합증권의 발행은 1-1-1 또는 1-1-2의 금융투자업인가를 받은 자가 1-3-1 또는 1-3-2의 금융투자업인가를 받은 경우만 해당한다.
2. 1-11-1, 1-11-2, 1-111-1, 1-111-2, 1-12-1, 1-12-2, 1-13-1, 1-13-2, 11-11-1, 11-11-2, 11-111-1, 11-111-2, 11-112-1, 11-112-2, 11-12-1, 11-12-2, 11-13-1, 11-13-2, 12-112-1, 12-112-2, 2-11-1, 2-11-2, 2-12-1, 2-12-2, 2-13-1, 2-13-2 및 2i-11-2i의 경우에는 해당 증권과 관련된 증권예탁증권을 포함한다.
3. 11r-1r-1은 제181조에 따른 환매조건부매매만 해당한다.
4. 2r-1-2는 환매조건부매매를 중개하는 경우에만 해당하며, 전문투자자는 제7조 제3항 제3호 각 목의 자를 말한다.
5. 1a-1-2 및 2a-1-2는 법 제78조에 따른 업무만 해당한다.
6. 2i-11-2i는 제179조에 따른 업무만 해당하며, 전문투자자는 같은 조 제1항 제1호 각 목의 자를 말한다.
7. 2-1-1, 2-1-2, 2-12-1 및 2-12-2는 법 제78조에 따른 업무는 제외하며, 2-1-1, 2-1-2, 2-11-1 및 2-11-2는 이 영 제179조에 따른 업무는 제외한다.
8. 집합투자업자가 자기가 운용하는 집합투자기구의 집합투자증권을 매매하는 경우에는 11-13-1 및 11-13-2의 최저자기자본은 해당 최저자기자본의 2분의 1로 한다.
9. 법 제8조 제9항 각 호의 어느 하나에 해당하는 자에 대하여 법 제12조 제2항 제2호에 따른 자기자본을 적용할 때 해당 법령에서 요구하는 자본금(이에 준하는 금액을 포함한다)을 제외한 금액을 기준으로 한다.
10. 삭제 〈2015.10.23.〉
11. 삭제 〈2015.10.23.〉
12. 자기자본을 산정하는 경우에는 최근 사업연도말일 이후 인가신청일까지의 자본금의 증감분을 포함하여 계산한다
13. 1a-1-2 및 2a-1-2의 투자자의 유형은 제78조 제1항 제2호에 따른 다자간매매체결회사의 거래참가자인 전문투자자를 말한다.
14. 법 제249조의3에 따라 전문사모집합투자업을 등록한 자가 3-1-1, 3-11-1, 3-12-1, 3-13-1의 금융투자업 인가를 받으려는 경우 이 표에 따른 자기자본은 이 표에서 요구하는 최저자기자본에서 10억 원을 차감하여 산정한다.

(3) 인력에 관한 요건

❶ 임원의 자격 : 다음 중 어느 하나에 해당하지 않아야 함

ㄱ. 미성년자, 피성년후견인 또는 피한정후견인

ㄴ. 파산선고를 받은 자로서 복권되지 아니한 자

ㄷ. 금고 이상의 실형의 선고를 받거나 지배구조법 또는 금융관계법령에 따라 벌금 이상의 형을 선고받고 그 집행이 종료되거나 집행이 면제된 날부터 5년이

경과되지 아니한 자

ㄹ. 금고 이상의 형의 집행유예의 선고를 받고 그 유예기간 중에 있는 자

ㅁ. 금융관계법령에 따라 영업의 허가·인가·등록 등이 취소되거나 「금융산업의 구조개선에 관한 법률」 제10조 제1항에 따라 적기시정조치를 받거나 「금융산업의 구조개선에 관한 법률」 제14조 제2항에 따른 행정처분을 받을 금융회사의 임직원 또는 임직원이었던 사람(그 조치를 받게 된 원인에 대하여 직접 또는 이에 상응하는 책임이 있는 자로서 대통령령으로 정하는 자로 한정한다)으로서 해당 조치가 있었던 날부터 5년이 지나지 아니한 자

ㅂ. 지배구조법 또는 금융관계법령에 따라 임직원제재조치(퇴임 또는 퇴직한 임직원의 경우 해당 조치에 상응하는 통보를 포함한다)를 받은 사람으로서 조치의 종류별로 5년을 초과하지 아니하는 범위에서 대통령령으로 정하는 기간이 지나지 아니한 자

ㅅ. 해당 금융투자업자의 공익성 및 건전경영과 신용질서를 해칠 우려가 있는 경우로서 대통령령으로 정하는 자

② 최소 전문인력 요건

ㄱ. 집합투자업 및 신탁업 : 각 필요업무에 2년 이상 종사한 경력이 있는 전문인력 요건을 충족하여야 함

ㄴ. 집합투자증권의 투자매매업자·투자중개업자(집합투자업자가 자기가 운용하는 집합투자기구의 집합투자증권을 매매하거나 중개하는 경우를 제외) : 투자권유자문인력을 5인 이상(전문투자자만을 대상으로 하는 투자매매업자·투자중개업자인 경우 또는 상장지수집합투자기구의 집합투자증권만을 대상으로 하는 투자매매업자·투자중개업자인 경우에는 3인 이상) 갖추어야 함

(4) 물적시설에 관한 요건

투자자의 보호가 가능하고 그 영위하고자 하는 금융투자업을 영위하기에 충분한 전산설비, 그 밖의 물적 설비를 갖출 것

(5) 사업계획

사업계획이 다음 사항을 충족시킬 수 있을 만큼 건전하고 타당할 것

표 3-2 　최소 전문인력 요건

구분 코드	전문인력의 종류	최소보유 인원수(명)
3-1-1	증권운용전문인력	5
	부동산운용전문인력	3
3-11-1	증권운용전문인력	4
3-12-1	증권운용전문인력	2
	부동산운용전문인력	3
3-13-1	증권운용전문인력	3
3-14-1	증권금융전문인력 또는 부동산운용전문인력	1
	일반 사모집합투자기구 운용전문인력 또는 증권금융전문인력 또는 부동산운용전문인력	2
4-1-1	증권운용전문인력	5
	부동산운용전문인력	3
4-1-2	증권운용전문인력	3
	부동산운용전문인력	2
4-11-1	증권운용전문인력	3
4-11-2	증권운용전문인력	2
4-12-1 및 4-121-1	증권운용전문인력	3
	부동산운용전문인력	2
4-12-2 및 4-121-2	증권운용전문인력	2
	부동산운용전문인력	1

❶ 수지전망이 타당하고 실현 가능성이 있을 것

❷ 위험관리와 금융사고 예방 등을 위한 적절한 내부통제장치가 마련되어 있을 것

❸ 투자자 보호에 적절한 업무방법을 갖출 것

❹ 법령을 위반하지 아니하고 건전한 금융거래질서를 해칠 염려가 없을 것

(6) 대주주에 대한 요건

대주주(외국 금융투자업자, 은행, 보험의 국내지점의 경우 당해 외국 금융투자업자, 은행, 보험의 본점) 및 신청인이 충분한 출자능력, 건전한 재무상태 및 사회적 신용을 갖출 것

❶ 심사대상 대주주의 범위 : 최대주주, 주요 주주, 최대주주의 특수관계인인 주주, 최대주주가 법인인 경우 그 법인의 최대주주(사실상의 지배자 포함) 및 대표자

❷ 대주주 요건 : 대주주의 형태(금융기관, 내국법인, 내국 개인, 외국법인, 사모투자전문회사 또는 투자목적회사)에 따라 별도의 요건 규정(세부적인 요건은 금융위가 정함)

❸ 대주주 요건의 완화 : 겸영 금융투자업자의 경우와 금융투자업자가 다른 회사와 합병·분할·분할합병을 하는 경우에는 금융위가 그 요건을 완화할 수 있음

(7) 대통령령으로 정하는 건전한 재무상태와 사회적 신용을 갖출 것

(8) 이해상충 방지체계 요건

금융투자업자는 다양한 업무를 겸영함에 따라 발생할 수 있는 이해상충 방지를 위한 장치를 구비하여야 한다.

3　인가요건 유지 의무

금융투자업자는 인가·등록을 받은 이후에도 인가·등록 요건을 계속 유지할 필요

(1) 위반 시 제재

금융투자업자가 인가요건을 유지하지 못할 경우 금융위의 인가가 취소될 수 있음

(2) 자기자본 요건

매 회계연도말 기준 자기자본이 인가업무 단위별 최저 자기자본의 70% 이상을 유지하여야 하며, 다음 회계연도말까지 자본보완이 이루어지는 경우 요건을 충족한 것으로 간주

(3) 대주주 요건

❶ 대주주의 출자능력(자기자본이 출자금액의 4배 이상), 재무건전성, 부채비율(300%) 요건은 출자 이후인 점을 감안하여 인가요건 유지의무에서 배제

❷ 최대주주의 경우 최근 5년간 5억 원 이상의 벌금형만을 적용

❸ 금산법에 의하여 부실금융기관으로 지정된 금융기관의 최대주주·주요 주주 또는 그 특수관계인이 아닐 것

1 금융투자업 등록절차

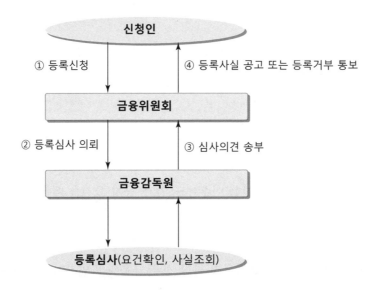

2 금융투자업 등록요건

(1) 법인격 요건

상법에 따른 주식회사, 대통령령으로 정하는 금융기관 및 외국 투자자문업자(또는 외국 투자일임업자)로서 투자자문업(또는 투자일임업)의 수행에 필요한 지점, 그 밖의 영업소를 설치한 자

(2) 자기자본 요건

등록업무 단위별로 일정 수준 이상의 자기자본을 갖출 것(둘 이상의 등록업무 단위를 영위할 경우 각각의 최저 자기자본을 합산) (시행령 별표3)

표 3-3 **등록업무 단위 및 최저 자기자본**　　　　　　　　　　　　　　　　　　　　(단위 : 억 원)

등록업무 단위	금융투자업의 종류	투자대상 자산의 범위	투자자의 유형	최저 자기자본
3-14-1	일반 사모집합 투자업	법 제229조 제1호부터 제5호까지의 규정에 따른 집합투자기구	법 제249조의2에 따른 적격투자자	10
5-1-1	투자자문업	증권, 장내파생상품, 장외파생상품 및 제6조의2 각 호에 따른 투자대상 자산	일반투자자 및 전문투자자	2.5
5-21-1	투자자문업	집합투자증권, 파생결합증권, 환매조건부매매, 제6조의2 제3호에 따른 투자대상 자산, 파생결합증권과 유사한 증권으로서 금융위원회가 정하여 고시하는 재무증권	일반투자자 및 전문투자자	1
6-1-1	투자일임업	증권, 장내파생상품, 장외파생상품 및 제6조의2 각 호에 따른 투자대상 자산	일반투자자 및 전문투자자	15
6-1-2	투자일임업	증권, 장내파생상품, 장외파생상품 및 제6조의2 각 호에 따른 투자대상 자산	전문투자자	5

비고

1. 법 제8조 제9항 각 호의 어느 하나에 해당하는 자에 대하여 법 제18조 제2항 제2호(3-14-1의 업무단위에 대해서는 법 제249조의3 제2항 제2호를 말한다)에 따른 자기자본을 적용할 때 해당 법령에서 요구하는 자본금(이에 준하는 금액을 포함한다)을 제외한 금액을 기준으로 한다.
2. 자기자본을 산정하는 경우에는 최근 사업연도 말일 이후 등록신청일까지의 자본금의 증감분을 포함하여 계산한다.

(3) 인력에 관한 요건

❶ 임원의 자격 : 인가대상 금융투자업의 임원에 대한 요건과 동일함
❷ 금융투자전문인력을 확보할 것 : 투자자문업의 경우 1인 이상, 투자일임업의 경우 2인 이상을 확보해야 하며, 둘 다 영위할 경우 각각의 인력을 모두 확보해야 함(총 3인 이상)

(4) 대주주에 관한 요건

투자자문·일임업을 등록하고자 하는 회사의 대주주는 다음의 요건에 적합할 것

❶ 최근 5년간 자본시장법, 금융 관련 법령 등을 위반하여 벌금형 이상에 상당하는 형사처벌을 받은 사실이 없을 것
❷ 최근 5년간 채무불이행 등으로 건전한 신용질서를 해친 사실이 없을 것
❸ 금산법에 따라 부실금융기관으로 지정되었거나 자본시장법 등에 따라 영업의 허

가·인가 등이 취소된 금융기관의 대주주 또는 특수관계인이 아닐 것

❹ 그 밖에 금융위가 정하는 건전한 금융거래질서를 해친 사실이 없을 것 등

(5) 대통령으로 정하는 건전한 재무상태와 사회적 신용을 갖출 것

(6) 이해상충 방지체계 요건

금융투자업자는 다양한 업무를 겸영함에 따라 발생할 수 있는 이해상충 방지를 위한 장치를 구비하여야 한다.

section 04 | 건전성 규제

1 회계처리

(1) 회계처리기준

금융투자업자의 회계처리는 한국채택국제회계기준에 따르며, 한국채택국제회계기준에서 정하지 않은 사항은 금융투자업규정 및 시행세칙에 따라야 하며, 투자중개업자는 투자자의 예탁재산과 투자중개업자의 자기재산을 구분계리하여야 한다.

❶ 자본시장법 제33조에 따른 업무보고서 재무제표 중 재무상태표 및 포괄손익계산서의 표준 양식과 계정과목별 처리내용 및 외국환계정의 계리기준은 금융감독원장이 정한다. 금융투자업자는 분기별로 가결산을 실시하여야 함
❷ 신탁부문은 기업회계기준 제5004호 '신탁업자의 신계계정'에 따라 고유부문과 분리하여 독립된 계정으로 회계처리
　ㄱ. 감독원장이 정하는 바에 따라 재무상태 및 경영성과를 적정하게 표시하여야 함
　ㄴ. 신탁재산의 건전성 유지에 필요한 준비금(신탁위험충당금과 신탁사업적립금) 등을 충실히 적립하여 회계처리의 공정성과 객관성을 유지하여야 함

(2) 적용기준

❶ 별도의 규정이 있는 것을 제외하고는 종속회사와 연결되지 아니한 금융투자업자의 재무제표를 대상으로 함

❷ 기준이 되는 계정과목별 금액은 금융투자업자가 작성한 재무제표가 외부감사인이 수정한 재무제표와 일치하지 아니하는 경우에는 외부감사인의 수정 후 재무제표를 기준으로 산정함

❸ 금융투자업자가 실질적으로 자신의 계산과 판단으로 운용하는 금전 기타 재산을 제3자의 명의로 신탁한 경우에는 그 금전 기타의 재산을 당해 금융투자업자가 소유하고 있는 것으로 봄

---

2 자산건전성 분류

(1) 자산건전성의 분류

❶ 금융투자업자는 매분기마다 자산 및 부채에 대한 건전성을 '정상', '요주의', '고정', '회수의문', '추정손실'의 5단계로 분류하여야 하며, 매 분기 말 현재 '고정' 이하로 분류된 채권에 대하여 적정한 회수예상가액을 산정하여야 함

❷ 감독원장은 금융투자업자의 자산건전성 분류 및 대손충당금 등 적립의 적정성을 점검하고 부적정하다고 판단되는 경우 이의 시정을 요구할 수 있다. 금융투자업자는 '회수의문' 또는 '추정손실'로 분류된 자산을 조기에 상각하여 자산의 건전성을 확보하여야 함

❸ 금융투자업자는 자산건전성 분류기준의 설정 및 변경, 동 기준에 따른 자산건전성 분류 결과 및 대손충당금 등 적립 결과를 감독원장에게 보고하여야 함

(2) 충당금의 적립기준

대출채권, 가지급금과 미수금, 미수수익, 채무보증, 지급의무가 발생하였으나 아직 대지급하지 아니한 채무보증액 중 대지급 후에는 대출채권으로 분류될 금액, 그 밖에 금융투자업자가 건전성 분류가 필요하다고 인정하는 자산에 대하여 한국채택국제회계기준에 따라 대손충당금을 적립하고 동 대손충당금 적립액이 ① '정상'분류자산의 100분의 0.5, ② '요주의'분류자산의 100분의 2, ③ '고정'분류자산의 100분의 20, ④ '회수의

문' 분류자산의 100분의 75, ⑤ '추정손실' 분류자산의 100분의 100의 합계액에 미달하는 경우 그 미달액을 대손준비금으로 적립하여야 한다. 다만, 정형화된 거래로 발생하는 미수금과 '정상'으로 분류된 대출채권 중 콜론, 환매조건부매수, 한국채택국제회계기준에 따라 당기손익인식 금융자산이나 매도가능 금융자산으로 지정하여 공정가치로 평가한 금융자산에 대하여는 대손충당금을 적립하지 아니할 수 있다.

(3) 적용 특례

채권중개전문회사 및 다자간매매체결회사에 관하여는 자산건전성 분류 및 대손충당금 등의 적립기준에 관한 규정을 적용하지 아니한다.

3 순자본비율 규제

(1) 의의 및 중요성

❶ 기본 의의 : 금융투자업자의 자기자본 규제인 순자본비율(영업용순자본비율) 제도의 의의는 급변하는 시장환경하에서 금융투자업자의 재무건전성을 도모함으로써 궁극적으로는 투자자를 보호하는 데 있음

ㄱ. 진입 확대, 겸업화, 국제화의 진전으로 금융투자업 안팎의 경쟁이 심화되고 파생금융상품의 증가로 새로운 리스크요인이 증대되는 등 금융투자업자의 리스크가 증대되고 있음

ㄴ. 금융투자업자의 파산을 사전에 예방하고, 파산이 일어나는 경우에도 고객과 채권자의 재산이 안전하게 변제될 수 있도록 유도하는 것이 자본시장과 금융투자산업의 안정을 도모하는 데 중요한 의의를 지님

❷ 중요성 : 순자본비율 제도는 감독당국의 주요 감독수단일 뿐만 아니라 금융투자업자의 경영활동에도 매우 중요한 제도임

ㄱ. 적기시정조치의 기준비율

a. 금융투자업자는 자본적정성 유지를 위해 순자본비율 100% 이상 유지되도록 하여야 함

b. 순자본비율이 일정 수준에 미달하는 금융투자업자에 대하여는 단계별로 경영개선조치를 취함

① 순자본비율 50% 이상~100% 미만 : 경영개선 권고

② 순자본비율 0% 이상~50% 미만 : 경영개선 요구

③ 순자본비율 0% 미만 : 경영개선 명령

ㄴ. 금융투자업자의 체계적인 리스크 관리 촉진

    a. 금융투자업자가 보유한 각종 포지션에 대해 리스크를 인식하고 측정하게 함과 아울러 그에 필요한 자기자본을 유지하도록 하고 있음

    b. 간접적으로는 금융투자업자가 스스로 체계적인 리스크 관리를 하도록 촉진하는 역할을 함

ㄷ. 금융투자업자 자산운용의 자율성 제고

개별적인 자산운용에 대한 사전 규제를 배제함에 따라 사업자의 자율적 판단에 따른 자산운용이 가능하며 나아가 금융투자업자의 전문화·차별화도 가능해지게 됨

(2) 기본구조

❶ 기본개념 : 금융투자업자가 파산할 경우 고객 및 이해관계자에게 손실을 입히지 않기 위해서는 '위험손실을 감안한 현금화 가능자산의 규모'가 '상환의무 있는 부채의 규모'보다 항상 크게 유지되어야 함(C≥D ⇔ A≥B ⇔ α≥0)

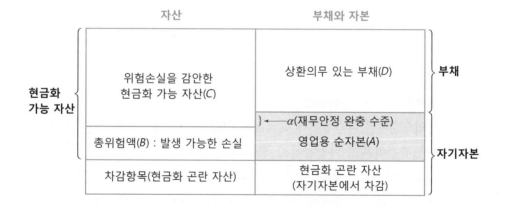

❷ 기본원칙

ㄱ. 순자본비율의 기초가 되는 금융투자업자의 자산, 부채, 자본은 연결 재무제표에 계상된 장부가액(평가성 충당금을 차감한 것)을 기준으로 함

ㄴ. 시장위험과 신용위험을 동시에 내포하는 자산에 대하여는 시장위험액과 신

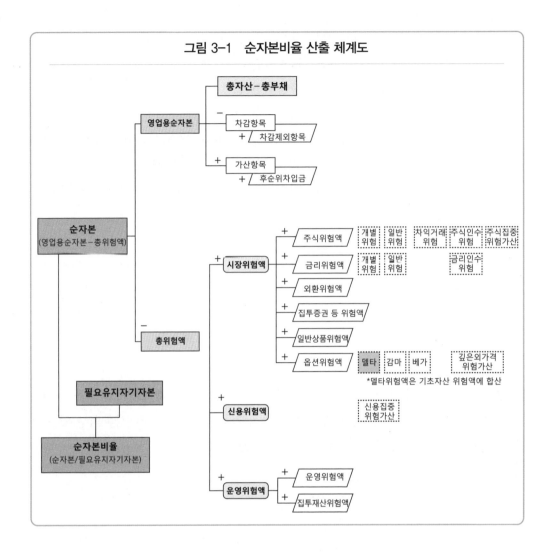

그림 3-1 순자본비율 산출 체계도

용위험액을 모두 산정함

ㄷ. 영업용순자본 차감항목에 대하여는 원칙적으로 위험액을 산정하지 않음

ㄹ. 영업용순자본의 차감항목과 위험액 산정대상 자산 사이에 위험회피효과가 있는 경우에는 위험액 산정대상 자산의 위험액을 감액할 수 있음

ㅁ. 부외자산과 부외부채에 대해서도 위험액을 산정하는 것을 원칙으로 함

(3) 세부 산정방식

❶ 영업용순자본 : 기준일 현재 금융투자업자의 순자산 가치로서 순재산액(자산−부채)에서 현금화 곤란 자산을 차감하고 보완자본을 가산하여 계산

$$\text{영업용순자본} = \text{자산} - \text{부채} - \text{차감항목} + \text{가산항목}$$

ㄱ. 영업용순자본의 계산은 기본적으로 재무상태표상 순재산액(자산－부채)에서 출발함

ㄴ. 차감항목 : 재무상태표상 자산 중 즉시 현금화하기 곤란한 자산

ㄷ. 가산항목 : 재무상태표에서 부채로 계상되었으나 실질적인 채무이행 의무가 없거나 실질적으로 자본의 보완적 기능을 하는 항목 등

❷ 총위험액 : 금융투자업자가 영업을 영위함에 있어 직면하게 되는 손실을 미리 예측하여 계량화한 것으로 다음 산식에 의하여 계산함

$$\text{총위험액} = \text{시장위험액} + \text{신용위험액} + \text{운영위험액}$$

❸ 필요 유지 자기자본 : 금융투자업자가 영위하는 인가업무 또는 등록업무 단위별로 요구되는 자기자본을 합계한 금액

❹ 순자본비율

$$\text{순자본비율} = \frac{\text{영업용순자본} - \text{총위험액}}{\text{필요 유지 자기 자본}}$$

(4) 특수관계인 관련 사항

특수관계인에 대한 금전 또는 증권에 관한 청구권과 특수관계인이 발행한 증권은 전액 영업용순자본에서 차감한다. 이는 금융투자업자가 계열회사 등 이해관계자와의 과도한 거래로 인해 이해관계자들의 재무불안이 금융투자업자의 재무불안으로 직접 이어지는 것을 구조적으로 차단하기 위한 것이다.

(5) 산정 및 보고시기

❶ 산정주기 : 금융투자업자는 최소한 일별로 순자본비율(또는 영업용순자본비율)을 산정해야 함

ㄱ. 순자본비율(영업용순자본비율)과 산출내역은 매월말 기준으로 1개월 이내에 업

무보고서를 통하여 금감원장에게 제출해야 함

ㄴ. 반기별(단, 최근 사업연도말일을 기준으로 자산총액이 1천억 원 이상이고, 장외파생상품에 대한 투자매매업 또는 증권에 대한 투자매매업을 경영하는 금융투자업자의 경우 분기별)로 순자본비율(영업용순자본비율)에 대한 외부감사인의 검토보고서를 첨부하여 금감원장에게 업무보고서를 제출해야 함

❷ 보고시기 : 순자본비율이 100%(영업용순자본비율의 경우 150%) 미만이 된 경우에는 지체 없이 금감원장에게 보고하여야 함

4   레버리지 규제

❶ 레버리지 규제는 당기순손실 등 경영실적이 저조하면서 외부차입비중이 높아 부실우려가 있는 경영부진 회사에 대한 선제적 경영개선을 유도하기 위해, 증권사 및 선물사에 대해 레버리지 비율을 일정 수준 이하로 유지하도록 요구

❷ 레버리지 비율은 개별 재무상태표상의 자기자본 대비 총자산의 비율로 계산되며 구체적인 산정방식을 금감원장이 정함

5   경영실태평가 및 적기시정조치

(1) 개요

경영실태평가는 금융감독당국이 사전적으로는 금융투자회사에 대하여 바람직한 경영지표를 제시하여 건전경영을 유도하고, 사후적으로는 감독상의 보상과 제재를 통하여 책임경영을 도모하려는 취지로 도입

(2) 경영실태평가

❶ 금융투자업자(전업투자자문·일임업자 제외)의 경영 및 재무건전성을 판단하기 위하여 재산과 업무상태 및 위험을 종합적·체계적으로 분석 평가하는 경영실태평가는 감독원장이 검사 등을 통하여 실시하며 평가대상 금융투자업자의 금융투자업의 종류에 따라 공통부문(① 자본적정성, ② 수익성, ③ 내부통제)과 업종부문(① 유동성, ② 안

전성 등)으로 구분하여 평가하고, 그 결과를 감안하여 종합평가

❷ 경영실태평가는 금융투자업자 본점, 해외 현지법인 및 해외지점을 대상으로 하며 1등급(우수), 2등급(양호), 3등급(보통), 4등급(취약), 5등급(위험)의 5단계 등급으로 구분

(3) 적기시정조치

❶ 경영개선 권고 : 금융위는 금융투자업자가 ① 순자본비율이 100% 미만인 경우, ② 경영실태평가 결과 종합평가등급이 3등급(보통) 이상으로서 자본적정성 부문의 평가등급을 4등급(취약) 이하로 판정받은 경우, ③ 거액의 금융사고 또는 부실채권의 발생으로 ① 또는 ②의 기준에 해당될 것이 명백하다고 판단되는 경우, ④ 2년 연속 적자이면서 레버리지 비율이 900%를 초과하는 경우(1종 금융투자업자에 한함), ⑤ 레버리지 비율이 1,100%를 초과하는 경우(1종 금융투자업자[1]에 한함)에는, ① 인력 및 조직운용의 개선, ② 경비절감, ③ 점포관리의 효율화, ④ 부실자산의 처분, ⑤ 영업용순자본감소행위의 제한, ⑥ 신규업무 진출의 제한, ⑦ 자본금의 증액 또는 감액, ⑧ 특별대손충당금의 설정 등의 조치를 권고하여야 함

　　금융투자업자는 순자본비율이 100%에 미달하게 되는 경우에는 지체 없이 순자본비율을 감독원장에게 보고하고 순자본비율이 100% 이상에 이를 때까지 매달 순자본비율(영업용순자본비율)을 다음달 20일까지 감독원장에게 보고하여야 함

❷ 경영개선 요구 : 금융위는 금융투자업자가 ① 순자본비율이 50% 미만인 경우, ② 경영실태평가 결과 종합평가등급을 4등급(취약) 이하로 판정받은 경우, ③ 거액의 금융사고 또는 부실채권의 발생으로 ① 또는 ②의 기준에 해당될 것이 명백하다고 판단되는 경우, ④ 2년 연속 적자이면서 레버리지 비율이 1,100%를 초과하는 경우(1종 금융투자업자에 한함), ⑤ 레버리지 비율이 1,300%를 초과하는 경우(1종 금융투자업자에 한함)에는, ① 고위험자산보유제한 및 자산처분, ② 점포의 폐쇄, 통합 또는 신설제한, ③ 조직의 축소, ④ 자회사의 정리, ⑤ 임원진 교체 요구, ⑥ 영업의 일부정지, ⑦ 합병·제3자 인수·영업의 전부 또는 일부의 양도·금융지주회사의 자회사로의 편입에 관한 계획수립 등의 조치를 이행하도록

1　"1종 금융투자업자"란 법 제8조에 따른 금융투자업자 중 투자매매업자 또는 투자중개업자를 말한다. 다만, 집합투자업을 영위하면서 투자매매업 또는 투자중개업 중 집합투자증권에 대한 영업만을 인가받은 투자매매업자 또는 투자중개업자는 제외한다.

요구하여야 함

❸ 경영개선 명령 : 금융위는 금융투자업자가 ① 순자본비율이 0%(영업용순자본비율의
경우 100%) 미만인 경우, ② 부실금융기관에 해당하는 경우에는, ① 주식의 일부 또
는 전부소각, ② 임원의 직무집행 정지 및 관리인 선임, ③ 합병, 금융지주회사의
자회사로의 편입, ④ 영업의 전부 또는 일부의 양도, ⑤ 제3자의 당해 금융투자
업 인수, ⑥ 6개월 이내의 영업정지, ⑦ 계약의 전부 또는 일부의 이전 등의 조치
를 이행하도록 명령하여야 함. 다만, 영업의 전부정지·전부양도, 계약의 전부이
전 및 주식의 전부소각의 조치는 순자본비율이 0%(영업용순자본비율의 경우 100%) 미
만인 금융투자업자로서 건전한 신용질서나 투자자의 권익을 현저히 해할 우려가
있다고 인정되는 경우와 부실금융기관에 해당하는 경우에 한함

❹ 적기시정조치의 유예 : 금융위는 금융투자업자가 경영개선 권고, 경영개선 요구,
경영개선 명령의 요건에 해당하는 경우라도 자본의 확충 또는 자산의 매각 등으
로 단기간 내에 적기시정조치의 요건에 해당되지 아니하게 될 수 있다고 판단되
는 경우에는 일정기간 동안 조치를 유예할 수 있음

(4) 경영개선 계획의 제출 및 평가등

적기시정조치를 받은 금융투자업자는 당해 조치일로부터 2개월의 범위 내에서 당해
조치권자가 정하는 기한 내에 당해 조치의 내용이 반영된 경영개선 계획을 감독원장에
게 제출하여야 한다. 적기시정조치를 받은 금융투자업자가 제출한 경영개선 계획에 대
하여는 금융위가 각각 당해 경영개선 계획을 제출받은 날로부터 1개월 이내에 승인여
부를 결정하여야 한다.

경영개선 계획의 이행기간은 ① 경영개선 권고를 받은 경우 경영개선 계획의 승인일
로부터 6개월 이내, ② 경영개선 요구를 받은 경우 경영개선 계획의 승인일로부터 1년
이내, ③ 경영개선 명령을 받은 경우에는 금융위가 정한다.

경영개선 계획의 승인을 받은 금융투자업자는 매 분기 말부터 10일 이내에 동 계획
의 분기별 이행실적을 감독원장에게 제출하고, 감독원장은 경영개선 계획의 이행실적
이 미흡하거나 관련 제도의 변경 등 여건 변화로 인하여 이행이 곤란하다고 판단되는
경우에는 동 계획의 수정요구 또는 일정기간 내의 이행 촉구 등 필요한 조치를 취할 수
있다.

(5) 긴급조치

금융위는 ① 발행한 어음 또는 수표가 부도로 되거나 은행과의 거래가 정지 또는 금지되는 경우, ② 유동성이 일시적으로 급격히 악화되어 투자자예탁금 등의 지급불능 사태에 이른 경우, ③ 휴업 또는 영업의 중지 등으로 돌발사태가 발생하여 정상적인 영업이 불가능하거나 어려운 경우에는, ① 투자자예탁금 등의 일부 또는 전부의 반환명령 또는 지급정지, ② 투자자예탁금 등의 수탁금지 또는 다른 금융투자업자로의 이전, ③ 채무변제행위의 금지, ④ 경영개선명령조치, ⑤ 증권 및 파생상품의 매매 제한 등의 조치를 할 수 있다.

6 위험관리

(1) 개요

❶ 금융투자회사는 리스크의 평가 및 관리를 최우선 과제로 인식하고 독립적인 리스크 평가와 통제를 위한 리스크 관리체제를 구축해야 함

❷ 금융감독당국도 리스크 중심의 감독(risk-based supervision)체제를 구축하여 금융투자회사의 리스크 관리 감독을 강화하고 있음

(2) 위험관리체제 구축

금융투자업자는 각종 거래에서 발생하는 제반 위험을 적시에 인식·평가·감시·통제하는 등 위험관리를 위한 체제를 갖추고, 위험을 효율적으로 관리하기 위하여 부서별, 거래별 또는 상품별 위험부담한도·거래한도 등을 적절히 설정·운영하여야 한다. 또한, 금융투자업자는 주요 위험 변동 상황을 자회사와 연결하여 종합적으로 인식하고 감시하여야 한다.

금융투자업자의 이사회는 ① 경영전략에 부합하는 위험관리 기본방침 수립, ② 금융투자업자가 부담 가능한 위험 수준의 결정, ③ 적정투자한도 또는 손실허용한도 승인, ④ 위험관리지침의 제정 및 개정에 관한 사항을 심의·의결함. 다만 효율적인 위험관리를 위하여 필요하다고 인정되는 경우 이사회 내에 위험관리를 위한 위원회를 두고 그 업무를 담당하게 할 수 있다. 특히 장외파생상품에 대한 투자매매업의 인가를 받은 금융투자업자 또는 인수업을 포함한 투자매매업의 인가를 받은 금융투자업자는 경영상

발생할 수 있는 위험을 실무적으로 종합관리하고 이사회와 경영진을 보조할 수 있는 전담조직을 두어야 한다.

(3) 위험관리지침 마련

금융투자업자는 위험을 관리하기 위하여 순자본비율(영업용순자본비율) 및 자산부채비율의 수준, 운용자산의 내용과 위험의 정도, 자산의 운용방법, 고위험 자산의 기준과 운용한도, 자산의 운용에 따른 영향, 콜차입 등 단기차입금 한도, 내부적인 보고 및 승인체계, 위반에 대한 내부적인 징계내용 및 절차 등에 관한 기본적인 사항, 위험관리조직의 구성 및 운영에 관한 사항 등을 정한 위험관리지침을 마련하고, 이를 준수하여야 한다.

이와 같은 위험관리지침에는 ① 자산 및 집합투자재산의 운용시 발생할 수 있는 위험의 종류, 인식, 측정 및 관리체계에 관한 내용, ② 금융투자업자 또는 집합투자기구가 수용할 수 있는 위험 수준의 설정에 관한 내용, ③ 개별 자산 또는 거래가 금융투자업자 또는 집합투자기구에 미치는 영향의 평가에 관한 내용, ④ 위험관리지침의 내용을 집행하는 조직에 관한 내용, ⑤ 위험관리지침 위반에 대한 처리절차, ⑥ 장부 외 거래기록의 작성·유지에 관한 사항 등이 포함되어야 한다.

(4) 외국환업무 취급 금융투자업자의 위험관리

❶ 외국환업무 취급 금융투자업자는 국가별위험, 거액신용위험, 시장위험 등 외국환 거래에 따르는 위험의 종류별로 관리기준을 자체적으로 설정·운용하고, 그 관리 기준을 설정·변경하거나 동 기준을 초과하여 외국환거래를 취급하고자 할 경우 에는 위험관리조직의 결정을 거쳐야 함

❷ 외환파생상품 거래 위험관리

ㄱ. 외국환업무 취급 금융투자업자는 '외환파생상품거래위험관리기준'을 자체적 으로 설정·운영하여야 함

ㄴ. 위 ㄱ.에 따른 외환파생상품거래위험관리기준은 감독원장이 다음의 사항을 고려하여 정하는 사항을 포함하여야 함

　　a. 외국환업무 취급 금융투자업자는 '외환파생상품'(『외국환거래규정』 제1-2조 제 20-2호의 외환파생상품 중 통화선도(outright forward), 통화옵션 및 외환스왑(FX swap)에 한함) 거래를 체결할 경우 거래상대방(기업투자자에 한함)에 대하여 그 거래가

영 제186조의2 제1호에 따른 위험회피 목적인지 여부를 확인할 것

　　b. 외국환업무 취급 금융투자업자는 거래상대방별로 거래한도를 설정하여야
　　하며 다른 외국환업무 취급기관과 이미 체결된 외환파생상품 거래잔액을 감
　　안하여 운영할 것

　ㄷ. 감독원장은 외국환업무 취급 금융투자업자의 건전성을 위하여 필요한 경우
　　외국환업무 취급 금융투자업자에 대하여 외환파생상품거래위험관리기준의
　　변경 및 시정을 요구할 수 있음

7　외환건전성

(1) 외화유동성비율

　외국환업무 취급 금융투자업자는 외화자산 및 외화부채를 각각 잔존만기별로 구분하
여 관리하고 ① 잔존만기 3개월 이내 부채에 대한 잔존만기 3개월 이내 자산의 비율 :
100분의 80 이상, ② 외화자산 및 외화부채의 만기 불일치비율(잔존만기 7일 이내의 경우에는
자산이 부채를 초과하는 비율 100분의 0 이상, 잔존만기 1개월 이내의 경우에는 부채가 자산을 초과하는 비
율 100분의 10 이내)을 유지하여야 한다. 다만, 총자산에 대한 외화부채의 비율이 100분의
1에 미달하는 외국환업무 취급 금융투자업자에 대하여는 적용하지 아니한다.

(2) 외국환포지션 한도

❶ 외국환포지션 중 종합포지션은 각 외국통화별 종합매입초과포지션의 합계액과
　종합매각초과포지션의 합계액 중 큰 것으로 하고, 선물환포지션은 각 외국통화별
　선물환매입초과포지션의 합계에서 선물환매각초과포지션의 합계를 차감하여 산
　정함

❷ 포지션 한도

　ㄱ. 종합매입초과포지션은 각 외국통화별 종합매입초과포지션의 합계액 기준으
　　로 전월말 자기자본의 100분의 50에 상당하는 금액을, 종합매각초과포지션
　　은 각 외국통화별 종합매각초과포지션의 합계액 기준으로 전월말 자기자본
　　의 100분의 50에 상당하는 금액을 한도로 함

　ㄴ. 선물환매입초과포지션은 각 외국통화별 선물환매입초과포지션의 합계액 기

준으로 전월 말 자기자본의 100분의 50에 상당하는 금액을, 선물환매각초과포지션은 각 외국통화별 선물환매각초과포지션의 합계액 기준으로 전월말 자기자본의 100분의 50에 상당하는 금액을 한도로 함

ㄷ. 위 ㄱ.과 ㄴ.의 자기자본은 다음과 같으며 미달러화로 환산한 금액을 기준으로 함. 이 경우 적용되는 대미달러 환율은 감독원장이 정함(전년도 외국환포지션 한도 산정 시 적용환율과 전년도 평균 매매기준율을 평균한 환율로 하되, 전년도 외국환포지션 한도를 산정하지 아니한 경우에는 전년도 평균 매매기준율을 적용하며, 외국환포지션한도 산정 시 미달러화 1천 달러 미만은 절상함)

 a. 법 제12조 제2항 제1호 가목에 해당하는 금융투자업자의 경우는 납입자본금·적립금 및 이월이익잉여금의 합계액을 말함

 b. 외국 금융투자업자 지점의 경우는 영업기금·적립금 및 이월이익잉여금의 합계액을 말함

❸ 별도한도의 인정

ㄱ. 금감원장은 이월이익잉여금의 환위험을 회피하기 위한 외국환매입분에 대하여 별도한도를 인정받고자 하는 외국 금융투자업자의 지점과 외국환포지션 한도의 초과가 필요하다고 인정되는 외국환업무 취급 금융투자업자에 대하여는 위 ❷에서 정한 외국환포지션 한도 외에 별도한도를 인정할 수 있음

ㄴ. 위 ㄱ.에 따른 별도한도의 인정기간은 2년 이내로 함

(3) 한도관리

외국환업무 취급 금융투자업자는 외국환포지션 한도 준수 여부를 매 영업일 잔액을 기준으로 확인하고, 외국환포지션 한도를 위반한 경우에는 위반한 날로부터 3영업일 이내에 금감원장에게 이를 보고하여야 한다. 다만, ① 자본금 또는 영업기금의 환위험을 회피하기 위한 외국환 매입분, ② 외국 금융투자업자 지점이 이월이익잉여금 환위험을 회피하기 위해 별도한도로 인정받은 외국환 매입분은 외국환포지션 한도관리대상에서 제외

(1) 업무보고서 제출

금융투자업자는 매 사업연도 개시일부터 3개월간·6개월간·9개월간 및 12개월간의 업무보고서를 작성하여 그 기간 경과 후 45일 이내에 금융위에 제출하여야 한다.

(2) 결산서류의 제출

금융투자업자는 외감법에 따라 회계감사를 받은 ① 감사보고서, ② 재무제표 및 부속 명세서, ③ 수정재무제표에 따라 작성한 순자본비율보고서 또는 영업용순자본비율보고 서 및 자산부채비율보고서, ④ 해외점포의 감사보고서, 재무제표 및 부속명세서를 금융 감독원장이 요청할 경우에 제출하여야 한다. 금융투자업자는 회계감사인의 감사보고서 의 내용이 회계연도 종료일 현재로 작성하여 제출한 업무보고서의 내용과 다른 경우에 는 그 내역 및 사유를 설명하는 자료를 감사보고서와 함께 즉시 제출하여야 한다.

(3) 경영공시

금융투자업자는 상장법인의 공시의무 사항의 발생, 부실채권 또는 특별손실의 발생, 임직원이 형사처벌을 받은 경우, 그 밖에 다음의 경우에는 금융위에 보고하고, 인터넷 홈페이지 등을 이용하여 공시하여야 한다.

❶ 「독점규제 및 공정거래에 관한 법률」 제2조 제2호에서 정하는 동일 기업집단별(동 일 기업집단이 아닌 경우 개별 기업별)로 금융투자업자의 직전 분기 말 자기자본의 100 분의 10에 상당하는 금액을 초과하는 부실채권의 발생

❷ 금융사고 등으로 금융투자업자의 직전 분기말 자기자본의 100분의 2에 상당하는 금액을 초과하는 손실이 발생하였거나 손실이 예상되는 경우(단, 10억원 이하 제외)

❸ 민사소송의 패소 등의 사유로 금융투자업자의 직전 분기말 자기자본의 100분의 1에 상당하는 금액을 초과하는 손실이 발생한 경우(단, 10억원 이하 제외)

❹ 적기시정조치, 인가 또는 등록의 취소 등의 조치를 받은 경우

❺ 회계기간 변경을 결정한 경우

❻ 상장법인이 아닌 금융투자업자에게 재무구조·채권채무관계·경영환경·손익구조

등에 중대한 변경을 초래하는 사실이 발생하는 경우

9 대주주와의 거래 제한

(1) 대주주 및 특수관계인 발행 증권의 소유 제한

❶ 대주주 발행 증권 소유 제한 : 금융투자업자는 대주주가 발행한 증권을 소유할 수 없음. 다만, 다음의 경우 금융위가 정하는 기간까지 소유할 수 있음

ㄱ. 담보권의 실행 등 권리행사에 필요한 경우

ㄴ. 안정조작 또는 시장조성을 하는 경우

ㄷ. 대주주가 변경됨에 따라 이미 소유하고 있는 증권이 대주주가 발행한 증권으로 되는 경우

ㄹ. 인수와 관련하여 해당 증권을 취득하는 경우

ㅁ. 관련 법령에 따라 사채보증 업무를 할 수 있는 금융기관 등이 원리금의 지급을 보증하는 사채권을 취득하는 경우

ㅂ. 특수채증권을 취득하는 경우 등

❷ 계열회사 발행 증권 등 소유 제한 : 금융투자업자는 그 계열회사(금융투자업자의 대주주 제외)가 발행한 주식, 채권 및 약속어음을 자기자본의 8%를 초과하여 소유할 수 없음. 다만, 담보권 실행 등 권리행사, 시장조성 안정조작, 계열회사가 아닌 자가 계열회사가 되는 경우, 인수, 보증사채 특수채증권, 경영참여목적의 출자 등, 차익거래 투자위험회피거래, 자기자본 변동 등의 사유로 인한 한도 초과 등의 경우에는 금융위가 정하는 기간까지 소유할 수 있음

❸ 대주주 신용공여 제한 : 금융투자업자는 대주주 및 대주주의 특수관계인에 대하여 신용공여가 금지되며, 대주주 및 대주주의 특수관계인은 금융투자업자로부터 신용공여를 받는 것이 금지됨. 다만, 다음의 경우 신용공여 허용

ㄱ. 임원에 대한 제한적 신용공여, 해외현지법인에 대한 채무보증, 담보권 실행 등 권리행사 등

ㄴ. 신용공여 : 금전 증권 등 경제적 가치가 있는 재산의 대여, 채무이행 보증, 자금 지원적 성격의 증권 매입, 담보제공, 어음배서, 출자이행약정 등

❹ 계열회사 발행 증권 예외 취득 : 금융투자업자는 계열회사 발행 증권을 한도 내에

서 예외적으로 취득하거나, 대주주 및 대주주의 특수관계인에 대하여 예외적으로 신용공여를 하는 경우에는 재적이사 전원의 찬성에 의한 이사회 결의를 거쳐야 함

다만, 단일거래금액(일상적인 거래로서 약관에 따른 거래금액 제외)이 자기자본의 10/10,000과 10억 원 중 적은 금액의 범위인 경우에는 이사회 결의 불필요

금융투자업자는 대주주 또는 그 계열회사 발행 증권의 예외적인 취득 등을 한 경우에는 그 내용을 금융위에 보고하고, 인터넷 홈페이지 등을 통하여 공시하여야 함

또한 예외적인 취득 등과 관련한 보고사항을 종합하여 분기마다 금융위에 보고하고 인터넷 홈페이지를 통해 공시하여야 함

금융위는 금융투자업자 또는 그 대주주에게 자료제출을 명할 수 있으며, 금융투자업자에게 대주주 발행증권의 신규 취득 등을 제한할 수 있음

(2) 대주주의 부당한 영향력 행사 금지

❶ 금융투자업자의 대주주(대주주의 특수관계인 포함)는 자신의 이익을 얻을 목적으로 금융투자업자에 대한 미공개 정보의 제공 요구, 인사 경영에 부당한 영향력 행사, 위법행위 요구 등을 하는 것이 금지됨

❷ 금융위는 금융투자업자 또는 대주주(대주주의 특수관계인 포함)에게 필요한 자료의 제출을 명할 수 있음

section 05 영업행위 규칙

자본시장법은 금융투자업자에 대한 영업행위 규칙을 공통 영업행위 규칙과 금융투자업자별 영업행위 규칙으로 구분하여 규정하고 있다. 공통 영업행위 규칙은 모든 금융투자업자에게 적용되는 규칙이고, 금융투자업자별 영업행위 규칙은 업자별 특성을 고려하여 세분화된 규칙이다.

1 　공통 영업행위 규칙

(1) 신의성실의무 등

❶ 금융투자업자는 신의성실의 원칙에 따라 공정하게 금융투자업을 영위하여야 함
❷ 금융투자업자는 정당한 사유 없이 투자자의 이익을 해하면서 자기 또는 제3자의
　이익을 추구해서는 아니 됨

(2) 상호 규제

금융투자업자가 아닌 자가 금융투자업자로 오인될 수 있는 문자를 상호에 사용하는
것을 금지함

❶ 금융투자업자가 아닌 자의 사용금지 문자 : 금융투자(financial investment)
❷ 증권 대상 투자매매업자 및 투자중개업자가 아닌 자의 사용금지 문자 : 증권(securities)
❸ 파생상품 대상 투자매매업자 및 투자중개업자가 아닌 자의 사용금지 문자 : 파생
　(derivatives), 선물(futures)
❹ 집합투자업자가 아닌 자의 사용금지 문자 : 집합투자(collective investment, pooled
　investment), 투자신탁(investment trust, unit trust), 자산운용(asset management)
❺ 투자자문업자가 아닌 자의 사용금지 문자 : 투자자문(investment advisory)
　☞ 「부동산투자회사법」에 따른 부동산투자자문회사는 '투자자문' 사용 가능
❻ 투자일임업자가 아닌 자의 사용금지 문자 : 투자일임(discretionary investment)
❼ 신탁업자가 아닌 자의 사용금지 문자 : 신탁(trust)

(3) 명의대여 금지

금융투자업자는 자기의 명의를 대여하여 타인에게 금융투자업을 영위하게 하여서는
아니됨

(4) 겸영 제한

❶ 금융투자업자는 다른 금융업무를 겸영하고자 하는 경우 그 업무를 영위하기 시
　작한 날부터 2주 이내에 이를 금융위에 보고하여야 함

❷ 겸영대상 업무

ㄱ. 금융 관련 법령에서 인가·등록등을 요하는 금융업무(모든 금융투자업자) : 보험
대리점·보험중개사업무, 일반사무관리회사업무, 외국환업무 및 외국환중개
업무, 퇴직연금사업자업무, 담보부사채신탁업무, 자산관리회사업무(부동산 투
자회사법), 기업구조조정전문회사업무, 중소기업창업투자회사업무, 신기술사
업금융업

ㄴ. 금융 관련 법령에서 금융투자업자가 영위할 수 있도록 한 업무(모든 금융투자업
자) : 전자자금이체업무

ㄷ. 국가·공공단체 업무 대리 및 투자자예탁금의 자금이체업무(투자매매업자 및 투자
중개업자)

ㄹ. 그 밖에 다음에 해당하는 금융업무(투자자문업, 투자일임업만 경영하는 금융투자업자는
제외함)

　　a. 「자산유동화에 관한 법률」에 따른 자산관리자업무 및 유동화전문회사업무
　　　의 수탁업무

　　b. 투자자 계좌에 속한 증권·금전등에 대한 제3자 담보권의 관리업무

　　c. 사채모집 수탁업무

　　d. 기업금융업무 관련 대출업무 및 프로젝트 파이낸싱 관련 대출업무 : 증권
　　　투자매매업자

　　e. 증권의 대차거래 및 그 중개·주선·대리업무 : 증권 투자매매·중개업자

　　f. 지급보증업무 : 증권 및 장외파생상품 투자매매업자

　　g. 원화표시 양도성 예금증서 및 대출채권 등 채권의 매매와 그 중개·주선·대
　　　리업무 : 채무증권 투자매매·중개업자

　　h. 대출의 중개·주선·대리업무

　　i. 금지금의 매매·중개업무

　　j. 퇴직연금사업자로서 퇴직연금수급권을 담보로 한 대출업무

(5) 부수업무 영위

❶ 금융투자업자는 금융투자업에 부수하는 업무를 영위하고자 하는 경우 영위하기
시작한 날부터 2주 이내에 금융위에 보고하여야 함

❷ 제한·시정명령 : 금융위는 부수업무 신고 내용이 경영건전성을 저해하거나, 투자

자 보호에 지장을 초래하거나 금융시장의 안전성을 저해하는 경우에는 그 부수업무의 영위를 제한하거나 시정을 명할 수 있음

(6) 업무위탁

❶ 규제 개요

ㄱ. 금융투자업자는 영위 업무(금융투자업, 겸영업무, 부수업무)의 일부를 제3자에게 위탁할 수 있음

ㄴ. 금융투자업의 본질적 업무(인가·등록을 한 업무와 관련된 필수업무)를 위탁하는 경우에는 위탁받는 자가 당해 업무 수행에 필요한 인가·등록한 자이어야 함(외국업자의 경우 해당 국가에서 인가·등록한 자)

ㄷ. 준법감시인 및 위험관리책임자의 업무 등 내부통제업무는 위탁이 금지됨

❷ 본질적 업무

ㄱ. 투자매매업 : 계약 체결·해지, 매매호가 제시, 주문의 접수·전달·집행, 인수, 인수증권의 가치분석, 인수증권 가격 결정 및 청약사무수행·배정업무

ㄴ. 투자중개업 : 계약 체결·해지, 일일정산, 증거금 관리 및 거래종결, 주문의 접수·전달·집행·확인

ㄷ. 집합투자업 : 집합투자기구 설정·설립, 집합투자재산 운용·운용지시, 집합투자재산 평가

ㄹ. 투자자문·일임업 : 계약 체결·해지, 투자조언·투자일임

ㅁ. 신탁업 : 신탁계약 및 집합투자재산 보관·관리계약 체결·해지, 신탁재산 및 집합투자재산 보관·관리, 신탁재산 운용(신탁재산에 속하는 지분증권의 의결권 행사를 포함)

❸ 재위탁의 제한 : 원칙적으로 재위탁은 금지되나, 단순업무 및 외화자산 운용·보관업무는 위탁자의 동의를 받아 재위탁할 수 있음

❹ 기타 업무위탁 관련 규제

ㄱ. 금융투자업자는 제3자에게 업무를 위탁하는 경우 위탁계약을 체결하여야 하며, 실제 업무 수행일의 7일 전(단, 본질적 업무에 해당하지 아니하는 업무에 대해서는 업무수행일로부터 14일 이내)까지 금융위에 보고하여야 함

ㄴ. 금융투자업자는 업무위탁을 한 내용을 계약서류 및 투자설명서(집합투자업자의 경우 제124조 제2항 제3호에 따른 간이투자설명서를 포함한다. 제64조, 제86조 및 제93조에서도

동일)에 기재하여야 하며, 사후에 그 내용을 변경한 경우 투자자에게 통보하여
야 함

ㄷ. 금융투자업자는 위탁업무의 범위 내에서 투자자의 금융투자상품 매매 등에
관한 정보를 제공할 수 있음

(7) 이해상충 관리

❶ 규제체계

ㄱ. 일반 규제 : 신의성실의무, 투자자의 이익을 해하면서 자기 또는 제3자의 이
익도모 금지, 직무 관련 정보이용 금지, 선관주의의무

☞ 선관주의의무는 자산관리업자(집합투자업, 신탁업, 투자자문·일임업)에게만 적
용됨

ㄴ. 직접 규제 : 선행매매 금지, 과당매매 금지, 이해관계인과의 투자자 재산(집합
투자재산, 신탁재산, 투자일임재산) 거래 제한등

ㄷ. 정보교류 차단장치(Chinese Wall) : 사내·외 정보차단벽 간 정보제공, 임직원 겸
직, 사무공간·전산설비 공동이용 등 정보교류 금지

❷ 이해상충 관리의무

ㄱ. 금융투자업자는 금융투자업의 영위와 관련하여 금융투자업자와 투자자 간,
특정 투자자와 다른 투자자 간 이해상충을 방지하기 위해 이해상충발생 가능
성을 파악·평가하고, 내부통제기준이 정하는 방법·절차에 따라 이를 적절히
관리하여야 함

ㄴ. 이해상충이 발생할 가능성이 있다고 인정되는 경우에는 투자자에게 그 사실
을 미리 알리고, 이해상충이 발생할 가능성을 내부통제 기준에 따라 투자자
보호에 문제가 없는 수준으로 낮춘 후에 거래를 하여야 함

ㄷ. 금융투자업자는 이해상충이 발생할 가능성을 낮추는 것이 곤란하다고 판단
되는 경우에는 거래를 하여서는 아니 됨

(8) 정보교류 차단장치

❶ 내부 정보교류 차단장치 설치 범위

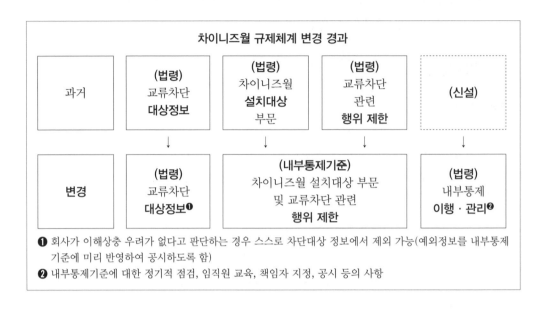

차이니즈월 규제체계 변경 경과

과거	(법령) 교류차단 **대상정보**	(법령) 차이니즈월 **설치대상** 부문	(법령) 교류차단 관련 **행위 제한**	(신설)
↓	↓	↓	↓	↓
변경	(법령) 교류차단 **대상정보❶**	(내부통제기준) 차이니즈월 설치대상 부문 및 교류차단 관련 **행위 제한**		(법령) 내부통제 **이행·관리❷**

❶ 회사가 이해상충 우려가 없다고 판단하는 경우 스스로 차단대상 정보에서 제외 가능(예외정보를 내부통제 기준에 미리 반영하여 공시하도록 함)
❷ 내부통제기준에 대한 정기적 점검, 임직원 교육, 책임자 지정, 공시 등의 사항

❷ 내부 정보교류 차단장치 주요 내용

ㄱ. 미공개중요정보, 투자자의 금융투자상품 매매 또는 소유 현황에 관한 정보로 서 불특정 다수인이 알 수 있도록 공개되기 전의 정보, 집합투자재산, 투자일 임재산 및 신탁재산의 구성내역과 운용에 관한 정보로서 불특정 다수인이 알 수 있도록 공개되기 전의 정보 등의 정보교류는 원칙적으로 금지

ㄴ. 정보교류 차단을 위해 필요한 기준 및 절차, 정보교류 차단의 대상이 되는 정 보의 예외적 교류를 위한 요건 및 절차, 정보교류 차단 업무를 독립적으로 총 괄하는 임원 또는 금융위가 정하여 고시하는 총괄·집행책임자의 지정·운영, 정보교류 차단을 위한 상시적 감시체계의 운영, 내부통제기준 중 정보교류 차단과 관련된 주요 내용의 공개 등을 포함한 내부통제기준 수립의무

(1) 공통규제

❶ 투자권유 : 특정 투자자를 상대로 금융투자상품의 매매, 투자자문계약·투자일임 계약·신탁계약(관리형신탁 및 투자성 없는 신탁계약 제외)의 체결을 권유하는 것

❷ 적합성 원칙

　☞ 자본시장법상 적합성 원칙, 적정성 원칙, 설명의무 등의 규제는 상당수가 「금 융소비자 보호에 관한 법률」(이하 '금융소비자보호법'이라 한다)로 이관되었으나, 금융투자업자에 관한 내용을 중심으로 금융소비자보호법의 내용을 살펴보기 로 함

　ㄱ. 금융투자업자는 금융소비자가 일반금융소비자인지 전문금융소비자인지를 확인하여야 함

　ㄴ. 고객파악 의무(Know Your Customer Rule) : 금융투자업자는 일반금융소비자에 게 투자권유를 하기 전에 면담 등을 통하여 투자자의 투자목적·재산상황·투 자경험 등의 정보를 파악하고, 투자자로부터 서명 등의 방법으로 확인을 받 아 유지·관리하여야 하며, 확인받은 내용을 일반금융소비자에게 제공하여 야 함

　ㄷ. 적합성 원칙(Suitability) : 금융투자업자는 일반금융소비자에게 투자권유를 하 는 경우 그 일반금융소비자의 투자목적 등에 비추어 적합하지 아니하다고 인 정되는 투자권유를 하여서는 아니 됨

❸ 적정성 원칙

　ㄱ. 금융투자업자는 일반금융소비자에게 투자권유를 하지 아니하고 자본시장법 에 따른 파생상품 및 파생결합증권, 사채(社債) 중 일정한 사유가 발생하는 경 우 주식으로 전환되거나 원리금을 상환해야 할 의무가 감면될 수 있는 사채, 자본시장법 시행령에 따른 고난도금융투자상품, 고난도투자일임계약 및 고 난도금전신탁계약 등을 판매하려는 경우에는 면담·질문 등을 통하여 그 일반 금융소비자의 일반금융소비자의 연령, 금융상품에 대한 이해도, 기대이익 및 기대손실 등을 고려한 위험에 대한 태도 등의 정보를 파악하여야 함

　ㄴ. 금융투자업자는 일반금융소비자의 투자목적 등에 비추어 해당 파생상품등이

그 일반투자자에게 적정하지 아니하다고 판단되는 경우에는 그 사실을 알리고, 일반투자자로부터 서명 등의 방법으로 확인을 받아야 함

❹ 설명의무

ㄱ. 금융투자업자는 일반금융소비자에게 투자권유를 하는 경우에는 금융투자상품의 내용 등을 투자자가 이해할 수 있도록 설명하여야 하며, 금융소비자가 이해하였음을 서명 등의 방법으로 확인하여야 함

☞ 설명하여야 할 내용 : 금융투자상품의 내용, 투자 위험, 금융소비자가 부담해야 하는 수수료, 계약의 해지·해제, 증권의 환매(還買) 및 매매 등에 관한 사항

ㄴ. 금융투자업자는 설명을 함에 있어 투자자의 합리적인 투자판단이나 해당 금융투자상품의 가치에 중대한 영향을 미칠 수 있는 중요사항을 거짓으로 또는 왜곡(불확실한 사항에 대하여 단정적 판단을 제공하거나 확실하다고 오인하게 할 소지가 있는 내용을 알리는 행위를 말한다)하여 설명하거나 중요한 사항에 대한 설명을 누락하여서는 아니 됨

ㄷ. 금융투자업자는 설명의무(확인의무 제외) 위반으로 인해 발생한 일반금융소비자의 손해를 배상할 책임이 있음. 이 경우 일반금융소비자 손실액 전부를 손해액으로 추정(손해액 산정의 입증책임의 전환)

❺ 부당권유의 금지

ㄱ. 거짓의 내용을 알리는 행위 및 불확실한 사항에 대하여 단정적 판단을 제공하거나 확실하다고 오인하게 될 소지가 있는 내용을 알리는 행위 금지

ㄴ. 투자자에게 투자권유의 요청을 받지 않고 방문·전화등 실시간 대화의 방법을 이용하여 장외파생상품의 투자권유를 하는 행위 금지(unsolicited call 금지)

ㄷ. 계약의 체결권유를 받은 금융소비자가 이를 거부하는 취지의 의사를 표시하였는데도 계약의 체결권유를 계속하는 행위 금지. 다만, 1개월 경과 후 투자권유 및 다른 종류의 금융투자상품에 대한 투자권유는 가능

ㄹ. 금융상품 내용의 일부에 대하여 비교대상 및 기준을 밝히지 아니하거나 객관적인 근거 없이 다른 금융상품과 비교하여 해당 금융상품이 우수하거나 유리하다고 알리는 행위 금지

ㅁ. 금융상품의 가치에 중대한 영향을 미치는 사항을 미리 알고 있으면서 금융소비자에게 알리지 아니하는 행위 금지

⑥ 투자권유준칙

ㄱ. 금융투자업자는 투자권유를 함에 있어 임직원이 준수하여야 할 구체적인 기준 및 절차(투자권유준칙)를 정하여야 함. 파생상품 등에 대하여는 일반투자자의 투자목적 등을 고려하여 투자자 등급별로 차등화된 투자권유준칙을 마련하여야 함

ㄴ. 협회는 금융투자업자가 공통으로 사용할 수 있는 표준투자권유준칙을 정할 수 있음

ㄷ. 금융투자업자는 투자권유준칙을 제정하거나 변경한 경우 인터넷 홈페이지 등을 통하여 이를 공시하여야 함

(2) 투자권유대행인

❶ 자격

ㄱ. 투자권유자문인력·투자운용인력 시험에 합격한 자 또는 보험모집에 종사하고 있는 보험설계사·중개사·대리점 등록요건을 갖춘 자(집합투자증권의 투자권유로 제한)로서 협회가 정한 교육을 이수한 자, 1사 전속(다른 금융투자업자에 의해 금융위에 등록된 자가 아닐 것), 등록이 취소된 경우 그 등록이 취소된 날로부터 3년 경과자

ㄴ. 금융투자업자는 투자권유대행인에게 투자권유를 위탁하는 경우 위탁받은 자를 금융위에 등록하여야 함. 금융위는 등록업무를 협회에 위탁

❷ 투자권유대행인의 금지행위

ㄱ. 위탁한 금융투자업자를 대리하여 계약을 체결하는 행위

ㄴ. 투자자로부터 금전·증권등의 재산을 수취하는 행위

ㄷ. 투자권유대행업무를 제3자에게 재위탁하는 행위

ㄹ. 둘 이상의 금융투자업자와 투자권유 위탁계약을 체결하는 행위

ㅁ. 보험설계사가 소속 보험회사가 아닌 보험회사와 투자권유 위탁계약을 체결하는 행위 등

❸ 투자권유대행인은 투자권유를 대행함에 있어 금융투자업자의 명칭, 금융투자업자를 대리하여 계약을 체결할 권한이 없다는 사실, 투자자로부터 금전·재산 등을 수취할 수 없다는 사실 등을 투자자에게 알려야 하며, 자신이 투자권유대행인이라는 사실을 나타내는 표지를 게시하거나 증표를 내보여야 함

❹ 금융투자업자는 투자권유대행인이 투자권유를 대행함에 있어 법령을 준수하고 건전한 거래질서를 해하는 일이 없도록 성실히 관리하여야 하며, 이를 위한 투자권유대행 기준을 제정하여야 함. 투자권유대행인이 투자권유를 대행함에 있어서 투자자에게 손해를 끼친 경우 민법상의 사용자의 배상책임이 준용됨

❺ 투자권유대행인의 금지사항 및 고지사항 : 투자권유대행인은 법령에서 정하는 행위 외에 ① 금융투자상품의 매매, 그 밖의 거래와 관련하여 투자자에게 일정 한도를 초과하여 직접 또는 간접적인 재산상의 이익을 제공하면서 권유하는 행위, ② 금융투자상품의 가치에 중대한 영향을 미치는 사항을 사전에 알고 있으면서 이를 투자자에게 알리지 아니하고 당해 금융투자상품의 매수 또는 매도를 권유하는 행위, ③ 위탁계약을 체결한 금융투자업자가 이미 발행한 주식의 매수 노는 매도를 권유하는 행위, ④ 투자목적, 재산상황 및 투자경험 등을 감안하지 아니하고 투자자에게 지나치게 빈번하게 투자권유를 하는 행위, ⑤ 자기 또는 제3자가 소유한 금융투자상품의 가격 상승을 목적으로 투자자에게 당해 금융투자상품의 취득을 권유하는 행위, ⑥ 투자자가 불공정거래를 하고자 함을 알고 그 매매, 그 밖의 거래를 권유하는 행위, ⑦ 금융투자상품의 매매, 그 밖의 거래와 관련하여 투자자의 위법한 거래를 은폐하여 주기 위하여 부정한 방법을 사용하도록 권유하는 행위를 할 수 없음

또한, 투자권유대행인은 투자권유를 대행함에 있어서 투자자에게 법령에서 정하는 사항 외에 ① 금융투자상품의 매매, 기타 거래에 관한 정보는 금융투자업자가 관리하고 있다는 사실, ② 투자권유대행인의 금지사항을 미리 알려야 함

❻ 검사 · 조치
ㄱ. 투자권유대행인은 투자권유대행과 관련하여 업무 및 재산상황에 대하여 금융감독원장의 검사를 받아야 함
ㄴ. 금융위는 투자권유대행인의 등록요건 미유지, 법률 위반 등에 대하여 등록을 취소하거나 6개월 이내의 투자권유대행업무 정지를 할 수 있음

(3) 직무 관련 정보의 이용 금지 등

❶ 직무 관련 정보의 이용 금지 : 금융투자업자는 직무상 알게 된 정보로서 외부에 공개되지 아니한 정보를 정당한 사유 없이 자기 또는 제3자의 이익을 위하여 이용하여서는 아니됨

❷ 손실보전 등의 금지 : 금융투자업자 및 그 임직원은 금융투자상품의 거래와 관련하여 사전 손실보전 약속 또는 사후 손실보전, 사전 이익보장 또는 사후 이익제공을 하여서는 아니됨

다만, 손실의 보전·이익의 보장이 허용된 신탁상품, 그 밖에 정당한 사유가 있는 경우를 제외함

(참고 법령해석) 손익의 분배 또는 손익의 순위를 달리 정하는 일반 사모집합투자기구를 운용하는 집합투자업자가 고유재산으로 당해 집합투자기구 후순위 수익권의 전부 또는 일부를 취득할지라도, 위와 같은 사정만으로 손실보전 등의 금지에 반하지 아니함(금융위원회 2020. 3. 2. 자 법령해석)

(4) 약관

❶ 금융투자업자의 신고, 공시

ㄱ. 금융투자업자는 금융투자업 영위와 관련하여 약관을 제정·변경하고자 하는 경우 미리 금융위에 신고하여야 함. 다만, 보고 또는 신고된 약관과 동일하거나 유사한 내용으로 약관을 제정·변경하는 경우, 표준약관의 제정·변경에 따라 약관을 제정·변경하는 경우, 변경명령에 따라 약관을 제정·변경하는 경우, 법령의 제정·개정에 따라 약관을 제정·변경하는 경우에는 제정·변경 후 7일 이내에 금융위 및 협회에 보고하여야 함

ㄴ. 금융투자업자는 약관을 제정·변경한 경우 공시하여야 함

❷ 협회의 표준약관 제정, 변경

협회는 표준약관을 제정·변경고자 하는 경우에는 미리 금융위에 신고하여야 함. 다만, 전문투자자만을 대상으로 하는 표준약관을 제정·변경한 경우에는 제정·변경 후 7일 이내에 금융위에 보고하여야 함

❸ 금융위의 약관 변경 명령

금융위는 약관이 법령에 위반되거나 투자자 이익을 침해할 우려가 있는 경우에는 금융투자업자 또는 협회에 약관의 변경을 명할 수 있음

(5) 수수료

❶ 금융투자업자는 투자자로부터 받는 수수료의 부과기준 및 절차에 관한 사항을

정하여 공시하여야 함

❷ 금융투자업자는 수수료 부과기준을 정함에 있어 정당한 사유 없이 투자자를 차별하여서는 아니 됨

❸ 금융투자업자는 수수료 부과기준 및 절차를 협회에 통보하여야 하며, 협회는 금융투자업자별로 비교·공시하여야 함

(6) 자료의 기록 · 유지

금융투자업자는 업무 관련 자료를 종류별로 일정한 기간 동안 기록·유지하여야 하며 (영업·재무 관련 자료 10년, 내부통제자료 5년 등), 자료가 멸실되거나 위조·변조가 되지 않도록 적절한 대책을 수립·시행하여야 한다.

(7) 소유증권 예탁

금융투자업자(겸영업자 제외)는 고유재산으로 소유하는 증권 및 원화CD를 예탁결제원에 예탁하여야 한다. 다만, 해당 증권의 유통 가능성, 다른 법령에 따른 유통방법이 있는지 여부, 예탁의 실행 가능성 등을 고려하여 대통령령으로 정하는 경우에는 예탁결제원에 예탁하지 아니할 수 있음. 외화증권의 경우에는 외국 보관기관에 예탁할 수 있다.

(8) 금융투자업 폐지 공고

금융투자업자는 금융투자업을 폐지하거나 지점·영업소의 영업을 폐지하는 경우에는 폐지 30일 전에 일간신문에 공고하여야 하며, 알고 있는 채권자에게는 각각 통지하여야 한다.

금융투자업자는 인가대상 또는 등록대상 금융투자업 전부의 폐지를 승인받거나 금융투자업 인가 또는 등록이 취소된 경우 그 금융투자업자가 행한 거래를 종결시켜야 하며, 거래를 종결시키는 범위에서는 금융투자업자로 간주

(9) 임직원의 금융투자상품 매매

❶ 금융투자업자의 임직원(겸영 금융투자업자(증권금융회사 제외)의 경우 금융투자업 직무 수행 임직원에 한함)은 자기 계산으로 특정 금융투자상품을 매매하는 경우 자기의 명의로 하나의 투자중개업자(투자중개업자의 임직원은 그가 소속된 투자중개업자에 한함)를 통하여 하나의 계좌로 매매하여야 하며, 매매명세를 분기별 (주요 직무종사자의

경우 월별)로 소속 회사에 통지하여야 함

❷ 특정 금융투자상품의 범위 : 상장 지분증권 또는 협회중개시장 거래 지분증권(집합투자증권 및 우리사주조합 명의로 취득하는 주식제외), 상장 증권예탁증권, 주권 관련 사채권(상장 지분증권·증권예탁증권 관련), 파생결합증권(상장 지분증권·증권예탁증권 관련), 장내파생상품, 장외파생상품(상장 지분증권·증권예탁증권 관련)

❸ 금융투자업자는 임직원의 금융투자상품 매매와 관련하여 불공정행위 또는 이해상충 방지를 위해 임직원에 따라야 할 적절한 기준 및 절차를 정하여야 하며, 분기별로 확인하여야 함

(10) 손해배상책임

❶ 금융투자업자는 법령·약관·집합투자규약·투자설명서를 위반하거나 그 업무를 소홀히 하여 투자자에게 손해를 발생시킨 경우 배상책임이 있음

❷ 투자매매업·중개업과 집합투자업 겸영에 따른 이해상충과 관련된 불건전 영업행위로 인한 손해에 대하여는 그 금융투자업자가 상당한 주의를 다하였음을 증명하거나, 투자자가 거래 시 그 사실을 안 경우에는 배상책임을 지지 않음

❸ 금융투자업자가 손해배상책임을 지는 경우, 관련 임원에게도 귀책사유가 있는 경우에는 금융투자업자와 연대하여 손해를 배상할 책임이 있음

(11) 외국 금융투자업자의 특례

❶ 외국 금융투자업자의 지점·영업소에 대하여 자본시장법을 적용하는 경우 영업기금 및 관련 전입금은 자본금으로 보고, 자본금·적립금·이월이익잉여금 합계액은 자기자본으로 보며, 국내 대표자는 임원으로 간주

❷ 외국 금융투자업자의 지점·영업소는 영업기금과 부채액의 합계액에 상당하는 자산을 국내에 두어야 함

❸ 외국 금융투자업자의 지점·영업소가 청산·파산하는 경우 국내 자산은 국내 채무변제에 우선 충당하여야 함

chapter 04

투자매매업자 및 투자중개업자에 대한 영업행위규제

개요

금융투자업자 중 투자매매업자 및 투자중개업자에 대해서는 공통영업행위규칙 외에 투자매매업 또는 투자중개업을 영위하면서 발생할 수 있는 이해상충을 방지하여 투자자 피해를 최소화하고 건전한 영업질서를 유지하기 위해 매매행태 명시, 자기계약 금지, 시장매매 의무, 자기주식 취득제한, 임의매매 금지, 불건전 영업행위 금지, 신용공여 제한, 매매명세 통지, 예탁금 예금증권 보관 등을 규제하고 있다.

section 02 | 매매 또는 중개업무 관련 규제

1 | 매매형태의 명시

투자매매업자 또는 투자중개업자는 투자자로부터 금융투자상품의 매매에 관한 청약 또는 주문을 받는 경우에는 사전에 그 투자자에게 자기가 투자매매업자인지 투자중개 업자인지를 밝혀야 한다(법 제66조).

이는 당해 매매에서 금융투자업자가 거래의 중개에 따른 수수료를 수취하는 중개인 인지, 아니면 투자자와의 거래에 따른 손익을 추구하는 협상의 상대방인지 그 역할을 사전에 투자자에게 분명하게 알림으로써 투자자가 합리적 판단을 할 수 있는 기회를 제 공하고자 하는 취지이며, 이를 알리는 방법상의 제한은 없다.

매매형태 명시의무를 위반하여 투자자의 주문을 받은 투자매매업자 또는 투자중개업 자는 1년 이하의 징역 또는 3천만 원 이하의 벌금에 처할 수 있다(법 제446조 제11호).

2 | 자기계약의 금지

투자매매업자 또는 투자중개업자는 금융투자상품에 관한 같은 매매에 있어서 자신이 본인이 됨과 동시에 상대방의 투자중개업자가 될 수 없다(법 제67조). 다만, ① 투자매매 업자 또는 투자중개업자가 증권시장 또는 파생상품시장을 통하여 매매가 이루어지도록 한 경우 또는 ② 그 밖에 투자자 보호 및 건전한 거래질서를 해할 우려가 없는 경우로서 대통령령으로 정하는 경우, 즉 ㉠ 투자매매업자 또는 투자중개업자가 자기가 판매하는 집합투자증권을 매수하는 경우, ㉡ 투자매매업자 또는 투자중개업자가 다자간매매체결 회사를 통하여 매매가 이루어지도록 한 경우, ㉢ 종합금융투자사업자가 금융투자상품 의 장외매매가 이루어지도록 한 경우 또는 ㉣ 그 밖에 공정한 가격 형성과 매매, 거래의 안정성과 효율성 도모 및 투자자의 보호에 우려가 없는 경우로서 금융위가 정하여 고시 하는 경우에는 그러하지 아니한다.

고객으로부터 금융투자상품의 매매를 위탁받은 투자중개업자가 고객의 대리인이 됨 과 동시에 그 거래 상대방이 될 수 없다는 의미이며, 이 외에 투자자 보호나 건전한 거

래질서를 해칠 우려가 없는 경우도 예외로 인정한다는 의미

자기계약금지를 위반하여 고객과 거래한 투자매매업자 또는 투자중개업자는 1년 이하의 징역 또는 3천만 원 이하의 벌금에 처할 수 있다(법 제446조 제12호).

3　최선집행의무

투자매매업자 또는 투자중개업자는 금융투자상품의 매매(대통령령으로 정하는 거래는 제외)에 관한 투자자의 청약 또는 주문을 처리하기 위하여 대통령령으로 정하는 바에 따라 최신의 거래조건으로 집행하기 위한 기준(이하 '최신집행기준'이라 한다)을 마련하고 이를 공표하여야 한다.

❶ 최선집행기준이 적용되지 않는 거래는 ① 증권시장에 상장되지 아니한 증권의 매매, ② 장외파생상품의 매매, ③ 증권시장에 상장된 증권 또는 장내파생상품의 어느 하나에 해당하는 금융투자상품 중 복수의 금융투자상품시장에서의 거래 가능성 및 투자자 보호의 필요성 등을 고려하여 총리령으로 정하는 금융투자상품의 매매

❷ 최선집행기준이 적용되지 않는 금융투자상품은 ① 채무증권, ② 지분증권(주권은 제외한다), ③ 수익증권, ④ 투자계약증권, ⑤ 파생결합증권, ⑥ 증권예탁증권(주권과 관련된 증권예탁증권은 제외), ⑦ 장내파생상품

❸ 최선집행기준에는 ① 금융투자상품의 가격, ② 투자자가 매매체결과 관련하여 부담하는 수수료 및 그 밖의 비용, ③ 그 밖에 청약 또는 주문의 규모 및 매매체결의 가능성 등을 고려하여 최선의 거래조건으로 집행하기 위한 방법 및 그 이유 등이 포함되어야 함. 다만, 투자자가 청약 또는 주문의 처리에 관하여 별도의 지시를 하였을 때에는 그에 따라 최선집행기준과 달리 처리할 수 있음

투자매매업자 또는 투자중개업자는 최선집행기준에 따라 금융투자상품의 매매에 관한 청약 또는 주문을 집행하여야 한다. 투자자의 청약 또는 주문을 집행한 후 해당 투자자가 그 청약 또는 주문이 최선집행기준에 따라 처리되었음을 증명하는 서면 등을 요구하는 경우에는 금융위가 정하여 고시하는 기준과 방법에 따라 해당 투자자에게 제공하여야 한다.

투자매매업자 또는 투자중개업자는 3개월마다 최선집행기준의 내용을 점검하여야

하는데, 이 경우 최선집행기준의 내용이 청약 또는 주문을 집행하기에 적합하지 아니한 것으로 인정되는 때에는 이를 변경하고, 변경의 이유를 포함하여 그 변경 사실을 공표하여야 한다. 최선집행기준의 공표 또는 그 변경 사실의 공표는 ① 투자매매업자 또는 투자중개업자의 본점과 지점, 그 밖의 영업소에 게시하거나 비치하여 열람에 제공하는 방법 또는 ② 투자매매업자 또는 투자중개업자의 인터넷 홈페이지를 이용하여 공시하는 방법으로 하여야 한다.

투자매매업자 또는 투자중개업자는 금융투자상품의 매매에 관한 청약 또는 주문을 받는 경우에는 미리 문서, 전자문서, 또는 팩스로 최선집행기준을 기재 또는 표시한 설명서를 투자자에게 교부하여야 한다. 다만, 이미 해당 설명서 또는 변경내용이 기재 또는 표시된 설명서를 교부한 경우에는 그러하지 아니하다.

최선의 거래조건의 구체적인 내용, 최선집행기준의 공표의 방법과 제2항에 따른 청약·주문의 집행 방법 및 최선집행기준의 점검·변경 및 변경 사실의 공표 방법 등에 관하여 필요한 사항은 대통령령으로 정하도록 하고 있다.

4 자기주식의 예외적 취득

투자매매업자는 투자자로부터 그 투자매매업자가 발행한 자기주식으로서 증권시장(다자간매매체결회사에서의 거래를 포함)의 매매 수량단위 미만의 주식에 대하여 매도의 청약을 받은 경우에는 이를 증권시장 밖에서 취득할 수 있다(법 제69조). 이 경우 취득한 자기주식은 취득일로부터 3개월 이내에 처분하여야 한다.

5 임의매매의 금지

투자매매업자 또는 투자중개업자는 투자자나 그 대리인으로부터 금융투자상품의 매매의 청약 또는 주문을 받지 아니하고는 투자자로부터 예탁받은 재산으로 금융투자상품의 매매를 할 수 없다(법 제70조).

이러한 임의매매는 투자자로부터 매매에 대한 위탁 또는 위임이 있는 일임매매와 구분하여야 한다.

임의매매를 한 투자매매업자 또는 투자중개업자는 5년 이하의 징역 또는 2억 원 이하의 벌금에 처할 수 있다(법 제444조 제7호).

section 03 불건전 영업행위의 금지

1 개요

투자매매업자 또는 투자중개업자는 영업의 영위와 관련하여 투자자 보호 또는 건전한 거래질서를 해칠 우려가 있는 행위를 할 수 없으며, 이를 위반한 금융투자업자 및 그 임직원은 손해배상책임과 행정조치뿐만 아니라 형사벌칙의 대상이 된다.

자본시장법은 이러한 불건전 영업행위 중 그 정도가 중하고 대표적인 유형을 직접 열거(법 제71조)하여 그 위반행위에 대하여 5년 이하의 징역 또는 2억 원 이하의 벌금에 처하도록 하고 있으며(법 제444조 제8호), 시행령 등 하위규정에서 그 밖의 불건전 영업행위를 정할 수 있도록 위임하는 동시에 그 하위규정의 위반행위에 대해서는 5천만 원 이하의 과태료를 부과하도록 하고 있다(법 제449조 제29호).

2 선행매매의 금지

투자중개업자 또는 투자매매업자는 투자자로부터 금융투자상품의 가격에 중대한 영향을 미칠 수 있는 매수 또는 매도의 청약이나 주문을 받거나 받게 될 가능성이 큰 경우 고객의 주문을 체결하기 전에 자기의 계산으로 매수 또는 매도하거나 제3자에게 매수 또는 매도를 권유하는 행위(front-running)를 할 수 없다(법 제71조 제1호).

다음의 경우에는 선행매매에 해당되지 않는다(시행령 제68조 제1항 제1호).

(1) 투자자의 매매주문에 관한 정보를 이용하지 않았음을 입증하는 경우

(2) 증권시장과 파생상품시장 간의 가격차이를 이용한 차익거래, 그 밖에 이에 준하는 거래로서 투자자의 정보를 의도적으로 이용하지 아니하였다는 사실이 객관적으로 명백한 경우

3   조사분석자료 공표 후 매매금지

투자매매업자 또는 투자중개업자는 특정 금융투자상품의 가치에 대한 주장이나 예측을 담고 있는 자료(조사분석자료)를 투자자에게 공표함에 있어서 그 조사분석자료의 내용이 사실상 확정된 때부터 공표 후 24시간이 경과하기 전까지 그 조사분석자료의 대상이 된 금융투자상품을 자기의 계산으로 매매(scalping)할 수 없다(법 제71조 제2호).

이는 투자자의 투자판단에 영향을 미치는 자료를 생성하는 자(투자매매업자 또는 투자중개업자)가 그를 이용하여 금융투자상품 매매를 하는 행위를 막기 위한 것이다.

다음의 어느 하나에 해당되는 경우에는 적용 예외(시행령 제68조 제1항 제2호)

(1) 조사분석자료의 내용이 직접 또는 간접으로 특정 금융투자상품의 매매를 유도하는 것이 아닌 경우

(2) 조사분석자료의 공표로 인한 매매유발이나 가격 변동을 의도적으로 이용하였다고 볼 수 없는 경우

(3) 공표된 조사분석자료의 내용을 이용하여 매매하지 아니하였음을 증명하는 경우

(4) 해당 조사분석자료가 이미 공표한 조사분석자료와 비교하여 새로운 내용을 담고 있지 아니한 경우

4   조사분석자료 작성자에 대한 성과보수 금지

조사분석자료의 작성을 담당하는 자에 대해서는 일정한 기업금융업무와 연동된 성과보수를 지급할 수 없다(법 제71조 제3호).

성과보수 연동이 금지되는 기업금융업무는 조사분석자료의 왜곡 가능성이 높은 다음의 업무를 말한다(시행령 제68조 제2항).

(1) 인수업무

(2) 모집·사모·매출의 주선업무

(3) 기업의 인수 및 합병의 중개·주선 또는 대리업무

(4) 기업의 인수·합병에 관한 조언업무

(5) 경영참여형 사모집합투자기구 집합투자재산 운용업무

(6) 프로젝트금융의 자문 또는 주선업무, 자문 또는 주선에 수반되는 프로젝트금융

5 모집 · 매출과 관련된 조사분석자료의 공표 · 제공 금지

투자매매업자 또는 투자중개업자는 주권 등 일정한 증권의 모집 또는 매출과 관련된 계약을 체결한 날부터 그 증권이 최초로 증권시장에 상장된 후 40일 이내에 그 증권에 대한 조사분석자료를 공표하거나 특정인에게 제공할 수 없다(법 제71조 제4호).

☞ 대상증권 : 주권, 전환사채, 신주인수권부사채, 교환사채(주권, CB 또는 BW와 교환을 청구할 수 있는 것만 해당) 및 전환형 조건부 자본증권(법 제71조 제4호 및 시행령 제68조 제4항)

6 투자권유대행인 · 투자권유자문인력 이외의 자의 투자권유 금지

투자매매업자 또는 투자중개업자는 투자권유대행인 또는 투자권유자문인력이 아닌 자에게 투자권유를 하도록 할 수 없다(법 제71조 제5호).

투자권유대행인은 자기의 직원이 아닌 자로서 금융투자업자가 투자권유를 위탁하는 자를 말하며, 투자권유자문인력은 금융투자업자의 직원 중 투자권유자문인력을 말한다.

따라서 금융투자업자는 투자권유를 외부에 위탁하는 경우에는 투자권유대행인, 내부 직원으로 하여금 하도록 하는 경우에는 투자권유자문인력에게만 권유를 하도록 하여야 한다는 의미한다.

7 일임매매의 금지

투자매매업자 또는 투자중개업자는 투자자로부터 금융투자상품에 대한 투자판단의 전부 또는 일부를 일임받아 투자자별로 구분하여 금융투자상품의 취득·처분, 그 밖의 방법으로 운용하는 행위, 즉 일임매매를 할 수 없다(법 제71조 제6호).

다만, 투자일임업의 형태로 하는 경우와 법 제7조 제4항(투자중개업자가 투자자의 매매주문

을 받아 이를 처리하는 과정에서 금융투자상품에 대한 투자판단의 전부 또는 일부를 일임받을 필요가 있는 경우로서 일정한 경우(시행령 제7조 제3항)에는 투자일임업으로 보지 않음)에서 예외적으로 투자일임업으로 보지 않는 경우에는 적용하지 아니한다.

8 기타 불건전영업행위의 금지

이러한 불건전영업행위 외에 투자자 보호 또는 건전한 거래질서를 해할 우려가 있는 행위로서 시행령에서 정하는 다음의 행위도 금지된다(법 제71조 제7호, 시행령 제68조 제5항).

(1) 투자매매업자 또는 투자중개업자에게 서면으로 일반투자자와 같은 대우를 받겠다고 통지한 전문투자자의 요구에 정당한 사유 없이 동의하지 아니하는 행위

다만, 전문투자자 중 국가, 한국은행, 국내 금융회사, 예금보험공사등(시행령 제10조 제3항 제1호 내지 제11호), 외국정부, 조약에 의한 국제기구, 외국중앙은행 등은 제외

(2) 일반투자자 중 금융소비자보호법 제17조 제2항 또는 제18조 제1항에 따라 투자목적·재산상황 및 투자경험 등의 정보를 파악한 결과 판매 상품이 적합하지 않거나 적정하지 않다고 판단되는 사람 또는 65세 이상인 사람을 대상으로 금융투자상품(금융위원회가 정하여 고시하는 금융투자상품은 제외)을 판매하는 경우 다음 각 목의 어느 하나에 해당하는 행위

❶ 판매과정을 녹취하지 않거나 투자자의 요청에도 불구하고 녹취된 파일을 제공하지 않는 행위

❷ 투자자에게 권유한 금융투자상품의 판매과정에서 금융투자상품의 매매에 관한 청약 또는 주문(이하 "청약등"이라 한다)을 철회할 수 있는 기간(이하 "숙려기간"이라 한다)에 대해 안내하지 않는 행위

❸ 투자권유를 받고 금융투자상품의 청약등을 한 투자자에게 2영업일 이상의 숙려기간을 부여하지 않는 행위

❹ 숙려기간 동안 투자자에게 투자에 따르는 위험, 투자원금의 손실가능성, 최대 원금손실 가능금액 및 그 밖에 금융위가 정하여 고시하는 사항을 고지하지 않거나 청약등을 집행하는 행위

❺ 숙려기간이 지난 후 서명, 기명날인, 녹취 또는 그 밖에 금융위가 정하여 고시하

는 방법으로 금융투자상품의 매매에 관한 청약등의 의사가 확정적임을 확인하지 않고 청약등을 집행하는 행위

⑥ 청약등을 집행할 목적으로 투자자에게 그 청약등의 의사가 확정적임을 표시해 줄 것을 권유하거나 강요하는 행위

(3) 투자자(투자자가 법인, 그 밖의 단체인 경우에는 그 임직원을 포함) 또는 거래상대방(거래상대방이 법인, 그 밖의 단체인 경우에는 그 임직원을 포함) 등에게 업무와 관련하여 금융위가 정하여 고시하는 기준을 위반하여 직접 또는 간접으로 재산상의 이익을 제공하거나 이들로부터 재산상의 이익을 제공받는 행위

(4) 증권의 인수업무 또는 모집·사모·매출의 주선업무와 관련하여 다음의 어느 하나에 해당하는 행위

❶ 발행인이 법 제119조 제3항에 따른 증권신고서(법 제122조 제1항에 따른 정정신고서와 첨부서류를 포함한다)와 법 제123조 제1항에 따른 투자설명서(법 제124조 제2항 제2호에 따른 예비투자설명서 및 법 제124조 제2항 제3호에 따른 간이투자설명서를 포함한다) 중 중요사항에 관하여 거짓의 기재 또는 표시를 하거나 중요사항을 기재 또는 표시하지 아니하는 것을 방지하는 데 필요한 적절한 주의를 기울이지 아니하는 행위

❷ 증권의 발행인·매출인 또는 그 특수관계인에게 증권의 인수를 대가로 모집·사모·매출 후 그 증권을 매수할 것을 사전에 요구하거나 약속하는 행위

❸ 인수(모집·사모·매출의 주선 포함)하는 증권의 배정을 대가로 그 증권을 배정받은 자로부터 그 증권의 투자로 인하여 발생하는 재산상의 이익을 직접 또는 간접으로 분배받거나 그 자에게 그 증권의 추가적인 매수를 요구하는 행위

❹ 인수하는 증권의 청약자에게 증권을 정당한 사유 없이 차별하여 배정하는 행위

❺ 그 밖에 투자자의 보호나 건전한 거래질서를 해칠 염려가 있는 행위로서 금융위가 정하여 고시하는 행위

(5) 금융투자상품의 가치에 중대한 영향을 미치는 사항을 미리 알고 있으면서 이를 투자자에게 알리지 아니하고 해당 금융투자상품의 매수나 매도를 권유하여 해당 금융투자상품을 매도하거나 매수하는 행위

(6) 투자자가 법 제174조(미공개 중요정보 이용행위 금지), 제176조(시세조종행위등의 금지), 제178조(부정거래행위등의 금지)를 위반하여 매매, 그 밖의 거래를 하려는 것을 알고 그 매매,

그 밖의 거래를 위탁받는 행위

(7) 금융투자상품의 매매, 그 밖의 거래와 관련하여 투자자의 위법한 거래를 감추어 주기 위하여 부정한 방법을 사용하는 행위

(8) 금융투자상품의 매매, 그 밖의 거래와 관련하여 결제가 이행되지 아니할 것이 명백하다고 판단되는 경우임에도 정당한 사유 없이 그 매매, 그 밖의 거래를 위탁받는 행위

(9) 투자자에게 해당 투자매매업자·투자중개업자가 발행한 자기주식의 매매를 권유하는 행위

(10) 투자자로부터 집합투자증권(증권시장에 상장된 집합투자증권은 제외한다)을 매수하거나 그 중개·주선 또는 대리하는 행위. 다만 집합투자증권의 원활한 환매를 위하여 필요한 경우 등 자본시장법 제235조 제6항 단서에 따라 매수하는 경우는 제외함.

(11) 손실보전 금지 및 불건전영업행위 금지 등을 회피할 목적으로 하는 행위로서 장외파생상품거래, 신탁계약, 연계거래등을 이용하는 행위

(12) 채권자로서 그 권리를 담보하기 위하여 백지수표나 백지어음을 받는 행위등

(13) 집합투자증권의 판매업무와 집합투자증권의 판매업무 외의 업무를 연계하여 정당한 사유 없이 고객을 처벌하는 행위

(14) 종합금융투자사업자가 시행령 제77조의6 제2항을 위반하여 같은 조 제1항 제2호에 따른 단기금융업무를 하는 행위

(15) 종합금융투자사업자가 시행령 제77조의6 제3항을 위반하여 같은 조 제1항 제3호에 따른 종합투자계좌업무를 하는 행위

(16) 그 밖에 투자자의 보호나 건전한 거래질서를 해칠 염려가 있는 행위로서 금융위가 정하여 고시하는 행위

신용공여에 관한 규제

1 개요

신용공여라 함은 증권과 관련하여 금전의 융자 또는 증권 대여의 방법으로 투자자에게 신용을 공여하는 것을 말하며(법 제72조 제1항), 그 종류로는 청약자금대출, 신용거래융자와 신용거래대주, 예탁증권담보융자가 있다.

신용공여행위는 투자매매업자 또는 투자중개업자의 고유업무는 아니지만, 증권과 관련된 경우에는 예외적으로 허용

다만, 투자매매업자 또는 투자중개업자의 자산의 건전성, 투기 방지 등을 위하여 신용공여의 구체적인 기준, 담보비율 및 징수방법 등에 대하여 광범위한 규제를 마련하고 있다.

2 신용공여의 기준과 방법

(1) 투자매매업자 또는 투자중개업자는 다음의 어느 하나에 해당하는 방법으로만 투자자에게 신용을 공여할 수 있다(시행령 제69조).

❶ 해당 투자매매업자 또는 투자중개업자에게 증권 매매거래계좌를 개설하고 있는 자에 대하여 증권의 매매를 위한 매수대금을 융자하거나 매도하려는 증권을 대여하는 방법

❷ 해당 투자매매업자 또는 투자중개업자에 계좌를 개설하여 전자등록주식 등을 보유하고 있거나 증권을 예탁하고 있는 자에 대하여 그 전자등록증 또는 증권을 담보로 금전을 융자하는 방법

(2) 구체적인 기준과 담보비율 및 징수방법은 다음과 같이 금융위규정으로 정한다.

❶ 신용공여약정의 체결 등 : 투자매매업자 또는 투자중개업자가 신용공여를 하고자 하는 경우에는 투자자와 신용공여에 관한 약정을 체결하여야 하고, 이 경우 투자

자 본인의 기명날인 또는 서명을 받거나 본인임을 확인하여야 함.

❷ 신용공여의 회사별 한도 : 투자매매업자 또는 투자중개업자의 총 신용공여 규모는 자기자본의 범위 이내로 하되, 신용공여 종류별로 투자매매업자 또는 투자중개업자의 구체적인 한도는 금융위원장이 따로 결정할 수 있음

❸ 담보의 징구

ㄱ. 청약자금대출 : 투자매매업자 또는 투자중개업자는 청약자금을 대출할 때에 청약하여 배정받은 증권을 담보로 징구하여야 함. 다만 당해 증권이 교부되지 아니한 때에는 당해 증권이 교부될 때까지 그 납입영수증으로 갈음할 수 있음

ㄴ. 신용거래융자 및 신용거래대주 : 투자매매업자 또는 투자중개업자는 신용거래융자를 함에 있어서는 매수한 주권 또는 상장지수집합투자기구의 집합투자증권을, 신용거래대주를 함에 있어서는 매도대금을 담보로 징구하여야 함

ㄷ. 예탁증권담보융자 : 투자매매업자 또는 투자중개업자가 예탁증권을 담보로 융자를 할 때는 예탁증권을 담보로 징구하되, 가치산정이 곤란하거나 담보권의 행사를 통한 대출금의 회수가 곤란한 증권을 담보로 징구하여서는 아니 됨

❹ 담보비율 : 투자매매업자 또는 투자중개업자는 투자자의 신용상태 및 종목별 거래상황 등을 고려하여 신용공여금액의 100분의 140 이상(신용거래 대주의 경우에는 대주 시가상당액의 100분의 105이상)에 상당하는 담보를 징구하여야 함. 다만, 매도되었거나 환매청구된 예탁증권을 담보로 하여 매도금액 또는 환매금액 한도 내에서 융자를 하는 경우에는 그러하지 아니함

❺ 담보로 제공된 증권의 평가 : 신용공여(신용거래대주 제외)와 관련하여 담보 및 보증금으로 제공되는 증권의 평가는 ① 청약 주식 : 취득가액으로 함. 다만, 당해 주식이 증권시장에 상장된 후에는 당일 종가, ② 상장주권 또는 상장지수집합투자기구의 집합투자증권 : 당일 종가, ③ 상장채권 및 공모 파생결합증권(주가연계증권에 한함) : 2 이상의 채권평가회사가 제공하는 가격정보를 기초로 투자매매업자 또는 투자중개업자가 산정한 가격, ④ 집합투자증권 : 당일에 고시된 기준 가격으로 함

한편, 그 밖의 증권과 신용거래대주와 관련하여 제공되는 담보증권의 사정가격은 협회가 정하도록 함.

매도되거나 또는 환매 신청된 증권을 담보로 하여 투자매매업자 또는 투자중개업자가 투자자에게 금전을 융자하는 경우에는 당해 증권의 매도 가격 또는 융

자일에 고시된 기준 가격을 담보 평가금액으로 함.

❻ 임의상환방법 : 투자매매업자 또는 투자중개업자는 ① 채무상환, ② 추가 담보납입, ③ 수수료납입을 하지 않았을 때 그 다음 영업일에 투자자 계좌에 예탁된 현금을 투자자의 채무변제에 우선 충당하고, 담보증권, 그 밖의 증권의 순서로 필요한 수량만큼 임의처분하여 투자자의 채무변제에 충당할 수 있음

나아가 투자매매업자 또는 투자중개업자는 투자자와 사전에 합의가 있는 경우 채권회수가 현저히 위험하다고 판단되는 때에는 투자자에 대하여 담보의 추가납부를 요구하지 아니하거나 추가로 담보를 징구하지 아니하고 필요한 수량의 담보증권, 그 밖에 예탁한 증권을 임의로 처분할 수 있음. 이 경우 투자매매업자 또는 투자중개업자는 처분내역을 지체 없이 투자자에게 내용증명우편, 통화내용 녹취 또는 투자자와 사전에 합의한 방법 등 그 통지사실이 입증될 수 있는 방법에 따라 통지하여야 함

한편, 투자매매업자 또는 투자중개업자가 증권시장에 상장된 증권을 처분하는 경우에는 증권시장에서 시가결정에 참여하는 호가에 따라 처분해야 함. 다만, 비상장주권, 비상장채권, 집합투자증권, 그 밖에 투자매매업자 또는 투자중개업자가 처분할 수 없는 증권을 처분하고자 하는 경우 그 처분방법은 협회가 정함. 처분대금은 처분제비용, 연체이자, 이자, 채무원금의 순서로 충당함

❼ 신용거래등의 제한 : 투자자가 신용거래에 의해 매매할 수 있는 증권은 증권시장에 상장된 주권(주권과 관련된 증권예탁증권을 포함한다) 및 상장지수집합투자증권으로 함. 다만, ① 거래소가 투자경고종목, 투자위험종목 또는 관리종목으로 지정한 증권, ② 거래소가 매매호가 전 예납조치 또는 결제 전 예납조치를 취한 증권에 대해서는 신규의 신용거래를 할 수 없음. 투자자별 신용공여한도, 신용공여 기간, 신용공여의 이자율 및 연체이자율 등은 신용공여 방법별로 투자매매업자 또는 투자중개업자가 정함. 투자매매업자 또는 투자중개업자는 상환기일이 도래한 신용공여가 있는 투자자에 대하여는 신용공여금액의 상환을 위한 주문수탁 이외의 매매주문의 수탁이나 현금 또는 증권의 인출을 거부할 수 있음

❽ 신용공여 관련 조치 : 금융위는 신용공여 상황의 급격한 변동, 투자자 보호 또는 건전한 거래질서유지를 위하여 필요한 경우에는 ① 투자매매업자 또는 투자중개업자별 총 신용공여 한도의 변경, ② 신용공여의 방법별 또는 신용거래의 종목별 한도의 설정, ③ 투자매매업자 또는 투자중개업자가 징구할 수 있는 담보의 제한,

④ 신용거래의 중지 또는 매입증권의 종목제한 조치를 취할 수 있고, 천재지변, 전시, 사변, 경제사정의 급변, 그 밖에 이에 준하는 사태가 발생하는 경우에는 투자매매업자 또는 투자중개업자에 대하여 신용공여의 일부 또는 전부를 중지하게 할 수 있음

3 인수증권에 대한 신용공여의 제한

투자매매업자는 증권의 인수일부터 3개월 이내에 투자자에게 그 증권을 매수하게 하기 위하여 그 투자자에게 금전의 융자, 그 밖의 신용공여를 할 수 없다(법 제72조 제1항 단서).

4 위반 시 제재

신용공여에 관한 규제를 위반한 투자매매업자 또는 투자중개업자에 대해서는 형사상의 제재는 없고, 회사 및 임직원에 대한 금융위의 행정조치의 대상이 된다(법 별표 1 제80호).

section 05 투자자 재산보호를 위한 규제

1 개요

투자중개업자 또는 투자매매업자가 파산하는 경우 투자자들이 이들에게 예탁하거나 보관을 의뢰한 금전 또는 증권이 파산재단에 속하게 되는 경우 투자자를 보호하기 위하여 사전에 예탁금 및 예탁증권을 별도로 보관하도록 하고 있다.

2 투자자예탁금의 별도 예치

(1) 투자자예탁금 별도 예치

투자자예탁금은 투자자로부터 금융투자상품의 매매, 그 밖의 거래와 관련하여 예탁받은 금전을 의미하며, 투자매매업자 또는 투자중개업자는 이를 고유재산과 구분하여 증권금융회사에 예치하거나 신탁업자에 신탁하여야 한다.

투자자예탁금을 신탁업자에 신탁할 수 있는 금융투자업자는 은행, 한국산업은행, 중소기업은행, 보험회사이며, 신탁법 제2조에도 불구하고 자기계약을 할 수 있다.

투자매매업자 또는 투자중개업자는 증권금융회사 또는 신탁업자('예치기관')에게 투자자예탁금을 예치 또는 신탁하는 경우에는 그 투자자예탁금이 투자자의 재산이라는 점을 명시하여야 한다(법 제74조 제3항).

(2) 상계 또는 압류의 금지

누구든지 예치기관에 예치 또는 신탁한 투자자예탁금을 상계(相計)·압류(가압류를 포함)하지 못하며, 투자자예탁금을 예치 또는 신탁한 투자매매업자 또는 투자중개업자('예치금융투자업자')는 시행령으로 정하는 경우 외에는 예치기관에 예치 또는 신탁한 투자자예탁금을 양도하거나 담보로 제공할 수 없다(법 제74조 제4항).

예치 금융투자업자는 다음의 어느 하나에 해당하는 경우 예외적으로 투자자예탁금을 양도하거나 담보로 제공할 수 있다(시행령 제72조).

❶ 예치 금융투자업자가 다른 회사에 흡수합병되거나 다른 회사와 신설합병함에 따라 그 합병에 의하여 존속되거나 신설되는 회사에 예치기관에 예치 또는 신탁한 투자자예탁금을 양도하는 경우

❷ 예치 금융투자업자가 금융투자업의 전부나 일부를 양도하는 경우로서 양도내용에 따라 양수회사에 예치기관에 예치 또는 신탁한 투자자예탁금을 양도하는 경우

❸ 법 제40조 제4호에 따른 자금이체업무와 관련하여 금융위가 정하여 고시하는 한도 이내에서 금융위가 정하여 고시하는 방법에 따라 예치 금융투자업자가 은행이나 예치기관에 예치 또는 신탁한 투자자예탁금을 담보로 제공하는 경우

④ 그 밖에 투자자의 보호를 해칠 염려가 없는 경우로서 금융위가 정하여 고시하는 경우

(3) 투자자예탁금의 우선지급

❶ 예치 금융투자업자는 다음의 어느 하나에 해당하게 된 경우에는 예치기관에 예치 또는 신탁한 투자자예탁금을 인출하여 투자자에게 우선하여 지급하여야 함(법 제74조 제5항)

ㄱ. 인가 취소, 해산 결의, 파산선고

ㄴ. 투자매매업 또는 투자중개업 전부 양도·전부 폐지가 승인된 경우 및 전부의 정지명령을 받은 경우

ㄷ. 그 밖에 위의 경우에 준하는 사유가 발생한 경우

❷ 이 경우 그 예치 금융투자업자는 사유 발생일부터 2개월(불가피한 경우 금융위의 확인을 받아 1개월 연장 가능) 이내에 그 사실과 투자자예탁금의 지급시기·지급장소, 그 밖에 투자자예탁금의 지급과 관련된 사항을 둘 이상의 일간신문에 공고하고, 인터넷 홈페이지 등을 이용하여 공시하여야 함(법 제74조 제5항 및 시행령 제73조)

❸ 한편, 예치기관이 인가취소, 파산등 예치 금융투자업자의 우선지급사유와 동일한 사유에 해당되게 된 경우에는 예치 금융투자업자에게 예치 또는 신탁받은 투자자예탁금을 우선하여 지급하여야 함(법 제74조 제6항)

(4) 기타

❶ 예치기관은 예치 또는 신탁받은 투자자예탁금을 자기재산과 구분하여 신의에 따라 성실하게 관리하여야 함

❷ 예치기관은 다음의 어느 하나에 해당하는 방법으로 투자자예탁금을 운용하여야 함

ㄱ. 국채증권 또는 지방채증권의 매수

ㄴ. 정부·지방자치단체 또는 은행 등 대통령령으로 정하는 금융기관이 지급을 보증한 채무증권의 매수

ㄷ. 그 밖에 투자자예탁금의 안정적 운용을 해할 우려가 없는 것으로 증권 또는 원화로 표시된 양도성 예금증서를 담보로 한 대출, 한국은행 또는 체신관서에의 예치, 특수채증권의 매수 등

❸ 그 밖에 투자자예탁금의 범위, 예치 또는 신탁의 시기·주기·비율·방법, 인출 및

관리 등을 위하여 필요한 세부사항은 금융위가 정함

3 투자자 예탁증권의 예탁

투자매매업자 또는 투자중개업자는 금융투자상품의 매매, 그 밖의 거래에 따라 보관하게 되는 투자자 소유의 증권(원화표시 CD, 금융위가 정하는 증권 포함)을 예탁결제원에 지체없이 예탁하여야 한다(법 제75조).

section 06 ┃ 다자간매매체결회사에 관한 특례

1 개요

다자간매매체결회사는 정보통신망이나 전자정보처리장치를 이용하여 다수의 투자자 간에 자본시장법상 매매체결대상상품의 매매 또는 그 중개·주선이나 대리업무를 수행하는 투자매매업자 또는 투자중개업자를 통칭하며, 대체거래시스템(Alternative Trading System: ATS)이라고도 하는데, 정규거래소 이외에 매수자와 매도자 간에 매매를 체결시켜주는 다양한 형태의 증권거래시스템을 말한다. 2013년 자본시장법 개정으로 ATS 설립이 가능해졌으며, 2016년 자본시장법 시행령 개정으로 ATS의 경쟁매매 거래량 한도가 시장전체(증권 구분별)의 경우 5% → 15%, 개별종목의 경우 10% → 30%로 늘어나면서 ATS 설립 추진의 계기를 마련하였다. 금융투자협회와 증권사들은 ATS 설립을 위한 위원회를 구성(2019년)하고 인가를 추진하고 있다.

2 인가 및 업무

❶ 다자간매매체결회사의 인가요건은 기본적으로 투자매매업자 및 투자중개업자의

그것과 동일하지만, 업무인가단위와 소유한도에서 차이가 있음

❷ 매매체결대상상품은 법 제8조의2 제5항(시행령 제7조의3 제1항)에 따른 상품을 말하며, 모두 전문투자자를 대상으로 한다는 점에서 동일하나, 투자매매업의 경우 자기자본은 300억 원이고 투자중개업의 경우에는 200억 원이라는 점에서 차이가 있음

❸ 다자간매매체결회사의 주식소유에 대하여는 일정한 경우를 제외하고 다자간매매체결회사의 의결권 있는 발행주식 총수의 100분의 15를 초과하여 소유할 수 없음. 다만, ① 예외적으로 집합투자기구가 소유하거나(사모집합투자기구가 소유하는 경우는 제외), ② 정부가 소유하거나, ③ 그 밖에 시행령으로 정하는 바에 따라 금융위의 승인을 받은 경우(외국 ATS와의 제휴를 위해 필요한 경우, 공정한 운영을 해칠 우려가 없는 경우로서 시행규칙으로 정하는 금융기관, 금융투자업관계기관 또는 외국 ATS가 다자간매매체결회사의 의결권 있는 발행주식의 30%까지 소유하는 경우 등)에는 15%를 초과하여 소유가 가능함. 만일 주식소유한도를 위반한 경우 그 초과분은 의결권을 행사할 수 없으며 지체 없이 한도에 적합하도록 하여야 하고, 금융위는 6개월 이내의 기간을 정하여 주식처분을 명할 수 있으며 이를 이행하지 않을 시에는 이행강제금의 부과도 가능함(법 제78조 5항, 제406조 제2항 – 4항, 제407조)

---

section 07 종합금융투자사업자에 관한 특례

1 의의

종합금융투자사업자라 함은 투자매매업자 또는 투자중개업자 중 금융위로부터 종합금융투자사업자의 지정(법 제77조의2)을 받은 자를 말한다(제8조 제8항).

종합금융투자사업자는 한국형 헤지펀드라고 할 수 있는 일반 사모집합투자기구에 대한 신용공여·증권대차·재산의 보관과 관리 등 헤지펀드에 대하여 투자은행업무를 종합적으로 서비스하는 것이 그 주된 기능이라고 할 수 있다.

2 종합금융투자사업자의 지정

(1) 지정요건

❶ 「상법」에 따른 주식회사일 것
❷ 증권에 관한 인수업을 영위할 것
❸ 3조 원 이상의 자기자본을 갖출 것(시행령 제77조의3 ① 각 호의 구분에 따른 자기자본 구분 필요)
❹ 그 밖에 해당 투자매매업자 또는 투자중개업자의 신용공여 업무수행에 따른 위험관리 능력 등을 고려하여 이해상충 발생 가능성을 파악·평가·관리할 수 있는 적절한 내부통제기준과 이해상충 방지체계를 갖출 것

(2) 지정절차 및 지정취소

❶ 종합금융투자사업자로 지정받고자 하는 투자매매업자 또는 투자중개업자는 법상 지정요건(제77조의2 제1항)을 갖추어 금융위에 지정신청서를 제출하여야 하고, 금융위는 지정 여부를 결정함에 있어서 지정요건을 갖추지 아니한 경우, 지정신청서를 거짓으로 작성한 경우, 지정신청서 흠결의 보완요구를 이행하지 아니한 경우를 제외하고는 지정을 하여야 함(시행령 제77조의3 제6항). 이러한 점에서 종합금융투자사업자의 지정은 금융투자업자의 등록에 해당되는 절차라고 할 것임
❷ 종합금융투자사업자가 거짓, 그 밖의 부정한 방법으로 지정받은 경우나 지정기준을 충족하지 못하는 경우에는 금융위는 지정을 취소할 수 있음

3 종합금융투자사업자의 업무

(1) 전담중개업무

❶ 전담중개업무란 일반 사모집합투자기구(헤지펀드) 등에 대하여 증권대차, 재산의 보관·관리, 금전융자, 신용공여 등 각종 금융서비스를 연계하여 제공하는 투자은행업무를 말함
❷ 전담중개업무의 구체적인 내용은 ① 증권의 대여 또는 그 중개·주선이나 대리업

무, ② 금전의 융자, 그 밖의 신용공여, ③ 일반 사모집합투자기구등의 재산의 보관 및 관리(법 제6조 제10항 제1호 – 제3호)업무를 비롯하여, 일반 사모집합투자기구등의 효율적인 업무 수행을 지원하기 위하여 필요한 업무로서 ④ 일반 사모집합투자기구등의 투자자재산의 매매에 관한 청약 또는 주문의 집행업무, ⑤ 일반 사모집합투자기구등의 투자자재산의 매매 등의 거래에 따른 취득·처분등의 업무, ⑥ 파생상품의 매매 또는 그 중개·주선·대리업무, ⑦ 환매조건부매매 또는 그 중개·주선·대리업무, ⑧ 집합투자증권의 판매업무, ⑨ 일반 사모집합투자기구등의 투자자재산의 운용과 관련한 금융 및 재무 등에 대한 자문업무임

❸ 전담중개업무의 제공 대상

ㄱ. 전담중개업무가 제공되는 대상은 ① 법 제9조 제19항 제2호에 따른 일반 사모집합투자기구, ② 시행령에서 정하는 은행, 한국산업은행, 중소기업은행, 한국수출입은행, 농업협동조합중앙회 및 농협은행, 수산업협동조합중앙회, 보험회사, 금융투자업자(겸영투자업자는 제외), 증권금융회사, 종합금융회사, 자금중개회사, 금융지주회사, 여신전문금융회사, 상호저축은행 및 그 중앙회, 산림조합중앙회, 새마을금고연합회, 신용협동조합중앙회, 이에 준하는 외국 금융기관(시행령 제10조 제2항), ③ 법률에 따라 설립된 기금(신용보증기금 및 기술보증기금은 제외) 및 그 기금을 관리·운용하는 법인과 법률에 따라 공제사업을 경영하는 법인(시행령 제10조 제3항 제12호 및 제13호), ④ 기관전용 사모집합투자기구, 그리고 ⑤ 사모집합투자기구에 상당하는 외국 집합투자기구(제279조 제1항)임(법 시행령 제6조의3 제1항)

ㄴ. 종합금융투자사업자는 그와 계열회사의 관계에 있는 법인(대통령령으로 정하는 해외법인 포함)에 대하여는 신용공여를 하거나 그 법인이 운용하는 일반 사모집합투자기구에 대하여 전담중개업무를 제공할 수 없음

(2) 신용공여업무

❶ 종합금융투자사업자는 자본시장법 또는 다른 금융 관련 법령에도 불구하고 기업에 대한 신용공여업무를 영위할 수 있음

❷ 신용공여업무라 함은 대출, 기업어음증권에 해당하지 아니하는 어음의 할인·매입을 말함

❸ 신용공여를 하는 경우에는 신용공여의 총 합계액이 자기자본의 100분의 200을

초과하여서는 아니됨. 또한 기업금융업무 관련 신용공여, 중소기업에 대한 신용공여를 제외한 신용공여의 합계액이 자기자본의 100분의 100을 초과하여서는 아니 됨. 다만, 종합금융투자사업자 업무의 특성, 해당 신용공여가 종합금융투자사업자의 건전성에 미치는 영향 등을 고려하여 ① 금융위가 정하여 고시하는 방법에 따라 일반 사모집합투자기구 등으로부터 받은 담보를 활용하여 제3자로부터 조달한 자금으로 신용공여를 하는 경우, ② 기업의 인수·합병에 관한 조언업무나 그 인수·합병의 중개·주선 또는 대리업무와 관련하여 총리령으로 정하는 기간 이내의 신용공여를 하는 경우, ③ 국가, 지방자치단체, 외국 정부, 제362조 제8항 각 호의 금융기관 또는 이에 준하는 외국 금융기관이 원리금의 상환에 관하여 보증한 신용공여(원리금의 상환이 보증된 부분에 한정)를 하는 경우에는 그러하지 아니함

❹ 종합금융투자사업자가 기업신용공여를 하는 경우 동일한 법인 및 그 법인과 「독점규제 및 공정거래에 관한 법률」 제2조 제2호에 따른 기업집단에 속하는 회사에 대하여 그 종합금융투자사업자의 자기자본의 100분의 25의 범위에서 대통령령으로 정하는 비율(현재는 25%임)에 해당하는 금액을 초과하는 신용공여를 할 수 없음

❺ 종합금융투자사업자가 추가로 신용공여를 하지 아니하였음에도 불구하고 자기자본의 변동, 동일차주 구성의 변동 등으로 인하여 위 한도를 초과하게 되는 경우에는 그 한도를 초과하게 된 날부터 1년 이내에 그 한도에 적합하도록 하여야 함

❻ 종합금융투자사업자는 그와 계열회사의 관계에 있는 법인(종합금융투자사업자의 동일인과 동일인관련자의 관계에 있는 법인을 말함)에 대하여 기업신용공여를 하거나 또는 그 법인이 운용하는 일반 사모집합투자기구에 대하여 전담중개업무를 제공하여서는 아니 됨

(3) 기타 업무

종합금융투자사업자는 위의 신용공여업무 외에도 해당 종합금융투자사업자의 건전성, 해당 업무의 효율적 수행에 이바지할 가능성 등을 고려하여 종합금융투자사업자에만 허용하는 것이 적합한 업무로서 대통령령이 정하는 업무를 할 수 있다.

chapter 05

집합투자업자의
영업행위 규칙

집합투자업자 행위 규칙

1 선관의무 및 충실의무

(1) 자본시장법은 모든 금융투자업자(집합투자업자 포함)의 공통 영업행위규칙으로 신의성실의 원칙을 명시하고 있으며(법 제37조 제1항) 집합투자업자(법 제79조), 투자자문·일임업자(법 제96조), 신탁업자(법 제102조)에 대해서 선관의무 및 충실의무를 명시하고 있다.

즉, 집합투자업자는 투자자에 대하여 선량한 관리자의 주의로써 집합투자재산을 운용하여야 하며(선관의무; 법 제79조 제1항), 투자자의 이익을 보호하기 위하여 해당 업무를 충실하게 수행하여야 한다(충실의무; 법 79조 제2항).

(2) 선관의무는 민법 제681조에서 규정하는 것처럼 위임인이 업무 또는 자산을 수임인에게 위임할 때 수임인에게 요구되는 의무이며 거래통념상 객관적으로 요구되는 주의의무를 가지고 위임된 업무 또는 자산을 관리할 것이 요구된다. 참고로 신의성실의 원칙은 구체적으로 위임계약관계에 들어가지 않은 상태에서도 요구되는 반면에 선관의무는 구체적인 위임관계에 들어간 경우에 적용되는 것이라는 점에서 차이가 있다.

충실의무는 통상 일방 당사자가 상대방으로부터 성실과 충실에 대하여 특별히 신임과 신뢰를 받은 관계에 있을 때에는 그 상대방과의 거래에서 이익을 취하거나 이를 이용해서는 안될 의무를 말한다.

(3) 집합투자업자가 선관주의의무나 충실의무를 위반하는 경우 투자자에 대하여 일반적인 불법행위책임에 따른 손해배상책임을 질 수 있다.

2 투자신탁재산 : 자산운용의 지시 및 실행

(1) 투자신탁의 집합투자업자는 투자신탁재산을 운용함에 있어 투자신탁재산별로 해당 투자신탁재산을 보관·관리하는 신탁업자에게 자산의 취득·처분등의 운용지시를 해야 하며, 그 신탁업자는 집합투자업자의 운용지시에 따라 투자대상 자산의 취득·처분 등을 해야 한다(법 제80조 제1항).

☞ 투자신탁은 법인격이 없으므로 집합투자업자는 운용지시만을 하고 신탁업자가 그 지시에 따라 자신의 명의로 거래를 실행하고 투자신탁재산을 보관·관리하기 때문임. 반면, 투자회사는 법인격이 있으므로 집합투자업자가 투자회사의 대표기관(법인이사)이 되어 투자회사명의로 투자회사재산을 운용하게 됨

(2) 다만, 집합투자업자는 투자신탁재산의 효율적인 운용을 위하여 불가피한 경우로서 대통령령이 정하는 경우에는 자신의 명의로 직접투자대상 자산의 취득·처분이 가능하다(법 제80조 제1항 단서, 시행령 제79조).

☞ 국내 또는 해외 시장에 상장된 지분증권, 지분증권과 관련된 증권예탁증권, 수익증권 및 파생결합증권의 매매, 국채, 지방채, 특수채, 사채권(둘 이상의 신용평가를 받은 것) 및 기업어음증권 또는 전자단기사채의 매매, 장내파생상품 매매, 단기대출, 어음(금융기관 발행등) 매매, CD 매매, 대외지급수단 매매, 헤지목적의 장외파생상품 매매, 금리 또는 채권 가격을 기초자산으로 하는 스왑거래, 환매조건부매매

집합투자업자가 자신의 명의로 직접 자산을 취득·처분등을 하는 경우로서 다수의 투자신탁재산에서 통합주문을 하는 때에는 특정 집합투자기구에 유리하게 거래 결과를 배분할 소지가 있으므로 사전에 미리 정한 자산배분명세에 따라 거래 결과를 공정하게 배분하도록 하고 있다. 또한, 이 경우 집합투자업자는 자산배분명세, 배분 결과 등에 관한 장부와 서류를 작성하고 유지관리해야 한다(법 제80조 제3항).

(3) 집합투자업자가 집합투자재산의 운용·운용지시를 하는 경우 그 지시내용이 전산시스템에 의하여 객관적이고 정확하게 관리되어야 한다(시행령 제79조 제1항).

3 자산운용의 제한

(1) 동일종목 증권 투자 제한

❶ 각 집합투자기구 자산총액의 10%를 초과하여 동일종목의 증권에 투자하는 행위 금지(법 제81조 제1항)

☞ 증권 : 집합투자증권 및 외국 집합투자증권 제외. 원화 CD, 기업어음증권 외의 어음, 대출채권, 예금 및 금융위가 정하는 채권(債權)(별도로 정한 채권 없음), 사업수익권 포함

☞ '지분증권(DR포함)'과 '지분증권을 제외한 증권'을 각각 동일종목으로 간주

❷ 동일종목 증권 투자 제한의 예외(법 제81조 제1항, 시행령 제80조 제1항)

ㄱ. 100% 투자 가능(시행령 제80조 제1항 제1호 각목)

　　a. 국채, 한국은행통화안정증권, 정부보증채

　　b. 부동산 개발회사 발행증권

　　c. 부동산 및 부동산 관련 자산을 기초로 발행된 ABS로서 그 기초자산의 합계액이 유동화자산 가액의 70% 이상인 ABS

　　d. 주택저당채권담보부채권 또는 주택저당채권유동화회사, 한국주택금융공사 또는 금융기관이 보증한 주택저당채권

　　e. 부동산 투자목적회사가 발행한 지분증권

　　f. 사회기반시설사업의 시행을 목적으로 하는 법인이 발행한 주식·채권

　　g. 사회기반시설사업의 시행을 목적으로 하는 법인에 대한 대출채권

　　h. 위 사회기반시설사업 시행 목적법인 관련 주식·채권·대출채권 투자를 목

적으로 하는 법인(SOC펀드 제외)의 지분증권

    i. 사업수익권

    j. 특별자산 투자목적회사가 발행한 지분증권

ㄴ. 30% 투자 가능(시행령 제80조 제1항 제2호 각목)

    a. 지방채, 특수채, 법률에 의하여 직접 설립된 법인이 발행한 어음, 파생결합증권

    b. 금융기관이 발행한 어음 또는 CD, 금융기관이 발행한 채권

    c. 금융기관이 지급보증한 채권(사모 제외) 및 어음

    d. OECD 가입 국가 또는 중국이 발행한 채권

    e. 「자산유동화에 관한 법률」에 따른 후순위 사채권 및 후순위수익증권(후순위채 전용 펀드)

    f. 주택저당채권담보부채권 또는 주택저당채권유동화회사, 한국주택금융공사 또는 금융기관이 보증한 주택저당채권

    g. 금융기관에 금전을 대여하거나 예치·예탁하여 취득한 채권

ㄷ. 지분증권의 시가총액이 10%를 초과하는 경우 그 시가총액 비중까지 투자 가능(시행령 제80조 제1항 제3호)

ㄹ. 해당 집합투자기구 자산총액의 50% 이상을 다른 동일법인 등이 발행한 증권에 그 집합투자기구 자산총액의 5% 이하씩 투자하는 경우에는 동일법인 등이 발행한 증권에 각 집합투자기구 자산총액의 25%까지 투자 가능(시행령 제80조 제1항 제3호의 2)

ㅁ. 동일종목의 증권에 ETF 자산총액의 30%까지 투자 가능(시행령 제80조 제1항 제3호의 3)

(2) 동일 지분증권 투자 제한

❶ 전체 집합투자기구에서 동일 법인등이 발행한 지분증권 총수의 20%를 초과하여 투자하는 행위(법 제81조 제1항 제1호 나목), 각 집합투자기구에서 동일 법인등이 발행한 지분증권 총수의 10%를 초과하여 투자하는 행위 금지(법 제81조 제1항 제1호 다목)

❷ 동일 지분증권 투자 제한의 예외 : 발행 총수의 100%까지 투자 가능(시행령 제80조 제1항 제4호, 제5호)

   ㄱ. 부동산 개발회사 발행 지분증권

ㄴ. 부동산 투자목적회사 발행 지분증권

ㄷ. 사회기반시설사업의 시행을 목적으로 하는 법인이 발행한 주식

ㄹ. 위 사회기반기설사업 시행 목적법인 관련 주식·채권·대출채권 투자를 목적으로 하는 법인(SOC펀드 제외)의 지분증권

ㅁ. 동일법인 등이 발행한 지분증권의 시가총액비중이 100분의 10을 초과하는 경우에 그 시가총액비중까지 투자하는 행위

(3) 파생상품 투자제한 등

❶ 적격요건*을 갖추지 못한 자와 장외파생상품을 매매하는 행위(법 제81조 제1항 제1호 라목)

* 투자적격 등급을 받은 경우 또는 투자적격 등급 이상으로 평가받은 보증인을 둔 경우, 담보물을 제공한 경우(시행령 제80조 제5항)

❷ 파생상품 위험평가액이 집합투자기구 순자산의 100% 초과하여 투자하는 행위(법 제81조 제1항 제1호 마목, 시행령 제80조 제6항)

❸ 파생상품 매매와 관련하여 기초자산 중 동일법인등이 발행한 증권의 가격 변동으로 인한 위험평가액이 각 집합투자기구 자산총액의 10%를 초과하여 투자하는 행위(법 제81조 제1항 제1호 바목)

❹ 같은 거래상대방과의 장외파생상품 매매에 따른 거래상대방 위험평가액*이 각 집합투자기구 자산총액의 10%를 초과하여 투자하는 행위(법 제81조 제1항 제1호 사목)

* 동일 거래상대방 기준으로 장외파생상품 매매 거래의 만기까지 거래상대방의 부도 등으로 인하여 발생할 수 있는 최대 손실에 대한 추정금액(거래상대방으로부터 당해 거래와 관련하여 담보를 제공받은 경우에는 그 담보가치를 차감한 금액을 말함)을 말함.

❺ 파생상품에 주로 투자하는 펀드에 대한 규제(법 제93조)

ㄱ. 파생상품 위험평가액이 자산총액의 10%를 초과하여 파생상품에 투자할 수 있는 집합투자기구 : 위험지표(계약금액, 만기손익구조, 최대 손실 예상금액 등)를 인터넷 홈페이지 등을 이용하여 공시하고, 투자설명서에 위험지표 개요를 기재해야 함

ㄴ. 장외파생상품 위험평가액이 자산총액의 10%를 초과하여 장외파생상품에 투자할 수 있는 집합투자기구 : 위험관리방법을 작성하여 신탁업자의 확인을

받아 금융위에 신고해야 함

(4) 부동산 투자 제한 등

❶ 부동산 취득 후 다음의 기간 내에 처분하는 행위(법 제81조 제1항 제2호, 시행령 제80조 제7항)

ㄱ. 국내에 있는 부동산 중 「주택법」 제2조 제1호에 따른 주택: 1년. 다만, 집합투자기구가 미분양주택(「주택법」 제38조에 따른 사업주체가 같은 조에 따라 공급하는 주택으로서 입주자 모집공고에 따른 입주자의 계약일이 지난 주택단지에서 분양계약이 체결되지 아니하여 선착순의 방법으로 공급하는 주택을 말함)을 취득하는 경우에는 집합투자규약에서 정하는 기간

ㄴ. 국내에 있는 부동산 중 「주택법」 제2조 제1호에 따른 주택에 해당하지 아니하는 부동산 : 1년

ㄷ. 국외 부동산 : 집합투자규약으로 정하는 기간

❷ 부동산 취득 및 처분 시 실사보고서 : 집합투자업자는 집합투자재산으로 부동산을 취득하거나 처분하는 경우에는 그 부동산의 현황, 거래 가격 등이 기재된 실사보고서를 작성하고 비치해야 함(법 제94조 제3항, 시행령 제97조 제5항, 규정 제4-72조 제1항)

❸ 부동산 개발사업에 투자하는 경우 사업계획서 : 개발사업 추진일정, 추진방법 등이 기재된 사업계획서를 작성하여 감정평가업자로부터 적정성 여부를 확인받아 인터넷 홈페이지 등을 이용하여 공시해야 함(법 제94조 제4항, 시행령 제97조 제6항)

(5) 집합투자증권 투자 제한

❶ 각 집합투자기구 자산총액의 50%를 초과하여 동일 집합투자업자가 운용하는 집합투자증권에 투자하는 행위(법 제81조 제1항 제3호 가목)

☞ 예외(100%까지 투자 가능)

ㄱ. 사모투자 재간접 집합투자기구(시행령 제80조 제1항 제5호의 2)

ㄴ. 부동산·특별자산투자 재간접 집합투자기구(시행령 제80조 제1항 제5호의3)

ㄷ. 다음의 요건을 모두 충족하는 집합투자기구(이하 '자산배분 펀드')(시행령 제80조 제1항 제5호의4)

　　a. 집합투자재산을 주된 투자대상 자산·투자방침과 투자전략이 상이한 복수의 집합투자기구(외국 집합투자기구를 포함)에 투자할 것

b. 집합투자기구가 투자한 집합투자증권의 비율을 탄력적으로 조절하는 투자전략을 활용할 것

　　c. 집합투자업자가 본인이 운용하는 집합투자기구의 집합투자증권에 각 집합투자기구의 집합투자재산의 50%를 초과하여 투자하는 경우에는 일반적인 거래조건에 비추어 투자자에게 유리한 운용보수 체계를 갖출 것

　ㄹ. 집합투자기구 자산총액의 40%를 초과하여 다른 집합투자증권에 투자할 수 있는 집합투자기구(재간접펀드 ; FOFs)가 다음의 집합투자증권에 투자하는 경우(시행령 제80조 제1항 제6호)

　　a. 외화자산에 70% 이상 투자하는 집합투자기구(국내 판매 등록한 외국 집합투자기구 포함)의 집합투자증권

　　b. 추가 분산요건(30종목 이상 등) 등을 갖춘 상장지수펀드, 지수의 구성종목이 국채, 통화안정증권, 국가나 지방자치단체 보증채 증권인 채권형 ETF(국내 판매 등록한 외국 ETF 포함)

　　c. 외화자산에 90% 이상 운용하는 것으로 둘 이상의 다른 집합투자업자에게 운용을 위탁하는 집합투자기구(국내 판매 등록한 외국 집합투자기구 포함)의 집합투자증권

　ㅁ. 변액보험 특별계정(시행령 제80조 제1항 제8호)

❷ 각 집합투자기구 자산총액의 20%를 초과하여 동일 집합투자증권에 투자하는 행위(법 제81조 제1항 제3호 나목, 시행령 제80조 제1항 제6호, 제7호)

☞ 예외

　ㄱ. 100%까지 투자 가능한 경우

　　a. 추가 분산요건(30종목 이상 등) 등을 갖춘 ETF, 지수의 구성종목이 국채, 통화안정증권, 국가나 지방자치단체 보증채 증권인 채권형ETF, 변액보험 특별계정

　　b. 외화자산에 70% 이상 투자하는 집합투자기구(국내 판매 등록한 외국 집합투자기구 포함)의 집합투자증권

　ㄴ. 30%까지 투자 가능한 경우 : 추가 분산요건을 갖추지 못한 일반 ETF(10종목 이상 등)

❸ 자산총액의 40%를 초과하여 다른 집합투자증권에 투자할 수 있는 집합투자기구(재간접펀드 ; FOFs)의 집합투자증권에 투자하는 행위(법 제81조 제1항 제3호 다목)

☞ 예외(투자 가능) : 자산배분 펀드의 재산을 다음 어느 하나에 해당하는 집합투자기구의 집합투자증권에 투자하는 행위는 가능(시행령 제80조 제1항 제8호의 2)

ㄱ. 부동산 집합투자기구(국내 등록한 외국 집합투자기구를 포함)의 집합투자증권에 집합투자재산의 40%를 초과하여 투자하는 집합투자기구(국내 등록한 외국 집합투자기구를 포함)

ㄴ. 특별자산 집합투자기구(국내 등록한 외국 집합투자기구를 포함)의 집합투자증권에 집합투자재산의 40%를 초과하여 투자하는 집합투자기구(국내 등록한 외국 집합투자기구를 포함)

ㄷ. 「부동산 투자회사법」에 따른 부동산 투자회사가 발행한 주식(이와 유사한 것으로서 외국 증권시장에 상장된 주식 포함)에 집합투자재산의 40%를 초과하여 투자하는 집합투자기구(국내 등록한 외국 집합투자기구를 포함)

❹ 자산총액의 5%를 초과하여 사모 집합투자기구의 집합투자증권에 투자하는 행위 (법 제81조 제1항 제3호 라목)

☞ 예외

ㄱ. 사모투자 재간접 집합투자기구가 일반 사모집합투자기구(국내 등록한 외국 집합투자기구를 포함)의 집합투자증권에 각 집합투자기구 자산총액의 100%까지 투자하는 행위(시행령 제80조 제1항 제8호의3)

ㄴ. 부동산·특별자산투자 재간접 집합투자기구가 일반 사모집합투자기구의 집합투자증권에 각 집합투자기구 자산총액의 100%까지 투자하는 행위(시행령 제80조 제1항 제8호의4)

❺ 투자하는 날을 기준으로 각 집합투자기구의 집합투자재산으로 동일 집합투자증권 발행 총수의 20%를 초과하여 투자하는 행위(법 제81조 제1항 제3호 마목)

☞ 예외

ㄱ. 변액보험 특별계정(시행령 제80조 제1항 제9호)

ㄴ. ETF에 투자하는 경우에는 그 ETF 발행 총수의 50%까지 투자 가능(시행령 제80조 제1항 제9호의 2)

ㄷ. 사모투자 재간접 집합투자기구 및 부동산 특별자산투자 재간접 집합투자기구의 집합투자재산으로 같은 집합투자기구의 집합투자증권 총수의 50%까지 투자 가능(시행령 제80조 제1항 제9호의 2 및 제9호의3)

❻ 당해 집합투자증권 및 당해 집합투자기구가 투자하는 집합투자증권의 판매수수

료·보수 합계가 일정 기준(판매수수료 2%, 판매보수 1%)을 초과하여 투자하는 행위(법 제81조 제1항 제3호 바목)

  ☞ 예외 : 변액보험 특별계정(시행령 제80조 제1항 제10호)

(6) 그 밖의 투자 제한

❶ 환매조건부 매도 한도(펀드재산인 증권 총액의 50% 이내)(시행령 제81조 제1항 제1호, 규정 제4-53조 제1항)

❷ 증권대여 한도(펀드재산인 증권의 50% 이내)(시행령 제81조 제1항 제2호, 규정 제4-53조 제1항)

❸ 증권차입 한도(펀드자산 총액의 20% 이내)(시행령 제81조 제1항 제3호, 규정 제4-53조 제2항)

(7) 자산의 가격 변동 등으로 불가피하게 투자한도를 초과하게 된 경우에는 3개월간

(부도 등으로 처분이 불가능하거나 집합투자재산에 현저한 손실을 초래하지 아니하고는 처분이 불가능한 자산은 처분 시까지) 한도에 적합한 것으로 간주(법 제81조 제3항)

(8) 펀드 자산총액을 기준으로 하는 투자 제한*의 경우에는 펀드 설정·설립 후 1개월간은 적용하지 않는다(법 제81조 제4항, 시행령 제81조 제4항).

  * 동일종목 증권투자한도(1호 가목), 파생상품 위험평가액 한도(1호 마목), 파생상품의 동일기초자산 가격 변동 위험 한도(1호 바목), 동일 거래상대방 파생상품 거래한도(1호 사목), 동일 집합투자업자의 집합투자증권 투자한도(3호 가목), 동일 집합투자증권 투자한도(3호 나목), 증권·부동산·특별자산·단기금융 집합투자기구의 최소 투자 비율(제229조 각호)

  ☞ 부동산 펀드 1년, 특별자산 펀드 6개월

| **4** | **자기 집합투자증권의 취득 제한** |

집합투자기구의 계산으로 그 집합투자기구의 집합투자증권을 취득하거나 질권의 목적으로 받을 수 없다(법 제82조).

  ☞ 예외 : 권리행사(1월 내 처분) 및 매수청구권 행사

금전차입, 대여 등의 제한

(1) 집합투자업자는 집합투자재산을 운용함에 있어서 집합투자기구의 계산으로 금전을 차입하지 못한다(법 제83조 제1항).

❶ 예외 : 대량 환매청구 발생, 대량 매수청구 발생
❷ 차입한도는 차입 당시 순자산 총액의 10%를 초과할 수 없음

(2) 집합투자업자는 집합투자재산을 운용함에 있어서 집합투자재산으로 금전을 대여(시행령 제345조 제1항 각 호의 금융기관에 대한 30일 이내의 단기 대출은 제외)하여서는 안된다(법 제83조 제4항).

(3) 집합투자재산으로 해당 집합투자기구 외의 자를 위한 채무보증·담보제공 금지 (법 제83조 제5항)

(4) 특례

❶ 금전차입 특례 : 집합투자재산으로 부동산을 취득하는 경우에는 집합투자기구의 계산으로 금전 차입이 예외적으로 허용됨(법 제94조 제1항, 시행령 제97조 제1항)
  ㄱ. 차입 상대방 : 은행, 보험회사, 기금, 다른 부동산 집합투자기구 등
  ㄴ. 차입한도 : 부동산 집합투자기구는 순자산의 200%(집합투자자 총회에서 달리 의결한 경우 그 의결한 한도), 기타 집합투자기구는 부동산가액의 70%
  ㄷ. 차입금 사용용도 : 부동산에 운용하는 방법으로 사용해야 함. 다만, 불가피한 사유 발생 시 일시적으로 현금성자산에 투자 가능
❷ 금전대여 특례 : 부동산 개발사업을 영위하는 법인에 대해 예외적으로 대여 가능 (법 제94조 제2항, 시행령 제97조 제2항, 제3항, 제4항)
  ㄱ. 대여상대방 : 부동산 개발사업법인, 부동산 신탁업자, 부동산 투자회사 또는 다른 집합투자기구
  ㄴ. 대여한도 : 집합투자기구 순자산총액의 100%
  ㄷ. 대여방법 : 부동산 담보권 설정, 시공사 지급보증 등 대여금 회수를 위한 적절한 수단 확보 필요
    사모집합투자기구는 금전대여 방식으로 자산을 운용할 수 있으나, 금전대여의

방법으로 운용할 경우 (1) 개인이나 유흥업 등 사행업종에 직접 또는 대부업자·온라인투자연계금융업자와 연계하는 방식으로 대여하는 것을 금지하여 차주에 대한 제한을 두었고, (2) 금전대여로 운용되는 사모펀드에는 기관투자자 등만 투자할 수 있도록 하였음.

6 이해관계인과의 거래 제한등

(1) 이해관계인의 범위

집합투자업자의 임직원 및 그 배우자, 집합투자업자의 대주주 및 그 배우자, 집합투자업자의 계열회사, 계열회사의 임직원 및 그 배우자, 관계 투자매매·중개업자, 관계 신탁업자, 집합투자업자가 법인이사인 투자회사의 감독이사(법 제84조 제1항, 시행령 제84조)

(2) 이해관계인과의 거래는 원칙적으로 금지됨

다음의 경우는 예외(법 제84조 제1항, 시행령 제85조)

ㄱ. 이해관계인이 되기 전 6개월 이전에 체결한 계약에 따른 거래

ㄴ. 증권시장 등 불특정 다수인이 참여하는 공개시장을 통한 거래

ㄷ. 일반적인 거래조건에 비추어 집합투자기구에 유리한 거래

ㄹ. 그 밖에 대통령령으로 정하는 거래

(3) 이해관계인과의 예외 거래 시 및 이해관계인의 변경 시 신탁업자에게 통보하여야 한다(법 제84조 제2항).

(4) 집합투자업자는 집합투자재산을 운용함에 있어서 집합투자기구의 계산으로 집합투자업자가 발행한 증권(수익증권 제외)을 취득하여서는 안 된다(법 제84조 제3항).

(5) 계열회사 발행 증권 취득 제한(법 제84조 제4항, 제5항, 시행령 제86조)

❶ 대상 증권의 범위

ㄱ. 제외 : 투자신탁 수익증권, 집합투자증권, 파생결합증권, 금전신탁수익증권

ㄴ. 포함 : 증권, 지분증권 관련 증권예탁증권, 원화 CD, CP가 아닌 어음, 대출채권, 예금, 그 밖에 금융위가 정하는 채권(債權)(금융위가 별도로 정한 채권은 없음)

❷ 지분증권 투자 한도(시행령 제86조 제1항 제1호, 제4항)

ㄱ. 원칙 : ① 집합투자업자가 운용하는 전체 집합투자기구 자산총액 중 지분증권에 투자가능한 금액의 100분의 5와 ② 집합투자업자가 운용하는 각 집합투자기구 자산총액의 100분의 25를 각각 초과할 수 없음(시행령 제86조 1항 1호)

ㄴ. 예외 : 다음의 경우에는 한도를 초과하여 취득 가능

a. 계열회사가 발행한 전체 지분증권의 시가총액비중의 합이 집합투자업자가 운용하는 전체 집합투자기구 자산총액 중 지분증권에 투자 가능한 금액의 100분의 5를 초과하는 경우로서 그 계열회사가 발행한 전체 지분증권을 그 시가총액비중까지 취득하는 경우

b. 계열회사가 발행한 전체 지분증권의 시가총액비중의 합이 100분의 25를 초과하는 경우로서 각 집합투자기구에서 그 계열회사가 발행한 전체 지분증권을 그 시가총액비중까지 취득하는 경우

c. 다수 종목의 가격 수준을 종합적으로 표시하는 지수 중 금융위가 정하여 고시하는 지수의 변화에 연동하여 운용하는 것을 목표로 하는 집합투자기구(ETF)의 집합투자재산으로 그 계열회사가 발행한 전체 지분증권을 해당 지수에서 차지하는 비중까지 취득하는 경우

d. 예외에 따라 취득한 지분증권의 의결권 행사 : 집합투자기구 자산총액의 5%를 기준으로 집합투자재산에 속하는 각 계열회사별 지분증권의 비중을 초과하는 계열회사의 지분증권에 대하여는 shadow voting

❸ 지분증권 제외 증권의 투자한도 : 계열회사 전체가 그 집합투자업자에 출자한 비율*에 해당하는 금액(시행령 제86조 제1항 제2호)

* 의결권 있는 주식수 비율×Max(자기자본, 자본금)

❹ 증권을 추가 취득하지 아니하였음에도 한도를 초과한 때에는 사유발생일부터 3월 이내에 한도에 적합하도록 운용하여야 함(시행령 제86조 제5항)

7 불건전 영업행위의 금지

자본시장법은 투자자 보호와 건전한 거래질서를 확립하기 위해 구체적인 불건전 영업행위를 명시하고 있다. 또한 이에 대한 예외사항에 대해서도 시행령에 구체적으로 열거하고 있다.

(1) 가격에 중대한 영향을 미칠 수 있는 매수·매도의사를 결정한 후 이를 실행하기 전에 집합투자업자가 자기계산으로 대상 자산을 매수·매도하거나 제3자에게 매수·매도를 권유하는 행위(법 제85조 제1호, 시행령 제87조 제1항)

☞ 예외 : 정보 미이용 입증, 차익거래 등

(2) 자기 또는 관계인수인이 인수한 증권을 집합투자재산으로 매수하는 행위(법 제85조 제2호, 시행령 제87조 제1항)

☞ 예외 : ① 인수일부터 3개월 경과 후 매수, ② 인수한 상장주권을 증권시장에서 매수하는 경우, ③ 국채, 지방채, 통안채, 특수채, 일정 요건을 모두 갖춘 사채권

☞ 관계인수인 : 동일 기업집단에 속하는 인수인, 판매비중 30% 이상인 인수인

(3) 자기 또는 관계인수인이 인수업무*를 담당한 법인의 특정 증권**에 대하여 인위적인 시세를 형성하기 위해 집합투자재산으로 그 특정 증권을 매매하는 행위(법 제85조 제3호)

* 발행인 등으로부터 직접 인수를 의뢰받아 인수조건 등을 정하는 업무

** 주권, CB·BW·PB(이익참가부사채), 관련 EB, 관련 DR, 관련 금융투자상품

(4) 특정 집합투자기구의 이익을 해하면서 자기 또는 제3자의 이익을 도모하는 행위(법 제85조 제4호)

(5) 집합투자재산을 고유재산, 다른 집합투자재산, 투자일임재산 또는 신탁재산과 거래하는 행위(법 제85조 제5호)

☞ 예외 : 집합투자기구 간 자전거래 등

(6) 제3자와의 계약·담합등에 의하여 집합투자재산으로 특정 자산에 교차하여 투자하는 행위(법 제85조 제6호)

(7) 투자운용인력이 아닌 자에게 집합투자재산을 운용하게 하는 행위(법 제85조 제7호)

(8) 그 밖에 대통령령으로 정하는 행위(법 제85조 제8호, 시행령 제87조 제4항)

❶ 집합투자규약·투자설명서를 위반하여 집합투자재산을 운용하는 행위
❷ 운용방침·운용전략 등을 감안하지 않고 지나치게 빈번하게 매매하는 행위
❸ 판매회사(임직원 및 투자권유대행인 포함)에게 금융위가 정하는 기준을 위반하여

직·간접적으로 재산상의 이익을 제공하는 행위

④ 투자매매·중개업자(임직원 포함) 등으로부터 업무와 관련 금융위가 정하는 기준을 위반하여 직·간접적으로 재산상의 이익을 제공받는 행위

⑤ 투자자와의 이면계약 등에 의하여 투자자로부터 일상적으로 명령·지시·요청등을 받아 집합투자재산을 운용하는 행위

⑥ 판매회사와의 이면계약 등에 의하여 판매회사로부터 명령·지시·요청을 받아 집합투자재산을 운용하는 행위

⑦ 법령상 금지·제한 규정을 회피할 목적으로 장외파생상품 거래, 신탁계약, 연계거래 등을 이용하여 탈법하는 행위

⑧ 채권자로서 백지수표·백지어음을 받는 행위

⑨ 그 밖에 금융위가 정하는 행위(규정 제4-63조)

(9) 운용인력에 대한 행위제한(규정 제4-64조)

집합투자재산의 운용업무를 담당하는 자는 다음의 행위를 할 수 없다. 다만, ❷, ❸, ❺는 사모펀드에는 적용되지 않는다.

❶ 집합투자재산의 운용을 담당하는 업무와 직접 자산의 취득·매각 등의 실행을 담당하는 업무를 겸직하는 행위

❷ 증권운용전문인력이 아닌 자가 금융투자상품의 운용업무를 하는 행위

❸ 부동산운용전문인력이 아닌 자가 부동산의 운용업무(부동산개발 법인에 대한 대출채권의 신탁에 따른 수익권의 매입, 부동산 개발 법인이 발행한 증권의 매입 및 그 증권의 신탁에 따른 수익권의 매입에 집합투자재산의 100분의 40을 초과하여 투자하는 경우를 포함)를 하는 행위

❹ 일반 사모집합투자기구의 운용인력이 아닌 자가 일반 사모집합투자기구의 운용업무를 하는 행위

❺ 사회기반시설운용전문인력이 아닌 자가 사회기반시설의 운용업무(사회기반시설 관련 법인에 대한 대출채권의 신탁에 따른 수익권의 매입, 사회기반시설 관련 법인이 발행한 증권의 매입 및 그 증권의 신탁에 따른 수익권의 매입에 집합투자재산의 100분의 40을 초과하여 투자하는 경우를 포함)를 하는 행위

8 성과보수의 제한

(1) 공모 집합투자기구는 운용실적에 연동하여 미리 정해진 산정방식에 따른 보수(성과보수)를 받는 것이 원칙적으로 금지된다(법 제86조 제1항, 시행령 제88조 제1항). 다만, 다음 요건을 모두 충족하면 예외적으로 성과보수를 받을 수 있다.

❶ 집합투자업자가 임의로 변경할 수 없는 객관적인 지표 또는 수치(기준 지표등)를 기준으로 성과보수를 산정할 것

❷ 운용성과가 기준 지표 등의 성과보다 낮은 경우 성과보수를 적용하지 않는 경우보다 적은 운용보수를 받게 되는 보수체계를 갖출 것

❸ 환매금지형 집합투자기구인 경우에는 최소 존속기한이 1년 이상이어야 하며, 이에 해당하지 아니하는 집합투자기구인 경우에는 존속기한이 없을 것

❹ 성과보수의 상한을 정할 것

(2) 집합투자업자는 성과보수를 받고자 하는 경우 성과보수 산정방식등을 투자설명서 및 집합투자규약에 기재하여야 한다(법 제86조 제2항, 시행령 제88조 제2항).

☞ 투자설명서·집합투자규약 기재사항 : 성과보수 산정방식, 성과보수가 지급된다는 뜻과 그 한도, 성과보수를 지급하지 아니하는 집합투자기구보다 높은 투자위험에 노출될 수 있다는 사실, 성과보수를 포함한 보수 전체에 관한 사항, 기준 지표 등 및 성과보수의 상한, 성과보수의 지급시기, 성과보수가 지급되지 아니하는 경우에 관한 사항, 집합투자기구의 운용을 담당하는 투자운용인력의 경력과 운용성과 등

집합투자업자 및 신탁업자는 집합투자업자가 공모 집합투자기구로부터 성과보수를 받는 경우에는 그 내용을 자산운용보고서 및 자산보관·관리보고서에 각각 기재하여야 한다.

(3) 사모 집합투자기구는 성과보수를 받을 수 있다.

9 의결권 행사 및 공시 등

(1) 원칙 : 집합투자업자는 투자자의 이익을 보호하기 위해서 집합투자재산에 속하는 주식의 의결권을 충실하게 행사하여야 한다(법 제87조 제1항).

(2) 집합투자업자는 다음의 경우에는 중립투표(집합투자재산에 속하는 주식을 발행한 법인의 주주총회에 참석한 주주가 소유하는 주식수에서 집합투자재산에 속하는 주식수를 뺀 주식수의 결의내용에 영향을 미치지 아니하도록하는 방법, shadow voting)를 하여야 한다. 다만, 집합투자재산에 속하는 주식을 발행한 법인의 합병, 영업양·수도, 임원 임면, 정관변경, 그 밖에 집합투자재산에 손실을 초래할 우려가 있는 사항(주요 의결사항)일 경우에는 법 제87조 제1항에 따른 충실한 의결권 행사 가능(법 제87조 제2항 및 제3항 본문, 시행령 제89조)

❶ 다음에 해당하는 자가 집합투자재산에 속하는 주식 발행법인을 계열회사로 편입하기 위한 경우
  ㄱ. 집합투자업자, 그 특수관계인 및 공동보유자
  ㄴ. 집합투자업자에 대하여 사실상의 지배력을 행사하는 자로서 관계 투자매매업자·투자중개업자 및 그 계열회사, 집합투자업자의 대주주(최대주주의 특수관계인인 주주 포함)
❷ 집합투자재산에 속하는 주식 발행법인이 집합투자업자와 다음의 관계에 있는 경우
  ㄱ. 계열회사
  ㄴ. 집합투자업자에 대하여 사실상의 지배력을 행사하는 관계로서 관계 투자매매업자·투자중개업자 및 그 계열회사, 집합투자업자의 대주주(최대주주의 특수관계인인 주주 포함)

(3) 상호출자제한기업집단에 속하는 집합투자업자가 집합투자재산으로 그와 계열관계에 있는 주권상장법인이 발행한 주식을 소유하고 있는 경우 다음의 요건을 모두 충족하는 방법으로만 의결권 행사 가능(법 제87조 제3항 본문 단서 및 각 호)

❶ 그 상장법인의 특수관계인이 의결권을 행사할 수 있는 주식의 수와 합하여 그 법인의 발행주식 총수의 15%를 초과하지 않도록 의결권을 행사하여야 함(법 제87조 제3항 제1호)
❷ 계열회사 주식을 동일종목 투자한도(10%) 예외규정을 통해 취득한 경우에는 투자한도를 초과하여 취득한 주식에 대해서는 중립투표(shadow voting)하여야 함(법 제87조 제3항 제2호)

(4) 집합투자업자는 동일종목, 동일법인 발행증권, 계열사 발행증권 투자한도 규정

을 위반하여 취득한 주식에 대해서는 의결권을 행사할 수 없다(법 제87조 제4항).

(5) 집합투자업자는 제3자와의 계약에 의하여 의결권을 교차하여 행사하는 등 의결권 행사 제한 규정을 면하기 위한 행위가 금지된다(법 제87조 제5항).

(6) 금융위는 집합투자업자가 의결권 행사 제한 규정을 위반하여 의결권을 행사한 경우 6개월 이내의 기간을 정하여 그 주식의 처분을 명할 수 있다(법 제87조 제6항).

(7) 집합투자업자는 의결권 공시대상법인에 대한 의결권 행사 여부 및 그 내용(행사하지 않은 경우 그 사유)을 기록·유지하여야 한다(법 제87조 제7항, 시행령 제90조).

❶ 의결권 공시대상법인 : 각 집합투자기구 자산총액의 5% 이상 또는 100억 원 이상을 소유하는 주식의 발행인
❷ 기록·유지방법 : 영업보고서 기재

(8) 집합투자업자는 집합투자재산에 속하는 의결권 공시대상법인에 대하여 매년 4월 30일까지 직전 연도 4월 1일부터 1년간 행사한 의결권 행사 내용 등을 다음 구분에 따라 공시하여야 한다(법 제87조 제8항, 시행령 제91조 제1항 및 제2항).

❶ 집합투자업자가 법 제87조 제2항 및 제3항에 따라 계열회사 등의 합병, 영업양·수도, 임원 임면, 정관 변경 등 주요 의결사항에 대하여 의결권을 행사하는 경우 : 의결권의 구체적인 행사내용 및 그 사유
❷ 의결권 공시대상법인에 대하여 의결권을 행사하는 경우 : 의결권의 구체적인 행사 내용 및 그 사유
❸ 의결권 공시대상법인에 대하여 의결권을 행사하지 아니하는 경우 : 의결권을 행사하지 아니한 구체적인 사유

(9) 집합투자업자가 의결권 행사 여부에 대하여 공시하는 경우 투자자가 의결권 행사 여부의 적정성을 파악하는 데 필요한 자료를 함께 공시하여야 한다(법 제87조 제9항, 시행령 제92조 제4항).

☞ 공시자료 : 의결권 행사와 관련한 집합투자업자의 내부 지침, 집합투자기구별 소유 주식수, 의결권 행사 대상법인과의 관계가 계열회사등의 관계에 있는지 여부

(1) 집합투자업자는 자산운용보고서를 작성하여 신탁업자의 확인을 받아 3개월에 1회 이상 투자자에게 제공하여야 한다(법 제88조 제1항, 시행령 제92조 제1항).

다음의 경우는 예외

❶ 투자자가 수령거부의사를 서면, 전화·전신·팩스, 전자우편 또는 이와 비슷한 전자통신의 방법으로 표시한 경우

❷ MMF의 자산운용보고서를 월 1회 이상 공시하는 경우

❸ 상장된 환매금지형 집합투자기구의 자산운용보고서를 3개월에 1회 이상 공시하는 경우

❹ 집합투자규약에 10만 원 이하의 투자자에게 제공하지 아니한다는 내용을 정한 경우

(2) 자산운용보고서 기재사항(법 제88조 제2항, 시행령 제92조 제2항 및 제3항, 규정 제4−66조 제2항)

❶ 기준일 현재의 자산·부채 및 집합투자증권 기준 가격

❷ 해당 운용기간 중 운용경과의 개요 및 당해 운용기간 중의 손익상황

❸ 기준일 현재 자산의 종류별 평가액과 집합투자재산 총액에 대한 각각의 비율

❹ 해당 운용기간 중 매매한 주식의 총수, 매매금액 및 매매회전율

❺ 기준일 현재 집합투자재산에 속하는 투자대상 자산의 내용

❻ 집합투자기구의 투자운용인력에 관한 사항

❼ 집합투자기구의 투자환경 및 운용계획

❽ 집합투자기구의 업종별·국가별 투자내역

❾ 집합투자기구의 결산시 분배금내역(결산 후 최초로 작성하는 자산운용보고서로 한정)

❿ 집합투자기구의 투자대상 범위 상위 10개 종목

⓫ 집합투자기구의 구조

⓬ 집합투자기구가 환위험을 회피할 목적으로 파생상품을 거래하는 경우 그 거래에 관한 사항

⓭ 집합투자기구가 집합투자업자, 투자매매·중개업자(판매회사), 신탁업자 등에게 지

급한 보수, 그 밖에 수수료 금액(투자중개업자에게 지급한 매매수수료 중 투자중개업자로부터 제공받은 조사분석업무 등의 서비스와 관련한 수수료에 대해서는 구분)

⑭ 집합투자업자가 고유재산으로 자기가 운용하는 집합투자기구가 발행하는 집합투자증권에 투자한 경우 투자한 집합투자증권의 명칭, 투자금액 및 수익률(1억 원 미만 제외)

(3) 자산운용보고서 제공시기·방법등(법 제88조 제3항, 시행령 제92조 제4항부터 제6항)

❶ 집합투자업자는 판매회사 또는 예탁결제원을 통하여 기준일부터 2개월 이내에 직접 또는 전자우편의 방법으로 교부하여야 함. 다만, 투자자가 우편발송을 원하는 경우에는 그에 따라야 함
  ☞ 투자금액이 100만 원 이하이거나 전자우편 주소가 없는 경우 : 운용사·판매사·협회 홈페이지 공시로 갈음
❷ 자산운용보고서의 작성·제공 비용은 집합투자업자가 부담

11 수시공시 등

(1) 집합투자업자는 다음 사항이 발생한 경우 ① 집합투자업자, 판매회사, 협회의 인터넷 홈페이지, ② 전자우편, ③ 판매회사 등의 본·지점 및 영업소에 게시하는 세 가지 방법 모두를 활용하여 공시하여야 한다(법 제89조, 시행령 제93조 제2항).

❶ 투자운용인력 변경이 있는 경우 그 사실과 변경된 투자운용인력의 운용경력
❷ 환매연기 또는 환매재개의 결정 및 사유
❸ 부실자산이 발생한 경우 명세 및 상각률
❹ 집합투자자 총회 결의내용
❺ 그 밖에 대통령령(시행령 제93조 제3항)으로 정하는 경우

(2) 집합투자재산에 관한 보고등(법 제90조 제1항부터 제3항)

❶ 집합투자업자는 영업보고서(매분기 후 2개월 이내) 및 결산서류(2개월 이내)를 금융위 및 협회에 제출
❷ 금융위 및 협회는 그 서류를 공시

(3) 협회는 집합투자재산의 운용실적을 비교하여 공시(법 제90조 제4항, 시행령 제94조)

❶ 운용실적의 비교공시 구분 기준 : 집합투자업자, 투자매매·중개업자, 집합투자기구 종류, 주된 투자대상 자산, 운용보수, 판매수수료·판매보수, 그 밖에 금융위가 정하는 것

❷ 협회는 운용실적의 비교공시를 위하여 필요한 범위 안에서 집합투자규약, 투자설명서, 기준 가격 등에 관한 자료의 제출을 집합투자업자 등에 요청할 수 있음

(4) 장부 · 서류의 열람 · 공시등(법 제91조)

❶ 투자자는 집합투자업자 및 판매회사에게 영업시간 중에 서면으로 집합투자재산에 관한 장부·서류의 열람이나 등·초본의 교부를 청구할 수 있으며, 집합투자업자는 정당한 사유가 없는 한 거절할 수 없음

❷ 집합투자업자 및 판매회사는 집합투자규약을 공시하여야 함

(5) 환매연기등의 통지(법 제92조)

집합투자업자는 집합투자증권의 환매연기를 한 경우 및 회계감사인의 감사의견이 적정의견이 아닌 경우 이를 즉시 해당 집합투자증권을 판매한 투자매매·중개업자(판매회사)에 통지해야 한다(이들 사유가 해소된 경우도 동일).

chapter 06

투자자문업자 및 투자일임업자의 영업행위 규칙

투자자문업자 및 투자일임업자의 영업행위 규칙

1 선관의무와 충실의무

자본시장법은 투자자문업자와 투자일임업자의 일반적인 영업행위기준으로서 선관주의의무(법 제96조 제1항)와 충실의무(법 제96조 제2항)를 규정하고 있다.

2 투자자문계약 및 투자일임계약의 체결

(1) 계약내용이 기재된 서면자료의 사전 교부

자본시장법은 일반투자자에 대하여 설명의무, 적합성의 원칙 등 강화된 투자자 보호 장치를 적용하고, 전문투자자에 대해서는 투자자 보호 규제를 적용하지 않음으로써 투자자 보호와 금융투자업자의 영업활동의 자유 간에 균형을 도모하고 있다.

이와 마찬가지로 투자자문업자 또는 투자일임업자가 일반투자자와 투자자문계약 또는 투자일임계약을 체결하고자 하는 경우 계약내용이 기재된 서면자료[1]를 미리 일반투자자에게 교부하도록 의무화함으로써 투자자 보호를 강화하는 장치를 두고 있다(법 제97조 1항).

(2) 서면에 의한 계약의 체결

자본시장법은 금융투자업자가 투자자와 금융투자계약을 체결한 경우 그 계약서류를 투자자에게 지체 없이 교부하도록 하고 있음(법 제97조 제1항). 이는 금융투자자를 보호하기 위하여 계약 체결 시 투자자가 계약내용을 정확히 이해할 수 있도록 서면에 의한 계약 체결 및 교부를 의무화한 것이다.

---

1 1. 투자자문의 범위 및 제공방법 또는 투자일임의 범위 및 투자대상 금융투자상품 등
   2. 투자자문업 또는 투자일임업의 수행에 관하여 투자자문업자 또는 투자일임업자가 정하고 있는 일반적인 기준 및 절차
   3. 투자자문업 또는 투자일임업을 실제로 수행하는 임직원의 성명 및 주요 경력
   4. 투자자와의 이해상충 방지를 위하여 투자자문업자 또는 투자일임업자가 정한 기준 및 절차
   5. 투자자문계약 또는 투자일임계약과 관련하여 투자결과가 투자자에게 귀속된다는 사실 및 투자자가 부담하는 책임에 관한 사항
   6. 수수료에 관한 사항
   7. 투자실적의 평가 및 투자결과를 투자자에게 통보하는 방법(투자일임계약에 한함)
   7의 2. 투자자는 투자일임재산의 운용방법을 변경하거나 계약의 해지를 요구할 수 있다는 사실
   8. 그 밖에 투자자가 계약 체결 여부를 결정하는 데에 중요한 판단기준이 되는 사항으로서 대통령령으로 정하는 사항

(1) 불건전 영업행위의 규제 일반

　자본시장법은 투자자문업자 또는 투자일임업자와 투자자와의 사이에 거래가 이루어지는 자기거래(self dealing)와 그 외의 이해상충 행위를 중심으로 불건전영업행위의 유형을 규정하고 있다.

(2) 공통 금지행위

❶ 투자자로부터 금전·증권, 그 밖의 재산의 보관·예탁을 받는 행위(법 제98조 제1항 제1호). 다만, 투자자 보호 및 건전한 거래질서를 해할 우려가 없는 경우로서 투자자문업자 또는 투자일임업자가 다른 금융투자업, 그 밖의 금융업을 겸영하는 경우로서 그 겸영과 관련된 해당 법령에서 금지하지 아니하는 경우에는 가능(법 제98조 제1항 단서 및 영 제99조 제1항 제1호)

❷ 투자자에게 금전·증권, 그 밖의 재산을 대여하거나 투자자에 대한 제3자의 금전·증권, 그 밖의 재산의 대여를 중개·주선 또는 대리하는 행위(법 제98조 제1항 제2호). 다만, 투자자 보호 및 건전한 거래질서를 해할 우려가 없는 경우로서 투자자문업자 또는 투자일임업자가 다른 금융투자업, 그 밖의 금융업을 겸영하는 경우로서 그 겸영과 관련된 해당 법령에서 금지하지 아니하는 경우에는 가능(법 제98조 제1항 단서 및 영 제99조 제1항 제1호)

❸ 투자권유자문인력 또는 투자운용인력이 아닌 자에게 투자자문업 또는 투자일임업을 수행하게 하는 행위(법 제98조 제1항 제3호). 다만, 투자자 보호 및 건전한 거래질서를 해할 우려가 없는 경우로서 다음 요건을 모두 갖춘 자동화된 전산정보처리장치(전자적 투자 조언 장치, 이른바 '로보어드바이저')를 활용하여 일반투자자를 대상으로 투자자문업 또는 투자일임업을 수행하는 경우에는 가능(법 제98조 제1항 단서, 영 제99조 제1항 제1호의 2 및 규정 제4−73조의 2)

　　ㄱ. 투자자의 투자목적·재산상황·투자경험 등을 고려하여 투자자의 투자성향을 전자적 투자 조언 장치를 통하여 분석할 것

　　ㄴ. 「정보통신망 이용촉진 및 정보보호 등에 관한 법률」 제2조제7호에 따른 침해사고 및 재해 등을 예방하기 위한 체계 및 침해사고 또는 재해가 발생하였을

때 피해 확산·재발 방지와 신속한 복구를 위한 체계를 갖출 것

ㄷ. 투자자문의 내용 또는 투자일임재산에 포함된 투자대상 자산이 하나의 종류·종목에 집중되지 아니할 것

ㄹ. 매 분기별로 1회 이상 다음 사항을 평가하여 투자자문의 내용 또는 투자일임재산의 운용방법의 변경이 필요하다고 인정되는 경우 그 투자자문의 내용 또는 투자일임재산의 운용방법을 변경할 것

  a. 투자자문 내용 또는 투자일임재산의 안전성 및 수익성

  b. 위 ㄱ.의 투자자의 투자성향 분석을 고려하여 투자자문의 내용 또는 투자일임재산에 포함된 투자대상 자산의 종목·수량 등이 적합한지 여부

ㅁ. 전자적 투자 조언 장치를 유지·보수하기 위하여 요건을 갖춘 전문인력을 1인 이상 둘 것

ㅂ. 위 요건을 갖추었는지 확인하기 위하여 ㈜코스콤의 지원을 받아 외부전문가로 구성된 심의위원회가 수행하는 요건 심사 절차를 거칠 것

❹ 계약으로 정한 수수료 외의 대가를 추가로 받는 행위(법 제98조 제1항 제4호)

❺ 투자자문에 응하거나 투자일임재산을 운용하는 경우 금융투자상품등의 가격에 중대한 영향을 미칠 수 있는 투자판단에 관한 자문 또는 매매 의사를 결정한 후 이를 실행하기 전에 그 금융투자상품등을 자기의 계산으로 매매하거나 제3자에게 매매를 권유하는 행위(법 제98조 제1항 제5호). 다만, 투자자 보호 및 건전한 거래질서를 해할 우려가 없는 경우로서 ① 투자자문 또는 투자일임재산의 운용과 관련한 정보를 이용하지 아니하였음을 입증하는 경우, ② 차익거래 등 투자자문 또는 투자일임재산의 운용과 관련한 정보를 의도적으로 이용하지 아니하였다는 사실이 객관적으로 명백한 경우에는 가능(법 제98조 제1항 단서 및 영 제99조 제1항 제2호)

(3) 투자일임업자의 금지행위

투자일임업자는 투자일임재산을 운용함에 있어서 다음 어느 하나의 행위를 하여서는 아니된다.

❶ 정당한 사유 없이 투자자의 운용방법의 변경 또는 계약의 해지 요구에 응하지 아니하는 행위(법 제98조 제2항 제1호)

❷ 자기 또는 관계인수인이 인수한 증권을 투자일임재산으로 매수하는 행위(법 제98조 제2항 제2호). 다만, 투자자 보호 및 건전한 거래질서를 해할 우려가 없는 경우로

서 ① 인수일부터 3개월이 지난 후 매수하는 경우에는 가능(영 99조 제2항 제2호), ② 인수한 상장주권을 증권시장에서 매수하는 경우에는 가능(영 99조 제2항 제2호의3), ③ 국채, 지방채, 통안채, 특수채, 사채권(사채권의 경우 주권 관련 사채권 및 상각형 조건부 자본증권을 제외되며, 모집의 방법으로 발행되는 채권을 청약을 통하여 발행금액의 30% 이하로 매수하여야 하며, 거래 시점에 신용등급이 상위 2개 이내이어야 하며, 이 사항에 대하여 준법감시인의 확인을 받아야 하며 협회가 정한 방법과 절차에 따라 매분기별로 공시하여야 함)은 가능(영 제99조 제2항 제2호의 2 및 규정 제4-73조의3)

❸ 자기 또는 관계인수인이 발행인 또는 매출인으로부터 직접 증권의 인수를 의뢰받아 인수조건 등을 정하는 업무를 담당한 법인의 특정 증권등(법 제172조 제1항의 특정 증권등을 말함)에 대하여 인위적인 시세(법 제176조 제2항 제1호의 시세를 말한다)를 형성하기 위하여 투자일임재산으로 그 특정 증권등을 매매하는 행위(법 제98조 제2항 제3호)

❹ 특정 투자자의 이익을 해하면서 자기 또는 제3자의 이익을 도모하는 행위(법 제98조 제2항 제4호)

❺ 투자일임재산으로 자기가 운용하는 다른 투자일임재산, 집합투자재산 또는 신탁재산과 거래하는 행위(법 제98조 제2항 제5호)

❻ 투자일임재산으로 투자일임업자 또는 그 이해관계인의 고유재산과 거래하는 행위. 다만, 투자자 보호 및 건전한 거래질서를 해할 우려가 없는 경우로서 다음의 경우에는 가능(법 제98조 제2항 제6호 및 영 제99조 제2항 제3호), 즉 ① 이해관계인이 되기 6개월 이전에 체결한 계약에 따른 거래의 경우, ② 증권시장 등 불특정 다수인이 참여하는 공개시장을 통한 거래의 경우, ③ 일반적인 거래조건에 비추어 투자일임재산에 유리한 거래의 경우, ④ 환매조건부매매, ⑤ 투자일임업자 또는 이해관계인의 중개·주선 또는 대리를 통하여 금융위가 정하여 고시하는 방법(금융투자업규정 제4-74조), 즉 투자일임업자 또는 이해관계인이 일정한 수수료만을 받고 투자일임재산과 제3자 간의 투자대상 자산의 매매를 연결시켜주는 방법에 따라 투자일임업자 또는 이해관계인 아닌 자와 행하는 투자일임재산의 매매, ⑥ 이해관계인이 매매중개(금융위가 정하여 고시하는 매매형식의 중개를 말함. 규정 제4-75조)를 통하여 채무증권, 원화로 표시된 양도성 예금증서 또는 어음(기업어음증권을 제외)을 그 이해관계인과 매매하는 경우, ⑦ 투자에 따르는 위험을 회피하기 위하여 투자일임재산으로 상장지수 집합투자기구의 집합투자증권을 차입하여 매도하는

거래인 경우, ⑧ 그 밖에 금융위가 투자자의 이익을 해칠 염려가 없다고 인정하는 경우

❼ 투자자의 동의 없이 투자일임재산으로 투자일임업자 또는 그 이해관계인이 발행한 증권에 투자하는 행위(법 제98조 제2항 제7호)

❽ 투자일임재산을 각각의 투자자별로 운용하지 아니하고 여러 투자자의 자산을 집합하여 운용하는 행위. 다만, 투자자 보호 및 건전한 거래질서를 해할 우려가 없는 경우로서 개별 투자일임재산을 효율적으로 운용하기 위하여 투자대상 자산의 매매주문을 집합하여 처리하고, 그 처리 결과를 투자일임재산별로 미리 정하여진 자산배분명세에 따라 공정하게 배분하는 경우에는 가능(법 제98조 제2항 제8호 및 영 제99조 제2항 제4호)

❾ 투자자로부터 다음 중 하나의 행위를 위임받는 행위(법 제98조 제2항 제9호). 즉, ① 투자일임재산을 예탁하는 투자매매업자·투자중개업자, 그 밖의 금융기관을 지정하거나 변경하는 행위, ② 투자일임재산을 예탁하거나 인출하는 행위, ③ 투자일임재산에 속하는 증권의 의결권, 그 밖의 권리를 행사하는 행위, 다만 투자자 보호 및 건전한 거래질서를 해할 우려가 없는 경우로서 다음 중 하나에 해당하는 경우에는 이를 할 수 있다. 즉 ① 주식매수청구권의 행사, ② 공개매수에 대한 응모, ③ 유상증자의 청약, ④ 전환사채권의 전환권의 행사, ⑤ 신주인수권부사채권의 신주인수권의 행사, ⑥ 교환사채권의 교환청구, ⑦ 파생결합증권의 권리의 행사, ⑧ 법 제5조 제1항 제2호에 따른 권리의 행사의 경우(법 제98조 제2항 제9호 및 영 제99조 제2항 제5호)

　　다만, ❻ 및 ❾과 관련하여 증권에 관한 투자매매업자 또는 투자중개업자인 투자일임업자가 제182조 제2항에 따라 증권의 대차거래 또는 그 중개·주선이나 대리 업무를 하기 위하여 투자자로부터 동의를 받아 투자일임재산(증권인 투자일임 재산으로 한정)으로 해당 투자일임업자의 고유재산과 거래하거나 투자자로부터 투자일임재산의 인출을 위임받는 경우에는 가능. 이 경우 해당 업무를 하기 전에 다음 사항에 관하여 준법감시인의 확인을 받아야 함(영 제99조 제2항 3호의 2)

　ㄱ. 해당 투자일임재산이 제182조 제2항에 따른 대차거래의 중개의 목적으로만 활용되는지 여부

　ㄴ. 그 대차거래의 중개로 해당 투자일임재산과 고유재산이 혼화(混和)됨에 따라 투자자 보호와 건전한 거래질서를 저해할 우려가 없는지 여부

ㄷ. 그 밖에 금융위가 정하여 고시하는 사항

❿ 그 밖에 투자자 보호 또는 건전한 거래질서를 해할 우려가 있는 행위로서 다음 중 어느 하나에 해당하는 행위(법 제98조 제2항 제10호). 즉 ① 법 제9조 제5항 단서에 따라 일반투자자와 같은 대우를 받겠다는 전문투자자(영 제10조 제1항 각 호의 자는 제외)의 요구에 정당한 사유 없이 동의하지 아니하는 행위, ② 투자일임계약을 위반하여 투자일임재산을 운용하는 행위, ③ 제98조제2항에 따른 자산구성형 개인종합자산관리계약을 체결한 투자일임업자의 경우 같은 항 각 호의 요건에 따르지 아니하는 행위, ④ 투자일임의 범위, 투자목적 등을 고려하지 아니하고 투자일임재산으로 금융투자상품을 지나치게 자주 매매하는 행위, ⑤ 투자자(투자자가 법인, 그 밖의 단체인 경우에는 그 임직원을 포함) 또는 거래상대방(거래상대방이 법인, 그 밖의 단체인 경우에는 그 임직원을 포함) 등에게 업무와 관련하여 금융위가 정하여 고시하는 기준을 위반하여 직접 또는 간접으로 재산상의 이익을 제공하거나 이들로부터 제공받는 행위, ⑥ 법 제55조 및 제98조에 따른 금지 또는 제한을 회피할 목적으로 하는 행위로서 장외파생상품 거래, 신탁계약, 연계거래 등을 이용하는 행위, ⑦ 채권자로서 그 권리를 담보하기 위하여 백지수표나 백지어음을 받은 행위(영 제99조 제4항)

⓫ 그 밖에 투자자 보호 또는 건전한 거래질서를 해칠 염려가 있는 행위로서 금융위가 정하여 고시하는 행위(영 제99조 제4항 제7호, 규정 제4-77조 각호)

(4) 성과보수의 제한

❶ 투자자가 전문투자자인 경우와 다음의 요건을 모두 충족하는 일반투자자인 경우를 제외하고 투자자문업자 또는 투자일임업자는 투자자문과 관련한 투자결과 또는 투자일임재산의 운용실적과 연동된 성과보수를 받아서는 아니됨(법 제98조의 2, 영 제99조의 2)

ㄱ. 성과보수가 금융위가 정하여 고시하는 요건(규정 제4-77조의 2 제1항)을 갖춘 기준 지표 또는 투자자와 합의에 의하여 정한 기준수익률('기준 지표등')에 연동하여 산정될 것

☞ 금융위가 정하는 요건 : ① 증권시장 또는 파생상품 시장에서 널리 사용되는 공인된 지수, ② 투자일임재산의 운용성과(자문업의 경우 투자자문에 따라 투자한 성과)를 공정하고 명확하게 보여줄 수 있는 지수, ③ 검증 가능하고 조

작할 수 없을 것

ㄴ. 운용성과(투자자문과 관련한 투자결과 또는 투자일임재산의 운용실적)가 기준 지표등의 성과보다 낮은 경우에는 성과보수를 적용하지 아니하는 경우보다 적은 운용 보수를 받게 되는 보수체계를 갖출 것

ㄷ. 운용성과가 기준 지표등의 성과를 초과하더라도 그 운용성과가 부(負)의 수익률을 나타내거나 또는 금융위가 정하여 고시하는 기준에 미달하는 경우(규정 제4-77조의 2 제2항)에는 성과보수를 받지 아니하도록 할 것

☞ 금융위가 정하는 기준에 미달하는 경우 : 성과보수를 지급할 경우 해당 투자 일임재산의 운용성과가 부(負)의 수익률을 나타내게 되는 경우

ㄹ. 그 밖에 성과보수의 산정방식, 지급시기 등에 관하여 금융위가 정하여 고시하는 요건을 충족할 것

❷ 투자자문업자 또는 투자일임업자가 법 제98조의 2 제1항 단서에 따라 성과보수를 받고자 하는 경우에는 다음의 사항을 해당 투자자문 또는 투자일임의 계약서류에 기재하여야 함(영 제99조의 2 제2항)

ㄱ. 그 성과보수의 산정방식

ㄴ. 성과보수가 지급된다는 뜻과 그 한도

ㄷ. 성과보수를 지급하지 아니하는 경우보다 높은 투자위험에 노출될 수 있다는 사실

ㄹ. 성과보수를 포함한 보수 전체에 관한 사항

ㅁ. 기준 지표등

ㅂ. 성과보수의 지급시기

ㅅ. 성과보수가 지급되지 아니하는 경우에 관한 사항

ㅇ. 그 밖에 투자자를 보호하기 위하여 필요한 사항으로서 금융위가 정하여 고시하는 사항

❸ 성과보수의 지급주기 및 지급시기는 연 1회로서 투자일임업자와 투자자 간 합의한 시기로 하되, 다만 양자 간의 합의로 달리 정할 수 있음

(1) 투자일임보고서 제공주기

투자일임업자는 3개월마다 1회 이상 투자일임계약을 체결한 일반투자자에게 투자일임보고서를 교부해야 한다(법 제99조 제1항).

(2) 투자일임보고서 기재사항

① 운용경과의 개요 및 손익 현황, ② 투자일임재산 중 특정 자산을 그 투자일임업자의 고유재산과 거래한 실적이 있는 경우 그 거래시기·거래실적 및 잔액 ③ 투자일임재산의 매매일자, 매매 가격, 위탁수수료 및 각종 세금 등 운용현황, ④ 투자일임재산에 속하는 자산의 종류별 잔액현황, 취득가액, 시가 및 평가손익, ⑤ 투자일임수수료를 부과하는 경우에는 그 시기 및 금액, ⑥ 투자일임재산을 실제로 운용한 투자운용인력에 관한 사항, ⑦ 성과보수에 관한 약정이 있을 경우 기준 지표의 성과와 성과보수 지급내역, ⑧ 투자자의 투자성향 개요, ⑨ 투자자가 부여한 각종 투자제한사항, ⑩ 실제 적용된 투자전략과 시장 상황 분석, ⑪ 운용과정에서 발생한 위험요소 분석, ⑫ 투자일임수수료, 증권거래세 등 총 발생비용 및 세부내역, ⑬ 매매회전율, ⑭ 성과보수 수취 시 성과보수 부과기준 및 충족 여부, ⑮ 영 제99조 제1항 제1호의 2에 따른 전자적 투자 조언 장치를 활용하여 투자일임업을 수행하는 경우 투자일임재산을 실제로 운용하는 전자적 투자 조언 장치에 관한 사항 및 해당 전자적 투자 조언 장치를 유지·보수하는 전문인력에 관한 사항(법 제99조 제1항, 영 제100조 제1항, 규정 제4-78조 제1항)

(3) 투자일임보고서 교부방법

투자일임업자는 투자일임보고서 작성대상 기간이 지난 후 2개월 이내에 직접 또는 우편발송 등의 방법으로 교부하여야 한다. 다만, 일반투자자가 전자우편을 통하여 투자일임보고서를 받는다는 의사표시를 한 경우 또는 영 제99조 제1항 제1호의 2에 따른 전자적 투자 조언 장치를 활용하여 투자일임업을 수행하는 경우에는 전자우편을 통하여 보낼 수 있다(영 제100조 제2항).

5 역외투자자문업자등의 특례

(1) 정의

역외투자자문업자 또는 역외투자일임업자라 함은 외국 투자자문업자(외국 법령에 따라 외국에서 투자자문업에 상당하는 영업을 영위하는 자) 또는 외국 투자일임업자(외국 법령에 따라 외국에서 투자일임업에 상당하는 영업을 영위하는 자)가 외국에서 국내 거주자를 상대로 직접 영업을 하거나 통신수단을 이용하여 투자자문업 또는 투자일임업을 영위하는 자로서 금융위에 등록을 한 자를 말한다(법 제18조 제2항 제1호).

(2) 일부 규정의 적용 배제

자본시장법은 역외투자자문업자 또는 역외투자일임업자의 특성을 감안하여 우리나라 금융투자업자에게 적용되는 규정의 일부를 적용 배제하고 있다.

파생상품업무 책임자(법 제28조의 2), 금융투자업자에 대한 경영건전성 감독규정(법 제30조~제33조), 대주주와의 거래제한(법 제34조~제36조), 금융투자업자의 공통영업행위규칙 중 상호(법 제38조), 금융투자업자의 다른 금융업무 영위(법 제40조), 금융투자업자의 부수업무 영위(법 제41조), 이해상충관계(법 제44조), 정보교류의 차단(법 제45조), 투자권유준칙(법 제50조), 투자권유대행인의 등록(법 제51조), 투자권유대행인의 금지행위 등(법 제52조), 약관(법 제56조), 소유증권의 예탁(법 제61조), 금융투자업 폐지 공고(법 제62조), 임직원의 금융투자상품매매(법 제63조)의 규정은 역외투자자문업자 또는 역외투자일임업자에게는 적용하지 아니한다(법 제100조 제1항).

(3) 국내 투자자 보호장치

❶ 연락책임자 : 역외투자자문업자 또는 역외투자일임업자는 국내 지점이나 영업소를 두지 않고 국내 거주자를 상대로 영업을 하기 때문에 국내 투자자 보호를 위하여 대리인 성격의 연락책임자를 국내에 두어야 함(법 제100조 제2항)

여기서 연락책임자란 ① 은행·한국산업은행·한국수출입은행·중소기업은행, ② 금융투자업자, ③ 증권금융회사, ④ 종합금융회사, ⑤ 상호저축은행, ⑥ 법무법인·법무조합·회계법인을 말함(규칙 제11조)

❷ 계약 및 소송의 국내 법원 관할 : 역외투자자문업자 또는 역외투자일임업자는 국내 거주자와 체결하는 투자자문계약 또는 투자일임계약 내용에 그 계약에 대하여 국내법이 적용되고 그 계약에 관한 소송은 국내 법원이 관할한다는 내용을 포함하여야 함(법 제100조 제3항)

❸ 내부통제기준 : 역외투자자문업자 또는 역외투자일임업자는 투자자문·일임업자의 불건전 영업행위(법 제98조)에 관한 사항의 준수 여부 점검 등을 위하여 임직원이 그 직무를 수행함에 있어서 따라야 할 적절한 기준 및 절차를 마련하고, 그 운영실태를 정기적으로 점검하여야 함(법 제100조 제4항)

❹ 업무보고서 제출 : 역외투자자문업자 또는 역외투자일임업자는 매 사업연도 개시일부터 3개월간·6개월간·9개월간 및 12개월간의 업무보고서를 작성하여 그 기간이 지난 후 1개월 이내에 금융위에 제출하여야 함(법 제100조 제5항 및 시행령 제101조 제1항)

❺ 투자일임보고서 제공 : 역외투자일임업자는 금융위가 정하여 고시하는 기준에 따라 작성한 투자일임보고서를 월 1회 이상 투자자에게 직접 또는 우편발송 등의 방법으로 제공해야 함. 다만, 투자자가 전자우편을 통하여 해당 투자일임보고서를 받는다는 의사표시를 한 경우에는 전자우편을 통하여 보낼 수 있음(영 제101조 제4항)

❻ 투자자 제한 : 역외투자일임업자는 전문투자자 중 국가나 한국은행, 그리고 대통령령으로 정하는 자 외의 자를 대상으로 투자일임업을 영위하여서는 아니 됨(법 제100조 제6항 및 시행령 제101조 제2항).

❼ 외화증권 보관 : 역외투자일임업자는 투자일임재산으로 취득한 외화증권(「외국환거래법」 제3조 제1항 제8호의 외화증권을 말한다)을 다음과 같이 보관하여야 함(법 제100조 제7항, 시행령 제101조 제3항). 즉 ① 금융투자업자가 예탁결제원에 「외국환거래법」 제3조 제1항 제8호에 따른 외화증권(이하 '외화증권'이라 한다)을 예탁하기 위한 계좌를 개설하고 금융위가 정하여 고시하는 외국 보관기관 중 예탁결제원이 선임한 외국 보관기관이나, ② 외국의 법령이나 관행 등으로 인하여 예탁결제원이 외국 보관기관을 선임할 수 없는 경우에는 금융위가 정하여 고시하는 외국 보관기관에 보관하여야 함(시행령 제63조 제2항 제1호 및 제2호)

(1) 유사투자자문업의 정의

유사투자자문업이란 불특정 다수인을 대상으로 하여 발행 또는 송신되고, 불특정 다수인이 수시로 구입 또는 수신할 수 있는 간행물·전자우편·출판물·통신물 또는 방송 등을 통하여 투자자문업자 외의 자가 일정한 대가를 받고 금융투자상품에 대한 투자판단 또는 금융투자상품의 가치에 관하여 개별성 없는 투자조언을 하는 행위를 말한다(법 제101조 제1항 및 시행령 제102조).

이러한 업무는 대가를 받지 아니하고 행하면 유사자문업에 해당하지 아니하여 이 법의 규제를 받지 않으나, 일정한 대가를 받고 행하는 경우에는 유사투자자문업이 되어 금융위에 신고해야 하는 등 일정한 규제를 받게 된다.

(2) 유사투자자문업자에 대한 규제

❶ 유사투자자문업을 영위하고자 하는 자는 금융위가 정하여 고시하는 서식에 따라 금융위에 신고하여야 하며(법 제101조 제1항), ① 유사투자자문업을 폐지한 경우, ② 명칭 또는 소재지를 변경한 경우, ③ 대표자 또는 임원을 변경한 경우에는 2주 이내에 이를 금융위에 보고하여야 함(법 제101조 제2항).

❷ 금융위는 유사투자자문업의 질서유지 및 고객보호 등을 위하여 필요하다고 인정되는 경우에는 유사투자자문업을 영위하는 자에 대하여 영업내용 및 업무방법 등에 관한 자료의 제출을 요구할 수 있음(법 제101조 제3항).

❸ 금융위는 다음 어느 하나에 해당하는 자에 대하여 유사투자자문업 신고를 수리하지 아니할 수 있음.

  ㄱ. 법이나 「유사수신행위의 규제에 관한 법률」 등 금융 관련 법령을 위반하여 벌금 이상의 형을 선고받고 그 집행이 끝나거나(집행이 끝난 것으로 보는 경우를 포함) 면제된 날부터 5년이 지나지 아니한 자(법인인 경우 임원을 포함)

  ㄴ. 유사투자자문업을 폐지한 경우 유사투자자문업의 폐지를 보고하고 1년이 지나지 아니한 자

  ㄷ. 유사투자자문업 영위에 필요한 교육을 받지 아니한 자

  ㄹ. 법 제101조 제9항에 따라 신고가 말소되고 5년이 지나지 아니한 자

ㅁ. 그 밖에 ㄱ.부터 ㄹ.까지에 준하는 경우로서 투자자 보호의 필요성 등을 고려하여 대통령령으로 정하는 자

❹ 유사투자자문업 신고의 유효기간은 신고를 수리한 날부터 5년으로 함. 유사투자자문업 신고를 하려는 자는 투자자 보호를 위하여 유사투자자문업의 영위에 필요한 교육을 받아야 함.

❺ 금융위는 다음 어느 하나에 해당하는 자에 대한 신고사항을 직권으로 말소할 수 있음

  ㄱ. 유사투자자문업자가 「부가가치세법」 제8조에 따라 관할 세무사장에게 폐업신고를 하거나 관할 세무서장이 사업자등록을 말소한 자

  ㄴ. 「방문판매 등에 관한 법률」 또는 「전자상거래 등에서의 소비자보호에 관한 법률」 에 따른 시정조치를 이행하지 아니한 자

  ㄷ. 불건전영업행위 금지 등 위반으로 과태료 또는 과징금 처분을 받고 그 처분을 받은 날부터 5년 이내에 관련법규 중 어느 하나를 다시 위반하여 과태료 또는 과징금 처분을 받은 자(법인인 경우에는 대표자 및 임원이 받은 과태료 또는 과징금 처분을 포함)

  ㄹ. 유사투자자문업 신고를 수리하지 아니할 수 있는 자에 해당하는 자

❻ 금융감독원장은 유사투자자문업을 영위하는 자가 금융위 보고사항을 보고하지 않거나 거짓으로 보고한 경우 또는 유사투자자문업을 영위하는 자가 정당한 사유 없이 금융위 자료제출 요구에 따른 자료제출을 하지 않거나 거짓으로 제출한 경우, 아래의 불건전영업행위 금지 의무 및 준수사항 등을 위반한 경우 그 업무와 재산상황에 관하여 검사를 할 수 있음.

(3) 불건전 영업행위의 금지(법 제101조의2 및 법 제55조, 제98조 제1항 제1호, 제2호, 제4호, 제5호)

❶ 투자자 손실의 보전 또는 이익 보장행위

❷ 투자자로부터 금전·증권, 그 밖의 재산의 보관·예탁을 받는 행위

  다만, 투자자 보호 및 건전한 거래질서를 해할 우려가 없는 경우로서 유사투자자문업자가 다른 금융투자업, 그 밖의 금융업을 겸영하는 경우로서 그 겸영과 관련된 해당 법령에서 금지하지 아니하는 경우에는 이를 할 수 있음.

❸ 투자자에게 금전·증권, 그 밖의 재산을 대여하거나 투자자에 대한 제3자의 금
   전·증권, 그 밖의 재산의 대여를 중개·주선 또는 대리하는 행위

   다만, 투자자 보호 및 건전한 거래질서를 해할 우려가 없는 경우로서 유사투자
   자문업자가 다른 금융투자업, 그 밖의 금융업을 겸영하는 경우로서 그 겸영과 관
   련된 해당 법령에서 금지하지 아니하는 경우에는 이를 할 수 있음.

❹ 계약으로 정한 수수료 외의 대가를 추가로 받는 행위

❺ 금융투자상품등의 가격에 중대한 영향을 미칠 수 있는 투자판단에 관한 자문 또
   는 매매 의사를 결정한 후 이를 실행하기 전에 그 금융투자상품등을 자기의 계산
   으로 매매하거나 제3자에게 매매를 권유하는 행위

❻ 사실과 다른 수익률을 제시하거나, 금융회사로 오인될 가능성이 있는 등의 표시·
   광고를 하는 행위

(4) 유사투자자문업자의 준수사항(법 제101조의3)

유사투자자문업자는 그 업무나 금융투자상품에 관하여 표시 또는 광고를 하는 경우
그 표시 또는 광고에 다음 각 호의 사항을 포함하여야 함.

❶ 개별적인 투자 상담과 자금운용이 불가능하다는 사항
❷ 원금에 손실이 발생할 수 있으며 그 손실은 투자자에게 귀속된다는 사항
❸ 정식 금융투자업자가 아닌 유사투자자문업자라는 사항

chapter 07

신탁업자의 영업행위 규칙

신탁의 개념

1 신탁의 의의

신탁이란 ① 위탁자(신탁을 설정하는 자)와 수탁자(신탁을 인수하는 자) 간의 특별한 신임관계에 기하여 ② 위탁자가 특정의 재산(영업이나 저작재산권의 일부를 포함함)을 이전하거나 담보권의 설정 또는 기타의 처분을 하고 ③ 수탁자로 하여금 수익자의 이익을 위하여 또는 특정의 목적을 위하여 그 재산을 관리, 처분, 운용, 개발, 그 밖에 신탁 목적의 달성을 위하여 필요한 행위를 하게 하는 법률관계를 의미한다(신탁법 제2조).

2 신탁의 성립

신탁의 법률관계를 창설하는 것을 신탁의 설정이라 하며 신탁을 설정하기 위한 법률행위를 신탁행위라 한다. 신탁법상 신탁의 설정방법으로는 ① 위탁자와 수탁자 간의 신탁계약에 의한 경우, ② 위탁자의 유언에 의한 경우, ③ 신탁선언에 의한 경우가 있다(신탁법 제3조 제1항).

3 신탁관계의 주요 특징

(1) 신탁재산의 독립성

❶ 위탁자로부터의 독립 : 신탁의 설정으로 수탁자에게 이전된 재산은 대내외적으로 수탁자명의의 재산이 되므로 위탁자로부터 독립되며, 위탁자의 채권자에 의한 강제집행위험으로부터 자유로울 수 있음

❷ 수탁자로부터의 독립

ㄱ. 신탁의 설정으로 수탁자에게 이전된 재산은 수탁자명의의 재산이 되지만 독립된 목적재산으로서 수탁자의 고유재산과는 구분관리되고 계산도 독립적으로 이루어짐. 즉 신탁재산은 수탁자의 채권자에 의한 강제집행위험으로부터 자유로우며, 수탁자가 도산한 경우에도 도산절차로부터 자유로움

ㄴ. 신탁법 제22조 제1항은 '신탁재산에 대하여는 강제집행 또는 경매를 할 수 없다'고 규정하고 있어 수탁자의 고유재산에 속하는 채무의 채권자는 신탁재산에 대해 권리를 주장하는 것이 불가능함

　　강제집행금지를 포함하여 신탁법은 신탁재산의 수탁자로부터의 독립성을 확보하기 위해 다음과 같은 여러 장치를 마련하고 있음

　　a. 수탁자의 채권자는 신탁재산에 대해 강제집행할 수 없음(신탁법 제22조)

　　b. 신탁재산은 수탁자의 파산재단을 구성하지 아니함(신탁법 제24조)

　　c. 신탁재산에 속한 채권과 신탁재산에 속하지 않은 채무와는 상계할 수 없음(신탁법 제25조)

　　d. 신탁재산은 수탁자의 상속재산에 속하지 아니함(신탁법 제23조)

e. 신탁재산에 관하여 부합·혼화·가공이 있는 경우 신탁재산은 다른 소유자에게 속하는 것으로 간주(신탁법 제28조)

f. 소유권 이외의 신탁재산은 수탁자의 취득으로 인하여 혼동으로 소멸하지 아니함(신탁법 제26조)

(2) 신탁재산의 물상대위성

신탁법 제27조는 '신탁재산의 관리·처분·운용·개발·멸실·훼손. 그 밖의 사유로 수탁자가 얻은 재산은 신탁재산에 속한다'라고 규정하고 있는데 이를 신탁재산의 물상대위라고 한다.

---

4   신탁업

(1) 신탁업의 의의

신탁업은 신탁(신탁법 제2조)을 영업으로 하는 것(자본시장법 제6조 제8항)을 의미하며, 신탁업자는 신탁을 영업으로 할 목적으로 금융위로부터 인가를 받은 금융투자업자를 지칭한다. 신탁의 법률관계는 신탁법에 따라 규율되는 반면 신탁업은 금융투자업 일종으로 자본시장법에 따라 규율되므로 자본시장법 중 신탁업에 관한 규정은 신탁법의 특별법적 지위를 가진다. 다만, 담보부사채신탁업(담보부사채신탁법), 저작권신탁관리업(저작권법)은 자본시장법 적용이 배제되나(자본시장법 제7조 제5항), 자산유동화법에 의한 유동화신탁과 근로자퇴직급여보장법에 의한 퇴직연금신탁에는 자본시장법이 적용된다.

신탁업은 대부분 은행, 보험회사등이 겸영하는 것이 일반적이나, 부동산신탁업과 같이 전업으로 하는 경우도 있다. 과거 신탁업은 은행이 겸영하는 것이 일반적이었으나 퇴직연금이 도입되면서 증권회사(투자매매업자 또는 투자중개업자)와 보험회사도 신탁업에 진출하고 있다.

(2) 신탁업의 인가

자본시장법은 신탁업자가 수탁 가능한 재산의 범위를 열거하고 신탁업 인가단위를 신탁업자가 수탁할 수 있는 재산의 종류에 따라 구분하고 있다.

❶ 신탁업자가 수탁할 수 있는 재산의 종류(법 제103조 제1항)

ㄱ. 금전

ㄴ. 증권

ㄷ. 금전채권

ㄹ. 동산

ㅁ. 부동산

ㅂ. 지상권, 전세권, 부동산 임차권, 부동산 소유권, 이전등기청구권, 그 밖의 부동산 관련 권리

ㅅ. 무체재산권(지식재산권 포함)

❷ 신탁업 인가업무단위(시행령 별표 1)

ㄱ. 종합신탁 : 금전, 증권, 금전채권, 동산, 부동산, 지상권 등 부동산 관련 권리, 무체재산권 수탁 가능

ㄴ. 금전신탁 : 금전만 수탁 가능

ㄷ. 재산신탁 : 금전을 제외한 재산만 수탁 가능

ㄹ. 부동산신탁 : 동산, 부동산, 지상권 등 부동산 관련 권리만 수탁 가능

(3) 신탁업의 종류

❶ 금전신탁의 종류는 다음과 같음(시행령 제103조)

ㄱ. 불특정금전신탁 : 위탁자가 신탁재산인 금전의 운용방법을 지정하지 아니하는 금전신탁

ㄴ. 특정금전신탁 : 위탁자가 신탁재산인 금전의 운용방법을 지정하는 금전신탁

❷ 재산신탁(부동산신탁은 제외)은 신탁업 인가업무단위, 인가조건, 신탁업자가 금융위에 보고하는 신탁업무방법서, 신탁계약(약관), 기타 신탁업자가 수행하는 구체적인 신탁사무의 내용 등에 따라 다양하게 구분 가능

❸ 부동산신탁은 1980년대 후반 부동산 가격 급등과 부동산 투기 등의 심각한 부작용을 경험하면서 주택 가격의 안정과 토지의 효율적 이용방안으로 유휴토지를 신탁회사에 맡겨 활용할 목적으로 도입되었으며, 부동산신탁은 구체적으로 다음과 같이 구분됨

표 7-1 **부동산신탁의 구분**

	내용
토지개발신탁	신탁회사가 수탁받은 토지에 택지조성, 건축 등의 사업을 시행한 후 이를 임대하거나 분양함으로써 발생하는 임대수익 및 분양수익을 수익자에 교부
토지관리신탁	시공사(또는 위탁자)가 부동산 개발 사업비를 조달하고 부동산신탁사는 법적(명목상) 시행사로 자금관리, 분양사무 등을 담당하는 무차입 토지신탁
관리신탁	신탁회사가 수탁받은 부동산에 대하여 소유권 보존, 임대차, 유지보수등 일체의 관리 서비스를 제공
처분신탁	신탁회사가 부동산 소유자를 대신하여 실수요자를 찾아 수탁 부동산을 매각
담보신탁	위탁자가 자기소유 부동산을 신탁회사에 위탁하고 발급받은 수익권증서를 담보로 금융기관으로부터 대출을 받고 신탁회사는 수탁받은 부동산을 관리하는 한편 위탁자의 채무불이행 시 부동산을 처분하여 채권금융기관에 변제
분양관리신탁	건축물 분양에 관한 법률에 의한 선분양을 위한 신탁계약으로 신탁회사가 토지소유권·분양수입금 관리, 분양사업자에 대한 사업감독, 분양계약관리, 공정관리를 통해 피분양자를 보호

(4) 퇴직연금과 신탁업

「근로자 퇴직급여 보장법」은 퇴직연금 적립금의 보관 및 관리 방법으로 보험계약과 신탁계약(특정금전신탁)만 허용함으로써 퇴직연금사업자(자산관리기관)로 등록하고자 하는 금융회사는 보험회사를 제외하고는 신탁업 인가를 받아야 한다. 이에 따라 '05년부터 증권사(투자매매업자 또는 투자중개업자)의 신탁업 진입이 허용되었고 '07년부터 보험회사의 신탁업 인가가 허용되었다.

1 신탁업자의 의무

(1) 선관의무 및 충실의무

❶ 신탁법은 수탁자의 선관주의의무(제32조)와 충실의무(제33조)를 명시적으로 규정하고 있으며, 이를 구체적으로 구현한 이익에 반하는 행위 금지(제34조), 공평의무(제35조), 이익향수금지(제36조) 등을 규정하고 있음

❷ 자본시장법은 또한 신탁업자(수탁자)의 선관주의의무와 충실의무를 명시적으로 규정하고 있음. 즉, 신탁업자는 수익자에 대하여 선량한 관리자의 주의로써 신탁재산을 운용하여야 하며, 수익자의 이익을 보호하기 위하여 해당 업무를 충실하게 수행해야 함(제102조)

❸ 선관주의의무

일반적으로 수탁자가 신탁사무를 처리함에 있어 베풀어야 할 선관주의는 '통상의 합리적인 자가 동일한 사항에 대해 자신의 재산과 동일한 수준의 관리의무'를 다했을 것으로 이해. 특히 신탁업자의 경우 더 높은 주의 기준을 부과하는 것이 일반적임. 즉 타인을 위해 행위하는 전문가가 베풀어야 할 주의로 이해

❹ 충실의무

ㄱ. 이해상충 방지의무

신탁법 제34조 제1항은 수탁자가 신탁재산을 고유재산으로 하거나 혹은 신탁재산에 관하여 권리를 취득하지 못한다고 규정

이는 '수탁자와 신탁재산 사이'에 단순히 자기거래뿐만 아니라, 수탁자가 신탁과 이익충돌을 일으키는 다른 유형의 거래 혹은 상황에도 유추적용되고, 수탁자가 신탁을 관리하는 동안 자신의 이익이나 제3자의 이익이 수익자의 이익과 충돌하지 않도록 하여야 한다는 '신탁과의 이익충돌 회피의무'로 이해

ㄴ. 신탁이익의 향수금지

수탁자는 신탁재산으로부터 신탁의 이익을 누리는 것이 금지될 뿐만 아니

라 제3자로 하여금 신탁의 이익을 향유하게 하는 것도 허용되지 않음.

ㄷ. 신탁정보의 비밀유지의무

　　a. 수탁자의 신탁정보의 비밀유지의무는 신탁과 관련하여 취득한 정보가 중요 정보인 경우 수탁자에게 발생하는 의무임. 신탁업자의 경우 금융실명법에 의한 금융기관들이라는 점에서 동 법률에 의한 비밀유지의무도 함께 준수해야 함

　　b. 비밀유지의무는 소극적인 측면에서의 비밀유지의무와 적극적인 측면에서의 사용금지의무를 구분

　　　① 비밀유지의무는 수탁자가 신탁업무와 관련하여 취득한 정보를 자신만이 보유해야 하고 타인에게 누설해서는 안 된다는 의미

　　　② 사용금지의무는 수탁자가 신탁정보를 오직 수익자의 이익을 위해서만 사용하여야 하고 다른 목적으로 사용해서는 안된다는 의미

　　c. 신탁정보의 비밀유지의무는 신탁과 관련된 중요정보를 수탁자가 취득함으로써 발생한 의무이기 때문에 관련 정보의 중요성이 유지되는 한 신탁이 종료한 후에도 계속된다고 이해

(2) 신탁재산 관련 정보제공의무

❶ 수익자는 신탁업자에게 영업시간 중에 이유를 기재한 서면으로 그 수익자에 관련된 신탁재산에 관한 장부·서류의 열람이나 등본 또는 초본의 교부를 청구할 수 있음(법 제113조 제1항, 시행령 제115조)

❷ 신탁업자는 다음의 사유가 있는 경우에는 수익자의 장부 등의 열람 및 공시요구에 대해 거절할 수 있음. 이 경우 신탁업자는 열람이나 교부가 불가능하다는 뜻과 그 사유가 기재된 서면을 수익자에 내주어야 함

　ㄱ. 신탁재산의 운용내역등이 포함된 장부·서류를 제공함으로써 제공받은 자가 그 정보를 거래 또는 업무에 이용하거나 타인에게 제공할 것이 뚜렷하게 염려되는 경우

　ㄴ. 신탁재산의 운용내역등이 포함된 장부·서류를 제공함으로써 다른 수익자에게 손해를 입힐 것이 명백히 인정되는 경우

　ㄷ. 신탁계약에 해지된 신탁재산에 관한 장부·서류로서 보존기한이 지나는 등의 사유로 인하여 수익자의 열람제공 요청에 응하는 것이 불가능한 경우

(1) 신탁계약

신탁업자는 위탁자와 신탁계약을 체결하는 경우 신탁계약서를 지체 없이 교부하여야 하며, 신탁계약서에는 다음의 사항을 기재하여야 한다(법 제109조).

❶ 자본시장법에 따른 신탁계약서 기재사항

ㄱ. 위탁자, 수익자 및 신탁업자의 성명 또는 명칭

ㄴ. 수익자의 지정 및 변경에 관한 사항

ㄷ. 신탁재산의 종류·수량과 가격

ㄹ. 신탁의 목적, 계약기간

ㅁ. 신탁재산의 운용에 의하여 취득할 재산을 특정한 경우에는 그 내용

ㅂ. 손실의 보전 또는 이익의 보장을 하는 경우 그 보전·보장비율 등에 관한 사항

ㅅ. 신탁업자가 받을 보수에 관한 사항

ㅇ. 신탁계약의 해지에 관한 사항

❷ 시행령에 따른 신탁계약서 기재사항(시행령 제110조)

ㄱ. 수익자가 확정되지 아니한 경우에는 수익자가 될 자의 범위·자격, 그 밖에 수익자를 확정하기 위하여 필요한 사항

ㄴ. 수익자가 신탁의 이익을 받을 의사를 표시할 것을 요건으로 하는 경우에는 그 내용

ㄷ. 「신탁법」 제3조 1항에 따른 등기·등록 또는 같은 조 2항에 따른 신탁재산의 표시와 기재에 관한 사항

ㄹ. 수익자에게 교부할 신탁재산의 종류 및 교부방법·시기

ㅁ. 신탁재산의 관리에 필요한 공과금·수선비, 그 밖의 비용에 관한 사항

ㅂ. 신탁계약 종료 시의 최종 계산에 관한 사항

❸ 감독규정에 따른 신탁계약서 기재사항(규정 제4-94조)

ㄱ. 위탁자가 신탁재산인 금전의 운용방법을 지정하고 수탁자는 지정된 운용방법에 따라 신탁재산을 운용한다는 사실

ㄴ. 특정금전신탁계약을 체결한 투자자는 신탁계약에서 정한 바에 따라 특정금전신탁재산의 운용방법을 변경지정하거나 계약의 해지를 요구할 수 있으며, 신탁회사는 특별한 사유가 없는 한 투자자의 운용방법 변경지정 또는 계약의 해지 요구에 대하여 응할 의무가 있다는 사실

ㄷ. 특정금전신탁계약을 체결한 투자자는 자기의 재무상태, 투자목적 등에 대하여 신탁회사의 임·직원에게 상담을 요청할 수 있으며, 신탁업자의 임직원은 그 상담요구에 대하여 응할 준비가 되어 있다는 사실

ㄹ. 특정금전신탁재산의 운용내역 및 자산의 평가가액을 투자자가 조회할 수 있다는 사실

(2) 손실보전 및 이익보장의 금지

❶ 실적배당원칙 : 신탁업자는 수탁한 재산에 대하여 손실의 보전이나 이익의 보장을 하여서는 아니되며, 신탁계약기간이 끝난 경우 신탁재산의 운용실적에 따라 반환하여야 함(시행령 제104조 제1항 및 제3항)

❷ 손실보전 및 이익보장 : 예외적으로 연금이나 퇴직금의 지급을 목적으로 하는 신탁(노후생활연금신탁, 개인연금신탁, 퇴직일시금신탁)의 경우는 손실의 보전이나 이익의 보장이 가능하며, 손실의 보전이나 이익의 보장을 한 경우 신탁재산의 운용실적이 신탁계약에서 정한 것에 미달하는 경우 특별유보금(손실의 보전이나 이익의 보장계약이 있는 신탁의 보전 또는 보장을 위하여 신탁회사가 적립하는 금액), 신탁보수, 고유재산의 순으로 충당하여야 함(시행령 제104조 제1항 및 제2항)

(3) 신탁재산과 고유재산의 구분

❶ 신탁법상 수탁자는 신탁행위로 허용한 경우, 수익자에게 그 행위에 관련된 사실을 고지하고 수익자의 승인을 받은 경우, 법원의 허가를 받은 경우 신탁재산을 수탁자의 고유재산으로 할 수 있으나, 자본시장법은 신탁업자에 대해 동 규정의 적용을 배제(법 제104조 제1항)

❷ 신탁업자는 다음의 어느 하나에 해당하는 경우 신탁계약이 정하는 바에 따라 신탁재산을 고유재산으로 취득 가능(법 제104조 제2항, 시행령 제105조)

ㄱ. 신탁행위에 따라 수익자에 대하여 부담하는 채무를 이행하기 위하여 필요한 경우(금전신탁재산의 운용으로 취득한 자산이 거래소(다자간매매체결회사에서의 거래를 포함)

시장 또는 이와 유사한 시장으로서 해외에 있는 시장에서 시세(법 제176조 제2항 제1호의 시세를 말함)가 있는 경우에 한함)

ㄴ. 손실이 보전되거나 이익이 보장되는 신탁계약에 한하여 신탁계약의 해지, 그 밖에 수익자 보호를 위하여 불가피한 경우로서 다음의 요건을 모두 충족한다고 인정하는 경우

    a. 신탁계약기간이 종료되기까지의 남은 기간이 3개월 이내일 것

    b. 신탁재산을 고유재산으로 취득하는 방법 외에 신탁재산의 처분이 곤란할 경우 일 것

    c. 취득가액이 공정할 것

(4) 신탁재산등 운용의 제한

❶ 금전의 운용방법 제한

신탁업자는 신탁재산에 속하는 '금전'을 증권 및 파생상품 매수, 금융기관에의 예치, 금전채권의 매수, 대출, 어음의 매수, 실물자산의 매수, 무체재산권의 매수, 부동산의 매수 또는 개발, 원화표시 양도성예금증서의 매수, 지상권·전세권 등 부동산 관련 권리에의 운용, 환매조건부매수, 증권의 대여 또는 차입등으로 운용 가능(법 제105조 제1항, 시행령 제106조 제3항)

❷ 차입 제한

ㄱ. 원칙적으로 신탁업자는 신탁의 계산으로 자신의 고유재산으로부터 금전을 차입할 수 없음

ㄴ. 예외적으로 다음의 경우는 가능(법 제105조 제2항, 시행령 제106조 제4항)

    a. 부동산, 지상권 등 부동산 관련 권리만을 신탁받는 경우

    b. 부동산 개발사업을 목적으로 하는 신탁계약을 체결한 경우로서 그 신탁계약에 의한 부동산 개발사업별로 사업비의 15% 이내에서 금전을 신탁받는 경우

    c. 신탁계약의 일부 해지 청구가 있는 경우에 신탁재산을 분할하여 처분하는 것이 곤란하고 차입금리가 공정하다고 금융위가 인정한 경우

❸ 자사주신탁(신탁재산으로 주권상장법인이 발행하는 자기주식을 취득·처분하는 특정금전신탁) 운용제한(시행령 제106조 제5항 제1호, 규정 제4-83조)

ㄱ. 증권시장 또는 공개매수 방법으로 취득할 것

ㄴ. 자기주식을 취득한 후 1개월 이내에 처분하거나 처분한 후 1개월 이내에 취득하지 아니할 것

ㄷ. 자기주식을 취득하고 남은 여유자금을 고유계정대, 자금중개회사를 통한 단기자금의 대여, 금융기관에 대한 예치의 방법으로만 운용할 것

ㄹ. 합병 이사회 결의일로부터 1개월 이내, 유상증자 신주배정기준일 1개월 전부터 청약일, 준비금의 자본전입 이사회 결의일로부터 신주배정기준일, 시장조성기간, 미공개중요정보가 공개되기 전까지의 기간 등 시행령 제176조의 2 제2항 제1호부터 제5호까지의 어느 하나에 해당되는 기간 중에는 자기주식을 취득하거나 처분하지 말 것

❹ 불특정금전신탁 운용제한(시행령 제106조 제5항 제2호)

ㄱ. 사모사채(금융위가 정하여 고시하는 자가 원리금의 지급을 보증한 사모사채와 담보부사채는 제외) : 각 신탁재산의 100분의 3을 초과하지 아니할 것

ㄴ. 지분증권(그 지분증권과 관련된 증권예탁증권을 포함) 및 장내파생상품 : 각 신탁재산의 100분의 50을 초과하지 아니할 것. 이 경우 장내파생상품에 운용하는 때에는 그 매매에 따른 위험평가액(법 제81조 2항에 따른 위험평가액)을 기준으로 산정

ㄷ. 장외파생상품 : 그 매매에 따른 위험평가액이 각 신탁재산의 100분의 10을 초과하지 아니할 것

ㄹ. 동일 법인 등이 발행한 지분증권(그 지분증권과 관련된 증권예탁증권을 포함) : 그 지분증권 발행 총수의 100분의 15를 초과하지 아니할 것

ㅁ. 그 밖에 금융위가 정하여 고시(규정 제4-84조 제2항)하는 신탁재산의 운용방법에 따를 것

❺ 특정금전신탁의 자금운용기준(시행령 제106조 제5항 제3호, 규정 제4-85조)

신탁업자는 자사주신탁 이외의 특정금전신탁의 경우 자금을 위탁자가 지정한 방법에 따라 운용하되, 신탁재산에 여유자금이 있는 경우에는 고유계정에 대한 일시적인 자금의 대여(금액의 규모 또는 시간의 제약으로 인하여 다른 방법으로 운용할 수 없는 경우에 한함), 자금중개회사의 중개를 거치는 단기자금의 대여(전년도 말 신탁 수탁고 잔액의 10% 이내)의 방법으로 운용할 수 있음. 신탁업자는 위탁자로부터 신탁자금 운용방법을 지정받는 경우 법령에서 정하고 있는 범위에서 지정받아야 하며, 신탁자금 운용방법을 신탁계약서에 명시하여야 함.

⑥ 부동산신탁업자의 자금차입 : 부동산신탁업자는 부동산 신탁사업을 영위함에 있어서 부동산신탁재산으로 자금을 차입하는 경우에는 해당 사업 소요자금의 100분의 100 이내에서 자금을 차입할 수 있음(규정 제4-86조). 다만 법 제103조 제4항에 따라 금전을 수탁할 경우에는 그 수탁금액과 자금차입금액을 합산한 금액이 사업소요자금의 100분의 100 이내여야 함.

⑦ 신탁재산의 운용방법 : 신탁업자가 대출의 방법으로 신탁재산을 운용하는 경우 해당 대출의 범위는 ① 해당 신탁업자의 고유계정에 대한 일시적인 자금의 대여(신탁업을 영위하는 투자매매업자 또는 투자중개업자, 신탁업을 겸영하는 은행, 증권금융회사, 보험회사에 한함). 다만, 금액의 규모 또는 시간의 제약으로 인하여 다른 방법으로 운용할 수 없는 경우에 한함, ② 자금중개회사의 중개를 거치는 단기자금의 대여(전 회계연도 말 신탁 수탁고 잔액의 100분의 10 이내), ③ 신용대출, ④ 저당권 또는 질권에 따라 담보되는 대출, ⑤ 금융기관, 보증보험회사, 신용보증기금, 공제조합 등이 원리금의 지급을 보증하는 대출, ⑥ 사모사채의 매수(다만, 투자매매업자 또는 투자중개업자로서 신탁업을 영위하는 자가 전자단기사채를 매수하는 경우, 투자매매업자가 사업자금조달 목적이 아닌 금융투자상품 판매 목적으로 발행하는 원금보장 ELS(「상법」 제469조 제2항 제3호에 따른 사채의 경우로서 법 제4조 제7항 제1호에 해당하는 사채권)를 신탁업을 영위하는 자가 매수하는 경우는 제외)로 함(규정 제4-87조 제1항)

(5) 부동산신탁의 여유자금 운용

신탁업자는 부동산 및 부동산 관련 권리만을 신탁 받는 경우 그 신탁재산을 운용함에 따라 발생한 여유자금을 금융기관에의 예치, 국채등 매수, 정부 또는 금융기관이 지급을 보증한 증권의 매수, 단기대출, 금융채(특수채는 제외), 고유계정대여의 방법으로 운용하여야 한다(법 제106조, 시행령 제107조, 규정 제4-88조).

(6) 불건전 영업행위의 금지(법 제108조)

❶ 신탁재산을 운용함에 있어서 금융투자상품, 그 밖의 투자대상 자산의 가격에 중대한 영향을 미칠 수 있는 매수 또는 매도의사를 결정한 후 이를 실행하기 전에 그 금융투자상품, 그 밖의 투자대상 자산을 자기의 계산으로 매수 또는 매도하거나 제3자에게 매수 또는 매도를 권유하는 행위(법 제108조 제1호)

❷ 자기 또는 관계인수인이 인수한 증권을 신탁재산으로 매수하는 행위(법 제108조 제2호)

❸ 자기 또는 관계인수인이 인수업무를 담당한 법인의 특정 증권등에 대하여 인위적인 시세를 형성하기 위하여 신탁재산으로 그 특정 증권등을 매매하는 행위(법 제108조 제3호)

❹ 특정 신탁재산의 이익을 해하면서 자기 또는 제3자의 이익을 도모하는 행위(법 제108조 제4호)

❺ 신탁재산으로 그 신탁업자가 운용하는 다른 신탁재산, 집합투자재산 또는 투자일임재산과 거래하는 행위(법 제108조 제5호)

❻ 신탁재산으로 신탁업자 또는 그 이해관계인의 고유재산과 거래행위(법 제108조 제6호)

❼ 수익자의 동의 없이 신탁재산으로 신탁업자 또는 그 이해관계인이 발행한 증권에 투자하는 행위(법 제108조 제7호)

❽ 투자운용인력이 아닌 자에게 신탁재산을 운용하게 하는 행위(법 제108조 제8호)

❾ 일반투자자와 같은 대우를 받겠다는 전문투자자의 요구에 정당한 이유 없이 동의하지 아니하는 행위(시행령 제109조 제3항 제1호)

❿ 영 제68조 제5항 제2호의 2 각 목 외의 부분에 따른 일반투자자와 신탁계약(신탁재산을 녹취 대상 상품에 운용하는 경우로 한정)을 체결하는 경우 해당 신탁계약 체결과정을 녹취하지 아니하거나 녹취된 파일을 해당 투자자의 요청에도 불구하고 제공하지 아니하는 행위(시행령 제109조 제3항 제1호의 2)

⓫ 신탁계약을 위반하여 신탁재산을 운용하는 행위(시행령 제109조 제3항 제2호)

⓬ 신탁계약의 운용방침이나 운용전략 등을 고려하지 아니하고 신탁재산으로 금융투자상품을 지나치게 자주 매매하는 행위(시행령 제109조 제3항 제3호)

⓭ 수익자(수익자가 법인, 그 밖의 단체인 경우에는 그 임직원을 포함) 또는 거래상대방(거래상대방이 법인, 그 밖의 단체인 경우에는 그 임직원을 포함) 등에게 업무와 관련하여 금융위가 정하여 고시하는 기준을 위반하여 직접 또는 간접으로 재산상의 이익을 제공하거나 이들로부터 재산상의 이익을 제공받는 행위(시행령 제109조 제3항 제4호)

⓮ 신탁재산을 각각의 신탁계약에 따른 신탁재산별로 운용하지 아니하고 여러 신탁계약의 신탁재산을 집합하여 운용하는 행위(시행령 제109조 제3항 제5호)

⓯ 여러 신탁재산을 집합하여 운용한다는 내용을 밝히고 신탁계약의 체결에 대한 투자권유를 하거나 투자광고를 하는 행위(시행령 제109조 제3항 제6호)

⓰ 제3자와의 계약 또는 담합 등에 의하여 신탁재산으로 특정 자산에 교차하여 투자

하는 행위(시행령 제109조 제3항 제7호)

⑰ 법 제55조·제105조·제106조·제108조 및 이 제104조 제1항에 따른 금지 또는 제한을 회피할 목적으로 하는 행위로서 장외파생상품 거래, 신탁계약, 연계거래 등을 이용하는 행위(시행령 제109조 제3항 제8호)

⑱ 채권자로서 그 권리를 담보하기 위하여 백지수표나 백지어음을 받는 행위(시행령 제109조 제3항 제9호)

⑲ 일정요건을 모두 충족(피보험자의 사망보험금 3,000만원 이상, 보험계약자·피보험자·위탁자가 동일인, 신탁계약 지정 보험수익자가 계약자 본인 또는 배우자·직계비속 또는 직계존속, 보험계약대출이 없을것)하는 보험계약 외의 보험계약에 따른 보험금청구권을 수탁하는 행위(시행령 제109조 제3항 제10호)

⑳ 수익자의 보호 또는 건전한 거래질서를 해칠 염려가 있는 행위로서 금융위가 정하여 고시하는 행위(시행령 제109조 제3항 제11호, 규정 제4-93조)

(7) 신탁재산에 속한 지분증권 등의 의결권 행사

신탁업자가 신탁재산으로 취득한 주식에 대한 권리를 행사할 수 있으며, 이 경우 수익자의 이익을 보호하기 위해 신탁재산에 속하는 주식의 의결권을 충실히 행사하여야 한다(법 제112조).

❶ 신탁업자는 신탁재산에 속하는 주식의 의결권을 행사함에 있어서 다음의 어느 하나에 해당하는 경우에는 신탁재산에 속하는 주식을 발행한 법인의 주주총회의 참석 주식수에서 신탁재산에 속하는 주식수를 뺀 주식수의 결의내용에 영향을 미치지 아니하도록 의결권을 행사하여야 함(Shadow Voting). 다만 신탁재산에 속하는 주식을 발행한 법인의 합병, 영업의 양도·양수, 임원의 선임, 그 밖에 이에 준하는 사항으로서 신탁재산에 손실을 초래할 것이 명백한 경우에는 예외가 인정됨

☞ 신탁업자가 상호출자제한기업집단에 속하는 경우에는 위의 단서의 사유에 해당하는 경우에도 Shadow Voting을 하여야 함

ㄱ. 신탁업자 또는 특수관계인·공동보유자·신탁업자에 대하여 사실상의 지배력을 행사하는 자로서 신탁업자의 대주주가 그 신탁재산에 속하는 주식을 발행한 법인을 계열회사로 편입하기 위한 경우

ㄴ. 신탁재산에 속하는 주식을 발행한 법인이 그 신탁업자와 계열회사의 관계에

있거나 신탁업자에 대해 사실상의 지배력을 행사하는 관계로서 신탁업자의 대주주인 경우

❷ 다음의 경우에는 일정 범위에서 의결권 행사가 제한됨

   ㄱ. 동일법인이 발행한 주식 총수의 15%를 초과하여 주식을 취득한 경우 그 초과하는 주식

   ㄴ. 신탁재산에 속하는 주식을 발행한 법인이 자기주식을 확보하기 위하여 신탁계약에 따라 신탁업자에게 취득하게 한 그 법인의 주식

❸ 신탁업자는 제3자와의 계약등에 의하여 의결권을 교차하여 행사하는 등 위의 사항을 회피하기 위한 행위를 하여서는 안 됨

3   수익증권

(1) 신탁업자는 금전신탁계약에 의한 수익권이 표시된 수익증권을 발행할 수 있으며, 발행하고자 하는 경우에는 일정한 서류(수익증권발행계획서, 자금운용계획서, 신탁약관이나 신탁계약서)를 첨부하여 미리 금융위에 신고해야 한다(법 제110조).

❶ 수익증권은 원칙적으로 무기명식이며, 수익자의 청구가 있는 경우에는 기명식으로 할 수 있음. 또한 기명식 수익증권은 수익자의 청구에 의하여 무기명식으로 할 수 있음

❷ 수익증권이 발행된 경우에는 해당 신탁계약에 의한 수익권의 양도 및 행사는 그 수익증권으로 하여야 함. 다만 기명식 수익증권의 경우에는 수익증권으로 하지 않을 수 있음

(2) 신탁업자는 시행령 제104조 제4항에 따라 산정한 가액으로 수익증권을 그 고유재산으로 매입할 수 있다(법 제111조).

4   신탁재산의 회계처리

(1) 신탁업자는 신탁재산에 관하여 회계처리를 하는 경우 금융위가 증선위의 심의를 거쳐 정하여 고시한 회계처리기준에 따라야 하며, 금융위는 회계처리기준의 제정등을

한국회계기준원에 위탁할 수 있다.

한국회계기준원이 회계처리기준을 제정 또는 개정한 때에는 이를 금융위에 지체 없이 보고하여야 한다(법 제114조 제2항).

(2) 신탁업자는 신탁재산에 대하여 그 신탁업자의 매 회계연도 종료 후 2개월 이내에 「주식회사의 외부감사에 관한 법률」 제2조 제7호에 따른 감사인의 회계감사를 받아야 한다. 다만 수익자의 이익을 해할 우려가 없는 경우로서 특정금전신탁, 이익의 보장을 하는 금전신탁(손실만을 보전하는 금전신탁은 제외), 회계감사 기준일 현재 수탁원본이 300억 원 미만인 금전신탁, 법 제103조 제1항 제2호부터 제7호까지의 재산의 신탁인 경우에는 회계감사를 받지 아니할 수 있다.

신탁업자는 신탁재산의 회계감사인을 선임하거나 교체하는 경우에는 그 선임일 또는 교체일로부터 1주 이내에 금융위에 그 사실을 보고하여야 한다.

(3) 회계감사인은 신탁업자가 행하는 수익증권의 기준 가격 산정업무 및 신탁재산의 회계처리 업무를 감사할 때 관련 법령의 준수 여부를 감사하고 그 결과를 신탁업자의 감사(감사위원회가 설치된 경우에는 감사위원회)에게 통보하여야 한다.

회계감사인은 신탁업자에게 신탁재산의 회계장부 등 관계 자료의 열람·복사를 요청하거나 회계감사에 필요한 자료의 제출을 요구할 수 있다.

(4) 회계감사인은 회계감사의 결과 회계감사보고서 중 중요사항에 관하여 거짓의 기재 또는 표시가 있거나 중요사항이 기재 또는 표시되지 아니함으로써 이를 이용한 수익자에게 손해를 끼친 경우에는 그 수익자에 대하여 손해를 배상할 책임을 진다. 이 경우 감사반이 회계감사인인 때에는 그 신탁재산에 대한 감사에 참여한 자가 연대하여 손해를 배상할 책임을 진다.

회계감사인이 수익자에 대하여 손해를 배상할 책임이 있는 경우로서 그 신탁업자의 이사·감사에게도 귀책사유가 있는 경우에는 그 회계감사인과 신탁업자의 이사·감사는 연대하여 손해를 배상할 책임을 진다(법 제115조 제2항).

5 신탁업자의 합병 등

신탁업자가 합병하는 경우 합병 후 존속하는 신탁업자 또는 합병으로 인하여 설립된 신탁업자는 합병으로 인하여 소멸된 신탁업자의 신탁에 관한 권리의무를 승계한다.

신탁업자의 합병에 이의를 제기한 수익자가 있는 경우에는 그 신탁업자의 임무 종료 및 새로운 신탁업자의 선임 등에 대해서는 신탁법 제12조 및 제21조 제2항 및 제3항을 준용한다(법 제116조).

6 신탁업자의 청산

신탁업을 영위하는 신탁업자의 청산사무는 금융위가 감독(법 제117조, 법 제95조)

(1) 금융위는 청산사무 및 재산의 상황을 검사하거나 재산의 공탁 명령, 그 밖에 청산의 감독에 필요한 명령을 할 수 있다.

(2) 금융위는 신탁업을 영위하는 신탁업자가 신탁업인가의 취소로 인하여 해산한 경우에는 직원으로 청산인을 선임한다.

(3) 금융위는 신탁업을 영위하는 신탁업자가 법원의 명령 또는 판결에 의하여 해산하는 경우와 청산인이 없는 경우에는 직권으로 또는 이해관계인의 청구에 의하여 청산인을 선임한다.

(4) 금융위는 청산인을 선임한 경우에는 신탁업을 영위하는 신탁업자에게 보수를 주게 할 수 있다.

(5) 금융위는 청산인이 업무를 집행함에 있어서 현저하게 부적합하거나 중대한 법령 위반사항이 있는 경우에는 직권으로 또는 이해관계인의 청구에 의하여 청산인을 해임할 수 있다.

chapter 08

증권 발행시장 공시제도

증권신고서제도

1 개요

불특정 다수인을 상대로 증권시장 밖에서 증권을 새로이 발행하거나 이미 발행된 증권을 분매하는 경우 해당 증권에 관한 사항과 증권의 발행인에 관한 사항을 투자자에게 알리기 위한 제도이다.

발행공시제도는 투자자에게 교부되는 투자설명서와 투자자에게 제공되는 정보의 진실성을 확보하기 위한 증권신고서제도로 구성된다.

2 모집 또는 매출의 개념 – 대상 행위

(1) 적용대상

법상 발행공시 규제의 대상이 되는 행위는 증권과 관련된 모든 발행 또는 매도가 아니라 일정한 요건에 해당되는 모집 또는 매출만 해당된다.

(2) 모집 또는 매출의 의의

❶ 모집이라 함은 일정한 방법에 따라 산출한 50인 이상의 투자자에게 새로 발행되는 증권 취득의 청약을 권유하는 것(법 제9조 제7항)

❷ 매출이라 함은 증권시장 밖에서 일정한 방법에 따라 산출한 50인 이상의 투자자에게 이미 발행된 증권 매도의 청약을 하거나 매수의 청약을 권유하는 것(법 제9조 제9항)

(3) 50인 산정방법

50인을 산출하는 경우에는 청약의 권유를 하는 날 이전 6개월 이내에 해당 증권과 같은 종류의 증권에 대하여 모집이나 매출에 의하지 아니하고 청약의 권유를 받은 자를 합산하되, 다음의 어느 하나에 해당하는 자는 제외(시행령 제11조 제1항)

❶ 다음의 어느 하나에 해당하는 전문가
   ㄱ. 전문투자자
   ㄴ. 「공인회계사법」에 따른 회계법인
   ㄷ. 「신용정보의 이용 및 보호에 관한 법률」에 따른 신용평가업자
   ㄹ. 발행인에게 회계, 자문등의 용역을 제공하고 있는 공인회계사·감정인·변호사·변리사·세무사 등 공인된 자격증을 가지고 있는 자
   ㅁ. 그 밖에 발행인의 재무상황이나 사업내용 등을 잘 알 수 있는 전문가로서 금융위가 정하여 고시하는 자
❷ 다음의 어느 하나에 해당하는 연고자
   ㄱ. 발행인의 최대주주(법 제9조 제1항 제1호에 따른 최대주주)와 발행주식 총수의 100분의 5 이상을 소유한 주주

ㄴ. 발행인의 임원(「상법」 제401조의2 제1항의 업무집행지시자 포함) 및 「근로자복지기본법」에 따른 우리사주조합원

ㄷ. 발행인의 계열회사와 그 임원

ㄹ. 발행인이 주권비상장법인(주권을 모집하거나 매출한 실적이 있는 법인은 제외)인 경우에는 그 주주

ㅁ. 외국 법령에 따라 설립된 외국 기업인 발행인이 종업원의 복지증진을 위한 주식매수제도 등에 따라 국내 계열회사의 임직원에게 해당 외국 기업의 주식을 매각하는 경우에는 그 국내 계열회사의 임직원

ㅂ. 발행인이 설립 중인 회사인 경우에는 그 발기인

ㅅ. 그 밖에 발행인의 재무상황이나 사업내용 등을 잘 알 수 있는 연고자로서 금융위가 정하여 고시하는 자

(4) 간주모집

청약의 권유를 받는 자의 수가 50인 미만으로서 증권의 모집에 해당되지 아니할 경우에도 해당 증권이 발행일부터 1년 이내에 50인 이상의 자에게 양도될 수 있는 경우로서 증권의 종류 및 취득자의 성격 등을 고려하여 금융위가 정하여 고시하는 전매기준에 해당하는 경우에는 모집으로 간주. 단, 금융위가 정하는 전매제한조치를 취한 경우에는 모집에 해당하지 않는다.

(5) 청약 권유

발행시장 공시와 관련하여 '청약의 권유'란 권유받는 자에게 증권을 취득하도록 하기 위하여 신문·방송·잡지 등을 통한 광고, 안내문·홍보전단 등 인쇄물의 배포, 투자설명회의 개최, 전자통신 등의 방법으로 증권 취득청약의 권유 또는 증권 매도청약이나 매수청약의 권유 등 증권을 발행 또는 매도한다는 사실을 알리거나 취득의 절차를 안내하는 활동을 말한다.

다만, 인수인의 명칭과 증권의 발행금액 및 발행가액을 포함하지 아니하는 등 금융위가 정하여 고시하는 기준에 따라 다음 각 목의 사항 중 전부나 일부에 대하여 광고 등의 방법으로 단순히 그 사실을 알리거나 안내하는 경우는 제외

❶ 발행인의 명칭

❷ 발행 또는 매도하려는 증권의 종류와 발행 또는 매도 예정금액

❸ 증권의 발행이나 매도의 일반적인 조건

❹ 증권의 발행이나 매출의 예상 일정

❺ 그 밖에 투자자 보호를 해칠 염려가 없는 사항으로서 금융위가 정하여 고시하는 사항

3 적용 면제증권

법상의 증권 중 국채증권, 지방채증권, 대통령령으로 정하는 법률에 따라 직접 설립된 법인이 발행한 채권, 그 밖에 다른 법률에 따라 충분한 공시가 행하여지는 등 투자자 보호가 이루어지고 있다고 인정되는 증권으로서 대통령령으로 정하는 증권에 대해서는 증권신고서에 관한 규정이 적용되지 않는다(법 제118조 및 시행령 제119조).

이 중에서 대통령령이 정하는 법률에 따라 직접 설립된 법인이 발행한 채권은 특수채를 말하는 것으로 한국은행법, 한국산업은행법 등 시행령 제119조 제1항에 열거된 34개 법률에 의하여 직접 설립된 법인만 해당된다.

또한, 투자자 보호가 이루어지고 있다고 인정되는 증권으로서 대통령령으로 정하는 증권이라 함은 다음의 증권을 말한다.

❶ 국가 또는 지방자치단체가 원리금의 지급을 보증한 채무증권

❷ 국가 또는 지방자치단체가 소유하는 증권을 미리 금융위와 협의하여 매출의 방법으로 매각하는 경우의 그 증권

❸ 「지방공기업법」 제68조 제1항부터 제6항까지의 규정에 따라 발행되는 채권 중 도시철도의 건설 및 운영과 주택건설사업을 목적으로 설립된 지방공사가 발행하는 채권

❹ 「국제금융기구에의 가입조치에 관한 법률」 제2조 제1항에 따른 국제금융기구가 금융위와의 협의를 거쳐 기획재정부 장관의 동의를 받아 발행하는 증권

❺ 「한국주택금융공사법」에 따라 설립된 한국주택금융공사가 채권유동화계획에 의하여 발행하고 권리금 지급을 보증하는 주택저당증권 및 학자금 대출증권

❻ 「주식·사채 등의 전자등록에 관한 법률」 제59호에 따른 단기사채 등으로서 만기가 3개월 이내인 증권

4 　신고대상 모집 또는 매출 금액

(1) 일정한 방법에 따라 산정한 모집가액 또는 매출가액 각각의 총액이 일정한 금액 (10억 원) 이상인 경우에는 발행인이 그 모집 또는 매출에 관한 신고서를 금융위에 제출 하여 수리되지 아니하면 이를 할 수 없다.

❶ 모집 또는 매출하려는 증권의 모집가액 또는 매출가액과 해당 모집일 또는 매출 일부터 과거 1년간(같은 기간 동안 같은 종류의 증권에 대한 모집 또는 매출의 신고가 행하여진 경우에는 그 신고 후의 기간을 말함)에 이루어진 같은 종류 증권의 모집 또는 매출로서 그 신고서를 제출하지 아니한 모집가액 또는 매출가액[소액출자자(그 증권의 발행인과 인수인은 제외)가 제178조 제1항 제1호에 따른 장외거래 방법에 따라 증권을 매출하는 경우에는 해 당 매출가액은 제외] 각각의 합계액이 10억 원 이상인 경우

　　'소액출자자'란 해당 법인이 발행한 지분증권총수의 100분의 1에 해당하는 금 액과 3억 원 중 적은 금액 미만의 지분증권을 소유하는 자(사업보고서 제출대상법인의 경우에는 지분증권 총수의 100분의 10 미만의 지분증권을 소유하는 자를 말함)를 말한다. 다만, 그 법인의 최대주주 및 그 특수관계인은 소액출자자로 보지 아니한다.

❷ 6개월간의 행위를 합산하여 모집 또는 매출을 결정하는 경우에는 그 합산의 대상 이 되는 모든 청약의 권유 각각의 합계액이 10억 원 이상인 경우

(2) 소액공모 공시제도

증권신고서 제출의무가 없는 모집 또는 매출의 경우에도 발행인은 투자자 보호를 위하 여 재무상태에 관한 사항등 일정한 사항을 공시하는 등의 조치를 취해야 한다(법 제130조).

❶ 증권의 모집 또는 매출 전에 발행인(투자신탁의 수익증권이나 투자익명조합의 지분증권인 경우에는 그 투자신탁이나 투자익명조합을 말하며, 사업보고서 제출대상법인 및 외국법인등은 제외) 의 재무상태와 영업실적을 기재한 서류를 금융위에 제출할 것. 이 경우 해당 서 류(집합투자증권인 경우는 제외)는 금융위가 정하여 고시하는 바에 따라 회계감사인의 회계감사를 받거나 공인회계사의 확인과 의견표시를 받은 것이어야 함

　　☞ 여기에서 외국법인등이란 외국 정부, 외국 지방자치단체, 외국의 법령에 따라 설립되어 공익사업을 영위하는 외국공공단체로서 외국 정부 또는 외국 지방

자치단체가 지분을 보유하고 있는 외국 공공단체, 「국제금융기구에의 가입조치에 관한 법률」 제2조 제1항 각 호의 어느 하나에 해당하는 국제금융기구를 말함

❷ 청약의 권유를 하는 경우에는 모집 또는 매출에 관한 사항, 발행인에 관한 사항, 청약기간, 납부기간등을 인쇄물 등에 기재하거나 표시할 것

❸ 증권의 모집 또는 매출의 개시일 3일 전까지 청약의 권유방법과 청약권유에 관해 인쇄물 등에 기재하거나 표시한 내용을 금융위에 제출할 것. 증권의 모집 또는 매출을 시작한 후 청약의 권유방법이나 인쇄물 등에 기재하거나 표시한 내용을 변경한 경우에도 동일

❹ 투자매매업자, 투자중개업자, 은행 또는 증권금융과 청약증거금관리계약을 체결하고 계좌를 개설할 것

❺ 증권의 모집 또는 매출이 끝난 경우에는 지체 없이 그 모집 또는 매출 실적에 관한 결과를 금융위에 보고할 것

❻ 결산에 관한 다음의 서류를 매 사업연도 경과 후 90일 이내에 금융위에 제출할 것. 다만, 사업보고서 제출대상법인, 외국법인등, 매 사업연도말 모집 또는 매출한 증권의 소유자 수가 25명 미만인 법인, 모집 또는 매출한 증권의 상환 또는 소각을 완료한 법인 및 보증사채권만을 발행한 법인의 경우에는 그러하지 아니함

ㄱ. 대차대조표와 그 부속 명세서

ㄴ. 손익계산서와 그 부속 명세서

ㄷ. 이익잉여금처분계산서 또는 결손금처리계산서

ㄹ. 회계감사인의 감사보고서

❼ 발행인 및 같은 종류의 증권에 대하여 충분한 공시가 이루어지고 있는 등 대통령령으로 정한 사유에 해당하는 때에는 매출에 관한 증권신고서를 제출하지 아니할 수 있음. 다음의 경우가 이에 해당함. ① 발행인이 사업보고서 제출대상법인으로서 최근 1년간 사업보고서·반기보고서 및 분기보고서를 기한 내에 제출하였을 것, ② 발행인이 최근 1년간 공시위반으로 자본시장법 제429조에 따른 과징금을 부과받거나 이 영 제138조·제175조에 따른 조치를 받은 사실이 없을 것, ③ 최근 2년 이내에 매출하려는 증권과 같은 종류의 증권에 대한 증권신고서가 제출되어 효력이 발생한 사실이 있을 것, ④ 증권시장에 상장하기 위한 목적의 매출이 아닐 것, ⑤ 투자매매업자 또는 투자중개업자를 통하여 매출이 이루어질 것, ⑥ 그 밖

에 금융위가 정하여 고시하는 요건을 충족하는 경우임

5 신고의무자

증권신고서의 제출의무자는 언제나 해당 증권의 발행인이다. 다만, 증권예탁증권을 발행함에 있어서는 그 기초가 되는 증권을 발행하였거나 발행하고자 하는 자를 말한다 (법 제9조 제10항).

6 신고서의 수리

원칙적으로 신고서의 효력이 발생한 후 투자설명서를 사용하여 청약의 권유를 하여야 하나, 신고서 제출 시 예비투자설명서 또는 간이투자설명서를 첨부하여 제출한 경우에는 이를 이용한 청약의 권유행위는 가능하다.

7 효력발생

(1) 금융위는 제출된 증권신고서를 수리 전과 수리 후 효력발생 전까지 심사할 수 있고, 심사결과 수리를 거부하거나 정정요구를 할 수 있다.

증권신고서의 형식을 제대로 갖추지 아니한 경우 또는 그 증권신고서 중 중요사항에 관하여 거짓의 기재 또는 표시가 있거나 중요사항이 기재 또는 표시되지 아니한 경우를 제외하고는 그 수리를 거부할 수 없다(법 제120조 제2항).

(2) 금융위가 증권별로 정해진 효력발생기간 동안 별도의 조치하지 않는 한, 증권신고서는 효력이 발생된다.

효력발생의 의미는 금융위가 제출된 신고서 및 첨부서류에 근거하여 심사한 결과, 형식상 또는 내용상 문제가 없다는 의미로서 그 증권신고서의 기재사항이 진실 또는 정확하다는 것을 인정하거나 정부에서 그 증권의 가치를 보증 또는 승인하는 효력을 가지지 아니한다.

8 거래의 제한

증권신고의 효력이 발생하지 아니한 증권의 취득 또는 매수의 청약이 있는 경우에 그 증권의 발행인·매출인과 그 대리인은 그 청약의 승낙을 할 수 없다(법 제121조).

일괄신고추가서류를 제출하여야 하는 경우 그 일괄신고추가서류가 제출되지 아니한 경우에도 그 증권의 발행인·매출인과 그 대리인은 그 증권에 관한 취득 또는 매수의 청약에 대한 승낙을 할 수 없다.

9 증권발행실적보고서

증권신고의 효력이 발생한 증권의 발행인은 금융위가 정하여 고시하는 방법에 따라 그 발행실적에 관한 보고서를 금융위에 제출하여야 한다.

10 특수한 신고서제도

(1) 일괄신고서제도

❶ 일괄신고서 제도는 같은 종류의 증권을 지속적으로 발행하는 회사가 향후 일정 기간 동안 발행예정인 증권을 일괄하여 신고하고, 실제 발행 시 추가서류의 제출만으로 증권신고서를 제출한 것과 동일한 효과를 갖도록 하여 증권의 발행 또는 매도를 원활하게 할 수 있도록 하는 제도임

❷ 일괄신고서를 금융위에 제출하여 수리된 경우에는 그 기간 중에 그 증권을 모집하거나 매출할 때마다 제출하여야 하는 신고서를 따로 제출하지 아니하고 그 증권을 모집하거나 매출할 수 있음. 이 경우 그 증권(개방형집합투자증권 및 금적립계좌는 제외)을 모집하거나 매출할 때마다 일괄신고추가서류를 제출하여야 함

❸ 일괄신고 제출 가능 증권(시행령 제121조 제1항)
ㄱ. 주권
ㄴ. 자본시장법 제71조 제4호 나목에 따른 주권 관련 사채권 및 이익참가부사채권
☞ 주권 관련 사채권 : 전환사채권(CB), 신주인수권부사채권(BW) 및 교환사

채권(EB ; 주권, CB 또는 BW와 교환을 청구할 수 있는 EB만 해당)

ㄷ. 위 ㄴ.의 사채권을 제외한 사채권

ㄹ. 고난도금융투자상품이 아닌 파생결합증권

ㅁ. 고난도금융투자상품 중 오랫동안 반복적으로 발행된 것으로서 기초자산의 구
성 및 수익구조가 금융위가 정하여 고시하는 기준에 부합하는 파생결합증권

ㅂ. 개방형 집합투자증권

☞ 환매금지형집합투자기구가 아닌 집합투자기구의 집합투자증권과 이에
준하는 것으로서 외국의 법령에 따라 외국에서 발행된 외국 집합투자증권

(2) 정정신고서제도

❶ 이미 제출한 증권신고서(일괄신고 추가서류 포함)의 기재사항을 정정하고자 하는 경
우 또는 금융위(금감원장)로부터 정정요구를 받은 경우 제출하는 증권신고서를 정
정신고서라 함. 정정신고서가 제출된 경우에는 그 정정신고서가 수리된 날에 당
초 제출한 증권신고서가 수리된 것으로 봄(법 제122조 제5항)

❷ 금융위는 증권신고서의 형식을 제대로 갖추지 아니한 경우 또는 그 증권신고서
중 중요사항에 관하여 거짓의 기재 또는 표시가 있거나 중요사항이 기재 또는 표
시되지 아니한 경우와 중요사항의 기재나 표시내용이 불분명하여 투자자의 합리
적인 투자판단을 저해하거나 투자자에게 중대한 오해를 일으킬 수 있는 경우에
는 그 증권신고서에 기재된 증권의 취득 또는 매수의 청약일 전일까지 그 이유를
제시하고 그 증권신고서의 기재내용을 정정한 신고서의 제출을 요구할 수 있음

금융위(금감원장)의 정정요구가 있는 경우 그 증권신고서는 그 요구를 한 날로
부터 수리되지 아니한 것으로 보며, 정정요구를 받은 후 3개월 내에 발행인이 정
정신고서를 제출하지 아니하는 경우에는 해당 증권신고서를 철회한 것으로 봄(제
122조 제6항)

(3) 철회신고서제도

증권의 발행인은 증권신고를 철회하고자 하는 경우에는 그 증권신고서에 기재된 증
권의 취득 또는 매수의 청약일 전일까지 철회신고서를 금융위에 제출할 수 있다(법 제120
조 제4항).

발행신고서 관련 세부 규정

1 　청약권유대상자에서 제외되는 자

(1) 전문가로서 제외되는 자

발행인의 재무상황이나 사업내용 등을 잘 알 수 있는 전문가 중 제외되는 자는 다음의 어느 하나에 해당하는 자를 말한다(공시규정 제2-1조 제2항).

❶ 「중소기업창업지원법」에 따른 중소기업창업투자회사
❷ 기타 시행령 및 규정상의 전문가와 유사한 자로서 발행인의 재무내용이나 사업성을 잘 알 수 있는 특별한 전문가라고 감독원장이 정하는 자

(2) 발행인의 연고자 중 제외되는 자

발행인의 재무상황이나 사업내용 등을 잘 알 수 있는 연고자로서 제외되는 자는 다음의 어느 하나에 해당하는 자를 말한다.

❶ 발행인(설립 중인 회사 제외)의 제품을 원재료로 직접 사용하거나 발행인(설립 중인 회사 제외)에게 자사제품을 원재료로 직접 공급하는 회사 및 그 임원
❷ 발행인(설립 중인 회사 제외)과 대리점계약 등에 의하여 발행인의 제품 판매를 전업으로 하는 자 및 그 임원
❸ 발행인이 협회 등 단체의 구성원이 언론, 학술 및 연구등 공공성 또는 공익성이 있는 사업을 영위하기 위하여 공동으로 출자한 회사(설립 중인 회사 포함)인 경우 해당 단체의 구성원
❹ 발행인이 지역상공회의소, 지역상인단체, 지역농어민단체 등 특정지역 단체의 구성원이 그 지역의 산업폐기물 처리, 금융·보험서비스 제공, 농수축산물의 생산·가공·판매등의 공동사업을 영위하기 위하여 공동으로 출자한 회사(설립 중인 회사 포함)인 경우 해당 단체의 구성원
❺ 발행인이 동창회, 종친회 등의 단체 구성원이 총의에 의하여 공동의 사업을 영위

하기 위하여 공동으로 출자한 회사(설립 중인 회사 포함)인 경우 해당 단체의 구성원

❻ 자본시장법 제159조 제1항에 따른 사업보고서 제출대상법인이 아닌 법인('사업 보고서 미제출법인')의 주주가 그 사업보고서 미제출법인의 합병, 주식의 포괄적 교환·이전, 분할 및 분할합병의 대가로 다른 사업보고서 미제출법인이 발행한 증권을 받는 경우 그 주주

❼ 기타 시행령 및 규정상의 연고자와 유사한 자로서 발행인의 재무내용이나 사업성을 잘 알 수 있는 특별한 연고자라고 감독원장이 정하는 자

2 전매 가능성 판단기준

(1) 증권별 전매 가능성 기준(공시규정 제2-2조 · 제2-2조의2 제1항)

❶ 지분증권 : 지분증권(지분증권과 관련된 증권예탁증권을 포함)의 경우에는 같은 종류의 증권이 모집 또는 매출된 실적이 있거나 증권시장(코넥스시장 제외)에 상장된 경우. 분할 또는 분할합병(「상법」 제530조의12에 따른 물적분할의 경우 제외)으로 인하여 설립된 회사가 발행하는 증권은 분할되는 회사가 발행한 증권과 같은 종류의 증권으로 봄

❷ 지분증권(기업어음 증권 제외) 이외의 증권 : 지분증권이 아닌 경우에는 50매 이상으로 발행되거나 발행 후 50매 이상으로 권면분할되어 거래될 수 있는 경우, 다만 등록 발행의 경우에는 매수가 아닌 거래단위를 기준으로 적용

❸ 전환권 등의 권리가 부여된 증권 : 전환권, 신주인수권 등 증권에 부여된 권리의 목적이 되는 증권이 위의 ❶ 또는 ❷에 해당되는 경우

❹ 기업어음증권 : 다음 요건의 어느 하나에 해당하는 경우

ㄱ. 50매 이상으로 발행되는 경우

ㄴ. 기업어음의 만기가 365일 이상인 경우

ㄷ. 기업어음이 영 제103조에 따른 특정금전신탁에 편입되는 경우

❺ 자본시장법 제4조 제7항에 따른 파생결합증권이 영 제103조 제1호에 따른 특정금전신탁에 편입되는 경우

(2) 전매제한조치

증권을 발행함에 있어 다음의 어느 하나에 해당하는 경우에는 전매기준에 해당되지 않는 것으로 본다(공시규정 제2-2조·제2-2조의2 제2항).

❶ 증권을 발행한 후 지체 없이 한국예탁결제원('예탁결제원')에 전자등록하거나 예탁하고 그 등록일 또는 예탁일부터 1년간 해당 증권(증권에 부여된 권리의 행사로 취득하는 증권을 포함)을 인출하거나 매각하지 않기로 하는 내용의 예탁계약을 예탁결제원과 체결한 후 그 예탁계약을 이행하는 경우 또는 「금융산업의 구조개선에 관한 법률」 제12조 제1항에 따라 정부 또는 예금보험공사가 부실금융기관에 출자하여 취득하는 지분증권에 대하여 취득일부터 1년 이내에 50인 이상의 자에게 전매되지 않도록 필요한 조치를 취하는 경우

❷ 50매 미만으로 발행되는 경우에는 증권의 권면에 발행 후 1년 이내 분할금지특약을 기재하는 경우

❸ 전환권 등이 부여된 경우에는 권리행사금지기간을 발행 후 1년 이상으로 정하는 경우

❹ 다음 요건을 모두 충족하는 채무증권(기업어음은 제외)의 경우

ㄱ. 다음 a부터 d까지에 해당하는 자(이하 '적격기관투자자'라 함)가 발행인 또는 인수인으로부터 직접 취득하고, 감독원장이 정하는 바에 따라 적격기관투자자 사이에서만 양도·양수될 것. 단, 제5호의 유동화증권을 발행하기 위하여 자산유동화전문회사에 양도하는 경우에는 그러하지 아니함

a. 영 제10조 제1항 제1호부터 제4호까지의 자(영 제10조 제2항 제11호, 같은 조 제3항 제5호부터 제8호까지에 해당하는 자는 제외)

b. 주권상장법인, 영 제10조 제3항 제12호·제13호 및 같은 항 제16호에 해당하는 자

c. 「중소기업진흥에 관한 법률」에 따른 중소기업진흥공단

d. a.부터 c.까지의 적격기관투자자에 준하는 외국인

ㄴ. 직전 사업연도말 총자산이 2조 원 이상인 기업이 발행한 증권이 아닐 것. 단, 원화표시채권 또는 외화표시채권을 발행하는 경우에는 그러하지 아니함

❺ 다음 요건을 모두 충족하는 유동화증권('자산유동화에 관한 법률'에서 정하는 방법으로 발행된 증권)의 경우

ㄱ. 위 각 요건을 충족하는 채무증권이 유동화자산의 100분의 80 이상일 것

ㄴ. 적격기관투자자가 발행인 또는 인수인으로부터 직접 취득하고, 감독원장이 정하는 바에 따라 적격기관투자자 사이에서만 양도·양수될 것

⑥ 기업어음 및 파생결합증권이 특정금전신탁에 편입되는 경우 : 발행인이 특정금전신탁의 위탁자를 합산하여 50인 이상(영 제11조 제1항 제1호 및 제2호에 해당하는 자는 제외)이 될 수 없다는 뜻을 인수계약서와 취득계약서에 기재하고, 발행인 또는 기업어음, 파생결합증권을 인수한 금융투자업자가 그러한 발행조건의 이행을 담보할 수 있는 장치를 마련한 경우

⑦ 단기사채(「주식·사채등의전자등록에관한법률」 제2조 제1호 나목에 따른 권리로서 같은 법 제59조 각 호의 요건을 모두 갖추고 전자등록된 것을 말함)로서 만기가 3개월 이내인 경우

⑧ 「근로복지기본법」에 따라 우리사주조합원이 우리사주조합을 통해 취득한 주식을 같은 법 제43조에 따른 수탁기관(이하 이 조에서 '수탁기관'이라 함)에 예탁하고 그 예탁일로부터 1년간 해당 주식(주식에 부여된 권리의 행사로 취득하는 주식을 포함)을 인출하거나 매각하지 않기로 하는 내용의 예탁계약을 수탁기관과 체결한 후 그 예탁계약을 이행하는 경우

⑨ 온라인소액투자중개를 통해 지분증권을 모집한 발행인이 일정한 요건을 모두 충족하는 경우

⑩ 국내 환류 가능성이 있는 해외발행증권에 해당되는 경우에는 발행 당시 또는 발행일로부터 1년 이내에 해당 증권을 거주자에게 양도할 수 없다는 뜻을 해당 증권의 권면, 인수계약서, 취득계약서 및 청약권유문서에 기재하고, 발행인 또는 인수한 금융투자업자가 취득자로부터 그러한 발행조건을 확인·서명한 동의서를 징구하고, 해당 동의서의 이행을 담보할 수 있는 장치를 강구한 경우

(3) 보호예수된 증권의 인출사유

예탁결제원은 전매제한조치를 위해 예탁된 증권에 대하여 다음의 어느 하나에 해당하는 사유가 발생하는 경우 발행인의 신청에 의하여 해당 증권의 인출을 허용할 수 있다. 이 경우 예탁결제원 또는 수탁기관은 사유가 종료되는 대로 해당 증권이나 전환권 등 권리의 행사에 따라 취득한 증권을 지체 없이 재예탁하도록 하여야 한다.

❶ 통일규격증권으로 교환하기 위한 경우

❷ 전환권, 신주인수권 등 증권에 부여된 권리행사를 위한 경우

❸ 회사의 합병, 분할, 분할합병, 또는 주식의 포괄적 교환·이전에 따라 다른 증권으로 교환하기 위한 경우

❹ 액면 또는 권면의 분할 또는 병합에 따라 새로운 증권으로 교환하기 위한 경우

❺ 전환형 조건부자본증권을 주식으로 전환하기 위한 경우

❻ 기타 상기 사유와 유사한 것으로서 감독원장이 인정하는 경우

| 3 | 효력발생시기의 특례 |

(1) 금융위가 따로 정하는 효력발생시기(공시규정 제2-3조 제1항)

❶ 일괄신고서의 정정신고서는 수리된 날부터 3일이 경과한 날에 그 효력이 발생. 다만, 일괄신고서의 정정신고서가 수리된 날부터 3일이 경과한 날이 당초의 일괄신고서의 효력이 발생하는 날보다 먼저 도래하는 경우에는 당초의 일괄신고서의 효력이 발생하는 날에 그 효력이 발생함

❷ 사업보고서, 반기보고서, 분기보고서 또는 신고서를 제출한 사실이 있는 법인이 신고서의 기재사항 중 영 제125조의 발행인에 관한 사항이 이미 제출한 사업보고서·반기보고서 및 분기보고서 또는 신고서와 동일한 내용의 신고서를 제출하는 경우 무보증사채권(보증사채권 또는 담보부사채권을 제외한 사채권을 말함)의 발행을 위한 신고서는 수리된 날부터 5일, 보증사채권, 담보부사채권의 발행을 위한 신고서는 수리된 날부터 3일이 경과한 날에 각각 그 효력이 발생함. 다만, 「관공서의 공휴일에 관한 규정」 제2조에 따른 휴일은 그 기간에 산입하지 아니함

❸ 사채권의 발행을 위하여 신고서를 제출한 자가 사채거래수익률 등의 변동으로 인한 발행가액의 변경 또는 발행이자율의 변경을 위하여 정정신고서를 제출하는 경우에는 정정신고서가 수리된 다음 날에 그 효력이 발생함. 다만, 당초의 효력발생기간이 경과하기 전에 정정신고서가 수리되어 그 효력이 발생하게 되는 경우에는 당초의 신고서의 효력이 발생하는 날에 그 효력이 발생함

❹ 자본시장법 제4조 제7항 제1호에 해당하는 증권의 모집 또는 매출을 위하여 신고서를 제출한 자가 시장상황의 변동 등으로 동 증권의 지급금액 결정방식을 변경하기 위하여 정정신고서를 제출하는 경우에는 정정신고서를 수리한 날부터 3일

이 경과한 날에 그 효력이 발생함. 다만, 공휴일은 효력발생기간에 산입하지 아니하며 당초 효력발생기간이 경과하기 전에 정정신고서가 수리되어 그 효력이 발생하게 되는 경우에는 당초의 신고서의 효력이 발생하는 날에 그 효력이 발생함

❺ 집합투자기구 간 합병을 위해 신고서를 제출하는 경우로서 수익자총회일의 2주 전부터 합병계획서 등을 공시하는 경우에는 그 신고서가 수리된 날부터 3일이 경과한 날에 그 효력이 발생함

❻ 금적립계좌 발행을 위하여 제출한 일괄신고서가 효력이 발생한 후에 제출하는 정정신고서는 수리된 날에 그 효력이 발생함

(2) 효력발생기간에 영향을 미치지 아니하는 정정신고서

❶ 신고서를 제출한 자가 다음의 어느 하나의 사유로 정정신고서를 제출하는 경우에는 당초의 신고서 효력 발생일에 영향을 미치지 아니함

ㄱ. 증권시장에 상장하기 위하여 지분증권(지분증권과 관련된 증권예탁증권을 포함)을 모집 또는 매출하는 경우로서 모집 또는 매출할 증권수를 당초에 제출한 신고서의 모집 또는 매출할 증권수의 100분의 80 이상과 100분의 120 이하에 해당하는 증권수로 변경하는 경우

ㄴ. 초과배정옵션계약을 추가로 체결하거나 초과배정 수량을 변경하는 경우

ㄷ. 공개매수의 대가로 교부하기 위하여 신주를 발행함에 있어서 발행예정주식 수가 변경되는 경우

ㄹ. 채무증권(주권 관련 사채권은 제외)을 모집 또는 매출하는 경우로서 모집가액 또는 매출가액의 총액을 당초에 제출한 신고서의 모집가액 또는 매출가액의 총액의 100분의 80 이상과 100분의 120 이하에 해당하는 금액으로 변경하는 경우

❷ 사소한 문구 수정등 투자자의 투자판단에 크게 영향을 미치지 아니하는 경미한 사항을 정정하기 위하여 정정신고서를 제출하는 경우에도 당초의 효력발생일에 영향을 미치지 아니함

❸ 국제금융기구가 원화표시채권을 발행하기 위하여 증권신고서를 제출하는 경우에는 증권신고서가 수리된 날부터 5일이 경과한 날에 효력이 발생함

(3) 효력발생기간을 계산함에 있어 금융위가 신고서를 수리하면 접수된 날
에 수리된 것으로 간주

금융위가 신고서를 수리한 때에는 신고서를 제출한 발행인에게 이를 서면으로 통지한다.

4 증권분석기관

(1) 증권분석기관의 의의

증권분석기관이란 모집가액 또는 매출가액의 적정성등 증권의 가치를 평가하는 기관
으로서 다음의 어느 하나에 해당하는 자를 말한다(공시규정 제2-5조 제1항).

❶ 인수업무, 모집·사모·매출의 주선업무를 수행하는 자
❷ 신용평가업자
❸ 「공인회계사법」에 따른 회계법인
❹ 채권평가회사

(2) 증권분석기관의 평가제한

증권분석기관이 공모를 하려는 법인과 다음의 어느 하나의 관계가 있는 경우에는 평
가를 할 수 없다(공시규정 제2-5조 제3항).

❶ 증권분석기관이 해당 법인에 그 자본금의 100분의 3 이상을 출자하고 있는 경우
및 그 반대의 경우
❷ 증권분석기관에 그 자본금의 100분의 5 이상을 출자하고 있는 주주와 해당 법인
에 100분의 5 이상을 출자하고 있는 주주가 동일인이거나 영 제2조 제4호에 따른
특수관계인인 경우. 다만, 그 동일인이 영 제11조 제1항 제1호 가목 및 나목에 따
른 전문투자자로서 증권분석기관 및 해당 법인과 ❺의 관계에 있지 아니한 경우
에는 예외
❸ 증권분석기관의 임원이 해당 법인에 그 자본금의 100분의 1 이상을 출자하고 있
거나 해당 법인의 임원이 증권분석기관에 100분의 1 이상을 출자하고 있는 경우
❹ 증권분석기관 또는 해당 법인의 임원이 해당 법인 또는 증권분석기관의 주요 주
주의 특수관계인인 경우

⑤ 동일인이 증권분석기관 및 해당 법인에 대하여 임원의 임면 등 법인의 주요 경영 사항에 대하여 사실상 영향력을 행사하는 관계가 있는 경우

(3) 분석업무의 제한

감독원장은 증권분석기관이 다음의 어느 하나에 해당하는 경우 증권분석기관에 대하여 일정한 기간을 정하여 증권분석업무를 제한할 수 있다(공시규정 제2-5조 제4항).

❶ 공정한 평가에 필요한 적절한 주의의무를 기울이지 아니하였거나 평가내용 중 허위의 표시 또는 중요 사실에 대한 오해를 유발할 수 있는 표시를 한 경우로서 감독원장이 인정하는 경우
❷ 증권분석기관의 임직원이 평가와 관련하여 지득한 기밀을 누설 또는 업무 외에 이용한 사실이 있는 경우로서 감독원장이 인정하는 경우

(4) 증권분석기관의 평가의견의 생략

소액공모를 하는 경우 또는 모집설립의 경우로서 다음의 어느 하나에 해당하는 경우에는 증권분석기관의 평가의견을 생략할 수 있다(공시규정 제2-5조 제4항).

❶ 「은행법」에 따라 금융위의 금융기관 신설을 위한 예비인가를 받은 경우
❷ 「금융지주회사법」에 따라 금융위의 금융지주회사 신설을 위한 예비인가를 받은 경우
❸ 회사 설립 시에 발행하는 지분증권 중 상당 부분(최대주주로서 설립 시 총지분의 100분의 25 이상을 취득하는 경우를 말함)을 정부 또는 지방자치단체가 취득할 예정인 경우
❹ 특별법에 따라 정부로부터 영업인가 또는 허가를 받은 경우
❺ 그 밖에 사업의 내용 등에 비추어 국민경제 발전을 위하여 필요하다고 감독원장이 인정하는 경우

5	안정조작의 기준 가격

금융위가 정하는 평균 거래 가격이란 다음의 가격을 말한다(공시규정 제2-21조 제1항).

❶ 증권시장에서 거래가 형성된 증권은 다음 각 방법에 따라 산정된 가격의 산술평

균가격

ㄱ. 안정조작기간의 초일 전일부터 과거 20일(동 기간 중에 배당락, 권리락 또는 행사 가격 조정 등으로 인하여 매매기준 가격의 조정이 있는 경우로서 배당락, 권리락 또는 행사 가격 조정 등이 있은 날부터 안정조작기간의 초일 전일까지의 기간이 7일 이상이 되는 경우에는 그 기간)간 공표된 매일의 증권시장에서 거래된 최종시세 가격을 실물거래에 의한 거래량을 가중치로 하여 가중산술평균한 가격

ㄴ. 안정조작기간의 초일 전일부터 과거 7일간 공표된 매일의 증권시장에서 거래된 최종시세 가격을 실물거래에 의한 거래량을 가중치로 하여 가중산술평균한 가격

❷ 증권시장에서 거래가 형성되지 아니한 주식은 해당 법인의 자산상태·수익성 기타의 사정을 참작하여 감독원장이 정하는 가격

---

section 03 | 투자설명서제도

1 | 개요

모집 또는 매출에 대한 증권신고서는 최종적으로 투자자에게 청약의 권유문서이자 투자권유문서인 투자설명서를 교부하기 위한 심사청구서류라고 할 수 있다.

따라서 투자자에게 실제로 교부되는 것은 증권신고서가 아니라 투자설명서이며, 투자설명서는 증권신고서의 제출 및 효력발생이라는 진행단계에 따라 간이투자설명서, 예비투자설명서, 투자설명서등의 형태로 이용된다.

2 투자설명서의 작성 및 공시

(1) 작성

투자설명서에는 증권신고서(일괄신고추가서류 포함)에 기재된 내용과 다른 내용을 표시하거나 그 기재사항을 누락할 수 없다. 다만, 기업경영등 비밀유지와 투자자 보호와의 형평 등을 고려하여 기재를 생략할 필요가 있는 사항으로서 군사기밀이나, 발행인의 기업비밀에 해당되는 것으로서 금융위의 확인을 받은 사항에 대하여는 그 기재를 생략할 수 있다(법 제123조 제2항).

(2) 공시

❶ 발행인은 증권을 모집하거나 매출하는 경우 투자설명서 및 간이투자설명서(모집 또는 매출하는 증권이 집합투자증권인 경우로 한정)를 증권신고의 효력이 발생하는 날(일괄 신고추가서류를 제출하여야 하는 경우에는 그 일괄신고추가서류를 제출하는 날)에 금융위에 제 출하여야 하며, 이를 총리령으로 정하는 장소에 비치하고 일반인이 열람할 수 있 도록 하여야 함(법 제123조 제1항)

❷ 발행인은 투자설명서 및 간이투자설명서를 해당 증권의 발행인의 본점, 금융위, 거래소, 청약사무취급장소에 비치 및 공시하여야 함

(3) 개방형집합투자증권 및 파생결합증권에 대한 특례

개방형 집합투자증권 및 파생결합증권(금적립계좌를 말함)의 발행인은 다음의 구분에 따라 투자설명서 및 간이투자설명서를 금융위에 추가로 제출하여야 하며, 금융위·거래소 등 총리령으로 정하는 장소에 비치하고 일반인이 열람할 수 있도록 하여야 한다. 다만, 그 개방형 집합투자증권 및 파생결합증권(금적립계좌)의 모집 또는 매출을 중지한 경우에는 제출·비치 및 공시를 하지 아니할 수 있다(법 제123조 제3항).

❶ 투자설명서 및 간이투자설명서를 제출한 후 1년마다(시행규칙 제13조 제2항) 1회 이 상 다시 고친 투자설명서 및 간이투자설명서를 제출할 것

❷ 변경등록을 한 경우 변경등록의 통지를 받은 날부터 5일 이내에 그 내용을 반영 한 투자설명서 및 간이투자설명서를 제출할 것

3 정당한 투자설명서의 교부의무

(1) 교부의무

❶ 누구든지 증권신고의 효력이 발생한 증권을 취득하고자 하는 자(전문투자자, 서면으로 수령거부의사를 밝힌 자 등 제외)에게 투자설명서(집합투자증권의 경우 투자자가 제123조에 따른 투자설명서의 교부를 별도로 요청하지 아니하는 경우에는 간이투자설명서를 말함)를 미리 교부하지 아니하면 그 증권을 취득하게 하거나 매도할 수 없음

❷ 이 경우 투자설명서가 전자문서의 방법에 따르는 때에는 다음의 요건을 모두 충족하는 때에 이를 교부한 것으로 간주

ㄱ. 전자문서에 의하여 투자설명서를 받는 것을 전자문서를 받을 자("전자문서수신자")가 동의할 것

ㄴ. 전자문서수신자가 전자문서를 받을 전자전달매체의 종류와 장소를 지정할 것

ㄷ. 전자문서수신자가 그 전자문서를 받은 사실이 확인될 것

ㄹ. 전자문서의 내용이 서면에 의한 투자설명서의 내용과 동일할 것

❸ 투자설명서의 교부가 면제되는 자

ㄱ. 전문투자자등 일정한 전문가

ㄴ. 투자설명서를 받기를 거부한다는 의사를 서면, 전화·전신·모사전송, 전자우편 및 이와 비슷한 전자통신, 그 밖에 금융위가 정하여 고시하는 방법으로 표시한 자

ㄷ. 이미 취득한 것과 같은 집합투자증권을 계속하여 추가로 취득하려는 자. 다만, 해당 집합투자증권의 투자설명서의 내용이 직전에 교부한 투자설명서의 내용과 같은 경우만 해당함

(2) 투자설명서의 사용방법

누구든지 증권신고의 대상이 되는 증권의 모집 또는 매출, 그 밖의 거래를 위하여 청약의 권유등을 하고자 하는 경우에는 다음의 어느 하나에 해당하는 방법에 따라야 한다.

❶ 증권신고의 효력이 발생한 후 투자설명서를 사용하는 방법

❷ 증권신고서가 수리된 후 신고의 효력이 발생하기 전에 예비투자설명서(신고의 효력

이 발생되지 아니한 사실을 덧붙여 적은 투자설명서)를 사용하는 방법

❸ 증권신고서가 수리된 후 신문·방송·잡지등을 이용한 광고, 안내문·홍보전단 또는 전자전달매체를 통하여 간이투자설명서(투자설명서에 기재하여야 할 사항 중 그 일부를 생략하거나 중요한 사항만을 발췌하여 기재 또는 표시한 문서, 전자문서, 그 밖에 이에 준하는 기재 또는 표시를 말함)를 사용하는 방법

❹ 집합투자증권의 경우 간이투자설명서만을 가지고 사용할 수 있으나, 투자자가 제123조에 따른 투자설명서의 사용을 별도로 요청하는 경우에는 그러하지 아니함. 집합투자증권의 간이투자설명서를 교부하거나 사용하는 경우에는 투자자에게 제123조에 따른 투자설명서를 별도로 요청할 수 있음을 알려야 함

chapter 09

증권 유통시장 공시제도

정기공시

1   제출대상

주권상장법인과 다음의 법인은 사업보고서, 반기보고서, 분기보고서(이하 '사업보고서등'이라 한다)를 일정한 기한 내에 금융위와 거래소에 제출하여야 한다(법 제159조, 제160조, 시행령 제167조).

❶ 다음의 어느 하나에 해당하는 증권을 증권시장에 상장한 발행인

ㄱ. 주권 외의 지분증권[집합투자증권과 자산유동화계획에 따른 유동화전문회사등(「자산유동화에 관한 법률」 제3조에 따른 유동화전문회사 등을 말함)이 발행하는 출자지분은 제외]

ㄴ. 무보증사채권(담보부사채권과 제362조 제8항에 따른 보증사채권을 제외한 사채권)

ㄷ. 전환사채권·신주인수권부사채권·이익참가부사채권 또는 교환사채권

ㄹ. 신주인수권이 표시된 것

ㅁ. 증권예탁증권(주권 또는 위의 증권과 관련된 증권예탁증권만 해당)

ㅂ. 파생결합증권

❷ ❶ 외에 다음의 어느 하나에 해당하는 증권을 모집 또는 매출(소액공모 제외)한 발행인(주권상장법인 또는 ❶에 따른 발행인으로서 해당 증권의 상장이 폐지된 발행인을 포함)

ㄱ. 주권

ㄴ. ❶의 어느 하나에 해당하는 증권

❸ ❶ 및 ❷ 외에 「주식회사의 외부감사에 관한 법률」 제2조에 따른 외부감사대상 법인(해당 사업연도에 처음 외부감사대상이 된 법인은 제외)으로서 ❷의 어느 하나에 해당하는 증권별로 금융위가 정하여 고시하는 방법에 따라 계산한 증권의 소유자 수가 500인 이상인 발행인(증권의 소유자 수가 500인 이상이었다가 500인 미만으로 된 경우로서 300인 미만으로 되지 아니하는 발행인을 포함)

| 2 | 제출면제 |

사업보고서등 제출대상법인에 포함되나 파산, 그 밖의 사유로 인해 사업보고서등 제출이 사실상 불가능하거나 실효성이 없는 경우로서 다음의 어느 하나에 해당되는 법인의 경우 사업보고서등 제출이 면제된다(법 제159조 제1항 단서).

❶ 파산으로 인하여 사업보고서의 제출이 사실상 불가능한 경우
❷ 「상법」 등에 따라 해산사유가 발생한 법인으로서 최근 사업연도의 사업보고서의 제출이 사실상 불가능한 경우
❸ 주권상장법인등 일정한 증권을 상장한 발행인의 경우에는 상장의 폐지요건에 해당하는 발행인으로서 해당 법인에게 책임이 없는 사유로 사업보고서의 제출이 불가능하다고 금융위의 확인을 받은 경우
❹ 일정한 증권을 모집 또는 매출한 법인의 경우에는 같은 증권별로 각각의 증권마다 소유자 수가 모두 25인 미만인 경우로서 금융위가 인정한 경우. 다만, 그 소유자의 수가 25인 미만으로 감소된 날이 속하는 사업연도의 사업보고서는 제출하

여야 함

❺ 주주수 500인 기준에 해당된 발행인의 경우에는 영 제167조 제1항 제2호 각 목의 어느 하나에 해당하는 증권으로서 각각의 증권마다 소유자의 수가 모두 300인 미만인 경우. 다만, 그 소유자의 수가 300인 미만으로 감소된 날이 속하는 사업연도의 사업보고서는 제출하여야 함

3	제출기한

사업보고서등 제출대상법인의 경우 사업보고서는 사업연도 경과 후 90일 내, 반기보고서와 분기보고서의 경우 반기 및 분기 종료일부터 45일 내에 금융위와 거래소에 제출하여야 한다.

최초로 사업보고서를 제출하여야 하는 법인은 사업보고서 제출대상법인에 해당하게 된 날부터 5일(사업보고서의 제출기간 중에 사업보고서 제출대상법인에 해당하게 된 경우에는 그 제출기한으로 제출하면 됨) 이내에 그 직전 사업연도의 사업보고서를 금융위와 거래소에 제출하여야 한다(법 제159조 제3항). 다만, 그 법인이 증권신고서등을 통하여 이미 직전 사업연도의 사업보고서에 준하는 사항을 공시한 경우에는 직전 사업연도의 사업보고서를 제출하지 아니할 수 있다.

4	기재사항

사업보고서 제출대상법인은 그 회사의 목적, 상호, 사업내용, 임원보수(『상법』, 그 밖의 법률에 따른 주식매수선택권을 포함하되, 그 사업연도에 임원에게 지급된 보수총액), 임원 개인별 보수와 그 구체적인 산정기준 및 방법(임원 개인에게 지급된 보수가 5억 원 이내의 범위에서 대통령령으로 정하는 금액 이상인 경우에 한함), 보수총액기준 상위 5명의 개인별 보수와 그 구체적인 산정기준 및 방법(개인에게 지급된 보수가 5억 원 이내의 범위에서 대통령령으로 정하는 금액 이상인 경우에 한정), 재무에 관한 사항과 시행령에서 정하는 사항을 기재하여야 한다.

금융위가 정하는 서식에 따라 기재사항을 기재하여 하며, 시행령에서 정한 다음의 사항을 포함하여야 한다.

❶ 대표이사와 제출업무를 담당하는 이사의 서명

❷ 회사의 개요

❸ 이사회등 회사의 기관 및 계열회사에 관한 사항

❹ 주주에 관한 사항

❺ 임원 및 직원에 관한 사항

❻ 회사의 대주주(그 특수관계인을 포함) 또는 임직원과의 거래내용

❼ 재무에 관한 사항과 그 부속명세

❽ 회계감사인의 감사의견

❾ 그 밖에 투자자에게 알릴 필요가 있는 사항으로서 금융위가 정하여 고시하는 사항

5 연결재무제표 등에 관한 특례

사업보고서를 제출하여야 하는 법인 중 「주식회사의 외부감사에 관한 법률 시행령」에 따라 연결재무제표 작성대상법인의 경우에는 사업보고서 기재사항 중 재무에 관한 사항과 그 부속명세, 그 밖에 금융위가 정하여 고시하는 사항은 연결재무제표를 기준으로 기재하되 그 법인의 재무제표를 포함하여야 하며, 회계감사인의 감사의견은 연결재무제표와 그 법인의 재무제표에 대한 감사의견을 기재하여야 한다(시행령 제168조 제4항).

그러나 최근 사업연도말 현재의 자산총액이 2조 원 미만인 법인 중 한국회계기준원이 제정한 회계처리기준으로서 국제회계기준에 따라 채택한 기준("한국채택국제회계기준")을 적용하지 아니하는 법인은 그 법인의 재무제표를 기준으로 재무에 관한 사항과 그 부속명세, 그 밖에 금융위가 정하여 고시하는 사항을 기재하고, 그 법인의 재무제표에 대한 회계감사인의 감사의견을 기재한 사업보고서를 사업연도 종료일부터 90일 내에 제출할 수 있다.

이 경우 그 사업연도의 종료 후 90일이 지난 날부터 30일 이내에 연결재무제표를 기준으로 한 재무에 관한 사항과 그 부속명세, 그 밖에 금융위가 정하여 고시하는 사항과 연결재무제표에 대한 회계감사인의 감사의견을 보완하여 제출하여야 한다(시행령 제168조 제5항).

사업보고서 제출대상법인이 「주식회사의 외부감사에 관한 법률」에 따라 기업집단결합재무제표를 작성하여야 하는 기업집단의 소속회사인 경우에는 기업집단결합재무제

표를 사업연도 종료 후 6개월 이내에 금융위와 거래소에 제출하여야 한다.

6 사업보고서등의 제출에 관한 특례

외국법인등의 경우에는 다음의 기준 및 방법에 따라 제출의무를 면제하거나 제출기한을 달리하는등 그 적용을 달리할 수 있다(법 제165조).

❶ 다음의 어느 하나에 해당하는 외국법인등에 대하여는 사업보고서에 관한 규정의 적용을 면제
  ㄱ. 외국 정부
  ㄴ. 외국 지방자치단체
  ㄷ. 외국의 법령에 따라 설립되어 공익사업을 영위하는 외국 공공단체로서 외국 정부 또는 외국 지방자치단체가 지분을 보유하고 있는 외국 공공단체
  ㄹ.「국제금융기구에의 가입조치에 관한 법률」제2조 제1항 각 호의 어느 하나에 해당하는 국제금융기구
❷ 외국법인등은 사업보고서를 법에서 정하는 기간이 지난 후 30일 이내에 제출할 수 있고, 반기보고서 및 분기보고서는 법에서 정하는 기간이 지난 후 15일 이내에 제출할 수 있음
  그러나 외국법인등이 사업보고서등에 상당하는 서류를 해당 국가에 제출한 경우에는 그 날부터 10일(주요 사항 보고서의 경우에는 5일) 이내에 사업보고서등을 제출하거나 해당 국가에서 제출한 사업보고서등에 상당하는 서류에 금융위가 정하여 고시하는 요약된 한글번역문을 첨부하여 제출할 수 있음

금융위는 외국법인등의 종류·성격, 외국 법령등을 고려하여 외국법인등의 사업보고서등의 구체적인 기재내용, 첨부서류 및 서식등을 달리 정할 수 있다.

「중소기업기본법」제2조에 따른 중소기업이 발행한 주권을 매매하는 코넥스시장에 상장된 주권을 발행한 법인의 경우에는 반기·분기보고서의 제출의무가 면제된다.

주요 사항 보고제도

1 개요

자본시장법에서는 공시의무자의 부담을 완화하기 위하여 공적인 규제가 필요한 항목을 종전 주요 경영사항 신고 중 회사존립, 조직재편성, 자본증감 등의 사항과 특수공시사항으로 최소화하여 그 사유발생 다음날까지 금융위에 주요 사항 보고서(법 제161조)로 제출하도록 하는 한편, 그 외의 공시사항에 대해서는 거래소가 운영하는 자율공시제도인 수시공시제도(법 제391조 제2항 제3호)로 이원화하였다.

이에 따라 수시공시사항에 대해서는 거래소와 사업보고서 제출대상법인 간의 자율공시사항으로서 거래소의 공시규정에서 정하는 바에 따르게 되었고, 위반시에도 법적인 제재는 불가능하게 되었다.

2 제출대상

주요 사항 보고서 제도는 정기적으로 제출되는 사업보고서, 반기보고서, 분기보고서를 보완하기 위한 제도이기 때문에 제출대상은 사업보고서 제출대상과 동일하다. 즉, 주권상장법인 외의 법인 역시 보고의무를 부담할 수 있음에 유의해야 한다.

3 주요 사항 보고서 제출사유 및 제출기한

주요 사항 보고 사유에 해당하는 사항이 발생한 경우에는 그 사실이 발생한 날의 다음날까지(제6호의 경우에는 그 사실이 발행한 날부터 3일 이내)에 금융위에 주요 사항 보고서를 제출하여야 한다(법 제161조).

❶ 발행한 어음 또는 수표가 부도로 되거나 은행과의 당좌거래가 정지 또는 금지된 때

❷ 영업활동의 전부 또는 중요한 일부가 정지되거나 그 정지에 관한 이사회 등의 결정이 있은 때

❸ 「채무자 회생 및 파산에 관한 법률」에 따른 회생절차개시의 신청이 있은 때

❹ 이 법, 「상법」, 그 밖의 법률에 따른 해산사유가 발생한 때

❺ 자본증가 또는 자본감소에 관한 이사회의 결의가 있은 때

❻ 「상법」 제360조의2(주식의 포괄적 교환), 제360조의15(주식의 포괄적 이전), 제522조(합병) 및 제530조의2(분할, 분할합병)에 규정된 사실이 발생한 때

❼ 다음에 해당되는 중요한 영업 또는 자산을 양수하거나 양도할 것을 결의한 때

ㄱ. 양수·양도하려는 영업부문의 자산액이 최근 사업연도말 현재 자산총액의 100분의 10 이상인 양수·양도

ㄴ. 양수·양도하려는 영업부문의 매출액이 최근 사업연도말 현재 매출액의 100분의 10 이상인 양수·양도

ㄷ. 영업의 양수로 인하여 인수할 부채액이 최근 사업연도말 현재 부채총액의 100분의 10 이상인 양수

ㄹ. 양수·양도하려는 자산액이 최근 사업연도말 현재 자산총액의 100분의 10 이상인 양수·양도. 다만, 일상적인 영업활동으로서 상품·제품·원재료를 매매하는 행위등 금융위가 정하여 고시하는 자산의 양수·양도는 제외

❽ 자기주식을 취득(자기주식의 취득을 목적으로 하는 신탁계약의 체결을 포함) 또는 처분(자기주식의 취득을 목적으로 하는 신탁계약의 해지를 포함)할 것을 결의한 때

❾ 그 밖에 그 법인의 경영·재산 등에 관하여 중대한 영향을 미치는 사항으로서 다음의 사실이 발생한 때

ㄱ. 「기업구조조정 촉진법」에 따른 관리조치가 개시되거나 공동관리조치가 중단된 때

ㄴ. 제167조 제1항 제2호 각 목의 어느 하나에 해당하는 증권에 관하여 중대한 영향을 미칠 소송이 제기된 때

ㄷ. 해외 증권시장에 주권의 상장 또는 상장폐지가 결정되거나, 상장 또는 상장폐지된 때 및 자본시장법 제437조 제1항에 따른 외국 금융투자감독기관 또는 자본시장법 제406조 제1항 제2호에 따른 외국 거래소 등으로부터 주권의 상장폐지, 매매거래정지, 그 밖의 조치를 받은 때

ㄹ. 전환사채권, 신주인수권부사채권 또는 교환사채권의 발행에 관한 결정이 있

은 때

ㅁ. 그 밖에 그 법인의 경영·재산등에 관하여 중대한 영향을 미치는 사항으로서 금융위가 정하여 고시하는 사실이 발생한 때

section 03 수시공시제도

1 개요

투자자들의 정확한 투자판단을 위해 기업에 관한 중요한 변화가 발생하는 경우 이를 지체 없이 거래소에 신고하게 되는 수시공시제도가 운영되는데, 기업의 신고가 있는 경우 거래소는 이를 지체 없이 금융위에 송부하여야 한다(법 제392조 제3항). 거래소는 주권상장법인의 공시에 관한 규정의 제정과 관련 서식의 제·개정 등 공시제도의 운영을 담당한다(법 제391조). 거래소는 주권 등 상장법인의 기업내용 등의 신고·공시 및 관리를 위하여 유가증권시장공시규정, 코스닥시장공시규정 등을 마련하고 있다(법 제391조 제1항). 동 규정상 수시공시의 하부적 유형으로 주요 경영사항의 신고·공시, 자율공시, 조회공시 등이 있다.

2 수시공시의 유형

(1) 주요 경영사항의 신고·공시

주권상장법인은 거래소의 공시규정이 정하는 주요 경영사항에 해당하는 사실 또는 결정이 있는 경우에는 그 내용을 사유발생 당일 혹은 사유발생 다음날까지 거래소에 신고하여야 한다. 이를 자율규제기관(거래소)이 기업으로 하여금 의무적으로 공시하도록 한다는 점에서 의무공시라고 부르기도 한다.

(2) 자율공시

자율공시(혹은 자진공시)는 문자 그대로 기업의 자율적인 판단 및 책임하에 공시하는 것을 말한다. 상장기업이 주요 경영사항 외에 투자판단에 중대한 영향을 미칠 수 있거나 투자자에게 알릴 필요가 있다고 판단되는 사항의 발생 또는 결정이 있는 때에는 그 내용을 거래소에 신고할 수 있으며, 이 경우 그 신고는 사유발생일 다음날까지 하여야 하는 것을 의미한다.

기업은 일반적으로 불리한 정보는 가급적 드러내지 않은 채 유리한 정보를 널리 알리고자 하는 속성을 가지고 있어 주로 불리한 정보를 의무공시하는 한편 유리한 정보는 자율공시하는 경향이 있다. 따라서 기업에 유리한 사실만 공시해 기업의 홍보 수단으로 사용할 경우 투자자로부터 신뢰를 잃을 우려도 있다. 일단 자율공시를 하기만 하면 그 법적 효과는 주요 경영사항 공시와 동일하다.

(3) 조회공시

조회공시는 증권의 공정한 거래와 투자자 보호를 위하여 기업의 주요 경영사항 또는 그에 준하는 사항에 관한 풍문 또는 보도(풍문 등)의 사실 여부나 당해 기업이 발행한 주권 등의 가격이나 거래량에 현저한 변동(시황)이 있는 경우 거래소가 상장기업에게 중요한 정보의 유무에 대한 답변을 요구하고 당해 기업은 이에 응하여 공시하도록 하는 제도이다(법 제391조 제2항 제3호). 조회공시대상이 풍문 또는 보도와 관련한 경우에는 요구시점이 오전인 때에는 당일 오후까지, 오후인 때에는 다음날 오전까지 답변하여야 하며, 시황급변과 관련한 경우에는 요구받은 날로부터 1일 이내에 다음날까지 답변하여야 한다.

---

3 공정공시

공정공시제도는 상장기업이 증권시장을 통해 공시되지 아니한 중요정보를 금융투자상품투자분석가(애널리스트)·기관투자자 등 특정인에게 선별적으로 제공(selective disclosure)하고자 하는 경우 모든 시장참가자들이 동 정보를 알 수 있도록 그 특정인에게 제공하기 전에 증권시장을 통해 공시하도록 하는 제도이다.

공정공시제도는 근본적으로 수시공시제도를 보완하기 위하여 마련된 것이다. 따라

서 공정공시를 이행하였다고 해서 다른 수시공시의무가 무조건적으로 면제되는 것은
아니다.

유통시장 공시 관련 세부 규정

1 사업보고서 제출대상

사업보고서 제출대상 중 외감대상 법인으로서 증권의 소유자 수가 500인 이상인 발
행인 해당 여부의 기준이 되는 증권의 소유자 수는 해당 증권별로 최근 사업연도말을
기준으로 하여 다음의 방법에 따라 산정(공시규정 제4-2조)

❶ 주권의 경우에는 주주명부 및 실질주주명부상의 주주 수로 함
❷ 주권 외의 증권의 경우에는 모집 또는 매출에 의하여 증권을 취득한 자의 수로
하되, 2회 이상 모집 또는 매출을 한 경우에는 그 각각의 수를 모두 더하고 중복
되는 자를 공제. 다만, 해당 법인이 그 증권의 실질 소유자의 수를 증명하는 경우
에는 그 수로 함

2 주요 사항 보고서의 공시

중요한 자산양수·도 중 주요 사항 보고대상에서 제외되는 것은 해당 법인의 사업목
적을 수행하기 위하여 행하는 영업행위로서 다음의 어느 하나에 해당하는 것을 말한다
(공시규정 제4-4조).

❶ 상품·원재료·저장품 또는 그 밖에 재고자산의 매입·매출 등 일상적인 영업활동
으로 인한 자산의 양수·양도
❷ 영업활동에 사용되는 기계, 설비, 장치등의 주기적 교체를 위한 자산의 취득 또는

처분(그 교체주기가 1년 미만인 경우에 한함)

❸ 법 및 「상법」에 따른 자기주식의 취득 또는 처분

❹ 「금융위설치법」 제38조에 따른 검사대상기관과의 거래로서 약관에 따른 정형화
된 거래

❺ 「자산유동화에 관한 법률」에 따른 자산유동화

❻ 공개매수에 의한 주식등의 취득, 공개매수청약에 의한 주식등의 처분

❼ 국채증권·지방채증권·특수채증권 또는 법률에 의하여 직접 설립된 법인이 발행
한 출자증권의 양수·양도

❽ 그 밖에 위의 사유에 준하는 자산의 양수·양도로서 투자자 보호의 필요성이 낮은
자산의 양수 또는 양도

3 외국법인등의 공시

(1) 개별 재무제표 미제출사유

연결재무제표에 상당하는 서류를 제출한 외국법인등이 개별 재무제표를 제출하지 아
니할 수 있는 경우는 설립근거가 되는 국가 또는 증권이 상장된 국가의 법률에 따라 해
당 외국법인등의 재무제표 및 그 재무제표에 대한 외국 회계감사인의 감사보고서의 제
출이 의무화되어 있지 아니하는 경우를 말한다(공시규정 제4-9조).

(2) 제출자료의 작성방법 등

❶ 외국법인등이 법, 영 또는 이 규정에 따라 금융위, 증선위에 제출하거나 신고하는
신청서 또는 신고서류 등은 한글로 작성하여야 함. 다만, 금융위가 필요하다고 인
정하는 경우에는 영문으로 제출할 수 있음(공시규정 제4-10조 제1항)

❷ 발행인은 외국의 금융 관련 법령에 의하여 외국의 금융투자감독기관에 공시서류
를 제출하는 경우 그 사본 및 한글 요약본 2부를 금융위에 제출하여야 함. 금융위
는 발행인이 제출한 공시서류를 제출한 날부터 3년간 공시(공시규정 제4-10조 제2항
및 제4항)

❸ 발행인이 제출하는 공시서류는 이 규정에 따른 전자문서제출을 원칙으로 한다.
다만, 감독원장이 인정하는 경우에는 문서 또는 모사전송(FAX)으로 갈음할 수

있음

④ 증권의 발행인은 증권의 모집·매출, 공시 등과 관련하여 국내에 주소 또는 거소를 둔 자로서 발행인을 대리할 권한을 가진 자를 지정하여야 함(공시규정 제4-10조 제5항)

⑤ 발행인이 외국기업 외의 외국법인등인 경우 이 장에 따른 기재사항, 관련 서식 및 첨부서류등은 발행인의 특성에 맞게 변형하여 작성할 수 있음(공시규정 제4-10조 제6항)

(3) 감사보고서의 제출방법

❶ 외국기업이 채택하고 있는 회계처리기준이 외감법에 따른 회계처리기준과 다른 경우에는 다음의 사항을 기재한 서류를 해당 감사보고서와 함께 제출하여야 함 (공시규정 제4-13조 제1항)

ㄱ. 외국기업이 채택하고 있는 회계처리기준과 국내 회계처리기준과의 차이의 구체적 내용

ㄴ. 위의 내용이 해당 기업의 재무제표에 미치는 영향

ㄷ. 외국기업에 대하여 국내 회계처리기준을 적용하여 비교형식으로 작성한 최근 2사업연도의 요약재무제표

❷ 외국기업이 국제회계기준위원회가 제정한 국제회계기준 또는 미국 내에서 일반적으로 인정되는 회계처리기준(US GAAP)에 따라 재무제표를 작성하여 해당 외국기업의 설립근거가 되는 국가 또는 증권이 상장된 국가의 법률 등에 따라 회계감사를 받은 경우에는 위의 사항을 기재하지 아니할 수 있음(공시규정 제4-13조 제2항)

chapter 10

기업의 인수합병(M&A) 관련 제도

개관

기업의 매수·합병(M&A)에 대해서는 자본시장법 이외에도 수많은 법률들이 관련되지만, 자본시장법은 M&A과정에서의 투자자 보호, 공격과 방어에 있어서의 공정한 경쟁을 보장하기 위해 필요한 공시제도를 규정하고 있는 것이 특징이다. 즉, 자본시장법은 기업의 경영권이 누구에게 귀속되어야 하는가와 무관하게 그 과정에서 공격자와 방어자 모두에게 적용되는 공시제도만을 규정하고 있다.

한편, 종전 증권거래법에서 규정하고 있던 자기주식 취득 및 처분제도는 주요 사항 보고서 제도로, 합병등신고서 제도는 주요 사항 보고서 및 증권신고서 제도로 흡수·변경되었으며, 자본시장법상 M&A 관련 공시제도는 공개매수제도, 5% 보고제도 및 의결권 대리행사 권유제도가 있다.

공개매수제도

1   개요

공개매수(tender offer or take-over bid)제도는 증권시장 밖에서 불특정 다수를 대상으로 이루어지는 주식등의 장외 매수에 대해 매수절차, 방법 등을 규정하고 그 내용을 공시 히도록 히는 제도이다. 이는 경영권에 영향을 미칠 수 있는 주식등의 장외매수에 대해 경영권 경쟁의 공정성을 확보하고 매수 대상회사의 모든 주주에게 매도의 기회를 동등 하게 부여하여 주주평등을 도모하는 데 그 목적이 있다. 자본시장법은 공개매수와 관련 하여 공개매수 강제 및 공개매수 시 공개매수신고서 제출의무등을 규정하고 있다.

2   의의 및 적용대상

(1) 공개매수 의의

공개매수란 불특정 다수인에 대하여 의결권 있는 주식등의 매수(다른 증권과의 교환을 포 함)의 청약을 하거나 매도(다른 증권과의 교환을 포함)의 청약을 권유하고 증권시장 및 다자 간매매체결회사(이와 유사한 시장으로서 해외에 있는 시장을 포함) 밖에서 그 주식등을 매수하는 것을 말한다(법 제133조 제1항).

증권시장에서의 경쟁매매 외의 방법에 의한 주식등의 매수로서 매도와 매수 쌍방당 사자 간의 계약, 그 밖의 합의에 따라 종목, 가격과 수량 등을 결정하고, 그 매매의 체결 과 결제를 증권시장을 통하는 방법으로 하는 주식등의 매수의 경우(이른바 '블록딜')에는 증권시장 밖에서 행하여진 것으로 간주한다(법 제133조 제4항 및 시행령 제144조).

(2) 공개매수 의무

주식등을 6개월 동안 증권시장 밖에서 10인 이상의 자로부터 매수등을 하고자 하는 자는 그 매수등을 한 후에 본인과 그 특별관계자가 보유하게 되는 주식등의 수의 합계 가 그 주식등의 총수의 100분의 5 이상이 되는 경우(본인과 그 특별관계자가 보유하는 주식등의 수의 합계가 그 주식등의 총수의 100분의 5 이상인 자가 그 주식등의 매수 등을 하는 경우를 포함)에는 공개매수를 하여야 한다(법 제133조 제3항).

(3) 적용대상 증권

의결권 있는 주식 및 그와 관계있는 다음의 증권이 공개매수 대상이 된다.

❶ 주권상장법인이 발행한 증권으로서 다음의 어느 하나에 해당하는 증권
　　ㄱ. 주권
　　ㄴ. 신주인수권이 표시된 것
　　ㄷ. 전환사채권
　　ㄹ. 신주인수권부사채권
　　ㅁ. 위의 ㄱ.부터 ㄹ.까지의 증권과 교환을 청구할 수 있는 교환사채권
　　ㅂ. 위의 ㄱ.부터 ㅁ.까지의 증권을 기초자산으로 하는 파생결합증권(권리의 행사로 그 기초자산을 취득할 수 있는 것만 해당)
❷ 주권상장법인 외의 자가 발행한 증권으로서 다음의 어느 하나에 해당하는 증권
　　ㄱ. 위 ❶의 증권과 관련된 증권예탁증권
　　ㄴ. 위 ❶의 증권이나 위 ㄱ. 증권과 교환을 청구할 수 있는 교환사채권
　　ㄷ. ❶의 증권과 위의 ㄱ. 및 ㄴ. 증권을 기초자산으로 하는 파생결합증권(권리의 행사로 그 기초자산을 취득할 수 있는 것만 해당)

(4) 공개매수 의무자

공개매수 해당 여부를 판단하기 위한 지분의 계산은 특정인에 한정되지 않고, 그 특정인(본인)과 일정한 관계가 있는 자(특별관계자)까지 확대하고 있는바, 특별관계자라 함은 특수관계인과 공동보유자를 말한다(시행령 제141조 제1항).

❶ 특수관계인은 다음의 어느 하나에 해당하는 자를 말함(「금융회사의 지배구조에 관한 법률 시행령」 제3조)
　　ㄱ. 본인이 개인인 경우
　　　　a. 배우자(사실상의 혼인관계에 있는 자를 포함)
　　　　b. 6촌 이내의 혈족
　　　　c. 4촌 이내의 인척

d. 양자의 생가의 직계존속

e. 양자 및 그 배우자와 양가(養家)의 직계비속

f. 혼인 외의 출생자의 생모

g. 본인의 금전, 그 밖의 재산에 의하여 생계를 유지하는 자 및 본인과 생계를 함께 하는 자

h. 본인이 단독으로 또는 그와 위의 a부터 g까지의 관계에 있는 자와 합하여 법인이나 단체에 100분의 30 이상을 출자하거나, 그 밖에 임원의 임면 등 법인이나 단체의 중요한 경영사항에 대하여 사실상의 영향력을 행사하고 있는 경우에는 해당 법인이나 단체와 그 임원(본인이 단독으로 또는 그와 위의 a부터 i까지의 관계에 있는 자와 합하여 임원의 임면 등의 방법으로 그 법인 또는 단체의 중요한 경영사항에 대하여 사실상의 영향력을 행사하고 있지 아니함이 본인의 확인서등을 통하여 확인되는 경우에는 그 임원은 제외)

i. 본인이 단독으로 또는 그와 위의 a부터 h까지의 관계에 있는 자와 합하여 법인이나 단체에 100분의 30 이상을 출자하거나, 그 밖에 임원의 임면 등 법인이나 단체의 중요한 경영사항에 대하여 사실상의 영향력을 행사하고 있는 경우에는 해당 법인이나 단체와 그 임원(본인이 단독으로 또는 그와 위의 a부터 h까지의 관계에 있는 자와 합하여 임원의 임면 등의 방법으로 그 법인 또는 단체의 중요한 경영사항에 대하여 사실상의 영향력을 행사하고 있지 아니함이 본인의 확인서 등을 통하여 확인되는 경우에는 그 임원은 제외)

ㄴ. 본인이 법인이나 단체인 경우

a. 임원

b. 계열회사 및 그 임원

c. 단독으로 또는 위 ㄱ의 어느 하나의 관계에 있는 자와 합하여 본인에게 100분의 30 이상을 출자하거나, 그 밖에 임원의 임면 등 본인의 중요한 경영사항에 대하여 사실상의 영향력을 행사하고 있는 개인(그와 위 ㄱ의 a부터 i까지의 어느 하나의 관계에 있는 자를 포함) 또는 법인(계열회사는 제외), 단체와 그 임원

d. 본인이 단독으로 또는 본인과 위의 a부터 c까지의 관계에 있는 자와 합하여 법인이나 단체에 100분의 30 이상을 출자하거나, 그 밖에 임원의 임면 등 법인이나 단체의 중요한 경영사항에 대하여 사실상의 영향력을 행사하

고 있는 경우에는 해당 법인, 단체와 그 임원(본인이 임원의 임면 등의 방법으로 그 법인 또는 단체의 중요한 경영사항에 대하여 사실상의 영향력을 행사하고 있지 아니함이 본인의 확인서 등을 통하여 확인되는 경우에는 그 임원은 제외)

❷ 공동보유자는 본인과 합의나 계약 등에 따라 다음의 어느 하나에 해당하는 행위를 할 것을 협의한 자를 말함(시행령 제141조 제2항)

ㄱ. 주식등을 공동으로 취득하거나 처분하는 행위

ㄴ. 주식등을 공동 또는 단독으로 취득한 후 그 취득한 주식을 상호양도하거나 양수하는 행위

ㄷ. 의결권(의결권의 행사를 지시할 수 있는 권한을 포함)을 공동으로 행사하는 행위

❸ 한편, 특수관계인이 소유하는 주식등의 수가 1,000주 미만이거나 공동보유자에 해당하지 아니함을 증명하는 경우에는 공개매수 및 5% 보고제도를 적용할 때 특수관계인으로 보지 아니함(시행령 제141조 제3항)

3 적용 면제

매수등의 목적, 유형, 그 밖에 다른 주주의 권익침해 가능성등을 고려하여 다음에 해당되는 매수등의 경우에는 공개매수 외의 방법으로 매수등을 할 수 있다(법 제133조 제3항 단서, 시행령 제143조).

❶ 소각을 목적으로 하는 주식등의 매수 등

❷ 주식매수청구에 응한 주식의 매수

❸ 신주인수권이 표시된 것, 전환사채권, 신주인수권부사채권 또는 교환사채권의 권리행사에 따른 주식등의 매수 등

❹ 파생결합증권의 권리행사에 따른 주식등의 매수 등

❺ 특수관계인으로부터의 주식등의 매수 등

❻ 그 밖에 다른 투자자의 이익을 해칠 염려가 없는 경우로서 금융위가 정하여 고시하는 주식등의 매수 등

(1) 공개매수의 공고

공개매수를 하고자 하는 자는 공개매수신고서 제출에 앞서 공개매수에 관한 다음의 사항을 「신문등의 진흥에 관한 법률」에 따른 일반 일간신문 또는 경제분야의 특수 일간신문 중 전국을 보급지역으로 하는 둘 이상의 신문에 공고하여야 한다(법 제134조 제1항, 시행령 제145조).

① 공개매수를 하고자 하는 자
② 공개매수할 주식등의 발행인
ㄱ. 증권예탁증권의 경우에는 그 기초가 되는 주식등의 발행인
ㄴ. 교환사채권의 경우에는 교환의 대상이 되는 주식등의 발행인
ㄷ. 파생결합증권의 경우에는 그 기초자산이 되는 주식등의 발행인
③ 공개매수의 목적
④ 공개매수할 주식등의 종류 및 수
⑤ 공개매수기간·가격·결제일 등 공개매수조건
⑥ 매수자금의 명세, 그 밖에 투자자 보호를 위하여 필요한 다음의 사항
ㄱ. 공개매수자와 그 특별관계자의 현황
ㄴ. 공개매수 사무취급자에 관한 사항
ㄷ. 공개매수의 방법
ㄹ. 공개매수대상 회사의 임원이나 최대주주와 사전협의가 있었는지와 사전협의가 있는 경우에는 그 협의내용
ㅁ. 공개매수가 끝난 후 공개매수대상 회사에 관한 장래 계획
ㅂ. 공개매수공고 전에 해당 주식 등의 매수 등의 계약을 체결하고 있는 경우에는 그 계약사실 및 내용
ㅅ. 공개매수신고서 및 공개매수설명서의 열람장소

(2) 공개매수신고서의 제출

공개매수공고일에 금융위와 거래소에 공개매수기간, 가격, 결제일 등 공개매수조건을 기재한 공개매수신고서를 제출하고, 신고서 사본은 공개매수대상 회사에 송부한다.

(3) 발행인의 의견표명

❶ 공개매수신고서 사본의 송부 및 공고

ㄱ. 공개매수자는 공개매수신고서를 제출하거나 정정신고서를 제출한 경우 지체 없이 그 사본을 공개매수할 주식등의 발행인에게 송부하여야 함(법 제135조, 제136조 제6항)

ㄴ. 공개매수자가 정정신고서를 제출한 경우에는 지체 없이 그 사실과 정정한 내용(공개매수공고에 포함된 사항에 한함)을 공고하여야 함(법 제136조 제5항)

❷ 발행인의 의견표명 방법

ㄱ. 공개매수신고서가 제출된 주식등의 발행인은 다음의 방법에 따라 그 공개매수에 관한 의견을 표명할 수 있음

    a. 광고·서신(전자우편을 포함), 그 밖의 문서에 의하여야 함

    b. 공개매수에 대한 발행인의 찬성·반대 또는 중립의 의견에 관한 입장과 그 이유가 포함되어야 하며, 의견표명 이후에 그 의견에 중대한 변경이 있는 경우에는 지체 없이 위의 방법으로 그 사실을 알려야 함

ㄴ. 발행인이 의견을 표명한 경우에는 그 내용을 기재한 문서를 지체 없이 금융위와 거래소에 제출하여야 함(법 제138조, 시행령 제149조)

(4) 공개매수의 실시

❶ 공개매수기간

ㄱ. 공개매수기간은 공개매수신고서의 제출일로부터 20일 이상 60일 이내이어야 함(시행령 제146조 제3항)

ㄴ. 정정신고서를 제출하는 경우 공개매수기간의 종료일은 다음과 같음

    a. 그 정정신고서를 제출한 날이 공고한 공개매수기간 종료일 전 10일 이내에 해당하는 경우에는 그 정정신고서를 제출한 날부터 10일이 경과한 날

    b. 그 정정신고서를 제출한 날이 공고한 공개매수기간 종료일 전 10일 이내에 해당하지 아니하는 경우에는 그 공개매수기간이 종료하는 날

❷ 공개매수설명서의 작성

ㄱ. 공개매수자(공개매수 사무취급자 포함)는 공개매수를 하고자 하는 경우에는 그 공개매수에 관한 설명서('공개매수설명서')를 작성하여 공개매수공고일에 금융위와 거래소에 제출하여야 하며, 이를 공개매수 사무취급자의 본점과 지점 그

밖의 영업소, 금융위 및 거래소에 비치하고 일반인이 열람할 수 있도록 하여야 함(법 제137조 제1항, 규칙 제16조)

ㄴ. 공개매수설명서에는 공개매수신고서에 기재된 내용과 다른 내용을 표시하거나 그 기재사항을 누락할 수 없음

❸ 공개매수설명서의 교부

ㄱ. 공개매수자는 공개매수할 주식등을 매도하고자 하는 자에게 공개매수설명서를 미리 교부하지 아니하면 그 주식등을 매수할 수 없음

ㄴ. 공개매수설명서가 전자문서의 방법에 따르는 때에는 다음의 요건을 모두 충족하는 때에 이를 교부한 것으로 간주

　　a. 전자문서에 의하여 공개매수설명서를 받는 것을 전자문서수신자가 농의할 것

　　b. 전자문서수신자가 전자문서를 받을 전자전달매체의 종류와 장소를 지정할 것

　　c. 전자문서수신자가 그 전자문서를 받은 사실이 확인될 것

　　d. 전자문서의 내용이 서면에 의한 공개매수설명서의 내용과 동일할 것

❹ 공개매수기간 중 별도 매수의 금지

ㄱ. 공개매수자(그 특별관계자 및 공개매수 사무취급자를 포함)는 공개매수공고일부터 그 매수기간이 종료하는 날까지 그 주식등을 공개매수에 의하지 아니하고는 매수등을 하지 못함(법 제140조)

ㄴ. 그러나 공개매수에 의하지 아니하고 그 주식등의 매수등을 하더라도 다른 주주의 권익침해가 없는 경우로서 다음의 경우에는 공개매수에 의하지 아니하고 매수등을 할 수 있음

　　a. 해당 주식등의 매수등의 계약을 공개매수공고 전에 체결하고 있는 경우로서 그 계약체결 당시 법 제133조 제1항에 따른 공개매수의 적용대상에 해당하지 아니하고 공개매수공고와 공개매수신고서에 그 계약사실과 내용이 기재되어 있는 경우

　　b. 공개매수 사무취급자가 공개매수자와 그 특별관계자 외의 자로부터 해당 주식등의 매수등의 위탁을 받는 경우

❺ 전부매수의무

ㄱ. 공개매수자는 공개매수신고서에 기재한 매수조건과 방법에 따라 응모한 주

식등의 전부를 공개매수기간이 종료하는 날의 다음 날 이후 지체 없이 매수하여야 함(법 제141조)

ㄴ. 다만, 다음의 어느 하나에 해당하는 조건을 공개매수공고에 게재하고 공개매수신고서에 기재한 경우에는 그 조건에 따라 응모한 주식등의 전부 또는 일부를 매수하지 아니할 수 있음

　　a. 응모한 주식등의 총수가 공개매수 예정주식등의 수에 미달할 경우 응모 주식등의 전부를 매수하지 아니한다는 조건

　　b. 응모한 주식등의 총수가 공개매수 예정주식등의 수를 초과할 경우에는 공개매수 예정주식등의 수의 범위에서 비례배분하여 매수하고 그 초과 부분의 전부 또는 일부를 매수하지 아니한다는 조건

ㄷ. 공개매수자가 공개매수를 하는 경우 그 매수 가격은 균일하여야 함

(5) 공개매수의 철회

❶ 공개매수 철회의 사유 : 공개매수자는 공개매수공고일 이후에는 공개매수를 철회할 수 없으나, 대항공개매수(공개매수기간 중 그 공개매수에 대항하는 공개매수)가 있는 경우, 공개매수자가 사망·해산·파산한 경우, 그 밖에 투자자 보호를 해할 우려가 없는 경우로서 다음의 경우 공개매수기간의 말일까지 철회할 수 있음(법 제139조 및 시행령 제150조)

ㄱ. 공개매수자가 발행한 어음 또는 수표가 부도로 되거나 은행과의 당좌거래가 정지 또는 금지된 경우

ㄴ. 공개매수대상 회사에 다음의 어느 하나의 사유가 발생한 경우에 공개매수를 철회할 수 있다는 조건을 공개매수공고 시 게재하고 이를 공개매수신고서에 기재한 경우로서 그 기재한 사유가 발생한 경우

　　a. 합병, 분할, 분할합병, 주식의 포괄적 이전 또는 포괄적 교환

　　b. 중요한 영업이나 자산의 양도·양수

　　c. 해산 및 파산

　　d. 발행한 어음이나 수표의 부도

　　e. 은행과의 당좌거래의 정지 또는 금지

　　f. 주식등의 상장폐지

　　g. 천재지변·전시·사변·화재, 그 밖의 재해등으로 인하여 최근 사업연도 자

산총액의 100분의 10 이상의 손해가 발생한 경우

❷ 철회방법 : 공개매수자가 공개매수를 철회하고자 하는 경우에는 철회신고서를 금융위와 거래소에 제출하고, 그 내용을 공고하여야 하며, 그 사본을 공개매수를 철회할 주식등의 발행인에게 송부하여야 함

❸ 응모주주의 철회 : 공개매수대상 주식 등의 매수의 청약에 대한 승낙 또는 매도의 청약을 한 자(응모주주)는 공개매수기간 중에는 언제든지 응모를 취소할 수 있음. 이 경우 공개매수자는 응모주주에 대하여 그 응모의 취소에 따른 손해배상 또는 위약금의 지급을 청구할 수 없음

(6) 공개매수결과보고서의 제출

공개매수자는 공개매수가 종료한 때에 지체 없이 공개매수로 취득한 공개매수자의 보유 주식 등의 수, 지분율 등을 기재한 공개매수결과보고서를 금융위와 거래소에 제출하여야 한다(법 제143조).

---

section 03 **주식등의 대량보유상황 보고제도**

---

1 개요

주식등의 대량보유상황 보고제도는 주권상장법인의 주식등을 발행주식 총수의 5% 이상 보유하게 되는 경우와 보유지분의 변동 및 보유목적의 변경등 M&A와 관련된 주식등의 보유상황을 공시하도록 하는 제도로서 일반적으로 5% Rule 또는 5% 보고제도라고 한다.

주식등의 대량보유상황 보고제도는 유통시장에서 주식등의 가격 및 거래등에 영향을 미칠 수 있는 주식등의 대량취득·처분에 관한 정보를 신속하게 공시함으로써 시장의 투명성을 제고하는 한편, 기존 대주주에게 적대적인 M&A 시도를 공시하도록 하여 기업지배권 시장의 공정한 경쟁을 유도하는 데 그 목적이 있다.

2　적용대상

보고대상증권은 '주식등'(상장지수집합투자기구인 투자회사의 주식은 제외)으로 공개매수의 '주식등'의 개념과 동일(법 제147조)하며, 보고의무자는 본인과 특별관계자를 합하여 주권 상장법인의 주식등을 5% 이상 보유하게 된 자 또는 보유하고 있는 자이다(법 제147조).

3　보고사유

(1) 신규 보고와 변동 보고

❶ 새로 5% 이상을 보유하게 되는 경우 – 신규 보고(법 제147조 제1항)

❷ 5% 이상 보유자가 보유비율의 1% 이상이 변동되는 경우 – 변동 보고(법 제147조 제1항)

　☞ 주식등의 대량보유상황·보유목적 또는 그 변동내용을 보고하는 날 전일까지 새로 변동내용을 보고하여야 할 사유가 발생한 경우 새로 보고하여야 하는 변동내용은 당초의 대량보유상황, 보유목적 또는 그 변동내용을 보고할 때 이를 함께 보고하여야 함(법 제147조 제3항)

❸ 신규 보고 및 변동 보고자의 보유목적(단순·일반투자목적과 경영참가목적 간)의 변경, 보유주식등에 대한 신탁·담보계약, 그 밖의 주요 계약 내용(해당 계약의 대상인 주식 등의 수가 그 주식등의 총수의 1% 이상인 경우만 해당)의 변경, 보유형태(소유와 소유 외의 보유 간에 변경이 있는 경우로서 그 보유형태가 변경되는 주식등의 수가 그 주식등의 총수의 1% 이상인 경우만 해당)의 변경 – 변경 보고(법 제147조 제4항 및 시행령 제155조)

(2) 보고의무의 면제

다음의 경우에 해당되는 경우 변동보고의무 면제(법 제147조 제1항, 시행령 제153조 제5항)

❶ 보유 주식등의 수가 변동되지 아니한 경우

❷ 주주가 가진 주식수에 따라 배정하는 방법으로 신주를 발행하는 경우로서 그 배정된 주식만을 취득하는 경우

❸ 주주가 가진 주식수에 따라 배정받는 신주인수권에 의하여 발행된 신주인수권증

서를 취득하는 것만으로 보유주식등의 수가 증가하는 경우

④ 자본감소로 보유주식등의 비율이 변동된 경우

⑤ 신주인수권이 표시된 것(신주인수권증서는 제외), 신주인수권부사채권·전환사채권 또는 교환사채권에 주어진 권리행사로 발행 또는 교환되는 주식등의 발행 가격 또는 교환 가격 조정만으로 보유주식등의 수가 증가하는 경우

4	보고내용

(1) 보고의무자는 그 보유상황, 보유목적(발행인의 경영권에 영향을 주기 위한 목적 여부를 말함), 그 보유주식등에 관한 주요 계약내용과 다음의 사항을 보고하여야 한다(법 제147조 제1항 및 시행령 제153조 제2항).

❶ 대량보유자와 그 특별관계자에 관한 사항
❷ 보유주식등의 발행인에 관한 사항
❸ 변동사유
❹ 취득 또는 처분 일자·가격 및 방법
❺ 보유형태
❻ 취득에 필요한 자금이나 교환대상물건의 조성내역(차입인 경우에는 차입처를 포함)
❼ 위의 ❶부터 ❻까지의 사항과 관련된 세부사항으로서 금융위가 정하여 고시하는 사항

(2) 보유목적이 발행인의 경영권에 영향을 주기 위한 것이 아닌 경우와 '특례적용 전문투자자'의 경우에는 보고 시 약식보고서에 의할 수 있다(법 제147조 제1항 후단 및 시행령 제154조 제3항).

❶ 보유목적이 회사의 경영에 영향을 주기 위한 것이라 함은 다음의 어느 하나에 해당하는 것을 위하여 회사나 그 임원에 대하여 사실상 영향력을 행사(「상법」 그 밖의 다른 법률에 따라 「상법」 제363조의2·제366조에 따른 권리를 행사하거나 이를 제3자가 행사하도록 하는 것을 포함)하는 것을 말함(시행령 제154조 제1항)
　☞ 상법 제 363조의2(주주제안권), 제366조(소수주주에 의한 임시주총 소집청구)
　ㄱ. 임원의 선임·해임 또는 직무의 정지(다만, 「상법」 제385조제2항(같은 법 제415조에서

준용하는 경우를 포함한다) 또는 제402조에 따른 권리를 행사하는 경우에는 적용하지 않는다)

ㄴ. 이사회등 회사의 기관과 관련된 정관의 변경(다만, 제2항 각 호의 어느 하나에 해당하는 자 또는 그 밖에 금융위원회가 정하여 고시하는 자가 투자대상기업 전체의 지배구조 개선을 위해 사전에 공개한 원칙에 따르는 경우에는 적용하지 않는다)

ㄷ. 회사의 자본금의 변경(다만, 「상법」 제424조에 따른 권리를 행사하는 경우에는 적용하지 않는다)

ㄹ. 회사의 합병, 분할과 분할합병

ㅁ. 주식의 포괄적 교환과 이전

ㅂ. 영업전부의 양수·양도 또는 금융위가 정하여 고시하는 중요한 일부의 양수·양도

ㅅ. 자산 전부의 처분 또는 금융위가 정하여 고시하는 중요한 일부의 처분

ㅇ. 영업전부의 임대 또는 경영위임, 타인과 영업의 손익 전부를 같이하는 계약, 그 밖에 이에 준하는 계약의 체결, 변경 또는 해약

ㅈ. 회사의 해산

(참고) 스튜어드십 코드 도입 활성화 등 기관투자자들의 주주활동을 보장, 장려하는 경우 경영참여 목적으로 해석될 여지를 없애기 위해서, 회사 및 임원의 위법행위 대응을 위한 상법상 소수주주권의 행사, 공적연기금 등이 투자대상기업 전체의 지배구조 개선을 위하여 사전에 공개한 원칙에 따라 상법상 회사의 기관과 관련된 정관 변경 추진, 회사의 배당 결정과 관련된 주주의 활동, 단순한 의견 전달 또는 대외적인 의사표시 등은 '경영에 영향을 주는 것'에 해당하지 않도록 자본시장법 시행령을 개정하였음

　　　보유목적이 "경영권에 영향을 주기 위한 것이 아닌 경우" 중에서도 (1) 주식 등의 수와 관계없이 법률에 따라 보장되는 권리(의결권, 신주인수권, 이익배당청구권 등)만을 행사하기 위한 경우에는 "단순투자 목적"으로 분류하여 최소한의 공시의무를 부과하고, (2) 임원보수, 배당 관련 주주제안 등 경영권 영향 목적은 없으나 적극적인 유형의 주주활동의 경우("일반투자 목적")에는 상대적으로 단순투자 목적에 비하여 강한 공시의무를 부과하는 등 분류를 세분화(시행령 제154조 제3항).

보유목적 유형		보고사항	보고기한*
경영권 영향 목적 O		**[일반투자자]** (i) 보유상황, (ii) 보유 목적, (iii) 보유주식 등 관련 주요계약내용, (iv) 대량보유자 및 그 특별관계자, (v) 발행인에 관한 사항, (vi) 변동 사유, (vii) 취득 또는 처분 일자·가격 및 방법, (viii) 보유 형태, (ix) 취득에 필요한 자금이나 교환대상물건의 조성내역 등	보유상황 변동일로부터 5일
		[특례 적용 전문투자자] 일반투자자의 단순투자 시 보고사항과 동일	상동
경영권 영향 목적 X	일반투자 목적	**[일반투자자]** 일반투자자의 단순투자 시 보고사항 중 (i), (ii), (iii), (iv), (v), (vii), (ix)	보유상황 변동일로부터 10일
		[특례 적용 전문투자자] 일반투자자의 단순투자 시 보고사항 중 (i), (ii), (iv), (v)	보유상황 변동이 있었던 달의 다음 달 10일
	단순투자 목적	**[일반투자자]** 일반투자자의 단순투자 시 보고사항 중 (i), (ii), (iv), (v), (vii) 및 보유기간 동안 단순투자 목적 외의 행위 하지 않겠다는 확인	보유상황 변동이 있었던 달의 다음 달 10일
		[특례 적용 전문투자자] 일반투자자의 단순투자 시 보고사항 중 (i), (ii), (iv), (v) 및 보유기간 동안 단순투자 목적 외의 행위 하지 않겠다는 확인	보유상황 변동이 있었던 분기의 다음 달 10일

* 공휴일, 「근로자의 날 제정에 관한 법률」에 따른 근로자의 날, 토요일은 기간계산 시 산입하지 않음(법 제147조 제1항 및 시행령 제153조 제1항)

5   보고기준일

    주식등의 대량보유자가 주식등의 보유상황이나 변동내용을 보고하여야 하는 경우 보고기한 계산의 기산일을 보고기준일(시행령 제153조 제3항)이라 하며 다음의 어느 하나에 해당되는 날이다.

❶ 주권비상장법인이 발행한 주권이 증권시장에 상장된 경우에는 그 상장일
❷ 흡수합병인 경우에는 합병을 한 날, 신설합병인 경우에는 그 상장일
❸ 증권시장에서 주식등을 매매한 경우에는 그 계약체결일
❹ 증권시장 외에서 주식등을 취득하는 경우에는 그 계약체결일

⑤ 증권시장 외에서 주식등을 처분하는 경우에는 대금을 받는 날과 주식등을 인도하는 날 중 먼저 도래하는 날

⑥ 유상증자로 배정되는 신주를 취득하는 경우에는 주금납입일의 다음날

⑦ 주식등을 차입하는 경우에는 그 차입계약을 체결하는 날, 상환하는 경우에는 해당 주식등을 인도하는 날

⑧ 주식등을 증여받는 경우에는 「민법」에 따른 효력발생일, 증여하는 경우에는 해당 주식등을 인도하는 날

⑨ 상속으로 주식등을 취득하는 경우로서 상속인이 1인인 경우에는 단순승인이나 한정승인에 따라 상속이 확정되는 날, 상속인이 2인 이상인 경우에는 그 주식등과 관계되는 재산분할이 종료되는 날

⑩ 위 ❶부터 ❾까지의 외의 사유로 인하여 보고하여야 하는 경우에는 「민법」·「상법」 등 관련 법률에 따라 해당 법률행위등의 효력이 발생하는 날

6 보유지분 산정방법

주식등의 보유비율 산정 시 보유주식등의 수와 주식등의 총수산정은 다음의 방법에 따른다(법 제147조 제2항).

(1) 주식등의 수는 다음의 구분에 따라 계산한 수로 함(시행규칙 제17조)

❶ 주권인 경우 : 그 주식의 수

❷ 신주인수권이 표시된 것인 경우 : 신주인수권의 목적인 주식의 수(신주인수권의 목적인 주식의 발행가액 총액 및 발행 가격이 표시되어 있는 경우에는 해당 발행가액 총액을 해당 발행 가격으로 나누어 얻은 수를 말함)

❸ 전환사채권인 경우 : 권면액을 전환에 의하여 발행할 주식의 발행 가격으로 나누어 얻은 수. 이 경우 1 미만의 단수는 계산하지 아니함

❹ 신주인수권부사채권인 경우 : 신주인수권의 목적인 주식의 수

❺ 교환사채권인 경우 : 다음의 어느 하나에 해당하는 수

ㄱ. 교환대상 증권이 ❶부터 ❹까지, ❻ 및 ❼에 따른 증권인 경우에는 교환대상 증권별로 ❶부터 ❹까지, ❻ 및 ❼에서 정하는 수

ㄴ. 교환대상 증권이 교환사채권인 경우에는 교환대상이 되는 교환사채권을 기준으로 하여 교환대상 증권별로 제 ❶부터 ❹까지, ❻ 및 ❼에서 정하는 수

❻ 파생결합증권인 경우 : 다음 어느 하나에 해당하는 수

ㄱ. 기초자산이 되는 증권이 ❶부터 ❺까지 및 ❼에 따른 증권인 경우에는 기초자산이 되는 증권별로 ❶부터 ❺까지 및 ❼에서 정하는 수

ㄴ. 기초자산이 되는 증권이 파생결합증권인 경우에는 기초자산이 되는 파생결합증권을 기준으로 하여 기초자산이 되는 증권별로 ❶부터 ❺까지 및 ❼에서 정하는 수

❼ 증권예탁증권인 경우 : 그 기초가 되는 증권별로 ❶부터 ❻까지에서 정하는 수

(2) 주식등의 대량보유 여부를 판단할 때 주식등의 총수는 의결권 있는 발행주식 총수(자기주식 포함)와 대량보유를 하게 된 날에 본인과 그 특별관계자가 보유하는 주식등(주권, 교환사채권의 교환대상이 되는 주권, 파생결합증권의 기초자산이 되는 주권 및 증권예탁증권의 기초가 되는 주권은 제외)의 수를 합하여 계산한 수로 한다.

(3) 주식매수선택권을 부여받은 경우에는 주식등의 수와 주식등의 총수에 해당 주식매수선택권의 행사에 따라 매수할 의결권 있는 주식을 각각 더하여야 한다.

7 냉각기간

5% 보고 시 보유목적을 발행인의 경영권에 영향을 주기 위한 것으로 보고하는 자는 그 보고하여야 할 사유가 발생한 날부터 보고한 날 이후 5일까지 그 발행인의 주식등을 추가로 취득하거나 보유주식 등에 대하여 그 의결권을 행사할 수 없다(법 제150조 제2항).

또한, 이를 위반하여 추가로 취득한 주식등에 대해서는 의결권의 행사가 금지되며, 금융위는 6개월 내의 기간을 정하여 추가 취득분에 대해 처분명령을 할 수 있다(법 제150조 제3항).

의결권 대리행사 권유제도

1 개요

의결권 대리행사 권유제도는 회사의 경영진이나 주주 기타 제3자가 주주총회에서 다수의 의결권을 확보할 목적으로 기존 주주에게 의결권 행사의 위임을 권유하는 경우 권유절차, 권유방법 등을 규정하고 그 내용을 공시하도록 하는 제도이다.

의결권 대리행사 권유제도는 원래 주주의 주주총회 대리참석의 용이성을 제고하고 주주총회의 원활한 성립을 지원하는 제도였으나 최근에는 기업지배권 경쟁(Proxy contest)을 위한 수단으로 주로 활용됨에 따라 피권유자의 합리적인 의사결정을 지원하여 공정한 기업지배권 경쟁을 유도하는 기능을 수행하고 있다.

2 적용범위

(1) 적용대상자

상장주권(그 상장주권과 관련된 증권예탁증권을 포함)에 대하여 다음의 어느 하나에 해당하는 행위를 하고자 하는 자('의결권 권유자')(법 제152조 제1항 및 제2항)

❶ 자기 또는 제3자에게 의결권의 행사를 대리시키도록 권유하는 행위
❷ 의결권의 행사 또는 불행사를 요구하거나 의결권 위임의 철회를 요구하는 행위
❸ 의결권의 확보 또는 그 취소 등을 목적으로 주주에게 위임장 용지를 송부하거나, 그 밖의 방법으로 의견을 제시하는 행위

(2) 적용제외 및 적용 특례

❶ 다음의 어느 하나에 해당하는 경우에는 이 법에 의한 의결권대리행사 권유로 보지 않음(시행령 제161조)

ㄱ. 해당 상장주권의 발행인(그 특별관계자를 포함)과 그 임원(그 특별관계자를 포함) 외의 자가 10인 미만의 상대방('의결권 피권유자')에게 그 주식의 의결권 대리행사

의 권유를 하는 경우

ㄴ. 신탁, 그 밖의 법률관계에 의하여 타인의 명의로 주식을 소유하는 자가 그 타인에게 해당 주식의 의결권 대리행사의 권유를 하는 경우

ㄷ. 신문·방송·잡지등 불특정 다수인에 대한 광고를 통하여 대리행사 권유에 해당하는 행위를 하는 경우로서 그 광고내용에 해당 상장주권의 발행인의 명칭, 광고의 이유, 주주총회의 목적사항과 위임장 용지, 참고서류를 제공하는 장소만을 표시하는 경우

❷ 국가기간산업등 국민경제상 중요한 산업을 영위하는 상장법인으로서 다음의 요건을 모두 충족하는 법인 중에서 금융위가 관계 부처장관과의 협의와 국무회의에의 보고를 거쳐 지정하는 법인(공공적 법인)의 경우에는 그 공공적 법인민이 그 주식의 의결권 대리행사의 권유를 할 수 있음(법 제152조 제3항, 시행령 제162조)

ㄱ. 경영기반이 정착되고 계속적인 발전 가능성이 있는 법인일 것

ㄴ. 재무구조가 건실하고 높은 수익이 예상되는 법인일 것

ㄷ. 해당 법인의 주식을 국민이 광범위하게 분산 보유할 수 있을 정도로 자본금 규모가 큰 법인일 것

3	권유방법

(1) 위임장용지 · 참고서류의 교부

의결권 권유자는 의결권 피권유자에게 의결권 대리행사 권유 이전이나 그 권유와 동시에 다음의 어느 하나에 해당하는 방법으로 위임장 용지 및 참고서류를 교부하여야 한다(법 제152조 제1항, 시행령 제160조).

❶ 의결권 권유자가 의결권 피권유자에게 직접 내어주는 방법

❷ 우편 또는 모사전송에 의한 방법

❸ 전자우편을 통한 방법(의결권 피권유자가 전자우편을 통하여 위임장 용지 및 참고서류를 받는다는 의사표시를 한 경우만 해당)

❹ 주주총회 소집 통지와 함께 보내는 방법(의결권 권유자가 해당 상장주권의 발행인인 경우만 해당)

❺ 인터넷 홈페이지를 이용하는 방법

(2) 위임장용지 · 참고서류의 비치 및 열람

의결권 권유자는 의결권 피권유자에게 위임장 용지 및 참고서류를 제공하는 날의 2일(공휴일, 근로자의 날, 토요일은 제외)전까지 위임장 용지 및 참고서류를 금융위와 거래소에 제출하고 다음의 장소에 비치하여 일반인이 열람할 수 있도록 하여야 한다(법 제153조, 시행규칙 제18조).

❶ 주권상장법인의 본점과 지점, 그 밖의 영업소
❷ 명의개서대행회사
❸ 금융위
❹ 거래소

(3) 발행인의 의견표명

의결권 대리행사 권유대상이 되는 상장주권의 발행인은 의결권 대리행사의 권유에 대하여 의견을 표명한 경우에는 그 내용을 기재한 서면을 지체 없이 금융위와 거래소에 제출하여야 한다(법 제155조).

| **4** | **의결권대리행사의 권유** |

❶ 참고서류에는 의결권대리행사의 권유의 개요, 주주총회의 각 목적사항 및 의결권 대리행사를 권유하는 취지를 기재하되 항목별로는 적절한 표제를 붙여야 함(공시 규정 제 3-15조 제1항)

❷ 권유자 및 그 대리인등에 관한 사항은 다음의 어느 하나에 해당하는 사항을 기재 하여야 함(공시규정 제3-15조 제2항)

ㄱ. 권유자 및 그 특별관계자의 성명, 권유자와 특별관계자가 소유하고 있는 주식 의 종류 및 수
ㄴ. 권유자의 대리인 성명, 그 대리인이 소유하고 있는 주식의 종류 및 수
ㄷ. 피권유자의 범위
ㄹ. 권유자 및 그 대리인과 회사와의 관계

❸ 주주총회의 목적사항의 기재와 관련하여 권유자가 해당 상장주권의 발행회사, 그 임원 또는 대주주가 아닌 경우 또는 주주총회 목적사항에 반대하고자 하는 자인

경우에는 주주총회의 목적사항의 제목만 기재할 수 있음(상세한 내용은 공시규정 제3
-15조 제3항 참조)

발행인이 아닌 의결권 권유자는 발행인이 의결권 대리행사의 권유를 하는 경우에는
그 발행인에 대하여 ① 발행인이 아닌 의결권 권유자에 대하여 주주명부의 열람·등사
를 허용하는 행위나 ② 발행인이 아닌 의결권 권유자를 위하여 그 의결권 권유자의 비
용으로 위임장 용지 및 참고서류를 주주에게 송부하는 행위를 요구할 수 있으며, 발행
인은 요구받은 날부터 2일(대통령령으로 정하는 날은 제외) 이내에 이에 응하여야 한다.

section 05 　기타 주식의 대량취득 관련 세부 규정

1 　**주식의 대량취득 승인절차**

취득한도를 초과하여 공공적법인 발행주식을 취득하고자 하는 자는 대량주식취득
승인신청서에 다음의 서류를 첨부하여 금융위에 그 승인을 신청하여야 한다(공시규정 제
3-16조).

❶ 가족관계등록부 기본증명서 또는 법인등기부등본
❷ 주식취득의 사유설명서
❸ 해당 주식 발행인의 최대주주의 소유비율을 초과하여 주식을 취득하고자 하는
　 경우에는 최대주주의 의견서

2 주식의 대량취득의 승인 간주

❶ 다음의 어느 하나의 사유로 취득한도를 초과하여 취득한 주식은 금융위의 승인을 얻어 이를 취득한 것으로 간주(공시규정 제3-17조 제1항)

ㄱ. 합병·상속 또는 유증

ㄴ. 준비금의 자본전입 또는 주식배당

ㄷ. 유상증자(주주권의 행사로 취득한 경우에 한함)

ㄹ. 대주주(주주 1인과 특수관계인의 소유주식수가 100분의 10 이상인 주주. 이에 해당하는 자가 없는 경우에는 최대주주) 외의 주주가 실권한 주식의 인수

ㅁ. 정부 소유주식에 대한 정부로부터의 직접 취득

ㅂ. 정부의 취득

❷ 공공적법인이 상장된 당시에 총발행주식의 100분의 10 이상을 소유한 주주 외의 주주가 취득한도를 초과하여 소유하는 주식은 금융위의 승인을 얻어 이를 취득한 것으로 간주(공시규정 제3-17조 제2항)

3 주식의 대량취득 보고

금융위의 승인을 얻어 주식을 취득한 자는 취득기간의 종료일부터 10일 이내에 금융위에 대량주식취득보고서를 제출하여야 한다(공시규정 제3-18조). 주식취득의 보고를 하는 때에는 주식취득의 사실을 확인할 수 있는 서류를 첨부하여야 한다. 이 경우 금융위의 승인의 내용대로 주식을 취득하지 아니한 때에는 그 사유서를 첨부하여야 한다.

chapter 11

집합투자기구(총칙)

집합투자기구의 등록

1 개요

자본시장법은 집합투자기구 등록 및 집합투자증권의 증권신고서 제도를 도입하여 집합투자기구에 대한 투자자 공시를 강화하고 집합투자업자의 법적 책임을 강화하였다.

또한, 공모 집합투자기구 설립 시 사전에 등록하도록 하였으며, 다만 사모 집합투자기구에 대해서는 설립 후 보고의무를 부여하였다.

(1) 집합투자기구의 개념

❶ 집합투자기구란 집합투자를 수행하기 위한 기구를 말함

❷ 집합투자란 2인 이상의 투자자로부터 모은 금전등을 투자자로부터 일상적인 운용지시를 받지 아니하면서 재산적 가치가 있는 투자대상 자산을 취득, 처분, 그 밖의 방법으로 운용하고 그 결과를 투자자에게 배분하여 귀속시키는 것을 말함 (법 제6조 제5항)

❸ 집합투자에서 제외되는 경우(법 제6조 제5항 단서, 시행령 제6조)

ㄱ. 「부동산 투자회사법」, 「선박투자회사법」, 「문화산업진흥 기본법」, 「산업발전법」, 「벤처투자촉진에 관한 법률」, 「여신전문금융업법」, 「소재·부품전문기업 등의 육성에 관한 특별조치법」, 「농림수산식품투자조합 결성 및 운용에 관한 법률」에 따라 사모의 방법으로 금전등을 모아 운용·배분하는 것으로서 투자자 수가 49인 이하인 경우

ㄴ. 「자산유동화에 관한 법률」 제3조의 유동화계획에 따라 금전등을 모아 운용·배분하는 경우

ㄷ. 예치기관이 투자자예탁금을 예치 또는 신탁받아 운용·배분하는 경우

ㄹ. 종합금융투자사업자가 종합 투자계좌 업무를 하는 경우

ㅁ. 신탁업자가 신탁재산의 효율적 운용을 위하여 수탁한 금전을 다음과 같이 공동으로 운용하는 경우

　a. 법 제103조 제2항에 따른 종합재산신탁으로서 금전의 수탁비율이 100분의 40 이하인 경우

　b. 신탁재산의 운용에 의하여 발생한 수익금의 운용 또는 신탁의 해지나 환매에 따라 나머지 신탁재산을 운용하기 위하여 불가피한 경우

ㅂ. 투자목적회사가 그 업무를 하는 경우

ㅅ. 종합금융회사가 어음관리계좌 업무를 하는 경우

ㅇ. 「조세특례제한법」 제104조의31 제1항에 따른 요건을 갖춘 법인이 법 제3조 제1항 각 호 외의 부분 본문에 따른 금전등(이하 '금전등'이라 함)을 모아 운용·배분하는 경우

ㅈ. 지분증권의 소유를 통하여 다른 회사의 사업내용을 지배하는 것을 주된 사업으로 하는 국내회사가 그 사업을 하는 경우

ㅊ. 「가맹사업거래의 공정화에 관한 법률」 제2조 제1호에 따른 가맹사업을 하는 경우

ㅋ. 「방문판매 등에 관한 법률」 제2조 제5호에 따른 다단계판매 사업을 하는 경우

ㅌ. 「통계법」에 따라 통계청장이 고시하는 한국표준산업분류에 따른 제조업 등의 사업을 하는 자가 직접 임직원, 영업소, 그 밖에 그 사업을 하기 위하여 통상적으로 필요한 인적·물적 설비를 갖추고 투자자로부터 모은 금전등으로 해당 사업을 하여 그 결과를 투자자에게 배분하는 경우. 다만, 사업자가 해당 사업을 특정하고 그 특정된 사업의 결과를 배분하는 경우는 제외

ㅍ. 학술·종교·자선·기예·사교, 그 밖의 영리 아닌 사업을 목적으로 하는 계(契)인 경우

ㅎ. 종중, 그 밖의 혈연관계로 맺어진 집단과 그 구성원을 위하여 하는 영리 아닌 사업인 경우

ㄱㄱ. 「민법」에 따른 비영리법인, 「공익법인의 설립·운영에 관한 법률」에 따른 공익법인, 「사회복지사업법」에 따른 사회복지법인, 「근로복지기본법」에 따른 우리사주조합, 그 밖에 관련 법령에 따라 허가·인가·등록 등을 받아 설립된 비영리법인 등이 해당 정관 등에서 정한 사업목적에 속하는 행위를 하는 경우

ㄴㄴ. 투자자로부터 모은 금전등을 투자자 전원의 합의에 따라 운용·배분하는 경우

ㄷㄷ. 기업인수목적회사(SPAC)가 일정요건을 갖추어 그 사업목적에 속하는 행위를 하는 경우

ㄹㄹ. 그 밖에 다음 각 목의 사항을 종합적으로 고려하여 금융위가 집합투자에 해당하지 아니한다고 인정하는 경우

    a. 운용에 따른 보수를 받는 전문적 운용자의 존재 여부

    b. 투자자의 투자동기가 전문적 운용자의 지식·경험·능력에 있는지, 투자자와 전문적 운용자 간의 인적 관계에 있는지 여부

    c. 운용 결과가 합리적 기간 이내에 투자금액에 따라 비례적으로 배분되도록 예정되어 있는지 여부

d. 투자자로부터 모은 재산을 전문적 운용자의 고유재산과 분리할 필요성이 있는지 여부

　　e. 집합투자로 보지 아니할 경우에는 투자자 보호가 뚜렷하게 곤란하게 될 가능성이 있는지 여부

(2) 집합투자기구의 종류

집합투자기구는 법적 구조, 집합투자증권 발행 방법, 운용대상 자산의 종류, 환매가능 여부, 운영구조 및 운용전략 등에 따라 다양하게 분류가 가능하다.

❶ 법적형태에 따른 분류(법 제9조 제18항)

　　ㄱ. 집합투자업자인 위탁자가 신탁업자에게 신탁한 재산을 신탁업자로 하여금 그 집합투자업자의 지시에 따라 투자·운용하게 하는 신탁 형태의 집합투자기구(이하 '투자신탁')

　　ㄴ. 「상법」에 따른 주식회사 형태의 집합투자기구(이하 '투자회사')

　　ㄷ. 「상법」에 따른 유한회사 형태의 집합투자기구(이하 '투자유한회사')

　　ㄹ. 「상법」에 따른 합자회사 형태의 집합투자기구(이하 '투자합자회사')

　　ㅁ. 「상법」에 따른 유한책임회사 형태의 집합투자기구(이하 '투자유한책임회사')

　　ㅂ. 「상법」에 따른 합자조합 형태의 집합투자기구(이하 '투자합자조합')

　　ㅅ. 「상법」에 따른 익명조합 형태의 집합투자기구(이하 '투자익명조합')

❷ 집합투자증권 발행방법에 따른 분류 : 공모·사모 집합투자기구(법 제9조 제19항, 시행령 제14조)

　　사모 집합투자기구는 집합투자증권을 사모로만 발행하는 집합투자기구로서 투자자의 총수가 100인 이하인 것을 말하며, 이에 해당하지 않는 집합투자기구는 공모 집합투자기구에 해당함

　　투자자수 산정 시 일정한 범위의 전문투자자(시행령 제10조 제1항, 시행령 제10조 제3항 제12호, 제13호에 해당하는 자 중 금융위가 정하여 고시하는 자)는 제외하되, 다른 집합투자기구(시행령 제80조 제1항 제5호의 2에 따른 사모투자 재간접 집합투자기구 또는 같은 항 제5호의3에 따른 부동산·특별자산투자 재간접 집합투자기구 또는 같은 호 각 목의 어느 하나에 해당하는 집합투자기구 등에 대한 투자금액을 합산한 금액이 자산총액의 100분의 80을 초과하는 「부동산투자회사법」 제49조의3에 따른 공모부동산투자회사는 제외)가 그 집합투자기구의 집합투자증권

발행 총수의 100분의 10 이상을 취득하는 경우에는 그 다른 집합투자기구의 투자자(일정 범위의 전문투자자는 제외)를 합산함

한편, 사모 집합투자기구에 대해서는 증권신고서 제출 의무가 면제됨. 사모 집합투자기구는 ① 기관전용 사모집합투자기구와 ② 일반 사모집합투자기구로 나누어짐. 과거 전문투자형 사모집합투자기구와 경영참여형 사모집합투자기구로 나누어 운용규제를 달리 정해왔으나, 자본시장법 개정으로 운용규제가 일원화되어, 기존의 전문투자형 사모펀드를 경영참여의 방식으로 운용하는 것도 허용되나 규약에 이를 명시하고 금융감독원에 보고해야 함

❸ 주된 투자대상에 따른 분류 : 증권·부동산·특별자산·혼합자산·단기금융 집합투자기구(법 제229조, 시행령 제240조, 제241조)

　　ㄱ. 증권 집합투자기구 : 집합투자재산의 100분의 50을 초과하여 증권(증권을 기초자산으로 하는 파생상품)에 투자하는 집합투자기구로서 ㄴ, ㄷ에 해당하지 아니하는 집합투자기구

　　ㄴ. 부동산 집합투자기구 : 집합투자재산의 100분의 50을 초과하여 부동산(부동산을 기초자산으로 하는 파생상품, 부동산 개발과 관련된 법인에 대한 대출, 부동산 관련 증권)에 투자하는 집합투자기구

　　ㄷ. 특별자산 집합투자기구 : 집합투자재산의 100분의 50을 초과하여 특별자산(증권과 부동산을 제외한 투자대상 자산)에 투자하는 집합투자기구

　　ㄹ. 혼합자산 집합투자기구 : 집합투자재산을 운용함에 있어 위의 ㄱ부터 ㄷ까지의 제한을 받지 아니하는 집합투자기구

　　ㅁ. 단기금융 집합투자기구 : 집합투자재산 전부를 잔존만기 6개월 이내 양도성 예금증서 등 시행령(제241조 제1항)이 정하는 단기금융상품에 투자하는 집합투자기구로서 시행령(제241조 제2항)이 정하는 방법으로 운용되는 집합투자기구

❹ 특수한 형태의 집합투자기구

　　ㄱ. 환매금지형 집합투자기구(법 제230조, 시행령 제242조) : 환매금지형(폐쇄형) 집합투자기구는 집합투자증권의 환매를 청구할 수 없는 집합투자기구를 말하며 집합투자증권의 환매청구가 가능한 집합투자기구는 개방형 또는 환매형 집합투자기구에 해당

　　ㄴ. 종류형 집합투자기구(법 제231조, 시행령 제243조) : 종류형 집합투자기구는 판매보수의 차이로 인하여 기준 가격이 다르거나 판매수수료가 다른 여러 종류의

집합투자증권을 발행하는 집합투자기구를 의미함

　ㄷ. 전환형 집합투자기구(법 제232조) : 전환형 집합투자기구는 복수의 집합투자기구 간에 각 집합투자기구의 투자자가 소유하고 있는 집합투자증권을 다른 집합투자기구의 집합투자증권으로 전환할 수 있는 권리를 투자자에게 부여하는 구조의 집합투자기구를 의미함

　ㄹ. 모자형 집합투자기구(법 제233조) : 모자형 집합투자기구는 자 집합투자기구가 모 집합투자기구가 발행하는 집합투자증권을 취득하는 구조의 집합투자기구를 의미함

　ㅁ. 상장지수 집합투자기구(법 제234조) : 상장지수 집합투자기구는 주가지수 등 일정한 조건을 갖춘 지수의 변화에 연계하여 운용하는 것을 목표하는 집합투자기구를 의미함

3 등록대상 집합투자기구 및 등록주체 등

(1) 등록대상 집합투자기구

자본시장법상 집합투자기구는 모두 등록대상이다(법 제182조 제1항). 다만, 예외적으로 사모 집합투자기구에 대해서는 등록의무를 면제하고 있다(법 제249조의8 제1항 및 제249조의20 제1항).

(2) 등록주체

법인격이 없는 투자신탁과 투자익명조합의 경우 집합투자업자가 등록주체가 되며, 법인격 또는 단체로서의 성격이 인정되는 투자회사·투자유한회사·투자합자회사·투자유한책임회사 및 투자합자조합('투자회사등')의 경우 집합투자기구 자체가 등록주체이다(법 제182조 제1항).

4 집합투자기구 등록요건

집합투자업자 또는 투자회사등이 집합투자기구를 등록하기 위하여는 다음의 요건을 갖추어야 한다(법 제182조 제2항, 영 제209조, 규정 제7−1조).

(1) 집합투자업자, 신탁업자, 투자매매·중개업자, 일반사무관리회사(투자회사에 한함)가 업무정지기간 중에 있지 아니할 것

(2) 집합투자기구가 적법하게 설정·설립되었을 것

(3) 집합투자규약이 법령을 위반하거나 투자자의 이익을 명백히 침해하지 아니할 것

(4) 그 밖에 집합투자기구의 형태 등을 고려하여 시행령으로 정하는 요건을 갖출 것

시행령으로 정하는 집합투자기구 등록 요건(영 제209조)
1. 투자회사 : ① 감독이사가 「금융회사의 지배구조에 관한 법률」 제5조 제1항 각 호의 어느 하나에 해당하지 아니할 것, ② 등록 신청 당시 자본금 1억 원 이상일 것
   다만, 일부 전문투자자만을 판매대상으로 등록한 외국 집합투자기구의 경우에는 ①의 요건만 충족하면 됨
2. 투자유한회사 등 : 등록 신청 당시 자본금·출자금이 1억 원 이상일 것
   다만, 일부 전문투자자만을 판매대상으로 등록한 외국 집합투자기구는 적용 면제
3. 신규 공모펀드 등록 시 운용사 등의 고유재산을 2억원, 3년 이상 투자

| 5 | 집합투자기구 등록절차 |

(1) 금융위에 등록신청서 제출

❶ 등록신청서 기재사항

집합투자기구의 명칭, 투자목적·투자방침 및 투자전략, 권리의 내용 및 투자위험요소, 운용보수, 판매수수료·판매보수 등의 비용, 출자금(투자신탁은 제외), 재무, 집합투자업자(투자회사는 발기인과 감독이사 포함), 투자운용인력, 집합투자재산 운용, 집합투자증권의 판매 및 환매, 집합투자재산의 평가 및 공시, 손익분배 및 과세, 신탁업자 및 일반사무관리회사, 업무위탁 등과 관련된 사항(시행령 제211조 제1항, 규정 제7-3조).

❷ 등록신청서 첨부서류

집합투자규약(부속서류 포함), 법인등기부 등본, 출자금 납입증명서류(투자신탁은 제외), 집합투자업자 등과의 업무위탁계약서, 감독이사 이력서 및 결격요건 미해당

증빙서류(투자회사에 한함), 장외파생상품 또는 특별자산의 평가방법을 기재한 서류, 장외파생상품 운용에 대한 위험관리방법에 관한 서류(장외파생상품 위험평가액이 자산총액의 10% 초과 시) 등 (시행령 제211조 제2항, 규정 제7-4조)

(2) 금융위의 등록심사기간

금융위는 등록신청서를 접수한 경우 그 내용을 검토하여 20일 이내에 등록 여부를 결정하고 그 결과와 이유를 지체 없이 신청인에게 문서로 통지해야 하며, 등록신청서에 흠결이 있는 경우에는 보완 요구 가능

검토기간을 산정함에 있어서 등록신청서 흠결의 보완기간, 요건 충족확인을 위한 자료제공받는 데 소요된 기간은 검토기간에 산입하지 아니한다(법 제182조 제4항 및 제5항).

등록검토기간에 산입하지 아니하는 기간(규칙 제19조)
1. 법 제182조 제2항 각 호의 요건을 충족하는지를 확인하기 위하여 다른 기관 등으로부터 필요한 자료를 제공받는 데에 걸리는 기간
2. 법 제182조 제4항 후단에 따른 등록신청서 흠결의 보완을 요구한 경우에는 그 보완기간

---

(3) 등록 거부의 제한

금융위는 등록 여부를 검토함에 있어 ①등록요건 미충족, ②등록신청서 거짓 작성, ③보완요구 미이행 중 어느 하나의 사유가 없는 한 집합투자기구의 등록을 거부할 수 없다(법 제182조 제6항).

(4) 등록내용의 인터넷 홈페이지 등 공고

금융위는 집합투자기구의 등록을 결정한 경우 집합투자기구 등록부에 필요한 사항을 기재하고 등록내용을 인터넷 홈페이지 등에 공고하여야 한다(법 제182조 제7항).

---

6   집합투자기구의 변경등록

(1) 투자신탁이나 투자익명조합의 집합투자업자 또는 투자회사등은 등록된 사항이

변경된 경우에는 투자자 보호를 해할 우려가 없는 경우로서 시행령으로 정하는 경우를 제외하고는 2주 이내에 그 내용을 금융위에 변경등록하여야 한다.

변경등록의 경우 등록요건, 등록심사기간, 등록거부의 제한, 등록내용의 인터넷 홈페이지 등 공고 등에 관한 사항은 신규등록하는 경우와 동일하다(법 제182조 제8항).

(2) 변경등록의 신청서에는 금융위가 정하여 고시하는 방법에 따라 변경사유 및 변경내용을 기재하여야 하며, 변경 결의를 한 집합투자자 총회나 이사회 의사록 사본, 집합투자규약, 등기부 등본, 주요 계약서 사본 등 변경내용을 증명할 수 있는 서류를 첨부하여야 한다(시행령 제211조 제3항).

> **시행령으로 정하는 변경등록의 적용 제외(시행령 제210조, 규정 제7-2조)**
> 1. 법 및 시행령의 개정이나 금융위의 명령에 따라 등록한 사항을 변경하는 경우
> 2. 등록한 사항의 단순한 자구 수정, 집합투자업자, 신탁업자 또는 일반사무관리회사의 개요 및 재무정보 등을 변경하는 경우 및 그 외 투자자의 투자판단에 영향을 미치지 않는 사항을 변경하는 경우

7 집합투자기구 등록의 효력 발생시기

(1) 등록신청서를 증권신고서와 함께 제출하는 공모 집합투자기구의 경우에는 그 증권신고의 효력이 발생하는 때에 해당 집합투자기구가 등록된 것으로 간주(시행령 제211조 제5항)

(2) 증권신고서에 대한 정정신고서를 제출한 경우에는 변경등록의 신청서를 제출한 것으로 간주되며, 그 정정신고의 효력이 발생하는 때에 해당 집합투자기구가 변경등록된 것으로 간주(시행령 제211조 제6항)

집합투자기구의 명칭

집합투자기구 상호 또는 명칭

집합투자기구는 그 상호 또는 명칭 중에 주된 투자대상에 따른 집합투자기구의 종류를 표시하는 문자(증권·부동산·특별자산·혼합자산 및 단기금융을 말함)를 사용하여야 한다(법 제183조 제1항).

2 **유사명칭 사용금지**

자본시장법에 따른 집합투자기구가 아닌 자는 '집합투자', '간접투자', '투자신탁', '투자회사', '투자유한회사', '투자합자회사', '기관전용 사모 집합투자기구', '투자유한책임회사', '투자합자조합', '투자익명조합', 그 밖에 이와 유사한 명칭을 사용할 수 없다.

다만, 집합투자업자 및 부동산 투자회사법, 선박투자회사법 등 시행령이 정하는 법률에 따라 사모의 방법으로 금전등을 모아 운용·배분하는 것으로서 투자자 수가 일정수 이하인 경우에는 집합투자 등의 명칭 사용 가능(법 제183조 제2항)

section 03 **집합투자기구의 업무 수행**

1 **집합투자재산 운용의 주체**

투자신탁재산 또는 투자익명조합재산의 운용업무는 그 투자신탁 또는 투자익명조합재산의 집합투자업자가 이를 수행하며, 투자회사등의 집합투자재산 운용업무는 그 투

자회사 등의 법인이사·업무집행사원·업무집행자 또는 업무집행조합원인 집합투자업자
가 이를 수행한다(법 제184조 제2항).

2 집합투자재산에 속하는 지분증권의 의결권 행사 주체

(1) 투자신탁재산 또는 투자익명조합재산에 속하는 지분증권(그 지분증권과 관련된 증권
예탁증권을 포함)의 의결권 행사는 그 투자신탁 또는 투자익명조합의 집합투자업자가 수
행(법 제184조 제1항)

(2) 투자회사등의 집합투자재산에 속하는 지분증권의 의결권 행사는 그 투자회사등
이 수행. 다만, 투자회사등은 그 투자회사등의 집합투자업자에게 그 투자회사등의 집합
투자재산에 속하는 지분증권의 의결권 행사의 위탁 가능(법 제184조 제1항)

3 집합투자재산의 보관·관리업무의 신탁업자에의 위탁

투자신탁이나 투자익명조합의 집합투자업자 또는 투자회사등은 집합투자재산의 보
관·관리업무를 신탁업자에게 위탁하여야 한다(법 제184조 제3항).

다만, 신탁업을 함께 영위하는 집합투자업자는 자신이 운용하는 집합투자재산을 보
관·관리하는 신탁업자가 될 수 없다(법 제184조 제4항).

한편, 신탁업자가 투자신탁재산을 신탁받는 경우에는 그 투자신탁에 관하여는 신탁
업자의 영업행위규칙[(법 제2편 제4장 제4관(제116조; 합병 등 및 제117조;청산 제외)]이 적용되지
않는다(법 제245조).

4 집합투자증권 판매계약 또는 위탁판매계약 체결

(1) 투자매매업자와 판매계약 또는 투자중개업자와 위탁판매계약 체결
투자신탁이나 투자익명조합의 집합투자업자 또는 투자회사등은 집합투자기구의 집
합투자증권을 판매하고자 하는 경우 투자매매업자와 판매계약을 체결하거나 투자중개
업자와 위탁판매계약을 체결하여야 한다(법 제184조 제5항).

(2) 집합투자업자가 집합투자증권을 직접판매하는 경우

투자신탁이나 투자익명조합의 집합투자업자가 투자매매업자 또는 투자중개업자로서 집합투자기구의 집합투자증권을 직접 판매하는 경우에는 판매계약 또는 위탁판매 계약을 체결하지 않는다(법 제184조 제5항).

5 투자회사 업무의 위탁

투자회사는 상법상 주식회사의 형태이나 투자를 목적으로 설립된 명목상 회사(Paper Company)에 지나지 않으므로 실질 업무를 수행할 수 있는 상근임원 또는 직원을 둘 수 없고 본점 외의 영업소도 둘 수 없다(법 제184조 제7항).

자본시장법은 투자회사의 특성을 고려하여 투자회사 주식의 발행 및 명의개서(名義改書), 투자회사재산의 계산, 법령 또는 정관에 의한 통지 및 공고, 이사회 및 주주총회의 소집·개최·의사록 작성 등에 관한 업무 등 투자회사의 운영에 관한 업무를 일반사무관리회사에 위탁하도록 의무화하고 있다(법 제184조 제6항, 시행령 제212조).

section 04 연대책임

집합투자업자, 신탁업자, 투자매매·중개업자, 일반사무관리회사, 집합투자기구 평가회사 및 채권평가회사는 이 법에 따라 투자자에 대한 손해배상책임을 부담하는 경우 귀책사유가 있는 경우에는 연대하여 손해배상책임을 부담(법 제185조)

자기 집합투자증권의 취득 제한

집합투자기구의 계산으로 당해 집합투자기구의 집합투자증권을 취득하거나 질권의 목적으로 받는 것은 원칙적으로 금지된다(법 제186조, 법 제82조).

다만, ① 담보권의 실행 등 권리 행사에 필요한 경우, ② 집합투자증권을 환매하는 경우, ③ 집합투자자 총회에서 반대한 집합투자자가 수익증권 매수청구권을 행사한 경우에는 예외적으로 허용된다.

담보권의 실행 등 권리 행사에 필요하여 취득한 집합투자증권은 취득일로부터 1개월 이내에 소각하거나 투자매매업자 또는 투자중개업자를 통한 매도의 방법으로 처분하여야 한다(시행령 제82조, 시행령 제213조).

투자회사등의 자료의 기록 · 유지

투자회사등은 투자회사등의 업무와 관련한 자료를 자료의 종류별로 아래 기간 동안 기록·유지하여야 한다(법 제187조, 시행령 제214조).

❶ 집합투자재산 명세서 : 10년
❷ 집합투자증권 기준 가격 대장 : 10년
❸ 집합투자재산 운용내역서 : 10년
❹ 집합투자자 총회 의사록 및 이사회 의사록 : 10년
❺ 그 밖에 법령에서 작성·비치하도록 되어 있는 장부·서류 : 해당 법령에서 정하는 기간(해당 법령에서 정한 기간이 없는 경우에는 제1호부터 제4호까지의 보존기간을 고려하여 금융위가 정하여 고시하는 기간)

투자회사등은 기록·유지하여야 하는 자료가 멸실되거나 위조 또는 변조되지 아니하도록 적절한 대책을 수립·시행하여야 한다.

한편, 투자신탁이나 투자익명조합의 집합투자업자도 투자신탁이나 투자익명조합의 운용과 관련한 자료를 자료의 종류별로 기록·유지하여야 한다(법 제60조, 시행령 제62조).

chapter 12

집합투자기구의 구성 등

투자신탁

1 신탁계약

(1) 신탁계약서에 의한 신탁계약 체결

투자신탁을 설정하고자 하는 집합투자업자는 집합투자업자 및 신탁업자의 상호, 신탁원본의 가액 및 수익증권의 총좌수에 관한 사항, 투자신탁재산의 운용 및 관리에 관한 사항, 이익분배 및 환매에 관한 사항, 집합투자업자·신탁업자 등이 받는 보수, 그 밖의 수수료의 계산방법과 지급시기·방법에 관한 사항(다만, 집합투자업자가 기준 가격 산정업무를 위탁하는 경우에는 그 수수료는 해당 투자신탁재산에서 부담한다는 내용을 포함하여야 함), 수익자총회에 관한 사항, 공시 및 보고서에 관한 사항, 그 밖에 수익자 보호를 위하여 필요한 사항으로서 시행령으로 정하는 사항이 기재된 신탁계약서에 의하여 신탁업자와 신탁계약을 체결하여야 한다(법 제188조 제1항).

(2) 신탁계약의 변경

투자신탁을 설정한 집합투자업자는 신탁계약을 변경하고자 하는 경우에는 신탁업자와 변경계약을 체결하여야 한다(법 제188조 제2항부터 제4항). 이 경우 신탁계약 내용 중 다음 사항을 변경하고자 할 때는 사전에 수익자총회 결의를 받아야 한다.

❶ 집합투자업자·신닥입자 등이 받는 보수, 그 밖의 수수료의 인상

❷ 신탁업자의 변경(단, 합병이나 영업양도등으로 신탁계약 전부가 이전되는 경우, 법령준수나 금융위 조치등에 따른 경우, 시행령 제245조 제5항에 따라 원본액이 50억 원 미만인 둘 이상의 투자대상자산 등이 유사한 공모펀드가 자산을 하나의 모집합투자기구에 이전함에 따라 펀드의 신탁업자가 변경되는 경우는 제외)

❸ 신탁계약기간의 변경(단, 투자신탁을 설정할 당시에 그 기간변경이 신탁계약서에 명시되어 있는 경우는 제외)

❹ 그 밖에 수익자의 이익과 관련된 중요한 다음 사항(시행령 제217조)

　ㄱ. 투자신탁의 종류(법 제229조의 구분에 따른 종류를 말함)의 변경(다만, 투자신탁을 설정할 때부터 다른 종류의 투자신탁으로 전환하는 것이 예정되어 있고, 그 내용이 신탁계약서에 표시되어 있는 경우에는 제외)

　ㄴ. 주된 투자대상 자산의 변경

　ㄷ. 투자대상 자산에 대한 투자한도의 변경(시행령 제80조 제1항 제3호의 2 각 목 외의 부분에 따른 투자행위로 인한 경우만 해당)

　ㄹ. 집합투자업자의 변경(다만, 합병·분할·분할합병, 법 제420조 제3항 제1호 및 제2호에 따른 금융위의 조치에 따라 집합투자업자가 변경되는 경우, 「금융산업의 구조개선에 관한 법률」 제10조 제1항 제6호부터 제8호까지의 규정에 따른 금융위의 명령에 따라 집합투자업자가 변경되는 경우의 어느 하나에 해당하는 경우는 제외)

　ㅁ. 환매금지형 투자신탁(존속기간을 정한 투자신탁으로서 수익증권의 환매를 청구할 수 없는 투자신탁)이 아닌 투자신탁의 환매금지형 투자신탁으로의 변경

　ㅂ. 환매대금 지급일의 연장

ㅅ. 그 밖에 수익자를 보호하기 위하여 필요한 사항으로서 금융위가 정하여 고시 하는 사항

(3) 신탁계약 변경 시 공시 또는 개별 수익자 통지

집합투자업자는 신탁계약을 변경한 경우에는 그 내용을 공시하여야 하며, 보수·수수료의 인상 등 법 제188조 제2항 각 호의 사항에 대해 수익자총회 결의를 거쳐 변경한 경우에는 수익자에게 개별 통지하여야 한다(법 제188조 제3항).

(4) 투자신탁 설정 시 신탁원본 전액 금전 납입

집합투자업자는 투자신탁을 설정하거나 추가로 설정하는 경우 신탁업자에게 해당 신탁계약에서 정한 신탁원본 전액을 금전으로 납입하여야 한다(법 제188조 제4항).

2 수익증권

(1) 수익증권의 발행

투자신탁을 설정한 집합투자업자는 수익증권의 발행가액 전액이 납입된 경우 신탁업자의 확인을 받아 전자등록의 방법으로 투자신탁의 수익권을 발행하여야 한다(법 제189조 제1항~제4항).

❶ 수익증권은 무액면 기명식
❷ 투자신탁의 수익권이 균등하게 분할되어 수익증권으로 표시되어야 함 : 수익자는 신탁원본의 상환 및 이익의 분배등에 관하여 수익증권의 좌수에 따라 균등한 권리를 가짐

(2) 수익증권 기재사항

투자신탁을 설정한 집합투자업자는 수익증권을 발행하는 경우 다음 사항이 전자등록 또는 기록되도록 하여야 하고 그 집합투자업자 및 그 투자신탁재산을 보관·관리하는 신탁업자의 대표이사(집행임원 설치회사의 경우 대표집행임원)로부터 확인을 받아야 한다(법 제189조 제5항).

❶ 집합투자업자 및 신탁업자의 상호
❷ 수익자의 성명 또는 명칭
❸ 신탁계약을 체결할 당시의 신탁원본의 가액 및 수익증권의 총좌수
❹ 수익증권의 발행일

(3) 수익자명부 작성업무의 전자등록기관 위탁

투자신탁을 설정한 집합투자업자는 수익자명부의 작성에 관한 업무를 전자등록기관
에 위탁하여야 한다(법 제189조 제6항 및 제7항).

3	**수익자총회**

(1) 수익자총회 구성·소집·통지

❶ 수익자총회 결의 사항 및 소집권자
   ㄱ. 투자신탁에 전체 수익자로 구성된 수익자총회를 두며, 총회는 자본시장법 또
     는 신탁계약에서 정한 사항에 대해서만 결의 가능(법 제190조 제1항)
   ㄴ. 수익자총회 소집권자(원칙) : 투자신탁을 설정한 집합투자업자(법 제190조 제2항)
   ㄷ. 수익자총회 소집권자(예외) : 투자신탁재산을 보관·관리하는 신탁업자 또는
     발행된 수익증권의 총좌수의 5% 이상을 소유한 수익자
       이 경우 수익자총회의 목적과 소집의 이유를 기재한 서면을 제출하여 그
     집합투자업자에 요청해야 하며 집합투자업자는 1개월 이내에 수익자총회를
     소집하여야 함. 집합투자업자가 정당한 사유 없이 수익자총회를 소집하기 위
     한 절차를 거치지 아니하는 경우에는 그 신탁업자 또는 발행된 수익증권 총
     좌수의 5% 이상을 소유한 수익자는 금융위의 승인을 받아 수익자총회 개최
     가능(법 제190조 제3항)
❷ 수익자총회 소집통지방법
   ㄱ. 수익자총회를 소집함에는 수익자총회를 정하여 2주 전에 각 수익자에 대하여
     서면 또는 전자문서로 통지를 발송하여야 함
   ㄴ. 그 통지가 수익자명부상의 수익자의 주소에 계속 3년간 도달하지 아니한 때

에는 집합투자업자는 당해 수익자에게 총회의 소집을 통지하지 아니할 수
있음

ㄷ. 전 항의 통지서에는 회의의 목적사항을 기재하여야 함

ㄹ. 집합투자업자(법 제190조 제3항 후단에 따라 수익자총회를 소집하는 신탁업자 또는 발행된
수익증권의 총좌수의 5% 이상을 소유한 수익자를 포함)는 수익자총회의 소집통지를 전
자등록기관에 위탁하여야 함

(2) 수익자총회 의결정족수 및 의결권 행사

❶ 수익자총회 의결정족수(법 제190조 제5항)

ㄱ. 수익자총회는 출석한 수익자의 의결권의 과반수와 발행된 수익증권의 총좌
수의 4분의 1 이상의 수로 결의

ㄴ. 다만, 법에서 정한 수익자총회의 결의사항 외에 신탁계약으로 정한 수익자총
회의 결의사항에 대하여는 출석한 수익자의 의결권의 과반수와 발행된 수익
증권의 총좌수의 5분의 1 이상의 수로 결의 가능

❷ 서면에 의한 의결권 행사 : 수익자는 수익자총회에 출석하지 아니하고 서면에 의
하여 의결권을 행사 가능(법 제190조 제6항 본문)

❸ 간주 의결권 행사 : 다음의 요건을 모두 충족하는 경우 수익자총회에 참석한 수
익자가 소유한 수익증권의 총좌수의 결의 내용에 영향을 미치치 아니하도록 의
결권을 행사한 것으로 봄(법 제190조 제6항 단서, 시행령 제221조 제6항, 제7항, 규정 제7-8
조의 2)

ㄱ. 수익자에게 서면, 전화·전신·팩스, 전자우편 또는 이와 비슷한 전자통신의 방
법에 따라 의결권 행사에 관한 통지가 있었으나 의결권이 행사되지 아니하였
을 것

ㄴ. 간주 의결권 행사의 방법이 집합투자규약에 기재되어 있을 것

ㄷ. 수익자총회에서 의결권을 행사한 수익증권의 총좌수가 발행된 수익증권의
총좌수의 10분의 1 이상일 것

ㄹ. 수익자총회의 결의가 이루어진 후에 지체 없이 간주 의결권 행사 요건의 충족
여부에 관한 사항과 수익자총회 결의내용에 관한 사항을 수익자에게 통지하
고 인터넷 홈페이지 등을 이용하여 공시하는 방법으로 수익자에게 제공할 것

(3) 연기 수익자총회

❶ 수익자총회 연기사유 및 연기 수익자총회 소집 절차(법 제190조 제7항, 시행령 제 220조 제4항)

ㄱ. 수익자 총회의 결의가 이루어지지 않은 경우 집합투자업자는 그날부터 2주 이내에 연기 수익자총회를 소집하여야 함

ㄴ. 집합투자업자는 연기 수익자총회를 소집하려는 경우에는 연기 수익자총회일 1주 전까지 수익자총회 성립 요건 및 결의 정족수를 명시하여 연기 수익자총회의 소집을 통지하여야 함

❷ 연기 수익자총회 성립 및 결의요건(법 제190조 제8항)

ㄱ. 연기 수익자총회 결의는 일반 수익자 총회 결의 요건(법 제190조 제5항과 제6항)을 준용

ㄴ. 다만, 자본시장법에서 정한 수익자총회 결의사항은 출석한 수익자의 의결권의 과반수와 발행된 수익증권의 총좌수의 8분의 1 이상의 수로 결의

ㄷ. 자본시장법에서 정한 수익자총회의 결의사항 외에 신탁계약으로 정한 수익자총회의 결의사항에 대하여는 출석한 수익자의 의결권의 과반수와 발행된 수익증권의 총좌수의 10분의 1 이상의 수로 결의 가능

(4) 수익자총회 관련 상법 준용

수익자총회 소집지, 총회의 질서유지, 검사인의 선임, 총회의 결의방법과 의결권 행사, 의결권, 정족수, 의결권수의 계산, 총회의 연기·속행의 결의, 총회의 의사록, 결의취소의 소, 제소수익자의 담보제공의무, 법원의 재량에 의한 청구기각, 결의무효 및 부존재확인의 소, 부당결의의 취소, 변경의 소에 대하여는 「상법」 제364조, 제366조의 2 제2항·제3항, 제367조, 제368조 제3항·제4항, 제368조의4, 제369조 제1항·제2항, 제371조부터 제373조까지, 제376조, 제377조 및 제379조부터 제381조까지의 규정을 준용한다.

---

4   수익증권매수청구권

(1) 수익자는 다음의 경우 자기가 보유하고 있는 수익증권의 매수를 청구 가능(법

제191조)

① 신탁계약의 변경 또는 투자신탁의 합병에 대한 수익자총회의 결의에 반대하는 수익자가 수익자총회 전에 서면으로 그 결의에 반대하는 의사를 통지한 경우에는 총회 결의일부터 20일 이내에 자기가 소유하는 수익증권의 매수를 청구하는 경우

② 원본액이 50억 원 미만인 소규모 투자신탁 등의 합병(수익자 총회 생략 가능)의 경우에는 소규모 투자신탁 등의 합병에 대한 통지일(소규모 투자신탁의 합병 통지는 합병일 20일 전까지 통지)로부터 20일 이내에 서면으로 합병에 반대한다는 의사를 통지하는 방법으로 수익증권의 매수를 청구하는 경우

(2) 매수청구가 있는 경우 수익자에게 매수에 따른 수수료, 그 밖의 비용을 부담시킬 수 없다.

(3) 집합투자업자는 매수청구가 있는 경우 매수청구기간이 만료된 날부터 15일 이내에 투자신탁재산으로 수익증권을 매수하여야 한다. 다만, 매수자금 부족으로 매수에 응할 수 없는 경우 금융위의 승인을 받아 매수 연기 가능

5 투자신탁의 해지

(1) 임의해지

집합투자업자는 금융위의 승인을 받아 투자신탁 해지 가능(법 제192조 제1항)

다만, 수익자의 이익을 해할 우려가 없는 경우로서 승인이 면제되는 해지사유*에 해당할 경우 금융위의 승인을 받지 아니하고 투자신탁의 해지 가능. 이 경우 집합투자업자는 해지 후 그 사실을 금융위에 보고하여야 한다.

* 임의해지 사유[승인이 면제되는 해지사유](시행령 제223조)

① 수익자 전원이 동의한 경우

② 해당 투자신탁의 수익증권 전부에 대한 환매의 청구를 받아 신탁계약을 해지하려는 경우

③ 공모투자신탁(존속하는 동안 투자금을 추가로 모집할 수 있는 투자신탁에 한함)으로서 설정한

후 1년이 되는 날에 원본액이 50억 원 미만인 경우

❹ 공모투자신탁을 설정하고 1년이 지난 후 1개월간 계속하여 투자신탁의 원본액이 50억 원 미만인 경우

(2) 법정해지

집합투자업자는 ① 신탁계약에서 정한 신탁계약기간의 종료, ② 수익자총회의 투자신탁 해지 결의, ③ 투자신탁의 피흡수 합병, ④ 투자신탁의 등록 취소의 사유가 발생한 경우, ⑤ 수익자의 총수가 1인(수익자가 국가재정법 제8조 제1항에 따른 기금관리주체 또는 이에 준하는 자인 경우 등은 제외)이 되는 경우에는 투자신탁을 해지하고, 그 사실을 금융위에 보고하여야 한다(법 제192조 제2항).

(3) 일부해지

집합투자업자는 ① 발행한 수익증권이 판매되지 아니한 경우, ② 수익자가 수익증권의 환매를 청구한 경우, ③ 수익자총회에서 반대한 수익자가 수익증권의 매수를 청구한 경우에는 투자신탁의 일부를 해지할 수 있다(법 제192조 제5항, 시행령 제225조).

> **6**　투자신탁의 합병

(1) 투자신탁의 합병 절차

❶ 투자신탁 합병

　ㄱ. 투자신탁 합병의 법적형태(흡수합병) : 집합투자업자는 그 집합투자업자가 운용하는 다른 투자신탁을 흡수하는 방법으로 투자신탁을 합병 할 수 있음(법 제193조 제1항)

　ㄴ. 합병계획서 작성 및 수익자총회 결의 : 집합투자업자는 투자신탁을 합병하고자 하는 경우 ① 투자신탁의 합병으로 인하여 존속하는 투자신탁의 증가하는 신탁원본의 가액 및 수익증권의 좌수, ② 투자신탁의 합병으로 인하여 소멸하는 투자신탁의 수익자에게 발행하는 수익증권의 배정에 관한 사항, ③ 투자신탁의 합병으로 인하여 소멸하는 투자신탁의 수익자에게 현금을 지급하는 경우 그 내용, ④ 합병하는 각 투자신탁의 수익자총회의 회일, ⑤ 합병을

할 날, ⑥ 투자신탁의 합병으로 인하여 존속하는 투자신탁의 신탁계약을 변경하는 경우 그 내용, ⑦ 그 밖에 시행령(제226조 제1항)으로 정하는 사항을 기재한 합병계획서를 작성하여 합병하는 각 투자신탁의 수익자총회의 결의를 거쳐야 함(법 제193조 제2항). 다만, 원본액이 50억 원 미만이고 법 제229조에 따

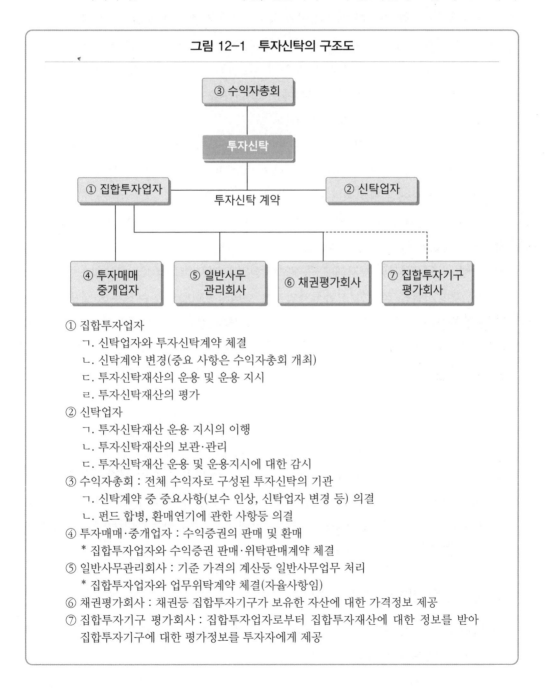

그림 12-1　투자신탁의 구조도

① 집합투자업자
　ㄱ. 신탁업자와 투자신탁계약 체결
　ㄴ. 신탁계약 변경(중요 사항은 수익자총회 개최)
　ㄷ. 투자신탁재산의 운용 및 운용 지시
　ㄹ. 투자신탁재산의 평가
② 신탁업자
　ㄱ. 투자신탁재산 운용 지시의 이행
　ㄴ. 투자신탁재산의 보관·관리
　ㄷ. 투자신탁재산 운용 및 운용지시에 대한 감시
③ 수익자총회 : 전체 수익자로 구성된 투자신탁의 기관
　ㄱ. 신탁계약 중 중요사항(보수 인상, 신탁업자 변경 등) 의결
　ㄴ. 펀드 합병, 환매연기에 관한 사항등 의결
④ 투자매매·중개업자 : 수익증권의 판매 및 환매
　* 집합투자업자와 수익증권 판매·위탁판매계약 체결
⑤ 일반사무관리회사 : 기준 가격의 계산등 일반사무업무 처리
　* 집합투자업자와 업무위탁계약 체결(자율사항임)
⑥ 채권평가회사 : 채권등 집합투자기구가 보유한 자산에 대한 가격정보 제공
⑦ 집합투자기구 평가회사 : 집합투자업자로부터 집합투자재산에 대한 정보를 받아 집합투자기구에 대한 평가정보를 투자자에게 제공

른 집합투자기구의 종류가 같으며, 투자대상 자산 등이 유사한 소규모 투자신탁 간의 합병일 경우에는 법 제193조 제2항 각 호(4호 제외)의 사항과 법 제191조 제1항 제2호에 따른 수익증권매수청구권에 관한 사항을 통지하는 것으로 수익자총회를 갈음할 수 있음(법 제193조 제2항 단서, 시행령 제225조의 2)

ㄷ. 수익자총회 승인사항의 수익자 통지 : 수익자총회의 소집통지서에는 합병계획서의 주요 내용이 기재되어야 함. 집합투자업자는 법 제193조 제2항 제1호부터 제6호까지의 사항 및 시행령 제226조 제1항 각 호의 사항에 관하여 수익자총회의 승인을 받은 경우에는 그 내용을 수익자에게 지체 없이 통지하여야 함(시행령 제226조 제3항, 제4항)

ㄹ. 수익자통지업무 전자등록기관 위탁 : 집합투자업자는 투자신탁 합병에 대한 수익자총회 승인사항을 수익자에게 통지하는 경우에는 그 통지업무를 전자등록기관에 위탁하여야 함(시행령 제226조 제5항)

❷ 채권자 보호절차 상법 준용 : 상법상 채권자 보호절차(상법 제527조의5 제1항 및 제3항)는 투자신탁 합병의 경우에 준용(법 제193조 제3항)

❸ 합병 관련 법정서류 투자매매·중개업자 영업소 비치(법 제193조 제4항)

ㄱ. 투자신탁을 설정한 집합투자업자는 수익자총회일의 2주 전부터 합병 후 6개월이 경과하는 날까지 ① 합병하는 각 투자신탁의 최종 결산서류, ② 합병으로 인하여 소멸하는 투자신탁의 수익자에게 발행하는 수익증권의 배정에 관한 사항 및 그 이유를 기재한 서면, ③ 합병계획서를 본점 및 투자매매업자 또는 투자중개업자의 영업소에 비치하여야 함

ㄴ. 그 투자신탁의 수익자 및 채권자는 영업시간 중 언제든지 그 서류를 열람할 수 있으며, 그 서류의 등본 또는 초본의 교부 청구 가능

❹ 투자신탁 합병 사실 금융위(거래소) 보고 : 투자신탁을 설정한 집합투자업자는 투자신탁을 합병한 경우 그 사실을 지체 없이 금융위에 보고하여야 함. 이 경우 합병되는 투자신탁의 수익증권이 증권시장에 상장되어 있는 때에는 한국거래소에도 보고하여야 함(법 제193조 제5항)

(2) 투자신탁 합병의 효력발생시기

투자신탁의 합병은 존속하는 투자신탁의 집합투자업자가 금융위에 보고를 한 때에 그 효력이 발생한다(법 제193조 제6항, 제7항).

이 경우 소멸하는 투자신탁은 해지된 것으로 간주하며, 합병 후 존속하는 투자신탁은 합병으로 인하여 소멸된 투자신탁의 권리·의무를 승계

(3) 수익증권의 합병가액 산정방식

투자신탁을 합병하는 날 전날의 대차대조표상에 계상된 자산총액에서 부채총액을 뺀 금액을 기준으로 계산한다(시행령 제226조 제2항).

---

section 02 | 투자회사

---

1 | 투자회사의 설립

(1) 투자회사의 발기인

발기인에 의한 투자회사 설립 : 「금융회사의 지배구조에 관한 법률」 제5조(임원의 자격요건)에 적합하지 아니한 자는 발기인이 될 수 없다(법 제194조 제1항).

(2) 투자회사 설립 자본금

투자회사의 설립 시 자본금은 주식발행가액의 총액으로 하며, 발행하는 주식은 상한과 하한을 두는 방법으로 정할 수 있다(법 제194조 제3항, 제4항).

---

2 | 투자회사 설립 절차

설립절차 : 정관 작성(공증인 인증 불필요) → 주식인수 → 주금납입 → 이사 선임 → 이사의 설립경과 조사(이사회 및 발기인 보고) → 설립등기

☞ 상법상 설립절차와 비교할 때 이사회에 대한 설립경과 조사 보고가 있음

(1) 정관의 작성

발기인은 투자회사를 설립하는 경우 법령에서 정하는 일정한 사항을 기재한 정관을 작성하여 발기인 전원이 기명날인 또는 서명하여야 한다(법 제194조 제2항, 시행령 제227조 제1항).

❶ 목적

❷ 상호

❸ 발행할 주식의 총수

❹ 설립 시에 발행하는 주식의 총수 및 발행가액

❺ 회사의 소재지

❻ 투자회사재산의 운용 및 관리에 관한 사항

❼ 그 투자회사가 유지하여야 하는 순자산액(자산에서 부채를 뺀 금액을 말함)의 최저액(이하 '최저순자산액'이라 함)

❽ 이익분배 및 환매에 관한 사항

❾ 공시 및 보고서에 관한 사항

❿ 공고방법

⓫ 투자회사의 종류(법 제229조의 구분에 따른 종류를 말함)

⓬ 투자대상 자산(법 제229조 제4호에 따른 혼합자산 집합투자기구인 경우를 제외하고는 주된 투자대상 자산을 따로 기재)

⓭ 주식의 추가 발행과 소각에 관한 사항

⓮ 존속기간이나 해산사유를 정한 경우에는 그 내용

⓯ 투자회사재산의 평가와 기준 가격의 계산에 관한 사항

⓰ 이익 외의 자산등의 분배에 관한 사항

⓱ 집합투자업자·신탁업자 및 일반사무관리회사와 체결할 업무위탁계약의 개요(보수, 그 밖의 수수료의 계산방법, 지급방법 및 시기에 관한 사항을 포함)

⓲ 집합투자업자와 신탁업자의 변경에 관한 사항(변경사유, 변경절차, 손실보상, 손해배상 등에 관한 사항을 포함)

⓳ 정관의 변경에 관한 사항

⓴ 감독이사의 보수에 관한 기준

㉑ 투자회사의 회계기간

㉒ 정관 작성연월일

(2) 주식 인수

투자회사의 발기인은 투자회사의 설립 시에 발행하는 주식의 총수를 인수(상법 제293조
에 따른 인수를 의미)하여야 한다(법 제194조 제6항).

(3) 주금납입

주식을 인수한 발기인은 지체 없이 주식의 인수가액을 금전으로 납입하여야 한다(법
제194조 제7항).

(4) 이사 선임

발기인은 투자회사 설립시에 발행하는 주식의 인수가액의 납입이 완료된 경우에는
지체 없이 의결권 과반수의 찬성으로 이사를 선임하여야 한다(법 제194조 제8항).

(5) 설립경과 조사(이사회 및 발기인 보고)

선임된 이사는 투자회사의 설립에 관하여 법령이나 투자회사의 정관을 위반한 사항
이 있는지를 조사하여 그 결과를 이사회에 보고하여야 하며(법 제194조 제8항), 만일 설립
경과 조사결과 법령 또는 투자회사의 정관을 위반한 사항을 발견한 경우에는 지체 없이
이를 발기인에게 보고하여야 한다(법 제194조 제9항).

(6) 설립등기

선임된 이사가 투자회사의 설립에 관하여 법령 또는 투자회사의 정관을 위반한 사항
이 있는지를 조사하여 이사회에 보고를 종료한 후 투자회사의 발기인은 법령에서 정한
사항(목적, 상호, 발행할 주식의 총수, 회사의 소재지, 그 투자회사가 유지하여야 하는 최저순자산액, 공고방
법, 정관으로 투자회사의 존속기간 또는 해산사유를 정한 경우 그 내용, 이사의 성명·주민등록번호(법인인 경
우에는 상호·사업자등록번호))을 2주 이내에 시행령으로 정하는 서류를 첨부하여 설립등기를
하여야 한다(법 제194조 제10항, 시행령 제228조).

❶ 정관
❷ 주식의 인수(「상법」 제293조에 따른 인수를 말함)를 증명하는 서면

❸ 이사의 조사보고서

❹ 이사의 취임 승낙을 증명하는 서면

❺ 명의개서사무의 위탁을 증명하는 서면

❻ 주식대금의 납부를 맡은 은행, 그 밖의 금융기관의 주식대금의 납부·보관에 관한 증명서

| 3 | 부동산 투자회사 및 선박투자회사 설립 제한 |

투자회사 발기인은 투자회사재산을 선박에 투자하는 회사의 설립을 하여서는 아니되며, 투자회사 설립 후에도 투자회사재산을 선박에 투자하는 회사에 해당하도록 그 정관을 변경할 수 없다(법 제194조 제11항).

☞ 이러한 규제는 똑같이 투자회사 형태를 취하고 있는 '자본시장법상의 부동산 투자회사 및 선박투자회사'와 '부동산 투자회사법에 의한 부동산 투자회사 및 선박투자회사법에 의한 선박투자회사'간의 업무영역을 구분해 주기 위한 정책적 고려에서 나온 것이며, 참고로 투자회사 이외의 형태로 부동산 펀드 혹은 선박펀드를 설립(설정)하는 경우에는 위의 규제가 적용되지 않음

| 4 | 투자회사 정관의 변경 |

(1) 이사회의 결의 및 주주총회 특별결의를 통한 정관의 변경

투자회사는 이사회 결의로 정관을 변경할 수 있다. 다만, 집합투자업자의 보수 인상 등 중요사항(투자신탁의 경우와 사실상 동일)을 변경하는 경우에는 주주총회의 특별결의를 거쳐야 한다(법 제195조 제1항).

(2) 이사회 결의 및 주주총회 결의 없는 정관의 변경

투자회사는 합병·분할·분할합병, 그 밖에 시행령으로 정하는 사유(투자신탁의 경우와 사실상 동일)로 집합투자업자 또는 신탁업자가 변경된 경우에는 이사회 결의 및 주주총회의 결의 없이 정관 변경 가능(법 제195조 제2항, 시행령 제229조 제1항)

(3) 정관 변경 내용의 공시 및 개별통지

투자회사는 정관을 변경한 경우에는 그 내용을 공시하여야 하며, 주주총회 결의를 거쳐 변경한 경우에는 주주에게 개별 통지하여야 한다(법 제195조 제3항).

5 투자회사 주식의 발행

(1) 투자회사 주식

❶ 투자회사의 주식은 무액면 기명식으로 발행(법 제196조 제1항)

❷ 투자회사는 성립일 또는 신주 납입기일에 전자등록의 방법으로 주식을 발행하여야 함(법 제196조 제2항)

❸ 투자회사 성립 후 신주를 발행하는 경우 신주의 수, 발행가액 및 납입기일은 정관에서 달리 정하는 경우를 제외하고는 이사회가 정함(법 제196조 제3항)

(2) 개방형 투자회사

❶ 개방형 투자회사(주주의 청구가 있는 경우 그 주주의 주식을 매수할 수 있는 투자회사)가 성립 후에 신주를 발행하는 경우에는 신주의 발행기간, 발행 신주수의 상한, 발행가액 및 주금납입기일을 정하는 방법을 이사회가 정함(법 제196조 제4항)

❷ 개방형 투자회사는 확정된 매일의 발행가액을 판매회사의 지점, 그 밖에 영업소에 게시하고 인터넷 홈페이지 등을 이용하여 공시하여야 함(법 제196조 제4항)

6 투자회사의 이사

(1) 투자회사 이사의 구분(법 제197조)

투자회사의 이사는 집합투자업자인 이사(법인이사)와 감독이사로 구분되며, 투자회사는 법인이사 1인과 감독이사 2인 이상을 선임하여야 한다.

(2) 법인이사(법 제198조)

❶ 집합투자업자인 법인이사는 투자회사를 대표하고 업무를 집행함. 다만 ① 집합투

자업자·신탁업자·투자매매업자·투자중개업자 및 일반사무관리회사와의 업무위탁계약의 체결, ② 자산의 운용·보관등에 따르는 보수의 지급, ③ 금전의 분배 및 주식의 배당, ④ 그 밖에 정관이 정하는 사항 등의 업무를 집행하기 위해서는 이사회 결의 필요

❷ 법인이사는 3개월에 1회 이상 업무집행상황 및 자산운용내용을 이사회에 보고
❸ 법인이사는 직무수행 임직원을 선임한 경우 투자회사에 서면으로 통지하여야 하며, 그 자가 직무범위에서 행한 행위는 법인이사 행위로 간주

(3) 감독이사(법 제199조)

❶ 감독이사는 법인이사의 업무집행을 감독하며, 투자회사의 업무 및 재산상황을 파악하기 위하여 필요한 경우 법인이사와 신탁업자등 또는 회계감사인에게 관련 보고를 요구할 수 있음
❷ 감독이사는 직무상 알게 된 미공개 정보를 자기 또는 제3자의 이익을 위해 이용하여서는 아니 됨

(4) 이사회(법 제200조)

❶ 각 이사가 소집. 회의일 3일 전(정관으로 단축 가능)까지 각 이사에게 소집 통지
❷ 이사회는 법과 정관에서 정한 사항만 결의
❸ 이사회는 이사 결원 시 이사 선임을 위한 주주총회 즉시 소집
❹ 이사회 결의는 과반수 출석과 출석 이사 과반수 찬성

7 주주총회

(1) 총회 소집권자 : 이사회(법 제201조 제1항)

(2) 의결정족수(법 제201조 제2항)

❶ 출석 주주의 의결권의 과반수와 발행주식 총수의 1/4 이상의 찬성으로 결의
❷ 다만, 법정 주주총회 결의사항 외에 집합투자규약으로 정한 주주총회 결의사항에 대하여는 출석 주주의 의결권의 과반수와 발행주식 총수의 1/5 이상의 찬성으로 결의할 수 있음

(3) 수익자총회 관련 규정 준용(법 제201조 제3항)

신탁업자 및 5% 수익자의 주총소집 요구, 서면에 의한 의결권 행사, 연기총회 및 소집통지의 전자등록기관 위탁 등의 규정은 투자회사의 주주총회에 관하여 준용

(4) 정관변경 및 합병 결의에 반대하는 주주에 대하여는 수익증권의 매수청구 관련 규정 준용(법 제201조 제4항)

8   투자회사의 해산 및 청산

(1) 해산(법 제202조)

❶ 투자회사 해산 사유 : 투자회사는 다음 사유로 해산하며, 청산인은 30일 이내에 해산사유 등 관련 사항을 금융위에 보고
 ㄱ. 정관에서 정한 존속기간 만료 또는 해산사유 발생
 ㄴ. 주주총회의 해산 결의
 ㄷ. 투자회사의 피흡수 합병
 ㄹ. 투자회사의 파산
 ㅁ. 법원의 명령·판결
 ㅂ. 투자회사 등록의 취소
 ㅅ. 법인이사인 주주를 제외하고 주주의 총수가 1인(수익자가 국가재정법 제9조 제4항에 따른 기금관리주체 또는 이에 준하는 자인 경우 등 제외)이 되는 경우
❷ 청산인 및 청산감독인 선임 및 등기
 ㄱ. 청산인의 선임 및 등기 : 법인이사가 청산인이 되는 경우 해산일부터 2주 이내, 청산인이 선임된 때에는 선임일부터 2주 이내 시행령으로 정하는 서류를 첨부하여 다음의 사항을 등기해야 함. ① 청산인의 성명·주민등록번호(청산인이 법인이사인 경우에는 상호·사업자등록번호), ② 청산인 중에서 대표청산인을 정하도록 하거나 2인 이상의 청산인이 공동으로 투자회사를 대표할 것을 정한 경우에는 그 내용
 ㄴ. 청산감독인의 선임 및 등기 : 감독이사가 청산감독인이 되는 경우 해산일부터 2주 이내, 청산감독인이 선임된 때에는 선임일부터 2주 이내 시행령으로 정하는 서류를 첨부하여 청산감독인의 성명 및 주민등록번호를 등기하여야 함

ㄷ. 투자회사가 ① 정관에서 정한 존속기간 만료 또는 해산사유 발생, ② 주주총회의 해산 결의로 해산, ③ 주주가 1인이 되는 경우로 인해 해산하는 때에는 정관 또는 주주총회에서 달리 정한 경우 외에는 법인이사 및 감독이사가 각각 청산인 및 청산감독인이 됨

ㄹ. 금융위는 투자회사가 ① 법원의 명령 또는 판결로 해산하거나, ② 청산인 또는 청산감독인이 없는 경우, ③ 상법 제193조 제1항에 따라 청산하는 경우에는 이해관계인의 청구에 따라 청산인 또는 청산감독인을 선임

ㅁ. 금융위는 투자회사가 등록취소로 인해 해산한 경우 직권으로 청산인 및 청산감독인을 선임

ㅂ. 금융위는 청산인 또는 청산감독인이 업무를 집행함에 있어서 현저하게 부적합하거나 중대한 법령 위반사항이 있는 경우에는 직권으로 또는 이해관계인의 청구에 의하여 이들을 해임할 수 있고, 이 경우 직권으로 새로운 청산인 또는 청산감독인을 선임

❸ 등기 : 금융위는 투자회사 등록의 취소사유로 투자회사가 해산한 경우, 금융위가 직권으로 청산인 또는 청산감독인을 해임한 경우에는 등기원인을 증명하는 서면을 첨부하여 투자회사의 소재지를 관할하는 등기소에 해당 등기를 촉탁하여야 함

(2) 청산(법 제203조)

❶ 투자회사의 재산목록과 대차대조표 청산인회 제출
   ㄱ. 청산인은 취임 후 재산목록과 대차대조표를 작성하여 청산인으로 취임한 날부터 15일 이내에 청산인회에 제출하여 승인을 받아야 하며, 그 등본을 지체 없이 금융위에 제출하여야 함
   ㄴ. 재산목록과 대차대조표를 청산종결 시까지 투자회사에 비치하고, 집합투자업자 및 판매회사의 영업소에 비치토록 하여야 함

❷ 금융위 보고의무 : 청산감독인은 청산인이 업무수행과 관련하여 법령이나 정관을 위반하거나 투자회사에 현저하게 손해를 끼칠 우려가 있는 사실을 발견한 경우에는 금융위에 보고하여야 함

❸ 청산인의 투자회사 채권자에 대한 최고절차 : 청산인은 취임한 날부터 1개월 이내에 투자회사의 채권자에 대하여 일정기간 이내에 그 채권을 신고할 것과 그 기간 이내에 신고하지 아니하면 청산에서 제외된다는 뜻을 2회 이상 공고함으로써 최

고하여야 함. 이 경우 그 신고기간은 1개월 이상으로 하여야 함

❹ 청산인의 투자회사 채권자에 대한 최고절차 생략

ㄱ. 청산인은 자금차입·채무보증 또는 담보제공이 제한되는 투자회사의 경우 위 ❸에 불구하고 시행령으로 정하는 방법에 따라 채권자에 대한 최고절차 생략 가능

ㄴ. 장내파생상품 매매에 따른 계약이행책임이 있는 경우등 시행령 제233조 제2 항 각 호의 어느 하나에 해당하는 경우에는 그 절차 생략이 불가함

　　a. 장내파생상품 또는 장외파생상품의 매매에 따른 계약이행책임이 있는 경우

　　b. 투자회사재산에 중대한 영향을 미칠 수 있는 소송이 계류 중인 경우

　　c. 법 제83조 제1항 단서에 따른 금전차입등으로 인하여 잔존채무가 있는 경우

❺ 결산보고서 작성 및 공고 : 청산인은 청산사무가 종결된 경우 결산보고서를 작성하여 주주총회의 승인을 받아 공고하고, 이를 금융위 및 협회에 제출하여야 함

❻ 청산인 및 청산감독인의 보수 : 청산인 및 청산감독인은 정관, 주주총회 또는 금융위가 정하는 바에 따라 투자회사로부터 보수를 받을 수 있음

❼ 재산목록 및 대차대조표 비치 : 청산인은 법 제203조 제1항에 따라 승인을 얻은 재산목록과 대차대조표를 청산종결 시까지 투자회사에 비치하여야 하며, 이를 집합투자업자 및 투자매매업자·투자중개업자에게 송부하여 그 영업소에 비치하도록 해야 함

9	투자회사의 특례

(1) 상장법인 사업보고서등 적용 배제(법 제205조 제1항)

투자회사에 대하여는 상장법인의 사업보고서, 반기·분기보고서, 주요 사항보고서등의 공시제도 등은 적용을 배제

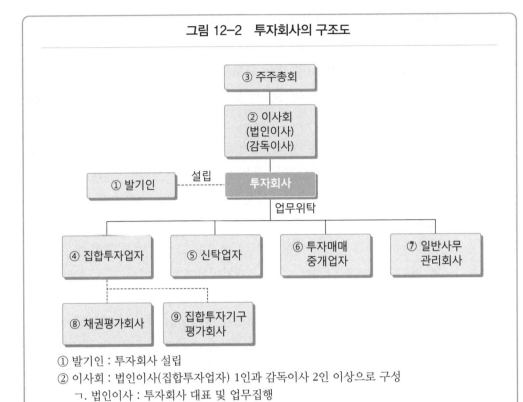

그림 12-2 투자회사의 구조도

① 발기인 : 투자회사 설립
② 이사회 : 법인이사(집합투자업자) 1인과 감독이사 2인 이상으로 구성
   ㄱ. 법인이사 : 투자회사 대표 및 업무집행
   ㄴ. 감독이사 : 법인이사의 업무집행을 감독
③ 주주총회 : 전체 주주로 구성
   ㄱ. 정관 중 중요사항(보수 인상, 집합투자업자 변경 등) 의결
   ㄴ. 투자회사 합병, 환매연기에 관한 사항등 의결
④ 집합투자업자
   ㄱ. 투자회사의 법인이사로 투자회사 대표 및 업무집행
   ㄴ. 투자회사재산을 운용하고 이를 평가
⑤ 신탁업자
   ㄱ. 투자회사재산의 운용에 따른 결제등의 이행 및 보관·관리
   ㄴ. 투자회사재산의 운용에 대한 감시
⑥ 투자매매·중개업자
   투자회사의 위탁을 받아 투자회사 주식의 판매 및 환매업무를 수행
⑦ 일반사무관리회사
   투자회사의 위탁을 받아 투자회사재산의 계산 및 일반사무업무를 처리
⑧ 채권평가회사 : 채권등 집합투자기구가 보유한 자산에 대한 가격정보 제공
⑨ 집합투자기구 평가회사 : 집합투자업자로부터 집합투자재산에 대한 정보를 받아 집합
   투자기구에 대한 평가정보를 투자자에게 제공

(2) 투자회사의 경우 소주주주권의 특례를 적용(법 제205조 제2항)

투자회사의 경우에는 금융투자업자의 소수주주 요건의 특례를 적용

(3) 상법 적용 배제(법 제206조)

회사의 상호, 등기 기간의 기산점, 발기인의 정관작성, 정관의 인증, 이사·감사의 설립조사의 발기인 보고, 모집설립, 주식인수 관련, 창립총회 관련, 액면미달주식의 발행제한, 주식의 양도 제한, 자기주식취득·질취·처분 제한, 모회사주식 취득 제한, 다른 회사의 주식 취득, 주식 소각, 수종의 주식, 총회 소집, 주식매수청구권, 이사수 및 임기, 대표이사 선정, 이사의 경업금지, 집행임원 설치회사, 집행임원과 회사의 관계, 집행임원 관련, 감사·감사위원회, 신주인수권 관련, 자본감소 관련, 재무제표 승인등, 준비금 관련, 유한회사로의 조직 변경 등은 투자회사에 적용하지 않는다.

---

section 03 **투자유한회사**

---

1 **투자유한회사의 설립(법 제207조)**

집합투자업자가 정관을 작성하고, 작성 후 출자금을 금전으로 납입 후 2주 이내에 시행령으로 정하는 서류를 첨부하여 설립등기를 하여야 한다.

투자유한회사는 등록 전에는 집합투자업자 외의 사원을 가입시켜서는 안된다.

2 **투자유한회사의 지분증권(법 제208조)**

(1) 사원은 출자금액의 반환·이익 분배등에 있어 지분증권 수에 따라 균등한 권리를 가진다.

(2) 지분증권에는 법령에서 정한 사항을 기재하고 법인이사가 기명날인 또는 서명하여야 한다.

(3) 투자회사의 주식에 관한 규정(법 제196조)은 투자유한회사의 지분증권에 관하여 준용

3 법인이사(법 제209조)

(1) 투자유한회사는 집합투자업자인 법인이사 1인을 둔다.

(2) 투자회사의 법인이사에 관한 규정(법 제198조 제1항, 제4항, 제5항)은 투자유한회사의 법인이사에게 준용

4 상법과의 관계

정관의 인증, 1좌의 금액 등은 투자유한회사에 적용을 배제

section 04 투자합자회사

1 투자합자회사의 설립(법 제213조)

(1) 집합투자업자가 정관을 작성하여 무한책임사원 1인과 유한책임사원 1인이 기명날인 또는 서명하여야 한다.

(2) 정관 작성 후 설립 시에 출자금 납입, 출자금액 납입날부터 2주 후 설립 등기하여야 하고, 등록 전 제3의 사원 가입 금지

2 업무집행사원(법 제214조)

(1) 투자합자회사는 집합투자업자인 업무집행사원 1인(무한책임사원)과 유한책임사원으로 구성(상법 173조 적용 배제)

(2) 투자회사의 법인이사에 관한 규정(법 제198조 제1항, 제4항, 제5항)은 투자합자회사의 업무집행사원에 준용

3 특례(법 제217조)

(1) 상법 특례

사원의 퇴사 제한 등은 투자합자회사에 적용을 배제함, 유한책임은 출자이행금액을 한도로 책임

(2) 이익배당 시 유한·무한책임사원 간 배당률·순서 등을 달리 정할 수 있으나, 손실배당의 경우에는 동일하여야 한다.
- ☞ 이익배당의 차등 허용은 추가 출자의무(유한·무한책임)의 유무를 고려한 것이며, 손실배당의 경우 손실보전 금지와 동일한 취지로 금지

section 05 투자유한책임회사

1 투자유한책임회사의 설립(법 제217조의2)

(1) 집합투자업자가 정관을 작성하여 사원 1인이 기명날인 또는 서명하여야 한다.

(2) 정관 작성 후 설립 시에 출자금 납입(투자유한책임회사의 사원의 출자의 목적은 금전에 한

함), 출자금액 납입날부터 2주 후 설립 등기하여야 하고, 등록 전 제3의 사원 가입 금지

2 업무집행자(법 제217조의4)

(1) 투자유한책임회사는 사원 또는 사원이 아닌 자로 업무집행자 1인을 두어야 함. 이 경우 업무집행자는 집합투자업자이어야 한다.

(2) 투자회사의 법인이사에 관한 규정(법 제198조 제1항, 제4항, 제5항)은 투자유한책임회사의 업무집행자에 준용

3 특례

상법상 지분양수의 금지, 업무집행자의 겸업제한, 정관의 변경, 사원의 퇴사제한 등은 투자유한책임회사에 적용을 배제

---

section 06 투자합자조합

1 투자합자조합의 설립(법 제218조)

집합투자업자가 조합계약을 작성하여 업무집행조합원 1인과 유한책임조합원 1인이 기명날인 또는 서명하고 설립 후 2주 이내에 등기하여야 한다. 등록 전 제3의 조합원 가입 금지

2   업무집행조합원(법 제219조)

(1) 투자조합은 집합투자업자인 업무집행조합원(무한책임조합원)과 유한책임조합원으로 구성

(2) 투자회사의 법인이사에 관한 규정은 투자합자조합의 업무집행조합원에 준용

3   특례(법 제223조)

(1) 민법 특례 : 노무 출자 및 업무집행자등 적용 배제, 지분증권 취득 시 조합가입 간주

(2) 이익배당 시 유한·무한책임조합원 간 배당률·순서 등을 달리 정할 수 있다.

section 07   투자익명조합

1   투자익명조합 설립(법 제224조)

집합투자업자가 익명조합계약을 작성하여 영업자 1인과 익명조합원 1인이 기명날인 또는 서명하여야 한다. 등록 전 제3의 익명조합원 가입 금지

2   영업자(법 제225조)

(1) 투자익명조합재산은 집합투자업자인 영업자 1인이 운용

(2) 투자회사의 법인이사에 관한 규정(법 제198조 제1항, 제4항, 제5항)은 투자익명조합의

영업자에 준용

상법 특례 : 상법상 익명조합계약 해지 및 계약 종료 규정 적용 배제, 지분증권 취득 시 투자익명조합 가입 간주

신탁법 제3장 준용 : 투자익명조합에 대하여 신탁재산 관련 규정(상계·강제집행 금지 등) 준용

section 08   집합투자기구의 종류 등

1   **집합투자기구의 종류**

(1) 증권 집합투자기구(법 제229조 제1호)

집합투자재산의 50%를 초과하여 '증권'에 투자하는 집합투자기구로서 부동산·특별자산 집합투자기구가 아닌 것

❶ '증권'의 범위

ㄱ. 자본시장법 제4조에서 정의하는 '증권' 중에서 아래에 열거된 '부동산등과 관련된 증권' 제외(시행령 제240조 제2항)

    a. 부동산 및 부동산 관련 권리(지상권·지역권·전세권·임차권·분양권 등), 기업구조조정촉진법상 채권 금융기관(이에 준하는 외국 금융기관과 청산절차 또는 파산절차 진행 중인 법인 포함)의 부동산 담보부 금전채권 또는 특별자산을 기초자산(50% 이상)으로 하는 신탁의 수익증권, 집합투자재산의 집합투자증권, 유동화자산의 유동화증권

    b. 부동산 투자회사·선박투자회사 주식

c. 사회기반시설사업의 시행을 목적으로 하는 법인이 발행한 주식·채권

d. 사회기반시설사업의 시행 법인의 주식·채권 또는 대출채권에 투자하는 것을 목적으로 하는 법인(사회기반시설에 대한 민간투자법에 따른 사회기반시설 투융자회사는 제외)의 지분증권

e. 부동산 개발회사가 발행한 증권

f. 부동산·부동산 관련 자산을 기초로 발행된 유동화증권

g. 주택저당채권담보부채권 또는 주택저당채권유동화회사, 한국주택금융공사 또는 금융기관이 지급보증한 채권·주택저당증권

h. 부동산 투자목적회사가 발행한 지분증권

i. 「해외자원개발 사업법」 제14조의 2 제1항 제2호에 따른 해외자원개발 전담회사와 특별자산에 대한 투자만을 목적으로 하는 법인(외국법인을 포함)이 발행한 지분증권·채무증권

ㄴ. '부동산등 관련 증권'을 제외한 증권을 기초자산으로 한 파생상품은 포함

(2) 부동산 집합투자기구(법 제229조 제2호)

집합투자재산의 50%를 초과하여 '부동산'에 투자하는 집합투자기구

❶ '부동산'의 범위(시행령 제240조 제5항)

ㄱ. 부동산

ㄴ. 부동산을 기초자산으로 한 파생상품

ㄷ. 부동산 개발과 관련된 법인에 대한 대출

ㄹ. 부동산의 개발

ㅁ. 부동산의 관리 및 개량

ㅂ. 부동산의 임대 및 운영

ㅅ. (채권)금융기관 (이에 준하는 외국 금융기관과 청산절차 또는 파산절차 진행 중인 법인 포함)이 채권자인 부동산 담보부대출채권

ㅇ. 부동산 관련 증권

a. 부동산 및 부동산 관련 권리, 금전채권(부동산 담보)을 기초자산(50% 이상)으로 하는 신탁의 수익증권, 집합투자재산의 집합투자증권, 유동화자산의 유동화증권

b. 부동산 투자회사 주식

c. 부동산 개발회사가 발행한 증권

d. 부동산·부동산 관련 자산을 기초로 발행된 유동화증권

e. 주택저당채권담보부채권 또는 주택저당채권유동화회사, 한국주택금융공
사 또는 금융기관이 지급보증한 채권·주택저당증권

f. 부동산 투자목적회사가 발행한 지분증권

❷ 부동산 투자방법

ㄱ. 부동산의 개발

ㄴ. 부동산의 관리 및 개량

ㄷ. 부동산의 임대 및 운영

ㄹ. 지상권·지역권·전세권·임차권·분양권 등 부동산 관련 권리의 취득

ㅁ. 채권금융기관(이에 준하는 외국 금융기관과 청산절차 또는 파산절차 진행 중인 법인 포함)이
채권자인 부동산 담보부대출채권의 취득

ㅂ. 위 ㄱ.~ㅁ.과 관련된 금전의 지급

(3) 특별자산 집합투자기구(법 제229조 제3호)

집합투자재산의 50%를 초과하여 특별자산(증권 및 부동산을 제외한 투자대상 자산)에 투자
하는 집합투자기구

(4) 혼합자산 집합투자기구(법 제229조 제4호)

집합투자재산의 운용 관련 증권, 부동산, 특별자산의 최저 투자비율의 적용을 받지
않는 집합투자기구

(5) 단기금융 집합투자기구(MMF)(법 제229조 제5호)

집합투자재산 전부를 원화로 표시된 단기금융상품에 투자하는 집합투자기구

❶ 단기금융상품(시행령 제241조 제1항)

ㄱ. 남은 만기가 6개월 이내인 양도성 예금증서

ㄴ. 남은 만기가 5년 이내인 국채증권, 남은 만기가 1년 이내인 지방채증권·특수
채증권·사채권(주식 관련 사채 및 사모사채권 제외)·기업어음증권

☞ 환매조건부매수의 경우에는 남은 만기의 제한을 받지 아니함

ㄷ. 남은 만기가 1년 이내인 금융기관이 발행·할인·매매·중개·인수·보증하는 어음(기업어음증권은 제외)

ㄹ. 단기대출(법 제83조 제4항)

ㅁ. 만기가 6개월 이내인 금융기관 또는 우체국에 예치

ㅂ. 다른 단기금융 집합투자기구의 집합투자증권

ㅅ. 전자단기사채 등

❷ MMF 규제특례(시행령 제241조 제2항)

ㄱ. 증권을 대여하거나 차입하는 방법으로 운용하지 아니할 것

ㄴ. 남은 만기가 1년 이상인 국채증권에 집합투자재산의 100분의 5 이내에서 운용할 것

ㄷ. 환매조건부매도는 보유 증권 총액의 100분의 5 이내일 것

ㄹ. 집합투자재산의 남은 만기의 가중평균된 기간이 금융위가 정하여 고시하는 범위 이내일 것(3천억 원 이상 개인 MMF : 75일, 5천억 원 이상 법인 MMF : 60일, 그 밖에 MMF : 120일)

ㅁ. 집합투자업자가 운용중인 MMF의 규모가 일정 수준(개인전용 MMF 3천억 원, 법인전용 MMF 5천억 원) 이하인 경우에는 추가로 MMF 설립 혹은 운용할 수 없음

ㅂ. 투자대상 자산의 신용등급 및 신용등급별 투자한도, 남은 만기의 가중평균 계산방법, 그 밖에 자산운용의 안정성 유지에 관하여 금융위가 정하여 고시하는 내용을 준수할 것

❸ 외화 MMF 도입

ㄱ. OECD 가입국 및 중국 통화로 표시되는 외화 MMF가 허용되며, 잔존만기 5년 내 해당 통화국 국채를 편입할 수 있음

ㄴ. 외화로 납입 및 환매대금을 지급할 수 있음

2 특수한 형태의 집합투자기구

(1) 환매금지형 집합투자기구(폐쇄형펀드)

❶ 정의 : 존속기간을 정한 집합투자기구에 한하여 집합투자증권의 환매를 청구할 수 없는 집합투자기구 설립 가능(환매금지형 집합투자기구)(법 제230조 제1항)

❷ 집합투자증권 추가 발행(법 제230조 제2항, 시행령 제242조 제1항)

   ㄱ. 환매금지형 집합투자기구는 원칙적으로 집합투자증권을 추가로 발행할 수 없음

   ㄴ. 다만 다음 중 하나에 해당하는 때에 추가 발행이 가능하며, 이 경우 기준 가격과 증권시장에서 거래되는 가격을 고려하여 산정한 가격으로 발행해야 함

      a. 이익분배금 범위에서 집합투자증권을 추가로 발행하는 경우

      b. 기존 투자자 이익을 해할 우려가 없다고 신탁업자의 확인을 받는 경우

      c. 기존 투자자 전원의 동의를 받는 경우

      d. 기존 투자자에게 집합투자증권의 보유비율에 따라 추가로 발행되는 집합투자증권의 우선 매수기회를 부여하는 경우

❸ 환매금지형 집합투자기구 집합투자증권의 상장 : 환매금지형 투자신탁 및 환매금지형 투자회사는 신탁계약이나 정관에 투자자의 환금성 보장을 위한 별도 방법을 두지 않는 경우에는 집합투자증권 발행일부터 90일 이내에 집합투자증권을 증권시장에 상장해야 함(법 제230조 제3항)

❹ 집합투자재산의 기준 가격 산정, 공고·게시의무등 적용 배제(법 제230조 제4항)

   ㄱ. 환매금지형 집합투자기구의 경우 기준 가격 산정, 기준 가격의 공고·게시 의무, 금융위의 투자회사등의 기준 가격 산정업무 일반사무관리회사 위탁 명령 조항의 적용이 배제됨

   ㄴ. 다만 추가로 집합투자증권을 발행할 수 있는 환매금지형 집합투자기구의 경우에는 해당 조항이 적용됨.

❺ 환매금지형 집합투자기구 설정(설립) 의무대상(법 제230조 제5항, 시행령 제242조 제2항, 규정 제7-21조 및 7-22조)

   ㄱ. 부동산 집합투자기구

   ㄴ. 특별자산 집합투자기구

   ㄷ. 혼합자산 집합투자기구

   ㄹ. 집합투자기구 자산총액의 20%를 초과하여 부동산, 특별자산, 비상장주식등 시장성 없는 자산에 투자할 수 있는 집합투자기구

(2) 종류형 집합투자기구

❶ 정의 : 같은 집합투자기구에서 판매보수의 차이로 인하여 기준 가격이 다르거나, 판매수수료가 다른 여러 종류의 집합투자증권을 발행하는 집합투자기구(법 제231조 제1항)

❷ 종류형 집합투자기구 등록신청서 의무기재사항 : 종류형 집합투자기구가 설정 또는 설립된 경우에는 등록신청서에 다음의 사항을 포함하여야 함(시행령 제243조 제1항, 규정 제7-23조)

  ㄱ. 여러 종류의 집합투자증권별 판매수수료와 판매보수에 관한 사항
  ㄴ. 여러 종류의 집합투자증권 간에 전환할 수 있는 권리를 투자자에게 주는 경우 그 전환에 관한 사항
  ㄷ. 각 종류의 집합투자재산이 부담하는 비용에 관한 사항
  ㄹ. 여러 종류의 집합투자증권 취득 자격에 제한이 있는 그 내용
  ㅁ. 여러 종류의 집합투자증권별 환매수수료에 관한 사항
  ㅂ. 여러 종류의 집합투자증권의 기준 가격 산정방법에 관한 사항
  ㅅ. 종류 집합투자자 총회에 관한 사항

❸ 여러 종류의 집합투자증권 간 전환 시 기준 가격 및 환매수수료 부과 여부(시행령 제243조 제2항)

  ㄱ. 전환 가격은 각 종류의 집합투자증권의 기준 가격으로 하여야 함
  ㄴ. 전환을 청구한 투자자에게 환매수수료를 부과하여서는 아니됨

❹ 종류형 집합투자증권 판매 시 유의사항 : 투자매매업자 또는 투자중개업자는 종류형 집합투자기구의 집합투자증권을 판매하는 경우에는 판매수수료나 판매보수가 다른 여러 종류의 집합투자증권이 있다는 사실과 각 종류별 집합투자증권의 차이(투자자의 예상투자기간 등을 고려한 예상 판매 수수료·보수와 수수료·보수별 차이점 포함)를 설명하여야 함(시행령 제243조 제3항)

❺ 종류형 집합투자기구로의 변경 시 변경등록의무 : 투자신탁이나 투자익명조합의 집합투자업자 또는 투자회사등은 종류형 집합투자기구로 변경하려는 경우에는 시행령 제211조 제3항에 따른 변경등록 신청서류에 시행령 제243조 제1항의 사항을 포함하여 변경등록하여야 함(시행령 제243조 제4항)

(3) 전환형 집합투자기구

❶ 정의 : 공통의 집합투자규약에 의하여 복수의 집합투자기구 간에 각 집합투자기구의 투자자가 소유하고 있는 집합투자증권을 다른 집합투자기구의 집합투자증권으로 전환할 수 있는 권리를 투자자에게 부여하는 구조의 집합투자기구(법 제232조 제1항)

❷ 설정(설립) 요건 : ① 복수의 집합투자기구 간에 공통으로 적용되는 집합투자규약이 있을 것, ② 집합투자규약에 법적형태에 따른 집합투자기구(투자신탁, 투자회사, 투자유한회사, 투자익명조합등) 간의 전환이 금지되어 있을 것(법 제232조 제1항 각 호)

❸ 등록신청서 의무기재사항 : 전환이 가능한 집합투자기구에 관한 사항(시행령 제244조 제1항)

❹ 집합투자증권 전환 가격 산정방법 및 환매수수료 부과 여부(시행령 제244조 제2항)
　ㄱ. 각 집합투자기구의 집합투자증권의 기준 가격
　ㄴ. 전환을 청구한 투자자에게 환매수수료를 부과하여서는 아니됨

❺ 변경등록의무 : 전환형 집합투자기구로 변경하려는 경우에는 전환이 가능한 집합투자기구에 관한 사항을 기재하여 변경등록하여야 함(시행령 제244조 제3항)

(4) 모자형 집합투자기구

❶ 정의 : 다른 집합투자기구(모집합투자기구)가 발행하는 집합투자증권을 취득하는 구조의 집합투자기구(자집합투자기구)를 의미함(법 제233조 제1항)

❷ 설정(설립) 요건 : ① 자집합투자기구가 모집합투자기구의 집합투자증권 외의 다른 집합투자증권을 취득하는 것이 허용되지 아니할 것, ② 자집합투자기구 외의 자가 모집합투자기구의 집합투자증권을 취득하는 것이 허용되지 아니할 것, ③ 자집합투자기구와 모집합투자기구의 집합투자재산을 운용하는 집합투자업자가 동일할 것(법 제233조 제1항 각 호)

❸ 재간접 집합투자기구 자산운용제한 사항 적용 배제 : 자집합투자기구가 모집합투자기구의 집합투자증권을 취득하는 경우에는 재간접 집합투자기구(집합투자재산을 집합투자증권에 운용하는 집합투자기구)의 법 제81조 제1항 제3호(라목 제외)의 자산운용제한 사항(사모 집합투자기구의 집합투자증권에 투자하는 행위 제외)을 적용하지 않음(법 제233조 제2항)

❹ 등록신청서 기재사항 : 모자집합투자기구가 취득하는 모집합투자기구의 집합투

자증권에 관한 사항을 포함해야 함(시행령 제245조 제1항)

⑤ 모집합투자기구의 집합투자증권 판매 금지 : 투자매매업자 또는 투자중개업자는 모집합투자기구의 집합투자증권을 투자자에게 판매하여서는 안됨(시행령 제245조 제2항)

⑥ 집합투자기구의 모자형 집합투자기구로의 변경 시 변경등록의무 : 자집합투자기구가 취득하는 모집합투자기구의 집합투자증권등에 관한 사항을 포함하여 변경등록하여야 함(시행령 제245조 제3항)

⑦ 집합투자기구의 모자형 집합투자기구로의 변경방법(시행령 제245조 제4항)

ㄱ. 집합투자기구의 자산 전부를 새로 설정 또는 설립되는 모집합투자기구에 이전하고, 이전한 자산 금액에 상당하는 모집합투자기구의 집합투자증권을 변경되는 자집합투자기구에 교부하여야 함

ㄴ. 둘 이상의 집합투자기구의 자산을 합하여 하나의 모집합투자기구에 이전하거나 하나의 집합투자기구의 자산을 분리하여 둘 이상의 모집합투자기구로 이전하여서는 안됨

ㄷ. 위에도 불구하고 50억 원 미만의 소규모펀드일 경우에는 투자대상 자산 등을 고려하여 금융위가 정하여 고시하는 기준에 따라 다음 각 호의 어느 하나에 해당하는 방법으로 그 집합투자기구의 집합투자재산을 이전할 수 있음

a. 투자대상 자산 등이 유사한 둘 이상의 집합투자기구의 각 집합투자재산 전부를 새로 설정·설립된 하나의 모집합투자기구에 이전하는 방법

b. 각 집합투자기구의 집합투자재산 전부를 이전하여 이미 설정·설립된 모집합투자기구(각 집합투자기구와 투자대상 자산 등이 유사한 모집합투자기구로 한정)에 이전하는 방법

(5) 상장지수 집합투자기구(ETF)

① 상장지수 집합투자기구의 요건(법 제234조 제1항 각 호)

ㄱ. 기초자산의 가격 또는 기초자산의 종류에 따라 다수 종목의 가격 수준을 종합적으로 표시하는 지수 중 시행령으로 정하는 요건을 모두 갖춘 지수*의 변화에 연동하여 운용하는 것을 목표로 할 것

* ETF 지수 요건(시행령 제246조, 규정 제7-26조)

a. 거래소, 외국 거래소 또는 금융위가 정하여 고시하는 시장에서 거래되는 종

목의 가격 또는 다수 종목의 가격 수준을 종합적으로 표시하는 지수일 것

　　b. 위 a.의 가격 또는 지수가 위 a.의 시장을 통하여 투자자에게 적절하게 공표될 수 있을 것

　　c. 기초자산의 가격의 요건, 지수의 구성종목 및 지수를 구성하는 종목별 비중, 가격 및 지수의 변화에 연동하기 위하여 필요한 운용방법 등에 관하여 금융위가 정하여 고시하는 요건을 충족할 것

ㄴ. 수익증권 또는 주식의 환매가 허용될 것

ㄷ. 수익증권 또는 주식이 해당 투자신탁 또는 투자회사의 설정·설립일부터 30일 이내에 증권시장에 상장될 것

❷ 상장지수 집합투자기구의 경우 다음 규정을 적용하지 않음(법 제234조 제1항)

ㄱ. 금융투자업자의 대주주 및 특수관계인 발행 증권 소유 제한

ㄴ. 계열회사 주식등에 대한 shadow voting의 예외

ㄷ. 자산운용보고서

ㄹ. 주식등의 대량보유 보고

ㅁ. 내부자의 단기매매차익 반환

ㅂ. 임원등의 특정 증권등 소유상황 보고

ㅅ. 집합투자증권의 환매 관련

❸ 지정 참가회사가 상장지수 집합투자기구의 설정·설립을 위하여 자기 또는 타인의 계산으로 증권을 매매하는 경우에는 투자일임업으로 보지 않음(법 제234조 제2항)

❹ 상장지수 집합투자기구의 설정·설립등의 경우 금전 외의 증권으로 납입 가능(법 제234조 제3항)

❺ 지정 참가회사 : 증권을 대상으로 투자매매업(인수업은 제외)·투자중개업(위탁매매업만 해당)을 함께 하는 자로서 다음의 업무를 담당하도록 하기 위하여 집합투자업자가 지정하는 자(시행령 제247조, 규정 제7－27조 및 제7－28조)

ㄱ. ETF의 설정, 추가 설정·신주발행을 집합투자업자에게 요청하는 업무

ㄴ. ETF의 해지·일부 해지, 해산·주식 소각을 집합투자업자에게 요청하는 업무

ㄷ. 투자자로부터 납입받은 납입금등을 설정단위에 상당하는 자산으로 변경하기 위한 증권의 매매·위탁매매업무

ㄹ. ETF가 원활하게 거래되도록 하고, 그 가격이 주당·좌당 순자산가치에 수렴되도록 하는 업무(금융위가 정하는 지정 참가회사에 한함)

❻ 다만, ETF의 순자산가치의 변화를 가격 및 지수의 변화의 일정 배율(음의 배율도 포함)로 연동하여 운용하는 것을 목표로 하는 방법으로 운용하는 ETF에 대하여 다음의 운용 특례를 인정함(시행령 제252조, 규정 제7-31조의3 및 제7-26조 제4항 제1호)

ㄱ. 집합투자업자는 동일종목 증권투자제한(10%) 및 계열회사 발행증권 투자제한 규정(계열회사 전체 주식에 펀드 자산총액의 5%)에도 불구하고 다음 방법으로 운용할 수 있음

    a. 각 ETF 자산총액의 30%까지 동일종목 증권에 투자

      이 경우 동일법인 등이 발행한 증권 중 지분증권(그 법인 등이 발행한 지분증권과 관련된 증권예탁증권을 포함)과 지분증권을 제외한 증권은 각각 동일 종목으로 간주

    b. 각 ETF 자산으로 동일법인 등이 발행한 지분증권 총수의 20%까지 투자

ㄴ. 집합투자업자는 법 제84조 제1항 본문에도 불구하고 상장지수 집합투자기구의 설정·추가 설정 또는 설립·신주의 발행을 위한 목적으로 이해관계인(법 제84조 제1항에 따른 이해관계인을 말함)과 증권의 매매, 그 밖의 거래를 할 수 있음

3 집합투자증권의 환매

(1) 투자자는 언제든지 집합투자증권의 환매를 청구할 수 있다(환매금지형 제외)(법 제235조 제1항).

(2) 환매절차

❶ 환매청구대상(원칙) : 해당 집합투자증권을 판매한 투자매매·투자중개업자(법 제235조 제2항 본문)

    투자자는 집합투자증권의 환매를 청구하고자 하는 경우에는 그 집합투자증권을 판매한 투자매매업자 또는 투자중개업자에게 청구하여야 함

❷ 환매청구대상(예외)(법 제235조 제2항 단서)

ㄱ. 해당 집합투자기구의 집합투자업자에 직접 환매청구 : 투자매매업자 또는 투자중개업자가 ① 해산·인가취소 또는 업무정지, ② 천재지변 등으로 인한 전산장애, 그 밖에 이에 준하는 사유로 인하여 집합투자증권을 판매한 투자매

매업자·투자중개업자가 정상적으로 업무를 하는 것이 곤란하다고 금융위가 인정한 경우에 따라 환매청구에 응할 수 없는 때에는 시행규칙에서 정하는 방법에 따라 해당 집합투자기구의 집합투자업자에게 직접 청구할 수 있음

ㄴ. 신탁업자에 환매청구 : 환매청구를 받은 집합투자업자가 해산등으로 인하여 환매에 응할 수 없는 경우에는 해당 집합투자재산을 보관·관리하는 신탁업자에게 청구 가능

❸ 집합투자기구의 법적형태에 따른 환매청구대상(법 제235조 제3항)

ㄱ. 환매청구를 받은 투자매매업자 또는 투자중개업자는 수익증권 또는 투자익명조합의 지분증권인 경우 해당 투자신탁 또는 투자익명조합의 집합투자업자에 대하여, 투자회사 등이 발행한 집합투자증권인 경우 그 투자회사 등에 대하여 각각 지체 없이 환매에 응할 것을 요구하여야 함

ㄴ. 투자회사 등이 발행한 집합투자증권의 환매청구를 받은 집합투자업자 또는 신탁업자는 투자회사 등에 대하여 지체 없이 환매에 응할 것을 요구하여야 함

(3) 환매방법

❶ 집합투자업자(해당 집합투자재산을 보관·관리하는 신탁업자를 포함) 또는 투자회사등은 시행령으로 정하는 경우*를 제외하고는 환매청구일부터 15일 이내에서 집합투자규약에서 정한 환매일에 환매대금을 지급(법 제235조 제4항)

* ① 시장성 없는 자산에 10%를 초과하여 투자하는 경우, ② 외화자산에 50%를 초과하여 투자하는 집합투자기구인 경우, ③ 사모투자 재간접 집합투자기구인 경우, ④ 부동산·특별자산 재간접 집합투자기구인 경우로서 집합투자규약에 15일을 초과하여 정한 경우

영 제254조 제1항 제1호에서 '금융위가 정하여 고시하는 시장성 없는 자산'이란 규정 제7-22조 각 호의 어느 하나에 해당하는 자산(외화자산을 기초로 하는 파생상품이나 파생결합증권을 포함)을 말함(규정 제7-32조 제2항)

❷ 집합투자업자 또는 투자회사등은 환매대금을 지급하는 경우 집합투자재산으로 소유 중인 금전 또는 집합투자재산을 처분하여 조성한 금전으로 하여야 함. 다만, 투자자 전원의 동의를 얻은 경우에는 집합투자재산으로 지급 가능(법 제235조 제5항)

❸ 집합투자증권을 판매한 투자매매·중개업자, 집합투자업자, 신탁업자는 환매청구

를 받은 집합투자증권을 자기의 계산으로 취득하거나 타인에게 취득하게 하여서는 아니됨(법 제235조 제6항)

다만, 집합투자증권의 원활한 환매를 위해 필요하거나 투자자의 이익을 해할 우려가 없는 다음의 경우에는 예외를 인정함(시행령 제254조 제2항)

ㄱ. MMF : 펀드별 펀드판매 규모의 5% 또는 100억 원 중 큰 금액의 범위에서 개인투자자에게 환매청구일 기준 가격으로 매수하는 경우

ㄴ. MMF제외 : 투자자가 금액을 기준으로 집합투자증권의 환매를 청구함에 따라 판매회사가 해당 집합투자기구의 집합투자규약에서 정한 환매 가격으로 그 집합투자규약에서 정한 환매일에 그 집합투자증권의 일부를 불가피하게 매수하는 경우

(4) 환매 가격

❶ 원칙적으로 환매청구일 후에 산정되는 기준 가격으로 환매(법 제236조 제1항)

☞ 예외(시행령 제255조) : 투자자의 이익 또는 집합투자재산의 안정적 운용을 해할 우려가 없는 경우로서 다음에 해당하면 예외적으로 환매청구일에 공고되는 기준 가격으로 환매청구일에 환매한다는 내용을 집합투자규약에 정한 경우 당일 환매 가능

ㄱ. 투자자가 금융투자상품 등의 매수에 따른 결제대금을 지급하기 위하여 단기금융 집합투자기구의 집합투자증권을 환매하기로 그 투자매매업자 또는 투자중개업자와 미리 약정한 경우

ㄴ. 투자자가 공과금 납부 등 정기적으로 발생하는 채무를 이행하기 위하여 단기금융 집합투자기구의 집합투자증권을 환매하기로 그 투자매매업자 또는 투자중개업자와 미리 약정한 경우

ㄷ. 「국가재정법」 제81조에 따라 여유자금을 통합하여 운용하는 경우로서 환매청구일에 공고되는 기준 가격으로 환매청구일에 환매한다는 내용이 집합투자규약에 반영된 단기금융 집합투자기구의 집합투자증권을 환매하는 경우

ㄹ. '외국환평형기금'이나 '국가재정법 제81조에 따른 여유자금을 통합하여 운용하는 단기금융 집합투자기구 및 증권 집합투자기구'에게 단기금융 집합투자기구의 집합투자증권을 판매한 투자매매업자 또는 투자중개업자가 이를 다시 환매하는 경우

❷ 환매청구일 후에 산정되는 기준 가격(시행령 제255조 제3항) : 환매청구일부터 기산하여 제2영업일(기준 시점 이후 환매의 경우 제3영업일) 이후에 공고되는 기준 가격으로서 집합투자규약에서 정한 기준 가격

❸ 판매회사 변경에 따른 기준 가격 적용(시행령 제255조 제4항) : 투자자가 집합투자기구를 변경하지 아니하고 그 집합투자기구의 집합투자증권을 판매한 투자매매업자 또는 투자중개업자를 변경할 목적으로 집합투자증권을 환매하는 경우에는 집합투자증권의 환매를 청구한 후 15일 이내에 집합투자규약에서 정하는 투자매매업자 또는 투자중개업자 변경의 효력이 발생하는 날에 공고되는 기준 가격을 적용함

❹ 환매금액 및 이익금 : 영 제255조 제5항에 따라 환매수수료 부과의 기준이 되는 환매금액 및 이익금은 다음의 금액으로 함(규정 제7-33조)

　　ㄱ. 환매금액 : 집합투자증권의 환매 시 적용하는 기준 가격에 환매하는 집합투자증권의 수를 곱한 금액. 이 경우 관련 세금은 감안하지 아니함

　　ㄴ. 이익금 : 집합투자증권의 환매 시 적용하는 기준 가격과 집합투자증권의 매입시 적용된 기준 가격의 차에 환매하는 집합투자증권의 수를 곱한 금액으로 함. 이 경우 환매하는 집합투자증권의 수에 대하여 현금 등으로 지급된 이익분배금은 합산하며, 관련 세금은 감안하지 아니함

(5) 환매수수료

❶ 환매수수료는 집합투자증권의 환매를 청구하는 투자자가 부담하며, 집합투자재산에 귀속됨(법 제236조 제2항)

❷ 환매수수료는 집합투자규약에서 정한 기간 이내에 환매하는 경우에 부과하며, 환매금액 또는 이익금 등을 기준으로 부과할 수 있음(시행령 제255조 제2항)

(6) 환매의 연기

❶ 환매연기사유 : 집합투자재산인 자산의 처분이 불가능한 경우 등 시행령으로 정하는 사유로 인하여 집합투자규약에서 정한 환매일에 집합투자증권을 환매할 수 없게 된 경우(법 제237조 제1항)

　　☞ 환매연기사유(시행령 제256조)

　　ㄱ. 집합투자재산의 처분 불가능 : 거래부진, 증권시장 폐쇄·휴장, 천재지변 등

ㄴ. 투자자 간의 형평 저해 : 부도 발생 자산, 시가부재, 대량환매청구

ㄷ. 집합투자업자, 투자매매·중개업자, 신탁업자, 투자회사등의 해산 등

ㄹ. 교차판매 집합투자기구의 집합투자증권에 대한 투자자의 환매청구금액이 환
매청구일 현재 해당 교차판매 집합투자기구의 집합투자재산 순자산가치의
10%를 초과하는 경우

ㅁ. 그 밖에 금융위가 필요하다고 인정하는 경우

❷ 집합투자자 총회 결의 사항 : 환매를 연기한 경우 6주 이내에 집합투자자 총회를
개최하여 환매에 관한 사항을 결의하여야 함(법 제237조 제1항)

☞ 환매에 관한 사항(시행령 제257조 제1항)

ㄱ. 환매를 재개하려는 경우에는 환매대금의 지급시기와 지급방법

ㄴ. 환매연기를 계속하려는 경우에는 환매연기기간과 환매를 재개할 때의 환매
대금의 지급시기 및 지급방법

ㄷ. 법 제237조 제5항에 따라 일부 환매연기를 하는 경우에는 환매연기의 원인이
되는 자산의 처리방법

❸ 환매연기의 계속사유 : 집합투자자 총회에서 집합투자증권의 환매에 관한 사항을
정하지 아니하거나 환매에 관하여 정한 사항의 실행이 불가능한 경우에는 계속
하여 환매 연기 가능(법 제237조 제2항)

❹ 집합투자자 총회에서 환매에 관한 사항이 결의되거나 환매의 연기를 계속하는
경우 지체 없이 다음의 구분에 따라 정한 사항을 투자자에게 통지하여야 함(법 제
237조 제3항, 시행령 제257조 제2항 및 제3항)

ㄱ. 집합투자자 총회에서 환매에 관한 사항을 결의한 경우

　　a. 환매에 관하여 결의한 사항

　　b. 환매 가격

　　c. 일부 환매의 경우에는 그 뜻과 일부 환매의 규모

ㄴ. 환매연기를 계속하는 경우

　　a. 환매를 연기하는 사유

　　b. 환매를 연기하는 기간

　　c. 환매를 재개하는 경우 환매대금의 지급방법

　　d. 환매를 재개하는 경우에 환매 가격 및 환매대금의 지급시기

　　e. 일부 환매의 경우에 그 뜻과 일부 환매의 규모

❺ 환매재개 시 환매방법 : 환매연기사유의 전부 또는 일부가 해소된 경우에는 환매가 연기된 투자자에 대하여 환매한다는 뜻을 통지하고 시행령으로 정하는 방법에 따라 환매대금을 지급하여야 함(법 제237조 제4항, 시행령 제258조)

ㄱ. 환매연기를 위한 집합투자자 총회일 이후에 환매연기사유의 전부나 일부가 해소된 경우에는 그 집합투자자 총회에서 결의한 내용에 따라 환매하여야 함

ㄴ. 환매연기를 위한 집합투자자 총회의 개최 전에 환매연기사유가 해소된 경우에는 집합투자자 총회를 개최하지 아니하고 환매할 수 있음

❻ 일부 환매 : 집합투자재산의 일부가 환매연기사유에 해당하는 경우 그 일부에 대하여는 환매를 연기하고 나머지에 대하여는 투자자가 소유하고 있는 집합투자증권의 지분에 따라 환매에 응할 수 있음(법 제237조 제5항)

ㄱ. 일부 환매의 방법 및 절차 : 영 제259조 제4항에 따라 투자신탁이나 투자익명조합의 집합투자업자 또는 투자회사 등은 법 제237조 제5항에 따라 일부 환매를 하는 경우에는 지체 없이 다음의 내용을 투자매매·중개업자, 신탁업자 및 투자자에게 통지하여야 하며, 투자매매·중개업자는 통지받은 내용을 본·지점에 게시하여야 함(규정 제7-34조)

a. 일부 환매 결정일 및 사유

b. 환매연기자산에 관한 사항 및 동 자산이 집합투자재산에서 차지하는 비율

c. 환매연기자산에 대한 향후 처리계획(별도의 집합투자기구 설정 또는 설립 여부, 집합투자자 총회에 관한 사항 등)

d. 투자자는 환매를 청구할 수 있으며, 환매청구에 대하여는 정상자산에 대한 투자자의 지분에 따라 환매에 응할 수 있다는 내용

e. 그 밖에 투자자의 이해를 위하여 필요한 내용

ㄴ. 투자신탁이나 투자익명조합의 집합투자업자 또는 투자회사등은 규정 제7-34조 제1항에 따라 투자자에게 통지하는 경우 서면 또는 컴퓨터통신으로 하여야 하며, 투자신탁의 집합투자업자는 통지업무를 예탁결제원에 위탁할 수 있음(규정 제7-34조 제2항)

❼ 부실자산의 별도 펀드로의 분리 : 집합투자재산의 일부가 환매연기사유에 해당되는 경우 일부는 환매를 연기하고 나머지는 환매에 응할 수 있으며, 환매연기된 자산으로만 별도의 집합투자기구를 설정·설립할 수 있음(법 제237조 제5항·제6항, 시행령 제259조)

ㄱ. 정상자산과 부실자산의 분리 : 집합투자증권을 일부 환매하거나 환매연기를 위한 집합투자자 총회에서 일부 환매를 결의한 경우에는 법 제237조 제7항에 따라 일부 환매를 결정한 날 전날을 기준으로 환매연기의 원인이 되는 자산을 나머지 자산(이하 '정상자산'이라 함)으로부터 분리하여야 함

ㄴ. 정상자산에 대한 기준 가격 계산 및 환매대금지급 방법 : 정상자산에 대하여는 집합투자규약에서 정한 방법으로 그 정상자산에 대한 기준 가격을 계산하여 투자자가 소유하고 있는 집합투자증권의 지분에 따라 환매대금을 지급하여야 함

ㄷ. 정상자산으로 구성된 펀드의 집합투자증권 계속 발행·판매·환매 : 법 제237조 제6항에 따라 별도의 집합투자기구를 설정 또는 설립한 경우에는 정상자산으로 구성된 집합투자기구의 집합투자증권을 계속하여 발행·판매 및 환매할 수 있음

ㄹ. 위에서 규정한 사항 외에 일부 환매의 방법 및 절차 등에 관한 필요한 사항은 금융위가 정하여 고시함

⑧ 다음의 어느 하나에 해당하는 경우에는 환매청구에 응하지 아니할 수 있음(법 제237조 제8항)

ㄱ. 집합투자기구(투자신탁을 제외)가 해산한 경우

ㄴ. 투자회사의 순자산액이 정관이 정하는 최저 순자산액에 미달하는 경우

ㄷ. 법령 또는 법령에 따른 명령에 따라 환매가 제한되는 경우

ㄹ. 투자신탁의 수익자, 투자회사의 주주 또는 그 수익자·주주의 질권자로서 권리를 행사할 자를 정하기 위하여 기준일을 정한 경우로서 그 기준일과 권리행사할 날 사이에 환매청구한 경우

4 평가 및 회계

(1) 집합투자재산의 평가

❶ 신뢰할 만한 시가가 있는 경우 : 시가로 평가(법 제238조 제1항, 시행령 제260조 제1항)

ㄱ. 시가평가방법

a. 증권시장(해외증권시장을 포함)에서 거래된 최종 시가(해외 증권의 경우 전날의 최

종시가)

    b. 장내파생상품이 거래되는 파생상품시장(해외파생상품시장을 포함)에서 공표하는 가격(해외 파생상품의 경우 전날의 가격)

ㄴ. 다음의 경우 시가평가 가격에 대한 예외

    a. 기관전용사모집합투자기구가 지배목적으로 취득한 주식은 취득 가격으로 평가할 수 있음

    b. 평가기준일이 속하는 달의 직전 3개월간 계속하여 매월 10일 이상 증권시장에서 시세가 형성된 채무증권의 경우에는 평가기준일에 증권시장에서 거래된 최종 시가를 기준으로 2 이상의 채권평가회사가 제공하는 가격정보를 기초로 평가할 수 있음

    c. 해외 증권시장에서 시세가 형성된 채무증권의 경우에는 둘 이상의 채권평가회사가 제공하는 가격정보를 기초로 한 가격

❷ 신뢰할 만한 시가가 없는 경우 : 공정가액으로 평가(법 제238조 제1항, 시행령 제260조 제2항)

  ☞ 공정가액 평가방법 : 자산의 종류별로 다음의 사항을 고려하여 집합투자재산평가위원회가 충실의무를 준수하고 평가의 일관성을 유지하여 평가한 가격

ㄱ. 취득 가격, 거래 가격, 환율, 집합투자증권의 기준 가격

ㄴ. 채권평가회사, 회계법인, 신용평가업자, 감정평가법인, 인수업 영위 투자매매업자, 이에 준하는 자로서 관련 법령에 따라 허가·인가·등록 등을 받은 자, 이에 준하는 자로서 외국인 등이 제공한 가격

  ☞ 집합투자재산평가위원회는 집합투자재산에 속한 자산으로서 부도채권등 부실화된 자산에 대하여는 금융위가 정하여 고시하는 기준에 따라 평가하여야 함

❸ MMF 장부가평가 : MMF의 경우에는 장부 가격으로 평가할 수 있음(시행령 제260조 제3항, 규정 제7-36조)

장부 가격으로 평가한 가격과 시가·공정가액으로 평가한 가격과의 차이를 수시로 확인하여야 하며, 일정 비율(0.5%)을 초과하거나 초과할 우려가 있는 경우 집합투자규약에서 정하는 바에 따라 필요한 조치를 취하여야 함

❹ 집합투자재산평가위원회 구성·운영 : 집합투자업자는 집합투자재산평가업무를 수행하기 위하여 집합투자재산평가위원회를 구성하여야 함(법 제238조 제2항)

☞ 평가위원회 필수 구성 인원 : 평가업무 담당 임원, 운용업무 담당 임원, 준법감
시인, 금융위가 정하는 자

❺ 집합투자재산평가기준 마련 : 집합투자업자는 집합투자재산에 대한 평가가 공정
하고 정확하게 이루어질 수 있도록 신탁업자의 확인을 받아 다음의 사항이 포함
된 집합투자재산평가기준을 마련하여야 함(법 제238조 제3항, 시행령 제261조 제3항)

ㄱ. 집합투자재산평가위원회의 구성 및 운영에 관한 사항

ㄴ. 집합투자재산의 평가의 일관성 유지에 관한 사항

ㄷ. 집합투자재산의 종류별로 해당 재산의 가격을 평가하는 채권평가회사를 두
는 경우 그 선정 및 변경과 해당 채권평가회사가 제공하는 가격의 적용에 관
한 사항

ㄹ. 금융위가 정하여 고시하는 부도채권 등 부실화된 자산 등의 분류 및 평가와
관련하여 적용할 세부기준에 관한 사항

ㅁ. 집합투자재산 평가 오류의 수정에 관한 사항

ㅂ. 집합투자재산에 속한 자산의 종류별 평가기준에 관한 사항

ㅅ. 미수금 및 미지급금 등의 평가방법에 관한 사항

☞ 집합투자재산평가위원회의 집합투자재산평가기준 이사회 보고 : 집합투
자재산평가위원회는 집합투자재산평가기준의 적용 여부 등 집합투자재산
평가에 관한 사항을 반기마다 집합투자업자의 이사회에 보고하여야 함(시
행령 제261조 제2항)

❻ 집합투자재산 평가명세 신탁업자에 통보 : 집합투자업자는 평가위원회가 집합투
자재산을 평가한 경우 그 평가명세를 지체 없이 그 집합투자재산을 보관·관리하
는 신탁업자에게 통보하여야 함(법 제238조 제4항)

❼ 신탁업자는 집합투자업자의 집합투자재산에 대한 평가가 공정하게 이루어졌는
지를 확인하여야 함(법 제238조 제5항)

(2) 기준 가격

❶ 기준 가격 산정 : 집합투자업자 또는 투자회사등은 집합투자재산의 평가결과에
따라 집합투자증권의 기준 가격을 산정하여야 함(법 제238조 제6항)

ㄱ. 기준 가격 산정 : 기준 가격의 공고·게시일 전날의 대차대조표상에 계상된 자
산총액(법 제238조 제1항에 따른 평가방법으로 계산한 것을 말함)에서 부채총액을 뺀 금

액을 그 공고·게시일 전날의 집합투자증권 총수로 나누어 계산

ㄴ. 기준 가격 변경 및 재공고·게시 : 평가오류의 수정에 따라 공고·게시한 기준 가격이 잘못 계산된 경우에는 기준 가격을 지체 없이 변경한 후에 다시 공고·게시(처음에 공고·게시한 기준 가격과 변경된 기준 가격의 차이가 처음에 공고·게시한 기준 가격을 기준으로 다음 각 호의 한도를 초과하지 않는 경우는 제외)하여야 함(시행령 제262조 제1항)

   a. 증권 집합투자기구로서 국내 증권시장에서 거래되는 지분증권에 투자하는 경우 : 1천 분의 2

   b. 증권 집합투자기구로서 해외 증권시장에서 거래되는 지분증권 또는 해외 증권시장에서 거래되는 지분증권에 투자하는 집합투자기구의 집합투자증권에 투자하는 경우 : 1천 분의 3

   c. 단기금융 집합투자기구의 경우 : 1만 분의 5

   d. 기타 집합투자기구의 경우 : 1천 분의 1

ㄷ. 기준 가격을 변경하려는 때에는 집합투자업자의 준법감시인과 신탁업자의 확인을 받아야 함

ㄹ. 기준 가격을 변경한 때에는 금융위가 정하여 고시하는 바에 따라 그 사실을 금융위에 보고하여야 함

❷ 기준 가격 공고·게시(법 제238조 제7항, 제8항, 시행령 제262조 제5항)

ㄱ. 산정된 기준 가격을 매일 공고·게시하여야 함. 다만, ① 집합투자재산을 외화자산에 투자하는 경우, ② 사모투자 재간접 집합투자기구인 경우, ③ 부동산·특별자산 재간접 집합투자기구인 경우로서, 기준 가격을 매일 공고·게시하는 것이 곤란한 경우에는 해당 집합투자규약에서 기준 가격의 공고·게시주기를 15일 이내의 범위에서 별도로 정할 수 있음

ㄴ. 금융위는 거짓으로 기준 가격을 산정한 경우에는 그 투자신탁이나 투자익명조합의 집합투자업자 또는 투자회사등에 대하여 기준 가격 산정업무를 일반사무관리회사에 그 범위를 정하여 위탁하도록 명할 수 있음. 이 경우 해당 집합투자업자 및 그 집합투자업자의 계열회사, 투자회사·투자유한회사·투자합자회사의 계열회사는 그 수탁대상에서 제외

(3) 결산서류의 작성 등

❶ 투자신탁이나 투자익명조합의 집합투자업자 또는 투자회사등은 집합투자기구의 결산기마다 ① 대차대조표, ② 손익계산서, ③ 법 제88조에 따른 자산운용보고서의 서류 및 부속명세서(결산서류)를 작성하여야 함(법 제239조 제1항)

❷ 투자회사의 법인이사는 결산서류의 승인을 위하여 이사회 개최 1주 전까지 그 결산서류를 이사회에 제출하여 그 승인을 받아야 함(법 제239조 제2항)

❸ 투자신탁이나 투자익명조합의 집합투자업자 또는 투자회사등은 ① 결산서류, ② 회계감사보고서, ③ 집합투자자 총회 의사록, ④ 이사회 의사록(투자회사의 경우에 한함)을 본점(투자회사등의 경우 그 투자회사등의 집합투자재산을 운용하는 집합투자업자의 본점을 포함)에 비치하여야 하며, 해당 집합투자증권을 판매한 투자매매업자 또는 투자중개업자에게 이를 송부하여 그 영업소에 비치하도록 하여야 함(법 제239조 제3항)

❹ 투자신탁이나 투자익명조합의 집합투자업자, 투자회사등 및 해당 집합투자증권을 판매한 투자매매업자 또는 투자중개업자는 결산서류 및 회계감사보고서를 제3항의 비치일부터 5년간 보존하여야 함(법 제239조 제4항)

❺ 집합투자기구의 투자자 및 채권자는 영업시간 중 언제든지 법 제239조 제3항에 따라 비치된 서류를 열람할 수 있으며, 그 서류의 등본 또는 초본의 교부를 청구할 수 있음(법 제239조 제5항)

(4) 회계처리

❶ 집합투자재산 회계처리기준 : 투자신탁이나 투자익명조합의 집합투자업자 또는 투자회사등은 집합투자재산에 관하여 회계처리를 하는 경우 금융위가 증권선물위원회의 심의를 거쳐 정하여 고시한 회계처리기준에 따라야 함(법 제240조 제1항)

❷ 회계처리기준 제·개정 시 금융위 보고 : 금융위는 회계처리기준의 제정 또는 개정을 전문성을 갖춘 민간법인 또는 단체로서 한국회계기준원에 위탁할 수 있음. 이 경우 한국회계기준원은 회계처리기준을 제·개정한 때에는 이를 금융위에 지체 없이 보고하여야 함(법 제240조 제2항, 시행령 제263조)

❸ 집합투자업자 또는 투자회사등은 집합투자재산에 대하여 회계기간의 말일 등으로부터 2개월 이내에 회계감사를 받아야 함(법 제240조 제3항)

　☞ 회계감사 예외(시행령 제264조)

ㄱ. 기준일(회계기간 말일과 종료 또는 해지일 등) 현재 집합투자기구(교차판매 집합투자기구 제외)의 자산총액이 300억 원 이하인 경우

ㄴ. 기준일(회계기간 말일과 종료 또는 해지일 등) 현재 집합투자기구(교차판매 집합투자기구 제외)의 자산총액이 300억 원 이상 500억 원 이하인 경우로서 기준일 이전 6개월간 집합투자증권을 추가로 발행하지 아니한 경우

④ 집합투자업자 또는 투자회사등은 회계감사인의 선임·교체 시 신탁업자에게 그 사실을 통지하고, 그 선임일 또는 교체일부터 1주 내에 금융위에 그 사실을 보고하여야 함(법 제240조 제4항)

⑤ 회계감사인의 회계감사결과 감사 또는 투자회사등 통보 : 회계감사인은 기준 가격 산정업무 및 회계처리 업무를 감사함에 있어 집합투자재산평가기준을 준수하는지 감사하고 그 결과를 집합투자업자의 감사 또는 투자회사등에게 통보하여야 함(법 제240조 제5항)

⑥ 회계감사인의 회계감사기준에 따른 회계감사 : 회계감사인은 법 제240조 제10항에 따른 감사기준 및 「주식회사의 외부감사에 관한 법률」 제16조에 따른 회계감사기준에 따라 회계감사를 실시하여야 함(법 제240조 제6항)

⑦ 회계감사인은 다음의 자에게 집합투자재산의 회계장부등 관계 자료의 열람·복사를 요청하거나 회계감사에 필요한 자료의 제출을 요구할 수 있음. 이 경우 요청 또는 요구를 받은 자는 지체 없이 이에 응하여야 함(법 제240조 제7항)

ㄱ. 그 집합투자재산을 운용하는 집합투자업자

ㄴ. 그 집합투자재산을 보관·관리하는 신탁업자

ㄷ. 해당 집합투자증권을 판매하는 투자매매업자·투자중개업자

ㄹ. 해당 투자회사로부터 업무를 위탁받은 일반사무관리회사 또는 투자신탁이나 투자익명조합의 집합투자업자 또는 투자회사등으로부터 기준 가격 산정업무를 위탁받은 일반사무관리회사

⑧ 투자회사의 경우에는 외감법 제4조(외부감사의 대상) 및 제8조(내부회계관리제도의 운영 등)의 규정을 적용하지 아니함(법 제240조 제9항)

(5) 회계감사인의 손해배상책임

① 회계감사인은 회계감사보고서 중요사항에 관하여 거짓의 기재·표시가 있거나 중요사항이 기재·표시되지 아니함으로써 이를 이용한 투자자에게 손해를 끼친 경

우에는 손해배상책임을 짐. 이 경우 「주식회사등의 외부감사에 관한 법률」 제2조 제7호 나목에 따른 감사반이 회계감사인인 경우에는 해당 집합투자재산에 대한 감사에 참여한 자가 연대하여 손해를 배상할 책임을 짐(법 제241조 제1항)

❷ 회계감사인이 투자자에 대하여 손해를 배상할 책임이 있는 경우로서 집합투자업자의 이사·감사 또는 투자회사의 감독이사에게 귀책사유가 있는 경우에는 연대하여 손해배상책임을 짐. 다만 손해를 배상할 책임이 있는 자가 고의가 없는 경우에는 그 자는 법원이 귀책사유에 따라 정하는 책임비율에 따라 손해를 배상할 책임이 있음(법 제241조 제2항).

❸ 「주식회사등의 외부감사에 관한 법률」 제31조 제6항부터 제9항까지의 규정은 법 제241조 제1항 및 제2항의 경우에 준용(법 제241조 제4항)

(6) 이익금의 분배

❶ 이익금의 분배(원칙) : 집합투자업자 또는 투자회사등은 집합투자기구의 집합투자재산 운용에 따라 발생한 이익금을 투자자에게 금전 또는 새로 발행하는 집합투자증권으로 분배하여야 함(법 제242조 제1항)

❷ 이익금의 분배유보(예외) : 다만, 집합투자기구의 특성을 고려하여 집합투자기구(MMF 제외)의 경우에는 집합투자규약이 정하는 바에 따라 이익금의 분배를 집합투자기구에 유보할 수 있음(법 제242조 제1항 단서, 시행령 제266조 제2항, 제3항)

ㄱ. 이익금의 분배방법 및 시기는 집합투자규약에서 정하는 바에 따름

ㄴ. 투자회사는 이익금 전액을 새로 발행하는 주식으로 분배하려는 경우에는 정관에서 정하는 바에 따라 발행할 주식의 수, 발행시기등 주식발행에 필요한 사항에 관하여 이사회의 결의를 거쳐야 함

❸ 이익금의 초과분배 : 집합투자업자 또는 투자회사등은 집합투자기구의 특성에 따라 이익금을 초과하여 분배할 필요가 있는 경우에는 이익금을 초과하여 분배할 수 있음(법 제242조 제2항, 시행령 제266조 제4항)

ㄱ. 투자회사의 경우에는 순자산액에서 최저 순자산액을 뺀 금액을 초과하여 분배할 수 없음

ㄴ. 투자신탁 또는 투자익명조합의 집합투자업자와 투자회사등은 이익금을 초과하여 금전으로 분배하려는 경우에는 집합투자규약에 그 뜻을 기재하고 이익금의 분배방법 및 시기, 그 밖에 필요한 사항을 미리 정하여야 함

(1) 부도채권 등 부실화된 자산의 평가

❶ 집합투자업자는 영 제260조 제2항 각 호 외의 부분 후단에 따라 집합투자재산에 속한 자산으로서 부도채권 등 부실화된 자산을 원리금 회수 가능성을 감안하여 부실우려단계, 발생단계, 개선단계, 악화단계 등 4단계로 분류하고 적정하게 평가하여야 함(규정 제7-35조 제1항)

❷ 규정 제7-35조 제1항의 부도채권 등 부실화된 자산이란 발행인 또는 거래상대방의 부도, 회생절차 개시 신청 또는 파산절차의 진행 등으로 인하여 원리금의 전부 또는 일부의 회수가 곤란할 것이 명백히 예상되는 자산을 말함(규정 제7-35조 제2항)

(2) 단기금융 집합투자기구의 집합투자재산평가의 특례

집합투자업자는 대통령령으로 정하는 방법에 따라 집합투자재산을 시가에 따라 평가하되, 평가일 현재 신뢰할 만한 시가가 없는 경우에는 대통령령으로 정하는 공정가액으로 평가하여야 한다(법 제238조 제1항 본문).

❶ 다만, 투자자가 수시로 변동되는 등 투자자의 이익을 해할 우려가 적은 경우로서 대통령령으로 정하는 경우에는 대통령령으로 정하는 가액으로 평가할 수 있음(법 제238조 제1항 단서)

❷ 법 제238조 제1항 단서에서 '대통령령으로 정하는 경우'란 단기금융 집합투자기구의 집합투자재산의 경우를, '대통령령으로 정하는 가액'이란 금융위가 정하여 고시하는 장부 가격(이하 '장부 가격'이라 함)을 말함(영 제260조 제3항 전단)

　ㄱ. 이 경우 집합투자업자는 장부 가격에 따라 평가한 기준 가격과 시행령 제260조 제1항 및 제2항에 따라 평가한 기준 가격의 차이를 수시로 확인하여야 하며, 그 차이가 금융위가 정하여 고시하는 비율(0.5%)을 초과하거나 초과할 염려가 있는 경우에는 집합투자규약에서 정하는 바에 따라 필요한 조치를 취하여야 함(영 제260조 제3항 후단)

　ㄴ. 영 제260조 제3항 전단에서 '금융위가 정하여 고시하는 장부 가격'이란 다음

각 호의 방법으로 평가하는 가격을 말함(규정 제7-36조 제2항)

    a. 채무증권 : 취득 원가와 만기액면가액의 차이를 상환기간에 걸쳐 유효이자율법[1]에 따라 상각하여 취득 원가와 이자수익에 가감하여 산정한 가격

    b. 채무증권 외의 자산 : 취득 원가에 평가일 현재까지 발생한 이자수익을 더하여 산정한 가격

(3) 기준 가격의 변경사실 보고

투자신탁이나 투자익명조합의 집합투자업자 또는 투자회사 등은 영 제262조 제3항에 따라 기준 가격 변경을 보고하는 때에는 기준 가격의 변경내용, 변경사유, 투자자 보호를 위한 조치방법 등을 기재한 서면 및 준법감시인과 신탁업자의 확인서류 등 변경내역을 증빙할 수 있는 서류를 첨부하여야 한다(시행령 제262조 제3항, 규정 제7-37조 제1항).

(4) 집합투자기구의 회계감사보고서 열람

투자신탁이나 투자익명조합의 집합투자업자 또는 투자회사등은 금융위가 정하여 고시하는 방법에 따라 해당 투자자가 회계감사보고서를 열람할 수 있도록 하여야 한다(영 제265조 제6항).

영 제265조 제6항에 따라 투자신탁이나 투자익명조합의 집합투자업자 또는 투자회사 등은 집합투자기구의 회계감사보고서를 회계감사인으로부터 제출받은 날부터 다음 각 호의 장소에 2년간 비치하고 투자자가 열람할 수 있도록 하여야 한다(규정 제7-38조 제2항).

❶ 집합투자업자의 본점·지점, 그 밖의 영업소

❷ 투자회사 등의 본점

❸ 집합투자증권을 판매한 투자매매업자·투자중개업자의 본점·지점, 그 밖의 영업소

---

1 '유효이자율법'이란 유효이자율(채무증권의 만기일까지 기대되는 현금유입액의 현재가치를 최초로 취득할 당시의 취득 원가에 일치시키는 이자율을 말한다)을 적용하여 할인 또는 할증차금의 상각액을 계산하는 방법을 말함(규정 제7-36조 제3항).

6   집합투자재산의 보관 및 관리

(1) 집합투자재산을 보관·관리하는 신탁업자의 선관주의의무

신탁업자는 선량한 관리자의 주의로써 집합투자재산을 보관·관리하여야 하며, 투자자의 이익을 보호하여야 한다(법 제244조).

(2) 집합투자재산을 보관·관리하는 신탁업자의 업무 제한 등

❶ 신탁업자의 지위제한 : 집합투자업자, 해당 집합투자기구(투자회사, 투자유한회사, 투자합자회사, 투자유한책임회사에 한함)의 계열회사는 해당 집합투자기구의 집합투자재산을 보관·관리하는 신탁업자가 될 수 없음(법 제246조 제1항)

❷ 집합투자재산의 구분·관리 : 신탁업자는 집합투자재산을 고유재산, 다른 집합투자재산, 제3자로부터 보관을 위탁받은 재산과 구분하여 관리하여야 하며, 집합투자재산이라는 사실과 위탁자를 명기하여야 함(법 제246조 제2항)

❸ 집합투자재산의 집합투자기구별 예탁결제원 예탁 : 집합투자재산 중 예탁대상증권, 원화로 표시된 양도성 예금증서, 금융투자업규정 제4-15조 제1항 각 호의 어느 하나에 해당하는 것을 고유재산과 구분하여 집합투자기구별로 예탁결제원에 예탁하여야 함. 다만 해당 증권의 유통 가능성, 다른 법령에 따른 유통방법이 있는지 여부, 예탁의 실행 가능성 등을 고려하여 시행령 제63조 제2항의 각 호의 어느 하나에 해당하는 경우에는 예외(법 제246조 제3항, 시행령 제268조 제2항, 규정 제7-40조)

❹ 자산의 취득·처분 등의 이행 또는 보관·관리등 필요지시의 집합투자기구별 이행 : 신탁업자는 집합투자재산을 운용하는 집합투자업자가 그 신탁업자에 대하여 자산의 취득·처분 등의 이행 또는 보관·관리 등에 필요한 지시를 하는 경우 이를 각각의 집합투자기구별로 이행하여야 하며, 증권(금융투자업규정 제4-15조 제1항 각 호의 어느 하나에 해당하는 것 포함)의 취득·처분 등의 지시 또는 보관·관리 등의 지시를 받은 경우에는 증권의 인수·인도와 대금의 지급·수령을 동시에 결제하는 방법으로 이를 이행하여야 함(법 제246조 제4항, 시행령 제268조 제1항 및 제3항)

❺ 집합투자재산과 고유재산 또는 제3자 재산과의 거래제한 : 집합투자재산을 보관·관리하는 신탁업자는 자신이 보관·관리하는 집합투자재산을 자신의 고유재

산, 다른 집합투자재산 또는 제3자로부터 보관을 위탁받은 재산과 거래하여서는 안됨(법 제246조 제5항)

☞ 예외 : 집합투자재산을 효율적으로 운용하기 위하여 필요한 경우로서 ① 집합투자업자가 집합투자재산을 투자대상 자산에 운용하고 남은 현금을 집합투자규약에서 정하는 바에 따라 신탁업자가 자신의 고유재산과 거래하는 경우, ② 금융기관에의 예치, ③ 단기대출, ④ 「외국환거래법」에 따라 외국 통화를 매입하거나 매도하는 경우(환위험을 회피하기 위한 선물환 거래를 포함), ⑤ 환위험을 회피하기 위한 장외파생상품 매매로서 스왑계약을 체결하는 경우(그 기초자산이 외국 통화인 경우로 한정) 등에는 거래 가능, ⑥ 전담중개업무를 제공하는 자가 일반 사모집합투자기구 등과 전담중개업무로서 하는 거래, ⑦ 시행령 제85조 제5호의3에서 정하는 거래(환매조건부매매)

☞ 다만, 금융기관에의 예치 및 단기대출의 경우에는 집합투자재산 중 금융기관에 예치한 총금액 또는 단기대출한 총금액의 100분의 10을 초과할 수 없음

❻ 이해관계인의 고유재산과 거래제한 : 집합투자재산을 보관·관리하는 신탁업자는 자신이 보관·관리하는 집합투자재산을 자기의 이해관계인의 고유재산과 거래하여서는 안됨(법 제246조 제6항)

❼ 집합투자재산 정보 부당이용 금지 : 집합투자재산을 보관·관리하는 신탁업자는 그 집합투자기구의 집합투자재산에 관한 정보를 자기의 고유재산의 운용, 자기가 운용하는 집합투자재산의 운용 또는 자기가 판매하는 집합투자증권의 판매를 위하여 이용하여서는 안됨(법 제246조 제7항)

(3) 신탁업자의 운용행위 감시 등

❶ 집합투자업자의 운용(운용지시) 위규여부 감시의무 : 신탁업자는 집합투자업자의 운용·운용지시가 법령, 집합투자규약, 투자설명서 등을 위반하는지를 시행령으로 정하는 기준 및 방법에 따라 확인하고, 위반사항이 있는 경우 당해 집합투자업자에 대하여 철회·변경·시정을 요구하여야 함. 투자회사의 경우 신탁업자는 위반사항을 투자회사의 감독이사에게 보고하고 보고받은 감독이사가 집합투자업자에게 철회 등을 요구해야 함(법 제247조 제1항)

☞ 신탁업자는 자산의 취득·처분 등의 지시나 보관·관리 등의 지시를 이행한 후 그 지시 내용이 다음의 사항을 포함하여 금융위가 정하여 고시하는 기준을 위

반하는지를 확인하여야 함(시행령 제269조 제1항)

- ㄱ. 법 제80조부터 제85조까지에서 규정한 사항. 다만, 집합투자업자가 운용하는 전체 집합투자기구의 집합투자재산을 보관·관리하는 신탁업자가 둘 이상이어서 특정 신탁업자가 보관·관리하는 집합투자재산에 관한 정보만으로는 그 위반 여부를 확인할 수 없는 사항은 제외
- ㄴ. 집합투자규약에서 정한 투자대상 자산별 투자한도
- ㄷ. 그 밖에 자산운용행위를 감시하기 위하여 필요한 사항으로서 금융위가 정하여 고시하는 사항

❷ 위규사항 시정등 요구 미이행 시 금융위 보고·공시 : 신탁업자 또는 투자회사의 감독이사는 해당 집합투자재산을 운용하는 집합투자업자가 위규사항 철회·변경·시정 요구를 제3영업일 이내에 이행하지 아니하는 경우에는 그 사실을 금융위에 보고하고 공시하여야 함(법 제247조 제3항)

- ☞ 공시사항 및 공시방법 : 다음의 사항을 그 집합투자증권을 판매하는 투자매매업자·투자중개업자의 본점과 지점, 그 밖의 영업소에 게시하여 투자자가 열람할 수 있도록 하거나, 인터넷 홈페이지 등을 이용하여 공시(시행령 제269조 제2항)
- ㄱ. 집합투자업자의 지시내용
- ㄴ. 집합투자업자의 지시내용 중 법령·집합투자규약·투자설명서 등을 위반한 사항
- ㄷ. 집합투자업자가 금융위에 대하여 이의신청을 한 경우에는 그 내용과 이에 대한 금융위의 결정내용
  - ☞ 투자회사의 감독이사가 금융위에 대한 보고 또는 공시에 관한 업무를 이행하지 아니한 경우에는 그 투자회사재산을 보관·관리하는 신탁업자가 이를 이행하여야 함

❸ 집합투자업자는 신탁업자(감독이사)의 요구에 대하여 금융위에 이의를 신청할 수 있으며, 이 경우 관련 당사자는 금융위의 결정에 따라야 함(법 제247조 제4항, 시행령 제269조 제3항)

- ㄱ. 금융위는 집합투자업자가 금융위에 이의신청을 한 날부터 30일 이내에 그 지시내용이 법령·집합투자규약 또는 투자설명서 등을 위반하였는지를 결정할 것. 다만, 부득이한 사정으로 그 기간 이내에 결정할 수 없는 경우에는 이의신청을 한 날부터 60일 이내에 결정해야 함

ㄴ. 금융위는 위반사항을 시정하기 위한 방법과 시기 등을 결정하여 집합투자업자에게 통지해야 함

❹ 신탁업자의 투자설명서등 확인의무(법 제247조 제5항)

집합투자재산을 보관·관리하는 신탁업자는 집합투자재산과 관련하여 다음의 사항을 확인하여야 하며, 확인 결과 법령 등에 위반된 사실이 있을 때에는 집합투자업자에 대하여 그 위반의 시정을 요구하거나 투자회사의 감독이사에게 그 위반의 사실을 지체 없이 보고하여야 함(법 제247조 제5항, 시행규칙 제24조 제1항)

ㄱ. 투자설명서가 법령 및 집합투자규약에 부합하는지 여부

ㄴ. 자산운용보고서의 작성이 적정한지 여부

ㄷ. 장외파생상품 위험관리방법의 작성이 적정한지 여부

ㄹ. 집합투자재산의 평가가 공정한지 여부

ㅁ. 기준 가격 산정이 적정한지 여부

☞ 집합투자업자(투자회사등)가 산정한 기준 가격과 신탁업자가 산정한 기준 가격의 편차가 1,000분의 3 이내인 경우에는 그 기준 가격이 적정하게 산정된 것으로 간주하며, 그 편차가 1,000분의 3을 초과하는 경우에는 지체 없이 집합투자업자에게 시정을 요구하거나 투자회사의 감독이사에게 보고하여야 함(시행규칙 제24조 제2항)

a. 투자자가 통지에 대하여 미리 거부의 의사표시를 한 경우

b. 투자자가 그 집합투자기구의 집합투자증권에 대한 추가 매수나 환매청구를 하지 아니한 경우

ㅂ. 신탁업자(감독이사)의 운용(운용지시) 감시의무 이행에 따른 시정요구 등에 대한 집합투자업자의 이행명세

ㅅ. 그 밖에 투자자 보호를 위하여 필요한 사항으로서 대통령령으로 정하는 사항 (환매금지형 집합투자기구에서 집합투자증권의 추가 발행 시 기존 투자자의 이익을 해칠 염려가 없는지 여부, 시행령 제269조 제4항)

❺ 집합투자재산을 보관·관리하는 신탁업자는 시정등 요구를 하거나 금융위 보고를 하기 위하여 필요한 경우 또는 투자설명서등 확인을 위하여 필요한 경우에는 해당 집합투자업자 또는 투자회사등에 대하여 관련된 자료의 제출을 요구할 수 있음. 이 경우 그 집합투자업자 또는 투자회사등은 정당한 사유가 없는 한 이에 응하여야 함(법 제247조 제6항)

(4) 자산보관·관리보고서

❶ 자산보관·관리보고서 작성 및 교부의무(원칙) : 신탁업자는 집합투자기구의 회계기간 종료, 집합투자기구의 계약기간 또는 존속기간의 종료, 집합투자기구의 해지 또는 해산등의 사유가 발생한 날부터 2개월 이내에 ① 집합투자규약의 주요변경사항, ② 투자운용인력의 변경, ③ 집합투자자 총회의 결의내용, ④ 법 제247조 제5항 각 호의 사항, ⑤ 법 제84조 제1항에 따른 이해관계인과의 거래의 적격여부를 확인한 경우에는 그 내용, ⑥ 회계감사인의 선임, 교체 및 해임에 관한 사항, ⑦ 그 밖에 투자자를 보호하기 위하여 필요한 사항으로서 금융위가 정하여 고시하는 사항이 기재된 자산보관·관리보고서를 작성하여 투자자에게 교부하여야함(법 제248조 제1항, 시행령 제270조 제2항)

　☞ 자산보관·관리보고서 교부 면제(예외) : 투자자가 수시로 변동되는 등 투자자의 이익을 해할 우려가 없는 경우로서 다음의 경우에는 자산보관·관리보고서를 투자자에게 교부하지 아니할 수 있음(시행령 제270조 제1항)

　ㄱ. 투자자가 수령거부의사를 서면으로 표시한 경우

　ㄴ. MMF, 환매금지형 집합투자기구(법 제230조 제3항에 따라 그 집합투자증권이 상장된 경우만 해당) 및 상장지수 집합투자기구의 경우

　ㄷ. 투자자가 소유한 집합투자증권의 평가금액이 10만 원 이하인 경우(집합투자규약에 정한 경우)

❷ 자산보관·관리보고서 직접 또는 전자우편 교부(원칙) : 신탁업자는 투자자에게 자산보관·관리보고서를 교부하는 경우에는 집합투자증권을 판매한 투자매매업자·투자중개업자 또는 예탁결제원을 통하여 직접 또는 전자우편의 방법으로 교부하여야 함(시행령 제270조 제3항)

　☞ 집합투자업자, 판매회사, 협회 홈페이지 공시 및 본·지점, 영업소 게시(예외). 다만, 투자자에게 전자우편 주소가 없는 등의 경우에는 법 제89조 제2항 제1호 및 제3호의 방법에 따라 공시하는 것으로 갈음할 수 있으며, 투자자가 우편발송을 원하는 경우에는 그에 따라야 함

❸ 신탁업자는 자산보관·관리보고서를 사유발생일로부터 2개월 이내에 금융위 및협회에 교부하여야 함(법 제248조 제2항)

7 　사모 집합투자기구등에 대한 특례

(1) 사모 집합투자기구 정의

사모 집합투자기구란 집합투자증권을 사모로만 발행하는 집합투자기구로서 시행령 제14조1항에서 정하는 투자자의 수가 100인 이하인 것을 말하며, 기관투자자 및 이에 준자하는 자만을 사원으로 하는 투자합자회사인 사모집합투자기구(기관전용 사모집합투자기구)와 이외의 일반 사모집합투자기구로 나눈다. 100인을 산출할 때는 다른 집합투자기구가 당해 집합투자기구의 집합투자증권 발행 총수의 10% 이상을 취득하는 경우에는 그 다른 집합투자기구의 투자자의 수를 합하여 산출해야 한다(시행령 제14조). 단, 일반투자자의 숫자는 49인 이하만 허용된다.

(2) 사모 집합투자기구에 대한 특례

사모 집합투자기구도 집합투자기구의 일종이기 때문에 원칙적으로 자본시장법상 집합투자기구 관련 규정의 적용을 받는다. 그러나 사모 집합투자기구에 대해서는 일부 규정의 적용을 배제하는 등 특례를 두고 있다.

사모 집합투자기구의 투자자는 스스로 펀드투자의 위험을 감수하고 자신의 이익을 보호할 수 있는 능력이 충분하거나 운용자 또는 다른 수익자와 밀접한 관계를 유지하면서 규약 등을 통하여 펀드의 운용상황 등을 감시할 수 있어 투자자 보호의 필요성이 공모 집합투자기구에 비해 상대적으로 적기 때문에 펀드운용의 자율성을 최대한 보장하고 공시의무를 면제하는 등 공모펀드에 비해 법적 규제를 대폭 완화해주는 것이다. 사모 집합투자기구에 대한 주요 규제특례사항은 다음과 같다(법 제249조의 8).

❶ 운용제한 : 자본시장법 제81조에서 정하는 펀드운용 관련 제한규정은 일반 사모 집합투자기구에는 적용되지 않음.

❷ 공시의무 등 : 사모 집합투자기구의 성격에 비추어 투자자 보호의 필요성이 적은 공시, 회계, 신탁업자의 감시의무 등의 규정은 적용되지 않음. 즉, 운용보고서 제공의무(법 제88조), 수시공시의무(법 제89조, 제186조 제2항에 준용하는 경우 포함), 집합투자업자의 집합투자규약의 홈페이지 공시의무(법 제91조 제3항), 파생상품운용 특례(법 제93조), 환매금지형 집합투자기구의 상장의무(법 제230조 제3항), 기준 가격 공고

게시의무(법 제238조 제7항), 결산서류 등 비치열람의무(법 제239조 제3항 내지 제5항), 회계감사(법 제240조), 회계감사인의 손해배상책임(법 제241조), 신탁업자의 운용행위 감시의 일부 등(법 제247조 중 제5항 제4호 및 제5호 제외), 신탁업자의 자산보관관리보고서 제공의무(법 제248조) 등은 일반 사모집합투자기구에는 적용되지 않음.

다만, 일반투자자를 대상으로 한 일반 사모집합투자기구에 대해서는 운용보고서 교부, 수탁사 감시, 판매사 견제 및 회계감사의무 등의 감시견제장치가 적용되고, 비시장성자산(시가를 산출할 수 없는 자산)에 자산총액의 50%를 초과하여 투자하는 경우 폐쇄형 펀드로만 설립·설정해야 하는 등 일반 사모집합투자기구에 대해 배제되는 규정 중 일부에 대한 배제가 인정되지 아니함(법 제249조의 8 제2항 참조).

③ 유가증권 등의 자산의 납입 : 사모 집합투자기구에 대해서는 펀드 설립의 자율성을 보장해주기 위해 납입수단이나 출자의 방법을 금전으로 제한하지 않고 증권, 부동산, 실물자산 기타 노무와 신용 등으로 확대함. 다만, 다른 투자자 전원의 동의가 있어야 하고, 집합투자재산평가위원회가 정한 가격으로 납입하여야 함(법 제249조의8 제4항).

④ 보고의무 : 사모 집합투자기구는 사모 집합투자기구별로 ① 파생상품의 매매현황 ② 채무보증 및 담보제공 현황 ③ 금전차입 현황에 관한 사항 등을 매분기의 말일을 기준으로 금융위에 보고하여야 함(법 제249조의7 제3항, 시행령 제271조의10 제13항).

⑤ 기타 : 사모 집합투자기구를 설정·설립한 경우에는 그 날로부터 2주일 이내에 금융위에 보고하여야 함(법 제249조의6 제2항).

일반 사모집합투자기구의 투자자는 그 집합투자증권을 적격투자자가 아닌 자에게 양도해서는 아니됨(법 제249조의8 제3항).

일반 사모집합투자기구는 집합투자규약에 따라 투자자에 대한 손익의 분배 또는 손익의 순위 등에 관한 사항을 정할 수 있음(법 제249조의8 8항).

(3) 보험회사에 대한 특칙

① 업무 범위(법 제251조 제1항)

ㄱ. 보험회사로서 법 제12조에 따라 집합투자업에 관한 금융투자업인가를 받은 자(집합투자업 겸영 보험회사)는 인가받은 범위에서 투자신탁의 설정·해지 및 투자신탁재산의 운용업무 영위

ㄴ. 투자신탁의 설정·해지 및 투자신탁재산의 운용업무는 「보험업법」 제108조 제

1항 제3호에 따른 변액보험 특별계정(특별계정 내에 다수의 투자신탁이 있는 경우 각 각의 투자신탁을 말함)에 한하며, 그 특별계정은 자본시장법에 따른 투자신탁으로 간주

❷ 집합투자업 겸영 보험회사의 행위 제한 : 집합투자업 겸영 보험회사는 자기 운용 투자신탁재산에 관한 정보를 다른 집합투자증권 판매에 이용하는 행위에 한하여 제한을 받음(법 제251조 제2항)

❸ 보험회사의 행위 제한(법 제251조 제2항)

ㄱ. 집합투자재산의 보관·관리업무 영위 보험회사의 행위 제한 : 집합투자재산 보관·관리업무 영위 보험회사는 그 집합투자기구의 집합투자재산에 관한 정보를 자기가 운용하는 투자신탁재산의 운용 또는 자기가 판매하는 집합투자 증권의 판매를 위하여 이용하여서는 안됨

ㄴ. 일반사무관리회사의 업무 영위 보험회사의 행위 제한 : 일반사무관리회사 업무를 영위하는 보험회사는 해당 집합투자기구의 집합투자재산에 관한 정보를 자기가 운용하는 투자신탁재산의 운용 또는 자기가 판매하는 집합투자증 권의 판매를 위하여 이용하여서는 안됨

ㄷ. 투자매매·중개업 인가를 받아 집합투자증권 판매를 영위하는 보험회사의 행 위 제한

   a. 자기가 판매하는 집합투자증권의 집합투자재산에 관한 정보를 자기가 운 용하는 투자신탁재산의 운용 또는 자기가 운용하는 투자신탁의 수익증권 의 판매를 위하여 이용하는 행위

   b. 집합투자증권의 판매업무와 「보험업법」에 따른 업무를 연계하여 정당한 사유 없이 고객을 차별하는 행위

❹ 이해상충 방지체계(법 제251조 제3항)

ㄱ. 대상 보험회사 : 집합투자업, 신탁업(집합투자재산 보관·관리업무 제외), 집합투자 재산 보관·관리업무 또는 일반사무관리회사 업무를 영위하는 보험회사

ㄴ. 대상 업무

   a. 보험업법에 따른 업무 또는 신탁업(집합투자업, 신탁업, 일반사무관리회사 업무 및 시행령 제273조 제6항에서 정하는 업무 제외)

   b. 집합투자업

   c. 집합투자재산의 보관·관리업무 신탁업

d. 일반사무관리회사 업무

ㄷ. 이해상충 방지체계

    a. 임원의 선임 : 보험회사는 자본시장법에 따라 집합투자업, 신탁업(집합투자재산의 보관·관리업무를 포함) 또는 일반사무관리회사 업무를 영위하는 경우에는 임원(보험회사가 투자신탁재산을 ① 운용과 운용지시업무 전체를 다른 집합투자업자에게 위탁하는 방법, ② 투자신탁재산 전체를 투자일임으로 운용하는 방법, ③ 투자신탁재산 전체를 다른 집합투자증권에 운용하는 방법 중 어느 하나에 해당하는 방법으로 운용하는 경우의 임원을 제외하며, 사실상 임원과 동등한 지위에 있는 자로서 상법상 업무집행지시자[「상법」제401조의 2 제1항 각 호의 어느 하나에 해당하는 자]*를 포함)을 두어야 함

    ☞ 다만, 자산운용을 위탁등의 방법으로 운용하는 경우 제외

    * ① 회사에 대한 자신의 영향력을 이용하여 이사에게 업무집행을 지시한 자, ② 이사의 이름으로 직접 업무를 집행한 자, ③ 이사가 아니면서 명예회장·회장·사장·부사장·전무·상무·이사 기타 업무를 집행할 권한이 있는 것으로 인정될 만한 명칭을 사용하여 회사의 업무를 집행한 자

    b. 임직원 겸직 제한 : 임직원의 경우 「보험업법」에 따른 업무(집합투자업, 신탁업, 일반사무관리회사의 업무는 제외), 집합투자업, 신탁업, 일반사무관리회사의 업무를 겸직할 수 없음. 다만, 임원의 경우 「보험업법」에 따른 업무(집합투자업, 신탁업, 일반사무관리회사의 업무는 제외) 중 집합투자업, 신탁업, 일반사무관리회사의 업무와 이해상충이 적은 겸영업무, 부수업무와 집합투자업, 신탁업, 일반사무관리회사의 업무를 겸직할 수 있으며, 신탁업, 일반사무관리회사의 업무 간에는 겸직할 수 있음

    c. 전산설비·사무실 공동이용 금지등 이해상충 방지체계 구축 : 「보험업법」에 따른 업무(집합투자업, 신탁업, 일반사무관리회사의 업무는 제외), 집합투자업, 신탁업, 일반사무관리회사의 업무 간 전산설비·사무실 공동이용 금지 및 임직원 간의 정보교류 제한등의 이해상충 방지체계를 갖추어야 함

❺ 변액보험 특별계정의 운용 특례

ㄱ. 집합투자업 겸영 보험회사는 법 제83조 제4항에 불구하고 투자신탁재산에 속하는 자산을 「보험업법」에서 정하는 방법에 따라 그 보험에 가입한 자에게 대출하는 방법으로 운용할 수 있음(법 제251조 제4항)

ㄴ. 집합투자기구에 대한 일반적 투자한도(법 제81조 제1항 제3호 가목의 동일 집합투자업

자가 운용하는 집합투자기구 투자한도(자산총액의 50%) 또는 나목의 동일 집합투자기구 투자한도(자산총액의 20%))에도 불구하고 보험회사가 설정한 각 투자신탁 자산총액의 100%까지 가능. 다만, 보험회사가 설정한 전체 투자신탁 자산총액의 100분의 50을 초과하여 그의 계열회사가 운용하는 집합투자기구에 투자하여서는 아니 됨(법 제81조 제1항 제3호 가목 및 나목, 시행령 제80조 제8호)

ㄷ. 보험회사가 설정한 투자신탁재산으로 같은 집합투자기구의 집합투자증권 총수의 100분의 20 초과하여 100분의 100까지 투자 가능(법 제81조 제1항 제3호 마목, 시행령 제80조 제9호)

ㄹ. 집합투자업 겸영 보험회사가 투자신탁재산을 영 제273조 제1항 제1호·제2호에 해당하는 방법(운용 및 운용지시업무의 위탁 또는 투자일임)으로 운용하는 경우에 전체 투자신탁재산의 100분의 50을 초과하여 계열회사에 위탁 또는 투자일임할 수 없음(규정 제4-63조 제7호)

❻ 적용 배제(법 제251조 제5항 및 제6항)

ㄱ. 집합투자업 겸영 보험회사 운용 투자신탁(변액보험 특별계정) 적용배제 : 집합투자기구의 등록 및 등록취소, 집합투자기구의 명칭, 신탁원본의 가액 및 수익증권 총좌수에 관한 사항, 수익자총회에 관한 사항, 신탁계약을 변경하는 경우의 수익자총회의 결의사항, 수익증권의 발행, 수익자총회, 반대수익자의 수익증권매수청구권, 투자신탁의 해지·합병, 환매금지형 집합투자기구, 집합투자증권의 환매 관련 사항, 집합투자재산평가위원회 [① 운용과 운용지시업무 전체를 다른 집합투자업자에게 위탁하는 방법, ② 투자신탁재산 전체를 투자일임으로 운용하는 방법, ③ 투자신탁재산 전체를 다른 집합투자증권에 운용하는 방법 중 어느 하나의 방법으로 투자신탁재산을 운용하는 경우에 한함] 구성·운영, 결산서류 등의 비치의무, 집합투자기구의 등록취소, 금융투자업자에 대한 인가 취소는 변액보험 특별계정에 대하여는 적용을 배제함

ㄴ. 보험회사의 집합투자업 영위 관련 적용 배제 : 자기 집합투자증권의 취득제한, 성과보수의 제한, 집합투자자 총회의 결의내용에 대한 공시의무, 집합투자재산에 관한 금융위 등에 대한 분기별 보고의무, 환매연기등의 통지의무는 집합투자업을 영위하는 보험회사에 대하여는 적용을 배제함

8 집합투자기구 관계회사

(1) 일반사무관리회사

❶ 정의 : 투자회사의 위탁을 받아 ① 투자회사 주식의 발행 및 명의개서, ② 투자회사재산의 계산, ③ 법령 또는 정관에 의한 통지 및 공고, ④ 이사회 및 주주총회의 소집·개최·의사록 작성 등에 관한 업무, ⑤ 그 밖에 투자회사의 사무를 처리하기 위하여 필요한 업무로서 금융위로부터 위탁받은 기준 가격 산정업무·투자회사의 운영에 관한 업무를 영위하는 자를 일반사무관리회사라 함

❷ 등록요건(법 제254조)
ㄱ. 주식회사, 명의개서대행회사(예탁결제원 포함) 또는 시행령에 정하는 금융기관
ㄴ. 자기자본 : 20억 원
ㄷ. 전문인력 : 집합투자재산계산전문인력 2인 이상
ㄹ. 전산설비 등 물적설비
ㅁ. 임원 적격 요건
ㅂ. 이해상충 방지체계 구축(은행, 보험, 금융투자업, 종합금융회사 업무를 영위하는 경우에 한함)

❸ 등록 유지요건
ㄱ. 일반사무관리회사는 등록 이후 그 영업을 영위함에 있어서 등록요건(자기자본 요건의 경우에는 최저 자기자본의 100분의 70 이상을 말함)을 계속 유지하여야 함
ㄴ. 유지요건은 매 회계연도 말을 기준으로 적용하며, 특정 회계연도 말을 기준으로 유지요건에 미달한 일반사무관리회사는 다음 회계연도 말까지는 그 유지요건에 적합한 것으로 간주

❹ 준용규정 : 금융투자업자에 적용되는 규정 중 업무위탁규정(법 제42조), 직무 관련 정보의 이용금지규정(법 제54조), 자료의 기록유지규정(법 제60조), 손해배상책임에 관한 규정(법 제64조)은 일반사무관리회사에 준용됨

(2) 집합투자기구 평가회사

❶ 정의 : 집합투자기구를 평가하고 이를 투자자에게 제공하는 업무를 영위하려는 자를 말함

❷ 등록요건

ㄱ. 주식회사

ㄴ. 투자매매·중개업자, 집합투자업자와 그 계열회사가 아닐 것

ㄷ. 자기자본 : 5억 원

ㄹ. 전문인력 : 집합투자기구 평가전문인력 3인 이상

ㅁ. 전산설비 등 물적설비

ㅂ. 임원 적격 요건

ㅅ. 집합투자기구 평가체계

    a. 평가대상 집합투자기구에 관한 사항

    b. 집합투자기구의 유형 분류 기준 및 유형별 기준 지표에 관한 사항

    c. 수익률과 위험지표의 계산에 관한 사항

    d. 집합투자기구의 등급 결정에 관한 사항

    e. 자료제공과 공시 등에 관한 사항

ㅇ. 이해상충 방지체계 구축(은행, 보험, 금융투자업, 종합금융회사 업무를 영위하는 경우에 한함)

❸ 영업행위준칙

ㄱ. 영업행위준칙 제정 : 집합투자기구 평가회사는 ① 보편타당하고 공정한 기준에 따라 집합투자기구 평가업무의 일관성이 유지되도록 하기 위한 사항, ② 미공개정보의 이용을 금지하기 위한 사항, ③ 집합투자기구 평가를 위하여 얻은 정보를 다른 업무를 하는 데에 이용하지 아니하도록 하기 위한 사항이 포함된 영업행위준칙을 제정하여야 함

ㄴ. 집합투자업자의 집합투자재산명세 집합투자기구 평가회사 제공 : 집합투자업자는 법 제259조 제2항에 따라 집합투자기구 평가를 위하여 필요한 범위에서 직접 또는 협회를 통하여 집합투자재산의 명세를 집합투자기구 평가회사에 제공할 수 있음

ㄷ. 집합투자기구 평가회사의 평가기준의 공시방법등에 관하여 필요한 사항은 시행령으로 정함

    a. 집합투자기구 평가회사는 집합투자기구에 관한 평가기준을 협회와 그 회사가 운영하는 인터넷 홈페이지 등을 이용하여 공시하여야 함

    b. 집합투자기구 평가회사는 집합투자기구 간, 집합투자업자 간, 집합투자증

권을 판매하는 투자매매업자·투자중개업자 간 운용성과를 비교하여 공시하거나 제공하는 경우에는 그 비교 기준을 함께 공시하거나 제공하여야 함

    c. 집합투자기구 평가회사는 시행령 제282조 제3항 또는 제4항에 따라 공시하거나 제공한 내용을 수정한 경우에는 그 수정내용을 지체 없이 공시하거나 제공하여야 함

❹ 준용규정 : 금융투자업자에 적용되는 규정 중 직무 관련 정보의 이용금지(법 제54조), 자료의 기록유지(법 제60조), 손해배상책임에 관한 사항(법 제64조)은 집합투자기구 평가회사에 준용

(3) 채권평가회사

❶ 정의 : 집합투자재산에 속하는 채권등 자산의 가격을 평가하고 이를 집합투자기구에게 제공하는 업무를 영위하려는 자를 채권평가회사라 함

❷ 등록요건

  ㄱ. 주식회사

  ㄴ. 자기자본 : 30억 원

  ㄷ. 상호출자제한기업집단 또는 금융기관(은행, 특수은행, 신보·기술신보, 보험, 금융투자업자, 종금)의 출자액이 10% 이하일 것

  ㄹ. 전문인력 : 집합투자재산 평가전문인력 10인 이상

  ㅁ. 전산설비등 물적설비

  ㅂ. 임원 적격 요건

  ㅅ. 채권등의 가격평가체계

    a. 평가대상 채권등에 관한 사항

    b. 채권등의 분류기준에 관한 사항

    c. 수익률 계산방법

    d. 자료제공과 공시등에 관한 사항

  ㅇ. 이해상충 방지체계 구축(은행, 보험, 금융투자업, 종합금융회사 업무를 영위하는 경우에 한함)

❸ 업무준칙

  ㄱ. 업무준칙 제정 : 채권평가회사는 ① 보편타당하고 공정한 기준에 따라 채권

등 자산의 가격평가업무를 일관성이 유지되도록 하기 위한 사항, ② 미공개 정보의 이용을 금지하기 위한 사항, ③ 채권등 자산의 가격평가업무를 위하여 얻은 정보를 다른 업무를 하는 데에 이용하지 아니하도록 하기 위한 사항이 포함된 업무준칙을 제정하여야 함

ㄴ. 증권평가기준 공시방법 : 채권평가회사의 증권평가기준 공시방법등에 관하여 필요한 사항은 시행령으로 정함

　　a. 법 제264조 제2항에 따라 채권평가회사는 평가기준을 협회와 그 회사가 운영하는 인터넷 홈페이지 등을 이용하여 공시하여야 함

　　b. 채권평가회사는 제2항에 따라 공시한 내용을 수정한 경우에는 그 수정내용을 지체 없이 공시하여야 함

　　c. 집합투자업자는 집합투자재산 평가를 위하여 필요한 범위에서 직접 또는 협회를 통하여 집합투자재산의 명세를 채권평가회사에 제공할 수 있음

④ 준용규정 : 금융투자업자에 적용되는 규정 중 직무 관련 정보의 이용금지(법 제54조), 자료의 기록유지(법 제60조), 손해배상책임에 관한 사항(법 제64조)은 채권평가회사에 준용

9 　외국 집합투자증권에 대한 특례

(1) 외국 집합투자기구의 등록

외국 집합투자증권을 국내에서 판매하고자 하는 경우 해당 외국 집합투자기구를 금융위에 등록하여야 한다(법 제279조 제1항).

(2) 외국 집합투자기구의 등록요건

❶ 외국 집합투자업자 적격 요건(시행령 제301조 제1항 제1호)

ㄱ. 운용자산 요건 : 최근 사업연도 말 현재 운용자산 규모가 1조 원 이상일 것(외국 집합투자업자가 그 운용자산의 운용업무 전부를 다른 외국 집합투자업자에게 위탁한 경우에는 그 위탁받은 자의 운용자산 규모가 1조 원 이상이어야 함)

ㄴ. 자기자본 요건 : 국내에서 판매하려는 집합투자기구의 종류에 따른 집합투자업 인가업무 단위별 최저 자기자본 이상일 것

ㄷ. 감독 : 최근 3년간 금융업에 상당하는 영업과 본국 또는 한국의 감독기관으로
부터 업무정지 이상에 해당하는 행정처분을 받거나, 벌금형 이상에 상당하는
형사처벌을 받은 사실이 없을 것

ㄹ. 연락책임자 요건 : 금융위가 정하는 요건을 갖춘 연락책임자(자산운용사, 증권회
사, 법무법인, 회계법인 등)를 국내에 둘 것

❷ 외국 집합투자증권 판매적격 요건(시행령 제301조 제1항 제2호)

ㄱ. 발행근거법률 : OECD 회원국, 중국, 홍콩 및 싱가포르 법률에 따라 발행

ㄴ. 비용 요건 : 보수·수수료등 투자자가 부담하는 비용이 명확하게 규정되어 있
고, 국제관례에 비추어 지나치게 높은 금액으로 설정되어 있지 아니할 것

ㄷ. 환금성 요건 : 투자자의 요구에 따라 직간접적으로 환매 등의 방법으로 투자
금액의 회수가 가능할 것

ㄹ. 그 밖에 금융위가 정하는 요건을 충족할 것(규정 별표 19)

❸ 아래의 전문투자자만을 대상으로 외국 집합투자증권 판매하기 위해 등록 시 외
국 집합투자업자 및 외국 집합투자증권 판매 적격요건 대폭 완화(법 제279조 제2항)

ㄱ. 예외 적용대상 전문투자자 범위

a. 국가

b. 한국은행

c. 주권상장법인

d. 금융회사(농협, 수협, 산림조합, 새마을 금고, 신협은 중앙회만 해당)

e. 예금보험공사, 자산관리공사, 주택금융공사, 한국투자공사, 협회, 예탁결
제원, 거래소, 금융감독원, 집합투자기구, 신보, 기보, 법률에 따라 설립된
기금 및 그 기금관리법인, 법률에 따라 공제사업 경영법인, 지방자치단체,
해외 증권시장에 상장된 주권을 발행한 국내법인 등

ㄴ. 완화된 판매 적격요건

a. 외국 집합투자업자의 경우 최근 3년간 금융업에 상당하는 영업과 관련하
여 국내의 감독기관으로부터 업무정지 이상에 해당하는 행정처분을 받거
나 벌금형 이상에 상당하는 형사처벌을 받은 사실이 없을 것

b. 외국 집합투자증권의 경우 보수·수수료등 투자자가 부담하는 비용에 관한
사항이 명확히 규정되어 있을 것

(3) 외국 집합투자증권의 국내 판매

❶ 판매방법 : 투자매매·중개업자를 통하여 판매(법 제280조 제1항)

❷ 판매 제한(국내 집합투자증권 판매와 유사한 규제 적용)(법 제280조 제2항, 제3항, 제4항, 제5항, 시행령 제303조)

ㄱ. 3개월마다 1회 이상 자산운용보고서 작성·제공

　☞ 외국 집합투자기구 규약에 별도로 정해진 경우에는 그에 따라 자산운용보고서를 작성·제공할 수 있음

ㄴ. 투자자의 장부·서류 열람 및 등초본 교부 청구권 및 거부의 제한

ㄷ. 기준 가격의 매일 공고·게시. 다만, 예외적인 경우*에는 규약에서 공고·게시 기간을 15일 이내에서 별도로 정할 수 있음

　* 외화자산에 투자하는 경우, 외국 환매금지형 펀드인 경우, 발행국의 법령에서 매일 공고·게시하지 않도록 허용된 경우

ㄹ. 집합투자기구의 등록 전 판매·판매광고 제한

ㅁ. 집합투자증권 판매광고 규제 준용

ㅂ. 기준 가격 및 한글로 작성된 자산운용보고서를 판매회사의 본지점에 공고하고 게시해야 함. 다만, 전문투자자만을 대상으로 판매등록한 경우 집합투자규약에서 달리 정할 수 있음

(4) 외국 집합투자증권의 국내 판매 현황 보고

❶ 외국 집합투자업자는 외국 집합투자증권의 국내 판매 현황을 매월 말일을 기준으로 다음 달 20일까지 판매를 대행하는 투자매매업자·투자중개업자를 통하여 금융감독원장에게 보고하여야 함(규정 제7-54조 제1항)

❷ 외국 집합투자증권의 국내 판매 현황과 관련된 보고서 또는 서류 등의 서식 및 작성방법 등에 관하여 필요한 사항은 금융감독원장이 정함(규정 제7-54조 제2항)

❸ 규정 제7-54조 제2항에 따라 보고서 및 서류 등을 제출함에 있어 한글로 작성되지 아니한 경우에는 한글 요약자료를 첨부하여야 함. 이 경우 한글 요약자료의 내용이 원문과 서로 다른 경우에는 한글 요약자료의 내용이 우선함(규정 제7-54조 제3항)

(5) 외국 집합투자증권의 투자권유

투자매매업자 또는 투자중개업자가 외국 집합투자증권의 판매를 권유하는 경우에는 외국 집합투자증권의 가격 변동뿐만 아니라 통화가치의 변동에 따라 손실이 발생할 수 있다는 사실 등 투자유의사항을 서면에 의한 방법으로 교부하고 이를 서명(「전자서명법」 제2조 제2호에 따른 전자서명을 포함) 또는 기명날인 등의 방법으로 확인하여야 한다(규정 제7-55조).

chapter 13

집합투자기구 관련 금융위원회 규정

1   단기금융 집합투자기구

(1) 환매조건부매도의 범위 등

❶ 남은 만기가 1년 이상인 국채증권에 집합투자재산의 100분의 5 이내에서 운용할 것(영 제241조 제2항 제1호의 2, 규정 제7-15조 제1항)

❷ 단기금융 집합투자기구(MMF)에서 환매조건부매도의 방법으로 운용하는 경우 집합투자기구(MMF)에서 보유하고 있는 증권 총액의 100분의 5 이내에서 운용(영 제241조 제2항 제2호, 규정 제7-15조 제2항)

❸ MMF의 집합투자재산에서 투자 가능한 단기금융상품(원화로 표시된 자산으로서 영 제241조 제1항 제1호부터 제5호까지의 자산)의 잔존만기를 산정함에 있어서 금리조정부자

산[1]의 잔존기간[2]은 산정일부터 다음 각 호에서 규정한 날까지의 기간으로 함(규정 제7-15조 제3항)

  ㄱ. 변동금리부자산 : 차기 이자조정일

  ㄴ. 금리연동부자산(처분 옵션이 있는 자산을 포함) : 잔존기간 산정일의 다음 날

  ㄷ. 만기가 1년 이내인 처분 옵션부 변동금리부자산 : 차기 이자 조정일과 처분 옵션을 행사할 경우 원리금을 상환 받을 수 있는 날 중 먼저 도래하는 날

  ㄹ. 만기가 1년을 초과하는 처분 옵션부 변동금리부자산 : 차기 이자 조정일과 처분 옵션을 행사할 경우 원리금을 상환 받을 수 있는 날 중 나중에 도래하는 날

  ㅁ. 만기가 1년을 초과하는 처분 옵션부 금리연동부자산 : 처분 옵션을 행사할 경우 원리금을 상환받을 수 있는 날

❹ 각 단기금융 집합투자기구 집합투자재산의 남은 만기의 가중평균된 기간이 투자자가 개인만인 단기금융집합투자기구는 75일, 투자자가 법인만인 단기금융집합투자기구는 120일, 그 밖에 단기금융집합투자기구는 60일 이내일 것(규정 제7-15조 제4항)

(2) 운용대상 자산의 제한

❶ 집합투자업자는 단기금융 집합투자기구의 집합투자재산을 다음 각 호의 어느 하나에 해당하는 자산에 운용하는 것은 제한(규정 제7-16조 제1항)

  ㄱ. 자산의 원리금 또는 거래금액이 환율·증권의 가치 또는 증권지수의 변동에 따라 변동하거나 계약 시점에 미리 정한 특정한 신용사건의 발생에 따라 확대 또는 축소되도록 설계된 것

  ㄴ. 위 ㄱ.과 같이 원리금 또는 거래금액, 만기 또는 거래기간 등이 확정되지 아니한 것

❷ 집합투자업자는 단기금융 집합투자기구(『외국환거래법』 제13조에 따른 외국환 평형기금만이 집합투자자인 단기금융 간접투자기구와 『국가재정법』 제81조에 따라 여유자금을 통합하여 운용

---

1 '금리조정부자산'이란 표면금리가 미리 정해진 일자에 특정 기준금리에 따라 조정되는 자산('변동금리부자산') 및 표면금리가 매일의 특정 기준금리의 변동에 연동되는 자산('금리연동부자산').

2 '잔존기간'이란 단기금융 집합투자기구에서 운용하는 자산 등의 발행조건 또는 거래의 계약내용에 따라 자산 등의 원리금 또는 거래금액이 특별한 조건 없이 상환될 수 있는 날까지의 기간.

하는 단기금융 집합투자기구를 제외)의 집합투자재산을 운용함에 있어 집합투자재산의 100분의 40 이상을 채무증권(법 제4조 제3항의 국채증권, 지방채증권, 특수채증권, 사채권, 기업어음증권에 한하며, 환매조건부채권매매는 제외)에 운용하여야 함(규정 제7-16조 제2항)

(3) 유동성 비율 제한

❶ 집합투자업자는 단기금융 집합투자기구의 집합투자재산을 운용함에 있어 다음의 자산을 합한 금액이 집합투자재산의 100분의 10 미만인 경우에는 다음의 자산 외의 자산을 취득하여서는 아니됨. 다만, 외국환 평형기금만이 집합투자자인 단기금융 간접투자기구와 연기금풀을 통합하여 운용하는 단기금융 집합투자기구는 이 제한을 적용받지 않음(규정 제7-16조 제2항·제3항)

ㄱ. 현금

ㄴ. 국채증권

ㄷ. 통화안정증권

ㄹ. 잔존만기가 1영업일 이내인 자산으로서 다음 각 호의 어느 하나에 해당하는 것

    a. 양도성 예금증서·정기예금

    b. 지방채증권·특수채증권·사채권(법 제71조 제4호나목에 따른 주권 관련 사채권 및 사모의 방법으로 발행된 사채권은 제외)·기업어음증권

    c. 영 제79조 제2항 제5호에 따른 어음(기업어음증권은 제외)

    d. 전자단기사채

ㅁ. 환매조건부매수

ㅂ. 단기대출

ㅅ. 수시입출금이 가능한 금융기관에의 예치

❷ 집합투자업자는 단기금융 집합투자기구의 집합투자재산을 운용함에 있어 다음의 자산을 합한 금액이 집합투자재산의 100분의 30 미만인 경우에는 다음의 자산 외의 자산을 취득하여서는 아니 됨. 다만, 외국환 평형기금만이 집합투자자인 단기금융 간접투자기구와 연기금풀을 통합하여 운용하는 단기금융 집합투자기구는 이 제한을 적용받지 않음(규정 제7-16조 제2항·제4항)

    ☞ 10% 유동성 비율 규제 시 적용되는 유동성 자산과 동일하나, CD, 정기예금, 지방채증권·특수채증권·사채권(법 제71조 제4호 나목에 따른 주권 관련 사채권 및 사모의 방법으로 발행된 사채권은 제외)·기업어음증권, 영 제79조 제2항 제5호에 따른

어음(기업어음증권은 제외), 전자단기사채의 경우 잔존만기를 7영업일로 확대

(4) 신용평가등급의 제한

❶ 집합투자업자가 단기금융 집합투자기구의 집합투자재산으로 운용할 수 있는 채무증권(양도성 예금증서 및 금융기관이 발행·매출·중개한 어음 및 채무증서를 포함)은 취득 시점을 기준으로 신용평가업자의 신용평가등급[3](둘 이상의 신용평가업자로부터 신용평가등급을 받은 경우에는 그 중 낮은 신용평가등급을 말함)이 최상위 등급 또는 최상위 등급의 차하위 등급('상위 2개 등급') 이내이어야 함(규정 제7-17조 제1항)

❷ 규정 제7-17조 제1항에 불구하고 다음 각 호의 어느 하나에 해당하는 채무증권은 신용평가등급이 상위 2개 등급에 미달하거나 신용평가등급이 없는 경우에도 단기금융 집합투자기구의 집합투자재산으로 운용할 수 있음(규정 제7-17조 제2항)

ㄱ. 보증인의 신용평가등급이 상위 2개 등급 이내인 채무증권

ㄴ. 담보 또는 처분 옵션을 감안하여 집합투자재산평가위원회가 상위 2개 등급에 상응한다고 인정하는 채무증권

ㄷ. 신용평가등급이 없는 채무증권으로서 집합투자재산평가위원회가 상위 2개 등급에 상응한다고 인정하는 채무증권

(5) 신용평가등급의 하락 시 조치

❶ 집합투자업자는 단기금융 집합투자기구에서 운용하는 채무증권의 신용평가등급(제7-17조 제2항 제1호의 보증인의 신용평가등급을 포함)이 최상위 등급에서 차하위 등급으로 하락한 경우 당해 채무증권에 대한 신용위험을 재평가하고 편입비율을 축소하는 등 투자자 보호를 위한 조치를 취하여야 함(규정 제7-18조 제1항)

❷ 집합투자업자는 단기금융 집합투자기구에 편입된 채무증권의 신용평가등급이 하락하여 상위 2개 등급에 미달하는 경우(규정 제7-17조 제2항 제2호 및 제3호에 따라 편입된 채무증권의 경우에는 집합투자재산평가위원회가 상위 2개 등급에 상응하지 않는 것으로 결정하는 경우를 말함) 또는 신용사건이 발생한 경우에는 당해 채무증권을 지체 없이 처분하거나 시가 또는 공정가액으로 가격을 조정하는 등 투자자 간의 형평성을 유지할 수 있도록 선량한 관리자로서의 주의를 다하여야 함(규정 제7-18조 제2항)

---

3 이 경우 신용평가등급은 세분류하지 않은 신용평가등급을 말함.

(6) 운용대상 자산의 분산

❶ 집합투자업자는 각 단기금융 집합투자기구의 집합투자재산을 채무증권에 운용하고자 하는 경우 당해 채무증권의 취득 당시 다음 각 호의 한도를 초과하여 동일인이 발행한 채무증권[국채증권, 정부가 원리금의 상환을 보증한 채무증권, 지방채증권, 특수채증권 및 법률에 따라 직접 설립된 법인이 발행한 어음(법 제4조 제3항에 다른 기업어음증권 및 제79조 제2항 제5호 각 목의 금융기관이 할인·매매·중개 또는 인수한 어음만 해당)을 제외]에 운용하여서는 안됨(규정 제7-19조 제1항)

ㄱ. 채무증권 : 각 집합투자기구 자산총액의 100분의 5(다만, 최상위등급의 차하위등급의 채무증권은 각 집합투자기구 자산총액의 100분의 2)

ㄴ. 어음 : 각 집합투자기구 자산총액의 100분의 3(다만, 최상위등급의 차하위등급의 어음은 각 집합투자기구 자산총액의 100분의 1)

ㄷ. 발행 당시 만기가 7영업일 이내인 전자단기사채 : 각 집합투자기구 자산총액의 100분의 1(다만, 최상위등급의 차하위등급의 경우 각 집합투자기구 자산총액의 1,000분의 5). 이 경우 ㄱ. 채무증권의 한도에 포함하지 아니함.

❷ 집합투자업자는 각 단기금융 집합투자기구의 집합투자재산으로 동일인이 발행한 채무증권의 평가액과 그 동일인을 거래상대방으로 하는 그 밖의 거래금액의 합계액이 채무증권의 취득 당시 또는 그 밖의 거래 당시 각 단기금융 집합투자기구 자산총액의 100분의 10을 초과하도록 운용하여서는 안됨(규정 제7-19조 제2항~제4항)

ㄱ. 다음 각 호의 어느 하나에 해당하는 경우에는 동일인과의 거래 금액에 포함되지 않는 것으로 봄

a. 자금중개회사를 경유하여 신용평가업자의 신용평가등급이 상위 2개 등급 이내인 금융기관에 단기대출한 금액

b. 다음 각 목의 요건을 모두 충족하는 환매조건부매수

가. 만기 30일 이내일 것

나. 거래상대방의 신용평가등급이 상위 2개 등급 이내인 금융기관일 것

다. 대상증권은 국채증권, 정부가 원리금의 상환을 보증한 채무증권, 지방채증권, 특수채증권 및 최상위등급의 채무증권일 것

ㄴ. 이 경우 한도를 초과하는 채무증권 또는 그 밖의 거래에 대해서는 편입비율을 축소하는 등 투자자 보호를 위한 조치를 취하여야 함

ㄷ. 규정 제7-19조 제1항 및 제2항에서 '동일인'은 다음 각 호의 기준에 해당하

는 자를 말함

    a. 채무증권 : 당해 채무증권의 발행인(다만, 규정 제7-17조 제2항 제1호에 따라 보증인을 기준으로 신용평가등급을 인정하는 경우에는 당해 보증인을 말함)

    b. 금융기관에의 예치 : 당해 금융기관

    c. 단기대출·환매조건부매수 : 당해 거래상대방(다만, 환매조건부매수의 경우 당해 환매조건부매수의 대상 자산이 담보되어 있고 시가로 평가한 담보가치가 거래금액의 100분의 100을 초과하는 경우에는 당해 환매조건부매수 대상 자산의 발행인을 동일인으로 할 수 있음)

    d. 자산유동화증권 : 그 기초자산 총액의 100분의 10 이상에 해당하는 기초자산의 발행인 또는 해당 기초자산에 대해 지급의무를 지는 자(다만, 제7-17조제2항 제1호에 따라 보증인을 기준으로 신용평가등급을 인정하는 경우에는 당해 보증인을 말한다)

(7) 위험관리에 대한 특례 등

❶ 집합투자업자는 유동성이 높고 위험이 적은 단기금융상품에 운용함으로써 투자자에게 유용한 현금관리수단을 제공한다는 단기금융 집합투자기구의 운용목적에 적합하게 그 자산가치가 안정적으로 유지될 수 있도록 운용하여야 함(규정 제7-20조 제1항)

❷ 집합투자업자는 단기금융 집합투자기구의 위험을 체계적으로 관리할 수 있도록 다음 각 호의 사항이 포함된 위험관리기준을 제정하고 이를 준수할 수 있는 내부통제제도를 갖추어야 함(규정 제7-20조 제2항)

    ㄱ. 위험의 정의 및 종류에 관한 사항

    ㄴ. 위험의 측정방법에 관한 사항

    ㄷ. 위험의 허용 수준에 관한 사항

    ㄹ. 위험의 관리조직에 관한 사항

    ㅁ. 그 밖에 단기금융 집합투자기구의 체계적 위험관리를 위하여 필요하다고 인정하는 사항

❸ 협회는 제2항에 따른 위험관리기준의 표준안을 작성하여 그 사용을 집합투자업자에게 권고할 수 있음(규정 제7-20조 제3항)

❹ 집합투자업자는 집합투자재산의 효율적인 운용을 저해하거나 투자자의 이익을 해할 우려가 있다고 판단되는 경우에는 단기금융 집합투자기구의 집합투자증권의 매수를 제한할 수 있다는 내용을 집합투자규약에 정할 수 있음(규정 제7-20조 제4항)

❺ 집합투자업자는 단기금융집합투자기구의 안정성을 제고하기 위하여 금융감독원
   장이 정하는 방법에 따라 위기상황분석을 실시하여야 함(규정 제7-20조 제5항)

2 | 환매금지형 집합투자기구

(1) 환매금지형 집합투자기구

  각 집합투자기구 자산총액의 100분의 20을 초과하여 금융위가 정하여 고시하는 시장성 없는 자산에 투자할 수 있는 집합투자기구를 설정 또는 설립하는 경우 환매금지형 집합투자기구로 설정·설립하여야 한다(법 제230조 제5항, 영 제242조 제2항 제4호). 일반투자자를 대상으로 하는 집합투자기구(단기금융집합투자기구 및 상장지수집합투자기구는 제외한다)로서 자산총액의 100분의 50의 범위에서 금융위가 정하여 고시하는 비율을 초과하여 '금융위원회가 정하여 고시하는 자산'에 투자하는 집합투자기구를 설정 또는 설립하는 경우 환매금지형 집합투자기구로 설정·설립하여야 한다(법 제230조 제5항, 영 제242조 제2항 제5호).

(2) 시장성 없는 자산

  영 제242조 제2항 각 호 외의 부분 단서 및 같은 항 제4호에서 '금융위가 정하여 고시하는 시장성 없는 자산'이란 다음 각 호의 어느 하나에 해당하는 자산을 말한다(규정 제7-22조 제1항).

❶ 법 제229조 제2호에 따른 부동산(부동산을 기초로 한 파생상품이나 부동산과 관련된 증권 등 시가 또는 공정가액으로 조기에 현금화가 가능한 경우를 제외)
❷ 법 제229조 제3호에 따른 특별자산(관련 자산의 특성 등을 고려하여 시가 또는 공정가액으로 조기에 현금화가 가능한 경우를 제외)
❸ 다음의 어느 하나에 해당하지 아니하는 증권
   ㄱ. 증권시장 또는 외국시장에 상장된 증권
   ㄴ. 채무증권
   ㄷ. 파생결합증권
   ㄹ. 모집 또는 매출된 증권
   ㅁ. 환매를 청구할 수 있는 집합투자증권

(3) 금융위원회가 정하여 고시하는 자산

영 제242조 제2항 제5호에서 "금융위원회가 정하여 고시하는 자산"이란 영 제260조 제1항에 따른 방법으로 평가할 수 없는 자산으로서 파생결합증권, 환매를 청구할 수 있는 집합투자증권, 「상법」 제469조 제2항 제3호에 따른 사채로서 법 제4조 제7항 제1호에 해당하는 증권 및 그 밖에 비시장성 자산에 해당하지 않는 것으로서 다음 각 호에 해당하는 자산을 제외한 자산을 말한다(규정 제7-22조 제2항).

❶ 제5-23조의2 제1항 제1호부터 제7호까지의 자산(현금, 예금·적금, 양도성예금증서, 당일 인출가능한 대출약정 등)

❷ 국채증권, 정부가 원리금의 상환을 보증한 채무증권, 지방채증권, 특수채증권 및 둘 이상의 신용평가업자로부터 모두 상위 2개 등급에 해당하는 신용평가등급을 받은 채무증권

❸ 그 밖에 집합투자기구의 투자대상자산의 현금화가 용이한 것으로서 금융감독원장이 정하는 자산

---

3   종류형 집합투자기구

(1) 종류형 집합투자기구의 등록

종류형 집합투자기구의 등록신청서 제출과 관련하여 영 제243조 제1항 제4호에서 '금융위원회가 정하여 고시하는 사항'이란 다음 각 호의 사항을 말한다(규정 제7-23조).

❶ 여러 종류의 집합투자증권별 취득 자격에 제한이 있는 경우 그 내용
❷ 여러 종류의 집합투자증권별 환매수수료에 관한 사항
❸ 여러 종류의 집합투자증권의 기준 가격 산정방법에 관한 사항
❹ 종류 집합투자자 총회에 관한 사항

(2) 종류형 집합투자기구의 비용부담 등

❶ 투자신탁·투자유한회사·투자합자회사·투자조합 및 투자익명조합을 설정·설립하고자 하는 집합투자업자 또는 투자회사의 발기인(집합투자업자등)은 종류형 집합투자기구를 설정·설립함에 있어 종류형 집합투자기구의 집합투자증권의 투자자

가 직접 또는 간접으로 부담하는 수수료 등 비용은 판매보수·판매수수료 및 환매수수료를 제외하고는 각 종류의 집합투자증권별로 같도록 하여야 함

　☞ 다만, 종류 집합투자자 총회의 운용비용 등 특정 집합투자증권에 대하여만 발생한 비용에 대하여는 그러하지 아니함(규정 제7-24조 제1항)

❷ 투자신탁이나 투자익명조합의 집합투자업자 또는 투자회사 등은 종류형 집합투자기구의 집합투자재산 운용에 따라 발생한 이익금을 각 종류의 집합투자재산 총액에 비례하여 해당 집합투자재산에 분배하여야 함

　☞ 다만, 제1항 단서에 따라 특정 집합투자증권에 대하여 비용이 발생한 경우는 그러하지 아니함(규정 제7-24조 제2항)

❸ 투자신탁이나 투자익명조합의 집합투자업자 또는 투자회사 등은 법 제123조 제1항에 따라 종류형 집합투자기구의 투자설명서를 작성하는 경우 해당 투자설명서에 다음 각 호에 관한 사항을 포함하여야 함(규정 제7-24조 제3항)

　ㄱ. 종류형 집합투자기구의 집합투자증권의 종류

　ㄴ. 각 종류의 집합투자증권별 판매보수, 판매수수료 및 환매수수료의 금액, 부과방법 및 부과기준

　ㄷ. 투자자가 각 종류의 집합투자증권 간 전환할 수 있는 경우 전환절차, 전환조건, 전환방법 등 전환에 관한 사항

4 　모자형 집합투자기구

❶ 투자신탁이나 투자익명조합의 집합투자업자 또는 투자회사 등은 법 제123조 제1항에 따라 자집합투자기구(법 제233조 제1항에 따른 자집합투자기구를 말함)의 투자설명서를 작성하는 경우 집합투자기구(법 제233조 제1항에 따른 모집합투자기구를 말함. 이하 같음)에 관한 사항으로서 집합투자기구의 명칭 등 영 제127조 제1항 제3호 각 목에서 정한 사항을 포함하여야 함(규정 제7-25조 제1항)

❷ 자집합투자기구는 모집합투자기구의 집합투자자 총회의 의결사항과 관련하여 자집합투자기구의 집합투자자 총회에서 의결된 찬반 비율에 비례하도록 의결권을 행사하여야 함(규정 제7-25조 제2항)

❸ 사모 집합투자기구가 아닌 자집합투자기구는 사모 집합투자기구인 모집합투자기구의 집합투자증권을 취득할 수 없음(규정 제7-25조 제3항)

❹ 자집합투자기구의 집합투자업자가 법 제88조 제1항에 따른 자집합투자기구의 자산운용보고서를 작성하는 경우에는 모집합투자기구에 관한 사항으로서 법 제88조 제2항 각 호의 사항으로서 법 제88조 제2항 각 호의 사항이 포함되도록 하여야 함. 이 경우 금융감독원장은 규정 제4－66조 제3항에 따른 자산운용보고서의 서식 및 작성방법 등을 달리 정할 수 있음(규정 제7－25조 제4항)

❺ 모집합투자기구에 대하여 수시공시(법 제89조 각 호의 어느 하나에 해당하는 사항) 사항이 발생한 경우 자집합투자기구인 투자신탁이나 투자익명조합의 집합투자업자 또는 자집합투자기구인 투자회사 등에 대하여 법 제89조를 준용함(규정 제7－25조 제5항)

❻ 공모 소규모펀드의 경우에는 투자대상 자산 등을 고려하여 금융위가 정하여 고시하는 기준(규정 제7－25조 제6항)에 따라 다음 각 호의 어느 하나에 해당하는 방법으로 그 집합투자기구의 집합투자재산을 이전할 수 있음(시행령 제245조 제5항)

ㄱ. 투자대상 자산 등이 유사한 둘 이상의 집합투자기구의 각 집합투자재산 전부를 새로 설정·설립된 하나의 모집합투자기구에 이전하는 방법

ㄴ. 각 집합투자기구의 집합투자재산 전부를 이전하여 이미 설정·설립된 모집합투자기구(각 집합투자기구와 투자대상 자산 등이 유사한 모집합투자기구로 한정)에 이전하는 방법

5	상장지수 집합투자기구

(1) 상장지수 집합투자기구의 요건

❶ 자본시장법상 상장지수 집합투자기구의 요건 중 하나인 '기초자산의 가격 또는 기초자산의 종류에 따라 다수 종목의 가격 수준을 종합적으로 표시하는 지수의 변화에 연동하여 운용하는 것을 목표로 할 것. 이 경우 기초자산의 가격 또는 지수는 시행령으로 정하는 요건을 갖추어야 한다'에서 기초자산의 가격 또는 지수에 대한 시행령 요건이란 다음의 요건[4]을 모두 갖추어야 함(영 제246조) : 영 제246

---

4 ① 거래소, 외국 거래소 또는 금융위원회가 정하여 고시하는 시장에서 거래되는 종목의 가격 또는 다수 종목의 가격 수준을 종합적으로 표시하는 지수일 것
② 제1호의 가격 또는 지수가 같은 호의 시장을 통하여 투자자에게 적절하게 공표될 수 있을 것
③ 기초자산의 가격의 요건, 지수의 구성종목 및 지수를 구성하는 종목별 비중, 가격 및 지수의 변

조 제1호에서 '금융위원회가 정하여 고시하는 시장'이란 다음의 시장을 말함(규정 제7-26조 제1항)

ㄱ. 외국 법령에 따라 기초자산의 거래를 위하여 거래소에 상당하는 기능을 수행하는 자가 개설한 시장

ㄴ. 그 밖에 거래소의 상장규정에 따라 제1호에 상당하는 기능을 수행하는 것으로 인정하는 시장

❷ 영 제246조 제3호에서 '금융위원회가 정하여 고시하는 요건' 중 기초자산의 가격 또는 증권종목 이외의 기초자산의 가격 수준을 종합적으로 표시하는 지수에 해당하는 경우 그 가격 또는 지수는 다음의 요건을 모두 갖추어야 함(규정 제7-26조 제2항)

ㄱ. 거래소 시장 또는 ❶에서 규정한 시장에서 공정하게 형성될 것

ㄴ. 매일 신뢰 가능한 가격으로 발표될 것

ㄷ. 공신력 있는 기관에 의해 산출될 것

❸ 영 제246조 제3호에서 '금융위원회가 정하여 고시하는 요건' 중 증권 종목의 가격 수준을 종합적으로 표시하는 지수에 해당하는 경우 지수의 구성종목 및 지수를 구성하는 종목별 비중이 다음의 요건을 모두 갖추어야 함(규정 제7-26조 제3항)

ㄱ. 지수를 구성하는 종목이 법 제4조 제2항 제1호의 증권인 경우

　a. 지수를 구성하는 종목이 10종목(영 제80조 제1항 제1호 가목부터 다목까지에 해당하는 채무증권으로만 구성된 지수인 경우는 3종목) 이상일 것

　b. 지수를 구성하는 하나의 종목이 그 지수에서 차지하는 비중이 100분의 30을 초과하지 아니할 것(영 제80조 제1항 제1호 가목부터 다목까지에 해당하는 채무증권으로만 구성된 지수인 경우는 제외)

　c. 지수를 구성하는 종목 중 지수에서 차지하는 비중 순으로 100분의 85에 해당하는 종목의 발행잔액은 500억 원 이상일 것

ㄴ. 지수를 구성하는 종목이 법 제4조 제2항 제1호 이외의 증권인 경우

　a. 지수를 구성하는 종목이 10종목이 이상일 것

　b. 지수를 구성하는 하나의 종목이 그 지수에서 차지하는 비중(그 종목의 직전 3개월의 평균 시가총액을 그 지수를 구성하는 종목의 직전 3개월의 평균 시가총액의 합으로

화에 연동하기 위하여 필요한 운용방법 등에 관하여 금융위원회가 정하여 고시하는 요건을 충족할 것

나눈 값을 말함)이 100분의 30을 초과하지 아니할 것

    c. 지수를 구성하는 종목 중 시가총액 순으로 100분의 85(지수를 구성하는 종목의 수가 200종목 이상인 경우에는 100분의 75)에 해당하는 종목은 시가총액(직전 3개월 간 시가총액의 평균을 말함)이 150억 원 이상이고 거래대금(직전 3개월간 거래대금 의 평균을 말함)이 1억 원 이상일 것

❹ 영 제246조 제3호에서 '금융위원회가 정하여 고시하는 요건' 중 가격 및 지수의 변화에 연동하기 위하여 필요한 운용방법이란 다음 각 호의 어느 하나에 해당하 는 운용방법을 말함(규정 제7−26조 제4항)

    ㄱ. 상장지수 집합투자기구의 순자산가치의 변화를 가격 및 지수의 변화의 일정 배율(음의 배율도 포함)로 연동하여 운용하는 것을 목표로 할 것

    ㄴ. 상장지수 집합투자기구의 순자산가치의 변화를 가격 및 지수의 변화를 초과 하도록 운용하는 것을 목표로 할 것

(2) 상장지수 집합투자증권의 최소 단위

상장지수 집합투자기구의 지정 참가회사는 투자자가 납부한 금전 또는 증권을 일정 단위(설정 단위)에 상당하는 자산으로 변경하기 위한 증권의 매매나 위탁업무를 수행하는 바, 영 제247조 제3호에서 '금융위원회가 정하여 고시하는 일정 단위'란 상장지수 집합 투자기구의 설정 또는 설립에 필요한 상장지수 집합투자기구의 집합투자증권의 최소수 량으로서 신탁계약 또는 투자회사의 정관에서 정한 수량을 말한다. 다만, 가격 또는 지 수의 변화에 연동하기 위하여 장외파생상품을 운용하는 상장지수 집합투자기구로서 법 제390조에 따른 증권상장규정에서 정하는 상장지수 집합투자기구의 경우에는 상장지 수 집합투자기구의 설정 또는 설립에 필요한 집합투자증권의 최소 단위를 신탁계약 또 는 투자회사의 정관에서 금액을 기준으로 정할 수 있다(규정 제7−27조).

(3) 지정 참가회사

영 제247조 제4호에서 '금융위원회가 정하여 고시하는 지정 참가회사'란 상장지수 집 합투자기구의 집합투자증권이 증권시장에서 원활하게 거래되도록 하고 그 가격이 해당 집합투자증권의 좌수 또는 주수당 순자산가치에 수렴되도록 하기 위하여 상장지수 투 자신탁의 집합투자업자 또는 상장지수 투자회사와 지정 참가계약을 체결한 자를 말한 다(규정 제7−28조).

chapter 14

장외거래 및 주식 소유제한

장외거래

1 개요

자본시장법은 증권시장 및 파생상품시장 외에서 금융투자상품을 매매, 그 밖의 거래를 하는 경우 그 매매, 그 밖의 거래방법 및 결제의 방법 등 필요한 사항을 시행령에 위임하고 있다(법 제166조).

법 제166조에 따라 거래소시장 및 다자간매매체결회사 외에서 증권이나 장외파생상품을 매매하는 경우에는 협회를 통한 비상장주권의 장외거래 및 채권중개전문회사를 통한 채무증권의 장외거래를 제외하고는 단일의 매도자와 매수자 간에 매매하는 방법으로 하여야 한다(시행령 제177조).

한편, '08년 리먼브러더스 도산 사태 이후 장외파생상품 거래의 위험성이 재인식됨에 따라 금융투자업자의 장외파생상품 영업기준이 강화되고, 투자자 보호를 위해 장외파 생상품 사전심의제가 운영되고 있다(법 제166조의2).

2　비상장주권의 장외거래

(1) 협회가 증권시장에 상장되지 아니한 주권의 장외매매거래에 관한 업무를 수행하 거나 종합금융투자사업자가 증권시장에 상장되지 아니한 주권의 장외매매거래에 관한 업무를 수행하는 경우에는 아래의 기준을 준수하여야 한다(시행령 제178조).

❶ 동시에 다수의 자를 각 당사자로 하여 당사자가 매매하고자 제시하는 주권의 종 목, 매수하고자 제시하는 가격('매수호가') 또는 매도하고자 제시하는 가격('매도호 가')과 그 수량을 공표할 것

❷ 주권의 종목별로 금융위가 정하여 고시하는 단일의 가격 또는 당사자 간의 매도 호가와 매수호가가 일치하는 경우에는 그 가격으로 매매거래를 체결시킬 것

❸ 매매거래대상 주권의 지정·해제기준, 매매거래방법, 결제방법 등에 관한 업무기 준을 정하여 금융위에 보고하고, 이를 일반인이 알 수 있도록 공표할 것

❹ 금융위가 정하여 고시하는 바에 따라 재무상태·영업실적 또는 자본의 변동등 발 행인의 현황을 공시할 것

(2) 협회 또는 종합금융투자사업자 외의 자는 증권시장 및 다자간매매체결회사 외에 서 (1)의 방법으로 주권 매매의 중개업무를 하여서는 아니 된다.

3　채권장외거래

(1) 채권중개전문회사

전문투자자만을 대상으로 채무증권에 대한 투자중개업 인가를 받은 투자중개업자('채 권중개전문회사')가 증권시장 외에서 채무증권 매매의 중개업무를 하는 경우에는 다음의 기준을 준수하여야 한다(시행령 제179조).

❶ 채무증권 매매의 중개는 매매의 중개대상이 되는 채무증권에 관하여 다음의 어느 하나에 해당하는 자 간의 매매의 중개일 것

　ㄱ. 전문투자자(시행령 제10조 제2항 제1호부터 제17호까지의 자 및 같은 조 제3항 제1호부터 제13호까지의 자)

　ㄴ. 「우체국 예금·보험에 관한 법률」에 따른 체신관서

　ㄷ. 그 밖에 금융위가 정하여 고시하는 자

❷ 동시에 다수의 자를 각 당사자로 하여 당사자가 매매하고자 제시하는 채무증권의 종목, 매수호가 또는 매도호가와 그 수량을 공표할 것

❸ 채무증권의 종목별로 당사자 간의 매도호가와 매수호가가 일치하는 가격으로 매매거래를 체결시킬 것

❹ 업무방법 등이 금융위가 정하여 고시하는 기준을 충족할 것

(2) 채권전문자기매매업자

채권을 대상으로 하여 투자매매업을 하는 자가 소유하고 있는 채권에 대하여 매도호가 및 매수호가를 동시에 제시하는 방법으로 해당 채권의 거래를 원활하게 하는 역할을 수행하는 자로서 금융위가 지정하는 자('채권전문자기매매업자')는 ① 매도호가와 매수호가를 동시에 제시하는 채권 또는 ② 해당 채권전문자기매매업자가 투자자에게 매도한 채권에 대하여 투자자의 매매에 관한 청약이 있는 경우에 해당 채권전문자기매매업자가 정한 투자자별 한도 이내에서 이에 응하여야 한다(시행령 제180조).

채권전문자기매매업자의 지정과 지정취소의 기준, 채권전문자기매매업자의 의무사항, 채권전문자기매매업자에 대한 지원사항, 그 밖에 채권전문자기매매업자에 관하여 필요한 사항은 금융위가 정하여 고시

4　환매조건부매매

투자매매업자가 일반투자자등(시행령 제7조 제3항 제3호 각 목의 어느 하나에 해당하지 아니하는 자)과 환매조건부매매(대고객 환매조건부매매)를 하는 경우에는 다음의 기준을 준수하여야 한다(시행령 제181조).

한편, '환매조건부매매'란 증권을 일정기간 후에 환매수할 것을 조건으로 매도하는

'환매조건부매도'와 증권을 일정기간 후에 환매도할 것을 조건으로 매수하는 '환매조건부매수'를 말한다(시행령 제81조 제1항 제1호, 제85조 제3호).

❶ 국채증권, 지방채증권, 특수채증권, 그 밖에 금융위가 정하여 고시하는 증권을 대상으로 할 것

❷ 금융위가 정하여 고시하는 매매 가격으로 매매할 것

❸ 환매수 또는 환매도하는 날을 정할 것. 이 경우 환매조건부매수를 한 증권을 환매조건부매도하려는 경우에는 해당 환매조건부매도의 환매수를 하는 날은 환매조건부매수의 환매도를 하는 날 이전으로 하여야 함

❹ 환매조건부매도를 한 증권의 보관·교체 등에 관히여 금융위가 정하여 고시하는 기준을 따를 것

일반투자자 및 전문투자자를 대상으로 ❶에 규정된 증권에 대한 투자매매업(인수업은 제외)을 인가 받은 겸영금융투자업자(금융위가 정하여 고시하는 자는 제외)는 일반투자자등을 상대로 환매조건부매수업무를 영위할 수 없다(시행령 제181조 제2항).

금융기관등(시행령 제7조 제3항 제3호 각목의 어느 하나에 해당하는 자) 상호 간에 투자중개업자를 통하여 환매조건부매매(기관간 환매조건부매매)를 한 경우에는 금융위가 정하여 고시하는 방법에 따라 그 대상증권과 대금을 동시에 결제하여야 한다. 다만, 금융위가 고시하는 경우에는 그 대상증권과 대금을 동시에 결제하지 않을 수 있다(시행령 제181조 제4항).

5 증권 대차거래

투자매매업자 또는 투자중개업자는 증권의 대차거래 또는 그 중개·주선이나 대리업무를 하는 경우에는 다음의 기준을 준수하여야 한다(시행령 제182조).

(1) 대차거래기준

❶ 금융위가 정하여 고시하는 방법에 따라 차입자로부터 담보를 받을 것. 다만, 증권의 대여자와 차입자가 합의하여 조건을 별도로 정하는 대차거래로서 투자매매업자 또는 투자중개업자가 필요하다고 인정하는 대차거래의 중개(대차중개 제외)의 경우에는 담보를 받지 아니할 수 있음

❷ 금융위가 정하여 고시하는 방법에 따라 그 대상증권의 인도와 담보의 제공을 동시에 이행할 것. 다만, 외국인 간의 대차거래의 경우에는 예외

❸ 증권의 대차거래 내역을 협회를 통하여 당일에 공시할 것

(2) 투자매매업자 또는 투자중개업자는 대차중개(금융위가 정하여 고시하는 대차거래 형식의 중개)의 방법으로 대차거래의 중개를 할 수 있다. 한편, 투자매매업자 또는 투자중개업자 외의 자로서 법에 따라 설립되거나 인가를 받은 자가 증권의 대차거래 또는 그 중개 주선 또는 대리업무를 하는 경우에는 (1)의 ❶~❸을 준용하며, 금융위가 정하여 고시하는 대차거래 형식의 중개의 방법으로 대차거래의 중개를 할 수 있다.

(3) 담보비율·관리, 대차거래의 공시방법 등에 관하여 필요한 사항은 금융위가 정하여 고시

6 기업어음증권 장외거래

투자매매업자 또는 투자중개업자는 기업어음증권을 매매하거나 중개·주선 또는 대리하는 경우에는 다음의 기준을 준수하여야 한다(시행령 제183조). 이 경우 기업어음증권이란 은행(「은행법」 제2조의 은행과 「은행법」 제5조에서 금융기관으로 보는 신용사업 부문과 산업은행, 중소기업은행을 말함)이 기업의 위탁에 따라 내어준 것으로서 '기업어음증권'이라는 문자가 인쇄된 어음용지를 사용하는 것을 말한다(시행령 제4조).

❶ 둘 이상의 신용평가업자로부터 신용평가를 받은 기업어음증권일 것

❷ 기업어음증권에 대하여 직접 또는 간접의 지급보증을 하지 아니할 것

기타 기업어음증권의 매매 등의 방법, 신용평가 방법 등에 관하여 필요한 사항은 금융위가 정한다.

전자 단기사채 등의 장외거래에 관해서는 위 ❶ 및 ❷를 준용

7 기타의 장외거래

(1) 해외시장 거래

❶ 일반투자자(금융위가 정하여 고시하는 전문투자자를 포함)는 해외 증권시장(증권시장과 유사한 시장으로 해외에 있는 시장을 말함, 시행령 제2조 제1호)이나 해외 파생상품시장에서 외화증권 및 장내파생상품의 매매거래(외국 다자간매매체결회사에서의 거래를 포함)를 하려는 경우에는 투자중개업자를 통하여 매매거래를 하여야 함(시행령 제184조). 이 경우 해외파생상품시장은 파생상품시장과 유사한 시장으로 해외에 있는 시장과 다음의 거래를 포함함(시행령 제184조 제1항)

ㄱ. 런던금속거래소의 규정에 따라 장외에서 이루어지는 금속거래

ㄴ. 런던귀금속시장협회의 규정에 따라 이루어지는 귀금속거래

ㄷ. 미국선물협회의 규정에 따라 장외에서 이루어지는 외국환거래

ㄹ. 선박운임선도거래업자협회의 규정에 따라 이루어지는 선박운임거래

ㅁ. 일본 금융상품거래법에 따라 장외에서 이루어지는 외국환거래

ㅂ. 유럽연합의 금융상품시장지침에 따라 장외에서 이루어지는 외국환거래

ㅅ. 그 밖에 국제적으로 표준화된 조건이나 절차에 따라 이루어지는 거래로서 금융위가 정하여 고시하는 거래(대륙간 거래소의 규정에 따라 장외에서 이루어지는 에너지거래)

❷ 투자중개업자가 일반투자자로부터 해외 증권시장 또는 해외 파생상품시장에서의 매매거래를 수탁하는 경우에는 외국 투자중개업자등에 자기계산에 의한 매매거래 계좌와 별도의 매매거래 계좌를 개설하여야 함

❸ 해외 증권시장과 해외 파생상품시장에서의 매매주문의 수탁, 결제, 체결결과 및 권리행사 등의 통지, 그 밖에 투자매매업자·투자중개업자의 외화증권 및 장내파생상품의 국내 거래에 관하여 필요한 사항은 금융위가 정함

(2) 그 밖에 증권의 장외거래

❶ 투자매매업자가 아닌 자는 보유하지 아니한 채권을 증권시장 및 다자간매매체결회사 외에서 매도할 수 없음(시행령 제185조 제1항)

❷ 투자매매업자는 투자자로부터 증권시장 및 다자간매매체결회사의 매매수량 단

위 미만의 상장주권에 대하여 증권시장 및 다자간매매체결회사 외에서 매매주문을 받은 경우에는 이에 응하여야 함. 다만, 그 투자매매업자가 소유하지 아니한 상장주권에 대하여 매수주문을 받은 경우에는 이에 응하지 아니할 수 있음(시행령 제185조 제2항)

❸ 위 ❶ 및 ❷에서 규정한 사항 외에 증권시장 및 다자간매매체결회사 외에서의 증권 등의 매매와 결제방법, 그 밖에 필요한 사항은 증권 등의 종류와 매매, 그 밖의 거래의 형태 등에 따라 금융위가 정하여 고시하는 방법에 따름

8　장외파생상품의 매매

❶ 투자매매업자 또는 투자중개업자는 장외파생상품을 대상으로 하여 투자매매업 또는 투자중개업을 하는 경우에는 다음의 기준을 준수하여야 함(법 제166조의2)

ㄱ. 장외파생상품의 매매 및 그 중개·주선 또는 대리의 상대방이 일반투자자인 경우에는 그 일반투자자가 위험회피 목적의 거래를 하는 경우에 한할 것

　　이 경우 투자매매업자 또는 투자중개업자는 일반투자자가 장외파생상품 거래를 통하여 회피하려는 위험의 종류와 금액을 확인하고, 관련 자료를 보관하여야 함

　　한편 '위험회피 목적의 거래'란 위험회피를 하려는 자가 보유하고 있거나 보유하려는 자산·부채 또는 계약등("위험회피 대상")에 대하여 미래에 발생할 수 있는 경제적 손실을 부분적 또는 전체적으로 줄이기 위한 거래로서 계약체결 당시 ① 위험회피 대상을 보유하고 있거나 보유할 예정일 것, ② 장외파생거래 계약기간 중 장외파생거래에서 발생할 수 있는 손익이 위험회피 대상에서 발생할 수 있는 손익의 범위를 초과하지 아니할 것 이라는 요건을 충족하는 거래를 말함(시행령 제186조의2)

ㄴ. 장외파생상품의 매매에 따른 위험액(시장위험액, 신용위험액 및 운영위험액의 합계)이 금융위가 정하는 한도를 초과하지 아니할 것

ㄷ. 영업용순자본에서 총위험액을 차감한 금액을 법 제15조, 제20조, 제117조의4 제8항 또는 제249조의3 제8항에서 요구하는 인가업무 또는 등록업무 단위별 자기자본(각 해당 조항에서 대통령령으로 정하는 완화된 요건을 말함)을 합계한 금액으로 나눈 값이 100분의 150에 미달하는 경우(겸영금융투자업자의 경우에는 금융위

가 정하여 고시하는 경우를 말함)에는 그 미달상태가 해소될 때까지 새로운 장외파
생상품의 매매를 중지하고, 미종결거래의 정리나 위험회피에 관련된 업무만
을 수행할 것

ㄹ. 장외파생상품의 매매를 할 때마다 파생상품업무책임자의 승인을 받을 것
다만, 금융위가 정하는 기준을 충족하는 계약으로서 거래당사자 간에 미리
합의된 계약조건에 따라 장외파생상품을 매매하는 경우는 제외

ㅁ. 월별 장외파생상품(파생결합증권 포함)의 매매, 그 중개·주선 또는 대리의 거래
내역을 다음 달 10일까지 금융위에 보고할 것

❷ 장외파생상품 거래의 매매에 따른 위험관리, 그 밖에 투자자를 보호하기 위하여
필요한 사항은 금융위가 정함

❸ 금감원장은 투자매매업자 및 투자중개업자의 장외파생상품의 매매등과 관련하
여 기준 준수 여부를 감독하여야 함

❹ 장외거래의 청산의무 : 금융투자업자는 다른 금융투자업자(외국 금융투자업자 포함)와
청산의무거래(장외파생상품의 매매 및 그 밖의 장외거래를 말하며 그 거래에 따른 채무의 불이행
이 국내 자본시장에 중대한 영향을 줄 우려가 있는 경우로 한정)를 하는 경우 금융투자상품거
래청산회사(영 제186조의3 3항에 의거 금융위원회가 승인한 외국금융투자상품거래청산회사 포
함)에게 청산의무거래에 따른 자기와 거래상대방의 채무를 채무인수, 경개 그 밖
의 방법으로 부담하게 하여야 함

❺ 차액결제거래

ㄱ. 투자매매업자 또는 투자중개업자가 다음 모두 해당하는 장외파생상품 거래
(이하 '차액결제거래'라 함)를 하는 경우에는 증거금을 징구하여야 함. 이 경우 증
거금은 대용증권으로 대신할 수 있음

a. 장래의 일정기간 동안 미리 정한 가격으로 기초자산이나 기초자산의 가
격·이자율·지표·단위 또는 이를 기초로 하는 지수 등에 의하여 산출된 금
전등을 교환할 것을 약정하는 계약

b. 주식, 주가지수, 통화(외국 통화 포함), 일반상품 등 기초자산 가격 변화와 연
계하여 계약 체결 당시 약정가격과 계약에 따른 약정을 소멸시키는 반대
거래 약정가격 간의 차액을 현금으로 결제할 것

c. 기초자산 가격 변화의 일정배율(음의 배율을 포함한다)로 연계될 것

d. 전문투자자와의 거래일 것

ㄴ. ㄱ의 증거금은 위 a에 따른 기초자산의 가액에 투자자의 신용상태 및 종목별 거래상황 등을 고려하여 정한 비율에 상당하는 금액(100분의 40 이상)으로 함

ㄷ. 투자매매업자 또는 투자중개업자는 차액결제거래 취급 규모를 신용공여 한도에 포함하여 자기자본의 100% 이내로 관리해야 함

ㄹ. 투자매매업자 또는 투자중개업자는 협회가 정하는 바에 따라 매일 당일의 차액결제거래 잔고 등을 협회에 제출하여야 함

❻ 장외파생상품의 투자요건 : 개인인 전문투자자가 위험회피 목적의 거래가 아닌 장외파생상품 거래를 하려는 경우에는 최근 5년 중 1년 이상의 기간 동안 지분증권, 파생상품, 고난도파생결합증권의 금융투자상품을 월말 평균잔고 기준으로 3억 원 이상 보유한 경험이 있을 것

section 02 공공적 법인의 주식 소유제한

1 공공적 법인의 개념

자본시장법상 '공공적 법인'이라 함은 국가기간산업 등 국민경제상 중요한 산업을 영위하는 법인으로서 다음 각 호의 요건을 모두 충족하는 법인 중에서 금융위가 관계 부처장관과의 협의와 국무회의에의 보고를 거쳐 지정하는 상장법인을 말한다(법 제152조 제3항, 시행령 제162조).

❶ 경영기반이 정착되고 계속적인 발전 가능성이 있는 법인일 것
❷ 재무구조가 건실하고 높은 수익이 예상되는 법인일 것
❸ 해당 법인의 주식을 국민이 광범위하게 분산 보유할 수 있을 정도로 자본금 규모가 큰 법인일 것

2   주식 소유제한 내용

누구든지 공공적 법인이 발행한 주식을 누구의 명의로 하든지 자기의 계산으로 다음의 기준을 초과하여 소유할 수 없다. 이 경우 의결권 없는 주식은 발행주식 총수에 포함되지 아니하며, 그 특수관계인의 명의로 소유하는 때에는 자기의 계산으로 취득한 것으로 본다(법 제167조).

❶ 그 주식이 상장된 당시에 발행주식 총수의 100분의 10 이상을 소유한 주주는 그 소유비율
❷ 위 ❶에 따른 주주 외의 자는 발행주식 총수의 100분의 3 이내에서 정관이 정하는 비율

다만, 소유비율 한도에 관하여 금융위의 승인을 받은 경우에는 그 소유비율 한도까지 공공적 법인이 발행한 주식을 소유할 수 있다(법 제167조 제2항).

상기 기준을 초과하여 사실상 주식을 소유하는 자는 그 초과분에 대하여는 의결권을 행사할 수 없으며, 금융위는 그 기준을 초과하여 사실상 주식을 소유하고 있는 자에 대하여 6개월 이내의 기간을 정하여 그 기준을 충족하도록 시정할 것을 명할 수 있다(법 제167조 제3항).

section 03   외국인의 증권 소유제한

1   외국인의 증권 또는 장내파생상품 거래의 제한

외국인은 국내에 6개월 이상 주소 또는 거소를 두지 아니한 개인을 말하며, 외국법인등은 다음의 어느 하나에 해당하는 자를 말한다(법 제9조 제16항, 법 제168조 제1항, 시행령 제13조).

① 외국 정부

② 외국 지방자치단체

③ 외국 공공단체

④ 외국 법령에 따라 설립된 외국 기업

⑤ 조약에 따라 설립된 국제기구

⑥ 외국 법령에 따라 설정·감독하거나 관리되고 있는 기금이나 조합

⑦ 외국 정부, 외국 지방자치단체가 또는 외국 공공단체에 의하여 설정·감독하거나 관리되고 있는 기금이나 조합

⑧ 조약에 따라 설립된 국제기구에 의하여 설정·감독하거나 관리되고 있는 기금이나 조합

외국인 또는 외국법인등에 의한 증권 또는 장내파생상품의 매매, 그 밖의 거래에 관하여는 다음의 기준 및 방법에 따라 그 취득한도등을 제한할 수 있다(법 제168조 제1항).

① 외국인 또는 외국법인등은 금융위가 정하여 고시하는 경우를 제외하고는 누구의 명의로든지 자기의 계산으로 다음에서 정한 취득한도를 초과하여 공공적 법인이 발행한 지분증권을 취득할 수 없음. 이 경우 한도초과분의 처분, 취득한도의 계산 기준·관리 등에 관하여 필요한 사항은 금융위가 정함

　ㄱ. 종목별 외국인 또는 외국법인등의 1인 취득한도 : 해당 공공적 법인의 정관에서 정한 한도

　ㄴ. 종목별 외국인 및 외국법인등의 전체 취득한도 : 해당 종목의 지분증권 총수의 100분의 40

② 금융위는 증권시장(다자간매매체결회사에서의 거래 포함) 및 파생상품시장의 안정과 투자자 보호를 위하여 필요하다고 인정하는 경우에는 위의 취득한도 제한 외에 증권 또는 장내파생상품(파생상품시장에서 거래되는 것만 해당)에 대하여 업종별, 종류별 또는 종목별·품목별 취득한도를 정할 수 있음

외국인 또는 외국법인등에 의한 공공적 법인의 주식 취득에 관하여는 위의 제한에 추가하여 그 공공적 법인의 정관이 정하는 바에 따라 따로 이를 제한할 수 있다(법 제168조 제2항).

외국인에 대한 한도 제한을 위반하여 주식을 취득한 자는 그 주식에 대한 의결권을 행사할 수 없으며, 금융위는 위 ① 또는 ②를 위반하여 증권 또는 장내파생상품을 매매

한 자에게 6개월 이내의 기간을 정하여 그 시정을 명할 수 있다.

2 외국인의 상장증권 등의 거래 시 준수사항

외국인 또는 외국법인등은 상장증권 또는 장내파생상품을 매매하거나 그 밖의 거래를 하려는 경우에는 다음의 기준을 준수하여야 한다(시행령 제188조).

❶ 상장증권, 상장이 예정된 증권을 취득 또는 처분하기 위하여 매매거래 계좌를 개설하는 경우 : 금융위가 정하여 고시하는 방법 및 절차에 따라 본인의 인적 사항 등의 확인을 거쳐 개설할 것

❷ 상장증권을 매매하는 경우

ㄱ. 금융위가 정하여 고시하는 경우를 제외하고는 증권시장(다자간매매체결회사에서의 거래를 포함)을 통하여 매매할 것

ㄴ. 매매거래 계좌의 개설, 매수증권의 보관, 국내 대리인의 선임, 매매내역의 보고 등에 관하여 금융위가 정하여 고시하는 기준을 충족할 것

❸ 장내파생상품을 매매하는 경우에는 매매거래 계좌의 개설, 매매내역의 보고 등에 관하여 금융위가 고시하는 기준을 충족할 것

❹ 상장증권을 매매 외의 방식으로 거래하는 경우에는 그 거래내역의 신고 등에 관하여 금융위가 정한 신고기준 등을 충족할 것

chapter 15

불공정거래행위에 대한 규제

section 01 총칙

증권 불공정거래는 자본시장법에서 요구하는 각종 의무를 이행하지 않고 주식을 거래하거나 거래 상대방을 속여 부당한 이득을 취하는 일체의 증권거래 행위로서 시세조종(주가조작), 미공개정보 이용(내부자거래), 부정거래행위, 시장질서 교란행위, 단기매매차익 거래, 주식소유 및 대량보유 보고의무 위반, 신고·공시의무 위반이 이에 해당된다.

1 개요

내부자거래 규제란 협의로는 상장회사의 내부자 등이 당해 회사의 미공개 중요정보를 당해 회사의 증권거래에 이용하는 것을 금지하는 미공개 중요정보 이용행위의 금지를 의미하나, 광의로는 미공개 시장정보의 이용행위 규제와 내부자 등의 미공개 중요정보의 사적 이용행위를 예방할 수 있는 제반 공시제도를 포함한다. 자본시장법상의 내부자거래 규제는 미공개 중요정보 이용행위의 금지, 공개매수 관련 정보 이용행위 금지, 대량취득·처분 관련 정보 이용행위 금지, 단기매매차익반환제도, 임원 및 주요 주주의 특정 증권등 상황보고제도·장내파생상품 대량보유 보고제도로 구성된다.

내부자거래 규제는 증권 및 파생상품시장에서의 정보의 비대칭을 야기하는 행위를 사전적 또는 사후적으로 방지하기 위한 제도이다. 즉, 증권 거래자 사이에 내부정보의 사적 이용을 금지하고 그에 대한 공시의무를 강화함으로써 정보의 비대칭으로 시장의 신뢰가 훼손되는 것을 예방하는 데 그 목적이 있다. 우리나라의 내부자거래 규제는 이사 등 회사 관계자를 중심으로 규제되어 왔으며 자본시장법도 회사 관계자를 주된 규제대상으로 하고 있으나 규제대상 증권 및 내부자의 범위 등이 확대되어 규제의 실효성이 제고되었다.

한편, 회사의 내부에서 생성되지 않은 정보의 경우에는 내부정보가 아니므로 규제대상에서 제외되는 것을 방지하기 위해 자본시장법은 시장정보라 하더라도 시장 참여자간에 정보의 격차가 발생하고 투자자들의 투자판단에 영향을 미쳐 주가 변동을 초래할 수 있는 공개매수 관련 정보의 이용행위(법 제174조 제2항) 및 대량취득처분 관련 정보의 이용행위(법 제174조 제3항)를 금지하고 있다.

(1) 적용대상

내부자거래 규제의 적용대상 법인은 '상장법인'(증권시장에 상장된 증권을 발행한 법인 및 6개월 내 상장이 예정된 법인)(법 제9조 제15항, 법 제174조 제1항)

(2) 규제대상

내부자거래 규제의 대상증권은 다음의 '특정 증권등'이다(법 제172조 제1항). 이 경우 특정 증권등에는 당해 법인이 발행한 증권에 한정되지 않고 당해 법인과 관련한 증권을 기초자산으로 하는 금융투자상품이 포함되어 국내 기업이 외국에서 발행한 증권예탁증권(DR)과 ELS, ELW 등과 같은 파생결합증권은 물론, call option, put option 등 파생상품의 매매도 당해 법인과 관련한 증권만을 기초자산으로 하는 경우 규제대상에 포함된다.

❶ 상장법인이 발행한 증권(다음의 증권 제외)
  ㄱ. CB, BW, PB 및 EB 이외의 채무증권
  ㄴ. 수익증권
  ㄷ. 파생결합증권(❹에 해당하는 파생결합증권은 제외)
❷ ❶의 증권과 관련된 증권예탁증권
❸ 상장법인 외의 자가 발행한 것으로서 ❶ 또는 ❷의 증권과 교환을 청구할 수 있는 교환사채권
❹ ❶부터 ❸까지의 증권만을 기초자산으로 하는 금융투자상품

(3) 규제대상자

내부자거래 규제대상자는 다음의 ❶~❸의 어느 하나에 해당하는 자(다음의 ❶~❷의 어느 하나에 해당하지 않게 된 날부터 1년이 경과하지 아니한 자를 포함)를 말한다. 자본시장법은 종전 증권거래법상 규제대상자에 공정거래법상 계열회사 임직원, 주요 주주, 당해 법인과 계약체결을 교섭 중인 자, 당해 법인의 임직원, 대리인이 법인인 경우 그 법인의 임직원 및 대리인 등을 추가하여 규제범위를 확대하였다. 이 경우 임원은 상법 제401조의2 제1항에 따른 업무집행지시자를 포함한다(법 제172조 제1항). 미공개중요정보의 2차·3차 수령

자의 이용행위나 목적성 없이 시세에 영향을 주는 행위 등과 같은 '시장질서 교란행위'를 금지하고 위반 시 과징금 부과규정이 있다(법 제178조의2, 제429조의2).

❶ 내부자

　ㄱ. 그 법인(그 계열회사를 포함) 및 그 법인의 임직원·대리인으로서 그 직무와 관련하여 미공개 중요정보를 알게 된 자

　ㄴ. 그 법인(그 계열회사를 포함)의 주요 주주로서 그 권리를 행사하는 과정에서 미공개 중요정보를 알게 된 자

❷ 준내부자

　ㄷ. 그 법인에 대하여 법령에 따른 허가·인가·지도·감독, 그 밖의 권한을 가지는 자로서 그 권한을 행사하는 과정에서 미공개 중요정보를 알게 된 자

　ㄹ. 그 법인과 계약을 체결하고 있거나 체결을 교섭하고 있는 자로서 그 계약을 체결·교섭 또는 이행하는 과정에서 미공개 중요정보를 알게 된 자

　ㅁ. ㄴ부터 ㄹ까지의 어느 하나에 해당하는 자의 대리인(이에 해당하는 자가 법인인 경우에는 그 임직원 및 대리인을 포함)·사용인, 그 밖의 종업원(ㄴ부터 ㄹ까지의 어느 하나에 해당하는 자가 법인인 경우에는 그 임직원 및 대리인)으로서 그 직무와 관련하여 미공개 중요정보를 알게 된 자

❸ 정보수령자 : ㄱ부터 ㄹ까지의 어느 하나에 해당하는 자(ㄱ부터 ㄹ까지의 어느 하나의 자에 해당하지 아니하게 된 날부터 1년이 경과하지 아니한 자를 포함)로부터 미공개 중요정보를 받은 자

(4) 규제대상행위

규제대상행위는 업무 등과 관련된 미공개 중요정보를 특정 증권등의 매매, 그 밖의 거래에 이용하거나 타인에게 이용하게 하는 행위. 즉, 증권의 매매거래 자체가 금지되는 것이 아니라 미공개 중요정보의 이용행위가 금지되는 것이다.

여기에서 미공개 중요정보란 투자자의 투자판단에 중대한 영향을 미칠 수 있는 정보로서 해당 법인(해당 법인으로부터 공개권한을 위임받은 자를 포함) 또는 그 법인의 자회사(그 자회사로부터 공개권한을 위임받은 자를 포함)가 다음의 어느 하나에 해당하는 방법으로 공개하고 해당 사항에 따라 정한 기간이나 시간이 지나는 방법으로 불특정 다수인이 알 수 있도록 공개하기 전의 것을 말한다.

❶ 법령에 따라 금융위 또는 거래소에 신고되거나 보고된 서류에 기재되어 있는 정보 : 그 내용이 기재되어 있는 서류가 금융위 또는 거래소가 정하는 바에 따라 비치된 날부터 1일

❷ 금융위 또는 거래소가 설치·운영하는 전자전달매체를 통하여 그 내용이 공개된 정보 : 공개된 때부터 3시간

❸ 「신문등의 진흥에 관한 법률」에 따른 일반 일간신문 또는 경제분야의 특수 일간신문 중 전국을 보급지역으로 하는 둘 이상의 신문에 그 내용이 게재된 정보 : 게재된 날의 다음 날 0시부터 6시간. 다만, 해당 법률에 따른 전자간행물의 형태로 게재된 경우에는 게재된 때부터 6시간

❹ 「방송법」에 따른 방송 중 전국을 가시청권으로 하는 지상파방송을 통하여 그 내용이 방송된 정보 : 방송된 때부터 6시간

❺ 「뉴스통신진흥법에 관한 법률」에 따른 연합뉴스사를 통하여 그 내용이 제공된 정보 : 제공된 때부터 6시간

3 공개매수 관련 정보의 이용행위 금지

(1) 규제대상자

주식등의 공개매수와 관련하여 다음의 어느 하나에 해당하는 자(❶부터 ❺까지에 해당하지 않게 된 날부터 1년이 경과하지 아니한 자를 포함)(법 제174조 제2항). 자본시장법은 미공개중요정보 이용행위 규제의 경우에서와 같이 종전 증권거래법상 규제대상자에 공정거래법상 계열회사 임직원, 주요 주주, 당해 법인과 계약체결을 교섭 중인 자, 당해 법인의 임직원, 대리인이 법인인 경우 그 법인의 임직원 및 대리인 등을 추가하여 규제범위를 확대하였다. 한편, 임원에는 상법 제401조의2 제1항에 따른 업무집행지시자 등이 포함된다 (법 제172조 제1항).

❶ 공개매수 예정자(그 계열회사 포함) 및 공개매수 예정자의 임직원·대리인으로서 그 직무와 관련하여 공개매수의 실시 또는 중지에 관한 미공개 정보를 알게 된 자

❷ 공개매수 예정자(그 계열회사 포함)의 주요 주주로서 그 권리를 행사하는 과정에서 공개매수의 실시 또는 중지에 관한 미공개 정보를 알게 된 자

❸ 공개매수 예정자에 대하여 법령에 따른 허가·인가·지도·감독, 그 밖의 권한을 가

지는 자로서 그 권한을 행사하는 과정에서 공개매수의 실시 또는 중지에 관한 미공개 정보를 알게 된 자

❹ 공개매수 예정자와 계약을 체결하고 있거나 체결을 교섭하고 있는 자로서 그 계약을 체결·교섭 또는 이행하는 과정에서 공개매수의 실시 또는 중지에 관한 미공개 정보를 알게 된 자

❺ ❷부터 ❹까지의 어느 하나에 해당하는 자의 대리인(이에 해당하는 자가 법인인 경우에는 그 임직원 및 대리인을 포함)·사용인, 그 밖의 종업원(❷부터 ❹까지의 어느 하나에 해당하는 자가 법인인 경우에는 그 임직원 및 대리인)으로서 그 직무와 관련하여 공개매수의 실시 또는 중지에 관한 미공개 정보를 알게 된 자

❻ 공개매수 예정자 또는 ❶부터 ❺까지의 어느 하나에 해당하는 자(❶부터 ❺까지의 어느 하나의 자에 해당하지 아니하게 된 날부터 1년이 경과하지 아니한 자를 포함)로부터 공개매수의 실시 또는 중지에 관한 미공개 정보를 받은 자

(2) 규제대상 행위

규제대상 행위는 주식등에 대한 공개매수의 실시 또는 중지에 관한 미공개 정보를 그 주식등과 관련된 특정 증권등의 매매, 그 밖의 거래에 이용하거나 타인에게 이용하게 하는 행위이다. 다만, 정보이용이 부득이 한 경우, 즉 공개매수 예정자가 공개매수를 목적으로 거래하는 경우에는 예외(법 제174조 제2항)

여기에서 공개매수의 실시 또는 중지에 관한 미공개정보란 공개매수의 실시 또는 중지에 관한 정보로서 공개매수 예정자(그로부터 공개권한을 위임받은 자를 포함)가 법령이 정한 방법으로 불특정 다수인이 알 수 있도록 공개하기 전의 것을 말하며, 공개 여부의 판단기준 및 특정 증권등의 범위는 미공개 중요정보 이용행위 규제의 경우와 같고(시행령 제201조 제2항), 공개매수 및 주식등의 개념은 공개매수 규제(법 제133조)의 경우와 동일

4 대량취득 및 처분 관련 정보 이용행위 금지

(1) 규제대상자

주식등의 대량·취득처분과 관련하여 다음의 어느 하나에 해당하는 자(❶부터 ❺까지의 어느 하나의 자에 해당하지 아니하게 된 날부터 1년이 경과하지 아니한 자 포함)(법 제174조 제3항). 주

식등의 대량취득·처분정보 이용규제는 자본시장법에 새로 도입된 제도로서 자본시장 법은 기업의 지배권 변동 및 투자자의 투자판단에 중대한 영향을 미칠 수 있는 대량거 래 정보를 공개매수 뿐 아니라 경영권에 영향을 미칠 수 있는 대량취득·처분으로 확대 하여 규제의 실효성을 강화하였다. 한편, 임원에는 상법 제401조의2 제1항에 따른 업무 집행지시자 등이 포함된다(법 제172조 제1항)

① 대량취득·처분을 하려는 자(그 계열회사 포함) 및 대량취득·처분을 하려는 자의 임 직원·대리인으로서 그 직무와 관련하여 대량취득·처분의 실시 또는 중지에 관한 미공개 정보를 알게 된 자

② 대량취득·처분을 하려는 자(그 계열회사 포함)의 주요 주주로서 그 권리를 행사하는 과정에서 대량취득·처분의 실시 또는 중지에 관한 미공개 정보를 알게 된 자

③ 대량취득·처분을 하는 자에 대하여 법령에 따른 허가·인가·지도·감독, 그 밖의 권한을 가지는 자로서 그 권한을 행사하는 과정에서 대량취득·처분의 실시 또는 중지에 관한 미공개 정보를 알게 된 자

④ 대량취득·처분을 하려는 자와 계약을 체결하고 있거나 체결을 교섭하고 있는 자 로서 그 계약을 체결·교섭 또는 이행하는 과정에서 대량취득·처분의 실시 또는 중지에 관한 미공개 정보를 알게 된 자

⑤ ②부터 ④까지의 어느 하나에 해당하는 자의 대리인(이에 해당하는 자가 법인인 경우 에는 그 임직원 및 대리인 포함)·사용인, 그 밖의 종업원(②부터 ④까지의 어느 하나에 해당 하는 자가 법인인 경우에는 그 임직원 및 대리인)으로서 그 직무와 관련하여 대량취득·처 분의 실시 또는 중지에 관한 미공개 정보를 알게 된 자

⑥ 대량취득·처분을 하는 자 또는 ①부터 ⑤까지의 어느 하나에 해당하는 자(①부 터 ⑤까지의 어느 하나의 자에 해당하지 아니하게 된 날부터 1년이 경과하지 아니한 자 포함)로부 터 대량취득·처분의 실시 또는 중지에 관한 미공개 정보를 알게 된 자

(2) 규제대상 행위

주식등의 대량취득·처분의 실시 또는 중지에 관한 미공개정보를 그 주식등과 관련된 특정 증권등의 거래에 이용하거나 이용하는 행위가 금지된다. 여기에서 대량취득·처분 의 실시 또는 중지에 관한 미공개정보란 대량취득·처분의 실시 또는 중지에 관한 정보 로서 대량취득·처분을 할 자(그로부터 공개권한을 위임받은 자를 포함)가 법령이 정한 방법으

로 불특정 다수인이 알 수 있도록 공개하기 전의 것을 말하며, 공개 여부의 판단기준 및 특정 증권등의 범위는 미공개 중요정보 이용행위 규제의 경우와 같고(시행령 제201조 제5항), 주식등의 개념은 공개매수 규제(법 제133조)의 경우와 동일

한편, 주식등의 대량취득·처분은 다음에서 정하는 요건을 모두 충족하는 주식등의 취득·처분을 말한다(법 제174조 제3항, 시행령 제201조 제4항).

❶ 회사나 그 임원에 대하여 사실상 영향력을 행사할 목적(시행령 제154조 제1항에 규정된 목적을 말함)의 취득

❷ 금융위가 정하는 고시하는 비율 이상의 대량취득·처분일 것

❸ 그 취득·처분이 5% 보고대상에 해당할 것

5 내부자의 단기매매차익 반환제도

(1) 반환대상자

단기매매차익 반환제도는 일정 범위의 내부자에 대해 미공개 중요정보의 이용여부와 관계없이 특정 증권등의 단기매매거래에 따른 이익을 회사에 반환하도록 하여 내부자의 미공개 중요정보 이용행위를 예방하는 제도

자본시장법은 단기매매차익 반환대상자를 주권상장법인의 주요 주주, 임원(상법 제401조의2 제1항에 따른 업무집행지시자 등 포함) 및 직원으로 규정(법 제172조 제1항). 다만, 직원의 경우 다음의 어느 하나에 해당하는 자로서 증권선물위원회가 직무상 제174조 제1항의 미공개중요정보를 알 수 있는 자로 인정한 자에 한한다(시행령 제194조).

❶ 그 법인에서 주요사항보고 대상에 해당하는 사항의 수립·변경·추진·공시, 그 밖에 이에 관련된 업무에 종사하고 있는 직원

❷ 그 법인의 재무·회계·기획·연구개발에 관련된 업무에 종사하고 있는 직원

(2) 반환대상 – 특정 증권등의 단기매매차익

주권상장법인의 특정 증권등을 매수한 후 6개월 이내에 매도하거나 특정 증권등을 매도한 후 6개월 이내에 매수하여 얻은 이익('단기매매차익'이라 함)(법 제172조 제1항). 이 경우 단기매매차익의 산정방법은 다음과 같다(시행령 제195조).

한편, 특정 증권등의 범위는 미공개 중요정보 금지 대상증권과 동일하다.

❶ 해당 매수(권리 행사의 상대방이 되는 경우로서 매수자의 지위를 가지게 되는 특정 증권등의 매도를 포함) 또는 매도(권리를 행사할 수 있는 경우로서 매도자의 지위를 가지게 되는 특정 증권등의 매수를 포함) 후 6개월(초일을 산입) 이내에 매도 또는 매수한 경우에는 매도단가에서 매수단가를 뺀 금액에 매수수량과 매도수량 중 적은 수량('매매일치수량')을 곱하여 계산한 금액에서 해당 매매일치수량분에 관한 매매거래수수료와 증권거래세액 및 농어촌특별세액을 공제한 금액을 이익으로 계산하는 방법. 이 경우 그 금액이 0원 이하인 경우에는 이익이 없는 것으로 봄

❷ 해당 매수 또는 매도 후 6개월 이내에 2회 이상 매도 또는 매수한 경우에는 가장 시기가 빠른 매수분과 가장 시기가 빠른 매도분을 대응하여 ❶에 따른 방법으로 계산한 금액을 이익으로 산정하고, 그 다음의 매수분과 매도분에 대하여는 대응할 매도분이나 매수분이 없어질 때까지 같은 방법으로 대응하여 ❶에 따른 방법으로 계산한 금액을 이익으로 산정하는 방법. 이 경우 대응된 매수분이나 매도분 중 매매일치수량을 초과하는 수량은 해당 매수 또는 매도와 별개의 매수 또는 매도로 보아 대응의 대상으로 함

ㄱ. ❶ 및 ❷에 따라 이익을 계산하는 경우 매수 가격·매도 가격은 특정 증권등의 종류 및 종목에 따라 다음에서 정하는 가격으로 계산(시행령 제195조 제2항)

　　a. 매수 특정 증권등과 매도 특정 증권등이 종류는 같으나 종목이 다른 경우 : 매수 후 매도하여 이익을 얻은 경우에는 매도한 날의 매수 특정 증권등의 최종 가격을 매도 특정 증권등의 매도 가격으로 하고, 매도 후 매수하여 이익을 얻은 경우에는 매수한 날의 매도 특정 증권등의 최종 가격을 매수 특정 증권등의 매수 가격으로 함

　　b. 매수 특정 증권등과 매도 특정 증권등이 종류가 다른 경우 : 지분증권 외의 특정 증권등의 가격은 증선위가 정하여 고시하는 방법에 따라 지분증권으로 환산하여 계산한 가격으로 함

ㄴ. 매수 특정 증권등과 매도 특정 증권등이 종류가 다른 경우 그 수량의 계산은 증선위가 정하여 고시하는 방법에 따라 계산된 수량으로 산정함

ㄷ. 단기매매차익 산정 시 매수 또는 매도 후 특정 증권등의 권리락·배당락 또는 이자락, 그 밖에 이에 준하는 경우로서 증선위가 정하여 고시하는 사유가 있는 경우에는 이를 고려하여 환산한 가격 및 수량을 기준으로 이익을 계산함

(시행령 제195조 제4항)

ㄹ. 단기매매차익 계산의 구체적인 기준과 방법 등 필요한 세부사항은 증선위가
정함

(3) 단기매매차익 반환의 예외

임직원 또는 주요 주주로서 행한 매도 또는 매수의 성격, 그 밖의 사정 등을 고려하여
정한 다음의 경우 및 주요 주주가 매도·매수한 시기 중 어느 한 시기에 있어서 주요 주
주가 아닌 경우에는 적용하지 아니한다(법 제172조 제6항 및 시행령 제198조).

❶ 법령에 따라 불가피하게 매수하거나 매도하는 경우
❷ 정부의 허가·인가·승인 등이나 문서에 의한 지도·권고에 따라 매수하거나 매도
하는 경우
❸ 안정조작이나 시장조성을 위하여 매수·매도 또는 매도·매수하는 경우
❹ 모집·사모·매출하는 특정 증권등의 인수에 따라 취득하거나 인수한 특정 증권등
을 처분하는 경우
❺ 주식매수선택권의 행사에 따라 주식을 취득하는 경우
❻ 이미 소유하고 있는 지분증권, 신주인수권이 표시된 것, 전환사채권 또는 신주인
수권부사채권의 권리행사에 따라 주식을 취득하는 경우
❼ 증권예탁증권의 예탁계약 해지에 따라 증권을 취득하는 경우
❽ 교환사채권 또는 교환사채권의 권리행사에 따라 증권을 취득하는 경우
❾ 모집·매출하는 특정 증권등의 청약에 따라 취득하는 경우
❿ 「근로자복지기본법」 제36조부터 제39조까지 또는 제44조에 따라 우리사주조합
원에게 우선 배정된 주식의 청약에 따라 취득하는 경우(그 취득한 주식을 같은 법 제43
조에 따라 수탁기관에 예탁한 경우에 한함)
⓫ 주식매수청구권의 행사에 따라 주식을 처분하는 경우
⓬ 공개매수에 응모함에 따라 주식 등을 처분하는 경우
⓭ 「국민연금법」에 따른 국민연금기금, 「공무원연금법」에 따른 공무원연금기금, 「사
립학교교직원연금법」에 따른 사립학교교직원연금기금의 관리나 운용을 위한 매
매로서 다음 각 목의 요건을 모두 갖춘 경우
ㄱ. 발행인의 경영권에 영향을 주기 위한 것(영 제154조 제1항이 정하는 것을 말한다)이
아닐 것

ㄴ. 미공개중요정보의 이용을 방지하기 위하여 다음의 요건을 모두 갖춘 것으로 증권선물위원회가 의결로써 인정하는 경우. 이 경우 증권선물위원회는 내부통제기준의 적정성, 내부통제기준에 대한 준수 내용 등을 종합적으로 고려하여야 함

    a. 의결권 행사 및 이와 관련된 업무를 전담하는 부서(이하 수탁자책임 부서라 한다)와 특정증권등의 운용 관련 업무를 수행하는 부서(이하 운용부서라 한다) 간 독립적 구분

    b. 수탁자책임 부서와 운용 부서 간 사무공간 및 전산설비 분리

    c. 수탁자책임 부서가 업무 과정에서 알게 된 정보를 운용부서 또는 외부 기관에 부당하게 제공하는 행위의 금지 및 이를 위반한 임직원에 대한 처리 근거 마련

    d. 수탁자책임 부서가 운용부서 또는 외부 기관과 의결권 행사 또는 이와 관련된 업무에 관한 회의를 하거나 통신을 한 경우 그 회의 또는 통신에 관한 기록의 작성 및 유지

    e. a부터 d까지의 사항을 포함하는 내부통제기준의 마련

⓮ 그 밖에 미공개 중요정보를 이용할 염려가 없는 경우로서 증선위가 인정하는 경우

(4) 단기매매차익에 대한 공시

증선위는 단기매매차익의 발생사실을 알게 된 경우에는 해당 법인에 이를 통보하여야 한다. 이 경우 그 법인은 통보받은 내용을 인터넷 홈페이지 등을 이용하여 공시하여야 한다(법 제172조 제3항).

(5) 투자매매업자에 대한 준용

단기매매차익 반환제도는 주권상장법인이 모집·사모·매출하는 특정 증권등을 인수한 투자매매업자에 대하여 당해 투자매매업자가 인수계약을 체결한 날부터 3개월 이내에 매수 또는 매도하여 그 날부터 6개월 이내에 매도 또는 매수하는 경우(인수증권 처분의 경우 제외)에 준용

다만, 투자매매업자가 안정조작이나 시장조성을 위하여 매매하는 경우에는 해당 안정조작이나 시장조성기간 내에 매수 또는 매도하여 그 날부터 6개월 이내에 매도 또는 매수하는 경우(당해 안정조작 또는 시장조성을 위한 경우 제외)에 준용(법 제172조 제7항, 시행령 제199조)

이 경우 안정조작이란 투자매매업자가 모집 또는 매출의 청약기간 종료일 전 20일부터 그 청약기간의 종료일까지의 기간 동안 증권의 가격을 안정시켜 증권의 모집 또는 매출을 원활하도록 하는 매매를 말하며, 시장조성이란 투자매매업자가 일정한 방법에 따라 모집 또는 매출한 증권의 수요·공급을 그 증권이 상장된 날부터 1개월 이상 6개월 이하의 범위에서 인수계약으로 정한 기간 동안 조성하는 매매를 말한다(법 제176조 제3항).

6 임원 및 주요 주주의 특정 증권등 소유상황 · 거래계획 보고

주권상장법인의 임원 또는 주요 주주는 임원 또는 주요 주주가 된 날부터 5일(공휴일, 근로자의 날, 토요일은 제외) 이내에 누구의 명의로 하든지 자기의 계산으로 소유하고 있는 특정 증권등의 소유상황을, 그 특정 증권등의 소유상황에 변동이 있는 경우에는 그 변동이 있는 날부터 5영업일까지 그 내용을 각각 증선위와 거래소에 보고하여야 한다(법 제173조 및 시행령 제200조).

(1) 보고대상자

특정 증권등의 소유상황 보고제도는 내부정보 접근 가능성이 큰 내부자에 대해 특정 증권등의 소유상황을 공시하도록 하여 미공개 중요정보의 사적 이용행위를 예방하는 제도. 자본시장법은 보고대상자를 주권상장법인의 임원(상법 제401조의2 제1항에 따른 업무집행지시자 등 포함) 및 주요 주주로 규정(법 제173조 제1항)

(2) 보고방법

❶ 임원 또는 주요 주주가 된 날부터 5영업일 이내에 누구의 명의로든 자기의 계산으로 소유하고 있는 특정 증권등의 소유상황을, 그 특정 증권등의 소유상황에 변동이 있는 경우에는 누적변동수량이 1,000주 이상이거나, 누적취득(처분) 금액이 1천만 원 이상인 경우 그 변동이 있는 날부터 5영업일까지 증선위와 거래소에 보고
❷ 보고서 기재사항(시행령 제200조 제2항)은 다음과 같고, 보고서의 서식과 작성방법 등에 관하여 필요한 사항은 증선위가 정하여 고시함(시행령 제200조 제5항)
   ㄱ. 보고자
   ㄴ. 해당 주권상장법인

ㄷ. 특정 증권등의 종류별 소유현황 및 그 변동에 관한 사항

❸ 소유상황 보고 기준일(시행령 제200조 제3항)

　ㄱ. 주권상장법인의 임원이 아니었던 자가 해당 주주총회에서 임원으로 선임된 경우 : 그 선임일

　ㄴ. 「상법」 제401조의2 제1항 각 호의 자인 경우 : 해당 지위를 갖게 된 날

　ㄷ. 주권상장법인이 발행한 주식의 취득 등으로 해당 법인의 주요 주주가 된 경우 : 그 취득등을 한 날

　ㄹ. 주권비상장법인이 발행한 주권이 증권시장에 상장된 경우 : 그 상장일

　ㅁ. 주권비상장법인의 임원(「상법」 제401조의2 제1항 각 호의 자를 포함) 또는 주요 주주가 합병, 분할합병 또는 주식의 포괄적 교환·이전으로 주권상장법인의 임원이나 주요 주주가 된 경우 : 그 합병, 분할합병 또는 주식의 포괄적 교환·이전으로 인하여 발행된 주식의 상장일

❹ 변동상황 보고 변동일(시행령 제200조 제4항)

　ㄱ. 증권시장(다자간매매체결회사에서의 거래 포함, 이하 이 조에서 같음)이나 파생상품시장에서 특정 증권등을 매매한 경우에는 그 결제일

　ㄴ. 증권시장이나 파생상품시장 외에서 특정 증권등을 매수한 경우에는 대금을 지급하는 날과 특정 증권등을 인도받는 날 중 먼저 도래하는 날

　ㄷ. 증권시장이나 파생상품시장 외에서 특정 증권등을 매도한 경우에는 대금을 수령하는 날과 특정 증권등을 인도하는 날 중 먼저 도래하는 날

　ㄹ. 유상증자로 배정되는 신주를 취득하는 경우에는 주금납입일의 다음날

　ㅁ. 특정 증권등을 차입하는 경우에는 그 특정 증권등을 인도받는 날, 상환하는 경우에는 그 특정 증권등을 인도하는 날

　ㅂ. 특정 증권등을 증여받는 경우에는 그 특정 증권등을 인도받는 날, 증여하는 경우에는 그 특정 증권등을 인도하는 날

　ㅅ. 상속으로 특정 증권등을 취득하는 경우로서 상속인이 1인인 경우에는 단순승인이나 한정승인에 따라 상속이 확정되는 날, 상속인이 2인 이상인 경우에는 그 특정 증권등과 관계되는 재산분할이 종료되는 날

　ㅇ. ㄱ부터 ㅅ까지 외의 경우에는 「민법」·「상법」 등 관련 법률에 따라 해당 법률행위 등의 효력이 발생하는 날

한편, 주권상장법인의 임원 또는 주요주주는 발행주식 총수의 1% 이상 또는 50억원 이상 거래시 30일 전에 거래목적·금액·기간 등의 공시를 의무화하는 내부자 거래 사전 공시제도가 2024년 7월 24일부터 시행되었다.(법 제173조의3 및 시행령 제200조의3)

(1) 사전 공시 대상자

❶ 이사·감사 및 사실상 임원(업무집행책임자 등)
❷ 의결권 주식 10% 이상 소유, 임원 임면 등 주요 경영사항에 사실상 영향력 행사자 다만, 연기금, 펀드 등 집합투자기구(투자목적회사 포함), 은행, 보험사, 여전사, 금융투자업자, 벤처캐피탈, 중소벤처기업진흥공단 등 재무적 투자자는 공시의무자에서 제외

(2) 사전 공시 대상 거래규모 · 유형

과거 6개월(거래개시일 기준)과 거래기간 중 합산한 특정증권 등*의 거래수량 및 금액이 당해 상장회사 "발행주식 총수의 1% 미만"과 "50억원 미만"의 2가지 요건을 모두 충족한 경우는 보고의무를 면제
* 그 회사의 지분증권(우선주 포함), 전환사채, 신주인수권부 사채, 관련 증권예탁증권 등 포함
아울러, 법령에 따른 매수·매도, 안정조작이나 시장조성을 위한 매매 등 미공개중요정보 이용 우려가 없는 경우, 상속, 주식배당, 주식 양수도 방식 M&A, 분할·합병에 따른 취득·처분, 담보가치 하락으로 인한 반대매매 등 외부요인에 따른 거래 등 부득이한 사유에 따른 거래는 사전공시의무 대상에서 제외

---

7   장내파생상품의 대량보유 보고

(1) 장내파생상품의 대량보유 보고

동일 품목의 장내파생상품(일반상품, 금융위가 정하여 고시하는 기준과 방법에 따른 주가지수를 기초자산으로 하는 것으로서 파생상품시장에서 거래되는 것에 한함)을 금융위가 정하여 고시하는 수량 이상 보유(누구의 명의로든지 자기의 계산으로 소유하는 경우)하게 된 자는 그 날부터 5일

(공휴일, 근로자의 날, 토요일은 제외) 이내에 그 보유 상황 등을 금융위와 거래소에 보고하여야 하며, 그 보유 수량이 금융위가 정하여 고시하는 수량 이상으로 변동된 경우에는 그 변동된 날부터 5일(공휴일, 근로자의 날, 토요일은 제외) 이내에 그 변동 내용을 금융위와 거래소에 보고하여야 한다(법 제173조의2 제1항 및 시행령 제200조의2).

❶ 보고내용은 다음과 같으며, 보고의 방법 및 절차 등에 관하여 필요한 사항은 금융위가 정하여 고시함

  ㄱ. 대량보유자 및 그 위탁을 받은 금융투자업자에 관한 사항

  ㄴ. 해당 장내파생상품거래의 품목 및 종목

  ㄷ. 해당 장내파생상품을 보유하게 된 시점, 가격 및 수량

  ㄹ. 위의 내용과 관련된 사항으로서 금융위가 정하는 사항

❷ 금융위와 거래소에 보고하여야 할 자가 위탁자인 경우에는 금융투자업자로 하여금 대신하여 보고하게 할 수 있으며, 장내파생상품의 대량보유 상황이나 그 변동 내용을 보고하는 날 전날까지 새로 변동 내용을 보고하여야 할 사유가 발생한 경우에는 새로 보고하여야 하는 변동 내용을 당초의 대량보유 상황이나 그 변동 내용을 보고할 때 함께 보고하여야 함

(2) 파생상품 관련 정보의 누설 금지 등

다음의 어느 하나에 해당하는 자로서 파생상품시장에서의 시세에 영향을 미칠 수 있는 정보를 업무와 관련하여 알게 된 자와 그 자로부터 그 정보를 전달받은 자는 그 정보를 누설하거나, 장내파생상품 및 그 기초자산의 매매나 그 밖의 거래에 이용하거나, 타인으로 하여금 이용하게 할 수 없다(법 제173조의2 제2항).

❶ 장내파생상품의 시세에 영향을 미칠 수 있는 정책을 입안·수립 또는 집행하는 자
❷ 장내파생상품의 시세에 영향을 미칠 수 있는 정보를 생성·관리하는 자
❸ 장내파생상품의 기초자산의 중개·유통 또는 검사와 관련된 업무에 종사하는 자

8 위반에 대한 제재

(1) 형사책임

다음의 어느 하나에 해당하는 자는 1년 이상의 유기징역 또는 그 위반행위로 얻은 이

익 또는 회피한 손실액의 3배 이상 5배 이하에 상당하는 벌금에 처한다. 다만, 그 위반행위로 얻은 이익 또는 회피한 손실액이 없거나 산정하기 곤란한 경우 또는 그 위반행위로 얻은 이익 또는 회피한 손실액의 5배에 해당하는 금액이 5억 원 이하인 경우에는 벌금의 상한액을 5억 원으로 한다(법 제443조 제1항).

❶ 상장법인의 업무 등과 관련된 미공개 중요정보를 특정 증권등의 매매, 그 밖의 거래에 이용하거나 타인에게 이용하게 한 자

❷ 주식등에 대한 공개매수의 실시 또는 중지에 관한 미공개 정보를 그 주식등과 관련된 특정 증권등의 매매, 그 밖의 거래에 이용하거나 타인에게 이용하게 한 자

❸ 주식등의 대량취득·처분의 실시 또는 중지에 관한 미공개 정보를 그 주식등과 관련된 특정 증권등의 매매, 그 밖의 거래에 이용하거나 타인에게 이용하게 한 자

(2) 손해배상책임

❶ (1)의 ❶~❸ 해당하는 자는 해당 특정 증권등의 매매, 그 밖의 거래를 한 자가 그 매매, 그 밖의 거래와 관련하여 입은 손해를 배상할 책임을 짐(법 제175조)

❷ 이에 따른 손해배상청구권은 청구권자가 그 위반한 행위가 있었던 사실을 안 날부터 2년간 또는 그 행위가 있었던 날부터 5년간 이를 행사하지 아니한 경우에는 시효로 인하여 소멸함

(3) 과징금

불공정거래행위에 아래와 같이 과징금을 병과할 수 있다.

❶ (1)의 ❶~❸ 해당하는 자에게는 그 위반행위로 얻은 이익 또는 회피한 손실액의 2배에 상당하는 금액 이하의 과징금을 부과할 수 있다(법 제429조의2 제1항 본문).

❷ 다만, 위반행위와 관련된 거래로 얻은 이익 또는 이로 인하여 회피한 손실액이 없거나 산정하기 곤란한 경우에는 40억 원 이하의 과징금을 부과할 수 있다(법 제429조의2 제1항 단서).

1 개요

시세조종행위란 협의로는 증권시장 및 파생상품시장에서 시장기능에 의하여 자연스럽게 형성되어야 할 가격이나 거래동향을 인위적으로 변동시킴으로써 부당이득을 취하는 행위를 말한다. 시세조종행위는 증권시장 및 파생상품시장의 가격 결정 기능과 공정한 거래질서를 훼손하여 투자자의 신뢰를 저해함으로써 자본시장의 기능을 파괴할 수 있다.

이에 자본시장법은 협의의 시세조종행위는 물론, 합리성이 결여된 비경제적 매매주문 또는 매매성황을 오인케 하거나 중요사실에 대한 허위의 표시 등 증권시장 및 파생상품시장의 시장기능을 저해하는 일련의 행위를 유형화하여 엄격히 금지하는 한편, 증권시장과 파생상품시장 간 현·선연계 시세조종행위 및 파생결합증권과 그 기초자산인 증권 간 연계 시세조종행위 등 새로운 유형의 시세조종행위에 대한 법적 규제를 강화하였다.

2 규제대상

(1) 위장매매에 의한 시세조종

누구든지 상장증권 또는 장내파생상품의 매매에 관하여 그 매매가 성황을 이루고 있는 듯이 잘못 알게 하거나, 그 밖에 타인에게 그릇된 판단을 하게 할 목적으로 다음의 어느 하나에 해당하는 행위 및 그 행위를 위탁하거나 수탁할 수 없다(법 제176조 제1항).

❶ 통정매매

ㄱ. 자기가 매도하는 것과 같은 시기에 그와 같은 가격 또는 약정수치로 타인이 그 증권 또는 장내파생상품을 매수할 것을 사전에 그 자와 서로 짠 후 매도하는 행위

ㄴ. 자기가 매수하는 것과 같은 시기에 그와 같은 가격 또는 약정수치로 타인이

그 증권 또는 장내파생상품을 매도할 것을 사전에 그 자와 서로 짠 후 매수하는 행위

❷ 가장매매 : 그 증권 또는 장내파생상품의 매매를 함에 있어서 그 권리의 이전을 목적으로 하지 아니하는 거짓으로 꾸민 매매를 하는 행위

(2) 현실매매에 의한 시세조종

누구든지 상장증권 또는 장내파생상품의 매매를 유인할 목적으로 그 증권 또는 장내파생상품의 매매가 성황을 이루고 있는 듯이 잘못 알게 하거나 그 시세(증권시장 또는 파생상품시장에서 형성된 시세, 다자간매매체결회사가 상장주권의 매매를 중개함에 있어서 형성된 시세, 상장되는 증권에 대하여 증권시장에서 최초로 형성되는 시세를 말함)를 변동시키는 매매 또는 그 위탁이나 수탁을 하는 행위를 할 수 없다(법 제176조 제2항 제1호).

(3) 허위표시 등에 의한 시세조종

누구든지 상장증권 또는 장내파생상품의 매매를 유인할 목적으로 다음의 행위를 할 수 없다(법 제176조 제2항 제2호 및 제3호).

❶ 그 증권 또는 장내파생상품의 시세가 자기 또는 타인의 시장 조작에 의하여 변동한다는 말을 유포하는 행위
❷ 그 증권 또는 장내파생상품의 매매를 함에 있어서 중요한 사실에 관하여 거짓의 표시 또는 오해를 유발시키는 표시를 하는 행위

(4) 가격 고정 또는 안정조작행위

❶ 누구든지 상장증권 또는 장내파생상품의 시세를 고정시키거나 안정시킬 목적으로 그 증권 또는 장내파생상품에 관한 일련의 매매 또는 그 위탁이나 수탁을 하는 행위를 할 수 없음(법 제176조 제3항)
❷ 가격 고정 또는 안정조작행위 금지의 예외
    ㄱ. 모집 또는 매출되는 증권의 발행인 또는 소유자와 인수계약을 체결한 투자매매업자가 일정한 방법(시행령 제204조)에 따라 그 증권의 모집 또는 매출의 청약기간의 종료일 전 20일부터 그 청약기간의 종료일까지의 기간 동안 증권의 가격을 안정시킴으로써 증권의 모집 또는 매출을 원활하도록 하기 위한 매매

거래('안정조작')를 하는 경우

ㄴ. 투자매매업자가 일정한 방법(시행령 제205조)에 따라 모집 또는 매출한 증권의 수요·공급을 그 증권이 상장된 날부터 1개월 이상 6개월 이내에서 인수계약으로 정한 기간 동안 조성하는 매매거래('시장조성')를 하는 경우

ㄷ. 모집 또는 매출되는 증권 발행인의 임원 등이 투자매매업자에게 안정조작을 위탁하는 경우

ㄹ. 투자매매업자가 안정조작을 수탁하는 경우

ㅁ. 모집 또는 매출되는 증권의 인수인이 투자매매업자에게 시장조성을 위탁하는 경우

ㅂ. 투자매매업자가 시장조성을 수탁하는 경우

(5) 현 · 선연계 시세조종행위

누구든지 상장증권 또는 장내파생상품의 매매와 관련하여 다음의 어느 하나에 해당하는 행위를 할 수 없다(법 제176조 제4항).

❶ 현 · 선연계 시세조종

ㄱ. 장내파생상품 매매에서 부당한 이익을 얻거나 제3자에게 부당한 이익을 얻게 할 목적으로 그 장내파생상품의 기초자산의 시세를 변동 또는 고정시키는 행위

ㄴ. 장내파생상품의 기초자산의 매매에서 부당한 이익을 얻거나 제3자에게 부당한 이익을 얻게 할 목적으로 그 장내파생상품의 시세를 변동 또는 고정시키는 행위

❷ 현 · 현연계 시세조종 : 증권의 매매에서 부당한 이익을 얻거나 제3자에게 부당한 이익을 얻게 할 목적으로 그 증권과 연계된 증권('연계증권')의 시세를 변동 또는 고정시키는 행위

ㄱ. 전환사채권이나 신주인수권부사채인 경우 연계증권(시행령 제207조 제1호)

 a. 그 전환사채권이나 신주인수권부사채권과 교환을 청구할 수 있는 교환사채권

 b. 지분증권

 c. 그 전환사채권 또는 신주인수권부사채권을 기초자산으로 하는 파생결합증권

        d. 그 전환사채권 또는 신주인수권부사채권과 관련된 증권예탁증권

  ㄴ. 교환사채권인 경우 연계증권(시행령 제207조 제2호)

        a. 교환대상이 되는 전환사채권 또는 신주인수권부사채권

        b. 교환대상이 되는 지분증권

        c. 교환대상이 되는 파생결합증권

        d. 교환대상이 되는 증권예탁증권

  ㄷ. 지분증권인 경우 연계증권(시행령 제207조 제3호)

        a. 전환사채권 또는 신주인수권부사채권

        b. 그 지분증권과 교환을 청구할 수 있는 교환사채권

        c. 그 지분증권을 기초자산으로 하는 파생결합증권

        d. 지분증권과 관련된 증권예탁증권

        e. 그 지분증권 외의 지분증권

  ㄹ. 파생결합증권인 경우 연계증권(시행령 제207조 제4호)

        a. 기초자산이 되는 전환사채권 또는 신주인수권부사채권

        b. 기초자산이 되는 교환사채권(전환사채권, 신주인수권부사채권, 지분증권, 증권예탁증
          권과 교환을 청구할 수 있는 것에 한함)

        c. 지분증권

        d. 증권예탁증권

  ㅁ. 증권예탁증권인 경우 연계증권(시행령 제207조 제5호)

        a. 기초자산이 되는 전환사채권 또는 신주인수권부사채권

        b. 기초자산이 되는 교환사채권(전환사채권, 신주인수권부사채권, 지분증권, 파생결합증
          권과 교환을 청구할 수 있는 것에 한함)

        c. 기초자산이 되는 지분증권

        d. 기초자산이 되는 파생결합증권

3　위반 시 제재

(1) 형사책임

시세조종금지에 위반한 자에 대해서는 1년 이상의 유기징역 또는 그 위반행위로 얻

은 이익 또는 회피한 손실액의 3배 이상 5배 이하에 상당하는 벌금에 처한다. 다만, 그 위반행위로 얻은 이익 또는 회피한 손실액이 없거나 산정하기 곤란한 경우 또는 그 위반행위로 얻은 이익 또는 회피한 손실액의 5배에 해당하는 금액이 5억 원 이하인 경우에는 벌금의 상한액을 5억 원으로 한다(법 제443조 제1항).

(2) 손해배상책임

시세조종행위 금지를 위반한 자는 그 위반행위로 인하여 형성된 가격에 의하여 해당 상장증권 또는 장내파생상품의 매매를 하거나 위탁을 한 자가 그 매매 또는 위탁으로 인하여 입은 손해를 배상할 책임을 진다(법 제177조).

section 04 부정거래행위 규제

1 개요

증권시장에서 발생하는 불공정행위 수법은 매우 다양하며 새로운 유형의 불공정거래 행위가 계속 등장하고 있어 자본시장법은 포괄적으로 부정거래행위를 금지하고 있다.

2 부정거래의 유형

누구든지 금융투자상품의 매매(증권의 경우 모집·사모·매출을 포함), 그 밖의 거래와 관련하여 다음의 어느 하나에 해당하는 행위를 할 수 없다(법 제178조 제1항).

❶ 부정한 수단, 계획 또는 기교를 사용하는 행위
❷ 중요사항에 관하여 거짓의 기재 또는 표시를 하거나 타인에게 오해를 유발시키

지 아니하기 위하여 필요한 중요사항의 기재 또는 표시가 누락된 문서, 그 밖의 기재 또는 표시를 사용하여 금전, 그 밖의 재산상의 이익을 얻고자 하는 행위

❸ 금융투자상품의 매매, 그 밖의 거래를 유인할 목적으로 거짓의 시세를 이용하는 행위

누구든지 금융투자상품의 매매, 그 밖의 거래를 할 목적이나 그 시세의 변동을 도모할 목적으로 풍문의 유포, 위계(僞計)의 사용, 폭행 또는 협박을 할 수 없다(법 제178조 제2항).

3 위반 시 제재

(1) 형사벌칙

부정거래행위 금지에 위반한 자에 대해서는 1년 이상의 유기징역 또는 그 위반행위로 얻은 이익 또는 회피한 손실액의 3배 이상 5배 이하에 상당하는 벌금에 처한다. 다만, 그 위반행위로 얻은 이익 또는 회피한 손실액이 없거나 산정하기 곤란한 경우 또는 그 위반행위로 얻은 이익 또는 회피한 손실액의 5배에 해당하는 금액이 5억 원 이하인 경우에는 벌금의 상한액을 5억 원으로 한다(법 제443조 제1항).

(2) 손해배상책임

부정거래행위 금지에 위반한 자는 그 위반행위로 인하여 금융투자상품의 매매, 그 밖의 거래를 한 자가 그 매매, 그 밖의 거래와 관련하여 입은 손해를 배상할 책임을 진다(법 제179조).

시장질서 교란행위 규제

1 정보이용형 교란행위

기존 미공개중요정보이용 금지조항(법 제174조)은 2차 이상 정보수령자, 상장법인 등의 외부정보(시장정보, 정책정보 이용 등)를 규제할 수 없었으나, 2015년 7월부터 시장질서 교란행위 규제가 도입되면 2차 이상의 다차 정보수령자의 미공개정보이용, 외부정보 이용, 해킹 등 부정한 방법으로 지득한 정보이용 등이 규제되고 있다.

다음의 자가 상장증권, 장내파생상품 또는 이를 기초자산으로 하는 파생상품의 매매, 그 밖의 거래에 미공개정보를 이용하거나 타인에게 이용하게 하는 행위(법 제178조의2 제1항)

1 내부자 등으로부터 나온 미공개(중요)정보인 점을 알면서 이를 받거나 전득(轉得)한 자

2 직무와 관련하여 미공개정보를 생산하거나 알게 된 자

3 해킹, 절취, 기망, 협박 등 부정한 방법으로 정보를 알게 된 자

4 2와 3의 자들로부터 나온 정보인 점을 알면서 이를 받거나 전득한 자

2 시세관여형 교란행위

기존 시세조종행위 금지조항(법 제176조)이나 부정거래행위 금지조항(법 제178조)은 매매유인이나 부당이득 목적 등이 없으면 규제하기 어려웠으나, 2015년 7월부터 시장질서 교란행위 규제가 도입되면서 비록 매매유인이나 부당이득을 얻을 목적 등이 없다고 할 지라도 허수성 주문을 대량으로 제출하거나, 가장성 매매, 통정성 매매, 풍문유포 등을 하여 시세에 부당한 영향을 주거나 줄 우려가 있다고 판단되면 해당 행위자에게 과징금을 부과할 수 있게 되었다.

상장증권 또는 장내파생상품에 관한 매매등과 관련하여 다음 중 어느 하나에 해당하는 행위(1~3의 경우는 시세에 부당한 영향을 주거나 줄 우려가 있어야 함)(법 제178조의2 제2항)

① 거래 성립 가능성이 희박한 호가를 대량으로 제출하거나 호가를 제출한 후 해당 호가를 반복적으로 정정·취소

② 권리이전을 목적으로 하지 않고 거짓으로 꾸민 매매

③ 손익이전 또는 조세회피 목적으로 타인과 서로 짜고 하는 매매

④ 풍문을 유포하거나 거짓으로 계책을 꾸며 상장증권 등의 수급상황이나 가격에 대하여 오해를 유발하거나 가격을 왜곡할 우려가 있는 행위

3 과징금 부과(행정책임)

시장질서 교란행위에 대해서는 5억 원 이하의 과징금을 부과할 수 있으며, 위반행위와 관련된 거래로 얻은 이익 등의 1.5배가 5억 원을 넘는 경우에는 그 금액 이하의 과징금을 부과할 수 있다(법 제429조의2).

chapter 16

금융기관 검사 및 제재에 관한 규정

1	규정 개요

(1) 검사의 목적

검사대상기관의 업무운영과 관련한 공정성을 확보하고 사회적 책임의 이행을 유도하며 건전경영을 통하여 금융기관 이용자를 보호하여 국민경제 발전에 기여함에 있다.

(2) 검사의 주요 기능

❶ 업무 및 재산 운영에 대한 비교·검증·분석·평가기능 수행
❷ 현장 정보를 바탕으로 한 정책결정의 효과적 지원 수행(피드백 기능)
❸ 업무처리의 공정성 확보 및 사고예방기능 수행

2 검사대상기관

금감원의 검사대상기관은 「금융위설치법」 제38조에 따른 검사대상기관으로 다음의 기관을 말한다.

❶ 은행법에 따른 인가를 받아 설립된 은행
❷ 자본시장법에 따른 금융투자업자, 증권금융회사, 종합금융회사 및 명의개서대행 회사
❸ 보험업법에 따른 보험사업자
❹ 상호저축은행법에 따른 상호저축은행과 그 중앙회
❺ 신용협동조합법에 따른 신용협동조합 및 그 중앙회
❻ 여신전문금융업법에 따른 여신전문금융회사 및 겸영여신업자
❼ 농업협동조합법에 따른 농협은행
❽ 수산업협동조합법에 따른 수협은행
❾ 다른 법령에서 금감원이 검사를 하도록 규정한 기관
❿ 기타 금융업 및 금융 관련 업무를 영위하는 자로서 대통령령이 정하는 자

3 검사 실시

금감원장은 금융기관의 업무 및 재산상황 또는 특정 부문에 대한 검사를 실시(검사규정 제8조)

❶ 관계법령에 의하여 금융위가 금감원장으로 하여금 검사를 하게 할 수 있는 금융 기관에 대하여는 따로 정하는 경우를 제외하고는 금감원장이 검사를 실시
❷ 검사의 종류는 정기검사와 수시검사로 구분하고, 검사의 실시는 현장검사 또는 서면검사의 방법으로 행함.
❸ 감독원장은 매년 당해 연도의 검사업무의 기본방향과 당해 연도 중 검사를 실시 한 금융기관, 검사의 목적과 범위 및 검사실시기간 등이 포함된 검사계획을 금융 위에 보고하여야 함.

4   검사의 방법 및 절차

(1) 검사의 사전통지

금감원장은 현장검사를 실시하는 경우에는 검사목적 및 검사기간 등이 포함된 검사사전예고통지서를 당해 금융기관에 검사착수일 1주일 전(종합검사의 경우 1개월 전)까지 통지하여야 한다. 다만, 검사의 사전통지에 따라 검사목적 달성이 어려워질 우려가 있는 다음 어느 하나에 해당하는 경우에는 그러하지 아니하다.

❶ 사전에 통지할 경우 자료·장부·서류 등의 조작·인멸, 대주주의 자산은닉 우려 등으로 검사목적 달성에 중요한 영향을 미칠 것으로 예상되는 경우
❷ 검사 실시 사실이 알려질 경우 투자자 및 예금자 등의 심각한 불안 초래 등 금융시장에 미치는 악영향이 클 것으로 예상되는 경우
❸ 긴급한 현안사항 점검 등 사전통지를 위한 시간적 여유가 없는 불가피한 경우
❹ 기타 검사목적 달성이 어려워질 우려가 있는 경우로서 감독원장이 정하는 경우

(2) 검사방법

현장 검사는 검사대상기관에 실제로 임하여 필요한 사항을 조사하는 반면, 서면검사는 장부, 서류를 제출받아 그 내용을 조사·검토하는 것으로 종합검사는 대부분 현장 검사의 방법으로 실시

(3) 검사절차

검사절차는 주로 사전조사(자료 파악 등) → 검사 실시(관련 문서 징구, 관련자 진술 청취 등) → 결과보고(위법·부당사항 적출내용 보고) → 검사결과조치(경영유의, 문책 등) → 사후관리(시정사항 이행보고 등)의 순에 의한다.

5   검사결과의 처리

금감원장은 금융기관에 대한 검사결과를 검사서에 의해 당해 금융기관에 통보하고 필요한 조치를 취하거나 당해 금융기관의 장에게 이를 요구할 수 있다(검사규정 제14조).

검사결과 조치는 금융위 심의·의결을 거쳐 조치하되 금감원장 위임사항은 금감원장이 직접 조치하며, 금융투자업자 또는 그 임직원에 대한 과태료 부과, 자본시장법에 의한 조치·명령 등은 증선위의 사전 심의를 거쳐 조치한다.

6 제재절차

(1) 심의회의 설치(검사규정 제34조)

금감원장은 제재에 관한 사항을 심의하기 위하여 제재심의위원회를 설치·운영. 다만, 금감원장이 필요하다고 인정하는 때에는 심의회의 심의를 생략할 수 있다.

(2) 검사결과 적출된 지적사항에 대하여는 심사·조정 또는 심의회의 심의를 거쳐 금융위에 제재를 건의하거나 금감원장이 조치한다(검사규정 제33조).

(3) 사전통지 및 의견진술 등(검사규정 제35조)

❶ 금감원장이 제재조치를 하는 때에는 위규행위 사실, 관련 법규, 제재 예정내용 등을 제재대상자에게 구체적으로 사전 통지하고 상당한 기간을 정하여 구술 또는 서면에 의한 의견진술 기회를 주어야 함. 다만, 당해 처분의 성질상 의견청취가 현저히 곤란하거나 명백히 불필요하다고 인정될 만한 상당한 이유가 있는 등 행정절차법 제21조에서 정한 사유가 있는 경우에는 사전통지를 아니할 수 있음
❷ 금감원장은 사전통지를 하는 때에는 「행정절차법」 제21조에 따를 것임을 표시하여야 함
❸ 금융업 관련법 등에서 의견청취방법을 청문 등으로 별도로 정하고 있는 때에는 그 정한 바에 따름

(4) 불복절차(검사규정 제36조)

금융기관 또는 그 임직원에 대하여 제재를 하는 경우에 금감원장은 그 제재에 관하여 이의신청·행정심판·행정소송의 제기, 기타 불복을 할 수 있는 권리에 관한 사항을 제재대상자에게 알려주어야 한다.

(5) 이의신청(검사규정 제37조)

❶ 제재를 받은 금융기관 또는 그 임직원은 당해 제재처분 또는 조치요구가 위법 또는 부당하다고 인정하는 경우에는 금융위 또는 금감원장에게 이의를 신청할 수 있음. 다만, 과징금·과태료 등 금융 관련 법규에서 별도의 불복절차가 마련되어 있는 경우에는 그에 따름

❷ 당해 금융기관의 장으로부터 특정한 조치가 예정된 직원은 당해 자율 처리 필요사항이 위법·부당하다고 인정하는 경우에는 당해 금융기관의 장을 통하여 금융위 또는 금감원장에게 이의를 신청할 수 있음

❸ 금감원장은 금융기관 또는 그 임직원의 이의신청에 대하여 다음과 같이 처리
  ㄱ. 금융위의 제재사항에 대하여는 당해 처분의 취소·변경 또는 이의신청의 기각을 금융위에 건의. 다만, 이의신청이 이유 없다고 인정할 명백한 사유가 있는 경우에는 금감원장이 이의신청을 기각할 수 있음
  ㄴ. 금감원장의 제재처분 또는 조치요구사항에 대하여는 이유가 없다고 인정하는 경우에는 이를 기각하고, 이유가 있다고 인정하는 경우에는 당해 처분을 취소 또는 변경할 수 있음

❹ 이의신청 처리결과에 대하여는 다시 이의신청할 수 없음

❺ 금감원장은 증거서류의 오류·누락, 법원의 무죄판결 등으로 그 제재가 위법 또는 부당함을 발견하였을 때에는 직권으로 재심하여 조치를 취할 수 있음

(6) 제재내용의 이사회 등 보고(검사규정 제38조)

금융기관의 장은 제재조치를 받은 경우 금감원장이 정하는 바에 따라 이사회 앞 보고 또는 주주총회 부의 등 필요한 절차를 취하여야 한다.

---

7 내부통제

금융기관은 금융사고의 예방등을 위하여 다음 내용을 포함한 내부통제제도를 자체 실정에 맞게 수립·운영하여야 한다(검사규정 제39조).

❶ 영업점 주변에서의 피탈사고와 도난사고 방지를 위한 자체경비 강화 대책

❷ 어음·수표, 예금증서 등의 중요 증서와 현금, 중요 인장, 채권서류 등에 대한 보관 관리

8 자체감사 등

금융기관은 부당영업행위 및 금융사고의 예방 등을 위하여 연간 감사계획을 수립하여 자체감사를 실시하여야 하며, 금감원장이 요구하는 경우 연간 또는 분기 감사계획을 제출하여야 한다(검사규정 제40조).

9 금융사고

금융기관은 그 소속 임직원이나 소속 임직원 이외의 자가 위법·부당한 행위를 함으로써 당해 금융기관 또는 금융거래자에게 손실을 초래하게 하거나 금융질서를 문란하게 한 경우에는 이를 즉시 금감원장에게 보고하여야 한다(검사규정 제41조).

❶ 금융기관은 금융사고에 관련이 있는 소속 임직원에 대하여 지체 없이 책임소재를 규명하고 소정 절차에 따라 징계등 필요한 조치를 취하여야 하며, 금융사고 보고를 고의로 지연하거나 숨긴 자에 대하여도 금융사고에 관련이 있는 임직원에 준하여 처리
❷ 금융사고 보고의 대상 및 보고시기와 관련한 사항은 금감원장이 따로 정함

10 주요 정보사항 보고

금융기관은 다음에 해당하는 정보사항을 금감원장에게 보고하여야 한다(검사규정 제42조).

❶ 민사소송에서 패소확정되거나, 소송물 가액이 최직근 분기말 현재 자기자본의 100분의 1(자기자본의 100분의 1이 10억 원 미만인 경우에는 10억 원) 또는 100억 원을 초과하는 민사소송에 피소된 경우
❷ 금융사고에는 해당되지 아니하나 금융기관이 보고할 필요가 있다고 판단하는 중요한 사항 또는 사건

chapter 17

자본시장조사 업무규정

규정 개요

❶ 종전 증권거래법 등에 의한 증권선물조사업무규정은 자본시장법 제정에 따라 자본시장조사 업무규정으로 변경

❷ 법률적으로 조사는 자본시장법령 또는 금융위의 규정이나 명령에 위반된 불공정거래가 있는지의 여부 및 공익 또는 투자자 보호를 위하여 필요하다고 인정되는 사항을 조사하여 필요한 조치를 취하는 업무로 정의(광의)

☞ 그러나 일반적으로 조사업무는 시장기능에 의해 자유롭게 형성되어야 할 증권의 가격이나 거래동향에 의도적으로 관여하여 이득을 취하거나 손실을 회피하는, 소위 시세조종등 불공정거래에 대한 조사라는 의미로 해석(협의)

불공정거래에 대한 조사는 원칙적으로 당사자의 동의와 협조를 전제로 한 청문적 성격의 행정상 임의조사의 성격을 띠지만, 시세조종 등에 대한 조사와 같

이 압수·수색 등 강제조사의 성격이 함께 혼재된 특수한 성격을 갖기도 함

2 조사의 주요 대상

① 미공개정보 이용행위
② 시세조종등 불공정거래행위
③ 내부자의 단기매매차익 취득
④ 상장법인의 공시의무 위반
⑤ 상장법인 임원능의 특정 증권등 및 변동상황 보고의무 위반 등
⑥ 주식의 대량보유등의 보고(5% Rule)(법 제147조)

3 조사의 실시

(1) 조사대상

금융위는 아래의 어느 하나에 해당하는 경우에는 조사를 실시할 수 있다.

① 금융위 및 금감원의 업무와 관련하여 위법행위의 혐의사실을 발견한 경우
② 한국거래소로부터 위법행위의 혐의사실을 이첩받은 경우
③ 각 급 검찰청의 장으로부터 위법행위에 대한 조사를 요청받거나 그 밖의 행정기관으로부터 위법행위의 혐의사실을 통보받은 경우
④ 위법행위에 관한 제보를 받거나 조사를 의뢰하는 민원을 접수한 경우
⑤ 기타 공익 또는 투자자 보호를 위하여 조사의 필요성이 있다고 인정하는 경우

(2) 면제대상

금융위는 아래의 어느 하나에 해당하는 경우에는 조사대상에 해당함에도 불구하고 조사를 실시하지 아니할 수 있다.

① 당해 위법행위에 대한 충분한 증거가 확보되어 있고 다른 위법행위의 혐의가 발견되지 않는 경우
② 당해 위법행위와 함께 다른 위법행위의 혐의가 있으나 그 혐의내용이 경미하여

조사의 실익이 없다고 판단되는 경우

❸ 공시자료, 언론보도등에 의하여 널리 알려진 사실이나 풍문만을 근거로 조사를 의뢰하는 경우

❹ 민원인의 사적인 이해관계에서 당해 민원이 제기된 것으로 판단되는 등 공익 및 투자자 보호와 직접적인 관련성이 적은 경우

❺ 당해 위법행위에 대한 제보가 익명 또는 가공인 명의의 진정·탄원·투서 등에 의해 이루어지거나 그 내용이 조사단서로서의 가치가 없다고 판단되는 경우

❻ 당해 위법행위와 동일한 사안에 대하여 검찰이 수사를 개시한 사실이 확인된 경우

4 조사결과 조치

(1) 형사벌칙 대상 행위

금융위는 조사결과 발견된 위법행위로서 형사벌칙의 대상이 되는 행위에 대해서는 관계자를 고발 또는 수사기관에 통보하여야 한다(조사규정 제24조).

(2) 시정명령(조사규정 제27조)

금융위는 다음의 위법행위가 발견된 경우 해당 법률에서 정한 시정명령 또는 처분명령을 할 수 있다.

❶ 법 제133조 제1항 또는 제134조 제2항의 규정에 위반한 주식등의 매수

❷ 법 제147조 제1항 또는 제3항의 규정에 따른 보고의무 위반

❸ 법 제167조 제1항 및 제2항의 규정에 위반한 공공적법인의 주식취득

❹ 법 제168조 제1항 또는 제2항의 규정에 위반한 주식의 취득

(3) 과태료부과, 단기매매차익 발생사실의 통보 등(조사규정 제26조 및 제28조)

(4) 상장법인 및 피검사기관에 대한 조치(조사규정 제29조 및 제30조)

1년 이내의 범위에서 증권의 발행제한, 임원에 대한 해임권고, 인가·등록취소 등

(5) 과징금부과(조사규정 제25조)

금융위는 자본시장법 제429조의 규정에 의한 과징금의 부과대상에 해당하는 경우에는 과징금을 부과할 수 있다.

☞ 주요 사항 보고서의 과징금 기준금액 및 주가 변동률 산정 시 공시위반사항 외의 다른 요소가 주가에 개입되지 않도록 산정대상기간을 종전 공시의무발생일 전후 3개월간 → 공시의무발생일(거짓기재·기재누락의 경우 제출일) 전후 15거래일간으로 단축(2010. 4. 26 조사규정 별표 제2호 개정)

01 자본시장법상 금융투자상품에 대한 설명으로 적절하지 않은 것은?

① 주가연계증권(ELS)은 파생상품에 속한다.

② 금융투자상품 중 취득 이후에 추가적인 지급의무를 부담하는 것은 파생상품으로 분류된다.

③ 특정 투자자가 그 투자자와 타인 간의 공동사업에 금전 등을 투자하고 주로 타인이 수행한 공동사업의 결과에 따른 손익을 귀속받는 계약상의 권리가 표시된 것을 투자계약증권이라 한다.

④ 금융투자상품 중 원본을 손실한도액으로 하는 것은 증권으로 분류한다.

02 자본시장법상 투자매매업자 또는 투자중개업자의 불건전영업행위 금지에 대한 설명으로 적절하지 않은 것은?

① 일반적으로 가격에 중대한 영향을 미칠 수 있는 고객의 주문을 체결하기 전에 자기의 계산으로 매수 또는 매도를 해서는 아니 된다.

② 조사분석자료가 이미 공표된 자료와 비교하여 새로운 내용을 담고 있지 아니한 경우에는 내용이 사실상 확정된 때부터 공표 후 24시간 이내라도 대상 금융투자상품을 자기의 계산으로 매매할 수 있다.

③ 조사분석자료의 작성을 담당하는 자에 대해서는 일정한 기업금융업무와 연동된 성과보수를 지급할 수 있다.

④ 일반적으로 투자매매업자 또는 투자중개업자는 일임매매를 할 수 없지만 예외적으로 투자일임업의 형태로 하는 것은 가능하다.

해설

01 ① 주가연계증권(ELS), 주가연계워런트(ELW), 파생연계증권(DLS), 신용연계증권(CLN), 재해연계증권(CAT Bond) 등은 파생결합증권으로 증권에 해당한다.

02 ③ 조사분석자료의 작성을 담당하는 자에 대해서는 일정한 기업금융업무와 연동된 성과보수를 지급할 수 없다.

03 다음 중 자본시장법상 적정성 원칙의 적용대상이 되는 파생상품등에 해당하지 않는 것은?

① 파생결합증권(원금보장형 제외)

② 집합투자재산의 50%를 초과하여 파생결합증권에 운용하는 집합투자기구의 집합투자증권

③ 파생상품

④ 파생상품 매매에 따른 위험평가액이 펀드 자산총액의 5%를 초과하여 투자할 수 있는 집합투자기구의 집합투자증권

04 다음 중 자본시장법상 미공개 중요정보 이용금지 규제대상에 해당하지 않는 것은?

① 직무와 관련하여 미공개 중요정보를 알게 된 해당 법인 임직원

② 권리행사 과정에서 미공개 중요정보를 알게 된 해당 법인 주주

③ 해당 법인과 계약 체결을 하고 있는 자로서 계약 체결 과정에서 미공개 중요정보를 알게 된 자

④ 회사 내부자로부터 미공개 중요정보를 받은 자

05 다음 중 '금융소비자 보호에 관한 법률' 상 전문금융소비자에게 적용되는 투자권유 원칙을 설명한 것으로 옳은 것은?

① 고객 파악 의무　　　　　　② 적합성 원칙

③ 설명의무　　　　　　　　　④ 부당권유의 금지

> **해설**
>
> 03　④ 적정성 원칙 적용대상이 되는 "파생상품 등"에는 파생상품, 파생결합증권, 집합투자재산의 50%를 초과하여 파생결합증권에 운용하는 집합투자기구의 집합투자증권, 파생상품 매매에 따른 위험평가액이 펀드자산 총액의 10%를 초과하여 투자할 수 있는 집합투자기구의 집합투자증권 등이 이에 해당된다.
>
> 04　② 미공개 중요정보 이용금지규정은 주요 주주, 즉 해당 법인의 10% 이상 보유주주 및 법인의 주요 경영사항에 대하여 사실상 영향력을 행사하고 있는 주주를 규제대상으로 하고 있다.
>
> 05　④ 부당권유의 금지 규정은 일반금융소비자(투자자) 뿐만 아니라 전문금융소비자(투자자)에게도 적용되는 투자권유 규제이다.

06 다음 중 공개매수에 대한 설명으로 옳은 것은?

① 공개매수는 의결권이 있는 주식 등을 전제로 하므로 의결권이 없는 주식에 대해서는 의무공개매수 규정이 적용되지 않는다.

② 적용대상증권인 '주식 등'에는 주권, 신주인수권증권, 신주인수권부사채 등이 포함되나, 전환사채 및 교환사채는 포함되지 않는다.

③ 공개매수 해당 여부 판단 시 본인과 특수관계인이 보유한 지분을 합산하되, 공동보유자의 지분은 합산하지 않는다.

④ 공개매수자는 공개매수공고일 이후라도 철회신고서 제출로써 언제든지 공개매수를 철회할 수 있다.

07 다음 중 불공정거래행위에 대한 설명으로 옳은 것은?

① 내부자거래 금지규정 적용대상은 상장법인 및 6개월 내 상장예정법인으로, 6개월 내 우회상장 예정법인은 대상이 아니다.

② 임원·주요 주주 소유상황보고가 면제되는 경미한 변동의 기준은 변동수량 1천 주 미만, 그 취득 및 처분금액 1천만 원 미만이다.

③ 단기매매차익반환의무는 상장법인의 주요 주주 및 모든 임직원이 부담한다.

④ 차입한 상장증권으로 결제하고자 하는 매도는 공매도에 해당하지 않는다.

해설

06 ① 적용대상증권에 전환사채권과 교환사채권도 포함되고, 공개매수 해당 여부 판단 시 본인과 특별관계자의 지분을 합산하며, 특별관계자란 특수관계인과 공동보유자를 말한다. 원칙적으로 공개매수공고일 이후 공개매수 철회는 금지된다.

07 ② 자본시장법 개정으로 6개월 이내에 상장법인과의 합병, 주식의 포괄적 교환, 그 밖에 대통령령으로 정하는 기업결합 방법에 따라 상장되는 효과가 있는 비상장법인도 내부자거래 금지규정 적용대상에 포함되게 되었고, 단기매매차익반환의무 대상 직원은 직무상 미공개중요정보를 알 수 있는 직원으로 한정되었으며, 소유하지 아니한 상장증권의 매도뿐 아니라 차입한 상장증권으로 결제하고자 하는 매도도 공매도에 해당한다. 다만, 차입할 상장증권으로 결제하고자 하는 매도는 일정요건 하에 허용되는 공매도이다.

08 다음 중 증권의 모집으로 보는 전매기준에 해당하지 않는 것은?

① 지분증권의 경우에는 같은 종류의 증권이 모집 또는 매출된 실적이 있거나 증권시장에 상장된 경우

② 지분증권이 아닌 경우에는 발행 후 50매 이상으로 권면분할되어 거래될 수 있는 경우

③ 전환권이 부여된 전환사채권에 부여된 권리의 목적이 되는 증권이 증권시장에 상장되어 있는 경우

④ 50매 미만으로 발행되는 경우 증권의 권면에 발행 후 1년 이내 분할금지특약을 기재한 경우

09 다음 중 투자매매업자 · 투자중개업자가 장외파생상품을 대상으로 영업을 하는 경우 적용되는 사항에 대한 설명으로 적절하지 않은 것은?

① 장외파생상품의 매매에 따른 위험액이 금융위원회가 정하여 고시하는 한도를 초과하여서는 아니 된다.

② 위험액은 시장위험액·신용위험액·운영위험액을 합산하여 산정한다.

③ 겸영금융투자업자 이외의 투자매매업·투자중개업자의 경우 위험액이 자기자본의 100분의 100을 초과하여서는 아니 된다.

④ 원칙적으로 장외파생상품의 매매거래 시마다 해당 업무를 관장하는 파생상품 업무책임자의 승인을 받아야 한다.

10. 자본시장법상 종합금융투자사업자에 대한 설명으로 가장 거리가 먼 것은?

① 종합금융투자사업자란 투자매매업자 또는 투자중개업자 중 금융위원회로부터 종합금융투자사업자의 지정을 받은 자이다.

② 종합금융투자사업자는 상법에 따른 주식회사이어야 한다.

③ 종합금융투자사업자는 5조 원 이상의 자기자본을 갖추고 있어야 한다.

④ 종합금융투자사업자는 기업에 대한 신용공여 업무를 영위할 수 있다.

해설

08 ④ 전매기준에 해당되지 아니하는 것으로 보는 경우이다.

09 ③ 자기자본의 100분의 30을 초과하여서는 아니 된다.

10 ③ 자기자본 3조 원 이상이어야 한다.

11　자본시장법상 금융투자업에 대한 설명으로 가장 거리가 먼 것은?

① 누구의 명의로 하든지 자기의 계산으로 증권의 발행·인수를 영업으로 하는 것은 투자매매업에 해당한다.

② 자기가 투자신탁의 수익증권을 발행하는 경우는 투자매매업에 해당한다.

③ 투자권유대행인이 투자권유를 대행하는 경우에는 투자중개업에 해당하므로 개인에게 적용되는 인가요건을 충족하여야 한다.

④ 금융투자상품에 대한 투자판단에 관한 자문에 응하는 것을 영업으로 하는 것은 투자자문업에 해당한다.

12.　'금융소비자 보호에 관한 법률' 상 금융상품판매업자등의 분류에 해당하지 않는 것은?

① 금융상품직접판매업자　　　　② 금융상품판매대리·중개업자

③ 금융상품자문업자　　　　　　④ 금융상품일임업자

13.　'금융소비자 보호에 관한 법률' 상 금융상품의 유형에 대한 분류에 해당하는 것으로 가장 거리가 먼 것은?

① 보장성 상품　　　　　　　　② 투자성 상품

③ 예금성 상품　　　　　　　　④ 대부업 상품

해설

11　③ 투자권유대행인의 투자권유는 투자중개업의 적용을 배제한다. 또한 인가는 법인에만 해당하고 개인인가요건이란 것은 존재하지 아니 한다.

12　④ 금소법상 금융상품판매업자등은 금융상품직접판매업자, 금융상품판매대리·중개업자, 금융상품자문업자를 통칭하는 명칭임

13　④ 금소법상 금융상품 유형은 보장성 상품, 투자성 상품, 예금성 상품, 대출성 상품으로 구분

정답 01 ① | 02 ③ | 03 ④ | 04 ② | 05 ④ | 06 ① | 07 ② | 08 ② | 09 ③ | 10 ③ | 11 ③ | 12 ④ | 13 ④

part 03

한국금융투자 협회 규정

certified securities investment advisor

chapter 01

금융투자회사의 영업 및
업무에 관한 규정

section 01 **투자권유 등**

1 개요

금융투자회사의 영업 및 업무에 관한 규정(이하 '영업규정'이라 한다)에서는 금융투자회사
가 일반투자자(금융소비자보호법·시행령·감독규정 등이 적용되는 경우에는 금융소비자보호법 제2조 제
10호의 일반금융소비자를 의미. 이하 같다)를 대상으로 금융투자상품의 매매, 투자자문계약, 투
자일임계약 또는 신탁계약(관리형신탁계약 및 투자성 없는 신탁계약은 제외. 이하 같다)의 체결을
권유함에 있어 준수하여야 할 사항을 정하고 있다.

2 투자권유 및 판매관련 규칙

(1) 적합성 확보

❶ 투자자 정보 확인의무 등

ㄱ. 투자자 정보 확인 : 금융소비자보호법(제17조)에서는 금융상품판매업자등이 금융상품계약체결등을 하거나 자문업무를 하는 경우에 상대방인 금융소비자가 일반투자자인지 여부를 확인하도록 하고 있으며, 일반투자자에게 금융상품 계약 체결을 권유(금융상품자문업자가 자문에 응하는 경우 포함)하는 경우에는 면담·질문 등을 통하여 고객의 투자목적·재산상황 및 투자경험 등의 정보(이하 "투자자정보"라 한다)를 파악하도록 하고 있음

ㄴ. 투자자 정보 확인 방법 : 일반투자자로부터 파악한 투자자정보의 내용은 해당 일반투자자로부터 서명(「전자서명법」 제2조 제2호에 따른 전자서명을 포함. 이하 같다), 기명날인, 녹취(이하 "서명 등"이라 한다) 등의 방법으로 확인받아 이를 유지·관리하여야 함. 또한 확인한 투자자정보의 내용은 해당 일반투자자에게 지체 없이 제공하여야 함

ㄷ. 투자권유의 적합성 : 금융투자회사는 일반투자자의 투자자정보에 비추어 해당 파생상품등이 그 일반투자자에게 적정하지 아니하다고 판단되는 경우에는 금융소비자보호법 제18조 제2항에 따라 그 사실을 알리고, 일반투자자로부터 서명등의 방법으로 확인을 받아야 함

❷ 파생상품등에 대한 특례 : 일반투자자에게 금융소비자보호법 제18조 및 동법 시행령 제12조 제1항 제2호에 따른 투자성 상품(이하 "파생상품등"이라 한다)에 관한 판매 계약을 체결하려는 경우에는 투자권유를 하지 아니하더라도 면담·질문 등을 통하여 그 일반투자자의 투자자정보를 파악하여야 함

❸ 부적합투자자, 투자권유 불원투자자 대상 판매현황 공시

금융투자회사는 금융소비자보호법 제17조 또는 제18조에 따라 투자자정보를 파악한 결과, 판매 상품이 적합 또는 적정하지 아니하다고 판단되는 일반투자자(이하 "부적합투자자"라 한다)와 투자자정보를 제공하지 않거나 투자권유를 희망하지 않는 일반투자자(이하 "투자권유 불원 투자자"라 한다)를 대상으로 상품을 판매한 실적을 협회의 인터넷 홈페이지에 공시하여야 함

(2) 설명의무

❶ 설명서(투자설명서) : 금융투자회사는 금융소비자보호법 제19조 제2항에 따라 일반투자자를 대상으로 투자권유를 하는 경우에는 설명서(제안서, 설명서 등 명칭을 불문한다. 이하 같다)를 일반투자자에게 제공하여야 함. 다만, 법 제123조 제1항에 따른 투자설명서, 법 제124조 제2항 제3호에 따른 공모집합투자기구 집합투자증권의 간이투자설명서 및 법 제249조의4제2항에 따른 일반 사모집합투자기구 집합투자증권의 핵심상품설명서(이하 "핵심상품설명서"라 한다)에 대해서는 일반투자자가 영 제132조 제2호에 따라 수령을 거부하는 경우에는 그러하지 아니함. 이 경우 법 제123조 제1항에 따른 투자설명서와 법 제124조 제2항 제3호에 따른 간이투자설명서를 제외한 설명서 및 핵심상품설명서는 준법감시인 또는 금융소비자보호 총괄책임자의 사전심의를 받아야 하며, 내용 중 금융소비자보호법규에 따라 중요한 내용은 부호, 색채, 굵고 큰 글자 등으로 명확하게 표시하여 알아보기 쉽게 작성하여야 함

❷ 핵심설명서 : 금융투자회사는 다음 어느 하나에 해당하는 경우 핵심설명서를 추가로 교부하고 그 내용을 충분히 설명하여야 함

ㄱ. 일반투자자가 고난도금융투자상품(법 시행령 제2조 제7호 이하 같음) 이외의 공모의 방법으로 발행된 파생결합증권(주식워런트증권, 상장지수증권, 금적립계좌등은 제외)을 매매하는 경우. 다만, 법 제124조 제2항 제3호의 간이투자설명서를 사용하는 경우에는 그러하지 아니함

ㄴ. 일반투자자 또는 자본시장법 시행령 제10조 제3항 제17호에 따른 개인전문투자자가 공모 또는 사모의 방법으로 발행된 고난도금융투자상품을 매매하거나 고난도금전신탁계약, 고난도투자일임계약을 체결하는 경우

ㄷ. 일반투자자가 신용융자거래 또는 유사해외통화선물거래를 하고자 하는 경우

❸ 파생결합증권에 대한 특례 : 금융투자회사는 공모의 방법으로 발행된 파생결합증권(주식워런트증권, 상장지수증권 및 금적립계좌등은 제외하고 금융소비자보호 감독규정 제11조 제1항 제2호에 따른 금융투자상품 및 이를 운용대상으로 하는 금전신탁계약의 수익증권을 포함. 이하 같다)에 대해서는 일반투자자가 미리 지정한 서신, 전화, 전자우편 및 그 밖에 이와 유사한 전자통신의 방법으로 다음의 정보를 제공하여야 함(다만, 해당 일반투자자가 서명 등의 방법으로 수령을 거부한 경우에는 통지를 하지 아니할 수 있다)

ㄱ. 만기일 이전에 최초로 원금손실 조건(기초자산의 가격이 만기평가일 기준으로 원금손

실조건에 해당되는 경우를 포함)에 해당되는 경우

    a. 원금손실 조건에 해당되었다는 사실

    b. 기초자산의 현재 가격

    c. 자동조기상환조건 및 자동조기상환시 예상수익률

    d. 만기상환조건 및 만기상환시 예상수익률

    e. 중도상환 청구 관련 사항

    f. 공정가액

ㄴ. 판매 후 비정기적인 정보 제공 : 다음의 어느 하나에 해당하는 경우 해당 사실

    a. 최초 기준가격 확정시: 최초 기준가격 및 원금손실 조건에 해당하는 기초자산의 가격

    b. 자동조기상환조건을 충족하지 못한 경우: 자동조기상환의 순연사실

    c. 발행회사의 신용등급이 하락한 경우: 신용등급의 변동내역

ㄷ. 판매 후 비정기적인 정보 제공 : 분기 1회 이상 파생결합증권의 공정가액 및 기초자산의 가격 등에 관한 정보

❹ 주식워런트증권(ELW), 상장지수증권(ETN), 상장지수집합투자기구 집합투자증권(ETF)에 대한 투자자 보호 특례

ㄱ. 별도 거래신청서 작성 : 금융투자회사는 일반투자자가 최초로 주식워런트증권이나 상장지수증권을 매매하고자 하는 경우에는 기존에 위탁매매거래계좌가 있더라도 서명 등의 방법으로 매매의사를 별도로 확인하여야 하며, 일반투자자가 최초로 변동성지수선물(거래소 「파생상품시장업무규정」 제21조의2에 따른 변동성지수선물 또는 이와 유사한 것으로서 해외 파생상품시장에 상장된 변동성지수선물을 말함)의 가격을 기초로 하는 지수의 변동과 연계한 상장지수증권을 매매하고자 하는 경우에는 가격등락이 크게 발생할 수 있다는 위험 등을 고지하고 매매의사를 추가[1]로 확인하여야 함

ㄴ. 사전 교육 실시 : 금융투자회사는 일반투자자가 주식워런트증권, 1배(−1배)를 초과하는 레버리지 ETN·ETF를 매매하고자 하는 경우 협회가 인정하는 교육을 사전에 이수하도록 하고 그 이수 여부를 확인하여야 함. 다만, 법인·단체, 외국인, 투자일임계약 또는 비지정형 금전신탁계약에 따라 거래하려는 개인

---

1 일반 ETN의 매매의사 확인 서류(예 : ETN 거래신청서)가 아닌 별도의 서류(예 : 변동성 ETN 거래신청서)를 통해 매매의사를 확인

투자자의 경우 사전교육 대상에서 제외

❺ 장내파생상품시장 적격 개인투자자 제도

ㄱ. 실질적인 투자능력을 갖춘 개인투자자에 한해 파생상품시장 신규진입을 허용하기 위해 적격 개인투자자 제도가 도입됨에 따라 선물거래 및 옵션거래를 하고자 하는 경우 1시간 이상의 파생상품교육과정(협회 또는 금융투자회사가 개설하여 운영하는 파생상품 관련 교육과정)과 3시간 이상의 파생상품 모의거래과정(한국 거래소가 개설하여 운영하는 파생상품 모의거래과정 또는 한국거래소가 인증한 금융투자회사의 파생상품 모의거래과정)을 사전에 이수하도록 하고 기본예탁금을 예탁하여야만 거래가 가능. 금융투자회사는 이에 따른 파생상품교육과정 및 파생상품 모의 거래과정을 투자자별로 적용하기 위하여 투자자의 투자성향, 투자경험 등을 고려하여 내부기준을 마련하여야 함

ㄴ. 예외 : 거래 희망자의 사전지식 등 전문성 정도를 감안하여, 자율규제위원회[2]위원장(이하 '자율규제위원장'이라 함)이 인정하는 파생상품 업무경험이 1년 이상이고 파생상품 관련 자격시험에 합격한 사실이 있는 자에 대해서는 사전 의무교육 및 모의거래 이수를 면제하고, 파생상품 관련 자격시험에 합격하고 합격의 효력이 상실되지 않은 자에 대해서는 사전 의무교육을 면제

❻ 판매절차 적정성 점검 : 금융투자회사는 일반투자자를 대상으로 금융투자상품을 매매하거나 투자자문계약, 투자일임계약 또는 신탁계약을 체결하는 경우, 7영업일 이내에 판매절차가 관계법규 및 당해 회사가 마련한 투자권유준칙에서 정하는 방법과 절차에 따라 적정하게 이행되었는지 여부를 투자자로부터 확인하여야 함. 다만, 금융투자회사는 금융투자회사의 인력현황, 계약건수, 금융투자상품의 위험도 등을 감안하여 확인하고자 하는 금융투자상품 또는 투자자의 범위 등을 조정할 수 있음

(3) 위험고지

❶ 일중매매거래(day trading) : '일중매매거래'란 같은 날에 동일 종목의 금융투자상품을 매수한 후 매도하거나, 매도한 후 매수함으로써 해당 금융투자상품의 일중

2　① 자율규제위원회는 위원장과 6인의 위원 등 총 7인으로 구성
　② 자율규제위원회는 금융투자회사 또는 그 임직원이 금융 관련 법령의 위반, 협회 정관·규정 등을 위반 시 제재(회사) 또는 권고(임직원) 가능
　③ 위원장은 회원 및 그 임직원에 대한 제재조치 부과 시 그 내용 등을 공표

가격 등락의 차액을 얻을 목적으로 행하는 매매거래를 말함

주식, 주식워런트증권 및 장내파생상품을 거래하기 위한 계좌를 개설하고자 하는 경우 회사가 정한 '일중매매거래 위험고지서'를 교부하고 이를 충분히 설명하여야 함

또한 회사는 일중매매거래에 대하여 회사의 인터넷 홈페이지 및 온라인거래를 위한 컴퓨터 화면에 일중매매위험을 설명하는 설명서를 게시하여야 함

❷ 시스템매매 : '시스템매매'란 투자자 자신의 판단을 배제하고 사전에 내장된 일련의 조건에 의하여 금융투자상품 매매종목, 매매시점 또는 매매호가에 대한 의사결정 정보를 제공하거나 이에 의하여 자동매매주문을 내는 전산소프트웨어에 의하여 금융투자상품을 매매하는 투자방법을 말함

일반투자자가 시스템매매 프로그램에 의한 매매거래를 신청하는 경우 시스템매매가 반드시 수익을 보장해 주지 않고, 올바른 이해 없이 활용하는 경우 큰 손실이 발생될 수 있다는 유의사항을 고지하여야 하며, 회사가 정한 '시스템매매 위험고지서'를 교부하고 충분히 설명하여야 함

회사는 인터넷 홈페이지 및 온라인거래를 위한 컴퓨터 화면에 시스템매매 위험고지서를 게시하여야 함

일반투자자가 시스템매매 프로그램에 의한 매매거래를 신청하는 경우 프로그램에 내재된 가격 예측 이론 및 사용방법 등에 대한 사전교육 이수 여부를 확인하여야 하며, 별도의 신청서에 의하여 처리하여야 함

(4) 펀드(집합투자증권) 판매

❶ 펀드(집합투자증권) 판매 시 금지행위 : 펀드를 판매하는 경우 다음의 행위를 하여서는 아니 됨

ㄱ. 회사가 받는 판매보수 또는 판매수수료가 높다는 이유로 특정 펀드의 판매에 차별적인 판매촉진 노력(영업직원에 대한 차별적인 보상이나 성과보수의 제공 및 집중적 판매독려 등)을 하는 행위. 다만, 투자자의 이익에 부합된다고 볼 수 있는 합리적 근거가 있어 판매대상을 단일 집합투자업자의 펀드로 한정하거나 차별적인 판매촉진 노력을 하는 경우는 제외

ㄴ. 자기가 판매하는 펀드의 집합투자재산에 관한 정보를 회사 고유재산의 운영 또는 자기가 판매하는 다른 펀드의 판매를 위하여 이용하는 행위

ㄷ. 집합투자증권의 판매와 관련하여 허위의 사실, 그 밖에 근거 없는 소문을 유포하는 행위

ㄹ. 집합투자회사가 판매회사와 그 임직원을 통하여 집합투자기구를 판매함으로써 취득하게 된 투자자에 관한 정보를 이용하여 집합투자기구의 집합투자증권을 직접 판매하는 행위. 다만, 집합투자회사가 판매회사의 금융지주회사인 경우에는 일부 정보를 이용할 수 있음

ㅁ. 집합투자기구의 수익률에 대하여 단정적인 판단을 제시하는 행위

ㅂ. 판매회사의 직원이 집합투자업과 관련된 수탁업무·자산보관업무·일반사무관리업무 또는 고유재산 운용업무를 겸직하는 행위

ㅅ. 판매회사 변경과 관련하여 부당하게 다른 판매회사의 고객을 유인하는 등 공정한 거래질서를 해하거나, 그 임직원 또는 투자권유대행인으로 하여금 이를 행하도록 하는 행위

ㅇ. 정당한 사유 없이 공모로 발행되는 집합투자증권의 판매를 거부하는 행위

ㅈ. 집합투자증권의 판매의 대가로 집합투자회사에게 집합투자재산의 매매주문을 회사나 제3자에게 배정하도록 요구하거나, 유사한 다른 투자자의 매매거래보다 부당하게 높은 거래 수수료를 요구하는 행위

ㅊ. 투자자로부터 집합투자증권 취득자금 수취와 관련하여 다음 각 목의 어느 하나에 해당하는 행위

　　a. 판매회사의 임직원 이외의 자를 통해 자금을 받는 행위

　　b. 판매대금을 분할 납부하도록 하거나 판매회사 또는 임직원이 선납하는 행위

　　c. 자금의 실제 납입이 이루어지기 전에 납입이 이루어진 것으로 처리하는 행위

ㅋ. 일반투자자에게 계열회사등('계열회사 또는 계열회사에 준하는 회사'를 말함)인 집합투자회사가 운용하는 집합투자기구의 집합투자증권만을 투자권유하거나 안내하는 행위

❷ 집합투자증권 판매 시 준수사항

ㄱ. 펀드 판매 창구의 구분 및 표시 : 판매회사는 영업점에 자금입출 등 통상적인 창구와 구분될 수 있도록 집합투자증권에 대한 투자권유 및 판매 등 집합투자증권 관련 업무를 수행하는 창구에 별도의 표시를 하거나, 판매직원이 협

회에 펀드투자권유자문인력으로 등록된 자임을 투자자가 확인할 수 있도록 표시하여야 함

ㄴ. 펀드 연계 판매 시 준수사항 : 판매회사는 집합투자증권의 판매를 다른 금융투자상품 등의 판매나 계약의 체결, 기타 서비스 제공 등과 연계하는 경우 다음의 사항을 준수하여야 함

    a. 관계법규에서 정하는 금지행위에 해당되거나 규제를 회피할 목적이 아닐 것

    b. 펀드투자권유자문인력으로 협회에 등록되어 있는 자가 투자권유를 할 것

    c. 투자자에게 환매제한 등의 부당한 제약을 가하지 아니할 것

    d. 집합투자증권의 실적배당원칙이 훼손되지 아니할 것

ㄷ. 실적평가 시 법규등 준수 여부 반영 : 투자권유를 한 임직원의 집합투자증권 판매 실적 또는 투자권유대행인의 집합투자증권 투자권유 실적평가 시 관계법규 등의 준수 여부 및 민원발생 여부 등을 반영하여야 함

ㄹ. 펀드 온라인 판매 시 적합성 원칙 구현 절차 마련 : 판매회사는 일반투자자에게 투자권유를 하지 아니하고 온라인거래를 통하여 집합투자증권을 판매 시 일반투자자가 원하는 경우 해당 투자의 적합 또는 적정 여부를 확인할 수 있는 절차를 마련하여야 함

ㅁ. 일반투자자에게 계열회사등인 집합투자회사가 운용하는 집합투자기구의 집합투자증권을 투자권유하는 경우 그 집합투자회사가 자기의 계열회사등이라는 사실을 고지하여야 함

ㅂ. 판매회사는 다음의 사항을 해당 판매회사 및 협회의 인터넷 홈페이지에 공시하여야 함

    a. 판매한 집합투자증권이 계열회사등인 집합투자회사가 운용하는 집합투자기구의 집합투자증권인지 여부를 구분하여 그 판매비중·수익률·비용

    b. 당해 판매회사의 임직원 및 투자권유대행인이 집합투자증권에 대한 불완전판매로 판매회사가 감독당국으로부터 제재를 받았을 경우 그 사실

    c. 'a'에 따른 판매비중이 실제 판매비율과 50%p 이상 차이가 나는 경우 그 사유

(5) 방문판매

❶ 방문판매등 개념 : 다음의 방식으로 투자성 상품 및 대출성 상품에 대한 계약 체결의 권유 또는 계약의 청약을 받아 계약을 체결하여 상품을 판매하는 것
  - ㄱ. 방문판매 : 금융투자회사의 영업소, 지점, 출장소 등 사업장 외의 장소로 고객을 방문하여 상품을 판매하는 방식
  - ㄴ. 전화권유판매 : 전화를 이용하여 고객에게 상품을 판매하는 방식
  - ㄷ. 화상권유판매 : 영상통화, 컴퓨터시스템 등의 매체를 활용하여 고객과 방문판매인력이 화상을 통해 상호 간에 얼굴을 보면서 실시간 대화를 통해 상품을 판매하는 방식

❷ 방문판매인력의 요건 : 방문판매인력은 다음의 요건을 모두 갖추어야 함. 다만, 아래 'ㄴ'과 관련하여 관계법규에서 정하는 자격요건이 없는 경우에는 'ㄴ'을 적용하지 아니함.
  - ㄱ. 금융투자회사의 임직원 또는 금융투자회사로부터 투자권유의 업무를 위탁받은 투자권유대행인일 것
  - ㄴ. 「금융투자전문인력과 자격시험에 관한 규정」 제2-1조에 따라 금융투자전문인력으로 등록하였거나 「금융투자전문인력과 자격시험에 관한 규정」 제3-20조에 따라 투자권유대행인으로 등록하였을 것
  - ㄷ. 협회가 주관하는 방문판매인력 사전교육을 이수할 것
  - ㄹ. 협회가 주관하는 방문판매인력 직무교육을 연간 1회 이상 이수할 것(단, 'ㄷ'의 사전교육을 이수한 해당 연도는 직무교육을 면제함)

❸ 방문판매인력의 명부관리 : 금융투자회사는 다음의 내용을 포함한 방문판매인력에 대한 명부를 작성하고 이를 유지·관리하여야 함
  - ㄱ. 소속회사, 성명, 연락처
  - ㄴ. 금융투자전문인력 또는 투자권유대행인 등록 현황
  - ㄷ. 교육이수(사전교육 및 연간 1회 이상의 직무교육) 현황

3 전문투자자

전문투자자란 금융투자상품에 관한 전문성 구비 여부, 소유자산규모 등에 비추어 투자에 따른 위험 감수능력이 있는 투자자로서 인정되는 자를 말하며, 전문투자자 이외의 투자자는 일반투자자로 본다.

(1) 전문투자자의 구분

전문투자자는 자신의 의사 여부에 관계없이 전문투자자로 구분되는 전문투자자(국가, 금융기관, 증권유관단체 등), 일반투자자자로의 전환을 신청할 수 있는 전문투자자(주권상장법인, 지자체 등) 및 일반투자자가 일정 요건을 갖추고 전문투자자로의 지정을 신청하여 전환된 전문투자자의 세 가지로 구분된다.

(2) 전문투자자의 관리 등

일반투자자자로의 전환을 신청할 수 있는 전문투자자(주권상장법인, 지자체 등)가 일반투자자와 같은 대우를 받겠다는 의사를 금융투자회사에 서면으로 통지하는 경우 금융투자회사는 정당한 사유가 없는 한 이에 동의하여야 하며, 그러한 경우 전문투자자라 하더라도 해당 금융투자회사에서는 일반투자자로 간주된다.

일반투자자가 일정 요건을 갖추고 전문투자자로의 지정을 신청하여 전환된 전문투자자는 기본적으로 일반투자자이지만 전문투자자와 비슷한 수준의 금융전문 지식을 갖추고 있다고 간주하여 거래 절차의 편의성 등을 위하여 전문투자자로 전환 신청을 할 수 있도록 법에서 인정하여 준 것이다.

일반투자자가 장외파생상품거래를 하고자 할 경우 법에서 위험회피 목적의 경우로 한정하고 있기 때문에 만약 위험회피 목적 이외의 장외파생상품거래를 하기 위해서는 전문투자자가 되어야 가능하며 개인의 경우 법 시행령 제10조 제3항 제17호에 따른 충분한 투자경험 및 소득액·자산기준이나 전문성 기준을을 갖추어야 가능하다.

법인 또는 단체(외국 법인 또는 외국 단체 포함)의 경우 본인이 직접 또는 금융투자회사가 대행하여 협회에 전문투자자로의 지정신청을 할 수 있고, 개인(외국인인 개인 포함)의 경우 금융투자회사[3]에 지정신청할 수 있다. 금융투자회사는 일반투자자 개인(외국인인 개인 포

---

3 최근 사업연도말 자산총액(대차대조표상의 자산총액에서 투자자예탁금을 뺀 금액을 말한다) 1천억

함)을 전문투자자로 지정하는 경우 해당 투자자에게 향후 적합성 원칙, 적정성 원칙, 설명의무 등이 적용되지 아니한다는 사실과 투자자가 요청하는 경우에는 일반투자자와 같은 대우를 받을 수 있다는 사실을 설명하고, 설명한 내용을 해당 투자자가 이해하였음을 녹취 또는 녹화로 확인받아야 한다.

(3) 전문투자자 분류

전문투자자로 지정을 받은 자가 전문투자자의 대우를 받고자 하는 경우 금융투자회사에 전문투자자 확인증을 제시하고 전문투자자로 분류해 줄 것을 요청하여야 하며 이 경우 금융투자회사는 전문투자자 지정여부 및 잔존 효력기간 등을 확인하여야 한다. 이에 따라 금융투자회사가 일반투자자를 전문투자자로 분류하는 경우에는 해당 전문투자자에게 향후 적합성 원칙, 적정성 원칙, 설명의무 등이 적용되지 아니한다는 사실과 투자자가 요청하는 경우에는 일반투자자와 같은 대우를 받을 수 있다는 사실을 설명하여야 한다. 다만, 개인 전문투자자(외국인 개인 포함)의 경우 설명한 내용을 해당 투자자가 이해하였음을 서면으로 확인받아야 한다.

금융투자회사는 전문투자자 지정효력 기간이 만료하거나 전문투자자가 일반투자자와 같은 대우를 받겠다는 의사를 서면으로 통지한 경우 정당한 사유가 없는 한 해당 전문투자자를 일반투자자로 분류하고 그 사실을 해당 전문투자자에게 즉시 통보하여야 한다.

금융투자회사는 개인 전문투자자(외국인 개인 포함)를 전문투자자로 분류한 이후 고난도금융투자상품을 판매하거나 고난도금전신탁계약, 고난도투자일임계약을 체결하는 경우 적합성 원칙, 적정성 원칙, 설명의무 등이 적용되지 아니한다는 사실과 투자자가 요청하는 경우에는 일반투자자와 같은 대우를 받을 수 있다는 사실을 설명하고, 설명한 내용을 해당 투자자가 이해하였음을 서면으로 확인받아야 한다.

금융투자회사는 전문투자자에서 일반투자자 또는 일반투자자에서 전문투자자로 전환된 투자자의 성명, 지정일자, 효력기간 등을 관리대장에 기록·유지하여야 한다.

원 이상 및 장외파생상품 투자매매업 또는 증권 투자매매업(인수업을 경영하는 자만 해당한다)을 경영

4 투자권유대행인

(1) 투자권유대행인의 구분

투자권유대행인은 금융투자회사의 임직원이 아닌 자로서 금융투자회사와의 계약에 의하여 투자권유업무를 위탁받은 개인을 말하는데, 법에서는 파생상품등에 대해서는 투자권유를 위탁할 수 없도록 하고 있다(법 제51조). 투자권유대행인의 구분 및 가능 업무는 다음과 같다.

❶ 펀드투자권유대행인 : 펀드(파생상품등은 제외)의 매매를 권유하거나 투자자문계약, 투자일임계약 또는 신탁계약(파생상품등에 투자하는 특정금전신탁계약, 고난도금전신탁계약 및 고난도투자일임계약은 제외. 이하 같다)의 체결을 권유하는 자

❷ 증권투자권유대행인 : 증권(펀드 및 파생상품등은 제외) 및 MMF형 CMA 매매를 권유하거나 투자자문계약, 투자일임계약 또는 신탁계약의 체결을 권유하는 자

(2) 투자권유대행인의 자격요건

❶ 펀드투자권유대행인 : 펀드투자권유자문인력 적격성 인증시험 또는 펀드투자권유대행인 시험에 합격한 자로서 협회가 주관하는 펀드투자권유자문인력 투자자 보호교육 또는 펀드투자권유대행인 등록교육을 이수한 자. 다만, 투자자문계약, 투자일임계약 또는 신탁계약의 체결을 권유하고자 하는 경우 다음의 요건을 추가로 갖추어야 함

　ㄱ. 투자자문계약 또는 투자일임계약의 체결을 권유하고자 하는 경우 : 협회가 실시하는 '투자자문·투자일임 등록교육'을 이수할 것

　ㄴ. 신탁계약의 체결을 권유하고자 하는 경우 : 협회가 실시하는 '신탁 등록교육'을 이수할 것

❷ 증권투자권유대행인 : 증권투자권유자문인력 적격성인증시험, 투자자산운용사시험 또는 증권투자권유대행인 시험에 합격한 자로서 협회가 주관하는 증권투자권유자문인력 투자자 보호교육 또는 증권투자권유대행인 등록교육을 이수한 자. 다만, 투자자문계약, 투자일임계약 또는 신탁계약의 체결을 권유하고자 하는 경우 다음의 요건을 추가로 갖추어야 함

ㄱ. 투자자문계약 또는 투자일임계약의 체결을 권유하고자 하는 경우 : 협회가
실시하는 '투자자문·투자일임 등록교육'을 이수할 것

ㄴ. 신탁계약의 체결을 권유하고자 하는 경우 : 협회가 실시하는 '신탁 등록교육'
을 이수할 것

(3) 투자권유대행인의 등록 절차 및 등록의 효력등

❶ 등록 및 변경등록 신청 : 투자권유대행인은 금융투자회사로부터 위탁받은 업무
범위 내에서만 투자권유가 가능하며 금융투자회사를 통하여 협회에 등록을 신청
하여야 함

ㄱ. 등록신청 : 금융투자회사는 자신의 임직원이 아닌 개인에게 투자권유를 위탁
하고자 하는 경우 등록신청서 등 필요서류를 제출하고 협회에 투자권유대행
인 등록을 신청하여야 함

ㄴ. 변경등록 신청 : 금융투자회사는 투자권유대행인에 대한 업무위탁범위가 변
경된 경우 협회에 투자권유대행인 변경등록을 신청하여야 함

❷ 등록 및 등록거부

ㄱ. 투자권유대행인 등록증 발급 : 협회는 금융투자회사가 투자권유대행인 등록
을 신청한 경우 필요서류의 누락 여부 및 투자권유가 가능한 해당 자격요건
의 구비 여부를 확인하여 '투자권유대행인 등록원부'에 기재하고 '투자권유대
행인 등록증'을 발급

ㄴ. 등록거부 : 협회는 확인 결과 자격요건을 구비하지 아니하는 등 하자가 있거
나 장기간(5년 이상) 투자권유업무를 수행하지 않고, 보수교육 등을 이수하지
않은 경우 등록을 거부할 수 있음

❸ 보수교육 : 투자권유대행인은 협회가 실시하는 소정의 보수교육을 매년 1회 이
상 이수하여야 함. 투자권유대행인으로 협회에 등록된 해당 연도는 보수교육을
면제함

❹ 등록의 말소 및 효력정지

ㄱ. 등록의 말소 : 금융위원회가 투자권유대행인에 대하여 등록 취소조치를 부과
하거나 금융투자회사와의 위탁계약이 해지된 경우 협회는 해당 투자권유대
행인의 등록을 말소함

ㄴ. 등록의 효력정지 : 금융위원회가 법 제53조 제2항에 따라 투자권유대행인에

게 직무정지 조치를 부과한 경우 또는 협회가 실시하는 보수교육을 이수하지 아니한 경우 협회는 투자권유대행인의 등록의 효력을 정지할 수 있음

section 02 조사분석자료 작성 및 공표

'조사분석자료'란 금융투자회사의 명의로 공표 또는 제3자에게 제공되는 것으로 특정 금융투자상품(집합투자증권은 제외)의 가치에 대한 주장이나 예측을 담고 있는 자료를 말한다.

'금융투자분석사'란 금융투자회사 임직원으로서 조사분석자료의 작성, 심사 및 승인 업무를 수행하는 자로 전문인력규정 제3-1조에 따라 협회에 등록된 금융투자전문인력을 말한다.

'조사분석 담당부서'란 명칭에 관계없이 조사분석자료의 작성, 심사 및 승인 등의 업무를 수행하는 부서를 말한다. '공표'란 조사분석자료의 내용을 다수의 일반인이 인지할 수 있도록 금융투자회사 또는 조사분석 담당부서가 공식적인 내부절차를 거쳐 발표(언론기관 배포·인터넷 게재·영업직원에 대한 통보·전자통신수단에 의한 통지 등을 포함)하는 행위를 말한다.

조사분석자료의 작성, 심사 및 승인 등의 업무를 수행하기 위하여는 협회가 인정하는 금융투자분석사(애널리스트) 자격을 취득하여야 한다.

1 조사분석자료 작성 원칙 등

조사분석자료는 많은 투자자들에게 영향을 미치기 때문에 윤리성이 매우 중요하다. 자기 또는 타인의 부당한 이익을 도모하지 않고 투자자를 최우선으로 생각하며, 신의성실의 원칙하에 객관적이고 독립적인 사고와 판단을 가지고 작성하여야 한다.

(1) 조사분석의 원칙

❶ 금융투자회사 및 금융투자분석사는 조사분석업무를 수행함에 있어 선량한 관리자로서의 주의의무를 다하여야 한다.

❷ 금융투자회사 및 금융투자분석사는 조사분석의 대가로 조사분석 대상법인 등 이해관계인으로부터 부당한 재산적 이득을 제공받아서는 아니 된다.

❸ 금융투자회사 및 금융투자분석사는 조사분석 대상법인 등 외부로부터 취득한 자료를 인용하는 경우 해당 자료의 신뢰도를 철저히 검증하여야 한다.

❹ 금융투자회사 및 금융투자분석사는 공정성을 현저하게 결여하거나 합리적 근거가 없는 조사분석자료를 작성하거나 이를 공표하여서는 아니 된다.

(2) 금융투자분석사의 확인

❶ 금융투자분석사는 조사분석자료를 타인의 부당한 압력이나 간섭 없이 본인의 의견을 정확하게 반영하여 신의성실하게 작성한 경우 그 사실을 조사분석자료에 명시하여야 한다.

❷ 금융투자회사는 금융투자분석사의 확인 없이 조사분석자료를 공표하거나 제3자에게 제공하여서는 아니 된다.

❸ 금융투자회사는 해당 금융투자회사의 임직원이 아닌 제3자가 작성한 조사분석자료를 공표하는 경우 해당 제3자의 성명(법인의 경우 법인명)을 조사분석자료에 기재하여야 한다.

2 조사분석업무의 독립성 확보

❶ 금융투자회사 및 임직원의 금융투자분석사에 대한 부당한 압력이나 권한 행사 금지 : 금융투자회사 및 그 임직원은 금융투자분석사에게 부당한 압력이나 권한을 행사하여서는 아니 된다.

❷ 조사분석업무 독립적 수행을 위한 내부통제기준 제정 등 필요조치 이행의무 : 금융투자회사는 금융투자분석사가 조사분석업무를 독립적으로 수행할 수 있도록 내부통제기준 및 조사분석자료의 품질 및 생산실적, 투자의견의 적정성 등이 포함

된 보수산정 기준을 제정·운영하여야 한다.

❸ 조사분석자료 공표 전 사전 제공 제한 : 금융투자회사 및 금융투자분석사는 조사분석자료를 공표하기 전에 내부기준에 따른 승인 절차를 거치지 아니하고 제3자에게 조사분석자료 또는 그 주된 내용을 제공할 수 없다.

❹ 조사분석자료 사전제공 금지대상 명문화 : 금융투자회사 및 금융투자분석사는 조사분석자료를 공표하기 전에 조사분석대상법인 및 조사분석자료의 작성·심의에 관여하지 않은 임직원에게 조사분석자료 또는 그 주된 내용을 제공하여서는 아니 된다.

❺ 금융투자분석사의 기업금융업무부서와의 협의 조건 : 금융투자분석사와 기업금융업무 관련 부서 간의 의견 교환은 원칙적으로 제한되고 있지만, 많은 비용을 수반하는 조사분석담당부서에 대한 활용도를 엄격하게 제한하는 것은 기업활동을 지나치게 억제하게 되는 부작용이 있다. 따라서 원칙적으로는 기업금융 관련 부서와의 의견교류를 제한하되 준법감시부서의 통제하에 예외적으로 허용하고 있다.

금융투자분석사가 기업금융업무(영 제68조 제2항 각 호의 업무를 말함) 관련 부서와 협의하고자 하는 경우 자료교환은 준법감시부서를 통하고 준법감시부서 직원의 입회하에 이루어져야 하며, 회의의 주요 내용은 서면으로 기록·유지되어야 한다.

❻ 조사분석 담당 임원의 기업금융·법인영업 및 고유계정 운용업무 겸직 금지 : 금융투자회사는 조사분석 담당부서의 임원이 기업금융·법인영업 및 고유계정 운용업무를 겸직하도록 하여서는 아니 된다. 다만, 임원수의 제한 등으로 겸직이 불가피하다고 인정되는 경우에는 예외가 인정된다.

3 조사분석대상법인의 제한 등

조사분석자료를 작성하지 못하거나 이해관계를 고지하도록 하는 것은 소속 회사와 고객 간, 고객과 고객 간의 이해상충 방지를 위한 대표적 사례라고 할 수 있다.

(1) 조사분석대상법인의 제한

금융투자회사는 다음의 어느 하나에 해당하는 금융투자상품에 대하여는 조사분석자료를 공표하거나 특정인에게 제공하여서는 아니 된다.

❶ 자신이 발행한 금융투자상품

❷ 자신이 발행한 주식을 기초자산으로 하는 주식선물·주식옵션 및 주식워런트증권 (ELW)

❸ 다음의 어느 하나에 해당하는 법인이 발행한 주식 및 주권 관련 사채권과 해당 주식을 기초자산으로 하는 주식선물·주식옵션 및 주식워런트증권

ㄱ. 자신이 안정조작 또는 시장조성 업무를 수행하고 있는 증권을 발행한 법인

ㄴ. 자신이 인수·합병의 중개·주선·대리·조언 등의 업무를 수행하는 경우로서 해당 인수·합병의 대상 법인 및 그 상대 법인(인수·합병의 규모가 해당 법인의 자산 총액 또는 발행주식 총수의 100분의 5를 초과하는 경우에 한함)

ㄷ. 자신이 공개입찰 방식에 의한 지분매각 또는 해당 지분의 매입을 위한 주선 등의 업무를 수행하는 경우로서 다음 중 어느 하나에 해당하는 법인

　　a. 지분매각에 대한 주선등의 경우 매각대상법인 및 지분을 매입하고자 하는 법인. 이 경우 매입하고자 하는 법인에 대하여는 해당 지분의 매입을 위하여 입찰참여의향서를 제출한 시점부터 적용한다.

　　b. 지분매입에 대한 주선등의 경우 해당 지분을 매입하고자 하는 법인 및 매입대상법인. 이 경우 매입대상법인에 대하여는 지분매입을 위하여 입찰참여의향서를 제출한 시점부터 적용한다.

ㄹ. 자신이 발행주식 총수의 100분의 5 이상의 주식등(신주인수권, 전환사채, 신주인수권증서, 신주인수권부사채권 및 교환사채를 통하여 취득 가능한 주식의 수 포함)을 보유 또는 소유하고 있는 법인

ㅁ. 최근 사업연도 재무제표에 대한 감사인의 감사의견이 부적정 또는 의견거절이거나 한정인 법인. 다만, 이 경우라도 투자등급 및 목표 가격 등을 하향 조정하기 위한 경우에는 조사분석자료를 공표 또는 특정인에게 제공할 수 있다.

ㅂ. 법 제71조 제4호에 해당되는 법인[4]

(2) 회사와의 이해관계 고지

금융투자회사는 자신이 채무이행을 직·간접적으로 보장하거나, 발행주식 총수의 1%

---

4 자본시장법 제71조 제4호에서는 주권(주권 관련 사채권을 포함)의 모집 또는 매출과 관련한 계약을 체결한 날부터 그 주권이 증권시장에 최초로 상장된 후 40일 이내에 그 주권에 대한 조사분석자료를 공표하거나 특정인에게 제공하는 행위를 금지하고 있다.

이상의 주식등을 보유하는 등 각종 이해관계가 있는 경우 법인이 발행한 금융투자상품과 해당 법인이 발행한 주식을 기초자산으로 하는 주식선물·주식옵션·주식워런트증권에 대한 조사분석자료를 공표하거나 특정인에게 제공하는 경우 회사와의 이해관계를 조사분석자료에 명시하여야 한다.

4 조사분석자료의 의무 공표

회사는 증권시장에 주권을 최초로 상장하기 위하여 대표주관업무를 수행한 경우 해당 법인에 대하여 최초 거래일로부터 1년간 2회 이상의 조사분석자료를 무료로 공표하여야 한다.

5 조사분석자료 공표 중단 사실 고지

금융투자회사는 최근 1년간 3회 이상의 조사분석자료(투자의견 및 목표 가격 등에 대한 상세한 분석이 이루어진 조사분석자료를 말함)를 공표한 경우 최종 공표일이 속하는 월말로부터 6개월 이내에 조사분석자료를 추가로 공표하여야 하며, 만약 더 이상 자료를 공표하지 않고자 할 경우에는 중단 사실과 사유를 고지하여야 한다.

6 금융투자분석사의 매매거래 제한

법 제71조에서 조사분석자료가 확정된 시점부터 공표 후 24시간까지는 회사의 고유재산으로 조사분석대상이 된 금융투자상품을 매매하지 못하도록 하고 있는 것과 유사하게 금융투자분석사 개인에게도 이해상충 문제 해소를 위해 매매거래 제한 및 이해관계 고지의무를 협회 자율규제 차원에서 부과하고 있다.

❶ 금융투자분석사의 매매거래 제한 : 금융투자분석사는 자격을 취득하기 전에 취득한 금융투자상품을 처분하는 등 불가피한 예외적인 경우를 제외하고는 자신이 담당하는 업종에 속하는 법인이 발행한 주식, 주권 관련 사채권, 신주인수권이 표시된 것, 이러한 주식을 기초자산으로 하는 주식선물·주식옵션 및 주식워런트증

권을 매매하여서는 안 된다.

　　또한 금융투자분석사는 소속 금융투자회사에서 조사분석자료를 공표한 금융
투자상품을 매매하는 경우에는 공표 후 24시간이 경과하여야 하며, 해당 금융투
자상품의 공표일부터 7일 동안은 공표한 투자의견과 같은 방향으로 매매하여야
한다.

❷ 금융투자분석사의 24시간 매매거래 제한의 예외 허용 : 자본시장법은 조사분석자
　료 공표 후 24시간이 경과하기 전에 해당 회사가 자기계산으로 매매하는 행위를
　금지하나, 조사분석자료가 새로운 내용을 담고 있지 않은 경우 등에 대해서는 예
　외적으로 매매를 허용하고 있으므로, 협회 규정에서도 법상 고유계정(회사의 계산)
　에 적용되는 24시간 매매제한의 예외사항을 금융투자분석사의 자기계산 매매에
　대해서도 허용하고 있다.

금융투자분석사에 대한 이해상충 우려에 따라 일반적인 금융투자회사 임직원은 금융
투자상품 매매거래내역을 분기별로 회사에 보고하면 되지만 금융투자분석사는 매월 보
고하도록 하고 있다.

7　금융투자분석사의 재산적 이해관계의 고지

❶ 금융투자분석사의 재산적 이해관계 고지의무 : 금융투자분석사 또는 조사분석자
　료의 작성에 영향력을 행사하는 자가 조사분석자료를 공표하거나 일반투자자를
　대상으로 자신의 재산적 이해에 영향을 미칠 수 있는 금융투자상품의 매매를 권
　유하는 경우 그 재산적 이해관계를 고지하여야 한다.

❷ 재산적 이해관계 고지대상 제외사유 : 금융투자상품 및 주식매수선택권의 보유가
　액의 합계가 3백만 원 이하인 경우에는 고지대상에서 제외할 수 있는데 이 경우
　라도 레버리지 효과가 큰 주식선물·주식옵션 및 주식워런트증권은 보유가액의
　크기와 관계없이 고지하여야 한다.

8　조사분석자료 관련 각종 공시 등

금융투자회사는 한국거래소에 상장된 주식에 대하여 조사분석자료를 공표하는 경우

다음의 사항을 조사분석자료에 게재하여야 한다. 다만, 투자등급 및 목표 가격 등의 구체적 내용 없이 매수·매도 등의 단순한 투자의견만 제시한 조사분석자료는 예외로 한다.

또한 조사분석자료에 해당 조사분석자료의 작성에 관여한 금융투자분석사의 성명, 재산적 이해관계, 외부자료를 인용한 경우 해당 자료의 출처 등을 명기하여야 한다.

❶ 투자등급 및 목표 가격 등 구체적 내용 표기 : 투자등급의 의미와 공표일부터 과거 2년간 해당 금융투자상품에 대하여 제시한 투자등급 및 목표 가격 변동추이를 게재하여야 하며, 목표 가격과 해당 금융투자상품의 가격(주식의 경우 증권시장에서 형성된 종가를 말하며 기세를 포함)의 변동추이는 그래프로 표기하여야 한다.

❷ 투자의견 비율공시 : 최근 1년간 투자의견을 3단계(매수/중립/매도)로 구분하여 최소 분기 1회 이상 갱신하여 조사분석자료에 명기하여야 한다.

　협회는 조사분석자료를 공표하는 모든 증권회사의 최근 1년간 투자의견 비율을 종합하여 분기마다 전자공시시스템(http://dis.kofia.or.kr/)을 통하여 갱신하여 공시한다. 투자의견 비율공시 의무는 조사분석자료에 대한 투자자의 신뢰 제고와 매도리포트의 활성화 등을 위해 도입되었다.

❸ 괴리율 공시 : 조사분석자료에 제시된 목표 가격과 실제 주가 간의 괴리율을 조사분석자료에 명기하여야 한다. 이때 실제 주가는 조사분석자료 공표일 익일부터 목표 가격에 도달할 것으로 제시한 기간(목표 가격이 변경되면 변경일 전일까지)까지의 주가 중 최고·최저 주가 및 해당 기간까지의 일평균 주가 모두를 말하므로 각각의 괴리율을 표기하여야 한다. 다만, 조사분석자료가 전문투자자만을 대상으로 제공되는 경우에는 예외로 한다.

9　교육연수

금융투자회사는 소속 금융투자분석사에 대하여 연간 2시간 이상의 윤리교육을 실시하여야 하며, 교육 실시 결과를 교육 종료일의 익월 말일까지 협회에 보고하여야 한다 (협회가 개설한 윤리교육 및 보수교육 이수 내역은 보고 대상에서 제외).

| section 03 | 투자광고 |

1 총칙

(1) 자본시장법상 투자권유와 투자광고

자본시장법시행령(제7조 제4항)은 '투자성 상품을 취급하는 금융상품판매업자나 금융상품자문업자의 업무에 관한 광고 또는 투자성 상품에 관한 광고'를 '투자광고'로 정의하고 있다. 자본시장법상 투자권유는 특정 투자자를 상대로 금융투자상품의 매매 또는 일임·자문·신탁 계약(관리형신탁계약 및 투자성 없는 신탁계약은 제외)의 체결을 권유하는 행위로 정의되어 있다(법 제9조 제4항).

또한 금융소비자보호법(제22조)에서는 투자광고 시 의무표시사항, 표시금지사항 등을 규정하고 있으며, 원칙적으로 금융투자업자가 아닌 자는 투자광고를 하지 못하도록 하고 있으며,[5] 금융투자업자는 투자광고를 시행하기 전에 준법감시인의 사전확인을 거친 후 협회의 심사를 받도록 하고 있다.

(2) 협회 규정상 투자광고의 정의

'금융투자회사가 금융투자회사의 영위업무 또는 투자성 상품, 대출성 상품 등을 널리 알리는 행위' 즉 수단이나 매체 등에 관계없이 업무 및 금융투자상품 등을 알리는 행위를 투자광고로 정의한다.

2 의무표시사항

투자광고 시에는 다음의 내용을 의무적으로 포함하여야 한다(금융소비자보호법 제22조).

---

5 다만, 금융투자업자가 아닌 자 중에서 협회, 금융지주회사 및 증권의 발행인·매출인(해당 발행·매출 증권에 한정)에 대하여는 예외적으로 투자광고를 허용하고 있다.

(1) 일반적 의무표시사항(펀드 및 대출성 상품 제외)

❶ 금융상품 계약체결 전 금융상품 설명서 및 약관을 읽어볼 것을 권유하는 내용
❷ 금융상품 판매업자 등의 명칭, 금융상품의 내용(금융상품 명칭, 이자율, 수수료 등)
❸ 투자에 따른 위험(원금 손실 발생가능성 및 원금손실에 대한 소비자의 책임)
❹ 과거 운용실적을 포함하여 광고하는 경우에는 그 운용실적이 미래의 수익률을 보장하는 것이 아니라는 사실
❺ 일반금융소비자는 금융회사로부터 설명을 받을 수 있는 권리가 있다는 사실
❻ 법령 및 내부통제기준에 따른 광고 관련 절차의 준수에 관한 사항
❼ 예금보험관계의 성립여부와 그 내용 등
❽ 광고의 유효기간이 있는 경우 해당 유효기간, 통계수치나 도표 등을 인용하는 경우 해당 자료의 출처 등
❾ 수수료 부과기준 및 절차, 손실이 발생할 수 있는 상황 및 그에 따른 손실 추정액, 과거의 실적을 표시하는 경우 투자광고 시점 및 미래에는 이와 다를 수 있다는 내용, 최소비용을 표기하는 경우 그 최대비용과 최대수익을 표기하는 경우 그 최소수익 등

(2) 펀드 투자광고 시 의무표시사항(한정된 공간에 다수의 펀드를 광고하는 경우에는 일부 완화)

❶ 금융상품 계약체결 전 금융상품 설명서 및 약관을 읽어볼 것을 권유하는 내용
❷ 금융상품 판매업자 등의 명칭, 금융상품의 내용(금융상품 명칭, 이자율, 수수료 등)
❸ 투자에 따른 위험(원금 손실 발생가능성 및 원금손실에 대한 소비자의 책임)
❹ 과거 운용실적을 포함하여 광고하는 경우에는 그 운용실적이 미래의 수익률을 보장하는 것이 아니라는 사실
❺ 일반금융소비자는 금융회사로부터 설명을 받을 수 있는 권리가 있다는 사실
❻ 법령 및 내부통제기준에 따른 광고 관련 절차의 준수에 관한 사항
❼ 예금보험관계의 성립여부와 그 내용 등
❽ 환매수수료 및 환매신청 후 환매금액의 수령이 가능한 구체적인 시기
❾ 증권거래비용이 발생할 수 있다는 사실과 투자자가 직·간접적으로 부담하게 되는 각종 보수 및 수수료

⑩ 고유한 특성 및 위험성 등이 있는 집합투자기구의 경우 해당 특성 및 위험성 등에 관한 설명

⑪ 광고의 유효기간이 있는 경우 해당 유효기간, 통계수치나 도표 등을 인용하는 경우 해당 자료의 출처 등

⑫ 수수료 부과기준 및 절차, 손실이 발생할 수 있는 상황 및 그에 따른 손실 추정액, 과거의 실적을 표시하는 경우 투자광고 시점 및 미래에는 이와 다를 수 있다는 내용, 최소비용을 표기하는 경우 그 최대비용과 최대수익을 표기하는 경우 그 최소수익 등

(3) 대출성 상품 투자광고 시 의무표시사항

❶ 금융상품 계약체결 전 금융상품 설명서 및 약관을 읽어볼 것을 권유하는 내용

❷ 금융상품 판매업자 등의 명칭, 금융상품의 내용(금융상품 명칭, 이자율, 수수료 등)

❸ 대출조건(갖춰야 할 신용수준에 관한 사항, 원리금 상환방법)

❹ 일반금융소비자는 금융회사로부터 설명을 받을 수 있는 권리가 있다는 사실

❺ 상환능력에 비해 대출금이 과도할 경우 개인신용평점이 하락할 수 있으며 이로 인해 금융거래와 관련된 불이익이 발생할 수 있다는 사실

❻ 적정 담보비율 미달 시 기한 내 추가담보를 제공하지 않으면 담보증권이 임의처분될 수 있다는 사실

(4) 주요 매체별 위험고지 표시기준 강화

위 의무표시사항 중 위험고지와 관련되는 사항은 다음의 방법으로 표시하도록 하고 있다.

❶ 바탕색과 구별되는 색상으로 선명하게 표시할 것

❷ A4용지 기준 9포인트 이상의 활자체로 투자자가 쉽게 알아볼 수 있도록 표시할 것. 다만, 신문에 전면으로 게재하는 광고물의 경우 10포인트 이상의 활자체로 표시

❸ 영상매체를 이용한 투자광고의 경우 1회당 투자광고 시간의 3분의 1 이상의 시간 동안 투자자가 쉽게 알아볼 수 있도록 충분한 면적에 걸쳐 해당 위험고지내용을 표시하거나 1회 이상(단, 10분 이상의 광고물은 2회 이상) 소비자가 명확하게 인식할 수 있는 속도의 음성과 자막으로 설명할 것

④ 인터넷 배너를 이용한 투자광고의 경우 위험고지내용이 3초 이상 보일 수 있도록 할 것. 다만, 파생상품, 그 밖에 투자위험성이 큰 거래에 관한 내용을 포함하는 경우 해당 위험고지내용이 5초 이상 보일 수 있도록 하여야 함

3 투자광고 시 금지행위

금융투자회사는 투자광고를 할 때에 투자자 보호 및 건전한 영업질서 유지를 위하여 다음의 행위를 하여서는 아니 된다.

❶ 투자자들이 손실보전 또는 이익보장으로 오인할 우려가 있는 표시를 하는 행위
(다만, 영 제104조제1항 단서에 따라 손실이 보전되거나 이익이 보장되는 경우는 제외)

❷ 수익률이나 운용실적을 표시하면서 다음의 어느 하나에 해당하는 경우

ㄱ. 수익률이나 운용실적이 좋은 기간의 수익률이나 운용실적만을 표시하는 행위

ㄴ. 세전·세후 여부를 누락하여 표시하는 행위

ㄷ. 파생결합증권 및 ELF의 상환조건별 예상수익률을 표시하면서 예상손실률을 근접 기재하지 않거나 크기, 색상, 배열 등에 있어 동등하지 않은 수준으로 표시하는 행위

ㄹ. 수수료를 일(日) 단위로 표시하는 등 금융소비자의 경제적 부담이 작아보이도록 하거나 계약체결에 따른 이익을 크게 인지하도록 하여 금융상품을 오인하게끔 표현하는 행위

❸ 집합투자기구등 운용실적에 따라 수익이 결정되는 금융투자상품 및 투자자문계약, 투자일임계약 또는 신탁계약등에 대하여 예상수익률 또는 목표수익률 등 실현되지 아니한 수익률을 표시하거나 구성자산 중 일부의 수익률만을 표시하는 행위. 다만, 실현되지 아니한 수익률 및 그 밖에 이와 유사한 수익률이 다음의 어느 하나에 해당하는 경우에는 제외

ㄱ. 집합투자기구의 상환목표수익률 및 분할매수형 집합투자기구의 기준 수익률

ㄴ. 전환형 집합투자기구의 전환목표수익률

ㄷ. 파생결합증권(주식워런트증권을 제외)을 투자대상으로 하는 집합투자기구의 상환조건별 예상수익률

ㄹ. 영 제88조제1항에 따른 성과보수형 집합투자기구의 기준수익률

ㅁ. ㈜코스콤 홈페이지에 1년 이상 수익률을 공시한 전자적 투자조언장치(로보어드바이저)의 위험유형별 수익률을 기준일자와 함께 제시하는 경우로서 집합투자기구 수익률 광고에 준하여 표시하는 행위

④ 집합투자증권에 관한 투자광고에 집합투자기기구의 명칭, 종류, 투자목적 및 운용전략, 기타 법령에서 정한 사항[6] 이외의 사항을 표시하는 행위

⑤ 사모의 방법으로 발행하거나 발행된 금융투자상품에 관한 내용을 표시하는 행위
(다만, 투자광고 전날의 금융투자상품 잔고가 1억 원 이상인 일반투자자를 대상으로 서면, 전화, 전자우편 등의 방법으로 행하는 일반 사모펀드의 투자광고는 허용)

⑥ 비교대상 및 기준을 분명하게 밝히지 않거나 객관적인 근거 없이 다른 금융상품 등과 비교하는 행위

⑦ 투자일임재산을 각각의 투자자별로 운용하지 아니하고 여러 투자자의 자산을 집합하여 운용하는 것처럼 표시하는 행위

⑧ 여러 신탁재산을 집합하여 운용한다는 내용을 표시하는 행위. 다만, 영 제6조 제4항 제2호[7]에 해당하는 경우는 제외

⑨ 특정금전신탁의 특정한 상품(신탁업자가 신탁재산의 구체적인 운용방법을 미리 정하여 위탁자의 신탁재산에 대한 운용방법 지정이 사실상 곤란한 상품을 말함)에 대한 내용을 표시하는 행위

⑩ 금융투자회사의 경영실태 및 위험에 대한 평가의 결과(관련 세부내용 포함)를 다른 금융투자회사의 그것과 비교하여 표시하는 행위(금융투자상품만 해당)

⑪ 다른 종류의 금융투자상품 또는 영위업무에 대한 광고내용을 형식적으로 분리하지 않아 투자자의 투자판단에 오해를 주는 행위

⑫ 수익률, 수수료, 수상실적 및 통계수치를 표시하는 경우 다음의 어느 하나에 해당하는 행위
ㄱ. 수익률, 수수료 등(이하 "수익률등"이라 함)을 특별히 우대하여 제시하면서 우대조건·기간 등을 수익률등의 글자 크기의 3분의 1 미만으로 표시하거나 이를

---

6 금융소비자보호법 시행령 제20조 제3항 각호 및 금융소비자감독규정 제19조 제2항 각호.
7 2. 다음 각 목의 어느 하나에 해당하는 경우로서 신탁업자가 신탁재산을 효율적으로 운용하기 위하여 수탁한 금전을 공동으로 운용하는 경우
가. 법 제103조 제2항에 따른 종합재산신탁으로서 금전의 수탁비율이 100분의 40 이하인 경우
나. 신탁재산의 운용에 의하여 발생한 수익금의 운용 또는 신탁의 해지나 환매에 따라 나머지 신탁재산을 운용하기 위하여 불가피한 경우

수익률등과 분리하여 표시하는 행위

ㄴ. 집합투자기구의 운용실적 또는 운용실적(이하 "운용실적등"이라 함)의 비교표시를 하면서 기준일, 산출기간 또는 집합투자기구의 유형, 비교대상의 수를 운용실적등의 글자 크기의 3분의 1 미만으로 표시하거나 이를 운용실적등과 분리하여 표시하는 행위 및 기준일을 투자자가 쉽게 인식할 수 있도록 표시하지 않는 행위

ㄷ. 수상실적 또는 통계수치(이하 "수상실적등"이라 함)를 특별히 강조하여 표시하면서 그 출처, 시기, 조건 등을 수상실적등의 글자 크기의 3분의 1 미만으로 표시하거나 이를 수상실적등과 분리하여 표시하는 행위

⑬ 사진·문자·그림 등을 이용하여 법인·단체를 포함한 타인의 명예를 훼손하거나 초상권을 침해할 우려가 있는 표시 행위

⑭ 계약 체결 여부나 금융소비자의 권리·의무에 중대한 영향을 미치는 사항을 사실과 다르게 알리거나 분명하지 않게 표현하는 행위

⑮ 영업규정 별표 10의 "금융투자회사의 투자광고관련 금지행위"에서 열거하는 행위

⑯ 휴대전화 메시지·메신저·알람, 이메일 광고에 파생결합증권등(영업규정 제2−5조 제3항에 따른 파생결합증권과 금융소비자보호 감독규정 제11조제1항제2호에 따른 금융투자상품 및 상법 제469조 제2항 제3호에 따른 사채로서 법 제4조 제7항 제1호에 해당하는 증권을 포함)의 수익률, 만기, 조기상환조건을 기재하는 행위(해당 광고를 이용하여 수익률, 만기, 조기상환조건과 투자설명서 또는 간이투자설명서를 조회할 수 있는 인터넷 홈페이지 등의 주소를 소개하거나 해당 홈페이지 등에 접속할 수 있는 장치를 제공하는 것은 제외). 다만, 투자성향 평가결과 제2−5조 제3항에 따른 파생결합증권에 대한 투자가 적합한 만 65세 미만의 투자자에게 협회가 정하는 기준을 준수하여 기재하는 경우에는 그러하지 아니함

⑰ 대출성 상품의 광고에서 다음 각목의 어느 하나에 해당하는 행위

ㄱ. 대출이자율의 범위·산정방법, 대출이자의 지급·부과 시기 및 부수적 혜택·비용을 명확히 표시하지 아니하여 금융소비자가 오인하게 하는 행위

ㄴ. 대출이자를 일 단위로 표시하여 대출이자가 저렴한 것으로 오인하게 하는 행위

⑱ 불확실한 사항에 대해 단정적 판단을 제공하거나 확실하다고 오인하게 할 소지가 있는 내용을 알리는 행위

⑲ 투자광고에서 금융상품과 관련하여 해당 광고매체 또는 금융상품판매대리·중개

업자의 상호를 부각시키는 등 금융소비자가 금융상품직접판매업자를 올바르게
인지하는 것을 방해하는 행위

⑳ 금융소비자에 따라 달라질 수 있는 거래조건을 누구에게나 적용될 수 있는 것처
럼 오인하게 만드는 행위

㉑ 투자광고에서 글자의 색깔·크기 또는 음성의 속도·크기 등이 해당 금융상품으로
인해 금융소비자가 받을 수 있는 혜택과 불이익을 균형 있게 전달하지 않는 행위

4 집합투자기구의 운용실적 표시

금융투자회사가 투자광고에 집합투자기구의 운용실적을 표시하고자 하는 경우 다음
의 사항을 준수하여야 한다.

(1) 대상

기준일[8] 현재 집합투자기구 설정일 또는 설립일로부터 1년 이상 경과하고 순자산총
액이 100억(세제펀드는 50억) 이상 집합투자기구(단, 펀드의 유형별 운용실적 표기 시 기준일 현재
동일 유형 내 펀드의 순자산총액이 500억 이상일 것)여야 하며, 집합투자기구의 적립식 투자에 따
른 수익률(이하 "적립식수익률"이라 한다)을 표시하고자 하는 경우 신고서 제출일이 속한 달
직전월의 마지막 영업일(이하 "기간말영업일"이라 한다) 현재 설립일부터 3년 이상 경과하고
순자산총액이 100억 원 이상일 것

(2) 표시방법

기준일로부터 과거 1개월 이상 수익률 사용하되, 과거 6개월 및 1년 수익률 함께 표
시(단, 3년 이상 펀드는 과거 1년 및 3년, 설립일로부터 기준일까지의 수익률 함께 표시)하여야 하며 적
립식수익률의 경우 매월 첫 영업일에 일정금액의 해당 펀드를 매입하고 기간말영업일
의 가격으로 평가한 수익률을 이용하여 기간말영업일로부터 연 단위로 과거 3년 이상의
적립식수익률을 사용하되, 기간말영업일로부터 과거 3년 적립식수익률을 함께 표시

---

8 기준일은 투자광고계획신고서 제출일이 속한 월의 직전월 마지막 영업일(다만, 직전월 마지막 영업
일에 공시자료 또는 평가자료가 없는 경우에는 전전월 마지막 영업일)임

(3) 의무표시사항

집합투자기구의 유형, 기준일 및 기준일 현재의 순자산총액, 설립일, 수익률 산출기간 및 산출기준, 세전·세후 여부, 벤치마크 수익률(단 MMF, 부동산 펀드 등 벤치마크 선정이 어려운 펀드는 벤치마크 수익률 생략 가능)

(4) 준수사항

❶ 방송법 제2조 제1호에 따른 방송을 이용한 광고 불가
❷ 집합투자증권의 가격으로 평가한 운용실적 사용
❸ 종류형 집합투자기구의 운용실적을 표시하는 경우 종류별 집합투자증권에 부과되는 보수·수수료 차이로 운용실적이 달라질 수 있다는 사실 표시
❹ MMF 운용실적을 표시하는 경우 과거 1개월 수익률(연환산 표시 가능)을 표시할 것. 다른 금융투자회사가 판매하는 MMF와 운용실적 등에 관한 비교광고를 하지 말 것.

(5) 비교광고

금융투자회사가 투자광고에 펀드 운용실적 또는 유형별 판매실적 등을 비교하고자 하는 경우 다음을 준수하여야 한다.

❶ 비교대상이 동일한 유형의 집합투자기구일 것
❷ 협회 등 증권유관기관의 공시자료 또는 집합투자기구평가회사의 평가자료를 사용할 것
❸ 기준일로부터 과거 1년, 2년 및 3년 수익률과 설정일 또는 설립일로부터 기준일까지의 수익률(유형별 판매펀드수익률의 경우에는 기준일로부터 과거 1년, 3년, 5년 수익률)을 표시하되, 연 단위 비교대상 내의 백분위 순위 또는 서열 순위 등을 병기할 것. 이 경우 평가자료에 포함된 전체 비교대상의 수를 근접 기재하여야 함
❹ 평가자료의 출처 및 공표일을 표시할 것

(1) 준법감시인의 사전승인 및 점검

투자광고를 하고자 하는 경우 준법감시인의 사전승인을 거친 후 협회에 심사를 청구하여야 한다. 다만, 단순한 이미지 광고나 지점 광고 등 일부의 경우에는 협회 심사 절차를 거치지 않고 준법감시인의 사전승인만 받으면 투자광고가 가능하다. 또한 금융투자회사는 영업점에서의 투자광고물 사용의 적정성을 확인하기 위하여 연 1회 이상 현장점검을 실시하여야 한다.

(2) 협회의 심사

❶ 절차 : 협회에 투자광고 심사청구를 위하여는 '투자광고계획신고서'와 투자광고안을 함께 제출하여야 하며, 협회는 신고서 접수일부터 3영업일 이내(수정 또는 추가 자료 작성 기간은 제외)에 심사결과(적격·조건부적격·부적격)를 금융투자회사에 통보하도록 되어 있다.

❷ 재심사 청구 : 협회의 투자광고 심사결과에 이의가 있는 경우 심사결과 통보서를 받은 날부터 7영업일 이내에 협회에 재심사를 청구할 수 있다. 재심사는 자율규제위원회에서 심사하도록 되어 있으며, 자율규제위원회의 심사결과에 대하여는 다시 재심사를 청구할 수 없다.

❸ 협회의 투자광고 수정 또는 추가 자료 제출 요구 : 협회는 투자광고를 심사함에 있어 필요하다고 인정되는 경우 금융투자회사에 대하여 투자광고의 수정 또는 추가 자료의 제출을 요구할 수 있다.

(3) 부당한 광고의 사용금지

금융투자회사는 다음의 어느 하나에 해당하는 투자광고를 사용하여서는 아니 된다.

❶ 준법감시인의 사전승인 대상 투자광고에 해당하지 아니하는 경우로서 협회로부터 적격통보를 받지 아니한 투자광고

❷ 협회가 적격통보 하였거나 투자광고의 내용 및 방법 등에 따라 준법감시인의 사전승인만으로 시행한 투자광고의 내용을 임의로 변경한 투자광고. 단, 투자광고

의 유효기간 내에서 다음을 변경하는 것은 허용됨

　ㄱ. 규격, 색상(단, 의무표시사항의 변경은 제외), 금융투자회사의 명칭, 로고, 전화 등 통신매체의 번호, 주소 및 우편번호, 인터넷 홈페이지 주소, 이메일 주소, 판매회사·수탁회사·영업점의 명칭, 약도를 변경하는 경우

　ㄴ. 수시로 변경될 수 있는 부분(일자, 상장주식의 종목명 등 기타 협회가 인정하는 단순한 항목에 한함)과 변경될 수 없는 부분을 별도로 구분하여 협회로부터 "적격"통보를 받고 변경될 수 있는 부분만을 변경하는 경우

❸ 준법감시인의 사전승인 대상 투자광고에 해당하는 경우로서 준법감시인의 사전승인을 받지 아니한 투자광고

❹ 유효기간이 경과한 투자광고(단, 온라인 광고 심사기준에서 달리 정할 수 있음)

❺ 사실과 다른 내용을 포함하고 있거나 제도·시장 상황의 변화 등으로 협회가 그 내용이 적절하지 아니하다고 인정하는 투자광고

❻ 협회로부터 사용중단을 요구받은 투자광고

section 04　영업보고서 및 경영공시 등

1　영업보고서의 작성 및 공시

(1) 대표이사의 서명

금융투자회사의 대표이사는 영업보고서가 영 제36조 제4항에 따라 작성되고, 기재내용이 사실과 다름없음을 확인한 후 영업보고서에 서명 또는 기명날인하여야 한다.

(2) 공시방법

❶ 금융투자회사는 분기별 업무보고서를 금융위원회에 제출한 날부터 1년간 영업보고서를 본점과 지점, 그 밖의 영업소에 비치하고, 해당 금융투자회사의 인터넷 홈페이지 등을 이용하여 공시하여야 하며, 인터넷 홈페이지가 없는 경우에는 협회

의 인터넷 홈페이지를 이용하여 공시하여야 함. 다만, 법 제159조 제1항에 따른 사업보고서 제출대상법인인 경우에는 반기보고서와 분기보고서를 공시한 경우 해당 분기의 영업보고서를 공시한 것으로 봄

❷ 금융투자회사는 주주·투자자 및 그 밖에 이해관계인 등으로부터 영업보고서의 교부를 요청받은 경우 이를 실비 또는 무상으로 제공하거나 컴퓨터등 유·무선 전자통신수단을 통해 열람할 수 있도록 하여야 함

(3) 영업보고서의 제출

❶ 금융투자회사는 영업보고서를 매 분기 종료 후 45일(사업연도 경과 후 확정된 재무제표를 기준으로 재작성된 결산기 영업보고서의 경우 결산기 종료 후 90일) 이내에 전산파일과 함께 협회에 제출하여야 함. 다만, 사업보고서 제출대상법인인 금융투자회사가 법 제160조에 따라 반기보고서와 분기보고서를 전산파일과 함께 제출한 경우에는 해당 분기의 영업보고서를 제출한 것으로 봄

❷ 금융투자회사는 협회에 제출한 영업보고서에 오류 또는 변동사항이 있는 경우 당초의 기재사항과 정정사항을 비교한 내용을 문서로 작성하여 협회에 즉시 제출하여야 함

2 주요 경영상황 공시

❶ 금융투자회사는 직전 분기말 자기자본의 100분의 10에 상당하는 금액을 초과하는 부실채권이 발생하는 등 공시사항[9]이 발생한 경우 지체 없이 해당 금융투자회사(인터넷 홈페이지가 있는 경우에 한함) 및 협회의 인터넷 홈페이지에 공시하여야 함. 다만, 해당 금융투자회사가 발행한 주권이 유가증권시장 또는 코스닥시장에 상장되어 있는 경우에는 유가증권시장 또는 코스닥시장에 공시하여야 함

❷ 상장법인이 아닌 금융투자회사('비상장 금융투자회사')는 재무구조에 중대한 변경을 초래하는 등[10]의 사실 또는 결정(이사회의 결의 또는 대표이사 그 밖에 사실상의 권한이 있는 임원·주요 주주 등의 결정을 말함. 이 경우 이사회의 결의는 상법 제393조의2의 규정에 의한 이사

---

9 금융투자업규정 제3−70조 제1항 제1호부터 제6호까지
10 금융투자업규정 제3−70조 제1항 제7호 각목

회내의 위원회의 결의를 포함)이 있는 경우 그 내용을 지체 없이 해당 금융투자회사(인터넷 홈페이지가 있는 경우에 한함) 및 협회의 인터넷 홈페이지에 공시하여야 함. 다만, 금융지주회사법 제2조 제1항 제1호 및 제2호에 따른 지주회사(상장법인에 한함)의 자회사인 비상장 금융투자회사는 해당 지주회사가 한국거래소의 유가증권시장 공시규정 제8조 또는 코스닥시장공시규정 제7조의 규정에 따라 신고한 경우 해당 신고로써 공시에 갈음할 수 있음

3 기타 공시사항

(1) 반기·분기보고서의 제출

사업보고서 제출대상 금융투자회사는 법 제160조의 규정에서 정한 반기보고서와 분기보고서를 각각 그 기간 경과 후 45일 이내에 전산파일과 함께 협회에 제출하여야 한다.

(2) 수수료 부과기준 제출 등

금융투자회사는 수수료 부과기준 및 절차에 관한 사항을 정하거나 이를 변경한 경우 지체 없이 그 내용을 협회에 통보하여야 한다.

(3) 관계인수인과의 거래

금융투자회사가 관계인수인으로부터 매수한 채권의 종목, 수량 등 거래내역을 공시하고자 하는 경우, 매분기말일을 기준으로 거래내역을 작성하여 매 분기 종료 후 1개월 이내에 협회에 제출하여야 한다.

1 재산상 이익 수수 대상

자본시장법 시행령 및 금융투자업규정에서는 금융투자회사가 업무와 관련하여 거래 상대방(금융투자업규정에 의하여 금융투자회사로부터 재산상 이익을 제공받거나 금융투자회사에 제공하는 자를 말함) 등에게 제공하거나 거래상대방으로부터 제공받는 금전, 물품, 편익 등 재산상 의 이익의 범위가 일반인이 통상적으로 이해하는 수준에 반하지 않을 것을 요구하고 있 다. 또한, 이를 위해 필요한 구체적 기준을 협회가 정하도록 하고 있다.

이 규정의 취지는 회사가 정상적 영업활동의 일환으로 인정될 수 있는 접대나 경품 제공 등을 절대적으로 금지하거나 제한하는 것이 아니라 회사의 합리적 통제하에 절차 를 준수하여 제공하고 제공받으라는 것이다.

다만, 자본시장법 시행령에서는 업무와 관련된 재산상 이익만을 규제하고 있기 때문 에 업무와 관련되지 않는 일반적 접대비에 해당하는 것은 세법 또는 회사의 내부통제기 준을 따라야 할 것이다.

특히, 「부정청탁 및 금품등 수수의 금지에 관한 법률」(일명 '김영란법')의 시행에 따라 공 직자 등에 대한 접대비 등 제공 시에는 동 법률의 내용에 따라 회사가 정한 내부통제기 준 및 제공한도 등을 미리 살펴보아야 한다.

2 재산상 이익의 범위

(1) 재산상 이익으로 보지 않는 범위

다음 어느 하나에 해당하는 물품등은 재산상 이익으로 보지 아니한다.

❶ 금융투자상품에 대한 가치분석·매매정보 또는 주문의 집행등을 위하여 자체적 으로 개발한 소프트웨어 및 해당 소프트웨어의 활용에 불가피한 컴퓨터 등 전산 기기

❷ 금융투자회사가 자체적으로 작성한 조사분석자료

❸ 경제적 가치가 3만 원 이하의 물품, 식사, 신유형 상품권(물품 제공형 신유형 상품권을 의미), 거래실적에 연동되어 거래상대방에게 차별 없이 지급되는 포인트 및 마일리지

❹ 20만 원 이하의 경조비 및 조화·화환

❺ 국내에서 불특정 다수를 대상으로 하여 개최되는 세미나 또는 설명회로서 1인당 재산상 이익의 제공금액을 산정하기 곤란한 경우 그 비용. 이 경우 대표이사 또는 준법감시인은 그 비용의 적정성 등을 사전에 확인하여야 함

(2) 재산상 이익의 가치 산정

재산상 이익의 가치는 다음과 같이 산정한다.

❶ 금전의 경우 해당 금액

❷ 물품의 경우 구입 비용

❸ 접대의 경우 해당 접대에 소요된 비용. 다만, 금융투자회사 임직원과 거래상대방이 공동으로 참석한 경우 해당 비용은 전체 소요경비 중 거래상대방이 점유한 비율에 따라 산정된 금액

❹ 연수·기업설명회·기업탐방·세미나의 경우 거래상대방에게 직접적으로 제공되었거나 제공받은 비용

❺ 기타 위에 해당하지 아니하는 재산상 이익의 경우 해당 재산상 이익의 구입 또는 제공에 소요된 실비

3 재산상 이익 제공 및 수령내역 공시

금융투자업규정 개정('17.3.22)에 따라 재산상 이익의 제공 시 부과되어 온 인별(회당, 연간), 회사별(연간) 한도규제는 모두 폐지하는 대신, 특정한 거래상대방과의 거래를 목적으로 고액의 편익을 제공하거나 제공받는 행위에 대해서는 공시의무를 부과하였다.

❶ 공시대상 : 금전·물품·편익 등을 10억 원(최근 5개 사업연도를 합산)을 초과하여 특정 투자자 또는 거래상대방에게 제공하거나 특정 투자자 또는 거래상대방으로부터 제공받은 경우

❷ 공시내용 : 제공(수령)기간, 제공받은 자(수령한 경우에는 제공한 자)가 속하는 업종, 제공(수령)목적, 제공(수령)한 경제적 가치의 합계액
❸ 공시방법 : 인터넷 홈페이지 등에 공시

4 재산상 이익의 제공 한도

금융투자회사 영업활동의 자율성을 보장하기 위해 재산상 이익의 제공 한도 규제를 폐지하였으나, 거래의 위험성이 높은 파생상품에 대해서는 재산상 이익 제공을 활용한 고객 유치경쟁을 제한하기 위해 예외적으로 재산상 이익의 제공 한도 규제를 유지하였다.

이에 따라, 파생상품과 관련하여 추첨 기타 우연성을 이용하는 방법 또는 특정 행위의 우열이나 정오의 방법으로(이하 '추첨 등'이라 함) 선정된 동일 일반투자자에게 1회당 제공할 수 있는 재산상 이익은 300만 원을 초과할 수 없으며, 유사해외통화선물 및 주식워런트증권과 관련하여서는 추첨 등의 방법으로 선정된 일반투자자에게 종전과 동일하게 재산상 이익을 제공할 수 없다.

5 재산상 이익의 수령 한도

회사의 윤리경영과도 직결되기도 하는 문제이기도 한 만큼 협회가 일률적인 금액 기준을 제시하지는 않고 있으며, 1회당 한도 및 연간 한도 등을 회사가 스스로 정하여 준수하도록 하고 있다. 이 경우 해당 재산상 이익의 한도는 일반적으로 용인되는 사회적 상규를 초과하여서는 아니 된다.

다만, 외부에서 개최하는 연수·기업설명회·기업탐방·세미나의 경우 그 성격이 업무상 꼭 필요한 경우가 많으며 1회 참석으로도 그 비용이 상당할 수 있기 때문에 이와 관련하여 거래상대방으로부터 제공받은 교통비 및 숙박비는 대표이사 또는 준법감시인의 확인을 받아 재산상 이익에서 제외할 수 있도록 하고 있다.

6 재산상 이익 관련 내부통제 등

재산상 이익의 제공에 관한 한도가 폐지되면서, 이사회 등을 통한 금융투자회사의 자체적인 내부통제기능은 대폭 강화하였다.

❶ 기록유지 : 금융투자회사가 거래상대방에게 재산상 이익을 제공하거나 제공받은 경우 제공목적, 제공내용, 제공일자, 거래상대방, 경제적 가치 등을 5년 이상 기록보관하여야 함

❷ 이사회를 통한 내부통제 : 이사회가 정한 금액을 초과하는 재산상 이익을 제공하고자 하는 경우에는 미리 이사회 의결을 거쳐야 하며, 금융투자회사는 재산상 이익의 제공현황 및 적정성 점검 결과 등을 매년 이사회에 보고하여야 함

7 부당한 재산상 이익의 제공 및 수령 금지

금융투자회사는 다음 중 어느 하나에 해당하는 재산상 이익을 제공하거나 제공받아서는 아니 되며, 금융투자회사는 임직원 및 투자권유대행인이 이 규정을 위반하여 제공한 재산상 이익을 보전하여 주어서는 아니 된다.

❶ 경제적 가치의 크기가 일반인이 통상적으로 이해하는 수준을 초과하는 경우
❷ 재산상 이익의 내용이 사회적 상규에 반하거나 거래상대방의 공정한 업무수행을 저해하는 경우
❸ 재산상 이익의 제공 또는 수령이 비정상적인 조건의 금융투자상품 매매거래, 투자자문계약, 투자일임계약 또는 신탁계약의 체결 등의 방법으로 이루어지는 경우
❹ 다음의 어느 하나에 해당하는 경우로서 거래상대방에게 금전, 상품권, 금융투자상품을 제공하는 경우(다만, 사용범위가 공연·운동경기 관람, 도서·음반 구입등 문화활동으로 한정된 상품권을 제공하는 경우는 제외)
   ㄱ. 집합투자회사, 투자일임회사(투자일임업을 영위하는 금융투자회사를 말함) 또는 신탁회사등 타인의 재산을 일임받아 이를 금융투자회사가 취급하는 금융투자상품 등에 운용하는 것을 업무로 영위하는 자(그 임원 및 재산의 운용에 관하여 의사결정을 하는 자를 포함)에게 제공하는 경우

ㄴ. 법인 기타 단체의 고유재산관리업무를 수행하는 자에게 제공하는 경우

ㄷ. 집합투자회사가 자신이 운용하는 집합투자기구의 집합투자증권을 판매하는 투자매매회사(투자매매업을 영위하는 금융투자회사를 말함), 투자중개회사(투자중개업을 영위하는 금융투자회사를 말함) 및 그 임직원과 투자권유대행인에게 제공하는 경우

❺ 재산상 이익의 제공 또는 수령이 위법·부당행위의 은닉 또는 그 대가를 목적으로 하는 경우

❻ 거래상대방만 참석한 여가 및 오락활동 등에 수반되는 비용을 제공하는 경우

❼ 금융투자상품 및 경제정보 등과 관련된 전산기기의 구입이나 통신서비스 이용에 소요되는 비용을 제공하거나 제공받는 경우(자체적으로 개발한 소프트웨어 및 해당 소프트웨어의 활용에 불가피한 컴퓨터 등 전산기기의 제공은 제외)

❽ 집합투자회사가 자신이 운용하는 집합투자기구의 집합투자증권의 판매실적에 연동하여 이를 판매하는 투자매매회사·투자중개회사(그 임직원 및 투자권유대행인을 포함)에게 재산상 이익을 제공하는 경우

❾ 투자매매회사 또는 투자중개회사가 판매회사의 변경 또는 변경에 따른 이동액을 조건으로 하여 재산상 이익을 제공하는 경우

section 06 **직원 채용 및 복무 기준**

---

1 **채용결정 전 사전조회**

금융투자회사는 직원을 채용하고자 하는 경우 채용예정자가 다음의 징계면직 전력 등의 여부와 「금융투자전문인력과 자격시험에 관한 규정」에 따른 금융투자전문인력 자격시험 응시 제한기간 또는 금융투자전문인력 등록거부기간 경과 여부를 채용결정 전에 비위행위 확인의뢰서의 제출 또는 전자통신 등의 방법으로 협회에 조회하여야 한다. 금융투자회사는 직원 채용 시 타 금융투자회사와의 근로계약 종료, 직무 전문성, 윤리

및 준법의식 등을 심사하여 채용 여부를 결정(채용심사)하여야 하며 이러한 채용심사 시 다음의 징계면직 전력 등을 고려할 수 있다.

❶ 자율규제위원회 운영 및 제재에 관한 규정 제9조 각 호 또는 전문인력규정 제 3-13조 제1항 각 호에 해당하는 위법·부당행위(이하 이조에서 "위법·부당행위"라 한다) 로 징계면직 처분(임원이었던 자의 경우에는 해임 처분, 이하 이 조에서 같음)을 받거나 퇴직 후 징계면직 상당의 처분을 받은 후 5년이 경과하였는지 여부
❷ 위법·부당행위로 금고 이상의 형을 선고받고 그 집행이 종료(집행이 종료된 것으로 보는 경우를 포함)되거나 면제된 후 5년(다만, 금고 이상의 형의 집행유예를 선고받은 경우 또 는 금고 이상의 형의 선고를 유예받은 경우에는 그 유예기간에 한함)이 경과하였는지 여부

2 │ 금융투자회사 직원의 금지행위

금융투자회사의 직원은 다음의 행위를 하여서는 아니 된다.

❶ 관계법규를 위반하는 행위
❷ 투자자에게 금융투자상품의 매매거래, 투자자문계약, 투자일임계약 또는 신탁계 약의 체결 등과 관련하여 본인 또는 제3자의 명의나 주소를 사용토록 하는 행위
❸ 본인의 계산으로 금융투자상품의 매매거래, 투자자문계약, 투자일임계약 또는 신 탁계약을 체결함에 있어 타인의 명의나 주소 등을 사용하는 행위
❹ 금융투자상품의 매매거래, 투자자문계약, 투자일임계약 또는 신탁계약의 체결 등 과 관련하여 투자자와 금전의 대차를 하거나 소속 금융투자회사와 제휴관계를 맺지 아니한 제3자와의 금전의 대차 등을 중개·주선 또는 대리하는 행위
❺ 그 밖에 사회적 상규에 반하거나 투자자 보호에 배치되는 행위

3 │ 징계내역 보고 및 열람

(1) 징계내역 보고

금융투자회사는 임직원(퇴직자 포함)이 일정한 사유(「자율규제위원회 운영 및 제재에 관한 규정」 제9조 각 호 또는 「금융투자전문인력과 자격시험에 관한 규정」 제3-13조 제1항 각 호에 해당하는 사유)로

금고 이상의 형의 선고를 받은 사실을 인지하거나 임직원에게 주의적 경고 또는 견책 이상의 징계처분(퇴직자의 경우 주의적 경고 또는 견책 이상에 상당하는 처분을 말함)을 부과한 경우 (임직원이 금융감독기관 등 다른 기관으로부터 제재를 받은 경우를 포함) 인지일 또는 부과일부터 10 영업일 이내에 그 사실을 협회에 보고하여야 한다. 다만, 임원에 대한 징계처분이 주의 적 경고이거나 직원에 대한 징계처분이 견책 이상 3월 이하의 감봉(퇴직자에 대한 3월 이하 의 감봉에 상당하는 처분을 포함)인 경우에는 해당 징계처분을 받은 자의 책임의 종류가 행위 자, 지시자, 공모자, 그 밖에 적극 가담자인 경우에 한한다.

겸영금융투자회사, 일반사무관리회사, 집합투자기구평가회사, 채권평가회사 및 신용 평가회사도 금융투자전문인력 또는 펀드관계회사인력인 임직원에 대하여 징계처분을 부과하는 경우 그 징계처분 내역을 협회에 보고하여야 한다.

(2) 징계내역 열람신청

투자자가 자신의 계좌 또는 자산을 관리하는 직원(관리 예정 직원을 포함하며 해당 투자자의 계좌가 개설되어 있는 영업점에 근무하는 자에 한함)의 징계내역 열람을 서면으로 신청하는 경우 회사는 지체 없이 해당 직원의 동의서를 첨부하여 협회에 징계내역 열람신청을 하여야 한다.

다만, 해당 직원이 투자자의 징계내역 열람에 동의하지 않는 경우에는 협회에 열람신 청을 하지 않아도 되며, 조회를 신청한 투자자에게 해당 직원이 징계내역 열람에 동의 하지 않는다는 사실을 통보하여야 한다.

(3) 징계내역 조회제도 안내

금융투자회사는 투자자가 신규로 계좌를 개설하거나 투자자문계약, 투자일임계약 또 는 신탁계약을 체결하고자 하는 경우 '징계내역 열람제도 이용안내'를 교부하고, 징계내 역 열람제도의 이용절차 및 방법 등을 충분히 설명하여야 한다.

(4) 징계자에 대한 준법교육

감봉 이상의 징계로 인한 금융투자전문인력 자격제재를 부과받은 임직원(퇴직자 포함) 은 제재의 기산일로부터 1개월 내에 자율규제위원장이 정하는 준법교육을 이수하여야 한다.

section 07 신상품 보호

1 신상품 보호의 취지

협회 규정 중 신상품 보호는 금융투자회사의 신상품 개발에 따른 선발이익을 보호함에 있어 필요한 사항을 정함으로써 금융투자회사 간 신상품의 개발을 촉진시키고 금융산업발전에 기여함을 목적으로 한다.

(1) 신상품의 정의

신상품이란 금융투자상품 또는 이에 준하는 서비스로서 다음의 어느 하나에 해당하는 것을 말한다. 다만 국내외에서 이미 공지되었거나 판매된 적이 없어야 한다.

❶ 새로운 비즈니스 모델을 적용한 금융투자상품 또는 이에 준하는 서비스
❷ 금융공학 등 신금융기법을 이용하여 개발한 금융투자상품 또는 이에 준하는 서비스
❸ 기존의 금융투자상품 또는 이에 준하는 서비스와 구별되는 독창성이 있는 금융투자상품 또는 이에 준하는 서비스

(2) 배타적 사용권의 정의

배타적 사용권이란 신상품을 개발한 금융투자회사가 일정기간 동안 독점적으로 신상품을 판매할 수 있는 권리를 말한다.

2 배타적 사용권 보호

(1) 배타적 사용권 침해배제 신청

배타적 사용권을 부여받은 금융투자회사는 배타적 사용권에 대한 직접적인 침해가 발생하는 경우 협회 신상품 심의위원회(이하 '심의위원회'라 함)가 정한 서식에 따라 침해배

chapter 1 금융투자회사의 영업 및 업무에 관한 규정 **525**

제를 신청할 수 있다.

(2) 배타적 사용권 침해배제 신청에 대한 심의 등

심의위원회 위원장은 침해배제 신청 접수일로부터 7영업일 이내에 심의위원회를 소집하여 배타적 사용권 침해배제 신청에 대하여 심의하여야 한다. 침해배제 신청이 이유가 있다고 결정된 경우 심의위원회는 지체 없이 침해회사에 대해 침해의 정지를 명할 수 있다.

3 금지행위

금융투자회사 및 금융투자회사 임직원은 다음의 어느 하나에 해당하는 행위를 하여서는 아니 된다.

❶ 타 금융투자회사의 배타적 사용권을 침해하는 행위
❷ 심의위원회에 제출하는 자료의 고의적인 조작행위
❸ 타당성이 없는 빈번한 이의신청 등으로 심의위원회의 업무 또는 배타적 사용권의 행사를 방해하는 행위

금지행위를 위반한 경우 협회는 그 위반내용 등을 협회 인터넷 홈페이지 등을 통하여 공시하고, 심의위원회는 협회 정관 제3장 제3절에서 정하는 절차에 따라 자율규제위원회에 제재를 요청할 수 있다.

section 08 계좌관리 및 예탁금 이용료의 지급 등

1 투자자 계좌의 통합

(1) 예탁자산의 관리

금융투자회사는 현금 및 금융투자상품등 예탁자산의 평가액이 10만 원 이하이고 최

근 6개월간 투자자의 매매거래 및 입출금·입출고 등이 발생하지 아니한 계좌는 다른 계좌와 구분하여 통합계좌로 별도 관리할 수 있다.

(2) 예탁자산의 평가

예탁자산의 평가는 다음에서 정하는 방법에 따라 산정하며, 그 밖의 금융투자상품은 금융투자회사가 정하는 방법에 따라 산정한다.

❶ 청약하여 취득하는 주식 : 취득가액. 다만, 해당 주식이 증권시장에 상장된 후에는 당일 종가(당일 종가에 따른 평가가 불가능한 경우에는 최근일 기준 가격)

❷ 상장주권(주권과 관련된 증권예탁증권을 포함)·주식워런트증권·상장지수집합투자기구의 집합투자증권 : 당일 종가(당일 종가에 따른 평가가 불가능한 경우에는 최근일 기준 가격). 다만, 「채무자 회생 및 파산에 관한 법률」에 따른 회생절차개시신청을 이유로 거래 정지된 경우에는 금융투자회사가 자체적으로 평가한 가격으로 하며, 주식워런트증권의 권리행사 시에는 결제금액(실물결제의 경우에는 상장주권 평가 가격을 준용)

❸ 상장채권 및 공모 주가연계증권 : 2 이상의 채권평가회사가 제공하는 가격정보를 기초로 금융투자회사가 산정한 가격

❹ 집합투자증권(상장지수집합투자기구의 집합투자증권을 제외) : 당일에 고시된 기준 가격(당일에 고시된 기준 가격에 따른 평가가 불가능한 경우에는 최근일에 고시된 기준 가격)

(3) 통합계좌로 분류된 계좌의 관리

통합계좌로 분류된 계좌에 대하여는 입·출금(고) 및 매매거래 정지 조치를 취하여야 한다. 다만, 배당금 및 투자자예탁금 이용료 등의 입금(고)은 예외로 한다. 통합계좌로 분류된 계좌의 투자자가 입·출금(고) 또는 매매거래의 재개 등을 요청하는 경우 본인 확인 및 통합계좌 해제 절차를 거친 후 처리하여야 한다.

2 투자자 계좌의 폐쇄

금융투자회사는 투자자가 계좌의 폐쇄를 요청하거나 계좌의 잔액·잔량이 0이 된 날로부터 6개월이 경과한 경우에는 해당 계좌를 폐쇄할 수 있다.

폐쇄된 계좌의 투자자가 배당금(주식)등의 출금(고)을 요청하는 경우 본인 확인 절차를 거친 후 처리하여야 한다.

계좌가 폐쇄된 날부터 6개월이 경과한 때에는 해당 계좌의 계좌번호를 새로운 투자자에게 부여할 수 있다.

3 고객예탁금 이용료

금융투자회사가 투자자에게 이용료를 지급하여야 하는 투자자예탁금은 다음과 같으며 투자자 계좌에 입금하는 방법으로 지급하여야 한다.

❶ 위탁자예수금
❷ 집합투자증권투자자예수금
❸ 장내파생상품거래예수금. 단, 장내파생상품거래예수금 중 한국거래소의 '파생상품시장 업무규정'에 따른 현금예탁필요액은 제외 가능. 즉, 거래소규정상 필요한 현금예탁필요액을 초과하여 현금으로 예탁한 위탁증거금이 투자자예탁금이용료 지급대상

---

section 09 신용공여

신용공여는 크게 청약자금대출, 신용거래(신용거래융자·신용거래대주) 및 증권담보융자로 나뉜다. 기존 증권거래법상 유가증권매입자금대출은 연속매매가 되지 않는다는 점만 제외하고는 그 구조가 신용거래융자와 차이가 없어 자본시장법에서는 신용거래융자로 통합되었다.

청약자금대출이란 모집·매출, 주권상장법인의 신주발행에 따른 주식을 청약하여 취득하는 데 필요한 자금을 대출해주는 것을 말하며, 증권시장에서의 매매거래를 위하여 투자자(개인에 한함)에게 제공하는 매수대금을 융자(신용거래융자)하거나 매도증권을 대여(신용거래대주)하는 행위를 신용거래라 한다.

증권담보융자는 투자자 소유의 전자등록주식등(「주식·사채 등의 전자등록에 관한 법률」에 따른 전자등록주식등을 말함. 이하 같음) 또는 예탁증권(매도되었거나 환매 청구된 전자등록주식등 또는 예탁증권을 포함)을 담보로 하는 금전의 융자를 말한다.

1 담보증권의 관리

(1) 담보증권의 제한

금융투자회사는 신용공여를 함에 있어 증권담보융자를 하거나 추가 담보를 징구하는 경우 가치산정이 곤란하거나 담보권의 행사를 통한 대출금의 회수가 곤란한 증권을 담보로 징구하여서는 안 된다. 이에 따라 금융투자회사는 자체적인 리스크 관리기준에 따라 대출가능 여부를 결정하여야 한다.

(2) 담보증권의 처분방법

금융투자회사가 신용공여와 관련하여 담보로 징구한 증권 중 증권시장에 상장되지 아니한 증권의 처분방법은 다음과 같다. 증권시장에 상장된 증권을 처분하는 경우에는 투자자와 사전에 합의한 방법에 따라 호가를 제시하여야 한다.

1. 상장지수집합투자기구 이외의 집합투자증권 : 해당 집합투자증권을 운용하는 금융투자회사 또는 해당 집합투자증권을 판매한 금융투자회사에 환매청구
2. 파생결합증권 : 발행회사에 상환청구
3. 그 밖의 증권 : 금융투자회사와 투자자가 사전에 합의한 방법

2 신용공여 시 담보 가격의 산정

(1) 금융투자업규정상 담보 가격 산정 방법

금융투자업규정 제4-26조에서는 신용공여와 관련하여 담보 및 보증금으로 제공되는 증권(결제가 예정된 증권을 포함)의 평가방법을 다음과 같이 정하고 있다.

1. 청약하여 취득하는 주식 : 취득가액. 단, 당해 주식이 증권시장에 상장된 후에는

당일 종가(당일 종가에 따른 평가가 불가능한 경우에는 최근일 기준 가격)

❷ 상장주권(주권과 관련된 증권예탁증권을 포함한다) 또는 상장지수집합투자기구의
집합투자증권(ETF) : 당일 종가(당일 종가에 따른 평가가 불가능한 경우에는 최근일 기준 가
격). 단,「채무자 회생 및 파산에 관한 법률」에 따른 회생절차개시신청을 이유로
거래 정지된 경우에는 투자매매업자 또는 투자중개업자가 자체적으로 평가한
가격

❸ 상장채권 및 공모파생결합증권(주가연계증권만을 말함) : 2 이상의 채권평가회사
가 제공하는 가격정보를 기초로 투자매매업자 또는 투자중개업자가 산정한 가격

❹ 집합투자증권(ETF는 제외) : 당일에 고시된 기준 가격(당일에 고시된 기준 가격에 따른
평가가 불가능한 경우에는 최근일에 고시된 기준 가격)

(2) 협회가 정하는 담보 가격 산정 방법

비상장주권이나 외화증권 같은 경우 가격 평가 방법이 여러 가지가 존재할 수 있어
협회로서는 일률적 기준을 정하지 않고 회사가 고객과의 합의한 방법으로 정하도록 하
고 있는데 금융투자회사가 신용공여와 관련하여 담보로 징구한 증권의 담보 가격은 다
음과 같이 산정한다.

❶ 비상장주권 중 해외 증권시장에 상장된 주권 : 당일 해당 증권시장의 최종 시가(당
일 최종 시가에 따른 평가가 불가능한 경우에는 최근일 최종 시가). 다만, 거래정지 등으로 인
하여 당일 현재 최종 시가가 적정하지 아니하다고 판단되는 경우에는 금융투자
회사가 자체적으로 평가한 가격

❷ 기업어음증권, 파생결합사채 및 파생결합증권(상장지수증권은 제외) : 금융위원회
에 등록된 채권평가회사 중 2 이상의 채권평가회사가 제공하는 가격정보를 기초
로 금융투자회사가 산정한 가격

❸ 상장지수증권 : 당일 종가(당일 종가에 따른 평가가 불가능한 경우에는 최근일 기준 가격)

❹ 그 밖의 증권 : 금융투자회사와 투자자가 사전에 합의한 방법

❺ 신용거래대주 담보증권

　ㄱ. 한 계좌에서 신용거래대주와 신용거래융자 등 복수의 신용공여를 할 수 있고
　　계좌 단위의 담보관리가 이뤄지는 경우 : (1), (2) ❶~❹의 산정방식 준용

　ㄴ. 신용거래대주 전용계좌에서 거래하는 경우 : 영업규정 별표 16에 따른 가격
　　(할인평가) 적용

(3) 담보증권 처분방법 등의 고지

금융투자회사는 투자자와 신용공여 계약을 체결하는 경우 담보증권 처분방법 및 담보 가격 산정방법 등을 투자자에게 충분히 설명하여야 한다.

section 10	유사해외통화선물거래

1 유사해외통화선물(FX마진)거래제도 규정화

미국선물협회 규정에 따른 장외외국환거래, 일본 금융상품거래법에 따라 장외에서 이루어지는 외국환거래, 유럽연합의 금융상품시장지침에 따라 장외에서 이루어지는 외국환거래 또는 이와 유사한 거래로서 법 제5조 제2항에 따라 해외 파생상품시장에서 거래되는 외국환거래이다. 표준화된 계약단위(기준통화의 100,000단위), 소액의 증거금(거래대금의 10%) 등을 적용, 이종통화 간 환율 변동을 이용하여 시세차익을 추구하는 거래(자본시장법상 장내파생상품)라는 특성을 가진다.

2 유사해외통화선물거래(FX마진거래)제도 주요 내용

(1) 거래제도

❶ 거래대상 : 유사해외통화선물 거래대상은 원화를 제외한 이종통화 즉 달러-유로화, 유로-엔화, 달러-엔화 간 등 이종통화 간의 환율이 거래대상이며, 원화-외국통화 간 환율은 거래대상에서 제외

❷ 거래단위 : 기준통화의 100,000단위

❸ 위탁증거금 : 거래단위당 미화 1만 달러 이상이며, 미국 달러만 증거금으로 인정가능

④ 유지증거금 : 위탁증거금의 50% 이상의 미화. 금융투자회사는 투자자의 예탁자산 평가액이 회사가 정한 유지증거금에 미달하는 경우 투자자의 미결제약정을 소멸시키는 거래를 할 수 있음

⑤ 거래방법 : 금융투자회사는 투자자가 유사해외통화선물거래를 하고자 하는 경우 금융투자회사의 명의와 투자자의 계산으로 유사해외통화선물거래를 하도록 하여야 함

⑥ 양방향 포지션 보유 금지 : 금융투자회사는 투자자의 계좌별로 동일한 유사해외통화선물 종목에 대하여 매도와 매수의 약정수량 중 대등한 수량을 상계한 것으로 보아 소멸시켜야 함. 즉, 기존 미결제약정을 보유한 투자자가 동일 상품에 대하여 반대방향 매매 시 기보유 미결제약정에 대하여 상계(청산)처리를 해야 하며, 동일 투자자가 동일 통화상품에 대하여 매수와 매도 양방향 포지션을 동시에 취할 수 없음

(2) 복수 해외파생상품시장회원(FDM)의 호가정보 제공 의무화

해외파생상품시장회원(FDM, Forex Dealer Member)이 제시하는 호가정보의 투명화 및 호가경쟁을 통한 스프레드(매수호가와 매도호가의 차이) 축소를 위해 협회 규정에서는 금융투자회사로 하여금 투자자에게 복수 FDM의 호가를 제공하도록 의무화하고 투자자에게 유리한 호가를 제공토록 하는 선관주의의무를 부과하고 있다.

(3) 부적합 설명·교육 금지

금융투자회사는 일반투자자를 상대로 유사해외통화선물에 대한 교육·설명회를 하거나 모의거래를 하도록 하는 경우 그 일반투자자의 투자경험, 금융지식 및 재산상황 등의 정보를 서명 등의 방법으로 확인하고, 유사해외통화선물거래가 적합하지 아니하다고 판단되는 경우에는 ① 유사해외통화선물거래에 따르는 위험, ② 유사해외통화선물거래가 일반투자자의 투자목적·재산상황 및 투자경험 등에 비추어 그 일반투자자에게 적합하지 아니하다는 사실을 알린 후 서명 등의 방법으로 확인을 받아야 한다.

(4) 설명의무 강화

① 투자설명서 교부의무 및 위험고지, 확인의무 : 투자권유와 관계없이 일반투자자가 유사해외통화선물거래를 하고자 하는 경우 FX마진거래에 따른 투자위험, 투자

구조 및 성격 등을 고지하고 확인을 받도록 하고 있음

❷ 핵심설명서 추가 교부 및 설명의무 : '해외파생상품거래에 관한 위험고지'가 유사 해외통화선물거래의 수익구조, 거래비용 및 수반되는 위험을 적시하고 있지 않는 바 유사해외통화선물 위험고지를 별도로 신설하여 동 거래에 부합하는 위험고지 사항을 반영하고 있음. 이에 더하여 투자 위험도 및 수익구조 등 동 상품의 핵심 사항만 중점적으로 설명한 핵심설명서 제도를 FX마진거래에 대하여도 도입하고 있음

(5) 재무현황 공시

금융투자회사는 해외파생상품시장거래총괄계좌가 개설되어 있는 해외파생상품시장 회원의 분기별 재무현황을 매 분기 종료 후 45일 이내에 금융투자회사의 인터넷 홈페이지, 온라인 거래를 위한 컴퓨터 화면, 그 밖에 이와 유사한 전자통신매체 등에 공시하여야 한다. 그러나, 외국 금융감독기관이 해당 해외파생상품시장회원의 재무현황을 공시하지 않는 등 불가피한 사유로 그 기한 내에 공시할 수 없는 경우에는 해당 사유가 해소된 후, 지체 없이 공시하여야 한다.

(6) 유사해외통화선물(FX마진) 손익계좌비율 공시

금융투자회사는 매 분기 종료 후 15일 이내에 직전 4개 분기에 대한 유사해외통화선물거래의 손실계좌비율과 이익계좌비율을 협회에 제출하여야 하고, 협회는 동 비율을 협회 인터넷 홈페이지를 통하여 공시한다.

---

section 11 **파생결합증권 및 파생결합사채**

---

1 **단기물 발행 제한**

금융투자회사는 파생결합증권(주식워런트증권은 제외) 및 파생결합사채의 만기를 3개월 이상으로 하여야 하며, 조기상환조건이 있는 경우에는 최초 조기상환기간을 3개월 이상

으로 설정하여야 한다.

다만, 즉시 지급조건의 달성에 의해 발행일로부터 상환금이 지급되는 날까지의 기간이 3개월 미만이 될 수 있는 파생결합증권 및 파생결합사채의 발행은 가능하나, 해당 파생결합증권 및 파생결합사채의 경우에도 조기상환조건이 있는 경우에는 최초 조기상환기간을 3개월 이상으로 설정해야 한다.

2   파생결합증권 및 파생결합사채의 기초자산

일반투자자를 대상으로 발행되는 공모파생결합증권 및 공모파생결합사채(신탁 등을 통해 일반투자자가 포함된 50인 이상의 불특정 다수에 의해 투자되는 파생결합증권 및 파생결합사채를 포함)의 기초자산은 다음의 요건을 모두 충족하여야 한다.

❶ 파생결합증권 및 파생결합사채 발행 당시 기초자산의 유동성(기초자산이 지수인 경우에는 당해 지수 관련 헤지자산의 유동성)이 풍부할 것
❷ 기초자산이 지수인 경우에는 국내외 거래소 또는 협회 등 공신력 있는 기관이 합리적이고 적정한 방법에 의해 산출·공표한 지수일 것. 다만, 다음의 어느 하나에 해당하는 경우에는 그러하지 아니함
   ㄱ. 지수 또는 동 지수를 기초자산으로 한 파생상품이 국내외 거래소에서 거래되고 있는 경우
   ㄴ. 지수의 구성종목에 대한 교체 기준 및 방식이 공정하고 명확하여 해당 시장을 대표하는 지수로 인정되는 경우
❸ 일반투자자가 기초자산에 대한 정보를 당해 금융투자회사의 인터넷 홈페이지 등을 통해 쉽게 확인할 수 있을 것
❹ 일반투자자가 충분한 설명을 통해 당해 기초자산의 특성(지수인 경우에는 편입종목, 산출방법, 구성종목 교체 기준 및 산출기관 등을 말함)을 이해할 수 있을 것

3   헤지자산의 구분관리

금융투자회사는 파생결합증권 및 파생결합사채의 발행대금을 헤지자산의 운용에 사용하여야 하며, 헤지자산을 고유재산과 구분하여 관리하여야 한다.

4 헤지자산의 건전성 확보

금융투자회사는 헤지자산의 건전성 확보를 위하여 헤지자산 운용에 관한 기준으로 투자가능 등급 및 위험의 종류별 한도 등을 내부규정에 반영하고 이를 준수하여야 하며 내부규정에서 정한 투자가능 등급에 미달하거나 위험의 종류별 한도를 초과하여 운용하고자 하는 경우 또는 부적합한 헤지자산으로 운용하고자 하는 경우에는 별도의 승인 절차를 마련하고 이를 준수하여야 한다.

또한, 금융투자회사는 계열회사가 발행한 증권(상장주식은 제외) 및 계열회사의 자산을 기초로 하여 발행된 유동화증권으로 헤지자산을 운용하여서는 아니 된다. 다만, 관련법령을 준수하는 경우로서 해당 증권 및 유동화증권이 투자가능 등급 이상인 경우에는 운용이 가능하다.

5 중도상환 가격비율 공시

금융투자회사는 파생결합증권(주식워런트증권은 제외) 및 파생결합사채의 투자자 요청에 의한 중도상환 가격비율을 협회 인터넷 홈페이지에 공시하여야 한다.

section 12 집합투자업

1 총칙

(1) 집합투자기구 명칭의 사용

집합투자회사는 집합투자기구의 명칭을 사용함에 있어 다음의 사항을 준수하여야 한다.

❶ 집합투자기구의 명칭에 집합투자기구의 종류를 표시하는 문자(증권·부동산·특별자산·혼합자산 및 단기금융을 말함)를 사용할 것

❷ 집합투자회사의 회사명을 집합투자기구의 명칭에 포함할 경우 명칭의 앞부분에 표기할 것. 다만, 회사명칭이 긴 경우 회사명칭과 크게 다르지 아니한 범위 내에서 생략·조정하여 표기할 수 있음

❸ 판매회사의 명칭을 사용하지 아니할 것

❹ 집합투자기구의 투자대상·운용전략 등 상품내용과 다르거나 투자자를 오인케 할 우려가 있는 명칭을 사용하지 아니할 것

❺ 다른 금융투자회사가 사용하고 있는 명칭과 동일하거나 유사한 명칭을 사용하지 아니할 것. 다만, 업계가 공동으로 취급하는 특성의 집합투자기구로 그 주된 내용이 동일한 경우에는 그러하지 아니함

❻ 실적배당형 상품의 특성과 다르게 수식어를 부가함으로써 투자자의 오해를 야기할 우려가 있는 집합투자기구의 명칭을 사용하지 아니할 것

❼ 사모집합투자기구의 경우 집합투자기구명칭에 '사모'를 포함할 것

❽ 운용전문인력의 이름을 사용하지 아니할 것

집합투자회사는 집합투자재산 총액의 60% 이상을 특정 종류의 증권 또는 특정 국가·지역에 투자하는 경우 그 사실을 집합투자기구의 명칭에 포함할 수 있다. 다만, 그 이외의 자산이 집중투자자산(60%)의 성격에 큰 영향을 미치거나 부합하지 않는 경우에는 포함할 수 없다.

판매회사는 집합투자기구를 판매(광고선전, 통장인자 등을 포함)함에 있어 집합투자규약에서 정한 집합투자기구의 명칭을 사용하여야 한다. 다만, 긴 명칭으로 인한 인지 곤란 등 불가피한 사유가 있는 경우에는 집합투자기구 명칭과 크게 다르지 아니한 범위 내에서 생략·조정하여 사용할 수 있다.

(2) 투자설명서 제출 등

금융투자회사는 공모 집합투자기구의 증권신고의 효력이 발생한 경우 효력이 발생한 날에 해당 공모 집합투자기구의 투자설명서를 협회에 제출하여야 한다. 협회는 동 투자설명서가 협회에 제출되면 지체 없이 일반인이 열람할 수 있도록 인터넷 홈페이지에 게시하여야 한다.

2 집합투자기구의 공시

(1) 총칙

관계법규 및 「금융위원회의 설치 등에 관한 법률」에 따른 감독기관 등에서 협회에 '집합투자업 및 신탁업의 공시·통계자료' 등에 관해 위임한 사항과 그 밖에 협회가 금융투자회사의 건전한 영업행위 및 투자자 보호에 있어서 필요한 공시·통계자료의 작성·발표·제공 등의 사항을 정하고 있다.

(2) 제출 및 의무사항

❶ 영업보고서 : 투자신탁 등(투자신탁이나 투자익명조합의 집합투자회사 또는 투자회사·투자유한회사·투자합자회사·투자유한책임회사 및 투자조합을 말함)은 집합투자재산에 관한 매 분기의 영업보고서를 매 분기 종료 후 2개월 이내 협회에 제출하여야 함

❷ 결산서류 등 : 투자신탁 등은 결산서류를 사유발생 후 2개월 이내에 협회에 제출하여야 함

❸ 집합투자규약 및 투자설명서 : 투자신탁 등은 집합투자규약, 투자설명서를 제정하거나 그 내용을 변경한 경우에는 그 내역을 협회에 제출하여야 함

❹ 수시공시 : 투자신탁 등은 투자운용인력의 변경 등 수시공시사항이 발생한 경우 발생 내역을 지체 없이 협회에 제출하여야 함

❺ 자산운용보고서 : 집합투자회사는 집합투자기구의 자산운용보고서를 협회에 제출하여야 한다. 그러나 법령 등에서 규정되지는 않은 경우에도 자산운용보고서를 협회를 통해 공시할 수 있음

❻ 회계감사보고서 : 투자신탁 등은 회계감사인으로부터 회계감사보고서를 제출받은 경우 이를 협회에 지체 없이 제출하여야 함

❼ 기준 가격편차 허용범위 초과 시 공시 : 집합투자회사(투자회사의 법인이사인 집합투자회사는 제외) 또는 투자회사의 감독이사는 투자신탁 등이 산정한 집합투자기구의 기준 가격과 신탁회사가 산정한 집합투자기구의 기준 가격의 편차가 1,000분의 3을 초과하는 경우 이 내역을 지체 없이 협회에 제출해야 함

❽ 집합투자기구 기준 가격정보 : 투자신탁 등은 운용실적을 비교·공시하기 위하여 각 집합투자기구의 기준 가격에 관한 자료를 협회에 제출하여야 함

⑨ 집합투자기구비용 : 투자신탁 등은 각 집합투자기구에 대한 기타 비용에 관한 자료를 매월말일을 기준으로 작성하여 다음 달 10일까지 협회에 제출하여야 함

⑩ 연금저축펀드 비교공시 : 연금저축펀드를 운용하는 집합투자회사는 연금저축펀드별 수익률 및 수수료율, 회사별 수익률 및 수수료율을 매 분기말을 기준으로 산정하여 매 분기 종료 후 1개월 이내에 그에 관한 자료를 협회에 제출하여야 하며, 협회는 동 자료를 협회 인터넷 홈페이지를 통하여 공시하여야 함. 다만, 연금저축펀드별 수익률 및 수수료율, 회사별 수익률 및 수수료율을 산정함에 있어 협회장이 정하는 연금저축펀드는 제외하고 산정하여야 함

연금저축펀드 판매회사는 해당 판매회사가 판매하는 연금저축펀드 판매 정보를 매 분기말을 기준으로 작성하여 매 분기 종료 후 1개월 이내에 그에 관한 자료를 협회에 제출하여야 함

(3) 발표 및 제공에 관한 사항(운용실적공시)

❶ 일반원칙 : 협회가 운용실적을 비교·공시하는 경우에는 운용실적분류기준, 집합투자회사, 집합투자기구의 종류 등을 구분하여 공시

❷ 공시주기 : 운용실적 비교·공시의 공시주기는 1개월로 하며, 발표 이후 투자신탁 등은 정당한 사유 없이 수정을 요구할 수 없음. 상환된 집합투자기구는 상환일의 다음 달에 공시

❸ 공시대상 : 운용실적 비교·공시 대상 집합투자기구는 공모 집합투자기구를 대상으로 함. 단, 공모 집합투자기구로서 설정원본이 100억 원 이상 경우에는 별도의 운용실적 비교·공시를 할 수 있음

3 집합투자증권 판매회사 변경

(1) 판매회사 변경제도의 취지

판매회사 간 서비스 차별화 등을 통한 공정경쟁을 유도하고 투자자의 판매회사 선택권 확대를 위해 환매수수료 부담 없이 판매회사를 변경할 수 있도록 도입되었다('10. 1. 25 시행).

(2) 판매회사 변경제도 적용 대상 펀드 범위

판매회사가 판매할 수 있는 모든 펀드에 대하여 적용함을 원칙으로 한다. 다만, 전산상 관리가 곤란하거나 세제상 문제가 있는 일부 펀드의 경우에는 예외적으로 적용대상에서 제외하고 있다.

(3) 판매회사의 의무

❶ 위탁판매계약 체결 펀드의 변경 판매회사 또는 변경 대상 판매회사 : 판매회사는 위탁판매계약이 체결된 모든 펀드에 대하여 변경 판매회사 또는 변경 대상 판매회사가 되어야 함

❷ 판매회사의 변경절차 이행의무 : 투자자가 판매회사를 변경하고자 하는 경우 변경 판매회사 및 변경 대상 판매회사는 판매회사 변경절차를 이행하여야 함

　변경절차 이행의무 제외사유에 해당하는 경우 투자자에게 그 변경이 불가능한 사유를 설명하여야 함. 다만, 변경 불가능 사유가 사후적으로 발견된 경우에는 즉시 투자자에게 유선, 모사전송 또는 전자우편 등의 방법으로 통지하여야 함

(4) 판매회사 변경절차

❶ 해당 펀드 계좌정보확인서 발급신청 : 변경 판매회사는 투자자가 펀드판매회사의 변경을 위한 계좌정보 확인을 위하여 해당 펀드의 계좌정보 확인서 발급을 신청하거나 변경 대상 판매회사를 통해 해당 펀드의 계좌정보 확인을 요청하는 경우 그 절차를 이행하여야 함

❷ 변경 대상 판매회사의 계좌정보 확인서 확인 및 계좌 개설 의무 : 변경 대상 판매회사는 투자자가 펀드 판매회사의 변경을 신청하는 경우 변경 판매회사가 제공한 해당 펀드의 계좌정보를 확인하고, 투자자가 해당 펀드를 거래할 수 있는 계좌가 없는 경우에는 펀드 판매회사 변경을 위한 별도의 계좌를 개설토록 하여야 함

(5) 변경수수료 금지

판매회사는 판매회사 변경의 절차를 이행하는 대가로 투자자로부터 별도의 비용을 징구할 수 없다.

(6) 환매수수료 징구 금지

판매회사 변경효력이 발생하는 날이 집합투자규약에서 정하는 환매수수료 부과 기간 이내라 하더라도 판매회사는 투자자로부터 환매수수료를 징구할 수 없다.

판매회사를 변경한 펀드의 경우 환매수수료 면제를 위한 기산일은 해당 펀드의 최초 가입일로부터 계산한다.

(7) 변경 대상 펀드의 자료 보고

판매회사 변경 대상 적용 펀드에 대해 위탁판매계약을 체결한 판매회사는 펀드의 신규 판매 또는 기존에 판매하고 있는 펀드의 수수료율 변경 등의 사유가 발생한 경우 판매수수료 등에 관한 자료를 협회에 제출하여야 한다.

(8) 부당한 재산상 이익의 제공 및 수령 금지

판매회사 변경 또는 변경에 따른 이동액을 조건으로 하는 재산상 이익 제공행위를 부당한 재산상 이익 제공행위로 규정하여 이익 제공 요건에 판매회사 변경이 수반되는 경우 금지된다.

---

section 13 투자자문업 및 투자일임업

1 불건전 영업행위의 금지

투자자문회사 또는 투자일임회사는 다음의 어느 하나에 해당하는 행위를 하여서는 아니 된다.

❶ 투자자문·투자일임 관련 비밀정보를 이용하여 자신, 가족 또는 제3자의 이익을 도모하는 행위
❷ 투자자문재산 및 투자일임재산으로 투자하고자 증권을 발행한 회사의 임직원과

의 담합 등에 의하여 매매하는 행위

③ 다른 투자자문회사 또는 투자일임회사 등과 서로 짠 후 매매정보를 공유하여 매매하는 행위

<table>
<tr><td>2</td><td>계약의 체결</td></tr>
</table>

투자자문회사 또는 투자일임회사는 법 제97조에 따라 일반투자자에게 교부하여야 하는 서면자료에 다음의 사항을 포함하여야 한다.

(1) 투자자문의 범위 및 제공방법

❶ 투자자문의 범위를 주식, 채권, 증권 관련 지수 파생상품 등 구체적으로 기재할 것

❷ 투자자문의 방법을 구술, 문서, 그 밖의 방법으로 구분하고 구체적인 방법 및 시기를 기재할 것

❸ 자신과 이해관계가 있는 회사가 발행한 투자자문대상 자산에 관한 투자권유를 하고자 하는 경우에는 투자자에게 미리 그 사실을 통보한다는 내용을 기재할 것

❹ 해당 투자자문회사와 이해관계가 있는 회사가 발행한 증권 및 투자자문대상 자산에 관한 투자권유를 하고자 하는 경우에는 투자자에게 미리 그 사실을 통보한다는 내용을 기재할 것

❺ 투자자의 투자자문 요구 방법이나 시기에 특별한 제한이 있는 경우 그 내용을 기재할 것

(2) 투자일임의 범위 및 제공방법

❶ 투자일임의 범위를 구체적으로 기재할 것

❷ 투자일임의 대상이 되는 금융투자상품의 범위를 기재할 것

❸ 자신과 이해관계가 있는 회사가 발행한 투자일임대상 자산을 매매하고자 하는 경우에는 투자자에게 동의를 얻어 매매한다는 내용을 기재할 것

❹ 주로 거래하는 투자중개회사가 있는 경우 그 명칭 및 해당 투자일임회사와의 관계를 기재할 것

(3) 수수료 산정에 관한 사항

① 일반적인 수수료 체계를 기재할 것
② 해당 투자자문계약 또는 투자일임계약에 적용되는 수수료 산정방법, 수수료 지급 시기 및 방법 등을 구체적으로 기재할 것
③ 투자일임계약의 중도해지 시 수수료 산출방식 및 환급 또는 징수절차를 기재할 것

(4) 투자실적 평가 및 통보 방법(투자일임계약에 한함)

① 투자실적 평가방법을 구체적으로 기재할 것
② 투자실적 평가결과의 통보시기, 통보방법, 통보내용 등을 구체적으로 기재할 것

3 투자자문업 및 투자일임업에 관한 보고

투자자문업 및 투자일임업을 영위하는 자는 투자자문과 투자일임에 대한 계약규모 등을 작성하여 협회에 보고하여야 한다.

section 14 | 신탁업

1 설정에 따른 회계처리

신탁의 설정시기는 다음과 같다.

① 금전을 신탁하는 경우 금액이 납입되는 날
② 금전 외의 재산을 신탁하는 경우 소유권이 이전되는 날

2 해지에 따른 회계처리

신탁재산의 일부 또는 전부를 해지하는 경우에는 다음 각 호와 같이 처리한다.

① 신탁계약에 따라 금전이 지급되는 날에 해지 처리할 것
② 현물해지의 경우 현물이 출고되는 날에 해지 처리할 것

3 자산보관·관리보고서

집합투자재산을 보관·관리하는 신탁회사는 법 제248조 제1항 및 제2항에서 정하는 바에 따라 법 제90조 제2항 각 호의 어느 하나의 사유가 발생한 날부터 2개월 이내에 자산보관·관리보고서를 작성하여 협회에 제출하여야 한다.

4 신탁재산원천징수

「법인세법」 제73조에 따라 집합투자회사와 집합투자재산을 보관·관리하는 신탁회사는 집합투자기구에서 발생한 이자소득 등에 대한 원천징수세액 관련 자료를 매월 말일을 기준으로 작성하여 다음 달 7일까지 협회에 제출하여야 한다.

5 신탁재산 운용의 위탁

신탁회사는 신탁재산을 운용함에 있어서 법 제42조 제1항에 따라 업무의 일부를 제3자에게 위탁할 수 있다.

6 신탁업에 관한 보고

신탁업을 영위하는 자는 신탁업에 대한 계약규모 등을 작성하여 협회에 보고하여야 한다.

7 의결권행사에 관한 공시

신탁업자는 의결권을 행사하려는 주식을 발행한 법인이 주권 상장 법인이 아닌 경우에는 신탁재산에 속하는 주식의 의결권 행사내용 등을 협회에 제출하여야 한다.

chapter 02

금융투자전문인력과 자격시험에 관한 규정

주요 직무 종사자의 종류

자본시장법은 투자권유자문인력, 투자운용인력 등 주요 직무 종사자의 등록 및 관리에 관한 업무를 협회의 업무로 정하고 있다.

협회는 주요 직무 종사자를 등록 및 관리하고 자격시험을 시행하는 데 있어 필요한 사항을 정하기 위하여 「금융투자전문인력과 자격시험에 관한 규정」(이하 '전문인력규정'이라함)을 제정하였다.

금융투자전문인력은 협회가 등록 및 관리하는 금융투자회사 및 신용평가회사의 임직원인 주요 직무 종사자를 말하며, 펀드관계회사인력은 일반사무관리회사(법 제254조), 집합투자기구평가회사(법 제258조) 및 채권평가회사(법 제263조)가 금융위원회에 등록하기 위하여 필수적으로 갖추어야 하는 인력을 의미한다.

1 　금융투자전문인력

금융투자전문인력은 수행하는 업무에 따라 투자권유자문인력, 투자상담관리인력, 투자자산운용사, 금융투자분석사, 위험관리전문인력, 신용평가전문인력으로 나뉜다.

(1) 투자권유자문인력

투자자를 상대로 금융투자상품의 투자권유 또는 금융투자상품등[1](법 제6조 제7항)의 투자자문 업무를 수행하는 인력이다. 투자권유자문인력은 취급하는 금융투자상품에 따라 아래와 같이 구분한다.

❶ 펀드투자권유자문인력 : 집합투자기구의 집합투자증권(펀드)에 대하여 투자권유를 하거나 투자자문 업무를 수행
❷ 증권투자권유자문인력 : 집합투자증권, 파생결합증권을 제외한 증권에 대하여 투자권유 또는 투자자문 업무를 수행하거나 MMF형 CMA[2]에 대해서 투자권유를 할 수 있음
❸ 파생상품투자권유자문인력 : 파생상품 및 파생결합증권 및 법 제4조 제7항 제1호에 해당하는 증권(파생결합사채), 영 제2조 제7호에 따른 고난도금융투자상품(이하 "고난도금융투자상품"이라 함)에 대하여 투자권유 또는 투자자문 업무를 수행하거나,

---

1　금융투자상품등이란 금융투자상품 외 다음의 투자대상자산을 포함한다.
　① 부동산
　② 부동산 관련 권리(지상권·지역권·전세권·임차권·분양권 등)
　③ 법 시행령 제106조 제2항 각 호의 금융기관에의 예치금
　④ 다음 각 목의 어느 하나에 해당하는 출자지분 또는 권리
　　가. 「상법」에 따른 합자회사·유한책임회사·합자조합·익명조합의 출자지분
　　나. 「민법」에 따른 조합의 출자지분
　　다. 그 밖에 특정 사업으로부터 발생하는 수익을 분배받을 수 있는 계약상의 출자지분 또는 권리
　⑤ 다음 각 목의 어느 하나에 해당하는 금지금[「조세특례제한법」제106조의3 제1항 각 호 외의 부분에 따른 금지금(金地金)]
　　가. 거래소(법 제8조의2 제2항에 따른 거래소)가 법 제377조 제1항 제12호에 따른 승인을 받아 그 매매를 위하여 개설한 시장에서 거래되는 금지금
　　나. 은행이 「은행법 시행령」 제18조 제1항 제4호에 따라 그 판매를 대행하거나 매매·대여하는 금지금
2　단기금융집합투자기구의 집합투자증권에 대하여 법 시행령 제7조 제3항 제4호에 해당하는 방법으로 투자

파생상품등에 투자하는 특정금전신탁 계약, 영 제2조 제8호에 따른 고난도투자일임계약, 영 제2조 제9호에 따른 고난도금전신탁계약, 파생상품등을 포함하는 개인종합자산관리계좌에 관한 투자일임계약(투자일임형 Individual Savings Account)의 체결을 권유하는 업무를 수행(다만, 고난도금융투자상품에 해당하는 펀드를 투자권유 하고자 하는 자는 펀드투자권유자문인력 등록요건 및 파생상품투자권유자문인력 등록요건을 모두 갖추어야 함)

(2) 투자상담관리인력(투자권유자문관리인력)

금융투자회사의 지점 또는 영업소 등에서 해당 지점 또는 영업소 등에 소속된 투자권유자문인력 및 투자권유대행인의 업무에 대한 관리·감독업무를 수행하는 인력이다.

(3) 투자자산운용사(투자운용인력)

집합투자재산, 신탁재산 또는 투자일임재산을 운용하는 업무를 수행하는 인력이다.

(4) 금융투자분석사(조사분석인력)

투자매매업 또는 투자중개업을 인가받은 회사에서 특정 금융투자상품의 가치에 대한 주장이나 예측을 담고 있는 자료(조사분석자료)를 작성하거나 이를 심사·승인하는 업무를 수행하는 인력이다.

(5) 위험관리전문인력

금융투자회사의 위험관리조직[3](금융투자업규정 제3-43조 제2항)에서 재무위험 등을 일정한 방법에 의해 측정, 평가 및 통제하여 해당 회사의 재무위험 등을 조직적이고 체계적으로 통합하여 관리하는 업무를 수행하는 인력이다.

---

3 제3-43조(위험관리조직) ② 장외파생상품에 대한 투자매매업의 인가를 받은 금융투자업자 또는 인수업을 포함한 투자매매업의 인가를 받은 금융투자업자는 경영상 발생할 수 있는 위험을 실무적으로 종합관리하고 이사회(위험관리위원회 포함)와 경영진을 보조할 수 있는 전담조직을 두어야 한다.
③ 제2항의 전담조직은 영업부서 및 지원부서와는 독립적으로 운영되어야 하며 다음 각 호의 업무를 수행하여야 한다.
1. 위험한도의 운영상황 점검 및 분석
2. 위험관리정보시스템의 운영
3. 이사회(위험관리위원회를 포함한다) 및 경영진에 대한 위험관리정보의 적시 제공

(6) 신용평가전문인력

신용평가회사에서 신용평가 업무(법 제9조 제26항)를 수행하거나 그 결과를 심사·승인하는 업무를 수행하는 인력이다.

| **2** | **펀드관계회사인력** |

펀드관계회사인력에는 3종이 있다.

(1) 집합투자재산계산전문인력(펀드사무관리인력)

일반사무관리회사에서 법 제184조 제6항에 따른 집합투자재산의 계산업무를 수행하는 인력이다.

(2) 집합투자기구평가전문인력(펀드평가인력)

법 제258조에 따라 집합투자기구평가회사에서 집합투자기구를 평가하는 업무를 수행하는 인력이다.

(3) 집합투자재산평가전문인력(채권평가인력)

채권평가회사에서 영 제285조 제3항에 따른 집합투자재산의 평가·분석업무를 수행하는 인력이다.

section 02 주요 직무 종사자의 등록 요건

금융투자전문인력 또는 펀드관계회사인력으로서 해당 업무를 수행하기 위해서는 일정한 등록요건을 갖추고 협회에 등록하여야 한다.

1   금융투자전문인력의 등록요건

(1) 투자권유자문인력

등록하고자 하는 투자권유자문인력에 해당하는 투자자 보호 교육을 이수하고 해당 적격성 인증시험에 합격한 자(예, 펀드투자권유자문인력으로 등록하고자 할 경우 펀드투자권유자문인력 투자자 보호 교육을 이수한 후 펀드투자권유자문인력 적격성 인증시험에 합격한 자)

다만, 특정한 업무만 수행하려는 자는 아래의 요건을 갖추어도 해당 업무를 수행하는 투자권유자문인력으로 등록할 수 있다.

❶ 전문투자자 대상 펀드, 증권, 파생상품 투자권유 업무 : 금융투자회사 또는 해외 금융투자회사(외국 법령에 따라 외국에서 금융투자업에 상당하는 영업을 영위하는 자. 이하 동일) 근무 경력이 1년 이상인 자

❷ 채무증권의 투자권유 업무(겸영금융투자업자의 임직원인 경우에 한함) : 채무증권의 투자권유 업무에 대한 등록교육을 이수한 자

(2) 투자상담관리인력

아래의 요건 중 어느 하나를 갖추고 투자상담관리인력 등록교육을 이수한 자

❶ 투자권유자문인력 적격성 인증시험 3종 중 해당 지점 또는 영업소 등에서 투자권유가 가능한 금융투자상품에 대한 모든 시험에 합격하고, 금융투자회사에서 10년 이상 종사한 경력이 있는 자

❷ 해당 지점 또는 영업소 등의 업무를 실질적으로 관리·감독하는 자(지점장 등)

(3) 투자자산운용사

아래의 업무 구분에 따라 해당 요건을 갖춘 자. 다만, ❶의 요건을 갖춘 자는 해외자원개발 투자운용업무를 수행할 수 있으며, ❶부터 ❹ 중 어느 하나의 요건을 충족하여 등록된 자는 일반 사모집합투자재산 투자운용업무를 추가로 수행할 수 있다.

❶ 금융투자상품 투자운용업무 : 증권운용전문인력(금융투자업규정 별표 2의 제1호 마목 비고 제1호)에 해당하는 자

❷ 부동산 투자운용업무 : 부동산 운용전문인력(금융투자업규정 별표 2의 제1호 마목 비고 제2호)에 해당하는 자

❸ 사회기반시설 투자운용업무 : 사회기반시설운용전문인력(금융투자업규정 별표 13의 제1호)에 해당하는 자

❹ 해외자원개발 투자운용업무 : 해외자원개발운용전문인력(금융투자업규정 별표 13의 제4호)에 해당하는 자

❺ 일반사모집합투자재산 투자운용업무 : 일반사모집합투자기구 운용전문인력(금융투자업규정 별표 2의 제1호 마목 비고 제2호의2)에 해당하는 자

(4) 금융투자분석사

아래의 어느 하나에 해당하는 자. 다만, ❸부터 ❽까지의 경우 소속 회사로부터 준법 및 윤리교육 이수

❶ 금융투자분석사 시험에 합격한 자

❷ 해외 금융투자회사에서 조사분석자료 작성업무 또는 금융투자회사에서 조사분석자료 작성을 보조하는 업무에 1년 이상 종사한 자

❸ 「주식회사의 외부감사에 관한 법률」 제4조에 따라 외부감사를 받아야 하는 주식회사에서 연구개발 또는 산업동향 분석 업무에 3년 이상 종사한 자

❹ 금융기관(법 시행령 제324조의3 제1호부터 제18호), 채권평가회사(법 제263조), 신용평가회사(법 제335조의3) 또는 그에 상응하는 외국 신용평가기관에서 증권 분석·평가업무에 3년 이상 종사한 경력이 있는 자(금융투자업규정 별표 21의2 제1호 가목에 따른 증권 분석·평가업무 경력자)

❺ 집합투자기구 평가전문인력(영 제280조 제2항)

❻ ㄱ부터 ㄷ에 해당하는 기관(영 제276조 제4항 제1호부터 제3호까지의 기관)이나 채권평가회사에서 금융투자상품의 평가·분석업무에 3년 이상 종사한 자

ㄱ. 「금융위원회의 설치 등에 관한 법률」 제38조에 따른 검사대상기관

ㄴ. 외국 금융투자업자

ㄷ. 「국가재정법」에 따른 기금관리주체가 같은 법 제77조 제1항에 따라 설치한 자산운용을 전담하는 부서나 같은 법 별표 2에 따른 기금설치 근거 법률에 따라 기금의 관리·운용을 위탁받은 연금관리공단 등

❼ 자율규제위원장이 인정하는 연구기관[4]에서 연구업무에 3년 이상 종사한 자

❽ 공인회계사

❾ 자율규제위원장이 인정하는 금융투자교육원 교육과정을 이수한 자

(5) 위험관리전문인력

금융투자회사의 위험관리조직(금융투자업규정 제3-43조 제2항)에서 위험관리 관련 업무에 종사하는 자

(6) 신용평가전문인력

다음의 어느 하나에 해당하는 자로서 소속 회사로부터 실무 및 준법·윤리교육을 이수한 자

❶ 금융투자분석사 시험에 합격한 자

❷ 공인회계사

❸ 금융기관(영 제324조의3 제1항 제1호부터 제18호), 해외 금융투자회사 및 해외 신용평가회사(해외에서 신용평가업에 상당하는 영업을 영위하는 회사)에서 기업 또는 금융투자상품의 평가·분석업무에 1년 이상 종사한 자

❹ 신용평가회사에서 금융기관의 재무건전성 평가 등 법(법 제335조의10 제2항 제1호 및 제2호)에 따른 겸영업무 및 부수업무에 1년 이상 종사한 자

❺ 위험관리조직(금융투자업규정 제3-43조 제2항)에서 재무위험 등을 평가·관리하는 업무에 1년 이상 종사한 자

❻ 집합투자기구 평가전문인력(영 제280조 제2항)

❼ 기금관리주체의 자산운용 전담조직, 연금관리공단등 기관이나 채권평가회사에서 금융투자상품의 평가·분석업무에 3년 이상 종사한 자(영 제285조 제3항 제2호)

---

4 ① 국가, 지방자치단체, 한국은행이 출자한 연구기관
　② 법 시행령 제10조 제2항의 금융기관이 출자한 연구기관
　③ 법 시행령 제10조 제3항 제1호부터 제13호까지의 법인 등이 출자한 연구기관
　④ 주권상장법인이 출자한 연구기관

2   펀드관계회사인력의 등록요건

(1) 집합투자재산계산전문인력(펀드사무관리인력)

일반사무관리회사 등(영 제276조 제4항 제1호부터 제4호까지의 기관)에서 증권 등 자산가치의 계산에 관한 업무 또는 집합투자재산의 보관·분석업무에 2년 이상 종사한 경력이 있는 자

(2) 집합투자기구평가전문인력(펀드평가인력)

집합투자기구평가회사 등(영 제276조 제4항 제1호부터 제3호까지의 기관 또는 집합투자기구 평가회사)에서 증권·집합투자기구 등의 평가·분석업무 또는 법에 따른 기업금융업무에 2년 이상 종사한 경력이 있는 자

(3) 집합투자재산평가전문인력(채권평가인력)

❶ 금융투자분석사 시험에 합격한 자
❷ 채권평가회사 등(영 제276조 제4항 제1호부터 제3호까지의 기관 또는 채권평가회사)에서 금융투자상품의 평가·분석업무에 1년 이상 종사한 경력이 있는 자

section 03   주요 직무 종사자의 등록

전문인력규정은 금융투자전문인력의 등록에 관한 절차 등의 사항을 규정한 뒤 이를 펀드관계회사인력의 등록·관리에 준용하고 있다.

1 　금융투자전문인력의 등록 · 관리

(1) 등록의 신청과 심사

금융투자회사 및 신용평가회사(이하, '금융투자회사 등'이라 함)가 임직원에게 금융투자전문인력의 업무를 수행하게 하려는 경우 소정의 서류를 구비하여 협회에 등록을 신청하여야 한다.

(2) 등록의 거부

다음에 해당할 경우 협회는 금융투자전문인력의 등록을 거부할 수 있다.

❶ 금융투자회사 등의 임직원이 아닌 자를 등록 신청한 경우
❷ 다른 금융투자회사 등의 금융투자전문인력으로 등록되어 있는 자를 등록 신청한 경우
❸ 협회의 심사결과 부적격하다고 판단되는 경우
❹ 금융투자전문인력 등록의 효력정지 처분을 받은 후 효력정지 기간이 경과하지 않은 경우
❺ 등록요건을 갖춘 날 또는 최근 업무수행일 등으로부터 5년이 경과하여 전문성 강화교육을 이수하여야 하는 자(투자상담관리인력 및 위험관리전문인력 제외)를 등록 신청한 경우 등

(3) 등록의 효력

❶ 금융투자전문인력 업무 수행 가능 : 금융투자회사 등의 임직원은 금융투자전문인력으로 등록함으로써 금융투자전문인력의 업무를 수행할 수 있음. 협회로부터 등록의 효력정지 처분을 받은 금융투자전문인력은 해당 효력정지기간 동안 업무를 수행할 수 없음. 또한, 근무하고 있는 금융투자회사 등이 영위할 수 없는 업무는 수행할 수 없음. 금융투자회사 등은 등록의 효력정지 기간이 경과하지 아니한 자나 금융투자전문인력이 아닌 자로 하여금 금융투자전문인력의 업무를 수행하게 해서는 아니 됨
❷ 등록인력의 의무 : 금융투자전문인력은 신의성실의 원칙에 따라 업무를 수행하여

투자자를 보호하여야 하며, 전문성의 유지를 위하여 보수교육을 이수하여야 함. 또한, 금융투자전문인력은 금융투자회사의 표준윤리준칙을 준수하여야 함

(4) 징계내역에 대한 보고

금융투자회사(겸영금융투자회사를 제외)가 금융투자전문인력 또는 금융투자전문인력이 아닌 임직원(퇴직자를 포함)에게 전문인력규정 제3-13조 제1항 각 호 또는 「자율규제위원회 운영 및 제재에 관한 규정」제9조 각 호에 해당하는 사유로 징계처분을 부과하거나 겸영금융투자회사 또는 신용평가회사가 금융투자전문인력(퇴직자를 포함)에게 전문인력규정 제3-13조 제1항 가 호에 해당하는 사유로 징계처분을 부과한 경우 「금융투자회사의 영업 및 업무에 관한 규정」제2-74조에 따라 해당 징계내역을 협회에 보고하여야 한다.

(5) 등록의 말소

협회는 금융투자전문인력이 다음 어느 하나에 해당하는 경우 해당 금융투자전문인력의 등록을 말소할 수 있다.

❶ 금융투자전문인력이 금융투자회사 등을 퇴직한 경우
❷ 소속 금융투자회사 등이 해산하거나 영업을 폐지한 경우
❸ 금융투자회사 등이 등록말소를 신청한 경우

2 　펀드관계회사인력의 등록

펀드관계회사인력의 등록에 관한 절차 등에는 금융투자전문인력의 등록에 관한 절차 등에 관한 규정을 준용한다.

다만, 금융투자전문인력에 대해서만 적용되는 사항(예를 들어, 등록거부사유 중 ❹)은 펀드관계회사인력의 등록에 관해서는 적용하지 아니한다.

금융투자전문인력 및 금융투자회사 등에 대한 제재

협회 자율규제위원회는 금융투자전문인력(금융투자회사의 경우 금융투자전문인력이 아닌 임직원 포함)이 일정한 위법·부당행위와 관련되거나 금융투자회사 등이 금융투자전문인력에 대한 관리·감독을 소홀히 하는 경우 해당 인력 또는 회사에 대하여 제재를 부과할 수 있다.

다만, 펀드관계회사 및 펀드관계회사인력에 대해서는 전문인력규정 중 제재에 관한 규정은 적용하지 아니한다.

1 금융투자전문인력에 대한 제재

(1) 주요 제재사유

❶ 금융투자전문인력으로서의 업무 또는 투자자문·투자일임·신탁 계약의 체결 권유와 관련하여 관련 법규(금융소비자보호법 포함)를 위반한 경우

❷ 횡령, 배임, 절도, 업무와 관련한 금품수수 등 범죄행위를 한 경우

❸ 금융투자전문인력이 아닌 자를 고용하여 투자자를 유치하거나 금융투자상품의 매매주문을 수탁한 경우

❹ 금융투자전문인력의 자격 또는 명의를 대여한 경우

❺ 다른 금융투자전문인력 또는 금융투자전문인력이 아닌 자에게 위법·부당행위를 지시하거나 공모, 묵인한 경우

❻ 정당한 사유 없이 보수교육을 이수하지 아니한 경우

❼ 협회가 실시하는 자격시험에서 부정행위를 한 경우

❽ 미공개중요정보 이용행위 금지(법 제174조), 시세조종행위 등의 금지(법 제176조), 부정거래행위 등의 금지(법 제178조), 시장질서 교란행위의 금지(법 제178조의2)를 위반한 경우

(2) 제재대상

상기 사유에 해당하는 위법·부당행위에 적극 가담한 임직원 및 퇴직자(예 : 행위자, 지시

자, 공모자 등)에 한하여 부과한다. 다만, 단순가담자 등도 소속회사에 통보하고 징계 등을 요구할 수 있다.

(3) 제재의 종류

1. 자격취소(모든 금융투자전문인력 자격시험 합격 취소)
2. 자격시험 응시 제한
3. 금융투자전문인력 등록말소, 등록의 효력정지 또는 등록거부
4. 소속 회사에 위법·부당행위 사실 통보 후 자체 규정에 따른 문책 등 요구
5. 그 밖에 필요한 조치

(4) 부과기준 및 절차

일반적으로 해당 인력에 대한 소속 회사의 징계 수준에 연동하여 전문인력규정이 정한 제재양정기준에 따라 부과된다. 다만, 소속 회사의 징계가 유사 위법·부당행위에 대한 다른 금융투자회사의 징계에 비하여 형평성이 결여되어 있다고 인정되는 경우 소속 회사의 징계와 관계없이 제재를 부과할 수 있다.

2 금융투자회사 등에 대한 제재

협회 자율규제위원회는 금융투자전문인력에 대한 관리·감독을 소홀히 한 금융투자회사 등에 대하여 제재(6개월 이내의 금융투자전문인력 신규등록 정지, 제재금)를 부과할 수 있다.

chapter 03

증권 인수업무 등에 관한 규정

1   대표주관계약의 체결

(1) 대표주관계약 체결

금융투자회사는 기업공개 또는 장외법인공모를 위한 주식(제2조 제2호의 외국증권예탁증

---

1 인수 : 제3자에게 증권을 취득시킬 목적으로 다음의 어느 하나에 해당하는 행위를 하거나 그 행위를 전제로 발행인 또는 매출인을 위하여 증권의 모집·매출을 하는 것을 말하며, '인수회사'란 인수를 하는 자를 말한다.
    가. 그 증권의 전부 또는 일부를 취득하거나 취득하는 것을 내용으로 하는 계약을 체결하는 것
    나. 그 증권의 전부 또는 일부에 대하여 이를 취득하는 자가 없는 때에 그 나머지를 취득하는 것을 내용으로 하는 계약을 체결하는 것

권을 포함)의 인수를 의뢰받은 때에는 대표주관계약을 체결하고, 주식인수의뢰서 사본, 대표주관계약서 및 발행회사의 사업자등록증 사본을 계약 체결일부터 5영업일 이내에 협회에 신고하여야 한다.

(2) 대표주관계약서 포함사항

대표주관계약서에는 다음의 사항이 포함되어야 한다.

❶ 발행회사의 경영실적, 영업관련 사항 및 재무건전성 등에 대한 확인 및 조사에 관한 사항

❷ 발행회사의 재무, 회계 및 세부관리에 대한 지도 및 짐김에 관힌 사항

❸ 유가증권시장, 코스닥시장 또는 코넥스시장 상장요건과 관련한 협의 및 지도에 관한 사항

❹ 증권신고서의 기재사항 점검 등에 관한 사항

❺ 발행회사 및 그 최대주주 등에 대한 평판 점검 등에 관한 사항

❻ 주관업무 관련 수수료 중 100분의 50 이상은 발행회사와 다른 법인과의 합병등기가 완료된 경우에만 지급을 청구할 수 있다는 사항(다만, 기업인수목적회사의 발기인이었던 금융투자회사가 해당 기업인수목적회사와 대표주관계약을 체결하는 경우에만 적용)

❼ 계약의 해제·해지 및 변경에 관한 사항

❽ 계약이 해지되는 경우 해당 시점까지의 주관업무 수행에 대한 대가의 수취에 관한 사항

(3) 발행사의 주관회사 변경 제한

금융투자회사는 상장예비심사를 거래소에 신청한 날(상장예비심사청구일)로부터 2개월 전에 대표주관계약 또는 주관계약을 체결하여야 한다. 다만, 유가증권시장의 주권상장법인이 코스닥시장에 주권을 상장하거나 코스닥시장의 주권상장법인이 유가증권시장에 주권을 상장하는 경우, 기업인수목적회사가 상장하는 경우 등에는 주관회사 변경 제한 기간을 적용하지 않는다.

2 주식의 공모[2]가격 결정 등

(1) 공모가격 결정 방법

기업공개를 위한 주식의 공모 가격 산정에 대한 방법은 협회가 구체적인 가격평가모형을 제시하지 않고 있으며, 수요예측[3] 등을 통해 다음의 방법으로 결정한다.

❶ 인수회사와 발행회사가 협의하여 단일 가격으로 정하는 방법

❷ 기관투자자를 대상으로 수요예측을 실시하고 그 결과를 감안하여 인수회사와 발행회사가 협의하여 정하는 방법(다만, 이 경우 창업투자회사, 벤처투자조합, 사립학교 등에 대해서도 수요예측 등 참여를 허용 가능)

❸ 대표주관회사가 사전에 정한 방법에 따라 기관투자자로부터 경매의 방식으로 입찰 가격과 수량을 제출받은 후 최저 공모 가격 이상의 입찰에 대해 해당 입찰자가 제출한 가격으로 정하는 방법

❹ 대표주관회사가 사전에 정한 방법에 따라 기관투자자로부터 경매의 방식으로 입찰 가격과 수량을 제출받은 후 산정한 단일 가격으로 정하는 방법

(2) 대표주관회사의 수요예측 준수사항

대표주관회사는 수요예측등을 행함에 있어 다음 사항을 준수하여야 한다.

❶ 인수회사가 일반청약자의 수요예측 등 참여 희망물량을 취합하여 자신의 명의로

---

2 공모 : 법 제9조 제7항 또는 제9항에서 정하는 모집 또는 매출의 방법으로 증권(법 제4조 제2항 제6호의 증권으로서 법 제9조 제16항에서 규정하는 외국법인등이 발행한 주권을 기초로 하여 법 제294조에 따라 설립된 예탁결제원이 발행한 외국증권예탁증권을 포함한다. 이하 같다)을 신규로 발행하거나, 이미 발행된 증권을 매도하는 것. 다만, 다음 각 목의 어느 하나에 해당하는 자가 행하는 공모는 이 규정에 의한 공모로 보지 아니한다.
　가. 선박투자회사법에 따른 선박투자회사
　나. 부동산 투자회사법에 따른 부동산 투자회사
　다. 사회기반시설에 대한 민간투자법에 따른 사회기반시설투융자회사
　라. 법 제9조 제18항 제2호에 따른 투자회사 및 법 제234조에 따른 상장지수집합투자기구
　마. 그 밖에 가목부터 라목에 준하는 자로 협회가 정하는 자
3 수요예측 : 주식 또는 무보증사채를 공모함에 있어 공모 가격(무보증사채의 경우 공모금리를 말한다)을 결정하기 위하여 대표주관회사가 공모 예정기업의 공모 희망 가격(무보증사채의 경우 공모희망금리를 말한다)을 제시하고, 매입 희망 가격, 금리 및 물량 등의 수요상황을 파악하는 것

참여하는 경우를 제외하고는 인수회사 및 해당 발행회사의 우리사주조합원을 참
여시킬 수 없으며, 수요예측 등 참여자에게 자신의 고유재산과 위탁재산(집합투자
재산, 투자일임재산, 신탁재산)을 구분하여 참여하도록 할 것

❷ 수요예측등에 참여한 참여자별 가격 및 수량 등의 정보가 누설되지 아니하도록
할 것

❸ 수요예측등에 참여를 희망하는 자가 기관투자자(제2조제8호 및 제5조제1항제2호 단서)
인지 여부를 확인할 것

3   투자일임회사 등의 수요예측 등 참여조건

(1) 투자일임재산(또는 신탁재산)으로 참여

투자일임회사(또는 부동산 신탁회사를 제외한 신탁회사)는 투자일임계약(또는 신탁계약)을 체결
한 투자자가 다음의 요건을 모두 충족하는 경우에 한하여 투자일임재산(또는 신탁재산)으
로 기업공개를 위한 수요예측등에 참여할 수 있다.

❶ 기관투자자일 것(단, 투자일임회사는 제외)

❷ 이해관계인 등 기업공개를 위한 공모주식 배정금지 대상(제9조 제4항 각 호의 자)에
해당되지 아니할 것

❸ 불성실 수요예측등 참여자로 지정되어 기업공개를 위한 수요예측등 참여 및 공
모주식 배정이 금지된 자가 아닐 것

❹ 투자일임계약(또는 신탁계약) 체결일로부터 3개월이 경과하고, 수요예측등 참여일
전 3개월간의 일평균 투자일임재산(또는 신탁재산)의 평가액이 5억원 이상일 것

(2) 고유재산으로 참여

투자일임회사(또는 집합투자회사)는 다음의 어느 하나에 해당하는 경우에 한하여 투자
일임회사(또는 집합투자회사)의 고유재산으로 기업공개를 위한 수요예측등에 참여할 수
있다.

❶ 투자일임업(또는 일반 사모집합투자업) 등록일로부터 2년 이 경과하고, 투자일임회사
(또는 집합투자회사)가 운용하는 전체 투자일임재산(또는 집합투자재산)의 수요예측등
참여일 전 3개월간의 일평균 평가액이 50억원 이상일 것

❷ 투자일임회사(또는 집합투자회사)가 운용하는 전체 투자일임재산(또는 집합투자재산)의 수요예측등 참여일 전 3개월간의 일평균 평가액(등록일로부터 3개월이 경과하지 않은 경우에는 등록일부터 수요예측등 참여일 전까지 투자일임재산(또는 집합투자재산)의 일평균 평가액)이 300억원 이상일 것

부동산신탁회사는 고유재산으로만 기업공개를 위한 수요예측등에 참여할 수 있다.

4 주식 주관회사의 제한 등

(1) 주관회사 제한

금융투자회사가 발행회사와 다음과 같은 이해관계가 있는 경우 기업공개 또는 장외법인공모를 위한 주식의 주관회사의 업무를 하거나 최대 물량 인수를 할 수 없다. 그러나 발행기업이 거래소, 증권금융 또는 기업인수목적회사인 경우에는 다음의 이해관계와 상관없이 주관회사의 업무를 할 수 있다.

❶ 발행회사 및 발행회사의 이해관계인이 합하여 금융투자회사의 주식등[4]을 100분의 5 이상 보유
❷ 금융투자회사가 발행회사의 주식 등을 100분의 5 이상 보유(다만, 발행회사가 중소기업, 벤처기업, 중견기업 등에 해당하는 경우에는 발행회사의 주식 등을 100분의 10 이상 보유)
❸ 금융투자회사와 금융투자회사의 이해관계인이 합하여 발행회사의 주식 등을 100분의 10 이상 보유(다만, 발행회사가 중소기업, 벤처기업, 중견기업 등에 해당하는 경우에는 발행회사의 주식 등을 100분의 15 이상 보유)
❹ 금융투자회사의 주식 등을 100분의 5 이상 보유하고 있는 주주와 발행회사의 주식등을 100분의 5 이상 보유하고 있는 주주가 동일인이거나 이해관계인인 경우(동일인 또는 이해관계인이 정부 또는 기관투자자인 경우는 제외)
❺ 금융투자회사의 임원이 발행회사의 주식 등을 100분의 1 이상 보유
❻ 금융투자회사의 임원이 발행회사의 임원이거나 발행회사의 임원이 금융투자회

---

4 '주식등'이란 영 제139조 제1호 가목부터 바목의 어느 하나에 해당하는 증권으로서 주권(의결권 없는 주권을 포함), 신주인수권이 표시된 것, 전환사채권 및 신주인수권부사채권을 말하며 이들 증권과 교환을 청구할 수 있는 교환사채권 및 이들 증권과 교환사채권을 기초자산으로 하는 파생결합증권(권리의 행사로 그 기초자산을 취득할 수 있는 것만 해당)을 말한다.

사의 임원인 경우

❼ 금융투자회사가 발행회사의 최대주주이거나 계열회사인 경우

(2) 공동주관업무

금융투자회사가 그 이해관계인과 합하여 100분의 10은 넘지 않지만 100분의 5 이상의 주식 등을 보유하고 있는 경우 주관업무를 수행할 수는 있지만 어느 정도 이해관계가 있다고 간주하여 다른 금융투자회사(해당 발행회사와 이해관계인이 아니고 발행회사의 주식 등을 보유하지 아니하여야 함)와 공동으로 주관업무를 수행하도록 하고 있다.

5 　모집설립을 위한 주식 인수 제한

금융투자회사는 다음의 경우를 제외하고는 모집설립을 위하여 발행되는 주식을 인수하여서는 아니 된다.

❶ 「은행법」에 의하여 금융위원회로부터 금융기관 신설을 위한 예비인가를 받은 경우
❷ 정부가 최대주주로서 발행주식 총수의 100분의 25 이상을 취득하기로 하여 설립 중에 있는 경우
❸ 특별법에 따라 정부로부터 영업의 인가·허가 또는 지정 등을 받아 설립 중에 있는 경우
❹ 협회가 사업의 내용 등에 비추어 국민경제발전을 위하여 그 설립이 필요하다고 인정하는 경우

6 　청약 및 배정

(1) 주식의 청약

인수회사는 주식의 청약증거금을 받은 경우 발행회사별로 청약증거금임을 표시하여 증권금융회사 또는 은행에 별도로 예치하여야 하며 이를 담보로 제공하여서는 아니 된다.

청약증거금은 납입기일에 주식의 납입금으로 대체한다. 만약 청약증거금이 납입금에 미달하고 해당 청약자가 납입기일 전까지 납입하지 않을 경우 인수회사가 인수금액의

비율에 따라 주식을 인수하여야 하며, 납입금을 초과하는 청약증거금은 지체 없이 청약자에게 반환하여야 한다.

기업공개를 위한 주식의 인수회사는 일반청약자에 대한 1인당 공모주식 청약한도가 있다. 인수회사는 자신이 인수하여 일반청약자에게 배정하는 전체 수량의 10% 이내에서 적정하게 1인당 청약한도를 설정하여야 한다.

(2) 주식의 배정

❶ 기업공개 시 주식 배정 : 기업공개를 위한 대표주관회사는 공모주식을 다음의 방법에 따라 해당 청약자 유형군에 배정하여야 하며, 청약자 유형군의 청약수량이 배정비율에 미달하는 경우에는 다른 청약자 유형군에 배정할 수 있음

ㄱ. 유가증권시장 상장을 위한 기업공개(외국법인등의 기업공개의 경우는 제외)의 경우 우리사주조합원에게 「근로복지기본법」 제38조 제1항에 따라 공모주식의 20%를 배정(법 제165조의7 제1항 단서의 경우 제외)

ㄴ. 코스닥 또는 코넥스시장 상장을 위한 기업공개의 경우 「근로복지기본법」 제38조 제2항에 따라 공모주식의 20%를 배정 가능(코스닥시장의 경우 우리사주조합에 대한 배정이 강제되어 있지 아니함)

ㄷ. 일반청약자에게 공모주식의 25% 이상을 배정(유가증권시장 및 코스닥시장 모두 해당)

ㄹ. 고위험고수익투자신탁등(BBB 이하의 비우량채권과 코넥스주식의 합산 보유비율이 45% 이상인 투자신탁 등)에 공모주식의 5% 이상을 배정(코스닥시장 상장을 위한 경우에는 공모주식의 10% 이상을 배정)

ㅁ. 코스닥시장 상장을 위한 기업공개의 경우 벤처기업투자신탁(사모벤처투자신탁의 경우 최초 설정일로부터 1년 6개월 이상 기간 동안 환매가 금지된 것)에 공모주식의 25% 이상을 배정

ㅂ. 제1호 또는 제2호에도 불구하고 우리사주 조합원이 공모주식의 20% 미만을 청약하는 경우 공모주식의 20%에서 우리사주 조합원의 청약수량을 제외한 주식(이하 "우리사주 잔여주식"이라 한다)을 공모주식의 5% 이내에서 일반청약자에게 배정 가능(이 경우 우리사주 조합원이 공모주식의 20% 미만을 청약한 사유 등을 감안하여 발행인과 협의)

ㅅ. ㄱ부터 ㅂ에 따른 배정 후 잔여주식은 기관투자자에게 배정

❷ 기업공개 시 일반청약자 균등배정 : 기업공개를 위한 주식의 인수회사는 일반청약자 배정물량(우리사주조합 미청약 잔여주식 배정분 포함)의 50% 이상을 최소 청약증거금 이상을 납입한 모든 일반청약자에게 동등한 배정기회를 부여하는 방식(이하 "균등방식 배정")으로 배정하여야 하며, 인수회사는 준법감시인 사전 승인으로 일반청약의 배정물량 및 배정방식 결정하여야 함. 인수회사가 복수인 경우 대표주관회사가 인수회사간 균등방식 배정 방법이 동일하도록 관리하여야 함

❸ 기업공개 시 인수회사의 계열 집합투자회사등의 위탁재산에 공모주 배정 허용 : 집합투자회사등(집합투자회사, 투자일임회사, 신탁회사)은 자본시장법 시행령(제87조 제1항 제2호의4, 제99조 제2항 제2호의4, 제109조 제1항 제2호의4)에 따라 일반적인 거래조건에 비하여 집합투자기구, 투자일임재산, 신탁재산에 유리한 거래인 경우 자기 또는 관계인수인이 인수한 증권을 위탁재산(집합투자재산, 투자일임재산, 신탁재산)으로 매수할 수 있으며, 이에 따라 기업공개를 위한 대표주관회사가 집합투자회사등에게 공모주식을 배정하고자 하는 경우 다음의 요건을 모두 충족하여야 하며 해당 수량을 증권발행실적보고서에 기재하여야 함

ㄱ. 수요예측등에 참여하는 집합투자회사등은 위탁재산의 경우 매입 희망가격을 제출하지 아니하도록 할 것

ㄴ. 수요예측등에 참여한 기관투자자가 공모가격 이상으로 제출한 전체 매입 희망수량이 증권신고서에 기재된 수요예측 대상주식수를 초과할 것

ㄷ. 동일한 인수회사를 자기 또는 관계인수인으로 하는 집합투자업자등에게 배정하는 공모주식의 합계를 기관투자자에게 배정하는 전체수량의 1% 이내로 할 것

❹ 기업공개 시 주식배정 제한 : 기업공개를 위한 공모주식을 배정함에 있어 대표주관회사는 다음의 자에게 공모주식을 배정하여서는 아니 됨

ㄱ. 인수회사 및 인수회사의 이해관계인. 다만, 제9조의2 제1항[5]에 따라 위탁재산으로 청약하는 집합투자회사등은 인수회사 및 인수회사의 이해관계인으로 보지 아니함

ㄴ. 발행회사의 이해관계인(발행회사의 임원과 발행회사 계열회사의 임원은 제외)

---

5 집합투자회사등이 자본시장법 시행령(제87조 제1항 제2호의4, 제99조 제2항 제2호의4, 제109조 제1항 제2호의4)에 해당함을 확인하고 확약서를 대표주관회사에 제출하는 경우 위탁재산으로 자기 또는 관계인수인이 인수한 주식의 기업공개를 위한 수요예측 등에 참여 허용

ㄷ. 해당 공모와 관련하여 발행회사 또는 인수회사에 용역을 제공하는 등 중대한 이해관계가 있는 자

ㄹ. 자신이 대표주관업무를 수행한 발행회사(해당 발행회사가 발행한 주권의 신규 상장일이 이번 기업공개를 위한 공모주식의 배정일부터 과거 1년 이내인 회사)의 기업공개를 위하여 금융위원회에 제출된 증권신고서의 "주주에 관한 사항"에 주주로 기재된 주요 주주에 해당하는 기관투자자 및 창업투자회사 등

❺ 공모증자 시 주식 배정 : 유가증권시장 또는 코스닥시장 주권상장법인의 공모증자시에는 대표주관회사는 공모주식을 다음과 같이 해당 청약자 유형군에 배정하여야 하며, 청약자 유형군의 청약수량이 배정비율에 미달하는 경우에는 다른 청약자 유형군에 배정할 수 있음

ㄱ. 유가증권시장 주권상장법인(외국법인등인 유가증권시장 주권상장법인은 제외)의 공모증자의 경우 우리사주조합원에게 공모주식의 20%를 배정(법 제165조의7 제1항 단서의 경우 제외)

ㄴ. 코스닥시장 또는 코넥스시장 주권상장법인의 공모증자의 경우 우리사주조합원에게 공모주식의 20%를 배정 가능(법 제165조의7 제1항 단서의 경우 제외)

ㄷ. 주주에게 우선청약권을 부여하는 공모증자의 경우 주주에게 우선청약할 주식수를 정하여 배정

ㄹ. ㄱ~ㄷ의 배정 후 잔여주식의 5% 이상을 고위험고수익투자신탁등에 배정, 코스닥시장 주권상장법인의 공모증자 경우에는 10% 이상을 배정

ㅁ. 코스닥시장 주권상장법인의 공모증자의 경우 ㄱ~ㄷ의 배정 후 잔여주식의 25% 이상을 벤처기업투자신탁(사모벤처기업투자신탁은 최초 설정일로부터 1년 6개월 이상의 기간 동안 환매가 금지된 것)에 배정

ㅂ. ㄱ~ㅁ의 배정 후 잔여주식은 기타 청약자에게 배정

ㅅ. ㄱ~ㅂ의 배정 및 청약결과 발생한 실권주는 법 제165조의6의 규정에 따라 처리하되, 인수회사가 실권주를 인수한 후 이를 일반청약자에게 공모하는 경우에는 고위험고수익투자신탁등에 해당 실권주 공모주식의 5% 이상(코스닥시장 주권상장법인의 공모주식은 10% 이상)을 배정하고, 코스닥시장 주권상장법인의 공모증자인 경우 실권주 공모주식의 25% 이상을 ㅁ의 벤처기업 투자신탁에 배정

그러나 ㄹ~ㅅ에 따라 배정하여야 할 주식이 5,000주(액면가 5,000원 기준) 이하이

거나 배정할 주식의 공모금액이 1억 원 이하인 경우에는 배정하지 않을 수 있음

(3) 초과배정옵션

초과배정옵션이란 기업공개 시 대표주관회사가 당초 공모하기로 한 주식의 수량을 초과하여 청약자에게 배정하는 것을 조건으로 그 초과배정 수량에 해당하는 신주를 발행회사로부터 미리 정한 가격으로 매수할 수 있는 권리를 말한다.

❶ 초과배정수량 : 대표주관회사가 발행회사와 초과배정옵션에 대한 계약을 체결하는 경우 초과배정수량은 공모주식 수량의 15% 이내에서, 대표주관회사와 발행회사가 징함

❷ 초과배정옵션 행사일 : 초과배정옵션의 행사일은 매매개시일부터 30일 이내에서 대표주관회사와 발행회사가 정함

❸ 초과배정옵션 행사 가격 : 초과배정옵션의 행사에 따른 신주의 발행 가격은 공모 가격으로 해야 함. 다만, 대표주관회사가 사전에 정한 방법에 따라 청약자로부터 경매의 방식으로 청약을 받은 후 최저 공모 가격 이상의 청약에 대해 배정하는 경우에는 최저 공모 가격으로 함

❹ 시장매수 시 매수 가격 : 초과배정옵션에 대한 계약을 체결한 대표주관회사가 초과배정으로 인한 순매도 포지션의 해소를 위하여 유가증권시장 또는 코스닥시장에서 해당 주식을 매수하는 경우 그 매수 가격은 공모 가격의 80% 이상으로 하여야 함. 다만, 단일 가격에 의한 개별 경쟁매매방법에 의해 가격이 결정되는 매매거래에 공모 가격의 80% 이상으로 매수호가를 제출하였으나 공모 가격의 80% 미만에서 거래가 체결된 경우에는 공모 가격의 80% 이상으로 매수한 것으로 봄

대표주관회사 시장에서 해당 주식을 매수하고자 하는 경우 매매개시일 전까지 초과배정의 내용(매수종목, 매수수량, 매수기간, 매수 가격 등)을 유가증권시장 또는 코스닥시장을 통하여 시장안내사항으로 공지되도록 거래소에 통보하여야 함

❺ 배정 제한 : 초과배정주식을 배정하는 경우 대표주관회사는 다음의 어느 하나에 해당하는 자는 배정에서 제외하여야 함

ㄱ. 인수회사 및 인수회사의 이해관계인

ㄴ. 발행회사의 이해관계인

ㄷ. 해당 공모와 관련하여 발행회사 또는 인수회사에 용역을 제공하는 등 중대한

이해관계가 있는 자

(4) 신주인수권

신주인수권이란 대표주관회사가 기업공개를 위한 대표주관업무 수행의 보상으로 발행회사로부터 신주를 취득할 수 있는 권리를 말한다. 신주인수권제도는 주관회사가 모험기업 발굴 등 적극적인 기업공개 주선 역할을 수행할 수 있도록 인센티브를 부여하기 위해 도입되었다. 대표주관회사가 신주인수권을 부여받기 위한 계약을 체결하기 위해서는 다음과 같은 요건을 충족하여야 하며, 신주인수권에 관한 계약 체결 사실을 증권신고서에 기재하여야 한다. 또한, 대표주관회사가 신주인수권을 행사하여 신주를 취득한 경우에는 자신에 홈페이지에 신주인수권 행사로 취득한 주식의 종류 및 수량 등 협회가 정한 사항을 지체 없이 게시하여야 한다.

❶ 신주인수권을 행사하여 취득할 수 있는 주식의 수량은 공모주식 수량의 10% 이내일 것
❷ 신주인수권의 행사기간은 상장일로부터 3개월 이후 18개월 이내일 것
❸ 신주인수권의 행사 가격은 공모 가격 이상일 것

(5) 환매청구권

환매청구권이란 기업공개를 위한 주식의 인수회사가 다음의 어느 하나에 해당하는 경우 일반청약자에게 공모주식을 인수회사에게 매도할 수 있도록 부여한 권리를 말한다. 이때, 인수회사의 매수 가격은 공모 가격의 90% 이상이나, 주가지수가 10%를 초과하여 하락하는 경우에는 협회 규정에 따른 조정 가격 이상이다.

환매청구권 행사가능 요건	행사가능 기간
① 공모 예정금액이 50억 원 이상이고, 공모 가격을 인수회사와 발행회사가 협의하여 단일 가격으로 정하는 경우 ② 창업투자회사 등을 수요예측 등에 참여시킨 경우 ③ 금융감독원의 「기업공시서식 작성기준」에 따른 공모 가격 산정근거를 증권신고서에 기재하지 않은 경우	상장일부터 1개월까지
④ 거래소의 「코스닥시장 상장규정」에 따른 사업모델기업의 상장을 위하여 주식을 인수하는 경우	상장일부터 6개월까지
⑤ 거래소의 「코스닥시장 상장규정」에 따른 이익 미실현 기업의 상장을 위하여 주식을 인수하는 경우	상장일부터 3개월까지

다만 다음의 어느 하나에 해당하는 경우 주관회사 또는 인수회사는 환매청구권을 부여하지 아니할 수 있다.

❶ 이익 미실현 기업(외국기업 제외)의 코스닥시장 신규 상장을 주관하는 주관회사가 해당 기업의 상장예비심사 신청일부터 3년 이내에 이익 미실현 기업의 코스닥시장 신규상장을 주관한 실적이 있고 해당 기업이 상장일부터 3개월간 종가가 환매청구권의 매수 가격(공모가의 90% 이상 또는 조정 가격 이상) 이상을 유지한 경우의 해당 주관회사

❷ 상장예비심사 신청일 이전 6개월간 코넥스시장에서의 일평균거래량이 1,000주 이상이고 거래형성률이 80% 이상인 코넥스시장 상장법인(외국기업 제외)의 코스닥시장 이전 상장을 위하여 주식을 인수하는 인수회사

section 02 **무보증사채의 인수**

(1) 대표주관계약의 체결 및 협회 신고

금융투자회사는 무보증사채의 인수를 의뢰받은 때에는 증권신고서 제출 10영업일 이전에 대표주관계약을 체결하고, 대표주관계약서 사본을 계약 체결일부터 5영업일 이내에 협회에 신고하여야 한다. 그러나 유동화사채[6] 또는 일괄신고서를 제출하고 공모발행되는 무보증사채 인수를 의뢰받은 경우에는 적용이 배제된다.

증권신고서 제출이 면제되는 전자단기사채등의 경우에도 적용되지 않는다.

---

6 '유동화사채'란 「자산유동화에 관한 법률」에 따라 사채의 형태로 발행되는 유동화증권 및 같은 법률에서 정하는 유동화전문회사 또는 신탁업자가 아닌 회사, 그 밖의 특수목적기구가 자산유동화에 준하는 업무를 하여 사채의 형태로 발행하는 증권이나 같은 법률에서 정하는 방법 이외의 것에 따라 유동화자산을 기초로 사채의 형태로 발행하는 증권을 말한다.

(2) 인수 대상 무보증사채

❶ 신용평가 : 인수회사가 무보증사채를 인수하는 경우 2 이상[7] 신용평가전문회사(외국법인등이 발행한 무보증사채의 경우 금융감독원장이 정하는 국제신용평가기관을 포함)로부터 평가를 받은 것이어야 함

❷ 표준무보증사채사채관리계약서(표준사채관리계약서) : 무보증사채를 인수하는 경우에는 무보증사채의 발행인과 사채관리회사 간에 협회가 정한 표준무보증사채사채관리계약서(이하 '표준사채관리계약서'라 함)에 의한 계약이 체결된 것이어야 함

❸ ❷에도 불구하고 외국법인등이 발행하는 무보증사채를 인수하는 경우에는 협회의 사전심사를 거쳐 표준사채관리계약서의 내용을 수정한 사채관리계약서를 사용할 수 있음

❹ 증권신고서 제출이 면제되는 전자단기사채등의 경우에는 복수신용평가의무 및 표준사채관리계약서 사용의무가 적용되지 않음

(3) 무보증사채의 수요예측 실시

❶ 수요예측 : 무보증사채 공모 시 수요예측을 실시하고 수요예측 결과를 감안하여 주관회사와 발행회사가 협의하여 발행조건을 정해야 함

❷ 수요예측의 예외 : 아래의 채권에 대해서는 수요예측 실시 대상에서 제외한다.

ㄱ. 공모예정금액이 100억 원 미만인 무보증사채

ㄴ. 전환사채, 교환사채 또는 신주인수권부사채, 전환형 조건부자본증권

ㄷ. 일괄신고서 제출을 통해 모집·매출하는 무보증사채

ㄹ. 유동화사채

ㅁ. 공모 예정금액이 모두 일반청약자에게 배정되는 무보증사채

❸ 무보증사채 인수금리 : 무보증사채의 인수금리는 수요예측 결과를 감안하여 주관회사와 발행회사가 협의하여 정한 금리를 공모금리로 함

❹ 고유재산과 그 외의 재산 간 구분 : 수요예측 참여자는 자신의 고유재산과 그 외의 재산을 구분하여 수요예측에 참여하여야 함

---

7 「자산유동화에 관한 법률」에 따라 사채의 형태로 발행되는 유동화증권을 인수하는 경우 또는 신용평가전문회사의 업무정지 등 부득이한 사유가 있는 경우에는 하나의 신용평가를 받아도 된다.

(4) 원화표시채권의 인수

금융투자회사가 인수할 수 있는 원화표시채권은 다음 각 호의 요건을 모두 충족한 것이어야 한다. 단, 증권신고서 제출이 면제되는 단기사채등의 경우는 제외된다.

❶ 무보증사채인 경우 2 이상의 신용평가회사(신용평가회사의 업무정지 등 부득이한 사유가 있는 경우에는 1)로부터 평가를 받을 것

❷ 「주식·사채 등의 전자등록에 관한 법률」(이하 "전자증권법"이라 한다)에 따라 전자등록의 방법으로 발행될 것(해외판매채권의 경우는 제외)

---

section 03 | 주관회사 실적 공시 등

1 | 인수업무 조서

기업공개를 위한 대표주관회사 및 인수회사는 인수업무조서를 작성하여야 하며 인수업무조서와 및 관련 자료는 해당 발행회사가 유가증권시장, 코스닥시장 또는 코넥스시장에 상장된 날부터 5년 이상의 기간 동안 보관하여야 한다.

2 | 대표주관회사 실적 공시

❶ 주식 실적 공시 : 기업공개를 위한 주식의 대표주관회사는 공모주식의 유가증권시장 또는 코스닥시장 상장일부터 3년간 발행회사와 관련한 사항을 협회에 제출하여야 함. 협회는 대표주관회사로부터 제출받은 내용을 협회의 홈페이지를 통하여 게시할 수 있음

❷ 채권 실적 공시 : 채권 발행(사모의 방법으로 발행하는 경우를 포함하며 전자증권법 제59조에 따른 단기사채등은 제외)을 위한 주관회사(모집·사모의 주선인을 포함)는 발행일로부터 5일 이내에 발행회사와 관련한 사항을 협회에 보고하여야 함. 다만, 공동으로 주관업무

를 수행하는 경우, 증권신고서 작성을 대행하는 주관회사가 보고하여야 함

3 불성실 수요예측 등 참여자 관리

❶ 불성실 수요예측 등 참여행위 : 다음의 어느 하나에 해당하는 경우 불성실 수요예측 등 참여행위로 본다.

ㄱ. 수요예측 등에 참여하여 주식 또는 무보증사채를 배정받은 후 청약을 하지 아니하거나 청약 후 주금 또는 무보증사채의 납입금을 납입하지 아니한 경우.

ㄴ. 기업공개시 수요예측에 참여하여 의무보유를 확약하고 주식을 배정받은 후 의무보유기간 내에 다음의 어느 하나에 해당하는 행위를 하는 경우. 이 경우 의무보유기간 확약의 준수여부는 해당기간 중 일별 잔고를 기준으로 확인

  a. 해당 주식을 매도 등 처분하는 행위

  b. 해당 주식을 대여하거나, 담보로 제공 또는 대용증권으로 지정하는 행위

  c. 해당 주식의 종목에 대하여 법 제180조 제1항 제2호에 따른 공매도를 하는 행위. 이 경우 일별 잔고는 공매도 수량을 차감하여 산정

ㄷ. 수요예측 등에 참여하면서 관련 정보를 허위로 작성·제출하는 경우

ㄹ. 대리청약 행위(수요예측 등에 참여하여 배정받은 주식을 투자자에게 매도함으로써 법 제11조를 위반한 경우)

ㅁ. 투자일임회사, 신탁회사, 부동산 신탁회사 및 일반 사모집합투자업을 등록한 집합투자회사가 규정 제5조의2 제1항부터 제6항까지를 위반하여 수요예측 등에 참여한 경우

ㅂ. 수요예측에 참여하여 공모주식을 배정받은 벤처기업투자신탁의 신탁계약이 설정일로부터 1년 이내에 해지되거나, 공모주식 배정일로부터 3개월 이내에 신탁계약이 해지되는 경우(신탁계약기간이 3년 이상인 집합투자기구의 신탁계약 종료일 전 3개월에 대해서는 적용하지 아니함)

ㅅ. 사모의 방법으로 설정된 벤처기업투자신탁이 수요예측등에 참여하여 공모주식을 배정받은 후 최초 설정일로부터 1년 6개월 이내에 환매되는 경우

ㅇ. 수요예측에 참여하여 공모주식을 배정받은 고위험고수익투자신탁등의 설정일·설립일로부터 1년 이내에 해지되거나, 공모주식을 배정받은 날로부터 3개

월 이내에 해지(계약기간이 1년 이상인 고위험고수익투자신탁등의 만기일 전 3개월에 대해서는 적용하지 아니한다)되는 경우

ㅈ. 기업공개시 수요예측등 참여금액이 규정 제5조의3제1항에 따른 주금납입능력을 초과하는 경우

ㅊ. 그 밖에 인수질서를 문란하게 한 행위로서 ㄱ.~ㅈ.에 준하는 경우

❷ 불성실 수요예측 등 참여자 지정절차 : 협회는 불성실 수요예측 등 참여 행위를 한 자에 대하여 협회 정관 제41조에 따라 설치된 자율규제위원회의 의결을 거쳐 불성실 수요예측 등 참여자로 지정

❸ 수요예측등 참여 제한 : 기업공개와 관련하여 불성실 수요예측 등 참여자로 지정된 자에 대하여 위반금액 규모에 따라 최대 24개월까지 수요예측 참여가 제한되며, 무보증사채 공모와 관련해서도 불성실 수요예측 등 참여자로 지정된 자에 대하여는 1~4개월간 수요예측 등 참여가 제한된다. 대표주관회사는 해당 기간 동안 공모주식 또는 무보증사채 공모를 위한 수요예측 등 참여를 제한하여야 함

다만, 불성실 수요예측 등 참여행위의 원인이 단순 착오나 오류에 기인하거나 위원회가 필요하다고 인정하는 경우에는 불성실 수요예측 등 참여자로 지정하지 아니하거나 제재금을 부과할 수 있음

❹ 제재의 병과 : 위원회가 제재금 또는 금전의 납부를 부과하는 경우, 위원회는 불성실 수요예측 참여자로 지정된 자의 고유재산에 한하여 수요예측등 참여제한을 병과할 수 있음

chapter 04

금융투자회사의 약관운용에 관한 규정

1 표준약관[1] 및 수정약관

협회는 건전한 거래질서를 확립하고 불공정한 내용의 약관이 통용되는 것을 방지하기 위하여 금융투자업 영위와 관련하여 표준이 되는 약관(표준약관)을 정할 수 있다(법 제56조).

금융투자회사는 업무와 관련하여 협회가 정한 표준약관을 사용하거나, 이를 수정하여 사용할 수 있다. 그러나 모든 표준약관을 다 수정하여 사용할 수 있지는 않고 '외국 집합투자증권 매매거래에 관한 표준약관'은 표준약관 그대로 사용하여야 한다.[2]

---

1 '약관'은 그 명칭이나 형태를 불문하고 금융투자업 영위와 관련하여 금융투자회사가 다수의 고객과 계약을 체결하기 위하여 일정한 형식에 의하여 미리 작성한 계약의 내용을 말하며, 약관의 보고접수, 신고수리 및 검토업무는 금융위원회의 업무이지만 법 시행령 제387조 제2항에 의하여 협회에 위탁하여 운용되고 있음.

2 '외국 집합투자증권 매매거래에 관한 표준약관'의 경우에도 외국환거래규정 제1−2조 제4호의 기관

금융투자회사는 법 제56조 제1항 본문에 따라 금융투자업의 영위와 관련하여 약관을 제정 또는 변경하는 경우에는 약관의 제정 또는 변경 후 7일 이내에 협회에 보고하여야 한다. 다만, 법 제56조 제1항 단서[3]에 따라 사전신고에 해당되는 경우에는 약관의 제정 또는 변경 시행예정일 10영업일전까지 협회에 신고하여야 한다.

협회는 금융투자회사로부터 보고받은 약관에 다음의 사항이 포함되어 있는지 여부를 검토하여야 한다.

❶ 법 등 관계법령에 위반되는 내용
❷ 금융투자회사의 고의 또는 중대한 과실로 인한 법률상의 책임을 배제하는 내용
❸ 상당한 이유 없이 금융투자회사의 손해배상범위를 제한하거나 금융투자회사가 부담하여야 할 위험을 고객에게 이전시키는 내용
❹ 고객에 대하여 부당하게 과중한 손해배상의무를 부담시키는 내용
❺ 법률의 규정에 의한 고객의 해제권 또는 해지권을 상당한 이유 없이 제한하거나 그 행사를 제한하는 내용
❻ 금융투자회사에게 법률에서 정하고 있지 아니하는 해제권·해지권을 부여하거나 법률의 규정에 의한 해제권·해지권의 행사요건을 완화하여 고객에 대하여 부당하게 불이익을 줄 우려가 있는 내용
❼ 계속적인 채권·채무관계의 발생을 목적으로 하는 계약에서 그 존속 기간을 부당하게 단기 또는 장기로 하거나 묵시의 기간연장 또는 갱신이 가능하도록 정하여 고객에게 부당하게 불이익을 줄 우려가 있는 내용
❽ 법률의 규정에 의한 고객의 항변권·상계권 등의 권리를 상당한 이유 없이 배제 또는 제한하는 내용

투자자만을 대상으로 외국 집합투자증권을 판매하는 경우에는 수정하여 사용할 수 있다.
3 투자자의 권리나 의무에 중대한 영향을 미칠 우려가 있는 경우로서 대통령령으로 정하는 경우에는 약관의 제정 또는 변경 전에 미리 금융위원회에 신고

⑨ 고객에게 부여된 기한의 이익을 상당한 이유 없이 박탈하는 내용

⑩ 금융투자회사 또는 고객 의사표시의 부당한 의제를 통하여 고객에게 불이익을 줄 수 있는 내용

⑪ 고객이 계약의 거래형태 등 제반사항에 비추어 예상 또는 이해하기 어려운 내용

⑫ 계약의 목적을 달성할 수 없을 정도로 계약에 따르는 고객의 본질적 권리를 제한하는 내용

⑬ 그 밖에 고객에 대하여 부당하게 불리한 내용

4 약관내용의 검토 결과 통보 등

협회는 약관을 검토한 결과 약관내용의 변경이 필요한 경우 금융투자회사에 변경 필요 사유 등을 통보한다. 이 경우 협회는 통보받은 금융투자회사가 해당 약관의 내용을 변경하지 않은 때에는 금융위원회에 보고한다. 협회는 금융투자회사가 이미 사용하고 있는 약관이 관계법령 개정 등의 사유로 변경이 필요하다고 인정되는 경우 금융투자회사에 대하여 통보할 수 있다. 협회는 법 제56조 제1항 단서와 관련하여 사전 신고를 받은 경우 그 내용을 검토하여 법에 적합하면 신고를 수리하고 지체 없이 그 결과를 해당 금융투자회사에 통보하여야 한다.

01 다음 중 일반투자자에 대한 투자권유에 대한 설명으로 옳은 것은?

① 투자목적·재산상황·투자경험 등 고객정보를 파악하지 않은 일반투자자에 대하여는 투자권유를 할 수 없다.

② 투자권유 전 파악한 일반투자자의 투자성향 등 분석 결과는 서명 또는 기명날인의 방법으로만 일반투자자로부터 확인을 받을 수 있다.

③ 증권신고서를 제출한 집합투자증권의 경우 판매 시 간이투자설명서와는 별도로 반드시 투자설명서를 교부하여야 한다.

④ 투자권유를 희망하지 않는 투자자에 대해서는 파생상품을 판매하더라도 고객정보를 파악할 필요가 없다.

02 다음 중 조사분석자료에 대한 설명으로 옳은 것은?

① 금융투자회사는 자신이 발행한 주식을 기초자산으로 하는 주식워런트증권에 대해서는 조사분석자료를 공표할 수 없다.

② 금융투자분석사는 자신의 금융투자상품 매매내역을 분기별로 회사에 보고하면 된다.

③ 소속 회사가 발행주식 총수의 100분의 5 이상의 주식등을 보유하고 있는 법인에 대해서는 조사분석자료 공표 시 그 이해관계를 고지하여야 한다.

④ 소속 회사에서 조사분석자료를 공표하는 경우 금융투자분석사는 자신이 분석을 담당하는 업종이 아니더라도 공표일부터 7일간은 해당 종목을 매매할 수 없다.

해설

01 ② 녹취, 전자우편 등의 방법 가능 ③ 집합투자증권의 경우 간이투자설명서를 교부하거나 투자자가 원하는 경우에는 투자설명서를 교부해야 함 ④ 파생상품등을 판매하고자 하는 경우에는 반드시 고객정보를 확인하고 적정하지 않은 경우 이를 알리고 확인받아야 함

02 ② 매월 보고하여야 함 ③ 100분의 1임. 100분의 5 이상일 경우는 조사분석자료를 공표할 수 없음 ④ 자신이 담당하는 업종이 아닐 경우 매매는 할 수 있지만 공표일로부터 7일간 같은 방향으로 매매하여야 한다.

03 다음 중 금융투자회사(임직원 포함)가 업무와 관련하여 투자자 또는 거래상대방에게 재산상 이익을 제공할 때 적용되는 기준에 대한 설명으로 적절하지 않은 것은?

① 거래상대방에게 재산상이익을 제공할 때 제공목적, 제공내용 등을 5년 이상의 기간 동안 기록·보관하여야 한다.

② 경제적 가치가 3만 원 이하의 물품 또는 식사의 경우에는 재산상 이익의 제공으로 보지 않는다.

③ 동일 거래상대방에게 1회당 제공할 수 있는 한도는 원칙적으로 최대 20만 원이다.

④ 집합투자증권 판매회사의 변경을 권유하면서 백화점상품권을 제공할 수 없다.

04 기업공개 시 주관회사에 대한 제한 요건에 대한 설명으로 적절하지 않은 것은?

① 발행회사 및 발행회사의 이해관계인이 주관회사의 주식등을 100분의 7을 보유하고 있는 경우 금융투자회사는 해당 회사에 대한 주관업무를 할 수 없다.

② 금융투자회사가 발행회사의 주식등을 100분의 7을 보유하고 있는 경우 해당 회사에 대한 주관업무를 할 수 없다.

③ 금융투자회사와 금융투자회사의 이해관계인이 합하여 발행회사의 주식등을 100분의 6을 보유하고 있다면 단독으로 주관업무를 수행할 수 있다.

④ 금융투자회사의 임원이 발행회사의 주식등을 100분의 2를 보유하고 있다면 해당 발행회사의 주관업무를 수행할 수 없다.

해설

03 ③ 재산상 이익의 제공 한도 규제는 폐지되었음(단, 파생상품의 경우 일부 예외 존재) ④ 판매회사 변경 또는 이동금액을 조건으로 재산상이익을 제공할 수 없음

04 ③ 이해관계인 보유분을 합하여 100분의 5 이상, 100분의 10 미만 보유시에는 다른 금융투자회사와 공동으로 주관업무를 수행하여야 함

05 다음 중 금융투자회사의 약관에 대한 설명으로 적절하지 않은 것은?

① 금융투자회사가 이미 사용하고 있는 약관이 관계법령 개정 등의 사유로 변경이 필요한 경우 협회는 금융투자회사에 대하여 통보할 수 있다.

② 금융투자회사가 별도의 개별 약관을 제정하거나 변경하는 경우 협회에 보고하여야 한다.

③ 금융투자회사는 일반투자자를 대상으로 한 외국 집합투자증권 매매거래에 관한 표준약관은 수정하여 사용할 수 없다.

④ 약관내용 중 고객의 권리 또는 의무와 관련이 없는 사항을 변경하는 경우에는 협회에 보고할 필요가 없다.

06 다음 중 금융투자전문인력의 등록 거부 사유에 해당하지 않는 것은?

① 금융투자회사(신용평가회사)의 임직원이 아닌 자를 등록신청한 경우

② 다른 회사에 금융투자전문인력으로 등록되어 있는 자를 등록신청한 경우

③ 금융투자전문인력 등록의 효력정지, 등록거부 기간이 경과하지 아니한 자를 등록신청한 경우

④ 자격 요건을 갖춘 날로부터 3년이 경과한 자를 등록신청한 경우

07 협회가 금융투자전문인력에 대하여 제재를 부과하는 사유에 해당하지 않은 것은?

① 금융투자전문인력의 업무와 관련하여 자본시장법령을 위반한 경우

② 정당한 사유 없이 개인정보 보호교육을 이수하지 않은 경우

③ 협회가 실시하는 자격시험에서 부정행위를 한 경우

④ 정당한 사유 없이 보수교육을 이수하지 않은 경우

해설

05 ④ 사후보고 사항임

06 ④ 자격 요건을 갖춘 날 또는 최근 업무 수행일 등으로부터 5년이 경과하여 전문성 강화교육이 필요한 경우 등록거부 사유에 해당된다.

07 ② 개인정보 보호교육은 금융투자전문인력의 의무 교육대상이 아님

정답 01 ① | 02 ① | 03 ④ | 04 ③ | 05 ④ | 06 ④ | 07 ②

part 04

금융소비자
보호법

certified securities investment advisor

chapter 01

금융소비자보호법
제정 배경

한국은 2008년 국내외 금융위기 등을 겪으면서 금융소비자의 권익을 신장함과 동시에 금융산업에 대한 국민적 신뢰 제고를 위한 통합적이고 집약적인 금융규제체계를 마련하고자 적극적인 모색을 추진하였다. 특히, 키코사태, 파워인컴펀드사태, DLF·라임사모펀드 사태 등이 연달아 발생하여 금융소비자보호 강화 필요성에 대한 국민적 관심이 더욱 고조되었다고 할 것이다.

외국의 사례를 보더라도 금융소비자를 우선적으로 보호하려는 경향으로 금융정책의 패러다임이 금융소비자보호 중심으로 변화·발전하는 것은 사실이다. 영국과 일본 등 주요국은 이미 각 업권 통합법 성격의 금융소비자보호 법체계를 이미 마련해 놓았고 미국, 영국 등은 별도의 금융소비자보호기구를 설치해 운영 중에 있는 것이 그 반증일 것이다.

section 02 | 제정 연혁

「금융소비자보호에 관한 법률(이하 '금융소비자보호법')」은 2020년 3월 5일 본회를 통과한 후 1년이 경과한 2021년 3월 25일부로 시행되었다. 다만, 금융상품자문업 관련 규정 및 금융회사의 내부통제기준 마련 등 일부사항은 6개월 추가 유예되어 2021년 9월 25일 시행되었다.

금융소비자보호법 제정 과정을 살펴보면, 우선 최초 발의는 2008년 금융위기가 촉발의 계기가 되었다고 해도 과언은 아니다. 당시 금융투자로 손해를 본 금융소비자를 두텁게 그리고 세심하게 보호하자는 논의에 불을 붙였고 마침내 2011년 처음 법안(박선숙 의원 대표발의)이 국회에 발의되었다.

이후 정부안을 포함해 총 14개의 제정법안이 발의되어 논의를 이어갔으나 난항을 겪다가 2019년 발생한 DLF 및 라임사모펀드 사태를 계기로 금융소비자보호법에 대한 제정 논의가 본격적으로 진행되었고, 이러한 논의 끝에 2019년 말 5개 금융소비자보호법 제정안과 「자본시장 및 금융투자업에 관한 법률(이하 '자본시장법')」 등 6개 관련 법안을 통합하여 국회 정무위원장이 대안을 발의하였고 이 법안으로 국회를 최종 통과하게 되었다.

chapter 02

금융소비자보호법 개관

section 01 금융소비자보호법 시행 후 주요 제도 변화

표 2-1 | 금융소비자보호법 시행 전후 비교

	구분	시행 전	시행 후
사전 규제	6大 판매규제	자본시장법 등 일부 금융업법	원칙적으로 모든 금융상품
	소비자보호 내부통제기준	법령상 규율 없음·	기준 마련 의무 부과
사후 제재	금전적 제재	과태료 최대 5천만 원	징벌적 과징금 신설 과태료 최대 1억 원
	형벌	3년 이하 징역, 1억 원 이하 벌금	5년 이하 징역, 2억 원 이하 벌금
신설된 소비자 권리	청약철회권	투자자문업·보험 有	일부 상품에 한정 (단위형 고난도펀드 등)
	위법계약해지권	없음	일부 상품에 한정 (계속적 계약＋해지 시 재산상 불이익 발생)
	자료열람요구권	금융투자업 有 (금융투자업규정)	소송, 분쟁조정 시 자료 열람 요구 가능
사후 구제	소액분쟁 시 금융회사의 분쟁조정 이탈 금지	없음	신설
	분쟁조정 중 소 제기 시 법원의 소송중지		
	손해배상 입증책임 전환		설명의무 위반 시 고의· 과실 존부 입증에 적용
	판매제한명령권		재산상 현저한 피해 우려가 명백한 경우 발동

　　금융소비자보호법의 구성은 우선 법률은 총 8개 장(章), 69개 조항으로 구성되어 있다. 동법 시행령은 법률에서 정한 장(章) 구분을 그대로 따라 51개 조항으로 마련되어 있으며 마지막으로 「금융소비자보호에 관한 감독규정(이하 '감독규정)」은 총 35개 조항으로 마련되어 있다.

표 2-2   금융소비자보호법 구성 및 요약

1장. 총칙(§1~§6)	• 금융상품·전문금융소비자의 정의(§2) • 금융상품의 유형(§3) 및 금융회사 등의 업종 구분(§4)
2장. 기본 권리·책무 (§7~§10)	• 금융소비자의 기본권(§7), 금융소비자·국가·금융상품판매업자 등의 책무(§8·9·10)
3장. 등록요건 (§11·12)	• 법상 등록되지 않은 자의 금융상품 판매·자문 금지(§11) • 상품별·업종별 등록요건(§12, 독립자문업자 등록요건 법제화)
4장. 영업행위 준수사항 (§13~§28)	• 내부통제기준 마련 의무 부과(§16) • 방문판매 및 전화권유판매 시 준수사항(§16의2) • 금융상품 유형별 영업행위 준수사항(§17~§22, 6大 판매규제 등) • 업종별 준수사항(§24~§28, 대리중개업자·자문업자 영업행위 준칙, 소비자 자료요구권 등)
5장. 금융소비자 보호 (§29~§47)	• 금융교육(§30·31)·금융상품 비교공시·소비자보호실태평가(§32) • 분쟁조정 제도(§33~§43, 위원회 구성·법원 소송중지·조정이탈금지 제도 등) • 손해배상책임(§44·45)·청약철회권(§46)·위법계약해지권(§47)
6장. 감독 및 처분 (§48~§64)	• 판매제한명령제 운영에 관한 사항(§49) • 징벌적 과징금(§57~§64) 부과 기준 및 절차
7장. 보칙(§65·66) 8장. 벌칙(§67~§69)	• 업무위탁에 관한 사항, 과태료, 양벌규정 등

금융소비자보호법의 내용상 주요 체계

◇ '동일기능 – 동일규제' 원칙이 적용될 수 있도록 금융상품 및 판매업 등의 유형을 재분류

1 금융상품

금융소비자보호법은 금융업과 관련한 각종 현행 법률 등에 규정된 모든 금융상품과 서비스를 '투자성 상품', '예금성 상품', '보장성 상품' 및 '대출성 상품'으로 다시 분류하였다. 구분방법은 다음과 같다.

표 2-3 금융상품 구분

구분	개념	대상
투자성	자본시장법상 금융투자상품 및 이와 유사한 것으로서 대통령령으로 정하는 것	펀드 등 금융투자상품, 신탁계약, 투자일임계약
예금성	은행법상 예금 및 이와 유사한 것으로서 대통령령으로 정하는 것	예·적금 등
보장성	보험업법상 보험상품 및 이와 유사한 것으로서 대통령령으로 정하는 것	보험상품 등
대출성	은행법상 대출 및 이와 유사한 것으로서 대통령령으로 정하는 것	대출상품, 신용카드 등

2 금융상품판매업자등

금융상품을 판매하는 자는 '금융상품직접판매업자(금융회사)', '금융상품판매대리·중개업자' 그리고 '금융상품자문업자'로 그 유형을 재분류하였다.

'투자성 상품' 판매를 취급하는 금융상품직접판매업자와 관련하여 특히 주의해야 할 사항은 자본시장법상 집합투자업자도 직접판매업을 영위하는 경우에는 금융상품직접판매업자에 해당한다는 점이다.

이는 금융소비자보호법을 보면 금융관계 현행법상 금융상품판매업에 해당하는 업무에 대하여 인가, 허가 또는 등록한 경우 외에도 해당 금융관계 현행법상 인허가를 받거나 등록하지 아니한 경우라도 해당 판매업을 영위하도록 규정한 경우에는 "금융상품판매업자"에 해당된다고 규정하고 있기 때문이다(법 §2.3호).

특히 '금융상품판매업'에서 적용제외하는 근거가 대통령령에 있으나 "자본시장법 제7조 제6항 제3호에 따른 일반 사모집합투자업자가 자신이 운용하는 사모집합투자기구의 집합투자증권을 판매하는 경우"에는 적용제외 사유로 들지 않고 있기 때문에 일반 사모집합투자업자는 금융상품판매업자에 해당된다.

표 2-4 금융상품판매업자등 구분

구분	개념	대상(예시)
직접 판매업자	자신이 직접 계약의 상대방으로서 금융상품에 관한 계약체결을 영업으로 하는 자 ※ 투자성 상품의 경우 자본시장법에 따른 '투자중개업자'를 포함	-금융투자업자(증권회사·선물회사 등) 및 겸영금융투자업자 -은행, 보험, 저축은행 등 -신협중앙회 공제사업부문, P2P사업자, 대부업자, 증권금융 등* -신용협동조합 등**
판매대리· 중개업자	금융회사와 금융소비자의 중간에서 금융상품 판매를 중개하거나 금융회사의 위탁을 받아 판매를 대리하는 자	투자권유대행인, 보험설계·중개사, 보험대리점, 카드·대출모집인 등
자문업자	금융소비자가 본인에게 적합한 상품을 구매할 수 있도록 자문을 제공	-투자자문업자(자본시장법) -독립자문업자(금소법)

* 금융소비자법 시행령에서 규정
** 금융소비자보호에 관한 감독규정에서 규정

section 04 금융소비자보호법의 위치

금융투자회사와 그 임직원은 업무수행과 관련하여 금융소비자보호법을 확인함에 있어 자본시장과 금융투자업을 규율하는 기존의 자본시장법과의 적용상 순위에 대하여 혼란을 가질 수 있을 것이다. 그 내용을 보면 우선 금융소비자보호법은 금융소비자를 대상으로 하는 금융상품 판매와 금융소비자 보호에 관한 일반법적 효력을 가진다고 할 것이다. 다시 말해 금융소비자 보호에 관해 다른 법률에서 특별히 정한 경우를 제외하면 금융소비자보호법이 적용된다.

예를 들어, 투자성 상품의 판매와 관련된 사항이 일부 자본시장법에서 정해진 내용이 있다면 자본시장법상 해당 내용에 한해 금융소비자보호법과 관해서는 특별법 지위에 있다고 할 것이다. 즉 자본시장법 내용이 우선 적용될 것이다.

section 05 | 금융소비자보호법의 적용예외

금융소비자보호법도 금융관계 현행법 중 법 취지 및 규제 실질에 따라 법적용이 어려운 사항이 있다. 이러한 점을 감안하여 「부동산투자회사법」, 「선박투자회사법」, 「문화산업진흥 기본법」, 「산업발전법」, 「벤처투자 촉진에 관한 법률」, 「여신전문금융업법」 등 개별 법률에 따라 사모의 방법으로 금전 등을 모아 운용·배분하는 상품에 대해서는 금융소비자보호법을 적용을 하지 않는다는 것을 규정함으로써 예외사항을 입법적으로 해결하였다.

section 06 | 전문금융소비자 분류

금융소비자보호법은 현행 자본시장법상 전문투자자 범위를 기본 토대로 전문금융소비자 범위를 정하되 투자성·보장성·대출성·예금성 상품의 개별 특성을 감안하여 각각 전문금융소비자 범위를 보완하는 방법으로 규정하였다.

• 투자성 상품 중 장외파생상품 거래의 경우 주권상장법인, 해외 증권시장에 상장된 주권을 발행한 국내법인, 개인전문투자자 등은 일반금융소비자로 대우받다가 자신이 전문금융소비자와 같은 대우를 받겠다는 의사를 서면으로 알린 경우에만 전문금융소비자로 취급할 수 있다(☞자본시장법을 그대로 계수함).

- 대출성 상품의 경우 상시근로자 5인 이상의 법인·조합·단체, 겸영여신업자 그리고 자산의 취득 또는 자금의 조달 등 특정목적을 위해 설립된 법인(PFV 등 SPC)도 전문 금융소비자로 포함된다.
- 판매대리·중개업자의 경우 예금성 상품을 제외하고 각각 상품별로 전문금융소비 자로 포함되었다.
- 대부업자의 경우에는 예금성 상품을 제외하고 투자성 상품, 보장성 상품, 대출성 상품에서 모두 전문금융소비자로 신규 포함된 사실에 유의할 필요가 있다.

표 2-5 **전문금융소비자 유형**

투자성 상품	보장성 상품	대출성 상품	예금성 상품
국가 / 한국은행 / 금융회사 / 주권상장법인			
지방자치단체			
금감원, 신보, 기보, 수출입은행, 한국투자공사, 거래소, 금융공공기관			
신협·농협·수협·산림조합·새마을금고 각 중앙회, 신협 단위조합, 금융권 협회			
금융지주회사, 집합투자업자, 집합투자기구, 증권금융회사, 단기금융회사, 자금중개회사, P2P업자			
법률상 기금 관리·운용 공공기관, 법률상 공제사업 영위 법인·조합·단체			
외국정부, 국제기구, 외국 중앙은행, 외국에 상장된 국내법인			
투자성 상품 판매대리중개업자	보장성 상품 판매대리중개업자	대출성 상품 판매대리중개업자	-
적격투자 단체 및 개인	보험요율 산출기관	상시근로자 5인 이상의 법인·조합·단체	법인 등 단체
	보험 관계 단체	겸영여신업자	성년 (제외 : 피성년후견인 / 피한정후견인 / 65세 이상의 고령자)
	단체보험· 기업성보험· 퇴직연금 가입자	자산취득 또는 자금의 조달 등 특정목적을 위해 설립된 법인	
대부업자	대부업자	대부업자	-

section 07   금융소비자의 권리와 책무 등

1   금융소비자의 권리와 책무

금융소비자보호법은 투자정보 등에서 약자에 해당되는 금융소비자의 권익 보호를 위해 금융소비자의 기본적 권리를 규정하는 한편, 금융소비자 스스로 역량 강화를 위해 기본적 책무도 아울러 규정하고 있다.

- **(권리)** ① 금융상품판매업자등의 위법한 영업으로 인한 재산상 손해로부터 보호받고 신속·공정한 절차에 따라 적절한 보상을 받을 권리, ② 금융상품의 선택·소비에 필요한 정보제공, 금융교육을 받을 권리, ③ 소비생활 관련 국가·지자체의 정책에 의견 반영 권리 등
- **(책무)** ① 금융시장의 구성 주체로서 금융상품의 올바른 선택, 금융소비자의 권리를 정당하게 행사할 책무, ② 금융소비자 스스로 필요한 지식·정보를 습득하도록 노력할 책무

2   국가 및 금융상품판매업자등의 책무

금융소비자보호법은 금융소비자의 기본적 권리가 실현될 수 있도록 국가와 금융상품판매업자등의 책무를 규정하고 있다.

- **(국가)** ① 금융소비자의 권익 증진에 필요한 시책을 수립·실시할 책무, ② 관련 법령을 제·개정 및 폐지할 책무, ③ 필요한 행정조직을 정비·운영 개선할 책무
- **(금융상품판매업자등)** ① 국가의 금융소비자 권익 증진 시책에 적극 협력할 책무, ② 금융소비자의 합리적 선택·이익을 침해할 우려가 있는 거래조건·거래방법을 사용하지 않을 책무, ③ 금융소비자에게 금융상품 정보를 성실·정확하게 제공할 책무, ④ 금융소비자의 개인정보를 성실하게 취급할 책무

section 08 | 6대 판매원칙

◇ 기능별 규제체계를 기반으로 일부 상품에만 적용 중인 판매행위 원칙을 원칙적으로 全금융상품에 확대 적용함
  ① 적합성 원칙, ② 적정성 원칙, ③ 설명의무, ④ 불공정영업행위, ⑤ 부당권유금지,
  ⑥ 광고규제

1 적합성 원칙

판매업자등은 상대방인 금융소비자가 일반금융소비자인지 전문금융소비자인지를 확인하여야 하며, 일반금융소비자의 재산상황, 금융상품 취득·처분 경험 등에 비추어 부적합한 금융상품 계약체결의 권유를 할 수 없다(법 §17).

과거 금융투자상품 및 변액보험에만 도입되어 있었으나, 이러한 규제를 대출성 상품, 대통령령으로 정하는 보장성 상품 등으로 적용을 확대하였다.

2 적정성 원칙

판매업자등은 일반금융소비자가 자발적으로 구매하려는 금융상품이 소비자의 재산 등*에 비추어 부적정할 경우 이를 고지·확인하여야 한다(법 §18).

* 재산상황, 투자경험(투자성 상품), 신용 및 변제계획(대출성 상품) 등

과거 자본시장법상 파생상품, 파생결합증권 등에 대해서만 도입되어 있었으나 일부 대출성 상품과 보장성 상품으로 확대되었다.

3 설명의무

판매업자등은 금융상품 계약 체결을 권유하거나 일반금융소비자가 설명을 요청시 상품의 중요한 사항을 설명하여야 한다(법 §19).

금융상품 유형별로 필수 설명사항을 세부적으로 규율하고, 이를 일반금융소비자가 이해할 수 있도록 설명을 의무화하였다.

즉, 자본시장법·은행법·보험업법·여전법 등 현행 주요 금융업법에 도입되어 있는 설명의무를 금융소비자보호법으로 통합·이관하였다고 볼 수 있다.

4 불공정영업행위 금지

판매업자등이 금융상품 판매 시 우월적 지위를 이용하여 금융소비자의 권익을 침해하는 행위가 금지된다(법 §20).

불공정영업행위 유형

① 대출과 관련하여 다른 금융상품 계약을 강요하는 행위
② 대출과 관련하여 부당한 담보를 요구하는 행위
③ 대출과 관련하여 제3자의 연대보증을 요구하는 행위
④ 업무와 관련하여 편익을 요구하는 행위
⑤ 연계·제휴서비스를 부당하게 축소·변경하는 행위 등

특히, 대출성 상품과 관련하여 대출 실행 후 3년 경과 시 중도상환수수료를 부과하는 것도 금지사항으로 포함되었다. 은행·보험 등 업권에서는 일부내용을 규정하고 있었으나, 동 금지사항을 정비하여 全판매채널(직접판매, 대리·중개, 자문)에 적용하도록 하였다.

5 부당권유행위 금지

판매업자등이 금융상품 계약 체결의 권유 시 금융소비자가 오인할 수 있는 허위 사실 등을 알리는 행위가 금지된다(법 §21).

부당권유행위 유형

① 불확실한 사항에 대한 단정적 판단을 제공하는 행위
② 금융상품의 내용을 사실과 다르게 알리는 행위

---

③ 금융상품의 가치에 중대한 영향을 미치는 사항을 알리지 않는 행위

④ 객관적 근거 없이 금융상품을 비교하는 행위

⑤ 내부통제기준에 따른 직무수행 교육을 받지 않은 자로 하여금 계약체결 권유와 관련된 업무를 하게 하는 행위 등

금융투자 또는 보험 등 업권에서 일부내용을 규정하고 있었으나, 동 금지사항을 정비하여 숟판매채널에 적용하도록 하였다.

6 광고규제

판매업자등이 금융상품 또는 판매업자등의 업무에 관한 광고 시 필수적으로 포함해야 하는 사항과 금지행위 등을 금융소비자보호법에 규정하였다(법 §22).

기존 자본시장법·은행법·보험업법·여전법 등에서 개별적으로 규정하거나, 별도 광고규제가 없었던 것을 금융소비자보호법으로 통합·이관하여 규정한 데 의미가 있다.

광고규제 관련 필수 포함사항 및 금지행위

• 필수 포함사항

① 금융상품 설명서 및 약관을 읽어볼 것을 권유하는 내용

② 금융상품판매업자등의 명칭, 금융상품의 내용

③ 보장성 상품 : 보험료 인상 및 보장내용 변경 가능 여부

④ 투자성 상품 : 운용실적이 미래수익률을 보장하지 않는다는 사항 등

• 금지행위

① 보장성 상품 : 보장한도, 면책사항 등을 누락하거나 충분히 고지하지 않는 행위

② 투자성 상품 : 손실보전 또는 이익보장이 되는 것으로 오인하게 하는 행위

③ 대출성 상품 : 대출이자를 일단위로 표시하여 저렴한 것으로 오인하게 하는 행위

chapter 03

금융소비자보호법
주요내용

◇ 금융소비자보호법은 개별 금융 관련법에 산재되어 있던 금융상품 판매에 관한 사항을 일률적으로 규율하는 법인바, 이하에서는 자본시장에 관한 '투자성 상품' 관련 내용을 중심으로 기술함

section 01 투자성 상품 및 대출성 상품

1 투자성 상품

금융소비자보호법은 투자성 상품으로 ① 자본시장법에 따른 금융투자상품, ② 투자일임계약, ③ 신탁계약(관리형 신탁 및 투자성 없는 신탁은 제외)으로 분류하고 있다.

다만, 금융소비자보호법상 투자성 상품으로 나열된 "연계투자"는 「온라인투자연계금융업 및 이용자보호에 관한 법률」 제2조 제1호에 따른 연계투자로 금융투자업자의 상품 판매와 관련해서는 해당사항이 없음을 유의하여야 한다.

참고로 "연계투자"란 온라인플랫폼을 통하여 특정 차입자에게 자금을 제공할 목적으로 투자한 투자자의 자금을 투자자가 지정한 해당 차입자에게 대출 등의 방법으로 자금을 공급하고 그에 따른 원리금수취권을 투자자에게 제공하는 것을 말하며 시중에서는 P2P투자로 알려져 있다.

2 대출성 상품

금융소비자보호법상 대출성 상품으로는 대표적으로 은행의 신용대출이나, 주택담보대출이 있으나, 금융투자업자에 해당하는 판매업자등과 관련해서는 자본시장법령 및 금융투자업규정에서 규정하고 있는 ① 신용거래융자·신용대주, ② 증권담보대출, ③ 청약자금대출 등 신용공여 상품이 대표적이다.

이외에도 금융투자업자가 금융소비자에게 어음할인·매출채권매입(각각 금융소비자에게 금전의 상환을 청구할 수 있는 계약에 한정)·대출·지급보증 또는 이와 유사한 것으로 금전 또는 그 밖의 재산적 가치가 있는 것을 제공하고 장래에 금전등 및 그에 따른 이자 등의 대가를 받기로 하는 계약은 모두 대출성 상품에 포섭할 수 있도록 광범위하게 규정하였다.

다만, 6대 판매원칙 중 하나인 적정성 원칙과 관련하여 대출성 상품도 적용대상으로 규정되었는데 모든 대출성 상품이 적용되는 것은 아니고 증권 등 재산을 담보로 계약을 체결하는 대출성 상품만 적정성 원칙을 적용하는 것으로 규정된 점을 유의하여야 한다.

1) 개요

금융상품판매업자등은 투자권유 또는 자문업무를 하는 경우 먼저 해당 금융소비자가 일반금융소비자인지 전문금융소비자인지 확인해야 한다.

그 다음으로 임직원은 면담, 질문 등을 통하여 일반금융소비자의 금융상품 취득 또는 처분의 목적, 재산상황, 취득 또는 처분 경험 등의 정보를 고려한 투자성향을 파악하고 투자성향에 적합하지 아니하다고 인정되는 때에는 계약체결을 권유해서는 안 된다.

이때, 파악된 정보 등은 일반금융소비자의 확인을 받아 유지·관리하며, 확인받은 내용을 일반금융소비자에게 지체 없이 제공하여야 한다.

표 3-1 **금융상품별 파악해야 하는 일반금융소비자 정보 내용**

투자성 상품	대출성 상품
1) 금융상품 취득·처분 목적 2) 재산상황 (부채를 포함한 자산 및 소득에 관한 사항) 3) 금융상품의 취득·처분 경험 4) 소비자의 연령 5) 금융상품에 대한 이해도 6) 기대이익(손실) 등을 고려한 위험에 대한 태도	1) 재산상황 (부채를 포함한 자산 및 소득에 관한 사항) 2) 신용* 및 변제계획 3) 소비자의 연령 4) 계약체결의 목적(대출 限)

* 신용정보법에 따른 신용정보 또는 자본시장법에 따른 신용등급으로 한정

금융상품판매업자등이 일반금융소비자에게 해당 상품이 적합한지 여부를 판단할 때에는 금융상품 유형별 적합성 판단 기준에 따라야 한다.

다만, 분양된 주택의 계약 또는 주택조합 조합원의 추가 부담금 발생에 따른 중도금 지급 목적 대출, 주택 재건축·재개발에 따른 이주비 확보 목적 대출, 환매조건부채권 등 원금손실 위험이 현저히 낮은 투자성 상품은 금융상품판매업자등의 자체 기준에 따라 평가가 가능하다.

표 3-2	금융상품별 적합성 판단기준
구분	**판단 기준**
투자성 상품	일반금융소비자의 정보를 파악한 결과 손실에 대한 감수능력이 적정한 수준일 것
대출성 상품	일반금융소비자의 정보를 파악한 결과 상환능력이 적정한 수준일 것

2) 적용대상

자본시장법상 온라인소액투자중개대상증권, 「온라인투자연계금융업 및 이용자보호에 관한 법률」상 연계투자계약 등을 제외한 투자성 상품이 모두 적용되는 것이 원칙이다.

《참 고》
• 모든 대출성 상품과 보장성 상품 중 변액보험과 보험료 또는 공제료 일부를 자본시장법에 따른 금융투자상품 취득·처분 또는 그 밖의 방법으로 운용할 수 있도록 하는 보험 또는 공제는 적합성 원칙이 적용
    - 예금성 상품은 금융소비자보호법상 근거는 있으나 동법 시행령으로 구체적인 적용대상을 정하지 않았으므로 적용되는 구체적인 예금성 상품은 없다고 할 것임

3) 적용특례

판매업자등이 자본시장법상 일반 사모펀드 판매 시에는 원칙적으로 적합성 원칙 적용이 면제되지만 자본시장법상 적격투자자 중 일반금융소비자가 요청할 경우에는 적합성 원칙을 적용하도록 되어 있다.

이때, 일반금융소비자는 ① 서면 교부, ② 우편 또는 전자우편, ③ 전화 또는 팩스, ④ 휴대전화 문자서비스 또는 이에 준하는 전자적 의사표시 방법으로 금융상품판매업자등에게 적합성 원칙을 적용해 줄 것을 요청해야 한다.

금융투자판매업자등도 일반금융소비자에게 적합성 원칙을 적용받을 수 있다는 사실을 계약체결의 권유를 하기 전에 위와 같이 서면 교부, 전자우편 등의 방법으로 미리 알려야 한다는 점을 유의하여야 한다.

1) 개요

금융상품판매업자등은 위험성의 정도가 높은 투자성 상품 또는 대출성 상품에 대해서는 계약체결의 권유가 없는 경우에도 해당 일반금융소비자에게 적정한지를 살펴보고 적정성 여부를 해당 일반금융소비자에게 알리도록 하여 일반금융소비자 보호를 강화하였다.

앞서 살펴본 적합성 원칙은 금융상품판매업자등의 계약체결의 권유가 있는 경우에만 적용되는 반면에 적정성 원칙은 소비자가 자발적으로 계약체결 의사를 밝힌 경우에도 적용되는 것이 차이다.

적정성 원칙을 적용하는 방법으로 금융상품판매업자등은 면담, 질문 등을 통하여 일반금융소비자의 금융상품 취득 또는 처분의 목적, 재산상황, 취득 또는 처분 경험 등의 정보를 고려한 투자성향을 파악하고 적정성 판단기준에 따라 해당 상품이 해당 일반금융소비자에게 적정하지 않다고 판단되는 경우 이를 해당 일반금융소비자에게 알리고 이를 확인을 받아야 한다. 이때 금융상품판매업자등은 적정성 판단결과와 그 이유를 기재한 서류 및 해당 상품의 설명서를 함께 제공하도록 되어 있다.

2) 적용대상

적정성 원칙이 적용되는 상품은 아래와 같다. 다만 유의해야 할 점은 대출성 상품의 경우 금융소비자보호법 시행령에 따르면 증권, 지식재산권 등의 재산을 담보로 계약을 체결하는 대출성 상품에 한해 적정성 원칙을 적용하도록 되어 있기 때문에 금융투자업계의 경우 앞서 설명한 ① 신용거래융자·신용대주, ② 증권담보대출, ③ 청약자금대출 등 신용공여 상품이 주로 적용될 것이다.

다만, 증권시장에서 매도계약이 체결된 증권을 담보로 계약을 체결하는 대출성 상품 (대표적으로 매도주식담보대출)은 담보의 안정성을 감안하여 적정성 원칙을 적용하지 않는다.

표 3-3 적정성 원칙 대상상품

구분	대상상품
투자성 상품	① 파생상품 : 장내파생상품 및 장외파생상품(금소법 시행령 제12조 제1항 제2호 가목) ② 파생결합증권(단, 금적립 계좌등은 제외)(금소법 시행령 제12조 제1항 제2호 가목) ③ 사채(社債) 중 일정한 사유가 발생하는 경우 주식으로 전환되거나 원리금을 상환해야 할 의무가 감면될 수 있는 사채(「상법」 제469조 제2항, 제513조 또는 제516조의2에 따른 사채는 제외)(조건부 자본증권)(금소법 시행령 제12조 제1항 제2호 나목) ④ 고난도금융투자상품, 고난도금전신탁계약, 고난도투자일임계약(금소법 시행령 제12조 제1항 제2호 다목) ⑤ 파생형 집합투자증권(레버리지·인버스 ETF 포함). 다만, 금소법 감독규정 제11조 제1항 단서에 해당되는 인덱스 펀드는 제외(금융소비자보호 감독규정 제11조 제1항 제1호) ⑥ 집합투자재산의 50%를 초과하여 파생결합증권에 운용하는 집합투자기구의 집합투자증권(금융소비자보호 감독규정 제11조 제1항 제2호) ⑦ 위 적정성 원칙 대상상품 중 어느 하나를 취득·처분하는 금전신탁계약의 수익증권(이와 유사한 것으로서 신탁계약에 따른 수익권이 표시된 것도 포함)(금융소비자보호 감독규정 제11조 제1항 제3호)
대출성 상품	자본시장법 제72조에 따른 신용공여(신용거래융자, 신용거래대주, 증권담보융자 등) 등 대출성 상품, 다만 증권시장에서 매도계약이 체결된 증권을 담보로 계약을 체결하는 대출성 상품은 제외

3) 적용특례

적정성 원칙도 자본시장법상 일반 사모펀드 판매 시에는 원칙적으로 적용되지 않지만 자본시장법상 적격투자자 중 일반금융소비자가 이를 요청할 경우에는 적정성 원칙을 적용하도록 하고 있다.

이때, 일반금융소비자는 ① 서면 교부, ② 우편 또는 전자우편, ③ 전화 또는 팩스, ④ 휴대전화 문자서비스 또는 이에 준하는 전자적 의사표시 방법으로 금융상품판매업자등에 적정성 원칙 적용을 요청해야 하며, 반대로 금융투자판매업자등도 일반금융소비자에게 적정성 원칙을 적용받을 수 있다는 사실을 계약체결의 권유를 하기 전에 서면 교부, 전자우편 등의 방법으로 미리 알려야 한다.

3 　설명의무

1) 개요

금융상품판매업자등은 일반금융소비자에게 계약체결을 권유하거나 일반금융소비자가 설명을 요청하는 경우에는 금융상품에 관한 중요한 사항(일반금융소비자가 특정 사항에 대한 설명만을 원하는 경우 해당 사항에 한정)을 이해할 수 있도록 설명해야 한다.

다만, 종전 자본시장법과 동일하게 위험감수능력과 관련지식을 갖춘 것으로 보는 전문금융소비자에 대해서는 설명의무가 면제된다.

실무적인 쟁점사항으로 본인이 아닌 대리인에게 설명하는 경우, 전문금융소비자 여부는 본인 기준으로 판단하고 설명의무 이행 여부는 대리인을 기준으로 판단하는 것이 합리적인 것으로 판단된다.

2) 설명사항

금융상품판매업자등이 설명해야 하는 중요한 사항은 다음과 같다.

금융소비자보호법은 일반금융소비자가 원하는 경우 중요 사항 중 특정 사항만을 설명할 수 있는 것으로 규정하고, 이에 따라 금융소비자보호법 제19조 제1항에서 중요 사항을 정하고 있고 이러한 사항에 대해서는 모두 설명의무를 이행*하도록 해 금융소비자보호 공백을 최소화하고 있다.

* 금융상품 설명의무의 합리적 이행을 위한 가이드라인(금융위·금감원 2021.7.14)

3) 설명서

설명서에는 금융소비자보호법 제19조 제1항 각 호의 구분에 따른 사항이 포함되어야하며 중요한 내용은 부호, 색채 등으로 명확하게 표시하는 등 일반금융소비자가 쉽게 이해할 수 있도록 작성되어야 한다.

다만, 자본시장법 제123조 제1항에 따른 투자설명서 또는 간이투자설명서를 제공하는 경우에는 해당내용에 대해서는 제외가 가능하다.

아울러, 금융소비자보호법은 설명한 사람이 설명한 내용과 실제 설명서 내용이 같다

표 3-4 금융상품에 관한 중요한 사항

구분	중요한 사항

투자성 상품	① 투자성 상품의 내용
	② 투자에 따르는 위험
	③ 투자성 상품의 위험등급(금융상품판매업자가 정함)
	④ 금융소비자가 부담해야 하는 수수료, 계약의 해지·해제
	⑤ 증권의 환매 및 매매
	⑥ 금융소비자보호 감독규정(별표 3)에서 정하는 사항
	  1) 계약기간
	  2) 금융상품의 구조
	  3) 기대수익(객관적·합리적인 근거가 있는 경우에 한정). 이 경우 객관적·합리적인 근거를 포함하여 설명해야 한다.
	  4) 손실이 발생할 수 있는 상황(최대 손실이 발생할 수 있는 상황을 포함) 및 그에 따른 손실 추정액. 이 경우, 객관적·합리적인 근거를 포함하여 설명해야 한다.
	  5) 위험등급에 관한 다음의 사항
	    가) 해당 위험등급으로 정해진 이유
	    나) 해당 위험등급의 의미 및 유의사항
	  6) 계약상 만기에 이르기 전에 일정 요건이 충족되어 계약이 종료되는 금융상품의 경우 그 요건에 관한 사항

대출성 상품	① 금리 및 변동 여부, 중도상환수수료(금융소비자가 대출만기일이 도래하기 전 대출금의 전부 또는 일부를 상환하는 경우에 부과하는 수수료를 의미한다.) 부과 여부·기간 및 수수료율 등 대출성 상품의 내용 ② 상환방법에 따른 상환금액·이자율·시기 ③ 담보권 설정에 관한 사항, 담보권 실행사유 및 담보권 실행에 따른 담보목적물의 소유권 상실 등 권리변동에 관한 사항 ④ 대출원리금, 수수료 등 금융소비자가 대출계약을 체결하는 경우 부담하여야 하는 금액의 총액 ⑤ 그밖에 금소법 시행령 및 금융소비자보호 감독규정에서 정한 사항

공통사항	① 각 금융상품과 연계되거나 제휴된 금융상품 또는 서비스 등이 있는 경우
	  1) 연계·제휴서비스등의 내용
	  2) 연계·제휴서비스등의 이행책임에 관한 사항
	② 청약철회의 기한, 행사방법, 효과에 관한 사항
	③ 그 밖에 금소법 시행령 및 금융소비자보호 감독규정에서 정한 사항

는 사실을 서명 등을 통해 확인해야 하는 의무를 규정했고 설명서 교부 방법도 서면, 우편 또는 전자우편 외에 휴대전화 문자메시지 또는 이에 준하는 전자적 의사표시를 추가하여 온라인매체를 많이 사용하는 최근 시대현상을 반영하였다.

설명서 교부와 관련하여 특히 유의해야 할 사항은 금융소비자보호법은 금융상품판매업자등에게 금융소비자의 의사와 관계없이 설명서 교부 의무를 부과하고 있다는 점이다.

그러나, 자본시장법에서는 공모 집합투자증권의 투자설명서 또는 간이설명서, 사모 집합투자증권의 핵심상품설명서 및 고난도 금융투자상품·고난도 투자일임계약·고난도 금전신탁계약에 대한 요약설명서의 경우는 투자자가 원하지 않을 경우에는 해당 설명서를 교부하지 않을 수 있는 것으로 되어 있는 점은 유의해야 한다(자본시장법 시행령 제68조 제5항 제2의 3호 나목, 같은법 시행령 제132조 제2호).

금융소비자보호법에서 설명서를 교부하지 않아도 되는 일부 예외 사항을 두고 있는데 ① 기존 계약과 동일한 내용으로 계약을 갱신하는 경우, ② 기본계약을 체결하고 그 계약내용에 따라 계속적·반복적으로 거래를 하는 경우 등이 있으며 계속적·반복적 거래의 경우로는 주식 등에 대한 매매거래계좌를 설정하는 등 금융투자상품을 거래하기 위한 기본계약을 체결하고 그 계약내용에 따라 계속적·반복적으로 거래하는 것을 들수 있다.

투자성 상품과 관련한 설명서는 다음과 같다.

표 3-5 투자성 상품에 대한 각종 설명서 내역

구 분		설 명 서		고난도금융투자상품
공모	집합투자 증권 外	투자설명서 (금소법 시행령 §14①, 자본시장법 §123①)	금소법상 설명서[1]	요약설명서 (자본시장법 시행령 §68⑤2의3)[2]
	집합투자 증권	투자설명서 또는 간이투자설명서 (금소법 시행령 §14①, 자본시장법 §123①)		
기타	사모펀드	사모펀드 핵심상품설명서 (자본시장법 §249의4②~④)	금소법상 설명서	
	일임, 신탁	금소법상 설명서 (금소법 시행령 §14①)		고난도 상품에 대한 요약설명서

1) 자본시장법상 투자설명서 또는 간이투자설명서에 기재된 내용은 금소법상 설명서에서 제외 가능
2) 공모펀드의 경우 간이투자설명서 교부 시, 사모펀드의 경우에는 핵심상품설명서 제공 시에는 고난도 상품 요약 설명서 교부의무 면제

1) 개요

금융상품판매업자등이 금융상품 판매 시 우월적 지위를 이용하여 부당한 금융상품 거래를 유발시키는 등 금융소비자의 권익침해를 제한하는 것이 목적으로 주로 대출성 상품과 관련한 규제로 인식된다.

적용대상은 금융소비자, 즉 일반금융소비자 및 전문금융소비자도 모두 해당된다는 점을 유의해야 한다.

2) 불공정영업행위 유형

금융소비자보호법이 규정하고 있는 불공정영업행위는 다음과 같다.

❶ 대출성 상품에 관한 계약체결과 관련하여 금융소비자의 의사에 반하여 다른 금융상품의 체결을 강요하는 행위(일명 "꺾기 규제")

❷ 대출성 상품에 관한 계약체결과 관련하여 부당하게 담보를 요구하거나 보증을 요구하는 행위

❸ 금융상품판매업자등 또는 그 임직원이 업무와 관련하여 편익을 요구하거나 제공받는 행위

❹ 대출성 상품과 관련하여,
- 자기 또는 제3자의 이익을 위하여 금융소비자에게 특정 대출 상환방식을 강요하는 행위
- 대출계약 성립일로부터 3년 이내 상환, 타 법령상에 중도상환수수료 부과를 허용하는 등의 경우를 제외하고 수수료·위탁금·중도상환수수료를 부과하는 행위
- 개인에 대한 대출과 관련하여 제3자의 연대보증을 요구하는 경우(금융소비자보호법 시행령 등에서 정한 예외사항은 제외)

❺ 연계·제휴서비스등이 있는 경우 연계·제휴서비스등을 부당하게 축소하거나 변경하는 행위. 다만, 연계·제휴서비스등을 불가피하게 축소하거나 변경하더라도

금융소비자에게 그에 상응하는 다른 연계·제휴서비스등을 제공하는 경우와 금융
상품판매업자등의 휴업·파산·경영상의 위기 등에 따른 불가피한 경우에는 제외

• 시행령 등에서 정하는 세부적인 행위유형은 다음과 같음

  – 다음 방법 중 2개 이상의 방법으로 연계·제휴서비스등을 축소·변경한다는
    사실을 축소·변경하기 6개월 전부터 매월 고지하지 않은 경우

    〈고지방법〉
    1. 서면교부
    2. 우편 또는 전자우편
    3. 전화 또는 팩스
    4. 휴대전화 문자메시지 또는 이에 준하는 전자적 의사표시

  – 연계·제휴서비스등을 정당한 이유 없이 금융소비자에게 불리하게 축소하
    거나 변경하는 행위. 다만, 연계·제휴서비스등이 3년 이상 제공된 후 그 연
    계·제휴서비스등으로 인해 해당 금융상품의 수익성이 현저히 낮아진 경우
    는 제외

3) 투자성 상품관련 유의해야 하는 불공정영업행위 유형

금융상품판매업자등은 특히, 대출성 상품 계약을 빌미로 중소기업 등에게 투자성 상
품 등을 끼워 판매하는 "꺾기 규제"를 유의해야 한다. 그 유형은 다음과 같다.

❶ 금융소비자에게 제3자의 명의를 사용하여 다른 금융상품(투자성 상품, 보장성 상품 등)
의 계약을 체결할 것을 강요하는 행위

❷ 금융소비자에게 다른 금융상품직접판매업자를 통해 다른 금융상품에 관한 계약
을 체결할 것을 강요하는 행위

❸ 금융소비자가 「중소기업기본법」에 따른 중소기업인 경우 그 대표자 또는 관계인
[중소기업의 대표자·임원·직원 및 그 가족(민법상 배우자 및 직계혈족)]에게 다른 금융상품의
계약체결을 강요하는 행위

❹ 대출성 상품에 관한 계약을 체결하고 최초로 이행된 전·후 1개월 내에 다음의 구
분에 따른 다른 금융상품에 대한 계약체결을 하는 행위(꺾기 규제)

  – 투자성 상품의 경우 판매한도 1%는 금융상품직접판매업자에게 지급되는 "월

지급액"을 기준으로 계산함(※ 예 : 1억 2천만원 대출시 매월 적립식 펀드매수금액이 100만원을 초과시 불공정영업행위에 해당될 수 있음)

표 3-6 **금융상품 꺾기 규제 요약**

판매제한 금융상품	취약차주*	그 밖의 차주** (투자성 상품의 경우 개인에 한정)
일부 투자성 상품 (펀드, 금전신탁, 일임계약에 한정)	금지	1% 초과 금지
보장성 상품	금지	1% 초과 금지
예금성 상품	1% 초과 금지	규제 없음

* **(취약차주)** 중소기업 및 그 기업의 대표자, 개인신용평점이 하위 10%에 해당하는 사람, 피성년후견인 또는 피한정후견인
** **(그 밖의 차주)** 취약차주에 해당되지 않는 차주

- 유의할 점을 자본시장법 제72조 제1항에 따른 신용공여는 주식담보대출의 특성상 금융투자회사가 차주에 비해 우월적 지위에 있지 않다는 점을 감안해 꺾기 규제와 관련한 대출성 상품의 종류에는 포함되지 않음(감독규정 §14⑤ 제1호 라목)

4) 기타 유의해야 할 불공정영업행위 유형

❶ 금융상품판매업자 또는 그 임원·직원이 업무와 관련하여 직·간접적으로 금융소비자 또는 이해관계자로부터 금전, 물품 또는 편익 등을 부당하게 요구하거나 제공받는 행위

❷ 금융소비자가 계약해지를 요구하는 경우에 계약해지를 막기 위해 재산상 이익의 제공, 다른 금융상품으로의 대체권유 또는 해지 시 불이익에 대한 과장된 설명을 하는 행위

❸ 금융소비자가 청약을 철회하겠다는 이유로 금융상품에 관한 계약에 불이익을 부과하는 행위. 다만, 같은 금융상품직접판매업자에 같은 유형의 금융상품에 관한 계약에 대하여 1개월 내 2번 이상 청약의 철회의사를 표시한 경우는 제외함

1) 개요

금융상품판매업자등이 금융상품 계약의 체결을 권유할 때 금융소비자가 오인할 우려
가 있는 허위의 사실, 단정적인 판단 등을 제공하여 금융소비자의 올바른 판단 형성에
방해가 없도록 하여야 한다.

이때, 적용 대상은 금융소비자로 일반금융소비자 및 전문금융소비자 모두 보호하도
록 되어 있다.

2) 부당권유행위 유형

금융소비자보호법이 규정하고 있는 부당권유행위의 유형은 다음과 같다.

❶ 불확실한 사항에 대하여 단정적 판단을 제공하거나 확실하다고 오인하게 할 소
지가 있는 내용을 알리는 행위
❷ 금융상품의 내용을 사실과 다르게 알리는 행위
❸ 금융상품의 가치에 중대한 영향을 미치는 사항을 미리 알고 있으면서 금융소비
자에게 알리지 아니하는 행위
❹ 금융상품 내용의 일부에 대하여 비교대상 및 기준을 밝히지 아니하거나 객관적
인 근거 없이 다른 금융상품과 비교하여 해당 금융상품이 우수하거나 유리하다
고 알리는 행위

3) 투자성 상품관련 유의해야 하는 부당권유행위 유형

❶ 투자성 상품의 경우 금융소비자로부터 계약의 체결권유를 해줄 것을 요청받지
아니하고 방문·전화 등 실시간 대화의 방법을 이용하는 행위(일명 불초청 권유 금지).
다만, 금융소비자 보호 및 건전한 거래질서를 해칠 우려가 없는 행위로 투자권유
전에 금융소비자의 개인정보 취득경로, 권유하려는 금융상품의 종류·내용 등을
금융소비자에게 미리 안내하고, 해당 금융소비자가 투자권유를 받을 의사를 표시
한 경우에는 아래의 상품을 제외하고는 투자권유를 할 수 있다(금융소비자보호법 시

행령 제16조 제1항 제1호).

ㄱ. 일반금융소비자의 경우 : 고난도금융투자상품, 고난도투자일임계약, 고난도 금전신탁계약, 사모펀드, 장내파생상품, 장외파생상품

ㄴ. 전문금융소비자의 경우 : 장외파생상품

❷ 투자성 상품의 경우 계약의 체결권유를 받은 금융소비자가 이를 거부하는 취지의 의사를 표시하였는데도 계약의 체결권유를 계속하는 행위(일명 재권유 금지)

– 다음과 같은 경우에는 재권유 금지 예외를 적용함

1. 투자성 상품에 대한 계약의 체결권유를 받은 금융소비자가 이를 거부하는 취지의 의사를 표시한 후 1개월이 지난 경우에는 해당 상품을 재권유할 수 있음

2. 다른 유형의 투자성 상품은 재권유 금지대상이 아니며 투자성 상품의 유형은 다음과 같이 구분함

1) 자본시장법에 따른 금융투자상품

가. 수익증권

나. 장내파생상품

다. 장외파생상품

라. 증권예탁증권

마. 지분증권

바. 채무증권

사. 투자계약증권

아. 파생결합증권

2) 자본시장법에 따른 신탁계약

가. 자본시장법 제103조 제1항 제1호의 신탁재산에 대한 신탁계약

나. 자본시장법 제103조 제1항 제2호부터 제7호까지의 신탁재산에 대한 신탁계약

3) 자본시장법에 따른 투자자문계약 또는 투자일임계약

가. 자본시장법에 따른 장내파생상품에 관한 계약

나. 자본시장법에 따른 장외파생상품에 관한 계약

다. 자본시장법에 따른 증권에 관한 계약

4) 장외파생상품의 경우 기초자산 및 구조가 다른 경우 다른 유형으로 구

분함

    가. (기초자산) 금리, 통화, 지수 등

    나. (구조) 선도, 스왑, 옵션 등

❸ 투자성 상품에 관한 계약의 체결을 권유하면서 일반금융소비자가 요청하지 않은 다른 대출성 상품을 안내하거나 관련 정보를 제공하는 행위

    — 예를 들면 금융상품판매업자등이 주식 위탁매매를 권유하면서 일반금융소비자에게 먼저 신용거래융자 이용을 권유할 수 없음. 이때 적용대상은 일반금융소비자에 한정되므로 전문금융소비자에 대해서는 신용공여 관련사항을 먼저 안내할 수 있음

❹ 투자성 상품의 가치에 중대한 영향을 미치는 사항을 알면서 그 사실을 금융소비자에 알리지 않고 그 금융상품의 매수 또는 매도를 권유하는 행위

❺ 자기 또는 제3자가 소유한 투자성 상품의 가치를 높이기 위해 금융소비자에게 해당 투자성 상품의 취득을 권유하는 행위

❻ 금융소비자가 자본시장법 제174조(미공개중요정보 이용행위), 제176조(시세조종행위 등) 또는 제178조(부정거래행위 등)에 위반되는 매매, 그 밖의 거래를 하고자 한다는 사실을 알고 그 매매, 그 밖의 거래를 권유하는 행위

4) 기타 유의해야 하는 부당권유행위 유형

금융소비자보호법에 특별히 신설된 부당권유행위에 대해서 주의할 필요가 있는데 그 유형은 다음과 같다.

❶ 적합성 원칙을 적용함에 있어서 일반금융소비자의 금융상품 취득 또는 처분목적, 재산상황 또는 취득 또는 처분 경험 등의 투자성향 정보를 조작하여 권유하는 행위

❷ 금융상품판매업자등이 적합성 원칙(법§17)을 적용받지 않고 권유하기 위해 일반금융소비자로부터 계약 체결의 권유를 원하지 않는다는 의사를 서면 등으로 받는 행위

❸ 내부통제기준에 따른 직무수행 교육을 받지 않은 자로 하여금 계약체결 권유와 관련된 업무를 하게 하는 행위

    — 금융상품판매업자등의 내부통제기준에 금융상품에 대한 계약체결의 권유를 담

당하는 임직원에 대한 직무윤리, 상품지식 등을 함양하는 직무교육체계(자체교육 또는 전문교육기관 이용 등)를 수립하고 해당 교육을 이수한 임직원에 대해서만 판매업무를 수행하도록 해 판매임직원 역량 강화 및 소비자보호 환경 마련

6 광고규제

1) 개요

금융소비자보호법은 금융상품 또는 금융상품판매업자등의 업무에 관한 광고 시 필수 포함사항 및 금지행위 등을 규정하고 광고주체를 제한하는 등의 규제로 허위·과장광고로부터 금융소비자 보호하고자 한다.

유의할 것은 광고의 대상은 금융상품뿐 아니라 금융상품판매업자등의 수행하는 업무로서 금융상품판매업자등이 제공하는 각종 서비스가 될 수 있다.

2) 광고주체

금융소비자보호법은 광고주체로 원칙적으로 금융상품직접판매업자, 금융상품판매대리·중개업자, 금융상품자문업자, 금융상품판매업자등을 자회사·손자회사로 하는 금융지주회사, 자본시장법에 따른 증권의 발행인 또는 매출인(해당 증권에 관한 광고에 한정), 각 금융협회 그리고 집합투자업자 등이 해당된다.

유의할 점은 집합투자업자도 집합투자증권을 제조하는 등 자본시장법상 광고주체로 기능을 해왔던 내용이 금융소비자보호법에도 그대로 계수되었다는 점이다.

3) 광고주체 제한

금융소비자보호법상 광고규제의 특징적인 점은 광고주체를 제한하는 것인데 특히 투자성 상품의 경우 금융상품판매대리·중개업자는 금융상품뿐 아니라 금융상품판매업자등의 업무에 관한 광고도 수행할 수 없다.

투자성 상품과 관련된 금융상품판매대리·중개업자는 자본시장법상 투자권유대행인에 해당되는데 이들은 금융상품직접판매업자에 1사 전속으로 소속되어 활동하는 개인

이므로 별다른 투자광고의 필요성이 없었을 뿐 아니라, 만약 허용하더라도 개인이 활동하는 업무특성상 광고규제가 원활하게 작동되지 않는 등의 문제점을 감안한 조치로 자본시장법상 특성이 그대로 계수되었다고 볼 수 있다.

4) 광고방법 및 절차

- **(광고방법)** 광고주체는 글자의 색깔·크기 또는 음성의 속도 등이 금융소비자(일반 또는 전문)가 금융상품의 내용을 오해하지 않도록 명확하고 공정하게 전달하며 금융상품으로 인해 얻는 이익과 불이익을 균형 있게 전달해야 한다.
  - 또한 광고주체가 금융상품 등에 대한 광고를 하는 경우에는 「금융회사의 지배구조에 관한 법률」 제25조 제1항에 따른 준법감시인(준법감시인이 없는 경우에는 감사)의 심의를 받아야 한다.
- **(광고 포함사항)** 다음의 내용을 광고에 포함하여야 한다.
  - 금융상품에 관한 계약을 체결하기 전에 금융상품 설명서 및 약관을 읽어 볼 것을 권유하는 내용
  - 투자성 상품의 경우 금융상품의 명칭, 수수료, 투자에 따른 위험(원금손실발생 가능성, 원금손실에 대한 소비자의 책임), 과거 운용실적을 포함하여 광고하는 경우에는 그 운용실적이 미래의 수익률을 보장하는 것이 아니라는 사항, 금융상품의 이자, 수익 지급시기 및 지급제한 사유 등
- **(금지사항)** 특히, 투자성 상품에 관한 광고 시 다음의 행위를 하여서는 안 된다.
  - 손실보전 또는 이익보장이 되는 것으로 오인하게 하는 행위
  - 수익률이나 운용실적을 표시하는 경우 수익률이나 운용실적이 좋은 기간의 수익률이나 운용실적만을 표시하는 경우

5) 광고심사

협회는 금융상품판매업자등의 광고규제 준수 여부를 확인하고 그 결과에 대한 의견을 해당 금융상품판매업자등에게 통보할 수 있다.

투자성 상품의 경우 한국금융투자협회가 이를 수행하고 있으며 앞서 설명한 바와 같이 금융상품 판매·대리업자는 광고행위를 할 수 없으며 이에 따라 협회도 관련하여 광고심사를 하지 않고 있다.

금융상품판매대리·중개업자에 대한 영업행위규제

1 개요

금융소비자보호법은 같은 법 또는 관련법률에 따른 금융상품판매대리·중개업자가 아닌 자에게 금융상품에 대한 권유 또는 계약의 대리·중개를 하지 못하도록 하고 금지 행위를 정함으로써 금융소비자를 보다 두텁게 보호하고 있다(금융소비자보호법 제24조~제26조, 금융소비자보호법 시행령 제23조~제24조).

2 금지행위

투자성 상품과 관련하여 금융상품판매대리·중개업자(투자권유대행인)에 대한 주요한 금지행위는 다음과 같다.

- 금융소비자로부터 투자금 등 계약의 이행으로서 급부를 받는 행위
- 금융상품판매대리·중개업자가 대리·중개하는 업무를 제3자에게 하게 하거나 그러 한 행위에 관하여 수수료·보수나 그 밖의 대가를 지급하는 행위
- 금융상품직접판매업자로부터 정해진 수수료 외의 금품, 그 밖의 재산상 이익을 요 구하거나 받는 행위
- 금융상품직접판매업자를 대신하여 계약을 체결하는 행위
- 자본시장법에 따른 투자일임재산이나 같은 법에 따른 신탁재산을 각각의 금융소비 자별 또는 재산별로 운용하지 않고 모아서 운용하는 것처럼 투자일임계약이나 신 탁계약의 계약체결등(계약의 체결 또는 계약 체결의 권유를 하거나 청약을 받는 것)을 대리·중 개하거나 광고하는 행위
- 금융소비자로부터 금융투자상품을 매매할 수 있는 권한을 위임받는 행위
- 투자성 상품에 관한 계약의 체결과 관련하여 제3자가 금융소비자에 금전을 대여하 도록 대리·중개하는 행위

투자성 상품과 관련하여 금융상품판매대리·중개업자(투자권유대행인)가 금융소비자에게 알려야 하는 고지의무 등은 다음과 같다.

- 금융상품판매대리·중개업자가 대리·중개하는 금융상품직접판매업자의 명칭 및 업무 내용
- 하나의 금융상품직접판매업자만을 대리하거나 중개하는 금융상품판매대리·중개업자인지 여부
- 금융상품판매대리·중개업자 자신에게 금융상품계약을 체결할 권한이 없다는 사실
- 금융소비자보호법 제44조와 제45조에 따른 손해배상책임에 관한 사항
- 금융소비자의 금융상품 매매를 대신할 수 없다는 사실
- 자신이 금융상품판매대리·중개업자라는 사실을 나타내는 표지를 게시하거나 증표를 금융소비자에게 보여 줄 것

section 04 방문(전화권유)판매 규제

1 개요

방문판매란 방문판매(방문판매 등에 관한 법률 제2조 제1호에 따른 것) 및 전화권유판매(방문판매 등에 관한 법률 제2조 제3호에 따른 것) 방식으로 금융상품을 판매하는 것을 말하고 이 법에서는 금융상품판매업자 등과 그 임직원이 이러한 방식으로 금융상품을 판매하는 경우에 적용되는 규제를 말한다.

1) 방문(전화권유)판매 시 불초청권유금지

법상 원칙적으로는 금융상품판매업자 등이 금융소비자로부터 계약의 체결을 해줄 것을 요청받지 아니하고 방문·전화 등 실시간 대화의 방법을 이용하는 행위를 부당권유행위로 규정하고 있다.

그러나, 현재 시장의 거래실질을 감안하여 투자권유를 하기 전에 금융소비자의 개인정보 취득경로, 권유하려는 금융상품의 종류·내용 등을 금융소비자에게 미리 안내(사전안내)하고, 해당 금융소비자가 투자권유를 받을 의사를 표시한 경우에는 초청을 받은 권유로 보도록 하였다.

다만, 상품의 위험정도와 금융소비자의 유형을 감안하여 사전안내가 불가한 투자성상품과 금융소비자 유형을 아래와 같이 분류하고 있다.

❶ 일반금융소비자의 경우 : 고난도금융투자상품, 고난도투자일임계약, 고난도금전신탁계약, 사모펀드, 장내파생상품, 장외파생상품
❷ 전문금융소비자의 경우 : 장외파생상품

2) 방문판매원등에 대한 명부작성 등

금융상품판매업자 등은 방문판매 및 전화권유판매 방식으로 영업을 하려는 경우 방문판매 및 전화권유판매를 하려는 임직원(이하 "방문판매원등"이라 한다)의 명부를 작성해야 한다. 명부에는 방문판매원 등의 성명·소속 전화번호가 포함되어야 한다.

또한, 홈페이지를 운영하는 경우 금융소비자가 그 홈페이지를 통하여 특정 방문판매원 등이 그 금융상품판매업자 등에게 소속되어 있음을 쉽게 확인할 수 있도록 하여야 한다.

3) 방문(전화권유)판매 관련 준수사항

• 금융상품판매업자 등은 금융소비자가 요청하면 언제든지 금융소비자로 하여금 방문판매 및 전화권유판매를 하려는 임직원의 신원을 확인할 수 있도록 하여야 한다.

또한 방문판매 및 전화권유판매로 금융상품을 판매하려는 경우에는 금융소비자에게 미리 해당 방문 또는 전화가 판매를 권유하기 위한 것이라는 점과 방문판매 및 전화권유판매를 하려는 임직원의 성명 또는 명칭, 판매하는 금융상품의 종류 및 내용을 밝혀야 한다.

- 금융상품판매업자 등은 일반금융소비자에게 자신에게 연락금지요구권이 있음과 행사방법 및 절차를 알려야 한다. 만약 방문판매원등이 그 내용을 구두로만 알린 경우에는 알린 날로부터 1개월 이내에 그 내용을 서면, 전자우편, 휴대전화 문자메시지 및 그 밖에 금융위원회가 정하는 방법으로 추가로 알려야 한다. 금융상품판매업자 등은 일반금융소비자가 이 권리를 행사하면 즉시 따라야 하며, 이때 개인인 금융소비자가 연락금지요구에 따라 발생하는 금진적 비용이 부담하지 않도록 조치해야 한다.
- 금융상품판매업자 등은 야간(오후 9시부터 다음날 오전 8시까지)에 금융상품을 소개하거나 계약체결을 권유할 목적으로 연락하거나 방문하여서는 아니 된다. 다만 금융소비자가 요청한 경우에는 예외로 한다.

4) 방문(전화권유)판매 관련 전속관할

- 방문판매 및 유선·무선·화상통신·컴퓨터 등 정보통신기술을 활용한 비대면 방식을 통한 금융상품 계약과 관련된 소(訴)는 제소 당시 금융소비자 주소를, 주소가 없는 경우에는 거소를 관할하는 지방법원의 전속관할로 한다. 다만, 제소 당시 금융소비자의 주소 또는 거소가 분명하지 아니한 경우에는 「민사소송법」의 관계 규정을 준용한다.

5) 방문(전화권유)판매규제 위반 시 벌칙

- (벌금) 금융상품판매업자 등과 그 방문판매원등의 성명 또는 명칭, 판매하려는 금융상품의 종류 및 내용 등을 거짓으로 밝힌 자는 1천만 원 이하의 벌금에 처한다.
- (과태료) 아래의 경우에는 1천만 원 이하의 과태료를 부과한다.
  - 연락금지를 요구한 일반금융소비자에게 금융상품을 소개하거나 계약체결을 권유할 목적으로 연락한 자
  - 야간(오후 9시 이후부터 다음 날 오전 8시까지)에 금융상품을 소개하거나 계약체결을 권

유할 목적으로 금융소비자를 방문하거나 연락한 자

- **(과태료)** 아래의 경우에는 5백만 원 이하의 과태료를 부과한다.
  - 금융상품판매업자 등이 명부를 작성하지 않거나 신원확인에 응하지 않아 방문판매원등의 신원을 확인할 수 없도록 한 자 또는 방문판매원등의 성명 등을 밝히지 아니한 자

section 05   금융소비자 권익강화 제도

1   계약서류 제공의무

1) 개요

금융상품직접판매업자 및 금융상품자문업자는 금융소비자(일반 또는 전문)와 금융상품 또는 금융상품자문에 관한 계약을 체결하는 경우 금융소비자에게 계약서류를 지체 없이 교부하도록 하여 금융소비자 권익을 보장하고 있다(금융소비자보호법 제23조).

- **(계약서류)** 금융소비자보호법에서 정하는 계약서류의 종류에는 ① 금융상품 계약서, ② 금융상품의 약관, ③ 금융상품 설명서(금융상품판매업자만 해당)
- **(계약서류 제공의무 예외)** 자본시장법에 따른 온라인소액투자중개업자로서 같은 법에 따라 계약서류가 제공된 경우에는 금융소비자보호법상 계약서류 제공의무 면제
  - 아울러, 금융소비자 보호에 관한 감독규정에 따라 아래와 같은 경우 계약서류 제공의무 면제
    1. 기본계약을 체결하고 그 계약내용에 따라 계속적·반복적으로 거래하는 경우
    2. 기존계약과 동일한 내용으로 계약을 갱신하는 경우
    3. 법인인 전문금융소비자와 계약을 체결하는 경우(설명서에 한하여 제공의무 면제)

2) 계약서류 제공방법

금융상품직접판매업자 및 금융상품자문업자가 계약서류를 제공하는 때에는 다음 각 호의 방법으로 제공하여야 한다. 다만, 금융소비자가 다음 각 호의 방법 중 특정 방법으로 제공해 줄 것을 요청하는 경우에는 그 방법으로 제공해야 한다.

〈교부방법〉
1. 서면교부
2. 우편 또는 전자우편
3. 휴대전화 문자메시지 또는 이에 준하는 전자적 의사표시

아울러, 판매업자등이 유의해야 할 점은 계약서류가 법령 및 내부통제기준에 따른 절차를 거쳐 제공된다는 사실을 해당 계약서류에 포함하여 교부해야 한다는 사실이다.

3) 계약서류 제공사실 증명

판매업자등은 계약서류의 제공 사실에 관하여 금융소비자와 다툼이 있는 경우에는 금융상품직접판매업자 및 금융상품자문업자가 이를 증명해야 한다.

2   자료의 기록 및 유지 · 관리 등

1) 개요

금융상품판매업자등은 금융상품판매업등의 업무와 관련한 자료를 기록하고 유지·관리하며 금융소비자(일반 또는 전문)의 요구에 응해 열람하게 함으로써 금융소비자의 권리구제 등을 지원하여야 한다.

특히, 금융상품판매업자등은 자료의 기록, 유지 및 관리를 위해 적절한 대책을 수립·시행하여야 한다.

2) 자료의 종류

금융상품판매업자등이 유지·관리해야 하는 자료는 다음과 같다.

1. 계약체결에 관한 자료

2. 계약의 이행에 관한 자료

3. 금융상품등에 관한 광고 자료

4. 금융소비자의 권리행사에 관한 다음 각 목의 자료

　　가. 금융소비자의 자료 열람 연기·제한 및 거절에 관한 자료

　　나. 청약의 철회에 관한 자료

　　다. 위법계약의 해지에 관한 자료

5. 내부통제기준의 제정 및 운영 등에 관한 자료

6. 업무 위탁에 관한 자료

7. 제1호부터 제6호까지의 자료에 준하는 것으로서 금융위원회가 정하여 고시하는 자료

3) 유지 · 관리 기간

금융상품판매업자등은 원칙적으로 10년간 유지·관리하되 내부통제기준의 제정 및 운영 등에 관한 자료는 5년으로 한다.

4) 열람요구

금융소비자는 분쟁조정 또는 소송의 수행 등 권리구제를 위한 목적으로 금융상품판매업자 등이 기록 및 유지·관리하는 자료의 열람(사본의 제공 또는 청취를 포함한다)을 요구할 수 있다.

금융상품판매업자 등은 금융소비자로부터 열람을 요구받았을 때에는 해당 자료의 유형에 따라 요구받은 날부터 6영업일 이내에 해당 자료를 열람할 수 있도록 하여야 한다. 이 경우 해당 기간 내에 열람할 수 없는 정당한 사유가 있을 때에는 금융소비자에게 그 사유를 알리고 열람을 연기할 수 있으며, 그 사유가 소멸하면 지체 없이 열람하게 하여야 한다.

특히, 법은 위와 같은 금융소비자의 열람요구권에 반하는 특약으로 일반금융소비자에게 불리한 것은 무효로 규정하고 있다.

5) 열람제한

금융소비자보호법은 열람을 제한하거나 거절할 수 있는 요건으로 다음의 5가지 사례를 들고 있다. 이때 금융상품판매업자등은 금융소비자에게 그 사유를 알리고 열람을 제한하거나 거절할 수 있다.

1. 법령에 따라 열람을 제한하거나 거절할 수 있는 경우
2. 다른 사람의 생명·신체를 해칠 우려가 있거나 다른 사람의 재산과 그 밖의 이익을 부당하게 침해할 우려가 있는 경우
3. 해당 금융회사의 영업비밀(「부정경쟁방지 및 영업비밀보호에 관한 법률」 제2조 제2호에 따른 영업비밀)이 현저히 침해될 우려가 있는 경우
4. 개인정보의 공개로 인해 사생활의 비밀 또는 자유를 부당하게 침해할 우려가 있는 경우
5. 열람하려는 자료가 열람목적과 관련이 없다는 사실이 명백한 경우

3 청약의 철회

1) 개요

청약철회권은 일반금융소비자가 금융상품 등 계약의 청약을 한 후 일정기간 내에 청약과정 등에 하자가 없음에도 불구하고 일반금융소비자에게 청약철회권을 부여하는 제도이다(금융소비자보호법 제46조, 금융소비자보호법 시행령 제37조).

따라서, 일반금융소비자가 청약철회로 인한 불이익이 없이 해당 계약에서 탈퇴할 수 있는 기회를 제공함으로써 일반금융소비자의 권익향상에 기여하고자 한다.

2) 청약의 철회

❶ 투자성 상품 : 일반금융소비자는 투자성 상품 중 청약철회가 가능한 상품에 한하여 다음의 어느 하나에 해당되는 날로부터 7일(금융상품판매업자등과 일반금융소비자 간에 해당기간보다 긴 기간으로 약정한 경우에는 그 기간) 내에 청약의 철회를 할 수 있음

1. 계약서류를 제공받은 날

2. 계약 체결일

- **(청약철회의 효력 발생)** 일반금융소비자가 금융상품판매업자등에게 청약철회의 의사를 서면, 전자우편, 휴대전화 문자메시지 등의 방법으로 발송한 때 청약철회의 효력이 발생하며, 일반금융소비자가 서면 등을 발송한 때에는 지체 없이 그 발송사실을 해당 금융상품판매업자등에게 알려야 함

- **(청약철회권 배제)** 투자성 상품에 관한 계약의 경우 일반금융소비자가 예탁한 금전등(금전 또는 그 밖의 재산적 가치가 있는 것을 포함)을 지체 없이 운용하는 데 동의한 경우에는 청약철회권을 행사하지 못함

  ☞ 실무상 유의사항으로 금융상품판매업자등은 해당 일반금융소비자에게 "투자자가 지체 없이 운용하는 데 동의하는 경우 7일간 청약철회권 행사를 할 수 없다"는 사실 등을 설명하고 투자자가 직접 서명, 기명날인, 녹취 등의 방법으로 동의(확인)하는 회사와 투자자 간 개별약정 방식으로 진행해야 함 (약관·계약서·집합투자규약 등에 "투자자가 지체 없이 운용하는 데 동의(확인)합니다" 등의 문구를 미리 넣어 작성해 놓고 이를 투자자에게 교부하는 방식으로 투자자의 동의 의사를 확인할 경우 약관규제법 위반 소지)

- **(금전등의 반환)** 금융상품판매업자등은 청약의 철회를 접수한 날로부터 3영업일 이내에 이미 받은 금전·재화 및 해당 상품과 관련하여 수취한 보수·수수료 등을 반환

- **청약철회가 가능한 투자성 상품**

  1. 고난도금융투자상품(일정 기간에만 금융소비자를 모집하고 그 기간이 종료된 후에 금융소비자가 지급한 금전등으로 자본시장법에 따른 집합투자를 실시하는 것만 해당)

  2. 고난도투자일임계약, 고난도금전신탁계약

  3. 비금전신탁계약

❷ 대출성 상품 : 금융투자회사와 관련해서는 자본시장법 제72조 제1항에 따른 신용공여가 대표적인 청약철회의 대상이며 일반금융소비자는 다음의 어느 하나에 해당되는 날로부터 14일(금융상품판매업자등과 일반금융소비자 간에 해당기간보다 긴 기간으로 약정한 경우에는 그 기간) 내에 청약의 철회를 할 수 있음

1. 계약서류를 제공받은 날

2. 계약 체결일

☞ 실무적으로는 금융투자회사와 관련된 대출성 상품은 자본시장법 제72조 제1
항에 따른 신용공여이며 그중에 일반금융소비자와 관련해서는 신용거래(신용
거래융자 또는 신용거래대주)가 주로 청약철회권의 대상이 될 것임

이때, 신용거래(신용거래융자 또는 신용거래대주)시 청약철회권 행사기간(14일)을 기
산하는 시점은 금융투자회사와 일반금융소비자 간에 신용거래의 계약체결일
또는 신용거래 계약서류를 제공받은 날임(계약체결일 이후 신용거래융자 또는 신용거
래대주가 실행된 날이 아님)

금융위 신속처리반 회신

신용거래*는 계약체결 후 금전지급일이 소비자의 선택에 따라 달라지는 특성이 있어 금
소법 제46조 제1항 제3호 각 목 외 부분의 "금전 등의 지급이 늦게 이루어진 경우"가 적
용되기 어렵습니다.

* 자본시장법 제72조 제1항에 따른 신용공여

- **(청약철회권 배제)** 다만, 담보로 제공한 증권이 자본시장법에 따라 처분된 경
우에는 청약철회권을 행사할 수 없음

- **(청약철회의 효력 발생)** 일반금융소비자가 금융상품판매업자등에게 청약철
회의 의사를 서면, 전자우편, 휴대전화 문자메시지 등의 방법으로 발송하고,
금융상품판매업자등에게 이미 공급받은 금전등을 회사에 반환한 때에 비로소
청약철회의 효력이 발생하는 점을 유의. 또한 일반금융소비자가 서면 등을
발송한 때에는 지체 없이 그 발송사실을 해당 금융상품판매업자등에게 알려
야 함

- **(금전등의 반환)** 금융상품판매업자등은 일반금융소비자로부터 금전등을 반
환받은 날로부터 3영업일 이내에 신용공여와 관련하여 투자자로부터 받은 수
수료를 포함하여 이미 받은 금전등을 반환하고, 반환이 늦어진 기간에 대해서
는 해당 금융상품의 계약에서 정해진 연체이자율을 금전·재화·용역의 대금에
곱한 금액을 일 단위로 계산하여 지급하여야 함

☞ 실무적으로는 금융투자회사는 고객으로부터 받은 수수료(증권 매매수수료 등

은 제외) 등을 고객에게 반환하며, 반대로 고객은 금융투자회사에 대출원금, 이자, 인지대 등을 반환해야 함

3) 청약철회권 관련 추가적인 소비자 보호 장치

금융상품판매업자등은 청약이 철회된 경우 투자자에 대하여 청약의 철회에 따른 손해배상 또는 위약금 등 금전 지급을 청구할 수 없으며, 청약의 철회에 대한 특약으로서 투자자에게 불리한 것은 무효로 금융소비자보호법은 규정하고 있다.

또한, 금융상품판매업자등은 청약이 철회된 경우 투자자에 대하여 청약의 철회에 따라 금전(이자 및 수수료를 포함)을 반환하는 경우에는 투자자가 지정하는 입금계좌로 입금해야 한다.

4 금융분쟁의 조정

1) 개요

금융소비자 및 그 밖의 이해관계인은 금융과 관련하여 분쟁이 있을 때에는 금융감독원장에게 분쟁조정을 신청할 수 있으며, 분쟁의 당사자가 조정안에 대해 수락할 경우 재판상 화해와 동일한 효과를 볼 수 있다(금융소비자보호법 제33조~제43조, 금융소비자보호법 시행령 제32조~제34조).

2) 시효중단 효과

금융소비자보호법에 따라 분쟁조정이 신청된 경우 시효중단의 효력이 있음을 유의해야 한다. 다만, 합의권고를 하지 아니하거나 조정위원회에 회부하지 아니할 때에는 시효중단 효력은 없으나, 이때에도 1개월 이내에 재판상의 청구, 파산절차참가, 압류 또는 가압류, 가처분을 한 때에는 시효는 최초의 분쟁조정의 신청으로 인하여 중단된 것으로 본다.

3) 분쟁조정 관련 주요 신규제도

금융소비자보호법에 따른 분쟁조정 신청 시 아래와 같은 제도가 도입되어 금융소비자 권익이 한층 강화되었다.

❶ 소송중지제도 : 분쟁조정 신청 전·후에 소가 제기되면, 법원은 조정이 있을 때까지 소송절차를 중지할 수 있고, 법원이 소송절차를 중지하지 않으면 조정위원회가 조정절차를 중지해야 함
   - 조정위원회가 조정이 신청된 사건과 동일 원인으로 다수인이 관련되는 동종·유사 사건 소송이 진행중일 경우, 조정절차를 중지할 수 있음
❷ 소액사건 조정이탈금지제도 : 금융회사는 일반금융소비자가 신청한 소액(권리기액 2천만원 이내) 분쟁 사건에 대하여 조정안 제시 전까지 소 제기 불가
❸ 분쟁조정위원회 객관성 확보 : 분쟁조정위원회 회의시 구성위원은 위원장이 회의마다 지명하는데, 이때 분쟁조정위원회의 객관성·공정성 확보를 위해 소비자 단체와 금융업권 추천 위원은 동수(同數)로 지명

5 　손해배상책임

1) 개요

금융소비자보호법은 금융상품판매업자등의 손해배상책임을 규정하면서 금융소비자의 입증책임을 완화하고 금융상품판매대리·중개업자와 관련된 손해에 대하여 금융상품직접판매업자에게도 손해배상책임을 부과함으로써 금융소비자 보호에 대한 실효성을 더욱 제고하였다(금융소비자보호법 제44조~제45조).

2) 입증책임 전환

금융소비자보호법은 설명의무를 위반하여 금융소비자(일반 또는 전문)에게 손해를 입힌 경우에 금융상품판매업자등에게 손해배상책임을 부과하고 있다.

이때, 금융소비자는 금융상품판매업자등의 설명의무 위반사실, 손해발생 등의 요건만 입증하면 되고, 반면에 금융상품판매업자등은 자신에게 고의 또는 과실이 없음을 입

증하지 못하면 손해배상책임을 면할 수 없다.

☞ 민법상 손해배상청구시 가해자의 ① 고의·과실, ② 위법성, ③ 손해, ④ 위법성과 손해와의 인과관계 등을 입증하여야 하나, 설명의무 위반에 한정하여 입증책임을 전환함으로써 소비자 피해구제를 강화(신용정보법·공정거래법 등 입법례를 감안하여 '고의·과실' 요건에 한정)

3) 금융상품직접판매업자의 사용자책임

금융소비자보호법은 금융상품판매대리·중개업자등이 판매과정에서 소비자에 손해를 발생시킨 경우, 금융상품직접판매업자에게도 손해배상책임을 부과하고 있다.

다만, 금융상품직접판매업자가 손해배상책임을 면하기 위해서는 금융상품판매대리·중개업자에 대한 선임과 업무 감독에 대해 적절한 주의를 하고 손해 방지를 위한 노력을 한 사실을 입증하여야 한다.

section 06 | 판매원칙 위반시 제재 강화

1 | 위법계약 해지권

1) 개요

위법계약해지권이란 금융소비자(일반 또는 전문)는 판매규제를 위반한 계약에 대해 일정기간 내에 해당 계약을 해지할 수 있는 권리를 말한다.

금융소비자에게 해지 수수료·위약금 등 불이익 없이 위법한 계약으로부터 탈퇴할 수 있는 기회를 제공함으로써 금융상품판매업자등의 위법행위를 억제하고 금융소비자의 권익도 강화하고자 하는 취지에서 도입되었다(금융소비자보호법 제47조, 금융소비자보호법 시행령 제38조).

2) 행사요건

금융소비자는 금융상품판매업자등이 ① 5대 판매규제를 위반하여 ② 금융상품 계약을 체결한 경우 ③ 일정 기간 내에 계약해지 요구 가능하다. 자세히 살펴보면 다음과 같다.

❶ 판매규제 위반 : 적합성원칙, 적정성원칙, 설명의무, 불공정영업행위금지, 부당권유행위금지를 위반한 경우(광고규제 위반은 제외)

❷ 적용상품 : 계속적 거래가 이루어지고 금융소비자가 해지 시 재산상 불이익이 발생하는 금융상품으로 투자일임계약, 금전신탁계약, 금융상품자문계약 등이 해당됨
  - 또한, 금융소비자보호법은 "계약의 체결로 자본시장법 제9조 제22항에 따른 집합투자규약이 적용되는 경우에는 그 적용기간을 포함한다"라고 규정하여 수익증권, 즉 펀드를 계속적 계약에 포함하고 있음

❸ 적용제외상품 : ① P2P업자와 체결하는 계약, ② 자본시장법상 원화표시 양도성 예금증서, ③자본시장법상 표지어음

❹ 해지요구 기간 : 금융소비자가 위반사실을 안 날로부터 1년 이내의 기간에 해지 요구 가능. 이 경우 해당기간은 계약체결일로부터 5년 이내 범위에 있어야 함

3) 행사방법

금융소비자는 금융상품직접판매업자 또는 자문업자에게 ① 금융상품 명칭과 ② 법 위반사실이 기재된 계약해지요구서를 제출함으로써 신청할 수 있다.

4) 수락통지 등

금융상품판매업자등은 10일 이내 금융소비자의 해지요구에 대한 수락여부를 통지하여야 하며 금융상품판매업자등이 해지요구를 거절할 경우 거절사유도 함께 통지하여야 한다.

이때, 금융상품판매업자등이 정당한 사유 없이 해지 요구를 따르지 않는 경우 금융소비자가 일방적으로 해지하는 것도 가능하도록 되어 있다.

〈정당한 사유〉

1. 금융소비자가 위반사실에 대한 근거자료를 제시하지 않거나 거짓으로 제시한 경우
2. 계약체결 당시에는 위반사항이 없었으나 계약 후에 발생한 사정변경을 이유로 위반사항을 주장하는 경우
3. 금융소비자의 동의를 받아 위반사항을 시정한 경우
4. 금융상품판매업자등이 계약의 해지 요구를 받은 날부터 10일 이내에 법 위반사실이 없음을 확인하는 데 필요한 객관적·합리적인 근거자료를 금융소비자에 제시한 경우
   - 다만, 10일 이내에 금융소비자에 제시하기 어려운 경우에는 다음 각 목의 구분에 따름
      가. 계약의 해지를 요구한 금융소비자의 연락처나 소재지를 확인할 수 없거나 이와 유사한 사유로 법 제47조 제1항 후단에 따른 통지기간 내 연락이 곤란한 경우 : 해당 사유가 해소된 후 지체 없이 알릴 것
      나. 법 위반사실 관련 자료 확인을 이유로 금융소비자의 동의를 받아 해지요구에 대한 수락여부 통지기한을 연장한 경우 : 연장된 기한까지 알릴 것
5. 금융소비자가 금융상품판매업자등의 행위에 법 위반사실이 있다는 사실을 계약을 체결하기 전에 알았다고 볼 수 있는 명백한 사유가 있는 경우

5) 위법계약해지의 효력

금융상품판매업자등이 금융소비자의 해지요구를 수락하거나 금융소비자가 금융소비자보호법에 따라 해지하는 경우, 해당 계약은 장래에 대하여 효력이 상실된다는 점을 유의하여야 한다. 따라서 금융상품판매업자등의 원상회복 의무는 없다.

금융소비자의 해지요구권 등에 따라 해당 계약이 종료된 경우 금융상품판매업자등은 금융소비자에 대해 해지 관련 비용(수수료, 위약금 등)을 요구할 수 없다.

2 판매제한명령

1) 개요

금융상품의 판매과정에서 소비자 피해가 가시화되거나 확대되는 것을 미연에 방지하여 소비자 피해를 최소화하기 위해 금융위원회에 해당 금융상품에 대해 판매제한 또는 금지를 명하는 제도를 도입하였다(금융소비자보호법 제49조, 금융소비자보호법 시행령 제40조).

2) 명령권 발동요건

금융소비자보호법 및 동법 시행령은 다양한 유사사태에 유연하게 대처할 수 있도록 명령권 발동요건을 포괄적으로 규정한 것이 특징이다.

> **금융소비자보호법 제49조(금융위원회의 명령권)**
> ② 금융위원회는 금융상품으로 인하여 금융소비자의 <u>재산상 현저한 피해가 발생할 우려가 있다고 명백히 인정되는 경우</u>로서 대통령령으로 정하는 경우에는 그 금융상품을 판매하는 금융상품판매업자에 대하여 해당 금융상품 계약 체결의 권유 금지 또는 계약 체결의 제한·금지를 명할 수 있다.
>
> **금융소비자보호법 시행령 제49조(금융위원회의 명령권)**
> ② 법 제49조 제2항에서 "대통령령으로 정하는 경우"란 투자성 상품, 보장성 상품 또는 대출성 상품에 관한 계약 체결 및 그 이행으로 인해 <u>금융소비자의 재산상 현저한 피해가 발생할 우려가 있다고 명백히 인정되는 경우</u>를 말한다.

3) 명령권 행사절차

❶ 사전고지 : 금융위원회는 명령대상자에게 명령의 필요성 및 판단근거, 명령 절차 및 예상시기, 의견제출 방법을 사전 고지할 것
❷ 의견제출 : 금융위원회는 명령 발동 전 명령대상자에 금융위의 명령에 대해 의견을 제출할 수 있는 충분한 기간을 보장할 것
❸ 대외공시 : 금융위원회는 금융소비자 보호 차원에서 명령 발동 후 지체 없이 그

내용을 홈페이지에 게시할 것

〈공시사항〉

1. 해당 금융상품 및 그 금융상품의 과거 판매기간
2. 관련 금융상품의 명칭
3. 판매제한명령권의 내용·유효기간 및 사유(법령 위반 관련성)
4. 판매제한명령권 발동시점 이전에 체결된 계약의 효력에 영향을 미치지 않는다
   는 사실
5. 판매제한명령 이후 이행현황을 주기적으로 확인한다는 사실
6. 기타 금융소비자보호에 관한 사항, 공시로 인한 불이익 등

4) 판매제한 · 금지명령 중단

금융위원회는 이미 금융소비자의 재산상 피해발생 우려를 제거하거나 신규 판매행위를 중단한 경우, 판매제한명령권 필요성 및 대상자가 입는 불이익을 고려하여 판매제한명령권 행사를 중단할 수 있다.

이때, 금융위원회는 판매제한·금지명령을 한 사실을 지체 없이 홈페이지에 게시해야 한다.

3 징벌적 과징금

1) 개요

징벌적 과징금 제도의 도입 목적은 위법행위로 인해 발생한 수입의 환수 등을 통해 위법행위 의욕을 사전에 제거하는 등 규제의 실효성을 확보하기 위함이다.

징벌적 과징금은 금융상품직접판매업자 또는 금융상품자문업자가 주요 판매원칙을 위반할 경우 위반행위로 인한 수입 등의 50%까지 부과될 수 있다(금융소비자보호법 제57조).

2) 적용되는 위반행위

징벌적 과징금이 부과되는 위법행위로는 설명의무 위반, 불공정영업행위, 부당권유행위, 광고규제 등이 적용된다.

따라서, 적합성 원칙·적정성 원칙 위반은 징벌적 과징금 대상이 아님을 유의해야 한다.

3) 부과대상

금융상품직접판매업자 또는 금융상품자문업자가 부과대상이다.

유의할 점은 1사 전속 금융상품판매대리·중개업자 또는 금융상품직접판매업자에서 근무하는 임직원의 위반행위에 대해서는 그 금융상품직접판매업자에 대하여 과징금을 부과할 수 있다. 다만, 이 경우에도 금융상품직접판매업자가 적절한 주의와 감독을 게을리하지 아니한 사정이 입증되는 경우에는 그 금액을 감경하거나 면제될 수 있다.

4) 부과방법

부과방법은 상품 유형별로 다음과 같다.

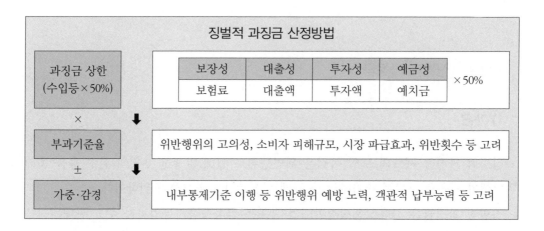

- 투자성 상품은 투자액, 대출성 상품은 대출금 등으로 규정하여 거래규모가 클수록 제재강도가 높아지도록 규정
- 다만 수입금액이 없거나 산정이 곤란한 경우에는 10억원 이내 범위에서 과징금 부과 가능

4 과태료

1) 개요

금융소비자보호법은 금융상품판매업자등의 위반행위 유형별로 과태료 상한액을 규정하고 개별 위반행위의 과태료 기준금액을 시행령으로 구체화하였다(금융소비자보호법 제69조, 금융소비자보호법 시행령 제51조).

2) 부과사유

6대 판매원칙 위반, 내부통제기준 미수립, 계약서류 제공의무 위반 등을 과태료 부과사유로 규정하였다. 특히, 적합성·적정성 원칙 위반행위에 대해 자본시장법 등과 달리 과태료(3천만원) 부과 규정을 두고 있다.

3) 부과대상

과태료 부과대상을 '위반한 자'로 규정하여, 과징금과 달리 금융상품대리·중개업자에게도 직접 부과가 가능하다. 특히, 관리책임이 있는 금융상품대리·중개업자(재위탁이 허용된 경우) 또는 금융상품직접판매업자에 대한 과태료 부과도 가능한 점을 유의해야 한다.

표 3-7 **금융소비자보호법상 과징금과 과태료 비교**

구분	과징금	과태료
부과 목적	• 부당이득 환수로 징벌적 목적	• 의무위반에 부과(행정처분)
부과 대상	• 금융상품직접판매업자 　(원칙적으로 소속 임직원, 대리·중개업자 　위반행위시에도 책임) • 금융상품자문업자	• 규정 위반자 　(부과대상에 제한 없음)

부과 사유	① 설명의무 위반 ② 불공정영업행위금지 위반 ③ 부당권유금지 위반 ④ 광고규제 위반	1억 원	① 내부통제기준 미수립 ② 설명의무 위반 ③ 불공정영업행위금지 위반 ④ 부당권유금지 위반 ⑤ 광고규제 위반 ⑥ 계약서류제공의무 위반 ⑦ 자문업자 영업행위준칙 위반 ⑧ 자료유지의무 위반 ⑨ 검사거부·방해·기피
법정 한도액		업무정지처분에 갈음 한 과징금의 경우 → 업무정기기간(6월 내) 동안 얻을 이익	3천만 원	① 적합성·적정성 원칙 위반 ② 판매대리·중개업자 금지의무 및 고지의무 위반
			1천민 원	① 변동보고의무 위반

※ 음영( )은 6대 판매원칙 위반 부분

01 금융소비자보호법에서 규정하고 있는 소비자보호장치가 아닌 것은?
   ① 위법계약해지권   ② 소액사건 분쟁조정이탈금지
   ③ 징벌적과징금   ④ 손해배상금액 추정

02 투자성 상품의 경우 청약철회권이 적용되지 않는 상품은 무엇인가?
   ① 파생결합증권   ② 고난도 투자일임계약
   ③ 고난도 금전신탁계약   ④ 부동산신탁계약

03 금융소비자보호법에 따른 전문금융소비자의 내용과 다른 것은?
   ① 국가, 한국은행, 금융회사를 제외한 주권상장법인 등은 장외파생상품 거래시 전
      문금융소비자와 같은 대우를 받겠다는 의사를 회사에 서면통지한 경우에 전문
      금융소비자 대우를 받는다.
   ② 투자권유대행인은 투자성 상품과 관련하여 전문금융소비자이다.
   ③ 대출성 상품의 경우 상시근로자 10인 이상 법인도 전문금융소비자이다.
   ④ 대부업자는 대출성 상품에는 전문금융소비자이지만 투자성 상품에는 일반금융
      소비자이다.

해설

   01 ④ 손해배상금액 추정 조항은 자본시장법에 규정되어 있고 금융소비자보호에 관한 법률에는 설명의무
       위반에 대하여 고의 또는 과실이 없음을 금융상품판매업자등에게 지우는 입증책임전환 조항이 신설되
       어 있음
   02 ① 금융소비자보호에 관한 법률상 청약철회권 적용대상 상품은 고난도 투자일임계약, 고난도 금전신
       탁계약, 非금전신탁계약 그리고 일정기간에만 모집하고 그 기간이 종료된 후에 집합투자를 실시하는
       고난도 금융투자상품(단위형 펀드 : ELF, DLF 등)이므로 파생결합증권은 해당되지 않음
   03 ④ 금융소비자보호법상 대부업자는 대출성 상품, 투자성 상품, 보장성 상품에 대하여 전문금융소비자
       로 분류됨

04 **금융소비자보호법에서 정하고 있는 부당권유행위 금지와 관련한 내용이 틀린 것은?**

① 증권에 대해서도 금융소비자부터 요청받지 아니하고 방문 또는 전화 등 실시간 대화의 방법으로 계약의 권유를 할 수 없다.

② 보호받을 수 있는 대상은 일반금융소비자와 전문금융소비자이다.

③ 적합성 원칙을 적용받지 않고 권유하기 위해 일반금융소비자로부터 투자권유 불원 의사를 서면 등으로 받는 행위를 하여서는 아니 된다.

④ 투자성 상품에 관한 계약체결을 권유하면서 일반금융소비자가 요청하지 않은 다른 대출성 상품을 안내하거나 관련정보를 제공해서는 아니 된다.

05 **금융소비자보호법에서 정하고 있는 내용과 상이한 것은?**

① 청약철회에 대한 특약으로 투자자에게 불리한 것은 무효이다.

② 위법계약해지의 효력은 소급하여 무효이다.

③ 금융소비자의 자료열람요구에도 법령이 정한 경우 또는 다른 사람의 생명·신체를 해칠 우려가 있는 등의 사유가 있을 때는 제한할 수 있다.

④ 금융감독원 분쟁조정위원회 회의 시 구성위원은 소비자 단체와 금융업권 추천 위원이 각각 동수(同數)로 지명된다.

해설

04 ① 금융소비자보호법에도 과거 자본시장법과 동일하게 증권 또는 장내파생상품은 불초청권유금지 조항에 대하여 적용 예외됨(불초청권유 : 금융소비자로부터 계약의 체결권유를 해줄 것을 요청받지 아니하고 방문·전화 등 실시간 대화의 방법으로 권유하는 행위)

05 ② 금융소비자보호법상 위법계약해지권의 도입취지는 해지수수료 등의 불이익이 없이 위법한 계약으로부터 신속하게 탈퇴할 수 있는 기회를 부여하고 이후에 손해배상 등의 책임을 물을 수 있기 때문에 위법계약해지는 장래에 대해서만 효력이 있음

06 금융소비자보호법에 따라 방문판매원등이 금융소비자에게 미리 사전안내하고 해당 금융소비자가 응한 경우 방문(전화권유)판매를 할 수 있으나 투자성 상품 및 금융소비자 유형별로는 방문판매원등의 사전연락이 금지된 경우도 있다. 사전연락금지에 대한 기술이 잘못된 것은?

① 고난도금융투자상품 대상 방문판매 목적으로 일반금융소비자에게 사전연락을 할 수 없다.

② 전문금융소비자에게는 장내파생상품을 방문판매하기 위하여 사전연락을 할 수 있다.

③ 장외파생상품을 방문판매하기 위하여 일반금융소비자에게 사전연락을 할 수 없다.

④ 장외파생상품을 방문판매하기 위하여 전문금융소비자에게 사전연락을 할 수 있다.

해설

06 ④ 장외파생상품의 경우에는 일반금융소비자이든 전문금융소비자이든 구분 없이 방문판매원등이 먼저 금융소비자에게 연락해서 방문판매의 뜻을 전달하는 것이 금지되어 있음

정답 01 ④ | 02 ① | 03 ④ | 04 ① | 05 ② | 06 ④

산업안전기사 기출문제집 필기

2020. 6. 10. 초 판 1쇄 발행
2025. 2. 5. 개정5판 3쇄(통산 15쇄) 발행

지은이 | 강윤진
펴낸이 | 이종춘
펴낸곳 | **BM** (주)도서출판 **성안당**
주소 | 04032 서울시 마포구 양화로 127 첨단빌딩 3층(출판기획 R&D 센터,
     | 10881 경기도 파주시 문발로 112 파주 출판 문화도시(제작 및 물류)
전화 | 02) 3142-0036
     | 031) 950-6300
팩스 | 031) 955-0510
등록 | 1973. 2. 1. 제406-2005-000046호
출판사 홈페이지 | **www.cyber.co.kr**
ISBN | 978-89-315-8463-9 (13500)
정가 | 30,000원

이 책을 만든 사람들

책임 | 최옥현
진행 | 박현수
교정 · 교열 | 채정화
전산편집 | 전채영, 이다은
표지 디자인 | 임흥순
홍보 | 김계향, 임진성, 김주승, 최정민
국제부 | 이선민, 조혜란
마케팅 | 구본철, 차정욱, 오영일, 나진호, 강호묵
마케팅 지원 | 장상범
제작 | 김유석

이 책의 어느 부분도 저작권자나 **BM** (주)도서출판 **성안당** 발행인의 승인 문서 없이 일부 또는 전부를 사진 복사나
디스크 복사 및 기타 정보 재생 시스템을 비롯하여 현재 알려지거나 향후 발명될 어떤 전기적, 기계적 또는
다른 수단을 통해 복사하거나 재생하거나 이용할 수 없음.

※ 잘못된 책은 바꾸어 드립니다.

120 이동식 비계를 조립하여 작업을 하는 경우의 준수기준으로 옳지 않은 것은?

① 비계의 최상부에서 작업을 할 때에는 안전난간을 설치하여야 한다.
② 작업발판의 최대적재하중은 400kg을 초과하지 않도록 한다.
③ 승강용 사다리는 견고하게 설치하여야 한다.
④ 작업발판은 항상 수평을 유지하고 작업발판 위에서 안전난간을 딛고 작업을 하거나 받침대 또는 사다리를 사용하여 작업하지 않도록 한다.

해설 이동식 비계 조립 및 사용 시 준수사항
㉮ 이동식 비계의 바퀴에는 뜻밖의 갑작스러운 이동 또는 전도를 방지하기 위하여 브레이크·쐐기 등으로 바퀴를 고정시킨 다음, 비계의 일부를 견고한 시설물에 고정하거나 아웃트리거(outrigger)를 설치하는 등 필요한 조치를 할 것
㉯ 승강용 사다리는 견고하게 설치할 것
㉰ 비계의 최상부에서 작업을 하는 경우에는 안전난간을 설치할 것
㉱ 작업발판은 항상 수평을 유지하고 작업발판 위에서 안전난간을 딛고 작업을 하거나 받침대 또는 사다리를 사용하여 작업하지 않도록 할 것
㉲ 작업발판의 최대 적재하중은 250kg을 초과하지 않도록 할 것

투자자산운용사 3

금융투자전문인력 표준교재
투자자산운용사 3

2025년판 발행 2025년 2월 25일

편저   금융투자교육원
발행처   한국금융투자협회
          서울시 영등포구 의사당대로 143 전화(02)2003-9000 FAX(02)780-3483
발행인   서유석
제작 및 총판대행 ㈜ **박영사**
          서울특별시 금천구 가산디지털2로 53, 210호(가산동, 한라시그마밸리) 전화(02)733-6771 FAX(02)736-4818
등록   1959. 3. 11. 제300-1959-1호(倫)
홈페이지 한국금융투자협회 자격시험접수센터(https://license.kofia.or.kr)

정가 30,000원

ISBN 978-89-6050-771-5 14320
      978-89-6050-768-5(세트)

이 책은 저작권법에 의해 보호를 받는 저작물이므로 동영상 제작 및 무단전재와 복제를 금합니다.